Seibt

Klaus Seehafer
Mein Leben ein einzig Abenteuer

1 Goethe. Ölgemälde von Johann Daniel Bager, 1773

Klaus Seehafer

Mein Leben
ein einzig Abenteuer

Johann Wolfgang Goethe
Biografie

Aufbau-Verlag

Mit 22 Abbildungen

ISBN 3-351-02471-1

2. Auflage 1998
© Aufbau-Verlag GmbH, Berlin 1998
Einbandgestaltung Peix, Andreas Petzold
Typographie Christa Wendt
Satz Dörlemann Satz, Lemförde
Schrift 9,75 / 11,5 Garamond
Druck und Binden Franz Spiegel Buch GmbH, Ulm
Printed in Germany

Inhalt

Auffrischen und lesen 7
Kindheit in Frankfurt am Main 1749–1765 11
Frankfurter Spaziergänge 34
Studium in Leipzig 1765–1768 39
Bummel durch Leipzig 59
Frankfurter Zwischenspiel 1768–1770 63
Studium in Straßburg 1770–1771 74
Tage im Elsaß 90
Vom Anwalt zum Autor 1771–1773 94
Durch Wetzlar auf Werthers Spuren 109
»Das durchaus Scheisige dieser zeitlichen Herrlichkeit«
1773–1775 113
Die ersten Jahre in Weimar 1775–1786 138
Weimarer Spaziergänge I 193
Italienische Reise 1786–1788 198
Mit Goethe in Rom 227
Wieder in Weimar. Revolution und Krieg 1788–1794 . . . 231
Tagestouren auf Goethes Spuren: Thüringen 267
Neue Begegnungen und Freundschaften 1794–1805 273
Weimarer Spaziergänge II: Hausbesuche 313
Fortschreitendes Leben 1805–1814 316
Tschechien – Böhmen und zurück 362
Alltag und Überraschungen des Alters 1814–1823 368
»Faust«. Eine Lebensreise 1765–1832 417
Die letzten Jahre 1824–1832 434
Weimarer Spaziergänge III: Grabbesuche 461

Anhang

Literaturverzeichnis 467
Bildnachweis 471
Abschließende Notwendigkeiten 472
Personenregister 474
Register der erwähnten Werke Goethes 493

»Goethe ist der deutschen Nation
gar nicht der Dichterei usw. wegen gegeben,
sondern daß sie aus seinem Leben
einen ganzen vollen Menschen
vom Anfang bis zum Ende kennenlerne.«

Wilhelm Raabe, 26. Oktober 1880

Auffrischen und Lesen

> Was in der Zeiten Bildersaal
> Jemals ist trefflich gewesen,
> Das wird immer Einer einmal
> Wieder auffrischen und lesen.
>
> *»Sprichwörtlich« (1815)*

Vor einigen Jahren war viel die Rede von einem jungen Mann, der seine Lehre schmiß, sich eine Weile ausklinkte und in einer Schrebergartenlaube versteckte. Gleich in der ersten Nacht muß er im Finstern aufs Klo, sucht natürlich Papier, greift neben sich und ertastet ein Reclam-Heft, dessen erste und letzte Seite er für sein dringliches Anliegen verwendet. Als er das Buch ohne Titel später zu lesen beginnt, hat er keine Ahnung, was es ist, noch von wem es ist. Sein erster Eindruck: »Leute, das konnte wirklich kein Schwein lesen.« Sein nächster: »Dieser Werther hatte sich wirklich nützliche Dinge aus den Fingern gesaugt.« Nützlich, weil das, was der Ich-Erzähler da von sich gibt, ganz offenbar auch auf die Lebenskrise des jungen Mannes – Edgar Wibeau heißt er übrigens – zutrifft.

Gott sei Dank weiß er nicht, daß er ein Buch von Goethe vor sich hat, denn Goethe – du liebes bißchen! Schon vor 60 Jahren malte sich Hermann Hesse aus, wie er den Schülern Goethe glatt verbieten würde, wenn er Schulleiter wäre. Verbieten, damit sie nicht vor der Zeit von ihm angeödet würden, sondern sich ihre Neugier auf ihn erhalten. »Welchen Leser ich wünsche?« hat sich Goethe einmal gefragt und geantwortet: »Den unbefangensten, der mich, sich und die Welt vergißt, und in dem Buche nur lebt.« So einen wie Edgar Wibeau also, den Helden aus Ulrich Plenzdorfs Erzählung »Die neuen Leiden des jungen W.«

Vielleicht erlaubt mir diese wünschenswerte Haltung, auch als Biograf mit einer gewissen Unbefangenheit an die Arbeit zu gehen: »Das Jahrhundert ist vorgerückt; jeder Einzelne aber fängt doch von vorne an.« So ist es zu Goethes Zeiten gewesen, und heute ist es nicht anders. Indem ich mich also auf den Weg mache, folge ich dem, was andere vor mir entdeckt haben, schau's mir auf meine Weise an und erzähle davon.

Immer neugierig und ohne falschen Respekt, denn wer Goethe nicht aufs Podest stellt, muß ihn später auch nicht herabstürzen. Vielleicht gibt's dann am Ende ein paar Mitwanderer mehr.

Dieser Mann hat zweierlei Werk geschaffen: ein niedergeschriebenes und ein gelebtes. An seiner persönlichen Entwicklung hat er mindestens so gearbeitet wie an seinen Gedichten. Hat auch zeit seines Lebens eine Menge Begabungen und Gefährdungen mit sich herumgetragen und sie auf mitunter ungewöhnliche Weise zum Ausgleich gebracht. Anders als so mancher seiner Weggefährten ist er darum auch nicht zerbrochen oder irgendwann einmal im Mittelmaß steckengeblieben.

Und wie Goethes Werk von zweierlei Art ist, so ist es auch die vorliegende Biografie, die wechselnd den Spuren seines Lebens und seiner Lebens-Landschaften folgt, wie er es selber im »West-östlichen Divan« empfiehlt:

>   Wer das Dichten will verstehen,
>   Muß ins Land der Dichtung gehen;
>   Wer den Dichter will verstehen,
>   Muß in Dichters Lande gehen.

Es muß beim Lesen dieses Buches nicht unbedingt Liebe zu Goethe entstehen. Der Alte von Weimar konnte sehr unliebenswürdig sein. Aus dem Überlieferten ließe sich leicht auch die Geschichte eines selbst- und ungerechten Ekels entwerfen. Aber selbst dann könnte die Geschichte seines Lebens Lust auf ein unabhängigeres Anschauen der Dinge im eigenen Leben machen. Denn wenigen Menschen ist es gelungen, sich die Welt derart frei und eigenwillig anzueignen, wie dem Dichter und Naturforscher Goethe. Die besten Verehrer Goethes schienen mir immer jene zu sein, die sich von der Existenz dieses Menschen auf eine Weise bereichern lassen konnten, daß sie dabei nicht sich selbst aufgaben, sondern im Gegenteil noch mehr sie selber wurden. Ein so getreuer Altersgefährte wie der weimarische Staatskanzler von Müller hat sich nach einem Besuch aufnotiert: »Lebhaft trat es mir vor die Seele: seine heiligsten Überzeugungen darf man nicht von irgend eines Menschen Ansichten abhängig machen – auch nicht von denen Goethes.«

Einem Wunderkind werden wir nicht begegnen. Ein Wunderkind war jener kleine, blasse Siebenjährige, dessen Konzert der 14-jährige Goethe mit seiner Familie am 25. August 1763 im Saal der Scharf'schen Weinwirtschaft zu Frankfurt am Main besucht hat. Das Kerlchen mußte allerlei musikalischen Firlefanz virtuos herunterspielen und mit seinem absoluten Gehör die Töne von Gläsern, Glocken und Uhren bestimmen. Dieser Mozart, das war ein Wunderkind. 67 Jahre später kam einmal die Rede auf den frühen Tod des Komponisten. Da meinte Goethe: »Jeder außerordentliche Mensch hat eine gewisse Sendung, die er zu vollführen berufen ist. Hat er sie vollbracht, so ist er auf Erden in dieser Gestalt nicht weiter vonnöten, und die Vorsehung verwendet ihn wieder zu anderem […]«

Ihm selber waren am Ende für seine Sendung fast 83 Jahre zugemessen.

Kindheit in Frankfurt am Main
1749 – 1765

> Vom Vater hab ich die Statur,
> Des Lebens ernstes Führen,
> Vom Mütterchen die Frohnatur
> Und Lust zu fabulieren.
> Urahnherr war der Schönsten hold,
> Das spukt so hin und wieder,
> Urahnfrau liebte Schmuck und Gold,
> Das zuckt wohl durch die Glieder.
> Sind nun die Elemente nicht
> Aus dem Komplex zu trennen,
> Was ist denn an dem ganzen Wicht
> Original zu nennen?
> »*Zahme Xenien*«

»Rätin«, ruft Kornelia Göthe zu ihrer 19-jährigen Schwiegertochter hinüber, die gerade von ihrem ersten Kind entbunden worden war, »Rätin, er lebt!« Nach schwerer Geburt ist der Junge Donnerstag, den 28. August 1749, bald nach Mittag auf die Welt gekommen, mit einer Kreislaufstörung und ganz blau vor Atemnot. Ärzte werden damals bei Geburten noch nicht hinzugezogen, und die Hebamme erweist sich als keine große Hilfe. Die beherzte Großmutter nimmt die Sache darum selber in die Hand, wäscht das Kind in warmem Wasser, reibt ihm die Herzgrube mit Wein ein. Endlich schlägt es seine großen Augen auf. Es ist geschafft.

Im 18. Jahrhundert wächst die Bevölkerung in Deutschland so gut wie gar nicht. Allzu hoch ist die Sterblichkeit. Der Tod kommt häufig und früh. Am gefährlichsten ist – gleichermaßen für Mutter und Kind – schon die Geburt. Deshalb wird der Sohn des Kaiserlichen Rates Johann Caspar Goethe und seiner Frau Catharina Elisabeth, geborene Textor, auch gleich am nächsten Tag getauft. Pastor Fresenius kommt in das Haus am Großen Hirschgraben Nr. 23 und gibt ihm die Namen seines Paten, des Großvaters Johann Wolfgang Textor. Es ist derselbe Geistliche, der schon die Mutter konfirmiert und die Eltern getraut hat und der dann 14 Jahre später auch den jungen Goethe konfirmieren wird.

»Ich habs im Mutterleib schon gespürt, was aus meinem Kind wird werden«, schreibt Frau Goethe später, »und hab auch keinen Augenblick dran gezweifelt, seit er auf der Welt war, daß es zu ihrem Heil werde sein.« Das Kirchenbuch protokolliert die Ankunft des neuen Erdenbürgers ungleich nüchterner, wenngleich im umständlichen Aktendeutsch jener Jahre. Da ist der Vater »Ihro röm. Kayserl. Majest. würckl. Rath und beider Rechten Doct.« und der Herr Gevatter der »Hochansehnliche Schultheiß allhier wie auch Ihro Röm. Kayserl. Majest. würcklicher Rath«. Ein Söhnchen, nicht von schlechten Eltern!

Tatsächlich sind Goethes Vorfahren in den letzten Jahrzehnten die soziale Leiter immer höher hinaufgeklettert. Urgroßvater Göthe war Hufschmiedemeister und Ratsdeputierter. Sein ältester Sohn wurde Schneider und kam bis nach Paris und Lyon, wo er sich die Kenntnis der feinen französischen Mode erwarb. In Frankfurt heiratete er dann in erster Ehe eine Meisterstochter und nach deren Tod eine Witwe, die Besitzerin eines Gasthofs war. Offenbar auch als Wirt und Weinhändler erfolgreich, hinterläßt er, der sich dreisprachig Fridericus Georg Göthé schreibt, ein Kapital von 90000 Gulden, von dem Goethes Vater und schließlich auch noch Goethe selber zehren werden.

Die Textors waren schon generationenlang eine angesehene Juristenfamilie gewesen, der Urgroßvater Kurpfälzischer Hofgerichtsrat in der Freien Reichsstadt Frankfurt, sein ältester Sohn – Goethes Großvater mütterlicherseits – als Reichs-, Stadt- und Gerichtsschultheiß der erste Mann am Ort.

Goethes Vater legt eigentlich über das solide Fundament von Geld und Ansehen nur noch ein wenig Glanz, indem er es zum Doktor beider Rechte bringt und sich von Kaiser Karl VII. – einflußreiche Freunde sind bei der Vermittlung behilflich – für 313 Gulden, 30 Kreuzer den Titel eines Kaiserlichen Rates erwirbt. Damit hat er es zu höchst respektablem Ansehen gebracht, ohne auch nur ein einziges Mal in seinem Leben durch eigene Arbeit das Vermögen der Vorfahren vermehrt zu haben. Kaiserliche Räte gibt es nur noch neun weitere in der Stadt.

Die genannten Berufs- und Standesbezeichnungen öffentlichen Dienstes klingen heute fremd. Aber Goethe wird in einen fast noch mittelalterlich geprägten Stadtstaat hineingeboren – wohingegen sich die Welt, als er alt ist, völlig verändert hatte. Das läßt sich schon an einigen Interessen seiner letzten Lebensjahre ablesen: Er interessiert sich für den Bau von Suez- und Panamakanal, für Dampfmaschinen und die ersten Eisenbahnen.

Frankfurt am Main ist ein Ländchen für sich und als Freie Reichsstadt nur dem Kaiser in Wien untertan. Mauern umschließen sie. Abends werden die Tore zugesperrt und die Schlüssel beim Bürgermeister hinterlegt. Winklige Gassen bestimmen das Stadtbild. Die Zünfte sind streng geordnet. Es gibt eine Judengasse. Zweimal im Jahr, während der berühmten Frühjahrs- und Herbstmessen, weht freilich europäischer Wind durch die berühmte Handelsstadt. Und seit 1562 ist sie auch Ort der Kaiser- und Königswahl. Johann Caspar hat das schon 1742 (Karl VII.) und 1745 (Franz I.) erlebt. Sein Sohn genießt 1764 als 14-Jähriger die Festlichkeiten, die mit der Krönung Josephs II. verbunden sind.

Es muß ihn bis ins Alter beeindruckt haben, denn seine autobiografischen Erinnerungen fallen hier sehr eingehend aus. Freilich verbinden sie sich zugleich mit denen an seine allererste Liebe, eine junge Kellnerin, die er »Gretchen« nennt. Im »Faust«-Drama findet sich nicht nur dieser Name wieder, sondern auch die ganze dunkel-dumpf-prächtige Welt des ausgehenden Mittelalters, wie sie Goethe in seiner Kindheit noch aufgenommen hat, »und es fehlte mitten in der bürgerlichen Ruhe und Sicherheit nicht an gräßlichen Auftritten. Bald weckte ein näherer oder entfernter Brand uns aus unserm häuslichen Frieden, bald setzte ein entdecktes großes Verbrechen, dessen Untersuchung und Bestrafung die Stadt auf viele Wochen in Unruhe. Wir mußten Zeugen von verschiedenen Exekutionen sein, und es ist wohl wert zu gedenken, daß ich auch bei Verbrennung eines Buches gegenwärtig gewesen bin.«

Die Judengasse beschäftigt den Heranwachsenden gleichfalls sehr. Düster schweben die alten Geschichten von der Grausamkeit der Juden gegenüber Christenkindern in seinem Gemüt. Andererseits seien sie aber doch auch das auserwählte Volk Gottes! Enge, Schmutz und Gewimmel der Gasse und ihrer Seitengassen – das ist schon die ganze »Judenstadt« – stoßen ihn zunächst ab. Aber neugierig, wie er ist, läßt er nicht locker, bis er »ihre Schule öfters besucht, einer Beschneidung, einer Hochzeit beigewohnt und von dem Laubhüttenfest mir ein Bild gemacht«. Dabei lernt er ein wenig Jiddisch und bittet den Vater zur Vertiefung um Hebräisch-Stunden.

Frankfurt hat damals 36000 Einwohner und gilt als eine der schönsten Städte im Deutschen Reich. In einer Beschreibung von 1741 heißt es, daß sie zwar nur mittelmäßig groß sei, »aber sehr angebauet und volckreich: die Lage derselben ist unvergleichlich und die Gegend daherum ist eine der angenehmsten in der Welt. Der Mayn formiret gegen den Aufgang von Seiten der Brücke ein rechtes Schaugerüste, wo sich die Stadt auf beyden Seiten in einem prächtigen Ansehen zeiget. Sowohl in der Stadt, als ausserhalb derselben sind die schönsten Spaziergänge. Man sieht allenthalben Höfe und Lustgärten, deren einige sehr wohl angelegt sind, und kostbar unterhalten werden.« Die Seele dieser reichen Stadt aber sei der Kaufmannsstand: Er allein »hält sie empor und giebt ihr einen Rang unter den vornehmsten Städten der Welt. Unter den Kaufleuten selbst giebt es grosse und ehrwürdige Männer, die als wahre Patrioten ihre erworbene Reichtümer zur Aufnahme der Stadt und zum besten ihrer Mitbürger, insonderheit der Armen, mit vielen Ruhm zu gebrauchen wissen. Diese Leute haben meistens in ihrer Jugend schöne Reisen gethan, verstehen die vornehmsten europäischen Sprachen, lesen gute Bücher und zeigen in ihrem ganzen Umgang eine edle Lebensart.«

Das »Heilige Römische Reich Deutscher Nation« setzt sich damals aus über 300 nahezu selbständigen Kleinstaaten und Freien Städten zusammen. Die obersten Behörden sind dementsprechend auch auf verschiedene Orte verteilt: In Wien residiert der Kaiser. Dort ist auch der Reichshofrat, eine Art Oberster Gerichtshof. In Regensburg treffen sich die Obrigkeiten der einzelnen Staaten zum »immerwährenden Reichstag«. Und Wetzlar schließlich beherbergt seit 1693 das Reichskammergericht. Dort hat Großvater Textor nicht nur zehn Jahre seines Lebens gearbeitet, sondern auch seine Frau kennengelernt. Der Ort ist Station auf der Studienreise seines Schwiegersohnes, und endlich wird dessen Sohn hier den letzten Schliff für den Anwaltsberuf erwerben.

Obwohl der Kaiser nach wie vor an der Spitze des Reiches steht, hat er doch längst nicht mehr die großen Befugnisse von ehedem. Sie sind an die einzelnen Territorialherrscher übergegangen. Nur im Reichstag und im Reichskammergericht vereinen sich Kaiser und Reichsstände noch zu gemeinsamer politischer Arbeit. Sie verläuft mühselig, zeitraubend und ist politisch nicht gerade effektiv. Als Goethe nach Wetzlar kommt, liegen dort 16233 zum Teil absichtlich verschleppte Prozesse. Jährlich werden davon etwa 60 erledigt – und doppelt so viele kommen hinzu! Da geht es in den Freien Städten etwas straffer zu, obwohl auch Stadtluft ihre Bürger nach heutigen Maßstäben noch nicht sonderlich frei macht. Die nach Ständen geordnete Hierarchie ist relativ unflexibel. Der Frankfurter Rat zum Beispiel besteht aus drei »Bänken« zu je 14 Mitgliedern: Schöffen, Ratsherren und Handwerkerräte. Die Patrizier der ersten beiden Bänke werden noch lange unter sich bleiben, weil das Prinzip der Hinzuwahl herrscht und ein Aufrücken aus der Handwerkerbank nicht möglich ist. Auch wer in die dritte kommt, bestimmen die übrigen Ratsherren.

Jedem der 14 Frankfurter Stadtteile steht ein Bürgeroffizier vor. Beschwerden dürfen dem Rat nur über ihn vorgebracht werden. Aus den ersten beiden Bänken werden jährlich zwei Bürgermeister bestimmt. Der Schultheiß leitet das Frankfurter Reichsgericht und gilt mehr als die übrigen Ratsmitglieder. Im »Römer«, dem Frankfurter Rathaus, hat er einen hervorgehobenen Sitz im Rat, gilt als Vertreter des Kaisers am Ort und ist damit der vornehmste Beamte der Stadt. Johann Wolfgang Textor spielt also eine bedeutende Rolle in Frankfurt – und das, obwohl er weder aus einer vornehmen noch besonders reichen Familie stammt. Sachverstand und persönliches Ansehen haben seine Karriere bewirkt.

Großvater Göthe – der erfolgreiche Schneidermeister, der sich mit den Jahren langsam in die höchste Steuerstufe seiner Stadt vorgearbeitet hat – wird 1700 Witwer und heiratet fünf Jahre später Kornelia Schellhorn. Auch sie ist Witwe und hat von ihrem ersten Mann den »Weidenhof« geerbt. Von seinen insgesamt elf Kindern überleben ihn drei. Goethes Vater Johann Caspar entstammt der zweiten Ehe. Er soll durch äußeren Stand abrunden, was der Vater durch Kapital und persönliche Respektabilität erreicht hat, und studiert in Gießen und Leipzig mehr fleißig als begabt Jura. Mit 28 Jahren besitzt er den Doktor beider Rechte (Doctor juris utriusque). Er kennt sich also im römischen Recht, dessen Fortschreibung und komplizierte Kommentierung immer noch gelten, ebenso aus wie im kanonischen, d.h. kirchlichen Recht, mit dem zum Beispiel alles geregelt wird, was Ehe, Todesfälle, testamentarische Verfügungen betrifft.

Nach dem Tode ihres Mannes gibt Frau Göthe Gasthof und Weinhandlung auf und zieht 1733 in jenes alte Haus, das fortan auch Johann Caspars Heimat ist und wo er seine Familie gründen wird. Zunächst aber rundet er seine Ausbildung mit einer zweijährigen »Kavaliersreise« ab, die ihn zwischen 1739 und 1741 über Wien nach Italien und zurück über Paris und Straßburg führt. Er bewirbt sich um eine Stelle in der reichsstädtischen Verwaltung, ist sogar bereit, ohne Einkünfte zu arbeiten, aber der üblichen geheimen Wahl mag er sich aus Stolz nicht unterziehen. Seine Bewerbung wird abschlägig beschieden, worauf er schwört, sich um keine andere Stelle mehr zu bemühen. Mit der Erwerbung des »Kaiserlichen Rates« ist er den Oberen der Stadt ebenbürtig und schließt damit ganz bewußt und für alle Zeit aus, daß er ein Verwaltungsamt bekleidet, in dem er sich hinaufdienen muß. In den Rat kann er auch nicht, weil einer seiner beiden Halbbrüder, der Zinngießermeister Hermann Jacob Göthe, dort schon einen Sitz innehat und verwandtschaftliche Beziehungen innerhalb des Rates nicht statthaft sind. Also privatisiert Johann Caspar bis an sein Lebensende.

Erst neuerdings beginnt sich die Ansicht durchzusetzen, daß er dabei dennoch ein erfülltes Leben geführt habe. Er verfaßt eine voluminöse »Viaggio per l'Italia« (Reise durch Italien im Jahre 1740), wozu er einen Italienischlehrer engagiert, der ihm hilft, seine Sprachkenntnisse zu vervollkommen. Er baut eine Privatbibliothek auf, die schließlich einen Umfang von 1800 Bänden hat und außer persönlichen Vorlieben auch das Bedürfnis nach umfassender Bildung verrät. Jahrzehntelang trägt er eine Sammlung von Dokumenten zur Frankfurter Rechtsgeschichte zusammen, die am Ende 21 große Bände umfaßt. In den Künsten nicht begabt – er »stimmte seine Laute länger, als er darauf spielte«, erinnert sich der Sohn später –, hat er doch viel Sinn für sie. Er vergibt viele Aufträge an Frankfurter Maler, was seiner Bildersammlung nach einigen Jahren den Ruf einträgt, zu den interessantesten der Stadt zu gehören. Es ist übrigens die einzige, die sich ganz auf zeitgenössische Kunst spezialisiert hat. An Hand des penibel geführten Haushaltsbuches ist errechnet worden, daß Johann Caspar Goethe nicht weniger als 10 Prozent seiner jährlichen Ausgaben für Kunst, Literatur und Ausbildung verwendet hat.

Mit 38 Jahren heiratet der nun schon etwas ältliche Junggeselle die 18-jährige Tochter des Schultheißen Textor. Catharina Elisabeth ist lebenslustig, zieht sich gerne hübsch an und liebt das Theater. Es ist damals nicht üblich, daß die Mädchen sonderlich ausgebildet werden; ein bißchen Lesen, Schreiben, Rechnen, etwas Klavierspielen und Spitzenklöppeln, das hat zu reichen. Aber bei dieser Frau ist doch zeitlebens zu merken, daß sie was zu sagen weiß (wenn's dann auch in schauerlicher Rechtschreibung geschieht!), daß sie einen wendigen Geist und ein warmes Herz hat. »Ich habe die Menschen sehr lieb – und das fühlt alt und jung gehe ohne pretention durch diese Welt und das behagt allen Evens Söhnen und Töchtern – bemoralisire niemand – suche immer die gute seite aus zuspähen – überlaße die schlimme dem der den Menschen schufe und der es am besten versteht, die scharffen Ecken abzuschleifen, und bey dieser Medote befinde ich mich wohl, glücklich und vergnügt.«

Als Ehefrau, Mutter und Vorsteherin eines großen Hauses hat sie alle Hände voll zu tun. Ihrem Mann, der anfangs mit großem Eifer nicht nur die Kinder, sondern auch sie selber nach seinem Bildungsideal formen will, entzieht sie sich in dieser Hinsicht bald mit sanfter Bestimmtheit. Sie liest gern und viel, eigentlich alles, was ihr vor die Augen kommt: manches aus den herrlichen Bücherschätzen ihres Mannes, aber auch alle möglichen Modezeitschriften, Tagesromane und Almanache. Als junges Mädchen mit einem schon älteren Mann verheiratet, der sie zunächst wie ein Kind behandelt, findet sie sich als reife Frau neben einem Greis, der nach zwei Schlaganfällen »pflanzenhaft« dahinvegetiert und noch drei lange Jahre gepflegt werden muß, weil er nicht mehr selber essen, nur schwer sprechen kann und immer größere Mühe mit dem Gedächtnis hat.

Aber die Frau Rätin ist eine starke Frau und eine »Frohnatur« überdies. Herrlich vorurteilsfrei, findet sie leicht Kontakt zu jedermann und hat »die Gnade von Gott, daß noch keine

Menschenseele mißvergnügt von mir weggegangen ist – weß Standes, alters, und Geschlecht sie auch geweßen ist«. Später ist sie sehr stolz, wenn man sie ihres »Hätschelhanses« wegen besucht; »bei mich kommen sie Alle ins Haus«. Als es ihr im Alter in dem großen, leer gewordenen Haus zu ungemütlich wird, verkauft sie es 1795 ohne Bedenken samt »allen kling klang« und zieht in eine hübsche kleine Mietwohnung am Roßmarkt.

Sie versteht zu leben, und am Ende hat sie es auch beispielhaft verstanden, zu sterben. Nichtsahnende Gastgeber schikken ein Dienstmädchen, um sie einzuladen. Ihre schlichte Antwort: »Sagen Sie nur, die Rätin kann nicht kommen, sie muß alleweil sterben.« Nachdem Frau Rat noch für den Leichenschmaus gesorgt hat, segnet sie das Zeitliche und geht am 13. September 1808 getrost ins nächste Leben hinüber.

Johann Wolfgang Goethe wird noch vier Geschwister haben, aber bis auf die anderthalb Jahre jüngere Cornelia sterben sie früh. Eine Überlieferung hilft uns, ihn sich als »großen Bruder« vorzustellen. Der Mutter ist aufgefallen, daß der Zehnjährige »bei dem Tod seines jüngeren Bruders Jakob, der sein Spielkamerad war, keine Tränen vergoß, er schien vielmehr eine Art Ärger über die Klagen der Eltern und Geschwister zu haben. Da die Mutter nun später den Trotzigen fragte, ob er den Bruder nicht liebgehabt habe, lief er in seine Kammer, brachte unter dem Bett hervor eine Menge Papiere, die mit Lektionen und Geschichtchen beschrieben waren. Er sagte ihr, daß er dies alles gemacht habe, um es dem Bruder zu lehren.«

Mit sieben Jahren hat er vier Geschwister, mit zwölf Jahren nur noch zwei und danach einzig Cornelia. Mit ihr zusammen wird er – zunächst vom Vater, später auch von Hauslehrern – unterrichtet. Unleugbar profitieren die Kinder von dem etwas überschießenden Bildungsdrang des Vaters. Andererseits leidet die Familie auch unter seinem Starrsinn. Der alte Goethe erinnert sich an seinen Vater als an einen »zwar liebevollen und wohlgesinnten, aber ernsten Vater, der, weil er innerlich ein sehr zartes Gemüt hegte, äußerlich mit unglaublicher Consequenz eine eherne Strenge vorbildete, damit er zu dem Zwecke gelangen möchte, seinen Kindern die beste Erziehung zu geben«. Ihm gegenüber nun also die Mutter – »fast noch ein Kind, welche erst mit und in ihren beiden Ältesten zum Bewußtsein heranwuchs« – und die »nach gegenwärtigem Genuß verlangenden« Kinder: »Ein solcher in der Familie schwebender Widerstreit vermehrte sich mit den Jahren. Der Vater verfolgte seine Absichten unerschüttert und ununterbrochen; Mutter und Kinder konnten ihre Gefühle, ihre Anordnungen, ihre Wünsche nicht aufgeben.« Mit anderen Worten: Es gibt oft lautstarken familiären Streit.

Für den Besuch der Universität ist damals kein Abitur notwendig. Man schreibt sich ein, wenn man alt genug dafür ist und sich genügend vorbereitet glaubt – durch den Besuch eines Gymnasiums, durch Privat- oder Selbstunterrichtung. Im Hinblick darauf ist Johann Caspar Goethe damals geradezu der Idealfall eines Vaters: kein Lehrer, kein Buch zu teuer, alle Kinderwünsche, die im weitesten Sinne mit Bildung zu tun haben, werden gewährt.

1752 kommt Goethe in eine nahe gelegene Spielschule. Schon damals lernt er lesen. 1756 geht es in die öffentliche Schule, in der Lesen, Schreiben, Rechnen und protestantische Glaubenslehre auf dem Lehrplan steht. Schon der Siebenjährige muß von 7 bis 10 Uhr und von 13 bis 16 Uhr in die Schule, was ihm nicht leichtfällt. Zwar erweitert sich nun sein Aktionsradius über die unmittelbare Hirschgrabenumgebung hinaus, aber in der Schule gilt noch die Prügelstrafe, und auch der Zusammenprall mit den anderen Schülern ist nicht immer leicht für ihn.

Noch in den Erinnerungen des alten Mannes spürt man allerdings die detailvergnügte Zufriedenheit des eigentlich wohlerzogenen Jungen über eine erfolgreich bestandene Prügelei: Drei Mitschüler peitschen ihm, als der Lehrer einmal nicht gekommen ist, die Beine fürchterlich mit den Weidenruten eines zerschnittenen Kehrbesens aus. Er will nun zwar als Beweis seiner Zähigkeit den Schmerz bis zum Ende der Schulstunde aushalten, aber seine Wut gegen die Peiniger wächst während dieser Zeit beträchtlich. Als es endlich soweit ist, »fuhr ich dem einen, der sich's am wenigsten versah, mit der Hand in die Nackenhaare und stürzte ihn augenblicklich zu Boden, indem ich mit dem Knie seinen Rücken drückte; den andern, einen jüngeren und schwächeren, der mich von hinten anfiel, zog ich bei dem Kopfe durch den Arm und erdrosselte ihn fast, indem ich ihn an mich preßte. Nun war der letzte noch übrig und nicht der schwächste, und mir blieb nur die linke Hand zu meiner Verteidigung. Allein ich ergriff ihn beim Kleide, und durch eine geschickte Wendung von meiner Seite, durch eine übereilte von seiner brachte ich ihn nieder und stieß ihn mit dem Gesicht gegen den Boden. Sie ließen es nicht an Beißen, Kratzen und Treten fehlen; aber ich hatte nur meine Rache im Sinn und in den Gliedern.«

Das Wehgeschrei der Besiegten ruft Erwachsene auf den Plan, aber Goethes Beine sprechen für ihn. Dennoch wird ihm Strafe angedroht. Da erklärt dieses Kerlchen doch wörtlich, »daß ich künftig bei der geringsten Beleidigung einem oder dem andern die Augen auskratzen, die Ohren abreißen, wo nicht gar ihn erdrosseln würde«.

Im übrigen ist Goethe nicht ganz schuldlos an dem Vorfall. Damals wie heute gibt es unter Jungs eine Zeit, in der man sich viel aufs Schmerzenertragen zugute hält und Spiele pflegt, die darauf abzielen. Auch ihm ist zum Beispiel jener Quälspaß nicht unbekannt, bei dem man »mit zwei Fingern oder der ganzen Hand sich wechselweise bis zur Betäubung der Glieder schlägt«. Da er aber »von einem solchen Leidenstrotz gleichsam Profession machte, so wuchsen die Zudringlichkeiten der andern; und wie eine unartige Grausamkeit keine Grenzen kennt, so wußte sie mich doch aus meiner Grenze herauszutreiben«.

Dabei zeigt sich schon früh ein Charakterzug, den wir namentlich am jungen Goethe noch häufig bemerken werden: Wo er sich empfindlich und unsicher wähnt, geht er mit großer Energie dagegen an. Als Student in Straßburg unterwirft er sich einer regelrechten Selbsterziehung gegen Ängste und Abneigungen. Ihn schwindelt leicht – also steigt er aufs Münster und blickt immer wieder tapfer in die Tiefe. Lärm macht ihm zu schaffen – also geht er beim Zapfenstreich neben den Trommlern einher. Seine medizinischen Studien treibt er mit einem Hintersinn: Er will den Anblick von Toten, von Operationen und Blut ertragen lernen. Nachts sucht er einsame Orte auf, an denen es ihm gruselt, Friedhöfe und nächtliche Kapellen. Offenbar hat er mit seinen Übungen Erfolg, denn immer wieder wird es Augenblicke im Leben des erwachsenen Goethe geben, in denen er großen persönlichen Mut unter Beweis stellt.

Sein Lernpensum in der Schule und später daheim ist umfangreich und von ganz anderem Aufbau, als ihn der Schüler heute kennt. Natürlich steht Geschichte auf dem Plan, aber sie ist ihm damals »ein Mischmasch von Irrtum und Gewalt«. Auch Mathematik entzückt ihn wenig. Physik gefällt ihm schon besser – vor allem wenn er von der Frankfurter Messe eine kleine Elektrisiermaschine mitgebracht bekommt oder ein Prisma, mit dem er das Licht brechen kann. Sein Geometrie-Unterricht scheint sich im wesentlichen auf das Entwerfen, Falten und Kleben von Kästchen zu beschränken. Dafür gilt Schönschreiben als besonders wichtiges Fach. Von der Bedeutung einer guten Schrift kann man sich heute, da fast jeder Haushalt über eine Schreibmaschine oder einen PC verfügt oder gleich aufs Telefonieren ausgewichen wird, kaum mehr eine Vorstellung machen. Deutliches Schreiben war einfach wichtig, wenn Briefe richtig verstanden, amtliche Schriften klar und Anordnungen eindeutig bleiben sollten. Im Herbst 1756 engagiert Goethes Vater sogar einen Meister dieses Faches, den »Magister artis scribendi« Johann Heinrich Thym, der dem Jungen ein Büchlein mit Vorschriften zeichnet. Noch die ausgebildete Schrift des reifen Goethe hat erstaunliche Ähnlichkeit mit dem damals Geübten.

Gelesen wird viel und von allen Mitgliedern der Familie. Wo die Schullektüre zum Erzählten, zum Märchen- und Bildhaften neigt, da ist der Junge schon gewonnen. Deshalb liebt er auch die Bibel, besonders das Alte Testament sehr. Er kennt den »Robinson« und Schnabels »Insel Felsenburg«, eine damals sehr beliebte deutsche Robinsonade. In Frankfurt gibt es einen Verlag, der die berühmten Volksbücher – »auf das schrecklichste Löschpapier fast unleserlich gedruckt« – in Heftchenform herausbringt. Sie zerlesen sich schnell, aber für ein paar Kreuzer können sich die Kinder immer wieder neu den »Eulenspiegel« und »Die vier Haimonskinder« kaufen, »Die schöne Magelone«, den »Fortunatus«, den »Ewigen Juden« und – das »Volksbuch vom Doktor Faust«.

Sprachbegabt war Goethe von klein auf. Lateinisch kann er wirklich gut. Griechisch liest er meist mit einer lateinischen Parallelübersetzung. Im Französischen ist er nicht schlecht, aber Cornelia besser. Im Italienischen dominiert natürlich zunächst der Vater. Englisch gibt's nicht nur beim Hauslehrer, sondern ein Weilchen auch bei einem jungen Engländer, mit dem sich die Geschwister und ihre Freunde im Gespräch üben. Grammatiken und trockene Lehrbücher liebt der Junge nicht so sehr. Er schätzt auch hier stets das Anschauliche, und so erfindet sich Goethe eines Tages zum Üben all der Sprachen einen kleinen, heute nicht mehr erhaltenen Roman. Er handelt »von sechs bis sieben Geschwistern, die, voneinander entfernt und in der Welt zerstreut, sich wechselseitig Nachricht von ihren Zuständen und Empfindungen mitteilen«.

Da hat nun jeder seine Sprache: der älteste Bruder deutsch; ein anderer studiert Theologie, schreibt also lateinisch, ab und an mit griechischen Fußnoten; ein Hamburger Handlungsdiener erledigt den englischen Teil der Korrespondenz, einer lebt in Frankreich, der Musikus der Familie ist fürs Italienische zuständig, »und der jüngste, eine Art von naseweisem Nestquakkelchen, hatte, da ihm die übrigen Sprachen abgeschnitten waren, sich aufs Judendeutsch gelegt, und brachte durch seine schrecklichen Chiffern die übrigen in Verzweiflung und die Eltern über den guten Einfall zum Lachen«.

Auf so eine Idee muß man erst einmal kommen. Wunderkindmäßig wird sie aber dennoch nicht ausgeführt worden sein, denn was von Goethes frühesten Arbeiten erhalten ist – zwei Gedichte an die Großeltern, die er mit sieben und zwölf schreibt –, sind talentierte Fleißproben eines allenfalls frühreifen Kindes, mehr nicht. Das erste fängt mit den Worten an:

Erhabner Großpapa!
   Ein neues Jahr erscheint,
Drum muß ich meine Pflicht und Schuldigkeit entrichten,
Die Ehrfurcht heißt mich hier aus reinem Herzen dichten,
So schlecht es aber ist, so gut ist es gemeint.

Es endet mit den Worten: »Dies sind die Erstlinge, die *Sie* anheut empfangen, / Die Feder wird hinfort mehr Fertigkeit erlangen.« Der Vater bemüht sich mit seinem Unterricht, daß sie das auch wirklich tut. Es sind frühe Hausaufgaben des Sohnes erhalten, über die er später als Erwachsener den Titel »Labores Juveniles« (Jugendliche Arbeiten) setzt. Sie umfassen Abschreibübungen, Aufsätze und ihre Übertragung ins Lateinische, darunter auch etliche steife Dialoge zwischen Vater (Pater = P) und Sohn (Filius = F). Einer gibt Aufschluß über ein Ereignis, das den Sechsjährigen sehr beschäftigt hat. Zwei Wochen nach dem Tode der Großmutter 1754 macht sich der Vater daran, das mittelalterlich verwinkelte Heim am Hirschgraben – ein größeres Haus und ein kleines, angrenzendes – vom Keller bis zum Dachgeschoß renovieren und vereinigen zu lassen und ihm eine zeitgemäße Fassade zu geben. Jahre später möchte Goethe den Grundstein des Hauses (lapis fundamentalis) wieder einmal sehen und steigt mit seinem Vater in den großen Keller hinab.

F. Nunmehro sehe ich ihn wohl und erinnere mich, daß ich ihn unter vielen Feyerlichkeiten mit eigener Hand eingemauret habe.
P. Kanstu dich noch mehrer Umstände die dabey vorgefallen erinneren.
F. Warum nicht. Ich sehe mich nehmlich in der Tiefe als einen Maurer gekleidet mit der Kelle in der Hand unter vielen Maurer-Gesellen stehen, und hatte den Steinmetzen-Meister zur Seiten.
P. Wurde den dabey sonst nichts geredet?
F. Ja wohl. Es fing der Obergeselle zwar nach Gewohnheit aine Rede an konte sie aber nicht ausfüren und unterlies nicht sich die Haare auszurauffen da er von so vielen Zuschauern inzwischen ausgelacht wurde.
P. Was denckstu den nun gutes bey diesem Stein, nach dem dich so sehr verlanget?
F. Ich gedencke und wünsche daß er nicht eher als mit dem Ende der Welt verrücket werden möge.

Der Vater verwirklicht seine Baupläne zwischen April 1755 und Januar 1756, ohne daß die Familie auszieht. Es gibt zwar ein erhebliches Durcheinander in den Gemütern der Kinder – immerhin wurde nun eingerissen, was früher erhaltenswürdig schien, und beschmutzt, was sonst sauberzuhalten war –, aber Johann Caspars Organisation gerät nie durcheinander. Erst als das Dach an die Reihe kommt und der Regen durch die Wachstuchplanen in die Betten pladdert, werden die Kinder zu Freunden gegeben. Es ist zugleich der Beginn ihrer öffentlichen Schulzeit.

Goethe nimmt das alles mit wachen Sinnen auf, zumal mit offenen Augen. Er ist ein Augenmensch von Anfang an bis hin zu seiner letzten Lebensäußerung. Am Anfang der Kindheit steht eine optische Sensation. Vom Vater auf dem Arm gehalten, wird der Kleine auf den Mond aufmerksam gemacht. Kaum sieht er ihn, fällt er wie erschüttert zurück und gerät außer sich. Johann Caspar muß ihm Luft einblasen, damit er nicht erstickt. Eine andere »Sensation« schließt in gewissem Sinne seine Kindheit ab. In Frankfurt grassieren 1758 die Blattern. Der Neunjährige erkrankt und wird sogar für einige Tage blind. Tapfer übersteht er jene Zeit, die schließlich nicht nur peinvoll ist, weil er sich nicht kratzen darf, sondern vor allem durch die Angst, ob er jemals wieder etwas werde sehen können.

Die Krankheit bedeutet für Goethe übrigens das Ende des Besuchs der öffentlichen Schule. Danach wird er nur noch zu Hause im Hirschgraben unterrichtet. Ein Straßenname übrigens, der den Jungen verwundert, weil er weder Hirsch noch Graben sieht. »Man erzählte sodann, unser Haus stehe auf einem Raum, der sonst außerhalb der Stadt gelegen, und da, wo jetzt die Straße sich befinde, sei ehmals ein Graben gewesen, in welchem eine Anzahl Hirsche unterhalten worden. Man habe diese Tiere hier bewahrt und genährt, weil nach einem alten Herkommen der Senat alle Jahre einen Hirsch öffentlich verspeiset, den man denn für einen solchen Festtag hier im Graben immer zur Hand gehabt [...]«

Goethes Eltern sind lutherische Protestanten, aber durchaus keine engen, sonst hätten sie sich nicht im Hause eines reformierten Verwandten trauen lassen, zu einer Zeit, da Haustrauungen eher unüblich und Reformierte in Frankfurt von allen städtischen Ämtern ausgeschlossen sind. Die Mutter holt sich später sogar – zum Mißvergnügen des befreundeten Pfarrers – einen religiösen Freundeskreis ins Haus, welcher der Herrnhuter Brüdergemeine nahesteht. Ihr Glaubensgefühl findet in den Sonntagspredigten voller »Gemeinplätze« nicht die rechte Befriedigung. Oft überschlägt sie währenddessen in Gedanken häusliche Tätigkeiten und wartet ungeduldig darauf, wann der Herr Pfarrer wohl durch seine trockene »Lüneburger Heide« hindurch sei.

Der Junge wird also ganz bestimmt nicht bigott erzogen. Das elterliche Tun und Denken ist von eigenständiger und praktischer Frömmigkeit bestimmt. Der Vater – vielleicht in Erinnerung an einen geistig behinderten Halbbruder – nimmt zum Beispiel einen jungen Mann ins Haus, der, nachdem er schon seinen Dr. jur. geschafft hat, geisteskrank wird. Den Kindern ein wenig unheimlich, wohnt er 25 Jahre lang im Hause, hat ab und zu Tobsuchtsanfälle, tut aber niemandem etwas zuleide und bleibt in dieser Zeit vor den Zellen des damaligen »Tollhauses« bewahrt.

Auch Goethe selber dürfte in einem fraglosen Kinderglauben gestanden haben – bis zu jenem Moment, da er von dem großen Erdbeben von Lissabon am 1. November 1755 erfährt. Was mochte Gott sich dabei wohl gedacht haben: »Eine große, prächtige Residenz, zugleich Handels- und Hafenstadt, wird ungewarnt von dem furchtbarsten Unglück betroffen [...] Sechzigtausend Menschen, einen Augenblick zuvor noch ruhig und behaglich, gehen miteinander zugrunde.«

Die Nachricht erfüllt damals ganz Europa mit Entsetzen. Im Januar 1756 hält Pastor Fresenius eine Predigt, in der er bemüht ist, den Schöpfer gegen mögliche Vorwürfe der Menschen zu verteidigen. Johann Caspar fragt hernach seinen Sohn, was er von alledem verstanden habe, und erhält zur Antwort: »Am Ende mag Alles noch viel einfacher sein, als der Prediger meint; Gott wird wohl wissen, daß der unsterblichen Seele durch böses Schicksal kein Schaden geschehen kann.« Wenn's keine nachträgliche Erfindung der stolzen Mutter im Alter war, zeugt der Ausspruch von erstaunlicher Bewältigung der Glaubenskrise. Das Katechismus-Wissen, das dem Jungen später im Hinblick auf die Konfirmation Ostern 1763 verabfolgt wird, fällt dagegen weniger ins Gewicht. Nach der Feier ist er eher enttäuscht über den Ablauf der Beichte, die er sich ernstlicher, offenbarender, wohl mehr nach katholischem Ritus vorgestellt hat.

Goethes literarische Erziehung beginnt früh, wenn sie auch eher eine Summe glücklich zusammentreffender Umstände ist denn eine gezielte »Ausbildung«. Sie entspricht aber den jeweiligen kindlichen Bedürfnissen und Vorlieben und fällt deshalb auf denkbar fruchtbaren Boden. Das beginnt schon mit dem Geschichtenerzählen der Mutter und wird durch das Weihnachtsgeschenk eines Puppentheaters fortgesetzt. Es gehören die bereits erwähnte Lektüre der Volksbücher dazu, Märchen, Schullektüre voll seltsamer Welthaltigkeit (Bibel, antike Dichter, Spruchweisheiten) und schließlich der Besuch des Theaters.

Die Gutenachtgeschichten der Mutter finden beim »Hätschelhans« natürlich das denkbar aufmerksamste Publikum. Da »verschlang er mich bald mit seinen großen schwarzen Augen, und wenn das Schicksal irgend eines Lieblings nicht recht nach seinem Sinn ging, da sah ich, wie die Zornader an der Stirn schwoll und wie er die Tränen verbiß«. Droht es zu arg zu kommen, wird die Fortsetzung verschoben. In der Zwischenzeit biegt er sich die Geschichten nach seinem Gutdünken zurecht, wendet aufziehende Katastrophen ab und teilt dann alles Oma Göthe mit. Die gibt's der Mutter weiter, so daß jene vorbereitet ist. »Wenn ich dann am nächsten Abend die Schicksalsfäden nach seiner Angabe weiter lenkte und sagte: ›Du hast's erraten, so ist's gekommen‹, da war er Feuer und Flamme und man konnte sein Herzchen unter der Halskrause schlagen sehen.«

Zu Weihnachten 1753 – dem letzten Fest, das die 86-jährige Großmutter Göthe noch erlebt – bekommt der Enkel von ihr ein Puppentheater geschenkt, auf dessen kleiner Bühne schon eine »Saul«-Aufführung vorbereitet ist. Für diesen hölzernen Kasten, der noch heute im dritten Stockwerk des Goethe-Hauses steht, schreibt er seine ersten Stücke, studiert sie mit Freund und Freundin ein, sitzt davor und steht mit noch größerer Begeisterung dahinter. Der schäbige Kasten mit dem perspektivisch sich verjüngenden Schachbrettmuster auf dem Boden, den Vorrichtungen für Haupt- und Zwischenvorhänge ist die »Vorschule« des größten deutschen Dramatikers. Auf diesen Bretterchen wird so manches nachgespielt, was die Kinder aus der Bibel und den billigen Volksbüchern kennen. Hier lernt Goethe, mit den Unzulänglichkeiten jeder Bühne, der Unzuverlässigkeit jedes Ensembles und der Erschöpfbarkeit jedes Publikums umzugehen. 1809 gedenkt er des Geschenks in »Dichtung und Wahrheit« noch ebenso innig wie 1777 in den Anfangspassagen des Romans »Wilhelm Meisters theatralische Sendung«.

Überhaupt das Theater! Frankfurt bekommt erst 1782 ein eigenes Komödienhaus; die reife Frau Rätin hat es dann oft und gern besucht. Aber zur Messezeit kamen auch schon früher wandernde Theatergruppen in die Stadt. Auf dem Roßmarkt, hinter der Hauptwache oder auf dem Liebfrauenberg schlagen sie ihre Schaubuden auf und bieten Erschröcklich-Ergötzliches von meist zweifelhaftem Niveau. Man darf es sich wohl so vorstellen, wie's der junge Goethe später in seiner Posse »Jahrmarktsfest zu Plundersweilern« beschreibt.

Als Frankfurt 1759 von den Franzosen besetzt wird, kommt, sozusagen als Truppenbetreuung, ein französisches Ensemble in die Stadt. Goethe besucht dessen Aufführungen häufig – und heimlich. Der Vater darf nichts davon wissen, die Mutter hingegen duldet es. Aus dem Kreis der Schauspieler gewinnt er sich einen etwa gleichaltrigen Jungen zum Freund. Der nimmt ihn auch hinter die Bühne mit, wo Schauspieler und Schauspielerinnen ihre Kleider wechseln, ohne sich dabei von den Kindern stören zu lassen. Verwirrende Erfahrung für den 10-jährigen Bürgerssohn!

Das französische Theater, obwohl frei für jedermann, ist im Grunde ein Theater von Fremden für Fremde. Goethe bietet es freilich unersetzliche Lehrstunden in Französisch und eine prächtige Einführung in die klassische Dramenliteratur von Molière bis Racine. Von der theaterbegeisterten Mutter ist bekannt, daß sie schon beim Lesen eines Stückes und vollends über dem Anschauen in naiv-herzliche Anteilnahme verfallen kann. Einmal amüsiert sie der bloße Text eines Weimarer Karnevalspiels so, daß er sie zu den Worten hinreißt, das Ding müsse man lesen, »wen der Unterleib verstopt ist und vor die Kur bin ich Bürge«.

Als die Frankfurter Komödie bei sommerlicher Hitze und kaum fünfzig Besuchern ein Stück Goethes spielt, ruft sie von ihrer Loge auf die Bühne hinunter: »Herr Wery, spielen Sie nur tüchtig, ich bin da.« Die Schauspieler geben also ihr Bestes, um der Mutter des mittlerweile berühmten Dramatikers zu genügen, so daß sie ihnen am Ende zuruft, das wolle sie ihrem Sohn schreiben. Darüber fängt ein Gespräch an, das den Zuschauern an jenem Tag sicher weitaus mehr Unterhaltung bietet als die Dialoge des Sohnes. Vielleicht läßt diese Episode aber auch Rückschlüsse auf Goethes Beweggründe zu, sich die Mutter in späteren Jahren gern auf Abstand zu halten; zu einem Umzug nach Weimar ermuntert er die temperamentvolle

Dame jedenfalls nicht. Goethes eigene Art illustriert wohl
eher eine Anekdote aus der Zeit des Herrn Ministers und Lei-
ters des Weimarischen Theaters, die beschreibt, wie er sich in
»seinem« Theater einmal während einer Aufführung erhebt
und mit mächtiger Stimme ins Publikum ruft: »Wird's bald
still?«

Die Franzosen sind nicht von ungefähr in die Stadt gekommen. Als die 23-jährige Habsburgerin Maria Theresia nach
dem Tode ihres Vaters, Kaiser Karls VI., 1740 den Thron bestie-
gen hatte, fochten die Kurfürsten von Bayern und Sachsen
die Erbfolge an. Diesen Streit nutzt der Preußenkönig Friedrich II., erobert im selben Jahr Schlesien, das zum Reich der
Habsburger gehört hatte, und untermauert seinen Sieg 1744/45.
Der dritte schlesische Krieg weitet sich dann zum sogenannten Siebenjährigen Krieg aus (1756–1763). Wechselnde Bünd-
nisse bringen es mit sich, daß nun Frankreich und Österreich,
Rußland und Schweden gegen Preußen stehen.

Die Frankfurter merken von alledem zunächst nicht viel.
Ein paarmal ziehen französische Truppen nach festgelegtem
Reglement durch die Stadt: Einzelne Bataillone werden zum
einen Tor hineingelassen und zum anderen wieder hinausbe-
gleitet, erst dann dürfen die nächsten durchziehen. Weil das
Deutsche Reich bei diesem Krieg sofort die Sache seiner angegriffenen Mitgliedsstaaten Sachsen und Österreich aufgenommen hatte, marschieren bald auch reichsstädtische Soldaten
gegen Preußen. Dennoch gehen die Auseinandersetzungen
quer durch die Stadt, denn die Protestanten halten natürlich
eher zu Friedrich als zum katholischen Habsburg.

Dieser Riß trennt sogar die Familien Goethe und Textor. Vater Goethe ist »fritzisch« gesinnt, Schwiegervater Textor als
Schultheiß der Reichsstadt habsburgisch. Jäh wird eines Tages
der sonntägliche Brauch der Goethes abgebrochen, mittags
bei den Textors zu essen. Während einer Familienfeierlichkeit
unterstellt Goethe senior seinem Schwiegervater, er habe sich
von den Franzosen bestechen lassen, damit sie die Stadt beset-
zen konnten. Textor kriegt die Wut und wirft mit dem Messer nach Goethe. Der dringt nun mit dem Degen auf ihn ein,
und schließlich müssen sich Umstehende zwischen die Streit-
hähne werfen, um das Schlimmste zu verhüten.

Zu diesem Zeitpunkt sind rund 7000 französische Soldaten in und um Frankfurt einquartiert. Die Stadt ist ein wichtiger Stützpunkt für sie. Da sie zuvor immer abgewiesen worden waren, wird Anfang 1759 unter Führung Comte de Thorancs ein Bataillon offiziell in die Stadt eingeschleust und sorgt dann handstreichartig dafür, daß weitere Truppen nachdringen können. François de Théas Comte de Thoranc wird von seinem Vorgesetzten zum königlichen Statthalter in Frankfurt erklärt. Der 40-jährige Provenzale erweist sich schnell als ebenso taktvoller wie taktisch geschickter Standortverwalter. Er quartiert sich im Hause Johann Caspar Goethes ein, wo er den ersten Stock in Beschlag nimmt. Das Haus im Hirschgraben ist nun ein öffentliches Gebäude mit amtlichem Charakter und muß Tag und Nacht zugänglich sein, weshalb von Januar 1759 bis Juni 1761 eine Schildwache vor dem Hause steht. Flur und Treppen sind nun von morgens bis abends voller Bittsteller und streitender Parteien, Anordnungen werden getroffen, Befehle erlassen – und Vater Goethe muß bei alledem murrend beiseite stehen.

Thoranc, ein unbestechlicher und den bildenden Künsten zugeneigter Mann, wird zwar später wegen seiner Verdienste um die Stadt Frankfurt zum Reichsgrafen erhoben, von ihren Bewohnern behält er gleichwohl die denkbar schlechteste Meinung. Er findet, sie seien bestechliche und einzig auf ihren Vorteil bedachte Krämerseelen.

Auch jetzt hat sich der Krieg nur durch Teuerung, Beengtheit von Handel und Wandel, nicht aber durch Blut und Tod in der Stadt gezeigt. Am 5. November 1757 jubeln die »Fritzischen« nach dem Sieg von Roßbach, am 5. Dezember nach dem von Leuthen. Aber in der Karwoche 1759 kommt es in Bergen, vor den Toren Frankfurts, zu einem triumphalen Sieg der Franzosen über den Herzog von Braunschweig. Als Thoranc am Abend nach der Schlacht in den Hirschgraben zurückkehrt, gratuliert ihm der Hausherr nicht etwa, sondern ergeht sich in Verwünschungen. Beinahe hätte die Auseinandersetzung auf dem Treppenflur üble Folgen für ihn gehabt. In diesem Haus sind dem Comte nur die Kinder zugeneigt – und er ihnen. Das erste Eis seines Lebens bekommt »le jeune Goethe« von Thoranc.

Der Comte möchte bei seiner Heimkehr die Wände voller

Bilder haben und wendet sich deshalb in der Zeit seines Frankfurter Aufenthaltes mit zahlreichen Aufträgen an die örtlichen Maler. Nun wird Goethes Haus noch mehr als schon zuvor ein Treffpunkt der Künstler. Wolfgang muß sein helles Mansardenzimmer räumen, weil es als Atelier gebraucht wird. Es bleibt nicht aus, daß der Zehnjährige den Malern zusieht, mit allerlei kleinen Gefälligkeiten zur Hand geht und wiederholt auch als Modell herangezogen wird. Zum Beispiel zeigt uns das Aprilbild eines Jahreszyklus von Johann Conrad Seekatz den kleinen Wolfgang, zwar leicht »italiänisiert«, aber doch lausbubenhaft-lebendig.

Thoranc sorgt in Frankfurt für öffentliche Ruhe und für Sauberkeit auf den Straßen, räumt auch mit mancher Schlamperei auf und setzt zum Beispiel durch, daß die vorhandenen Laternen nachts auch angezündet werden. Was uns heute wichtiger erscheint, ist der unbeabsichtigte Anteil an Welterfahrung, den seine und die Anwesenheit seiner Landsleute für Wolfgang mit sich bringt. Der Junge jedenfalls wird Thoranc nachgetrauert haben, als die Einquartierung 1761 beendet ist. Der Comte hingegen dürfte froh gewesen sein, der frostigen Hausatmosphäre entkommen zu können. Und der alte Goethe holt geschwind einen Mieter ins Haus, damit sich Thoranc bei eventueller Rückkehr nicht wieder einquartieren kann. Im Frühling 1763 ziehen die letzten Soldaten ab. Von Thoranc hört man in Frankfurt nichts mehr. Er soll 1794 unter der Guillotine gestorben sein.

Der Siebenjährige Krieg wird am 15. Februar 1763 mit dem preußisch-österreichischen Frieden von Hubertusburg beendet. Schlesien gehört jetzt endgültig zum Königreich Preußen. Friedrich sichert dafür seine Stimme bei der anstehenden Kaiserwahl Josephs II. zu, des Sohns Maria Theresias. Joseph II. wird 1764 in Frankfurt zum römischen König gewählt und zum Kaiser gekrönt. Für Wolfgang sind das große Tage. Bittere lassen freilich nicht lange auf sich warten, denn es bahnt sich ein Erlebnis für ihn an, das ihm die letzte Zeit vor seinem Aufbruch ins Studium vergällen wird.

»Für alle Vögel gibt es Lockspeisen«, beginnt Goethe das fünfte Buch seiner Erinnerungen, »und jeder Mensch wird auf seine eigene Art geleitet und verleitet [...] Indessen wurde ich auf eine völlig unerwartete Weise in Verhältnisse verwickelt, die mich ganz nahe an große Gefahr und, wenigstens für eine Zeitlang, in Verlegenheit und Not brachten.« – Was war geschehen?

Seinem Alter entsprechend, hatte sich Goethe mittlerweile auch Bekanntschaften außerhalb der allernächsten Umgebung und des Kreises erworben, der den Eltern vielleicht lieb gewesen wäre. Darunter ein paar junge Leute, die gewiß nicht schlecht sind, aber doch aufgeschlossen für gewagte Scherze. Sie entdecken das Talent des 15-Jährigen, schnell etwas reimen zu können, und bitten ihn, Liebesgedichte an einen jungen Mann und, als der Feuer gefangen hat, auch für ihn an die angeblich Verliebte zu schreiben. Das Ganze begibt sich in einer Schenke, wo Wolfgang eine junge Aushilfe kennenlernt, in die er sich Hals über Kopf verliebt. Noch Jahrzehnte später bewahrt er ihr ein zärtliches Andenken, kam ihm doch von ihr »der erste bleibende Eindruck, den ein weibliches Wesen auf mich gemacht hatte«. Sie bringt ihn dann auch dazu, das schäbige Spiel abzubrechen. »Die ersten Liebesneigungen einer unverdorbenen Jugend nehmen durchaus eine geistige Wendung. Die Natur scheint zu wollen, daß ein Geschlecht in dem andern das Gute und Schöne sinnlich gewahr werde. Und so war auch mir durch den Anblick dieses Mädchens, durch meine Neigung zu ihr eine neue Welt des Schönen und Vortrefflichen aufgegangen.«

In der Nacht vor der Wahl Josephs II. bleibt Goethe so lange bei seinen Freunden, daß er nicht hätte nach Hause kommen können, ohne Aufsehen zu erregen, und so bleibt man beieinander. Endlich schlummert er an Gretchens Schulter ein. (»Gretchen« heißt sie jedenfalls in seinen Memoiren, der einzigen Quelle, die wir über sie haben. Und so könnte es gut sein, daß er ihr in Erinnerung an das Gretchen im »Faust« diesen Namen nur beigelegt hat.) Als der Junge anderntags nach Hause kommt, deckt ihn die Mutter einmal mehr, und der Vater erfährt nichts von der zwar ungewöhnlichen, aber harmlosen Eskapade.

Alles steht mittlerweile im Zeichen der Kaiserkrönung. Die Stadt ist voller Leute. Überall wird gefeiert. Die Freunde ziehen gemeinsam, zu vorgerückter Stunde dann in Pärchen, durch die Straßen; so auch Wolfgang und Gretchen. Man bewundert die illuminierten Häuser der aus allen Teilen des

Reiches gekommenen Gesandten, und zum Schluß gibt's von Gretchen einen Kuß auf die Stirn – den ersten und zugleich letzten, denn Wolfgang wird sie nicht wiedersehen. Am anderen Morgen weckt ihn die Mutter und macht ihn auf Böses gefaßt: »Es ist herausgekommen, daß du sehr schlechte Gesellschaft besucht und dich in die gefährlichsten und schlimmsten Händel verwickelt hast. Der Vater ist außer sich, und wir haben nur so viel von ihm erlangt, daß er die Sache durch einen Dritten untersuchen will.«

Wolfgang hat dem Großvater Textor einen Mann zur Anstellung empfohlen, dessen Vermittlung Gretchens Verwandten am Herzen lag. Nun aber ist auf einmal die Rede von »nachgemachten Handschriften, falschen Testamenten, untergeschobenen Schuldscheinen und ähnlichen Dingen«. Auch gegen ihn läuft eine Anzeige. Sie kann zwar niedergeschlagen werden, aber Goethe macht sich Sorgen um Gretchen und die Freunde. Obwohl die Sache bald aufgeklärt ist und ihm auch der Vater »völlige Amnestie« gewährt, verläßt er vor lauter Scham das Haus nicht mehr und hat auch keinerlei Lust, noch einmal an den aktuellen Herrlichkeiten auf der Straße teilzunehmen.

Man gibt dem innerlich Verzweifelten, der sich erst einmal in eine heftige Krankheit rettet, einen freundlichen Mann zur Seite, der ihn »beschäftigen, beruhigen und, wie ich wohl merken konnte, im Auge behalten sollte«. Der erzählt ihm die verwickelten Hintergründe: Weder Gretchen noch ihre Verwandten sind im eigentlichen Sinne schuldig, wohl aber der von Wolfgang empfohlene Mann, der ein ausgemachter Gauner zu sein scheint. Was den jungen Goethe indessen am meisten demütigt, ist die Tatsache, daß »sein« um einige Jahre älteres Gretchen bei der Zeugenaussage zu Protokoll gab, sie halte ihn noch für ein Kind und hege nur schwesterliche Gefühle für ihn. Es dauert ein Weilchen, bis er sich den Widerhaken seiner ersten Liebe aus dem Herzen gerissen hat und wieder ins tätige Leben eintaucht.

Allmählich hält ihn der Vater reif fürs Studium. Goethe verbringt sein letztes Frankfurter Jahr vor allem mit den Freunden Riese, Moors und Horn. Man trifft sich zu regelmäßigen wöchentlichen Zusammenkünften in einem Hörsaal des Gymnasiums. Riese soll nach Marburg, Moors nach Göttingen, und

Goethe wäre auch gern nach Göttingen gegangen, aber es soll nun einmal nach des Vaters unumstößlichem Wunsch Leipzig sein – wohin ihm dann Horn übrigens ein halbes Jahr später nachfolgen wird. Allmählich beginnt das Abschiednehmen.

> Der eilt nach Leipzig hin und träget ein Verlangen,
> Um dort der Dichter Cranz und Namen zu empfangen

reimt Horn durchaus hellsichtig auf Goethe und wünscht ihm:

> Zeig' daß dir deine Muse noch immer günstig ist,
> Und daß du auch in Leipzig, wie hier, ein Dichter bist.

Goethe schreibt wenige Tage vor der Abreise sarkastisch in Moors' Stammbuch:

> Dieses ist das Bild der Welt,
> Die man für die beste hält:
> Fast wie eine Mördergrube,
> Fast wie eines Burschen Stube,
> Fast so wie ein Opernhaus,
> Fast wie ein Magisterschmaus,
> Fast wie Köpfe von Poeten,
> Fast wie schöne Raritäten,
> Fast wie abgesetztes Geld
> Sieht sie aus, die beste Welt.

Womit man sich denn gleichzeitig hochgemut über den schon vor einem halben Jahrhundert gestorbenen, ach so positiven Philosophen Leibnitz mit seiner Theorie von »der besten aller Welten« mokiert hätte.

Mittlerweile freut sich Goethe gewaltig aufs Fortkommen. »Die heimliche Freude eines Gefangenen, wenn er seine Ketten abgelöst und die Kerkergitter bald durchgefeilt hat, kann nicht größer sein, als die meine war, indem ich die Tage schwinden und den Oktober herannahen sah.«

Frankfurter Spaziergänge

Das Goethehaus: Eintritt 3 DM, Öffnungszeit heute, an einem blassen Vorfrühlingstag: von 9 bis 16 Uhr. Wann geschlossen wird, richtet sich nämlich nach der Dämmerung. Gerade ist eine Führung zu Ende. Für einen Moment scheint das dreistöckige Haus leerer zu werden. Auch heute sind wieder viele Japaner da. In Japan hat man merkwürdigerweise ein besonders inniges Verhältnis zu Goethe. Er wird viel gelesen, allein den »Werther« hat man schon mehr als sechzigmal übersetzt! Fast will es scheinen, als gelte er dort zur Zeit mehr als bei uns. Sie mögen, heißt es, seine geistige Weite, seinen Takt, die Naturverbundenheit und wie er seine inneren Spannungen zum Ausgleich gebracht hat.

Ich stehe an einem der Fenster, die im zweiten Stock in das Innenhöfchen gehen. Mein Blick schweift hinüber zu einem Areal von Nachkriegshäusern und über sie hinweg auf die ge-

2 *Blick aus dem Goethe-Haus in Frankfurt am Main, um 1749–1755.*
Aquarell von K. Th. Reiffenstein, 1858

waltigen Hochhäuser der Commerzbank und der Bank für Gemeinwirtschaft. »Bankfurt« wird die Stadt ja oft genannt, auch »Mainhattan«, und die schäbige Großstadtseite habe ich dann auch noch kennengelernt, als ich mich auf die Suche nach den Gräbern von Goethes Eltern machte.

Im Haus ist alles kunstvoll restauriertes 18. Jahrhundert, der Blick durchs Fenster aber zeigt hartes, glänzendes 20. Jahrhundert. Nichts mehr von der ersten Naturbegegnung, wie sie dem jungen Goethe von hier aus zuteil wurde: »Die Hinterseite des Hauses hatte, besonders aus dem oberen Stock, eine sehr angenehme Aussicht über eine beinah unabsehbare Fläche von Nachbarsgärten, die sich bis an die Stadtmauern verbreiteten [...]« Im zweiten Stock »war, wie ich heranwuchs, mein liebster, zwar nicht traurigerer, aber doch sehnsüchtiger Aufenthalt. Über jene Gärten hinaus, über Stadtmauern und Wälle sah man in eine schöne, fruchtbare Ebene; es ist die, welche sich nach Höchst hinzieht. Dort lernte ich sommerszeit gewöhnlich meine Lektionen, wartete die Gewitter ab und konnte mich an der untergehenden Sonne, gegen welche die Fenster gerade gerichtet waren, nicht satt genug sehen.«

Mein erster Besuch im Goethe-Haus hatte mich kühl gelassen, kühler als jeder andere, der bis dahin einer Goethe-Stätte galt. Allzu perfekt schien mir das alles wiederaufgebaut, was in jener fürchterlichen Nacht vom 21. auf den 22. März 1944 verschwunden ist, als nahezu die gesamte Altstadt von Bombenteppichen zerstört wurde; allzu glatt die Renovierung ausgefallen, die man 1949 in Angriff genommen und 1951 abgeschlossen hatte. Das Haus – ein Museum eben. Kein Zimmer, in dem man sich noch gelebtes Leben vorstellen konnte.

Die Dichterin Marie Luise Kaschnitz steht nach dem Krieg im Großen Hirschgraben:

> Und das Haus war ein Loch, ein Kellerschacht,
> Ein Haufen Dreck zum Hohn,
> Und Schilder waren dort angebracht,
> Darauf stand: Besitz der Nation.

In einem Traumbild sieht sie Goethe, wie er nicht etwa in die Bombengrube schaut, sondern das Haus als Unzerstörtes wahrnimmt.

> Da wußte ich ihn unerreicht
> Vom blutigen Vergehen,
> Weil die Vollendeten vielleicht
> Nur die Vollendung sehen.
> Und hörte selbst, eh alles schwand,
> Den letzten, hellen Ton,
> Und las auf dem Schild über Schutt und Sand
> Die Worte: Besitz der Nation.

Wieviel Liebe dieses Haus heute anzieht, erfuhr ich erst zu späteren Malen, als ich mit gebürtigen Frankfurtern meine Besuche wiederholte. Eine alte Dame fand sich von klein auf ergriffen, wenn sie vor dem Messingstern an der Wand des Geburtszimmers im zweiten Stock stand. Dort, genau dort habe die Frau Rätin entbunden. Und was ich damals an Bücherweisheit weitergab, rührte sie zu Tränen: daß nämlich dieser Stern einer von den dreien war, die man bei der Weimarer Aufbahrung des toten Goethe zu seinen Häupten befestigt hatte. Sie standen für Weisheit, Schönheit, Stärke. Nach dieser Begegnung war es, daß das Haus für mich erstmals zu leben begann.

Ein 19-jähriges Mädchen, das Mitglied im Freien Deutschen Hochstift ist, erzählte mir, wie schön hier im Haus immer der 28. August gefeiert werde. Dann sei jedes Zimmer mit Kerzen erleuchtet, und unten in der Museumshalle gebe es ein Kammerkonzert. Danach sei alles so ungezwungen. Man flaniere durch die Räume, habe es schön, und Sommer sei schließlich auch.

Den nächsten Besuch machte ich zusammen mit einem Frankfurter, der hier in der Nachkriegszeit Kind gewesen war. Er öffnete mir die Augen für das wenige, was der Krieg übriggelassen hat, suchte es sorgfältig zwischen dem Neugebauten heraus und begeisterte durch eigene Begeisterung. Erst in seiner Begleitung fiel mir auf, daß die ersten vier Stufen der inneren Haustreppe ja doch noch die alten, ausgetretenen von einst sind. Und ich amüsierte mich über das kleine Seitenfenster im zweiten Stock, das Vater Goethe in die Brandmauer hatte schlagen lassen, um besser zu sehen, wann sein Sprößling nach Hause käme. Was aber gar nichts half, denn Wolfgang und Cornelia zogen es seither vor, in heiklen Fällen von der anderen Seite her die Straße hochzukommen.

Unter der Treppe befindet sich noch heute der »Zufall«. Von

dort geht es 19 Stufen tief in den Hauskeller und weiter in den geräumigen Weinkeller. Als Goethes Mutter das Haus verkaufte, bekam sie für die Wein»sammlung« ihrer Schwiegermutter mehr Geld als für ihres Mannes Kunstsammlung und Bibliothek zusammen! Sie hatte sich übrigens, nachdem die Keller wieder einmal von den Wassern des Main überschwemmt worden waren, kurz entschlossen einen Kahn gekauft. Mit dem ist sie dann hier unten umhergestakt, damit sie trockenen Fußes an die Vorräte kam. Solche kleinen Kenntnisse beflügeln die Phantasie, und es war dann ein sehr eigenartiges Gefühl, auch noch jenen lapis fundamentalis von 1755 zu entdecken. Was hatte Goethe als Kind über ihn geschrieben? »Ich gedencke und wünsche daß er nicht eher als mit dem Ende der Welt verrücket werden möge.« Und bis jetzt hat ihn auch nichts verrücken können, nicht einmal die Bomben des Zweiten Weltkriegs. Die Keller sind in dieser Straße so tief, weil sie im ehemaligen Hirschgraben liegen.

Später suchten wir die Gräber von Goethes Eltern. Sie liegen, merkwürdig genug, zweihundert Meter voneinander getrennt, da Vater und Mutter jeweils im Grab ihrer Familie beigesetzt wurden. Aber noch merkwürdiger ist die ganze Umgebung. Kaum einer kennt noch den Petersfriedhof an der Brönnerstraße. Von der zwischen 1503 und 1828 genutzten städtischen Begräbnisstelle mit ihren zerbröckelten, häufig umgestürzten Grabmälern existiert nur mehr der nördliche Teil. Eingeklemmt zwischen Wohnblöcken der 50er Jahre, Banken und Geschäften, ist er ein Aufenthaltsort von Pennern und Punkern. Cola-Dosen hängen in den Zweigen der Büsche. Die Grabstelle Johann Caspar Goethes liegt vom Eingang aus gleich links, in seltsamer Nachbarschaft zu einem eingezäunten Kinderspielplätzchen; der aufrechte Grabstein ist an eine Wohnhauswand gemauert, genau zwischen zwei Fenstern.

Man kann von diesem Grab zu dem der Textors hinüberschauen, wo Goethes Mutter begraben liegt. Nur ist dort längst kein Friedhof mehr. Der Platz wurde für den Pausenhof der Liebfrauenschule gebraucht. Aber dieses Grab war natürlich »Besitz der Nation«. Also hat man es recht pompös in den Platz integriert, wo es nun direkt an die Schulmauer grenzt. Und wer es besuchen will, wenn gerade kein Unterricht ist, der muß sich schon über die Umzäunung schwingen. Tagtäglich kurven Kinder auf ihren Fahrrädern um »Mutter Ajas« Ehrenmal, Himmel-und-Hölle-Häuschen sind auf den Asphalt gemalt, und vielleicht ist das gar nicht mal die unpassendste Art, mit diesem Grab umzugehen.

Schöner war's natürlich am Römerberg zwischen dem Rathaus und jener Ostzeile Altfrankfurter Häuser, die in den 80er Jahren nach Originalplänen wieder aufgebaut worden sind. Hier zeigt sich die Stadt von ihrer attraktivsten Seite, aber hierher kommen natürlich auch viele Touristen. Die Frankfurter haben sich mit besagter Häuserzeile zunächst einen rechten Schildbürgerstreich geleistet, weil man sie nach dem Krieg historisch so unpassend hochgezogen hat, daß eine für solche Dinge sensiblere Generation später tief in den Säckel griff, das Ganze abriß und geschickter wieder aufbaute. Die Gebäude besitzen für Fachwerkhäuser unüblich viele Fenster, aber das hat seine historische Richtigkeit: Wer hier ein Haus besaß, konnte natürlich jedes Fenster wie einen Logenplatz vermieten, wenn wieder einmal Krönung war und der neue Kaiser mit prächtigem Zug zum Kaisersaal ritt. Vielleicht wird das ja immer noch so gehandhabt, wenn zum Beispiel die Fußballnationalmannschaft auf dem Balkon des gegenüberliegenden »Römer« steht und ihren Europapokal zeigt.

Heute wie zu Textors Zeiten und schon seit dem Mittelalter wird »der Römer« – eigentlich eine elfteilige Häuseranlage mit fünf Giebeln – als Rathaus und für repräsentative Empfänge genutzt. Im Römer wollten wir natürlich auch den Kaisersaal sehen. Rundum an den Wänden hängen dort die Bilder von 52 deutschen Kaisern und Königen – mehr als 1000 Jahre deutsche Reichsgeschichte! Mitte des vorigen Jahrhunderts gemalt, beginnen sie mit Karl dem Großen, der an dieser Stelle zwei Reichsversammlungen abhielt. Im Protokoll der ersten von 794 taucht erstmals auch der Name Frankfurt auf.

Wie klein diese Stadt zu Goethes Zeiten noch war, wird deutlich, wenn man den Parks vom Untermainkai bis zur Obermainanlage nachgeht. Ihre Zickzacklinie folgt dem ehemaligen Verlauf von Wall und Mauer. Innerhalb dieses Gebietes – mit dem Fluß als natürlichem Abschluß – fand das Altfrankfurter Leben statt. Leipzig hatte damals eher noch weniger Einwohner – aber um wieviel großzügiger war dieses »Kleinparis« gebaut, um wieviel moderner, ja mondäner ging es dort zu!

Studium in Leipzig
1765 – 1768

> »Ich binn nur aus Laune heiter wie ein Aprilltag, und kann immer 10 gegen 1 wetten daß morgen ein dummer Abendwind Regenwolcken heraufbringen wird.«
>
> *An Cornelia Goethe, 14. Oktober 1767*

Am 30. Oktober 1765 fährt Goethe in Begleitung des Buchhändlers Fleischer nach Leipzig. Oft genug hat ihm der Vater vorgehalten, daß er selbst, hätte er die Begabung seines Sohnes gehabt, sich »ganz anders würde benommen und nicht so liederlich damit würde gewirtschaftet haben«. Dem 16-jährigen Studiosus wird aber der Sinn vor allem nach Freiheit von der väterlichen Bevormundung gestanden haben. Gleichzeitig muß ihm davor gegraust haben, eines Tages wie der Vater »nach so vielen Studien, Bemühungen, Reisen und mannigfaltiger Bildung endlich zwischen seinen Brandmauern ein einsames Dasein zu führen«. Was konnte von einem Leben zu erwarten sein, das schon so unverrückbar vorgezeichnet schien: den Doktor der Rechte erwerben, heimkehren und Advokat werden, eine wohlhabende Tochter aus gutem Hause heiraten, dem Vater vielleicht noch den Triumph bereiten, Bürgermeister oder Schultheiß zu werden, und schließlich – ihn beerben: vom Hirschgraben in den Hirschgraben und vorderhand kein Weg in Sicht, der von dort hinausführte.

Die viertägige Kutschfahrt nach Leipzig beginnt indessen wie der Auftakt zu großen Abenteuern. Gleich hinter Hanau sieht Goethe nachts in einem Steinbruch »Irrlichter oder eine Gesellschaft von leuchtenden Geschöpfen«. Geister vielleicht? In Thüringen bleibt der Wagen stecken, und alle Insassen müssen sich anstrengen, um ihn wieder frei zu bekommen. Der Junge scheint sich dabei eine innere Verletzung zugezogen zu haben, auf die er freilich zunächst nicht viel gibt. In Leipzig angekommen, empfängt ihn die fremde Stadt mit vertrautem Messe-Wirbel, der »Fortsetzung eines vaterländischen Zustandes« also. Im übrigen aber ist die Stadt an der Pleiße viel moderner in ihrer Anlage als Frankfurt und nicht mehr in enge Mauern eingepfercht, hat eine Kanalisation, gut beleuchtete große Straßen, weite Plätze und schöne Alleen.

Wichtige Handelsstraßen kreuzen sich hier von alters her. Im Norden geht es nach Hamburg und Lübeck, im Süden nach Prag, Wien, Venedig, im Westen nach Nürnberg und Frankfurt, im Osten nach Krakau und Warschau. Während in der Residenzstadt Dresden der Adel den Ton angibt, bilden in der Handels- und Universitätsstadt Leipzig Kaufleute, Professoren und Studenten die geachtete Oberschicht. Ja, auch die Studenten gehören dazu, denn sie bringen Geld in die Stadt und kommen deshalb sogar bei einem scheibenklirrenden Tumult ungeschoren davon, weil man bei Bestrafung der Rädelsführer riskiert hätte, daß viele derer, die mit ihnen sympathisierten, nun nach Jena gegangen wären.

Der Siebenjährige Krieg, der Sachsen so böse mitgespielt hat, liegt erst zwei Jahre zurück, und die Stadt muß zehn Millionen Taler an Preußen zahlen. Dennoch – oder vielleicht gerade darum – hat Lessings Komödie vom sächsischen Adelsfräulein Minna von Barnhelm und dem preußischen Major Tellheim hier besonderen Erfolg; es läßt sich ja auch leicht denken, wie nahe den drangsalierten Leipzigern ein Stück gehen muß, in dem laut Goethe die »Anmut und Liebenswürdigkeit der Sächsinnen« den »Wert, die Würde, den Starrsinn der Preußen« überwindet.

Bildung und Weltoffenheit gilt viel in Leipzig, kaum weniger aber jenes besondere Modebewußtsein, das »Galanterie« genannt wird. Goethe mokiert sich zwar später über die Sitte, »alle neuen Moden mitzumachen« und dabei »halb teutsch, halb französisch« zu plaudern, aber zu Anfang seiner Studienzeit bemüht auch er sich kräftig, der mondäneren Lebensweise zu entsprechen. Im Sommer 1766 schreibt Freund Horn an Moors: »Von unserem Goethe zu reden – der ist immer noch der stolze Phantast, der er war, als ich herkam. Wenn Du ihn nur sähst, Du würdest entweder vor Zorn rasend werden oder vor Lachen bersten müssen. Ich kann gar nicht einsehen, wie sich ein Mensch so geschwind verändern kann. Alle seine Sitten und sein ganzes jetziges Betragen sind himmelweit von seiner vorigen Aufführung unterschieden. Er ist bei seinem Stolze auch ein Stutzer, und alle seine Kleider, so schön sie auch sind, sind von so einem närrischen Goût, der ihn auf der ganzen Akademie auszeichnet [...] Er macht sich in allen Gesellschaften mehr lächerlich als angenehm.« Mit anderen Worten: Wolfgang versucht sich weltmännisch anzupassen – und übertreibt.

Er lebt nicht gerade bescheiden. Nach einer Aufzählung dessen, was man hier alles machen kann, schreibt er Riese: »Ha! das geht köstlich. Aber auch köstlich, kostspielig. Zum Henker das fühlt mein Beutel. Halt! rettet! haltet auf! Siehst du sie nicht mehr fliegen? Da marschierten 2 Louisdor. Helft! da ging eine. Himmel! schon wieder ein paar. Groschen die sind hier, wie Kreuzer bei euch draußen im Reiche.« – Aber der Vater hat ihn ja mit 1000 Talern jährlich mehr als gut ausgestattet.

Wolfgang wohnt in der »Großen Feuerkugel«, am Neumarkt 3, einem jener »mir ungeheuer scheinenden Gebäude, die, nach zwei Straßen ihr Gesicht wendend, in großen, himmelhoch umbauten Hofräumen eine bürgerliche Welt umfassend, großen Burgen, ja Halbstädten ähnlich sind«. Noch im Alter faszinieren ihn diese Häuser mit ihren Innenhöfen und Durchfahrten, in denen, wenn zu Ostern, Michaelis und Neujahr Messe ist, so viel Betrieb herrscht.

3 Haus »Feuerkugel« in Leipzig. Lithographie

In einem seiner Zimmer hatte übrigens sieben Jahre zuvor ein Student gewohnt, aus dem mittlerweile ein bekannter Dichter und Kritiker geworden ist: Gotthold Ephraim Lessing. Dessen jüngste Arbeiten beeindrucken Goethe jetzt nachhaltig. Bald nach seiner Ankunft sieht er im Theater »Miß Sara Sampson«. In diesem bürgerlichen Trauerspiel ist der tragische Konflikt nicht mehr Adligen vorbehalten oder in die Antike entrückt. Für das deutsche realistische Drama hat damit eine neue Epoche begonnen. 1766 erscheint »Laokoon oder Über die Grenzen der Malerei und Poesie«, eine kunsttheoretische Schrift, von der Goethe später sagt: »Man muß Jüngling sein, um sich zu vergegenwärtigen, welche Wirkung Lessings ›Laokoon‹ auf uns ausübte, indem dieses Werk uns aus der Region eines kümmerlichen Anschauens in die freien Gefilde des Gedankens hinriß.« Und um 1767 erlebt auch er jene Komödie, in die so viel eben erst vollendete Zeitgeschichte hineinspielt: »Minna von Barnhelm«.

Einen »eingewickelten Knaben« hat sich der Dichter später, im Rückblick auf die Leipziger Jahre, genannt. Eingewickelt ist er in die enge reichsstädtische Lebenswelt seiner Heimat und in den väterlichen Auftrag, was und wo zu studieren sei, eingewickelt durch das mitgegebene Empfehlungsschreiben an den Staatsrechtler Johann Gottlob Böhme und letztlich auch in eine beklommene Hochachtung vor der Leipziger Weltläufigkeit, die sich mit Scham über seine Frankfurter Unbeholfenheit verbindet.

»Sie können nicht glauben«, schreibt er zu Beginn an den Vater, »was es eine schöne Sache um einen Professor ist. Ich bin ganz entzückt gewesen, da ich einige von diesen Leuten in ihrer Herrlichkeit sah.« Später schreibt er so etwas nicht mehr. Da empfindet er sie als Narren, die »einem zum Eckel die Ohren voll« schwätzen und kaum in ihrem Stoff vorwärtskommen. Er merkt bald, daß ihm eigentlich der »Kleine Hoppe« ganz gut weiterhilft, ein Repetitorium juristischer Prüfungsfragen, das er schon daheim mit dem Vater durchgepaukt hat. (Zusammen übrigens mit einigen Riesenwälzern allgemeinen Wissens, was ungefähr so war, als müßte sich heute jemand ein Lexikon zu Gemüte führen.) Nach wenigen Monaten besucht er die juristischen Kollegs immer seltener, »und ich wäre noch früher aus allen solchen Verhältnissen herausgetreten, hätte mich nicht an Hofrat Böhmen Scheu und Achtung und an seine Gattin Zutrauen und Neigung festgeknüpft«. Madame Böhme hat insofern Einfluß auf ihn, als sie seine etwas rauhen Sitten und seinen Geschmack verfeinert. Aber auch hier wendet sich der junge Mann bald anderen Lehrern zu. Was den Geschmack betrifft: dem Theaterbesuch und den Professoren der Literatur, bei den Sitten – der Liebe.

Das Theater bietet durchaus ein zeitgenössisches Programm. Da gibt es Dramen von Voltaire, Johann Elias Schlegel und immer wieder Rührstücke und Schäferkomödien des Leipzigers Christian Felix Weiße. Heute kennt man ihn allenfalls noch als den Schöpfer des »Kinderfreundes«, der ersten wirklich überzeugenden Kinderzeitschrift in Deutschland. Um 1770 aber beherrscht er mit seinen gefälligen Stücken die Spielpläne vieler deutscher Bühnen. Seine situationskomische Literaturposse »Die Poeten nach der Mode« (1756) macht auch Wolfgang noch Spaß – bis ihm der durch Madame Böhme ausgeredet wird.

Anfangs findet sich Goethe noch mehr oder weniger regelmäßig im juristischen Hörsaal mit seinen erhöhten Bänken für erlauchte Gäste und den Stehplätzen für gewöhnliche Studenten ein. Hier werden auch die öffentlichen »Disputationen« zur Verteidigung der Doktortitel abgehalten. Im Mai 1767 nimmt Goethe als »Opponent« an derjenigen seines Freundes Christian Gottfried Hermann teil und bereitet sich gründlich darauf vor, um beim »ersten öffentlichen Eintritt in die Ackademische Welt nicht zu stolpern«. Dennoch tritt er einmal gründlich ins Fettnäpfchen. Professor Böhme wird hinterbracht, »daß ich im deutschen Staatsrechte, anstatt gehörig nachzuschreiben, die darin aufgeführten Personen, als den Kammerdiener, die Präsidenten und Beisitzer, mit seltsamen Perücken an dem Rand meines Heftchens abgebildet und durch diese Possen meine aufmerksamen Nachbarn zerstreut und zum Lachen gebracht hatte«. Im übrigen zieht Wolfgang schon bald Vorlesungen in Philosophie und Theologie, Poetik und Stilkunde vor. Und natürlich dichtet er.

Als einige junge Leute sein Talent entdecken, nutzen sie's, wenn »sie irgendein Gedicht zu Ehren ihrer Angebeteten heimlich wollten drucken und ausstreuen lassen«. Die alten Frankfurter Scherze also, aber nichts, womit er wirklich hätte literarische Ehre einlegen können. Im Gegenteil wird ihm von den maßgeblichen Professoren ziemlich unmißverständlich zu verstehen gegeben, daß man nichts von seinen Arbeiten halte. Christian Fürchtegott Gellert – zu seiner Zeit der beliebteste deutsche Dichter und eine Autorität auch in Fragen der Moral – vermittelt Wolfgang zwar jede Menge Ansichten über Literatur und Leben (die er sofort in Form von Lektüreanweisungen an Cornelia weitergibt), mäkelt auch an seiner Handschrift herum (die daraufhin wieder ruckartig besser wird), aber zur Lyrik ermutigt er ihn nicht. Der bei offiziellen Anlässen gern als Festdichter herangezogene Professor Clodius zaust sogar ein von Goethe vorgelegtes Gedicht derartig, daß der junge Poet total verunsichert ist und das Dichten ein halbes Jahr lang ganz seinläßt. Ja, er gerät regelrecht in Verzweiflung und verbrennt schließlich die meisten seiner bisherigen Manuskripte auf dem Herd der Zimmerwirtin, die fürchterlich erschrickt, als es auf einmal so aus ihrer Küche qualmt.

Wir werden diesen Vernichtungsaktionen – Goethe nennt sie Autodafés – später noch häufiger begegnen. Der wahrhaft Produktive muß sich vielleicht auch von vielem trennen, damit ihn das bereits Geschaffene nicht lähmt. »Einer von den klügsten Streichen den ich gemacht habe« war ihm die Tatsache, daß er viele seiner Manuskripte mit nach Leipzig genommen hat und nun frei darüber verfügen kann. Ein Gedicht freilich (»Poetische Gedanken über die Höllenfahrt Jesu Christi«) ist ihm entgangen und wird ohne seine Zustimmung in einer frommen Wochenzeitschrift gedruckt. Es ist seine erste Veröffentlichung, aber Wolfgang »hätte mögen Toll darüber werden«, wie er seiner Schwester wütend mitteilt. Um dem 78-jährigen Goethe eine Freude zu machen, schenkt ihm eine Freundin Briefe, die er in seiner Leipziger Zeit an Freund Horn geschrieben hat. Indessen waren sie ihm »durchaus ohne Trost; ich habe sie alle dem Feuer überliefert«. Offenbar hatte er also nicht nur das Bedürfnis, an seinen Werken, sondern auch an seinem Leben »nachzubessern«. Es fehlen auffallend viele Briefe aus der Zeit, als es wohl noch viele Ermahnungen an ihn gegeben haben dürfte!

Lieber ermahnt er selber, und da bietet sich vor allem Cornelia an, die innigste Vertraute seiner Jugend. Gern und ausgiebig gibt er seine Lern- und Lesefrüchte an sie weiter. Er untersagt ihr das Romanelesen, weil »verschiedne Lecktüren deinen Geschmack in verschiednen Dingen mercklich verdorben haben«. Er leitet sie zum Briefeschreiben à la Gellert an, der 1751 einen Briefsteller veröffentlicht hat und bei dem er nun Literaturgeschichte hört. Auch das Tanzen, Kartenspielen und Sichherausputzen soll sie perfektionieren. Wenn sie das alles tue, »so garantire ich meinen Kopf, du sollst in einem kleinen Jahre, das vernünftigste, artigste, angenehmste, liebenswürdigste Mädgen, nicht nur in Franckfurt, sondern im ganzen Reiche seyn. Denn unter uns, draussen bey euch residirt die Dummheit ganz feste noch.«

Solche Sätze zeigen zweierlei: daß Wolfgang damals noch ein sehr traditionelles Geschlechterverständnis hat – und daß er unsicher ist. Ein Lehrer ist er zeit seines Lebens geblieben, aber diesen Oberlehrerton – tatsächlich überlegt er in Leipzig, ob er nicht Leiter eines Mädchengymnasiums werden solle! – hat er nur in jener Zeit gepflegt, als er für niemanden außer seiner Schwester eine Autorität war.

Eigentlich faul ist er in Leipzig nicht, auch wenn er sich vom Juristischen rasch zu Disziplinen entfernt, die ihn mehr interessieren, und von dort immer schneller zu seinem eigentlichen Leipziger »Studienfach«: dem Leben. Dessen Ergebnisse aber lassen sich nach der Heimkehr schlecht vorzeigen, zumal sie alles andere als triumphal verlaufen wird.

In Leipzig leben und wirken damals eine Reihe bedeutender Männer. Mitunter verkennt Goethe ihren Wert, schätzt sie zu gering oder zu hoch ein. Und er lernt nicht immer das von ihnen, was sie selbst für das Wichtigste halten. Dennoch nimmt er mit nachtwandlerischer Sicherheit von allen auf, was später für ihn wichtig wird. Als alter Mann kann er deshalb aus eigener und guter Erfahrung sagen: »Der Mensch löst sich freilich gar zu geschwind von denen los, denen er noch manchen Rat und Beistand verdanken könnte, doch diese Unart dient zu seinem Glück, wenn er sich dereinst selbst helfen muß.«

Auf dem Gebiet der Literatur und ihrer Wissenschaft sind Johann Christoph Gottsched und Christian Fürchtegott Gellert die großen Männer Leipzigs, auf dem der Kunst Adam Oeser und in der Musik Johann Adam Hiller. Gottsched hat bereits den Zenit seines Ruhmes überschritten. »Es wäre zu wünschen«, hat ihm der junge Lessing schon 1759 um die Ohren gehauen, »daß sich Herr Gottsched niemals mit dem Theatre vermengt hätte. Seine vermeinten Verbesserungen betreffen entweder entbehrliche Kleinigkeiten, oder sind wahre Verschlimmerungen.«

Gottsched verlangt von der Dichtung Vernunft, Lehrhaftigkeit und Nutzen. Aber die bürgerliche Lesewelt wünscht auch unterhalten zu werden. Christian Fürchtegott Gellerts Komödien, Erzählungen, Gedichte, vor allem aber seine Fabeln entsprechen diesem Bedürfnis ungleich mehr. Für Goethe ist Gottsched nur noch eine Witzfigur. Als er ihn mit Schlosser besucht, einem entfernten Bekannten aus Frankfurt, der später sein Schwager wird, treffen sie den alten Herrn noch im Schlafrock und ohne Perücke an. »Gottsched, ohne den mindesten Verdruß zu äußern, hob mit der linken Hand die Perücke von dem Arme des Dieners, und indem er sie sehr geschickt auf den Kopf schwang, gab er mit seiner rechten Tatze dem armen Menschen eine Ohrfeige, so daß dieser, wie es im Lustspiel zu geschehen pflegt, sich zur Tür hinauswirbelte [...]«

Aber auch Gellert kommt nicht viel besser weg. Goethe erinnert sich nur ungern an das Jammern, mit dem er seine Studenten »von der Poesie abzumahnen pflegte«. Er wünscht Prosa. Verse sind ihm »eine traurige Zugabe«. Und weil Goethes Briefstil »über die gewöhnliche Prose« hinausgeht, gefällt sie ihm gleichfalls nicht. Gellert ist in Wolfgangs Augen zwar ein verdienstvoller Autor, zugleich aber auch ein schrulliger Professor, der »mit gesenktem Köpfchen und der weinerlich angenehmen Stimme zu fragen pflegte, ob wir denn auch fleißig in die Kirche gingen«.

Der Komponist und Musikschriftsteller Johann Adam Hiller hat 1763 auf eigenes Risiko die seit dem Krieg eingestellten Leipziger Abonnementskonzerte wieder ins Leben gerufen. 1781 werden sie ins Gewandhaus verlegt und Hiller als Kapellmeister angestellt. Als solcher legt er den Grund zu den bis heute berühmten »Gewandhauskonzerten«. Seine Zeitgenossen schätzen ihn vor allem als Komponisten gefälliger Singspiele. Wahrscheinlich haben die Lieder dieser frühen Operetten Goethe durch ihre neuartige Schlichtheit zu seinen volkstümlichen lyrischen Dichtungen und den eigenen Singspielen angeregt. Zu einem Musikfreund ist er erst allmählich geworden. Er spielt ein bißchen Flöte und Klavier, lieber noch singt er. Und das »Große Concert« besucht er damals vor allem dann, wenn junge, vielversprechende Sängerinnen wie Corona Schröter auftreten, die zu einem ausgesprochenen Liebling der Leipziger Musikwelt wird.

Schon im Dezember 1765 sucht der Student die »Zeichnung- Mahlerey und Architectur-Academie« in der Pleißenburg auf. Dort wohnt und arbeitet der Kupferstecher, Maler und Bildhauer Adam Oeser, der im Jahr zuvor Direktor der neugeschaffenen Einrichtung geworden war. Obwohl er laut Goethe »ein abgesagter Feind des Schnörkel- und Muschelwesens und des ganzen barocken Geschmacks« ist, gelingen ihm selber auch nur Plastiken und Zeichnungen im Zeitgeschmack: blasses Rokoko. Aber Oeser macht Goethe mit den Lehren Johann Joachim Winckelmanns bekannt, der sprachgewaltig und schönheitsbegeistert die antiken Kunstdenkmäler beschrieben und in historischen Zusammenhang gebracht hatte. »Edle Einfalt und stille Größe« sind nach dessen Auffassung das Wesen der antiken Klassik. Auch Lessings vieldiskutierter Aufsatz über die Laokoon-Skulptur wird Goethe durch Oesers Hinweis interessant. Damals entsteht seine lebenslange Begeisterung für antike Kunst. Was er davon in der Pleißenburg zu sehen bekommt – ein paar Gipsabgüsse, nachgemachte römische Gemmen und Kameen –, ist zwar Kopie, wo nicht gar Fälschung, aber aus der Begeisterung daran erwächst später etwas durchaus Echtes und Wegweisendes.

Oeser nimmt den jungen Studenten auch zu Leipziger Kunstsammlern mit und bespricht das dort Gesehene mit ihm, so daß verständlich wird, warum Goethe diesen eigentlich zweitrangigen Künstler auch lange nach Leipzig noch schätzt. »Ich binn Ihnen mehr schuldig, als dass ich Ihnen dancken könnte«, schreibt er nach seiner Abreise. »Den Geschmack den ich am Schönen habe, meine Kentnisse, meine Einsichten, habe ich die nicht alle durch Sie?«

Zu Goethes künstlerischer Ausbildung gehören auch die Besuche bei dem Kupferstecher Johann Michael Stock, der ihn Stechen, Holzschneiden und Radieren lehrt. Zeitlebens bleibt es für ihn typisch, daß er theoretisch Erfahrenes gern durch praktisches Tun weiterführt und aus dieser Arbeit dann wieder neue Erkenntnisse für sein allgemeines Denken holt.

Wolfgang hat also viele und sehr unterschiedliche Lehrer und Anreger in Leipzig. Aber Freunde? Und Freundinnen? »Ach, meine Schwester«, seufzt er in einem Brief nach Hause, »was für Kreaturen sind doch diese sächsischen Mädgens. Viele sind närrisch, die meisten nicht sehr klug – und alle zusammen kokett.«* Das klingt nun freilich, als wäre er einfach noch nicht so recht an sie herangekommen, zumal gleichzeitig postalische Grüße, Küsse, Schmeicheleien zu den Freundinnen seiner Schwester fliegen, die allemal auch seine Freundinnen sind – und sich wohl auch von den abgeklärten Weisheiten des 16-Jährigen mehr beeindrucken lassen als die kritischeren Leipzigerinnen. Kaum ist er verliebt, ändern sich seine Ansichten schlagartig. Und als er wieder daheim ist, heißt es gar:

> Mit einem Mädgen hier zu Lande,
> Ist's aber ein langweilig Spiel,
> Zur Freundschafft fehlt's ihr am Verstande,
> Zur Liebe fehlt's ihr am Gefühl.

Selbst vor den engsten Freunden macht er zunächst ein Geheimnis daraus, wem seine Liebe gilt. Am 3. Oktober 1766 weiß es Horn endlich und schreibt an Moors: »Er liebt ein Mädchen, das unter seinem Stand ist«, zugleich aber: »Wenn Goethe nicht mein Freund wäre, ich verliebte mich selbst in sie.« Freimütig sei sie, aber nicht kokett, und »ein rundes, freundliches, obgleich nicht außerordentlich schönes Gesicht« soll sie haben. Irgendwie gewinnt man den Eindruck einer liebenswerten Landpomeranze. Zwei Tage vorher ist von Goethe selbst ein Brief an Moors abgegangen, der aber auch keine sehr exakte Personenbeschreibung liefert: »Solltest du nur dieses fürtreffliche Mädchen kennen, bester Moors, du würdest mir diese Thorheit verzeihen [...]« Im Alter weiß Goethe nicht mehr von ihr zu sagen, »als daß sie jung, hübsch, munter, liebevoll und so angenehm war, daß sie wohl verdiente, in dem Schrein des Herzens eine Zeitlang als eine kleine Heilige aufgestellt zu werden«. Eine Heilige auf Zeit also, und schon jener Brief an den Freund führt gleichsam ein Mädchen mit eingebauter Trennvorrichtung vor: »Das für-

---

* Brief an Cornelia Goethe im Original französisch.

treffliche Herz meiner S. ist mir Bürge, daß sie mich nie verlassen wird, als dann wenn es uns Pflicht und Nothwendigkeit gebieten werden uns zu trennen.«

»S.« steht für die drei Jahre ältere Anna Katharina Schönkopf. Kennengelernt hat Wolfgang sie, als er mit Johann Georg Schlosser erstmals ihre Familie am Brühl aufsuchte. Der Vater ist Zinngießer, die Mutter, eine gebürtige Frankfurterin, unterhält einen Mittagstisch für Akademiker. Nach dem Schlosserschen Besuch bleibt Wolfgang diesem Mittagstisch, der offenbar behaglicher ist als sein voriger, auch weiterhin treu und befreundet sich mit der Familie. Seine gerade erst erworbenen Fähigkeiten als Grafiker benutzt er, um für Käthchen ein Exlibris und für die Weine bei Tisch ein hauseigenes Etikett zu schaffen.

Ihre Beziehung dauert bis zum Frühjahr 1768. »Wir haben mit der Liebe angefangen und hören mit der Freundschafft auf«, schreibt Goethe vergleichsweise lakonisch an einen Leipziger Freund, der zum Thema Käthchen bislang Episteln voller Glut und Wut, Verzweiflung und Eifersucht bekommen hatte. Von Anna Katharinas Seite war die Beziehung wohl ohnehin nicht so fest gedacht gewesen. Zwei Jahre später heiratet sie den Ratsherrn Christian Karl Kanne, der es zum Vizebürgermeister von Leipzig bringen wird.

Goethes bisherige Rokoko-Reimerei gewinnt durch den Gefühlssturm zweifellos an Kraft, und in seinen Briefen mit ihrem immer freieren, stürmischeren Tonfall bereitet sich nun schon die Sprache seiner ersten Erfolge vor. Aber die Sache einzig auf diesen literarischen Aspekt zu reduzieren wäre wohl ebenso frivol, wie es unverständig wäre, in seinen Empfindungen für Käthchen nur das Einüben tieferer Gefühle zu sehen. Als sie in ihm gären, ist er jedenfalls übervoll davon. »Noch so eine Nacht, wie diese, Behrisch«, schreibt er nach einem gewaltigen Eifersuchtsanfall an besagten Freund, »und ich komme für alle meine Sünden nicht in die Hölle.«

Eifersucht und immer wieder Eifersucht. Sie kann sich komisch äußern: »Ich riß mein Bett durch einander, verzehrte ein Stückgchen Schnupftuch und schlief biß 8 auf den Trümmern meines Bettpallastes.« Oder bedenklich: »Ich binn vielleicht nicht der herzhaftteste, binn nur gebohren in Gefahr herzhaft zu werden. Aber ich binn jetzt in Gefahr, und doch

nicht herzhaft. Gott! Freund! weißt du was ich meyne?«
Oder klug: »Ich schreibe warlich im Fieber, warrlich im Paroxismus. Doch laß mich schreiben. Besser ich lasse hier meine Wuht aus, als daß ich mich mit dem Kopf wider die Wand renne.« Oder ganz einfach erbärmlich peinlich: Er weiß Käthchen bei einer Familie zu Besuch, sucht einen Grund, auch dorthin zu kommen, und nötigt eine ältere Bekannte, ihr doch um alles in der Welt ein Briefchen aufzusetzen, daß er hinüberbringen soll. Der fällt prompt nichts Intelligenteres ein als: »Er zwingt mich ihm etwas aufzutragen und wenn es auch nichts wäre.« Damit macht man natürlich nicht viel Eindruck, weder bei der Empfängerin noch beim Käthchen, das den Brief auch zu lesen bekommt und ohnehin grad böse mit ihm ist.

Man glaubt es Wolfgang bei solchem Gefühlsdurcheinander, daß er dagegen den Sturz von einem durchgehenden Pferd (»aufgestoßnes Kinn, eine zerschlagne Lippe, und ein geschellertes Auge«) keineswegs »unter die grosen Schäden« rechnete. Was er jetzt schreibt, wirkt, als entstamme es der Feder zweier grundverschiedener Autoren. Einerseits bemüht er sich, etwas Vorzeigbares zu schaffen, arbeitet an neuen Gedichten und verschiedenen Bühnenstücken, von denen eines auch fertig wird. Sein Geschick dabei wächst zusehends, aber es bleibt doch alles im Geschmack der Zeit.

Damals sind »anakreontische« Gedichte sehr beliebt. Sie ahmen Versmaß und Thematik des griechischen Dichters Anakreon nach und feiern mit viel mythologischem Brimborium und kunstvoller Pointierung immer wieder Wein, Geselligkeit und Liebe. Auf der Bühne entsprechen dem die »Schäferspiele«, Tändelstücke, bei dem alles, was etwa schiefzulaufen droht – von Konflikten wagt man gar nicht zu sprechen –, mit kleinen Intrigen wieder ins Lot zu bringen ist. Und die Schauspieler stecken in hochherrschaftlichen Schäferkostümen, denen kein lebendiges Schaf hätte nahe kommen dürfen.

Gleichzeitig aber bahnt sich in Goethes Briefstil eine Sprache an, deren Aufgepeitschtheit auf eine Weise seinen Gefühlen entspricht, die Herr Gellert wohl aufs äußerste mißbilligt hätte. Jetzt beginnen die vielen Ausrufungszeichen des späteren Sturm und Drang aufzutauchen, die seltsam abgekürzten Sätze, die wie hingeworfen wirken, aber durchaus berechnet sind.

Noch pflegen seine Briefe stilistisches Rollenspiel, ist nicht jedes Wort auf die Goldwaage zu legen – oder wie soll man es sonst verstehen, daß Goethe, selbst wenn er in seiner Korrespondenz tobt, alles in gestochener Schönschrift wiedergibt? Und doch beginnt sich jetzt, in diesen Briefen, eine Sprache anzudeuten, die er wenige Jahre später für seine Prosa und Dramatik benutzt und um derentwillen ihn die Leser lieben werden.

An dieser Stelle sei eine kurze Bemerkung eingeschoben über die seltsam unterschiedliche Rechtschreibung in den bisherigen und noch folgenden Zitaten. Sie wird dort besonders deutlich, wo Briefstellen des jungen Goethe auf Memoiren-Auszüge des alten prallen. Zwischen den Leipziger Briefen des 17-Jährigen und den Leipziger Kapiteln aus »Dichtung und Wahrheit« liegen aber nicht weniger als 45 Jahre. In dieser Zeit hat sich die deutsche Sprache in einem Maße weiterentwickelt, wie es das in einem vergleichbaren Zeitraum vorher wohl niemals gegeben hatte, und daran ist nicht zuletzt auch Goethe beteiligt gewesen. Besonders in der sogenannten Geniezeit hat er die Sprache – Grammatik, Rechtschreibung, Interpunktion, schlechthin alles an ihr – zum Tanzen gebracht. Im Alter gleicht er sich dann mehr und mehr einer Norm an. Zwar gibt es noch keinen Duden, auf den man verpflichtet gewesen wäre, aber Goethe besitzt seit 1780 Adelungs »Wörterbuch der hochdeutschen Mundart«. Und auch von diesem Werk geht schon so etwas wie eine normierende Wirkung aus.

1768 schließt Goethe sein erstes Drama ab, das Schäferspiel »Die Laune des Verliebten«. Darin hält er sich selbst den Spiegel vor, denn die »Laune« des verliebten Eridon besteht in seiner geradezu maßlosen Eifersucht. In der überholten Form dieses Rokoko-Dramoletts steckt also eigenes Erleben und Empfinden. Goethe hat ersichtlich an dem Werk gefeilt und dabei auch Empfehlungen seiner Schwester berücksichtigt. Es hätte ihm durchaus Ehre machen können, wird aber erst elf Jahre nach seiner Vollendung auf dem Weimarer Liebhabertheater uraufgeführt: mit Goethe in der männlichen Hauptrolle und in einer der beiden weiblichen – Corona Schröter!

Im Grunde bleibt es eigenartig, daß das Genre des Schäferspiels ausgerechnet in der Phase seines Niedergangs zwei – damals gar nicht so wahrgenommene! – Höhepunkte erlebt. Denn im selben Jahr, als der 18-jährige Goethe »Die Laune des

Verliebten« abschließt, gelangt die kleine Hirtenoper »Bastien und Bastienne« des 12-jährigen Mozart zur Aufführung.

Der Leipziger Student überzeugt mit eleganten Dialogen in alexandrinischem Versmaß und einer ganzen Reihe selbstkritischer Sentenzen. Vom eifersüchtigen Eridon heißt es:

> Sein Glück ist ihm zu groß, und er ist zu belachen,
> Da er kein Elend hat, will er sich Elend machen.

Und man gibt ihm zu bedenken:

> Wenn du ihr Freiheit läßt, so wird sie dich nicht lassen;
> Doch machst du's ihr zu arg, gib acht, sie wird dich hassen.

Doch ist es natürlich zweierlei, ob solche Worte in einem Spiel fallen oder ob man im wirklichen Leben mit dem Liebesstachel fertigwerden muß.

Als sich Goethe nach der herben Kritik von Clodius endlich wieder an Gedichten versucht, schreibt er seiner Schwester mit neuem Selbstvertrauen, aber ohne das alte Imponiergehabe: »Ich habe von meinem zehenten Jahre, angefangen Verse zu schreiben, und habe geglaubt sie seyen gut, jetzo in meinem 17ten sehe ich daß sie schlecht sind, aber ich bin doch 7 Jahre älter, und mache sie um 7 Jahre besser.«

Für jemanden mit Formgefühl und Witz ist die damals gepflegte Lyrik durchaus erlernbar, weshalb sie ja auch als gesellige Unterhaltung im privaten Kreise gepflegt wird. Die Kunst besteht darin, das Gesagte elegant und pointiert vorzubringen und dabei keine poetologischen Regeln zu verletzen. Daß etwa mit dem Gesagten auch das Unsagbare der Gefühlswelt ins Gedicht zu bringen sei, ist eine gänzlich andere Ansicht von dem, was ein Gedicht zu leisten habe; und an ihrem Anfang in der deutschen Literatur wird Goethe stehen. Er macht sich frei von dem Vorgefundenen, indem er erst einmal danach strebt, es ebensogut wie die Besten zu machen, und sich dann etwas ganz Neuem zuwendet. Aber das ist ein langsamer Prozeß. »Seit dem November habe ich höchstens 15 Gedichte gemacht, die alle nicht sonderlich groß und wichtig sind«, schreibt er im selben Brief an die Schwester, »und von denen ich nicht eins, Gellerten zeigen darf, denn ich kenne seine jetzige Sentiments über die Poesie. Man lasse doch mich gehen, habe ich Genie; so werde ich Poete werden, und wenn mich kein Mensch verbessert, habe ich keins; so helfen alle Criticken nichts.«

Einen strengen Lehrmeister der Poesie akzeptiert Wolfgang gleichwohl, den besten, der sich denken läßt: einen guten, kritischen Freund. Er heißt Ernst Wolfgang Behrisch und ist der Adressat von Goethes wildesten Briefen der Leipziger Zeit. Von den 38 aus jener Zeit erhaltenen sind allein 20 an ihn gerichtet. Auch Behrisch ist Student in Leipzig gewesen, bevor er durch Gellerts Empfehlung Hofmeister, das heißt Erzieher und Betreuer des jungen Grafen von Lindenau wird. Goethe schließt sich dem elf Jahre Älteren fasziniert an, weil dieser Mensch intelligent und sarkastisch ist, ein Kauz wohl auch, der seine Marotten mit Witz und Würde pflegt. Der lange dürre Mann mit den markanten Gesichtszügen trägt sich grau in grau und kann, glaubt man Goethe, »tagelang darauf sinnen, wie er sich noch ein Grau mehr auf den Leib schaffen wollte, und war glücklich, wenn ihm das gelang und er uns beschämen konnte, die wir daran gezweifelt oder es für unmöglich erklärt hatten«.

Zu einem Zeitpunkt, da Wolfgang mit Leipzig und den Leipzigern immer unzufriedener wird, schließt er sich Behrisch an. »Wir trösten uns mit einander, indem wir in unserm Auerbachs Hofe, dem Besitztume des Grafen wie in einer Burg, von allen Menschen abgesondert sitzen, und ohne Misantropische Philosophen zu seyn, über die Leipziger lachen, und wehe ihnen, wenn wir einmahl unversehns aus unserem Schloß, auf sie, mit mächtiger Hand, einen Ausfall tuhn.« Was bald darauf – vermutlich von Behrischs Seite aus – tatsächlich passiert und prompt zu seiner Kündigung führt. Dem richterlichen Urteil dieses Mannes jedenfalls unterwirft der junge Dichter seine Arbeiten gern. Dabei gehen sie folgende Abmachung ein: Goethe soll vorerst nichts drucken lassen, dafür verspricht Behrisch ihm, die besten Stücke herauszusuchen und sie als schön gestalteten Band in Schmuckschrift abzuschreiben (»wobei er die Schraffuren der Holzschnitte und Druckerstöcke, die man bei solcher Gelegenheit braucht, gar zierlich nachzuahmen wußte«).

Auf diese Weise entsteht das Buch »Annette«, eine Sammlung von 19 Gedichten, die im August 1767 abgeschlossen ist. »War es nicht gescheit, daß du damals die Verse nicht drucken ließest und daß du gewartet hast, bis du etwas ganz Gutes machtest?« soll Behrisch Jahre später gesagt haben, als sie sich erstmals wieder sahen und Goethe längst berühmt war. »Freilich schlecht waren damals die Sachen auch nicht; denn sonst hätte ich sie nicht geschrieben. Aber wären wir zusammengeblieben, so hättest du auch die andern nicht sollen drucken lassen; ich hätte sie dir auch geschrieben, und es wäre ebenso gut gewesen.«

Zwischen der »Großen Feuerkugel« und »Auerbachs Hof« gehen ab Oktober 1766 die ersten Briefe hin und her. Die meisten und längsten muß Goethe dann freilich nach Dessau schicken, denn Behrischs Leipziger Aufenthalt endet sozusagen mit einem Knall. Mit dem einer Ohrfeige, heißt es, die er seinem adligen Zögling verabreicht habe. Goethe selber macht eher die Tatsache dafür verantwortlich, daß dem alten Grafen die närrische Clique, zu der die beiden gehören, ein Dorn im Auge ist. Überdies wird ein Spottgedicht Goethes über Clodius bekannt, woraufhin »allgemeine Mißbilligung erfolgte«. Den Ausschlag kann aber auch der Umstand gegeben haben, daß Behrisch »und wir durch ihn, noch einen gewissen anderen Hang zu einigen Mädchen [hatten], welche besser waren als ihr Ruf; wodurch denn aber unser Ruf nicht gefördert werden konnte«. Wie auch immer, Behrisch wird gekündigt. Für Goethe ist das am Ende bitterer, denn er verliert einen Gefährten, während Behrisch schon bald darauf die Stellung eines Erziehers des Erbprinzen von Anhalt-Dessau bekommt und es dort später zum Hofrat bringen wird.

Neben die »Annette«-Gedichte treten 1767 die »Oden an meinen Freund«. Sie haben die Trennung von Behrisch zum Inhalt, und nun taucht Wolfgangs neuer Tonfall auch in seiner Lyrik auf. Da wird das leidige Leipzig

>   Gebärort
>   Schädlicher Insekten,
>   Mörderhülle
>   Ihrer Bosheit.

Und das näher rückende Ende seines Studiums kommt ihm (zumindest für die Zeit, während er über diesem Gedicht sitzt) wie eine Erlösung vor:

Du gehst, ich bleibe.
Aber schon drehen
Des letzten Jahrs Flügelspeichen
Sich um die rauchende Achse.

Ich zähle die Schläge
Des donnernden Rads,
Segne den letzten,
Da springen die Riegel, frei bin ich wie du.

Nach dem Abschied von seinem »dürren Teufel« ist die Stadt für Goethe ein gutes Stück ärmer geworden. Viele Freunde hat er hier ohnehin nicht mehr. Behrischs Nachfolger, Ernst Theodor Langer, kommt noch dazu; aber es ist bezeichnend, daß er sich nur bei Dunkelheit zu ihm traut, denn Graf Lindenau hält Wolfgang für einen Sittenverderber, mit dem jeder Umgang vermieden werden sollte. Der relativ verwöhnte, in Frankfurt allseits beliebte Jüngling hat sich jedenfalls manches Entree durch eine Arroganz verscherzt, die damals immer wieder neben seiner Herzlichkeit und Spontaneität hervortritt. In Leipzig muß der nach allgemeiner Beliebtheit Strebende also auch lernen, daß er sich nicht jedermann zum Freund machen kann, wenn er sich treu bleiben oder überhaupt erst er selbst werden will. Hinter der Fassade des hochfahrenden Jünglings aber, des überheblichen Bruders und genialisch auf sein Naturrecht als Dichter Pochenden entwickelt sich eine tiefe Krise.

Wolfgang und sittenverderbend! Die Stelle mit den »Mädchen, welche besser waren als ihr Ruf«, hat manchen Biografen zu der Annahme verleitet, daß der junge Mann in Leipzig Dirnen aufgesucht habe. Wer die Stelle unvoreingenommen liest, merkt schnell, daß hier nur die Rede von Frauen sein kann, die bereits vor der Ehe erotischen Umgang mit ihren Freunden haben. Der 18-jährige Student aber traut sich damals von gewissen Dingen nicht einmal seinem Freund zu schreiben. »Kennst du mich in diesem Tone Behrisch? Es ist der Ton eines siegenden jungen Herrn«, behauptet er und fährt fort: »Es ist komisch. Aber ohne zu schwören, ich unterstehe mich schon ein Mädgen zu verf – wie Teufel soll ich's nennen.«

Ja, wie denn, zum Teufel? Wenn er schon Behrisch gegenüber das Wort »verführen« kaum über die Lippen bringt, wird es wohl auch sonst nicht so »siegend« zugegangen sein. Aufschlußreicher ist, was er ihm von einer Nacht schreibt, in der ein wilder Traum den nächsten ablöst und er schließlich wie ein »Meerschweingen« in den Sack gesteckt wird. »Da hast du Annetten. Es ist ein verwünschtes Mädgen. Der Sack! Der Sack!« Man muß kein großer Psychologe sein, um zu erkennen: Goethe hat ganz einfach noch Angst vor Frauen!

Aber sprechen die erotisch anspielungsreichen Liebesgedichte der Leipziger Zeit nicht eine sehr offene Sprache? – Ach nein, sie sind ja nur ein literarisches Spiel nach komplizierten Regeln und dürfen gerade deshalb frecher sein, als wenn sie von wirklicher Liebe sprechen würden.

Als Goethe sein Herz das erste Mal richtig verliert, wird der Tonfall seiner Gedichte sofort inniger, und all die hübschen kleinen Frivolitäten fallen auf einmal weg. Immer werden es die Gedichte sein, die verraten, was in ihm vorgeht. Hätte man ihnen zuzeiten mehr Aufmerksamkeit geschenkt als mancher atemberaubenden biografischen Kombination, wäre viel Unsinn über Goethes angebliche erotische Eskapaden ungeschrieben geblieben. (Es läßt sich ja sogar – wie noch zu zeigen sein wird – an seinen Gedichten ablesen, wann er wirklich das erste Mal mit einer Frau geschlafen hat.) Noch rumort es erst im Untergrund. Noch gilt sein literarisches Streben mehr der Aufgabe, den zeitgenössischen Anforderungen an ein raffiniertes Gedicht zu genügen, als in ihnen echtes Gefühl zu offenbaren. Das »Goethesche« muß Goethe erst noch entdecken.

Nicht nur Anna Katharina wird ein Lyrikzyklus gewidmet. Bei seinem Abschied von Leipzig schenkt er Friederike Oeser, in deren Familie er sich bis zum Schluß wohl gefühlt hat, eine Handschrift mit zehn Gedichten. Die älteste Tochter seines Zeichenlehrers ist keine Schönheit, aber von gewinnender Herzlichkeit und heiter auch dann, wenn der verliebte Melancholiker mal wieder voller Weltschmerz zu ihr kommt. Wenn er dann mit ihr entlang der Pleiße hinaus nach Dölitz wandert, wo die Oesers ein Gartenhaus haben, geht's ihm allemal besser.

> Da sind sie nun! Da habt ihr sie,
> Die Lieder, ohne Kunst und Müh
> Am Rand des Bachs entsprungen!

Aus diesem kleinen Manuskript wird dann sein erstes, noch anonym gedrucktes Büchlein »Neue Lieder«, in Melodien gesetzt vermutlich vom Freund Bernhard Theodor Breitkopf und zur Michaelis-Messe 1769 von dessen Vater verlegt. Im Hause des Druckers Johann Gottlob Immanuel Breitkopf ist Wolfgang oft gewesen, hat mit den Söhnen Freundschaft gehalten, an Hauskonzerten und privaten Theateraufführungen mitgewirkt und in der Mansarde desselben Hauses bei Johann Michael Stock die Kunst des Radierens gelernt.

Vor dem 18-Jährigen liegen nun die letzten Leipziger Wochen. Immer weniger befaßt er sich mit seinen Studien. Der Zeitpunkt ist abzusehen, an dem er sich dafür gegenüber seinem Vater wird rechtfertigen müssen. Und vorher noch all das Abschiednehmen! Seine Bedrücktheit wächst. Mehr denn je fühlt er sich wie eine »Wetterfahne die sich dreht, immer dreht«. Und dann, im Juli 1768, passiert es: »Eines Nachts wachte ich mit einem heftigen Blutsturz auf und hatte noch so viel Kraft und Besinnung, meinen Stubennachbarn zu wekken. Doktor Reichel wurde gerufen, der mir aufs freundlichste hülfreich ward.« Dennoch schwankt Goethes Befinden mehrere Tage zwischen Leben und Tod. Er hat sich später wiederholt Gedanken über die Ursachen dieser Krankheit gemacht, schreibt sie – nicht unbegründet – den Ätzdämpfen zu, die beim Radieren entstehen, aber auch unregelmäßigem Lebenswandel, Kaffee- und Biergenuß. Seine Biografen haben überdies innere Verletzungen durch das Freidrücken der Kutsche während der Fahrt von Frankfurt her oder den späteren Sturz vom Pferd in Betracht gezogen.

Das meiste spricht für eine akute Erkrankung im Atmungsbereich. Oft wurde auch auf eine Lungen- und Halslymphdrüsentuberkulose geschlossen. Vielleicht aber hat es schon Carl Gustav Carus, ein Arzt und späterer Vertrauter Goethes, am besten getroffen, als er von einer »gesunden Krankheit« sprach, denn nur gesunde Natur sei eigentlich zur Krankheit fähig. Er wird durch die Tatsache bestätigt, daß Goethes überaus tätiges Leben auch später immer wieder von unfreiwilligen Ruhepausen und Krankheiten unterbrochen wird. Der unbewußte Gesundungswille beginnt als Leidensdruck. Auch Goethe empfindet, daß sich seine Natur damals wohl selber geholfen habe, »denn ich hatte eine größere Heiterkeit des Geistes gewonnen, als ich mir lange nicht gekannt, ich war froh, mein Inneres frei zu fühlen, wenn mich gleich äußerlich ein langwieriges Leiden bedrohte«. Am Vorabend seiner Abreise geht er ein letztes Mal zu den Schönkopfs, ist schon unten im Flur, traut sich dann aber nicht hinaufzugehen und verläßt das Haus, ohne Käthchen Lebewohl gesagt zu haben. Am anderen Morgen, seinem 19. Geburtstag, steigt er mit dem Gefühl in die Kutsche, »als ein Schiffbrüchiger« zurückzukehren. Er muß schlecht ausgesehen haben, schlechter, als ihm selber klar war, denn die Familie ist über seinen Zustand so erschrokken, daß sie ihn erst einmal wie ein rohes Ei behandelt.

Bummel durch Leipzig

Zu Goethes Zeiten hatte die Leipziger Buchmesse der Frankfurter den Rang abgelaufen, weil sie besser organisiert war und neue Vertriebswege erschlossen hatte. Als ich sie im Mai 1992 zum ersten Mal besuchte, schien sich das Blatt abermals gewendet zu haben, und ihr Versuch, sich weiterhin zu behaupten, wurde skeptisch, bestenfalls mit wohlwollender Besorgnis betrachtet. Günter de Bruyn erinnerte in seiner Eröffnungsansprache an das 18. Jahrhundert, als zum Beispiel Jean Pauls Schulmeisterlein Wuz noch »das ganze Jahr hindurch geistig von der Lektüre des Leipziger Meßkatalogs lebte«. Diese geistige Bedeutung wünschte er sich wieder für Leipzig und nicht etwa einen Versuch, die Gigantomanie Frankfurts nachzuahmen. Über den neuen Geist ist zwar auch heute noch nicht das letzte Wort gesprochen, aber daß sich Leipzig als Bücherstadt behauptet hat, scheint keine Utopie mehr zu sein. Auch gegen den desolaten Zustand historischer Bausubstanz in der Altstadt konnte schon viel getan werden.

Wer den Spuren des 18. Jahrhunderts folgen möchte, verliert zwar häufig die Fährte zwischen den modernen Bauten, findet aber auch so manche schon verloren geglaubte Perle von damals wieder. Und alles liegt nahe beisammen. Vom Alten Rathaus braucht man nur über den Marktplatz zu gehen und ist schon im Barfußgäßchen, das zu Barthels Hof führt, einem jener selten gewordenen barocken Meßhöfe, wie sie Goethe in seinen Erinnerungen beschrieben hat. Die sie umfassenden Häuser erschienen dem jungen Frankfurter ungeheuer, »nach zwei Straßen ihr Gesicht wendend, in großen, himmelhoch umbauten Hofräumen eine bürgerliche Welt umfassend, großen Burgen, ja Halbstädten ähnlich«.

Von hier aus ist es nur ein Katzensprung in die Kleine Fleischergasse 4, wo eines der ältesten europäischen Kaffeehäuser steht, der berühmte »Cofee Baum«. Hier saßen Lessing, Goethe und Kotzebue beim »Türkentrank«; Liszt und Wagner, Robert Schumann und Clara Wieck, auch Heinz Rühmann und

Herbert von Karajan zählten zu seinen Gästen. Lautete eine Schlagzeile der »Leipziger Volkszeitung« vom 8. Mai 1992: »Im Keller sprudelt das Wasser, während Stadt und Bund um den Kaufpreis feilschen«, so ist heute alles restauriert und das Gebäude nicht nur wieder seiner alten Bestimmung zugeführt, sondern auch noch um ein »Sächsisches Kaffeemuseum« im 1. Stock bereichert.

An der Rückseite des Alten Rathauses steht die Handelsbörse, einst Versammlungsstätte der Leipziger Kaufleute, und vor dem barocken Gebäude das Goethedenkmal. Carl Seffner schuf den etwas ältlichen Studenten 1903 angeblich nach einem Goethe-Doppelgänger. Zwei hübsch ausgearbeitete Medaillons im Sockel zeigen Käthchen Schönkopf und Friederike Oeser. Der Bronze-Goethe schreitet mit einem aufgeschlagenen Büchlein in der Hand Richtung Mädlerpassage, dort, wo Auerbachs Keller ist und der 16-, 17-Jährige mit Behrisch und den anderen Freunden gezecht hat. Die Studentenszene aus dem »Faust« machte das 450 Jahre alte Lokal dann erst so richtig berühmt. Kaum hat sich Mephisto mit Faust hierherversetzt, lästert jemand aus der anwesenden lustigen Gesellschaft:

> Die kommen eben von der Reise,
> Man sieht's an ihrer wunderlichen Weise;
> Sie sind nicht eine Stunde hier.

Und ein anderer entgegnet ihm:

> Wahrhaftig, du hast recht! Mein Leipzig lob ich mir!
> Es ist ein klein Paris und bildet seine Leute!

Nicht nur zur Messezeit herrscht dort unten großer Andrang, und man darf auch nichts besonders Romantisches erwarten. Auerbachs Keller ist eine Großgaststätte, und das »Goethe-Erlebnis« im Preise deutlich einkalkuliert. Wo es links und rechts der Passage treppabwärts geht, stehen sich zwei imponierend bewegte Bronzegruppen von Matthieu Molitor gegenüber: hüben der alte Faust mit Mephisto, der gerade die Zecher nasführt, drüben die vier verblendeten Studenten. Unten kommt man in einen großen Raum, an dessen Wände »Faust«-Szenen gemalt sind, und in einen kleineren, das »Goethe-Zimmer«. Von dort aus geht es weiter abwärts in den eigentlichen Keller, der von einem schaurig-schönen Hängeleuchter in Gestalt des mephistophelischen Faß-Rittes beherrscht wird. Wer die Kellnerin »auf dem rechten Fuß trifft«, bekommt den »Hexenkeller« aufgeschlossen, ein enges, noch tiefer gelegenes Gewölbe, von wo man früher in die Katakomben von Leipzig kam.

Die Mädlerpassage glänzt natürlich und ist auf den Besuch der Welt eingerichtet. Aber wer eigene Wege im Sinn hat, erlebt noch immer einen Querschnitt durch das soziale und städtebauliche Elend der einstmals so schönen Kommune. »Mein Leipzig lob ich mir«, leuchtet's in riesigen Buchstaben vom Dach eines Hauses am Sachsenplatz. Ein Erinnerungsbuch hingegen trägt den ungleich nachdenklicheren Titel »Mein Leipzig – lob ich's mir?« Und die Nummer 1 einer Serie von Leipzig-Krimis heißt sogar »Mein Messer lob' ich mir«!

Wer von der Mädlerpassage in die traditionsreiche Hainstraße geht, bekommt abermals ein gutes Bild von einstiger Pracht und Herrlichkeit. Freilich muß er den Blick von den neuen Schaufenstern mit ihren knallbunten Werbeverblendungen abwenden und über die vielgestaltigen Gesimse und Firstlinien wandern lassen. Am Ende der Straße geht es rechter Hand in den Brühl, eine breite, verkehrsreiche Straße, wo nichts mehr an das Schönkopfsche Haus oder andere Denkmäler der Goethezeit erinnert. Erst an der Ecke Katharinenstraße steht wieder ein Barockgebäude – und was für ein prächtiges! Das »Romanus-Haus« heißt nach seinem ersten Besitzer, einem Bürgermeister, der für dieses Bauwerk sogar in die Stadtkasse gegriffen haben soll. Hier sind wir nun zuverlässig auf Goethes Spuren. Die Katharinenstraße ist er – von Schönkopfs nach Hause oder in die Universität – häufig gegangen.

An Stelle der alten Universität steht in spiegelnder Hochhausscheußlichkeit ein Nachfolgebau aus der Ulbricht-Ära, der Volksmund nennt ihn »Weisheitszahn«. Und auch die Pleißenburg, wo Oeser gelebt und gelehrt hat, brauchen wir nicht zu suchen. Sie wurde schon um 1900 zugunsten des Neuen Rathauses abgebrochen, in die neue Anlage aber immerhin der alte Turm integriert. Die Leipziger haben sich, vielleicht in Erinnerung an die Zustände im realen Sozialismus, den lateinischen Spruch unter der Rathausuhr – MORS CERTA – HORA INCERTA (Der Tod ist gewiß, ungewiß ist seine Stunde) – auf ihre Weise übersetzt: Todsicher geht die Uhr falsch.

Einen anderen Abstecher hatte ich schon gleich nach der Wende unternommen und bin vom Naschmarkt die Grimmaische Straße hinunter zum Grassi-Museum gegangen. Dort sollten auf dem Alten Johannisfriedhof die Grabmäler von Gellert und Käthchen Schönkopf zu finden sein. Das Abenteuer begann schon bei der Umrundung des hoch ummauerten Areals. »Da kommt man nirgends mehr rein«, hieß es. »Die Tore sind jetzt überall dicht. Was glauben Sie, was da zuletzt alles passiert ist an Überfällen und so.« Durch den Innenhof des Museums kam ich dann aber doch noch hinein, dank der Freundlichkeit eines Museumsbeamten, der auf dem Friedhofsgelände seinen Trabant reparierte. Ich sah umgestürzte, zerstörte und überwachsene Grabmäler. Herrliche alte Bäume, unheimliche Zwischenmauern, hinter denen sich in der Dämmerung gut jemand verstecken konnte, weithin kriechende Heckenranken und überall, wo's interessant wurde, hüfthohes Brennesselgestrüpp. Die Gräber von Richard Wagners Mutter und Schwester und vom Leipziger Verleger Tauchnitz fand ich immerhin, aber keinen der Namen, um dessentwillen ich hergekommen war.

Nach 23 Jahren Lagerung unter freiem Himmel, nach Diebstahl und Vandalismus waren von den über 100 nach denkmalspflegerischen Gesichtspunkten ausgewählten Einzelobjekten nur noch 58 vorhanden. Erst 1995 konnte der Alte Johannisfriedhof – nunmehr als museale Parkanlage und während der Öffnungszeiten des Museums – wieder der Allgemeinheit zugänglich gemacht werden. Auch wenn die Gräber selbst nun schon seit einem Vierteljahrhundert eingeebnet sind, lassen sich doch jetzt wenigstens wieder die Gedenksteine der Schriftsteller Gellert und Christian Felix Weiße finden, kann man, imponierend in Stein gehauen, nachlesen, was aus Goethes Leipziger Liebchen geworden ist: nämlich die Gemahlin von Dr. Christian Karl Kanne, hochwohllöblichem Beisitzer des Oberhofgerichts und der Juristenfakultät.

Und einen unvermuteten Cicerone hatte ich auch wieder, einen von der skurrilen Art diesmal, der mir versicherte, es spuke in den Kellern des Grassi-Museums, seit bei den Erweiterungsmaßnahmen, die auch Teile des Friedhofs umfaßten, etliche Knochenfunde gemacht worden seien. »Die wollen ihre Ruhe. Soviel ist mal sicher.«

Frankfurter Zwischenspiel
1768 – 1770

> »Sehen Sie lieber Langer es steht kurios mit
> uns; Mich hat der Heiland endlich erhascht,
> ich lief ihm zu lang und zu geschwind, da
> kriegt er mich bey den Haaren.«
> *An Ernst Theodor Langer, 17. Januar 1769*

Der Heimgekehrte ist am Ende seiner Kräfte und macht sich und jedem das Leben schwer. Wenn er anderthalb Jahre später daran denkt, »was für ein unerträglicher Mensch ich den letzten ganzen Sommer war, so nimmt michs Wunder, wie mich jemand hat ertragen können«. Dem Vater gelingt es kaum, seinen Verdruß darüber zu verhehlen, »einen Kränkling zu finden, der noch mehr an der Seele als am Körper zu leiden schien«.

Wolfgang bekommt seine Leipziger Briefe wieder zu Gesicht und ist unangenehm berührt von dem Bild, das sie von ihm geben. Auch die Leipziger Lyrik kommt ihm bald oberflächlich vor, weshalb er vor dem erneuten Verlassen des Elternhauses abermals »ein großes Haupt-Autodafé« über seine Arbeiten verhängen wird. Als er die Stadt seiner Studienanfänge später wieder einmal besucht, kann er nur den Kopf über sich schütteln: »Was sich der Mensch kümmerlich durch Stufen hinauf arbeiten muß! Ich dachte gestern warum hast du nun die Menschen vor 15 Jahren nicht so gesehen wie du sie iezt siehst?«

Die Krankheit nimmt zeitweise bedrohliche Formen an. Eine Geschwulst am Hals muß geschnitten werden. Danach leidet Wolfgang an Verstopfung, die erst ein geheimnisvolles »Wundermittel« des Hausarztes (wahrscheinlich einfaches Glaubersalz) besiegt. Er muß viel liegen, verläßt oft wochenlang nicht das Haus. In einem Gedichtbrief an Friederike Oeser schreibt er im November 1768:

> Kann man was Traurigers erfahren?
> Am Körper alt und jung an Jahren,
> Halb siech und halb gesund zu sein?

Ende 1768 scheint sich sein Zustand ein wenig zu bessern, der Rückfall im Advent kommt um so stärker. Dieses Auf und Ab wiederholt sich Anfang 1769.

Mit der Krankheit einher geht eine tiefe Sinnkrise. Goethe findet sich mit der Vorstellung eines frühen Todes konfrontiert. »Manchmal fällt mir's ein, dass es doch ein närrscher Streich wäre, wenn ich trutz meiner schönen Projeckten vor Ostern stürbe«, schreibt er an Käthchen, und Friederike bekommt zu hören: »Ich war einmal kranck, und ward wieder gesund, eben genug, um mit Bequemlichkeit meinem letzten Willen nachdencken zu können.«

Den letzten Dingen hat er in diesen Monaten ganz sicher nachgedacht. Er liest religiöse Bücher und nähert sich dem Kreis pietistischer Christen, dem seine Mutter nahesteht. Brieflich wird ihm jetzt vor allem Freund Langer wichtig, bei dem er in diesen Dingen Verständnis voraussetzen darf, im persönlichen Umgang die damals 45-jährige Stiftsdame Susanna Katharina von Klettenberg, eine Verwandte und Freundin der Mutter.

»Unglück ist auch gut. Ich habe viel in der Kranckheit gelernt, das ich nirgends in meinem Leben hätte lernen können«: Im Brief an Käthchen wird nur angedeutet, was er Langer gegenüber unverhohlener, nur in ein hauchdünnes ironisches Mäntelchen gehüllt, preisgibt: »Mich hat der Heiland endlich erhascht, ich lief ihm zu lang und zu geschwind, da kriegt er mich bey den Haaren.« In seinen Grundfesten erschüttert, hofft er, durch Gottes Hilfe bald wieder aufgerichtet zu werden. Das »unevangelische Gewäsche unsrer jetzigen Kantzeln« kann er nicht ausstehen und findet an den Versammlungen der Brüdergemeine mehr Gefallen. Bei den Pietisten lebt Gefühl und gleichzeitig Protest gegen Orthodoxie. Ihnen gilt grundsätzlich jeder Stand gleich (wenn auch ausgerechnet der Frankfurter Zirkel eher eine Sache des gehobeneren ist). Und noch etwas fasziniert Goethe am Pietismus: die Gewissenserforschung. Hier wird das Individuum ernst genommen, in seiner ganzen moralischen Hinfälligkeit zwar, aber immerhin gilt es nicht von vornherein als eitel, sich selbst zu erkunden. Selbstbeobachtung erweist sich geradezu als Voraussetzung für Selbsterkenntnis.

Sicher ist es kein Zufall, daß zwei sowohl für Goethe wie für die deutsche Literatur überhaupt bedeutsame autobiografische Lebenszeugnisse jener Zeit von Pietisten stammen: In Straßburg wird Goethe Jung-Stilling dazu ermuntern, seine Lebensgeschichte niederzuschreiben. Johann Heinrich Jung legt sich diesen Namen nach den »Stillen im Lande« zu, wie man die Pietisten im 18. Jahrhundert zu nennen beginnt. Und in seinen eigenen Roman »Wilhelm Meisters Lehrjahre« wird er die »Bekenntnisse einer schönen Seele« einschalten: von ihm zusammengestellte und geformte Aufsätze und Briefe des Fräulein von Klettenberg.

Sie muß ein geistig aufgeschlossener und anregender Mensch gewesen sein, sonst hätte sie Goethe sicher nicht in ihren Kreis ziehen und an ihren Lektüreerlebnissen interessieren können. Und er hätte ihr wohl auch später kaum geschrieben, daß die Straßburger Brüder »Leute von mäsigem Verstande« seien, »die mit der ersten Religionsempfindung, auch den ersten vernünftigen Gedanken dachten, und nun meynen das wäre alles, weil *sie* sonst von nichts wissen«. Auseinandersetzungen gibt es gleichwohl zwischen den beiden, so zum Beispiel, wenn sie dem jungen Studenten erklärt, seine innere Unruhe komme daher, daß er »keinen versöhnten Gott« habe, er dagegen meint, sich mit ihm ganz gut zu stehen, sie wiederum auf die Ursünde zu sprechen kommt und er entgegnet, nach seinen jüngsten Leiden habe doch wohl eher er Gott »einiges zu verzeihen«.

Ob Wolfgangs mittlerweile verstorbener Tauf- und Konfirmationspfarrer Fresenius oder einer seiner Amtsnachfolger ihm solche jugendlich-frechen Äußerungen verziehen hätte, darf bezweifelt werden. Das Fräulein von Klettenberg pflegt derlei Streitgespräche allenfalls mit den Worten zu beenden, »daß ich ein närrischer Bursche sei, dem man manches nachsehen müsse«.

Eine schöne Seele, das muß sie wohl wirklich gewesen sein – und ein freier Geist dazu, wenn nicht gar ein Freigeist, denn sie interessiert sich auch für Mystik und Alchemie, und bald ist Goethe desgleichen damit beschäftigt. In seinem Giebelzimmer im dritten Stock beginnt er, ihrem Vorbild folgend, mit einem Windöfchen und allerhand chemischen Ingredienzien zu experimentieren. Den Stein der Weisen findet auch Goethe dabei nicht, aber als er seinen »Faust« schreibt, trägt die Vertrautheit mit der Alchemie doch noch ihre Früchte.

Er liest damals alte Mystiker wie Tauler und zeitgenössische wie Swedenborg, macht sich auch wohl mit einigen Schriften des Naturforschers und Arztes Paracelsus vertraut und ist beeindruckt von Gottfried Arnolds »Unpartheyischer Kirchen- und Ketzerhistorie«, zwei dicken, schweinsledern gebundenen Großoktavbänden, die noch heute in der Bibliothek seines Elternhauses stehen. Dieses Werk rechtfertigt Persönlichkeiten, die von der offiziellen Kirche abgelehnt, ja verfolgt worden sind: Luther und Calvin zum Beispiel, den Mystiker Jakob Böhme und natürlich auch Paracelsus.

»Macht mich was empfinden, was ich nicht gefühlt, was dencken was ich nicht gedacht habe, und ich will euch loben«, schreibt er damals an Friederike Oeser. Auf literarischem Gebiet entdeckt er so manches, was sich in dieser Hinsicht loben läßt, Gerstenbergs schauerlich-düstere Tragödie »Ugolino« zum Beispiel oder die neueren Bücher Wielands. Der hatte ihn schon in Leipzig mit seinem »Musarion« begeistert und bald darauf mit der heroisch-komischen Dichtung »Idris« und dem philosophischen Roman »Sokrates Mainómenos«. In diesen Werken findet Goethe frischen Geist, eine gute Lebensphilosophie, bei der Sinnlichkeit und Sittlichkeit sehr wohl nebeneinander bestehen können, und einen geschmeidig-witzigen Stil.

Unter den deutschen Literaten seiner Tage ist Wieland mit Sicherheit derjenige, der die Sprache in Prosa und Vers am elegantesten zu handhaben weiß, unter den Philosophieprofessoren der denkbar unprofessoralste. In einem Brief bekennt der universitätsenttäuschte Goethe damals, daß nach Oeser und Shakespeare Wieland der einzige sei, »den ich für meinen ächten Lehrer erkennen kann«. Vor Wieland also immer noch Oeser! Der Briefwechsel mit dem Kunstprofessor wird fortgeführt, das Radieren und – gemeinsam mit Cornelia – auch wieder der Zeichenunterricht aufgenommen.

Im Oktober 1769 besucht der 20-Jährige den großen Mannheimer Antikensaal. Nirgendwo in Deutschland kann man damals einen unmittelbaren Begriff von antiker Plastik gewinnen, hier aber läßt sich wenigstens an zahlreichen Gipsabgüssen studieren, was die Griechen und Römer zu leisten vermocht hatten. Durch Winckelmanns »Kunst des Altertums« (1764) und Lessings »Laokoon« (1766) hat sich in der gebildeten Welt rasch ein neuer Geschmack darüber gebildet, was große plastische Kunst sei. Aber natürlich sind Abbildungen in Büchern nur ein schwächlicher Ersatz für das anschauliche »Rundumerlebnis« einer wirklichen Plastik, und nun steht Goethe wenigstens vor den Kopien der berühmten Originale.

In Frankfurt hat er nichts dergleichen, in Leipzig nur wenig davon zu Gesicht bekommen. In Mannheim aber findet er sich »in das volle Meer gestürzt« und von den Eindrücken um und um gewirbelt. Später will er sogar von daher das »große und bei mir durchs ganze Leben wirksame frühzeitige Schauen« datieren. Er steht vor dem Abguß der berühmten Laokoon-Gruppe, deren Original sich im Vatikan befindet – und schon malt sich seine Phantasie eine Reise nach Rom aus. Der Vater war schließlich auch dort. Zu Hause vergleicht er, was andere zum Thema Laokoon veröffentlicht haben, schreibt darüber an Oeser und plant eine eigene, weiterführende Studie (die freilich erst viel später entstehen und nicht mehr viel vom Feuer jugendlicher Begeisterung enthalten wird).

Im Zusammenhang mit seiner Zeichnerei ist eine Episode bekannt, die Johann Caspar Goethes pedantisch-wohlwollende Art charakterisiert und zugleich ein Licht auf die Beziehung zwischen Vater und Sohn wirft. Was Wolfgang nach der Natur zeichnet, sein Zimmer, die Personen, die sich darin befinden, gerät ihm, wie allen, die in diesem Metier noch unsicher sind, manchmal etwas »nebulistisch«. Der Vater aber, »dem diese Dinge Vergnügen zu machen fortfuhren, wollte sie deutlicher haben; auch sollte alles fertig und abgeschlossen sein«. Er läßt die Bilder daher »aufziehen und mit Linien einfassen«, ja, ein befreundeter Maler muß sogar die Perspektiv-Linien der Räume hineinziehen.

Wie gern möchte der Vater wohl auch dem Leben seines Sohnes eine klare Struktur und Perspektive geben! Wenn Goethe später in seiner Autobiografie »Dichtung und Wahrheit« vom Vater spricht, ist er ein reifer Mann und selbst Vater, kann also auch »von dessen guten und trefflichen Eigenschaften« schreiben. Damals aber müssen sie einander oft wie Feuer und Wasser begegnet sein. Findet der Vater die Einrichtung des Hauses angemessen und gemütlich, so gilt sie dem an Oeser und Winckelmann geschulten Sohn als barocker Plunder. Hat der Vater das Innere des Hauses großzügig und allein für sich und seine Familie geplant, so bringt Wolfgang von Leipzig Vorstellungen mit, die eher an der praktischen Abtrennbarkeit von Mietswohnungen geschult sind. Ob eine Treppe »nach der Leipziger Art an die Seite gedrängt« sein oder wie daheim mitten durchs Haus führen solle, daran entzündete sich am Ende ein so böser Streit, daß er nur mühsam geschlichtet werden kann und Wolfgangs Abreise nach Straßburg beschleunigt.

Als 63-Jähriger wird Goethe über dieses Vater-Sohn-Verhältnis einmal dem Altersfreund Zelter schreiben: »[...] wäre sowohl von seiner Seite als von der Seite des Sohns ein Gran von Bewußtseyn in dieß schätzbare Familienverhältniß getreten, so wäre beyden vieles erspart worden. Das sollte nun aber nicht seyn und scheint überhaupt nicht für diese Welt zu gehören.«

Aus Leipzig heimgekehrt, fällt Wolfgang alsbald Cornelias Schroffheit gegenüber dem Vater auf. Der hatte »seine ganze didaktische Liebhaberei der Schwester zugewendet«, und sie mußte nun in der häuslichen Abgeschiedenheit ausbaden, daß Wolfgang nicht mehr da war, um wenigstens einen Teil davon auf sich zu ziehen. Johann Caspar Goethe hat in dieser Hinsicht nicht nur übertrieben und ihr »manche unschuldige Freude verhindert oder vergällt«, sondern sie letztlich auch zu einer unzufriedenen jungen Frau erzogen. Sie ist zwar intellektuell gleichberechtigt mit ihrem Bruder aufgewachsen, kann aber mit ihrer Ausbildung gar nichts anfangen. Und Wolfgang, der sicher glaubt, praxisbezogener als sein Vater zu sein, ist ganz dessen Spiegelbild, hegte er doch die Vorstellung, das »vernünftigste, artigste, angenehmste, liebenswürdigste Mädgen« aus Cornelia zu formen. Ihr Reifezeugnis kann kein Doktortitel sein, also soll ein Ehevertrag den Erfolg der Bemühungen unter Beweis stellen. Obwohl sie also auch vom Bruder oft verletzt worden ist – im letzten Leipziger Jahr hat er ihr zum Beispiel keine einzige Zeile mehr geschrieben –, schließt sie sich ihm bei seiner Heimkehr wieder fest an.

Fast ist alles wie früher, als Wolfgang einen geheimen »Gegencursus« zu den Lehrstunden des Vaters entworfen und nur Cornelia eingeweiht hatte. Oder wie damals, als die Kinder dem Vater verheimlichten, daß sie Klopstocks »Messias« lasen – seinerzeit das Modernste, nur freilich: Der Alte liebt es gefällig und mit Reim. Damit aber wartete das sprachglühende biblische Hexameter-Epos nun wahrlich nicht auf. Wolfgang und Cornelia lernten, »in irgendeinem Winkel verborgen«, spannende Stellen wie »das wilde, verzweifelte Gespräch zwischen Satan und Adramelech, welche ins Rote Meer gestürzt worden [...] Die wechselseitigen, zwar gräßlichen, aber doch wohlklingenden Verwünschungen flossen nur so vom Munde, und wir ergriffen jede Gelegenheit, uns mit diesen höllischen Redensarten zu begrüßen.« Und war es nicht im nachhinein ein Hauptspaß gewesen, wie sich eines Sonntags der Barbier, der den Vater rasierte, über den scheinbaren Geschwisterstreit so entsetzte, daß er ihm das Seifenbecken in die Brust goß!

Von solchen Erinnerungen läßt sich zehren. Neue sind hinzugekommen und wollen natürlich ausgetauscht werden. Etwas freilich behält Cornelia nun für sich: daß sie nämlich seit dem pädagogisierenden Schweigeterror des Bruders ein geheimes Tagebuch angefangen hat, aus dem mehr und mehr eine Art Briefroman im Stile von Samuel Richardsons »Pamela«, »Clarissa« oder »Sir Charles Grandison« wird, empfindungsselige Bücher, die zu Cornelias Lieblingslektüre gehören und die sie sich auch vom Bruder nicht vermiesen läßt.

Ihre Aufzeichnungen entwickeln sich zu einer geheimen »Korrespondenz«, die sie zwischen Oktober 1767 und August 1769 niederschreibt und päckchenweise an ihre Wormser Freundin Katharina Fabricius – auch sie ein Schwarm des jungen Goethe – schickt. Obwohl Cornelia damit auch während Wolfgangs Frankfurter Zeit befaßt ist und darin unter anderem auch von seinem Leiden und Wohlergehen die Rede ist, erfährt er selber nichts davon. Wer nach außen hin zu wenig Freiheit genießt, braucht wenigstens ein kleines inneres Refugium, und diese auf französisch geschriebenen Phantasiespiele entlang der sie umgebenden Realität sind in jener Zeit Cornelias Stückchen Freiheit. Es ist nicht eben viel. Während der Bruder von den jährlichen Ausgaben der Familie vier Jahre lang nicht weniger als die Hälfte verbrauchen und seine Schwingen in Freiheit üben darf, sitzt sie im Käfig Elternhaus mit der Aussicht, ihn allenfalls gegen den Ehekäfig eintauschen zu können. Und ob sie dabei einen Grandison finden würde, der sie aus Liebe heiratet, steht noch dahin.

Wolfgang zieht fortwährend Vergleiche: zwischen den Mädchen aus Frankfurt und den viel schöneren aus Leipzig, zwischen dem hiesigen Theaterleben und dem in der Fremde (»Wer die Minna hat zu Franckfurt aufführen sehen, der weiss besser was Sachsen ist«). Er kommt sich wie in der Verbannung vor, was die Schwester mit Bitterkeit gehört haben wird, denn bei ihm läßt sich absehen, wann sie zu Ende geht, bei ihr aber nicht. Und dem, was er schreibt, wovon ja nun sogar schon etwas gedruckt vorliegt, hat sie nichts entgegenzusetzen. Sie wird's auch nicht tun, denn dann wäre ihr Geheimnis dahin, und wahrscheinlich bekäme sie ihren Roman auf eine Weise verbessert, daß sie ihn nicht mehr als den ihren empfinden könnte.

Cornelia wird ein leises, schweres Schicksal durchmachen und nur 27 Jahre alt werden. Als sie 19 ist, kehrt ein Bekannter der Familie wieder nach Frankfurt zurück: jener Johann Georg Schlosser, der Wolfgang in Leipzig besucht hat und zu dem der Student wegen seiner »ernstern, edlen Denkweise immer mehr Zutrauen faßte«. Sie wird ihn mit 23 heiraten, ihm erst nach Karlsruhe und später nach Emmendingen im Breisgau folgen, einer »Verbannung«, die sie zunehmend mit Schwermut erfüllt. Es wird noch vom Verhältnis der beiden Eheleute zu reden sein, einem Spannungsverhältnis, das eigentlich noch einen Dritten einschließt, wenn sich darüber auch wohl keiner von ihnen ganz im klaren ist: auch Goethe gehört dazu. Seine Schwester, »dieses geliebte, unbegreifliche Wesen«, wirkt immer »wie ein Magnet« auf ihn. Auf Schlosser reagiert er mit Eifersucht, und Cornelias Verhältnis zum Bruder scheint jede andere Beziehung zu Männern belastet zu haben.

Das Frankfurter Zwischenspiel zeigt Goethe in körperlich geschwächtem und geistig unstetem Zustand. Alte Denk- und Lebensgewohnheiten zerbrechen ihm, neue deuten sich erst an. Sein Innerstes wird aufgepflügt. Die religiösen und mystisch-geheimwissenschaftlichen Bemühungen zeigen, daß er auf der Suche nach dem rechten Saatgut ist, aber noch nicht gefunden hat, was da nun eingepflanzt werden soll. Fast jeder junge Mensch, zumal wenn er ehrgeizig und sensibel ist, wird irgendwann einmal – und zu seinem Glück! – einen Lebensabschnitt durchmachen müssen, in dem er mit allem bereits Erreichten noch einmal gründlich scheitert. Tief empfundene innere Verunsicherung, je nach Veranlagung oft mit Sarkasmus und gespielter Überlegenheit gepaart, ist eine typische

Reaktion darauf. Auch Goethe mäkelt unglücklich an allem herum und übt sich in Ironie. Friederike gegenüber beklagt er sich über die langweiligen Frankfurterinnen, die ihm alle Laune nehmen würden, »Bräch' ich mir nicht gar manche Lust vom Zaune, / Lacht ich nicht da, wo keine Seele lacht«.

Und mit dem Käthchen ist er längst noch nicht so fertig, wie er nach außen hin tut. Seinen Briefen an sie bleibt stets ein Unterton beigemengt, der je nach Stimmung weinerlich, gespielt munter, eifersüchtelnd oder auch latent beleidigend ist. Ein Gedicht zu ihrer Hochzeit will ihm nicht gelingen, aber eine kleine Gemeinheit bei dieser Gelegenheit – die er einem Brief an Langer beifügt – geht ihm schnell von der Hand:

> Zwar mit Freuden und mit Scherzen
> In zwei kopulierten Herzen
> Ist's wie mit den Hochzeitkerzen.
> Glänzend leuchten sie im Saal
> Und verherrlichen das Mahl,
> Aber so nach zehen Uhr
> Bleiben kleine Stümpfchen nur;
> Damit leuchte dir zu Bette!
> Gute Nacht! Schlaf wohl, Annette!

Im November 1768 beginnt er ein einaktiges Lustspiel in Versen, »Die Mitschuldigen«, das nach einem Vierteljahr fertig ist und im Juni/September 1769 zu einer dreiaktigen Komödie umgearbeitet wird. Die pfiffig ausgedachte Handlung ist ein sarkastischer Zerrspiegel zwischenmenschlicher Beziehungen und reflektiert recht deutlich Goethes eigene gegenwärtige Verfassung. Noch in »Dichtung und Wahrheit« erinnert er sich seines damaligen überkritischen Blicks, der morsche Mauern hinter allen glatten Fassaden äußerlicher Wohlanständigkeit sah.

Wer die »Mitschuldigen« heute im Theater sieht, wird in dem Stück wahrscheinlich nur eine lustige Farce erblicken, es sei denn, ein Regisseur finstert das Stück in Kenntnis der Biografie des Autors kräftig ein. Die Handlung ist leicht erzählt: Der neugierigeplagte Wirt eines Landgasthofes dringt ins Zimmer seines Gastes Alcest ein, um durch Schnüffelei in dessen Briefen spannende Neuigkeiten zu erfahren. Ihm folgt kurze Zeit später sein Schwiegersohn Söller, um etwas zu stehlen. Er muß sich in den Alkoven zurückziehen, weil nun seine Frau Sophie mit Alcest eintritt. Sie hat ihn früher geliebt und ist auch heute noch von ihm beeindruckt, er begehrt sie gleichfalls noch. Die Sache beginnt sich alsbald situationskomisch zu verwickeln, und am Ende ist es schon gut, daß man sich reihum verzeiht. Schließlich ist jeder mehr oder weniger zum Mitschuldigen geworden.

Für Goethe war Lessings »Minna von Barnhelm« damals das große, wenn auch noch nicht erreichte Vorbild; immerhin aber sind »Die Mitschuldigen« eine noch heute gern gespielte Komödie geblieben. Später ist ihm ein damals nicht erkannter Berührungspunkt der »Mitschuldigen« mit der »Laune des Verliebten« aufgefallen: Sie »sprechen in etwas herben und derben Zügen jenes höchst christliche Wort spielend aus: Wer sich ohne Sünde fühlt, der hebe den ersten Stein auf.«

1769 hat Goethe seine Scheu vor einer Veröffentlichung seiner Arbeiten so weit überwunden, daß er sein Lustspiel – als erstes seiner Werke – einem Verleger anbietet. Es wird abgelehnt, was ihn so schockt, daß er den Vorfall noch im Alter nicht vergessen hat. Das Stück wird dann erstmals 1777 auf dem Weimarer Liebhabertheater gespielt – mit Goethe als Alcest und Corona Schröter als Sophie. Erst eine dritte Fassung gelangt vor das allgemeine Theaterpublikum, findet jedoch zu Lebzeiten des Dichters nicht die Resonanz, die er sich wünscht. Er reagiert wie viele andere Künstler auch, nämlich mit nationalen Verallgemeinerungen. Es liege eben in der »Art der Deutschen«, daß sie keine Komödien mögen, die aus heterogenen Elementen gemischt seien, »weil sie sich die Freude am Lächerlichen durch ihre moralische Entrüstung über die dargestellten Vergehen verdürben«. Nun ja.

Im Frühling 1770 fühlt sich der 20-Jährige wieder gesund genug, um weiterstudieren zu können. Daß es nach des Vaters Plan in Straßburg zu geschehen habe, behagt ihm eigentlich auch. Im übrigen will er nichts wie weg nach dem Streit, den es wegen seiner Auslassungen über des Vaters innenarchitektonischen Geschmack gegeben hat. Vor der Abreise vernichtet er abermals zahlreiche Dramenentwürfe, Gedichte und Briefe; gerade daß die beiden Lustspiele verschont bleiben.

Mit einer »neu eingerichteten bequemen Diligence«, einem Eilwagen der Post, der dreimal die Woche um 12 Uhr abfährt, geht es über Darmstadt und Karlsruhe nach Straßburg. Die Fahrt kostet 18 Gulden, 38 Kreuzer, was nach heutigen Verhältnissen rund 800 DM entspräche.* Wolfgangs erstes Quartier ist in einem Gasthof mit dem bedeutungsvollen Namen »Zum Geist«.

---

* Als unzeitgemäßer Vergleich: Das sogenannte Twen-Ticket der Deutschen Bahn für Personen unter 25 Jahren ermöglicht die Strecke Frankfurt–Straßburg heute für 45 DM.

Studium in Straßburg
1770 – 1771

> »Sind nicht die Träume deiner Kindheit alle erfüllt? frag ich mich manchmal, wenn sich mein Aug in diesem Horizont von Glückseeligkeiten herumweidet; Sind das nicht die Feengärten nach denen du dich sehntest? – Sie sinds, sie sinds! Ich fühl es lieber Freund, und fühle dass man um kein Haar glücklicher ist wenn man erlangt was man wünschte. Die Zugabe! die Zugabe! die uns das Schicksaal zu jeder Glückseeligkeit drein wiegt!«
>
> *An Johann Daniel Salzmann, Juni 1771*

Die Straßburger Zeit ist für Goethe wie ein Auf- und Durchatmen. Seine Gesundheit festigt sich. Sein Körper ist, wie er dem Fräulein von Klettenberg kurz vor seinem 21. Geburtstag schreibt, »just so gesund um eine mäßige, und nötige Arbeit zu tragen, und um mich bey Gelegenheit zu erinnern daß ich weder an Leib noch an Seele ein Riese binn«.

Viele Jahre später erinnert ihn seine Mutter daran, wie er bei der Ankunft ein Losungsbüchlein der Pietisten aufschlug, das ihm als Andenken mitgegeben worden war, und dabei »wundersam bewegt« auf folgenden Tagesspruch stieß: »Mache den Raum deiner Hütten weit, und breite aus die Teppige deiner Wohnung, spahre sein nicht – *dehne deine Seile lang und stecke deine Nägel fest*, denn du wirst ausbrechen, zur rechten und zur lincken. Jesaia – 54. V. 3.4.« Und wie schnell haben die neuen Eindrücke sein Denken tatsächlich erweitert; er ist nicht länger mehr der »eingewickelte Knabe«, sondern jemand, der Raum braucht und Raum bekommt, der aus den vorgegebenen Bahnen ausbricht, um sich auf seinen Weg zu machen.

Straßburg – damals zwar schon 90 Jahre französisch, aber noch bis zur Revolution stark von »deutscher Art und Kunst« geprägt – ist eine Grenzland-Garnison mit 55000 Einwohnern, davon etwa 12000 Mann Besatzung. Bastionen und Verteidigungsbauten umgeben sie. Hinzu kommt der natürliche Schutz durch die fünfarmige Ill.

Wer als Student nach Straßburg kommt, kann hier ein herrliches und geistig anregendes Leben führen. Wer freilich die vom Militär beherrschte Stadt aus soldatischer Sicht erleben muß, für den besitzt sie eine ungleich andere Atmosphäre. Goethe wird ein Jahr später mit Jakob Michael Reinhold Lenz, dem livländischen Pfarrerssohn und Angestellten adliger Offiziere, einen solchen Menschen kennenlernen. Wenn sie beide am Ende die Stadt verlassen, wird es sein, als hätten sie zwei Städte kennengelernt: Goethe eine idyllische und Lenz eine grausame, Goethe eine, die ihn intellektuell gefördert, und Lenz eine, die er nur aus der Angestelltenperspektive erlebt hat, eine Stadt des Soldatenhandels, der Exerzierplätze und Strafreglements.

Der 20-jährige Goethe zieht zu einem Kürschnermeister am Fischmarkt. Das ist ein Katzensprung vom Münster entfernt, und natürlich steigt er sofort zur Aussichtsplattform hinauf und läßt den Blick schweifen über »die ansehnliche Stadt, die weitumherliegenden, mit herrlichen dichten Bäumen besetzten und durchflochtenen Auen, diesen auffallenden Reichtum der Vegetation, der, dem Laufe des Rheins folgend, die Ufer, Inseln und Werder bezeichnet«. Und weiter schweift sein Blick, ins Land hinein, in das er und seine neuen Gefährten schon bald Ausritte und Wanderungen unternehmen – bis ihm eine Begegnung in einem kleinen Dörfchen schicksalhaft wird. Noch aber liegt das Ganze vor ihm »wie eine unbeschriebene Tafel«, als etwas Angenehm-Ahnungsvolles.

Am 18. April trägt er sich in die Universitätsmatrikel ein. Sein neuer Mittagstisch ist bei den Schwestern Lauth in der Knoblochgasse, wo er einige ausgesprochene Persönlichkeiten kennenlernt, allen voran den einzigen älteren Gast: Johann Daniel Salzmann, einen Angestellten des Vormundschaftsgerichtes, der Goethe mit seinen 48 Jahren schon recht betagt vorgekommen sein muß, denn in seiner Autobiografie macht er einen 60-Jährigen aus ihm. Auch dem Theologen Franz Christian Lerse schenkt er Vertrauen und Zuneigung. Der sei »ein vollkommen rechtlicher und bei beschränkten Glücksgütern mäßiger und genauer junger Mann«, überdies ein ausgezeichneter Fechter, von dem sich die andren gern unterweisen lassen. Goethe wird ihm in seinem »Götz von Berlichingen«-Drama in der Gestalt des Franz Lerse ein Denkmal setzen.

Die meisten Studenten des Mittagstisches sind angehende

Mediziner, und weil Goethe schnell herausfindet, daß ihm auch in Straßburg nicht mehr allzuviel an Jurastudien abverlangt werden würde, belegt er noch Chemie, Chirurgie und Anatomie, letzteres bei Johann Friedrich Lobstein, einem weithin bekannten Spezialisten seines Faches.

Salzmann macht dem jungen Studenten klar, daß in Frankreich vor allem Wert auf die handfeste juristische Praxis gelegt werde, wohingegen man in Deutschland mehr »im weiten und gelehrten Sinne« ausbilde. Er vermittelt ihm einen guten Repetenten, der sich zunächst sehr über Goethes »Schwadronieren« wundert, ihn dann aber rasch dazu bringt, seine nächste Absicht im Auge zu behalten, nämlich das Examen hinter sich zu bringen, »zu promovieren und alsdann allenfalls in die Praxis überzugehen«. So kann er schon im September desselben Jahres sein Vorexamen ablegen und sich, ohne noch juristische Vorlesungen besuchen zu müssen, auf die Doktorarbeit vorbereiten.

Noch kein halbes Jahr ist vergangen, aber wieviel hat er schon wieder erlebt und in sich aufgenommen! – »Und dann bin ich 4 Wochen älter«, schreibt er einmal an Salzmann, »Sie wissen daß das viel bei mir gesagt ist, nicht weil ich *viel* sondern *vieles* thue.« Mit Salzmann hat er einen Gefährten, der ihn in die Straßburger Gesellschaftskreise einführt und wohl auch manchesmal vor Ungeschicklichkeiten der Art bewahrt, die ihm in Leipzig so geschadet haben. Bei Tisch lernt er auch den Straßburger Heinrich Leopold Wagner kennen, der gleich ihm Jura studiert, nach seiner Promotion in Frankfurt Advokat wird und mit dem Drama »Die Kindermörderin« 1776 ein Skandalstück herausbringt, das einige Motive aus Goethes »Faust« vorwegnimmt.

Goethe nimmt auch in Straßburg wieder Kontakt mit den Pietisten auf. Sie bleiben aber flüchtig, weil ihm ihre Einstellung doch allzu engstirnig vorkommt. Eine Ausnahme bildet Jung-Stilling. Und wie sich die beiden am Mittagstisch der Schwestern Lauth kennengelernt haben, bleibt immer ein hübsches Doppeldokument der Erinnerung. In seinem autobiografischen Roman »Heinrich Stillings Wanderschaft« (1778) berichtet Jung, wie er und ein Begleiter, den er Troost nennt, die täglichen Gäste ins Kosthaus eintreten sehen: »Besonders kam einer mit großen hellen Augen, prachtvoller Stirn, und schönem Wuchs, muthig ins Zimmer. Dieser zog Herrn Troosts und Stillings Augen auf sich; ersterer sagte gegen letztern: das muß ein vortreflicher Mann seyn. Stilling bejahte das, doch glaubte er, daß sie beyde viel Verdruß von ihm haben würden, weil er ihn für einen wilden Cammeraden ansah. Dieses schloß er aus dem freyen Wesen, das sich der Student ausnahm; allein Stilling irrte sehr. Sie wurden indessen gewahr, daß man diesen ausgezeichneten Menschen ›Herr Göthe‹ nannte.«

Bei Goethe liest sich das 1812 so: »Unter den neuen Ankömmlingen befand sich ein Mann, der mich besonders interessierte [...] Seine Gestalt, ungeachtet einer veralteten Kleidungsart, hatte, bei einer gewissen Derbheit, etwas Zartes [...] Das Element seiner Energie war ein unverwüstlicher Glaube an Gott und an eine unmittelbar von daher fließende Hülfe [...] so daß er mit der größten Freudigkeit ein zwar mäßiges aber doch sorgloses Leben führte und seinen Studien aufs ernstlichste oblag, wiewohl er auf kein sicheres Auskommen von einem Vierteljahre zum andern rechnen konnte.« Sein Glaube duldete keinen Spott, in größerer Gesellschaft fühlte er sich unbehaglich, und bei Widerspruch geriet er sofort ins Stocken, worüber ihm Goethe, da »mir seine Sinnesweise nichts Fremdes war«, öfters hinweggeholfen habe, denn die »Richtung seines Geistes war mir angenehm, und seinen Wunderglauben, der ihm so wohl zustatten kam, ließ ich unangetastet«.

In Karlsruhe haben sie sich 1815 noch einmal als alte Männer wiedergesehen. Es kommt zu Mißverständnissen, zeitweiliger Verärgerung, am Ende doch noch zu einer guten Abendunterhaltung. Bei aller gegenseitigen Wertschätzung hatten sich die beiden eben doch zu verschieden entwickelt. Immerhin ist auch aus Jung-Stilling eine nationale Berühmtheit geworden. Es gelang ihm, sich aus ärmsten Verhältnissen – Knecht, Schneider, Hauslehrer – emporzuarbeiten. Als Verfasser von schließlich mehr als 70 medizinischen und religiösen Schriften ist er vor allem mit den sechs Bänden seiner autobiografischen Romane bekannt geworden, deren ersten Goethe selber zum Druck vermittelt hatte. Ruhm besaß er auch als Augenarzt und soll im Laufe seines Lebens 1600 Starblinde erfolgreich operiert haben.

Leider ist er noch Student, als am 4. September 1770 ein

26-jähriger Prinzenerzieher Aufenthalt in Straßburg nimmt, um sich von Doktor Lobstein am Auge operieren zu lassen. Bis April 1771 quält sich der Patient durch zahlreiche Operationen und ihre schmerzhaften Folgen. Aber keine bringt die gewünschte Besserung. Der Leidende heißt – Johann Gottfried Herder, und mit ihm Bekanntschaft geschlossen zu haben gilt noch dem 63-jährigen Goethe als »das bedeutendste Ereignis, was die wichtigsten Folgen für mich haben sollte«.

Der fünf Jahre ältere Herder, ein rundum gebildeter intellektueller Feuerkopf, stammt aus dem ostpreußischen Morungen. Er war Lehrer, dann Geistlicher in Königsberg und Riga und hat sich dort als Prediger und Autor schon einen guten Namen gemacht. Im Juni 1769 aber bekommt er die »faule, oft ekle Ruhe« seines Standes satt; er sucht nach neuen geistigen Anregungen und schifft sich geradezu fluchtartig nach Frankreich ein.

Seine Schriften – kaum wagt man von »Werk« zu sprechen, so sehr zerstiebt's ihm in auseinanderstrebende Gedanken! – sind ein Sammelsack von Ideen und heute schwer zu lesen. Wer sie aber konzentriert und in einem durchaus spannenden Rahmen kennenlernen will, nehme sich einmal das erst nach seinem Tode veröffentlichte »Journal meiner Reise im Jahre 1769« vor. Es ist zugleich Reisebericht und Ideensammlung für viele spätere Bücher geworden. Auf dem Schiff erst sei er zum Philosoph geworden, schreibt Herder, denn »was gibt ein Schiff, das zwischen Himmel und Meer schwebt, nicht für weite Sphären zu denken«! Enthusiastisch verabschiedet er sich von toter Buchstaben-Studiererei, will nun nach außen hin wirksam sein, entwickelt literarische Pläne noch und noch. Ein Systematiker wird er ja zeit seines Lebens nicht sein. Für manche Literaturwissenschaftler ist es deshalb zum vergnüglichen Denksport geworden, Herder mit Herder zu widerlegen. Aber man wird ihm nicht gerecht damit, denn seine Ideen haben bis heute in vielen kreativen Menschen eigene Ideen wachgerufen, und Goethe war nur einer, wenn auch der berühmteste von ihnen.

Im »Journal« findet sich auch schon Herders folgenreichster Gedanke: »Das Menschliche Geschlecht hat in allen seinen Zeitaltern, nur in jedem auf andre Art, Glückseligkeit zur Summe.« Was andere Völker und Kulturen hervorgebracht haben, sei nur anders, nicht geringer, weshalb man ihre Errungenschaften tunlichst mit in die eigenen einbeziehen solle. Das ist eine Vorstellung, die keine Nationalitätenarroganz mehr erlaubt und gerade heute aktueller ist denn je.

Es wird oft behauptet, daß sich Herder, als er den Professor Lobstein aufsucht, bei der studentischen Jugend von Straßburg alsbald eine Führungsstellung erobert. Aber das kann schon deshalb nicht wahr sein, weil er von seinen wichtigen Schriften damals erst zwei veröffentlicht hat: »Über die neuere Deutsche Literatur« (1767) und »Kritische Wälder« (1769), den erstgenannten Titel zudem anonym. Die wenigen freilich, die ihn in seinem Zimmerchen aufsuchen oder die er selbst besucht, sind gewiß beeindruckt von seiner mitreißenden Art.

Herder wird in Straßburg wegen einer Tränenfistel der Nasenknochen durchbohrt, und er muß 20 Schnitte und 200 Sondierungen mit Pferdehaar über sich ergehen lassen, eine Tortur, die ihm den Aufenthalt verständlicherweise in schlechtem Licht erscheinen läßt. Die Stadt sei »der elendeste, wüsteste, unangenehmste Ort, den ich, behutsam und bedächtig gesprochen, in meinem Leben gefunden«. Nur ab und zu kommt Besuch in seine »Tod- und Moderhöhle« mit dem abgedunkelten Fenster, eben jenes Gasthaus »Zum Geist« übrigens, wo auch Goethe zunächst abgestiegen ist. Am 5. Oktober 1770 trifft er dort Herder eher zufällig, wiederholt den Besuch und kommt schließlich häufiger als jeder andere. Aus der Bekanntschaft erwächst eine lebenslange, wenngleich nicht unproblematische Beziehung.

Für Goethe ist Herders Freundschaft wichtig. Einmal mehr spürt er instinktiv, daß nur dieser Mensch ihm geben kann, was er für seine Entwicklung gerade jetzt braucht, und er wendet allen Charme auf, um den schwierigen, durch seine Schmerzen reizbaren Mann für sich einzunehmen. »Goethe ist würklich ein guter Mensch«, schreibt Herder anderthalb Jahre nach ihrer Begegnung an seine Verlobte Caroline Flachsland, »nur äußerst leicht und viel zu leicht und spatzenmäßig, worüber er meine ewigen Vorwürfe gehabt hat«. Aber eben auch dies: »Er war der einzige, der mich in Straßburg in meiner Gefangenschaft besuchte und den ich gern sah.« Goethe preist sich noch im Alter glücklich, daß durch die unerwartete Bekanntschaft »alles, was in mir von Selbstgefälligkeit, Bespiegelungslust, Eitelkeit, Stolz und Hochmut ruhen oder wirken mochte, einer sehr harten Prüfung ausgesetzt ward, die in ihrer Art einzig, der Zeit keineswegs gemäß und nur desto eindringender und empfindlicher war«.

Vielleicht nach außen hin »spatzenmäßig« flink und frech wirkend, hat sich der 21-Jährige doch längst auf den Weg einer Selbstschulung begeben, der ihm ungleich gemäßer und lebensvoller ist als alle juristischen Studien. Obenan steht für eine ganze Weile, was man die *Herder-Schule* nennen könnte. Sie führt ihn zu verstärkter Lektüre Homers, Shakespeares, zu altnordischer und -keltischer Literatur, vor allem zu den Gesängen Ossians. Das war angeblich ein alter schottischer Barde, dessen Gesänge ein gewisser James Macpherson 1760 unter dem Titel »Bruchstücke alter Dichtungen, im Hochland gesammelt« herauszugeben begonnen hatte – und die sich später weitgehend als Fälschungen erweisen. Zunächst aber leiten sie eine wahre Ossian-Mode ein – auch Goethe versucht sich an Übersetzungen – und entzünden bei vielen eine Hinwendung zur Volkspoesie und zu den nordeuropäischen Literaturen. Als Herder die »Stimmen der Völker in Liedern« sammelt (und in dieser Anthologie den Begriff »Volkslied« prägt), fordert er Goethe auf, sich zu beteiligen. Der macht auch gerne mit und bringt ein Dutzend elsässischer Lieder zusammen, »die ich auf meinen Streifereien aus denen Kehlen der ältesten Mütterchens aufgehascht habe«.

Herder ist von allem beeindruckt, was ursprünglich und unverbildet wirkt, da darf es auch rauh und naiv sein. Feinziselierte Sachen wie beispielsweise die von Goethe so geliebten »Metamorphosen« des Ovid verlästert er ihm dagegen. Überhaupt führt er ein gewandtes, aber scharfes Mundwerk, so daß ihm sein sonst so aufgeschlossener Schüler manches verbirgt, am sorgfältigsten – hier wiederholt sich kurioserweise Cornelias Verhalten gegenüber ihm selber – Schreibpläne, »die sich bei mir eingewurzelt hatten und sich nach und nach zu poetischen Gestalten ausbilden wollten. Es waren Götz von Berlichingen und Faust«. Wenn Herder ihn hingegen auf die Schriften des Königsbergers Johann Georg Hamann hinweist, der Poesie »die Muttersprache des Menschengeschlechts« nennt, oder ihm aus seiner gerade entstehenden Preisschrift »Abhandlung über den Ursprung der Sprache« vorträgt, dann hat er ihn wieder ganz.

Und verscherzt sich den sonst so empfindlichen Goethe nicht einmal mit Späßchen, die seinen Namen wechselweise »von Göttern [...] von Goten oder vom Kote« herleiten.

Neben die »Herder-Schule«, die auch eine Lektüre der neuen englischen Erzähler Oliver Goldsmith, Lawrence Sterne und Henry Fielding einschließt, tritt bei Goethe etwas, das man die *Schule der großen Vorbilder* nennen könnte. Wenn man sich anschaut, was er damals an Dramen plant – und zum Teil später ja auch ausführt –, dann stehen immer wieder Biografien bedeutsamer Vor-Bilder dahinter, und jedesmal verkörpern sie etwas, was auch der junge Dichter gern in sich ausbilden möchte. Neben dem kämpferischen Götz und dem an seiner unfruchtbaren Wissenslast leidenden Faust sind auch Bühnenstücke über den rebellischen Göttersohn Prometheus, über Mohammed, Cäsar und Sokrates, »den philosophischen Heldengeist«, geplant. Ihnen allen haftet nach Goethes Auffassung etwas himmelstürmend Heldisches an.

Einen weiteren »Gegencursus« unternimmt er, um sich psychisch zu kräftigen. Altersentsprechend fällt da manches reichlich brutal aus. Gegen die »Anfechtungen der Einbildungskraft« besucht er nachts Kapellen und Kirchhöfe; sein Ekelgefühl bekämpft er durch genaues Hinschauen bei Sezierungen und durch theoretisches Verarbeiten des Erlernten.

Wer selber nicht schwindelfrei ist und einmal von der Aussichtsplattform des Straßburger Münsters auf den Domplatz geblickt hat, weiß, was das heißt. Der schwindelanfällige Goethe aber ist noch weiter gegangen und »erstieg ganz allein den höchsten Gipfel des Münsterturms und saß in dem sogenannten Hals, unter dem Knopf oder der Krone, wie man's nennt, wohl eine Viertelstunde lang, bis ich es wagte, wieder heraus in die freie Luft zu treten, wo man auf einer Platte, die kaum eine Elle ins Gevierte haben wird, ohne sich sonderlich anhalten zu können, stehend das unendliche Land vor sich sieht«. Heute ist der Zugang dort hinauf mit Recht versperrt, und es bleibt ein Wunder, daß Goethe damals nicht abgestürzt ist. Immerhin ist er bald absolut schwindelfrei und bleibt es sein Leben lang, was ihm natürlich als späterem Bergwerksdirektor, als Baufachmann und Kunstbetrachter in Rom, der »mit den Zimmerleuten um die Wette über die freiliegenden Balken und über die Gesimse des Gebäudes« läuft, zugute kommt.

Das Münster war ihm aber auch insofern eine Schule, als er, unter »Tadlern der gotischen Baukunst aufgewachsen«, nach und nach erfaßt, wie sich das scheinbar willkürliche Steingewirre bei näherem Betrachten zu einem logischen, klaren und ungeheuer eindrücklichen Ganzen ordnet. Er mißt nach, studiert das Vorhandene und ergänzt zeichnend das Unvollendete. Immer tiefer gerät er dabei in Erstaunen und beginnt schließlich einen begeisterten Aufsatz zu schreiben, einen wahren Hymnus an den Architekten Erwin von Steinbach (der freilich nach heutiger Forschung vorwiegend mit dem Fassadenunterbau befaßt war). Im November 1772 wird der Text als anonyme Flugschrift gedruckt und im Jahr darauf in Herders Sammlung »Von deutscher Art und Kunst« aufgenommen.

Die Zeilen, die Goethe kurz vor seinem 21. Geburtstag an einen jungen Frankfurter Schüler namens Hetzler schreibt, der kurz vor dem Universitätsstudium steht, lesen sich heute wie eine Willenserklärung in eigener Sache, eine Wunschliste all des Vernünftigen, das er sich selbst vorgenommen hat: »Die Sachen anzusehen so gut wir können, sie in unser Gedächtniß schreiben, aufmerksam zu seyn und keinen Tag ohne etwas zu sammeln, vorbeygehen lassen«, empfiehlt er; dabei »müssen wir nichts seyn, sondern alles erst werden wollen«. Und Goethe war damals wirklich für alles offen, oder um es mit Jesajas Worten zu sagen: Er brach nach rechts und links aus.

Die letzte der »Schulen« nimmt sich gegenüber den anderen vielleicht ein wenig profan aus, darf aber nicht unerwähnt bleiben. In Straßburg wird gerne getanzt, auf Festen, zu Hause, an den bekannten Plätzen öffentlicher Lustbarkeiten, und also will sich auch Goethe wieder ein wenig darin üben. Sein Tanzlehrer hat zwei junge hübsche Töchter, die das »Walzen und Drehen« mit ihm üben. Die ältere verliebt sich in ihn, die jüngere, wiewohl in festen Händen, beinahe auch. Deshalb bittet sie ihn, nicht mehr wiederzukommen, und gibt ihm einen Abschiedskuß. In diesem Augenblick kommt die ältere dazu, mißversteht die Situation und glaubt, daß ihr die Schwester wieder einmal einen Mann ausgespannt habe. »Ich weiß, daß ich Sie verloren habe«, wird Goethe von ihr angefahren. »Aber du sollst ihn auch nicht haben, Schwester!« Nimmt ihn bei den Locken und küßt ihn nun selber wieder und wieder. »Nun«, ruft sie aus, »fürchte meine Verwünschung: Unglück über Unglück für immer und immer auf diejenige, die zum ersten Male nach mir diese Lippen küßt!« Bestürzt flieht Goethe die Treppe hinunter. Noch kann er nicht wissen, wie sich diese Worte erfüllen werden, aber es graust ihn sehr, und als er sich bald darauf verliebt und sein Mädchen küssen möchte, steht ihm die ganze Szene wieder vor Augen.

Am 25. und 27. September 1771 absolviert er das Vorexamen. Zwei Wochen später reitet er mit einem seiner elsässischen Freunde, dem 20-jährigen Medizinstudenten Friedrich Leopold Weyland, zu einem gastfreundlichen Landgeistlichen nach Sesenheim. »Laß dich, sagte Weyland, indem er mir das Haus von weitem zeigte, nicht irren, daß es einem alten und schlechten Bauernhause ähnlich sieht; inwendig ist es desto jünger.« Damit meint er die vier Töchter und den Sohn des Hauses. Goethe hat sich verkleidet und verstellt – sein Vergnügen an solchen Späßen ist schon aus Leipzig bezeugt – und muß dem Pfarrer Johann Jacob Brion mehr wie ein ärmlicher, ungelenker Gelehrter denn wie ein wohlhabender Studiosus vorgekommen sein. Er spielt die Rolle mit Geschick, obwohl sie ihm angesichts der Zutraulichkeit des Mannes schon bald kein Vergnügen mehr macht. Noch unangenehmer wird sie ihm, als ein Schwarm von Verwandten einfällt, und vollends peinlich, als sich die 19-jährige Friederike Brion mit ihm zu unterhalten beginnt.

Über dieses Incognitospiel wäre nicht viel zu sagen, wenn er es nicht von Jugend an und auch später immer wieder gepflegt hätte. Freund Behrisch schreibt er einmal von seiner Absicht, sich vor dem Vater einer Freundin als Theologiestudent auszugeben. Der junge Jurist und Literat besucht in Gießen einen namhaften Professor als angeblicher Student. Als »Johann Wilhelm Weber aus Darmstadt« trägt er sich während seiner ersten Harzreise in die Gästebücher ein. Die deutsche Maler-Kolonie in Rom wird ihn als Maler Moeller kennenlernen, die in Palermo lebende Familie des Hochstaplers Cagliostro als einen Engländer, der neue Nachrichten vom eben aus der Bastille entlassenen Sohn bringt. Fastnachtsmaskeraden aller Art machen ihm immer viel Spaß, und noch als reifer Mann wird er manchen mit seiner Vorliebe für Geheimnistuerei verärgern.

Der 46-Jährige wird's Schiller gegenüber einen »realistischen Tic« nennen, »durch den ich meine Existenz, meine Handlungen, meine Schriften den Menschen aus den Augen zu rücken behaglich finde. So werde ich immer gerne incognito reisen, das geringere Kleid vor dem bessern wählen, und, in der Unterredung mit Fremden oder Halbbekannten, den unbedeutenderen Gegenstand oder doch den weniger bedeutenden Ausdruck vorziehen, mich leichtsinniger betragen als ich bin und mich so, ich möchte sagen, zwischen mich selbst und zwischen meine eigne Erscheinung stellen.« (9. Juli 1796) Einen Schlüssel zu dieser Eigenart gibt vielleicht jener Satz Goethes, mit dem er sich in seinen Erinnerungen für einen dummen Jugendscherz entschuldigt: »Das wirkliche Leben verliert oft dergestalt seinen Glanz, daß man es manchmal mit dem Firnis der Fiktion wieder auffrischen muß.«

Dieses Firnisses hätte es jedenfalls an jenem Nachmittag und Abend des goldenen Oktobers 1770 nicht bedurft. Friederikes schlichte Liebenswürdigkeit wirkt so stark auf den Studenten, daß er »einen tiefen Verdruß« empfindet, »nicht früher mit ihr gelebt zu haben«, und alsbald aus dem Gespräch herauszuhorchen versucht, ob es irgendwelche Männer in ihrem Leben gibt. Keine. Wie schön! Und alsbald nimmt eine der rührendsten und ergreifendsten Liebesgeschichten der Weltliteratur ihren Anfang. Im einzigen Brief Goethes an Friederike, der erhalten geblieben ist, schreibt er über den Heim-

4 Pfarrhaus in Sesenheim. Zeichnung von Goethe, 1770

ritt mit Weyland nach jenem ersten Besuch: »Seine Gedancken gingen vorwärts, meine zurück, und so ist natürlich daß der Diskurs weder weitläuffig noch interessant werden konnte.« Noch in seinen Erinnerungen geraten Goethe die Sesenheimer Kapitel so stimmungsvoll und genau, idyllisch und detailvergnügt, daß sie ein erzählerisches Juwel darstellen und kaum ein Leser sich der Gerührtheit erwehren kann.

Das Incognito wird schnell aufgegeben. Neue Besuche – diesmal allein – folgen um Allerheiligen und um Weihnachten, dann wieder in den Osterferien 1771 und ein wochenlanger im Mai / Juni. In Sesenheim ist ihm jeder gut, und alle freuen sich auf seine Besuche. Beim lahmen Philipp aus der Nachbarschaft lernt er das Korbflechten. Dem Vater hilft er bei Umbauzeichnungen zum Pfarrhaus. Sonntags sitzt er im Gottesdienst dort, wo die Brions sitzen, und in den Zeiten seiner Abwesenheit wandern Briefe von Straßburg nach Sesenheim und umgekehrt. Bald gilt »Msieur Göt'« unausgesprochen als Friederikens Verlobter.

»Da sitz' ich einmal an Tisch mit der Frau Pfarr«, erinnert sich 1825 eine alte Elsässerin, »die Friederike besorgt die Kinder, die zu Gast sind; die Ältere und andere Freunde sind in der Stube nebenan. Nun seh ich, wie die Friederike aus einer Schüssel Hühnerfricassée die besten Bissen aussucht, die Leberchen, die Bruststückchen usw. Ich sprech: ›Frau Base, was ist das mit der Friederike? Die ist sonst so demütig, und nun nimmt sie das Beste vom Essen?‹ – ›Ach, spricht sie, laßt sie nur! Das ist nicht für sie. Schau'n Sie in die andere Stube, da sitzt ein junger Herr: zu Dem werden die Leberchen schon den Weg finden.‹ – Ich schaue hin und sehe da einen jungen schmucken Student sitzen. Der kriegt' auch Alles.«

Nach Hause schreibt Goethe von den Sesenheimer Aufenthalten so gut wie nichts. Vom 14. Oktober 1770 existiert ein Brief – möglicherweise an seine und seiner Schwester Freundin Katharina Fabricius gerichtet –, in dem er von Tagen »auf dem Lande bey gar angenehmen Leuten« berichtet, von schöner Gegend, freundlichem Himmel und – ach, richtig! – einer »Gesellschafft der liebenswürdigen Töchter vom Hause«. Genauer geht's in den Briefen an Salzmann zu, den er gelegentlich eines verlängerten Besuches auch schon mal bitten muß, ihm Geld nach Sesenheim zu schicken.

Dennoch liegt in den Briefen vom Frühjahr und Sommer 1771 an diesen älteren Freund etwas seltsam Ahnungsschweres. »In meiner Seele ist's nicht ganz heiter«, heißt es, »ich bin zu sehr wachend, als daß ich nicht fühlen sollte, daß ich nach Schatten greife. Und doch – Morgen um 7 Uhr ist das Pferd gesattelt und dann Adieu!« Ein paar Tage später dann eine vieldeutige Bemerkung über die »conscia mens, leider nicht recti, die mit mir herumgeht«*. Dann wieder: »Die Welt ist so schön! so schön! Wer's genießen könnte!« Und endlich: »Ich komme, oder nicht, oder – das alles werd ich besser wissen wenn's vorbey ist als jetzt. Es regnet draußen und drinne, und die garstigen Winde von Abend rascheln in den Rebblättern vorm Fenster und meine animula vagula** ist wie's Wetter-Hähngen drüben auf dem Kirchturm; dreh dich, dreh dich, das geht den ganzen Tag [...]«

Man spürt es heraus: Auch das schönste Glück ist nicht ungetrübt, das Schicksal wiegt seine unerwünschte Zugabe drein. Die Heftigkeit des Gefühls verstört den jungen Mann. Wie immer er jetzt entscheidet: einer wird leiden. Das sind wuchtige Hammerschläge auf seine arme Seele, und unter dem Anprall dieser unsichtbaren Ereignisse reift er zum eigenständigen Dichter, dem ab jetzt immer wieder die ergreifendsten Verse gelingen werden. Selbst was formal noch ein wenig wie aus der Leipziger Zeit wirkt, bekommt nun einen innigeren Unterton. Einiges ist ganz neu und unerhört. Heute beginnt jede Auswahl Goethescher Werke mit Liedern und Versen, die einem stillen elsässischen Pfarrerstöchterchen gewidmet sind. Sie werden »Sesenheimer Lieder« genannt.

> Es schlug mein Herz; geschwind zu Pferde!
> Es war getan fast eh gedacht.
> Der Abend wiegte schon die Erde,
> Und an den Bergen hing die Nacht;
> Schon stand im Nebelkleid die Eiche,
> Ein aufgetürmter Riese, da,
> Wo Finsternis aus dem Gesträuche
> Mit hundert schwarzen Augen sah.

---

* das leider nicht ganz reine Gewissen
** mein schwankendes Seelchen

Das sind die geschwinden Ritte zu ihr hinaus, und die Rieseneiche zeigt man sich heute noch in Sesenheim. Wie oft werden Goethe »Willkommen und Abschied« – so der Titel des Gedichtes – viel zu nahe beieinander gelegen haben:

> Doch ach, schon mit der Morgensonne
> Verengt der Abschied mir das Herz:
> In deinen Küssen welche Wonne!
> In deinem Auge welcher Schmerz!
> Ich ging, du standst und sahst zur Erden
> Und sahst mir nach mit nassem Blick:
> Und doch, welch Glück, geliebt zu werden!
> Und lieben, Götter, welch ein Glück!

Am 6. August 1771 promoviert Goethe in öffentlicher Disputation. Wahrscheinlich am 7. reitet er ein letztes Mal nach Sesenheim hinaus, verabschiedet sich aber nach seinem Kurzbesuch wie immer. »Als ich ihr die Hand noch vom Pferde reichte, standen ihr die Tränen in den Augen, und mir war sehr übel zumute.« Das war's. Noch in seinen späteren Erinnerungen erzählt er sich wie im Hopplahopp nach Hause: Reise durch den herrlichen Elsaß, Abstecher in den wunderbaren Mannheimer Antikensaal, »gesünder und froher nach Hause gelangt als das erstemal«. Erst in Frankfurt wagt er Friederike zu schreiben, daß es der endgültige Abschied war. Die Antwort soll herzzerreißend gewesen sein.

Zur ersten großen Liebe gehört wohl unausweichlich das erste große Leid. Friederikes Leben scheint es wenn auch nicht zerstört, so doch für alle Zukunft geprägt zu haben. Auch Goethe ist aus dem Dilemma zwischen Bindung und Freiheit nicht hervorgegangen, ohne sich an den Scherben, die er geschlagen, selbst heftig geschnitten zu haben. In Leipziger Tagen hat er Freund Behrisch noch große Worte von den Pflichten eines Mannes gegenüber seinem Mädchen gemacht und verkündet: »Fluch sey auf dem, der sich versorgt eh das Mädgen versorgt ist, das er *elend* gemacht hat.« Nun scheint es, daß sich dieser Fluch als messerscharfes, lange Jahre immer wiederkehrendes schlechtes Gewissen erfüllt. In seinen Dramen »Götz von Berlichingen« (1773) und »Clavigo« (1774) tauchen zwei Marien auf, die Züge von Friederikes wirklicher Natur tragen sollen, und daß es mit ihren wankelmütigen Liebhabern beide Male ein böses Ende nimmt, mutet ein wenig wie Selbstbestrafung auf der literarischen Ebene an. Noch das Gretchen im »Faust« (1808) hat etwas von einer – nun freilich schon verklärten – Friederike.

Ein Jahr später droht sich dem Mädchen alles noch einmal zu wiederholen: Der 21-jährige Jakob Michael Reinhold Lenz verliebt sich in sie, schreibt ihr glühende Verse, die sich nachmals zwischen denen Goethes finden und von der Forschung mühsam zugeordnet werden müssen, so gut sind sie und so ähnlich den seinen. Man hat in Friederikes späteres Leben so manches hineindichten wollen. Tatsache ist, daß sie nie geheiratet hat. »Wer von Goethe geliebt worden ist, kann keinen andern lieben!« soll sie gesagt haben. 1788 ist sie zum Bruder nach Rothau gezogen, um in dessen Pfarrhaushalt zu helfen, und 1805 zum rechtsrheinischen Schwager Marx nach Meißenheim, auch er ein Geistlicher. Dort stirbt sie 1813 mit 61 Jahren. Zusammen mit ihrer Schwester Maria Salome (die bei Goethe Olivie heißt) liegt sie direkt an der Kirchmauer beerdigt.

Schon 1822 beginnen die Forscher- und Pilgerfahrten nach Sesenheim. Der Dichter Ludwig Tieck findet 1828 das alte Pfarrhaus noch verfallener wieder, als es schon zu Goethes Zeit war. 1835 forscht ein Student namens Heinrich Kruse sehr gründlich nach Texten und Zeugenaussagen und lernt dabei nicht nur Friederikes Schwester Sophie kennen, sondern findet bei ihr auch die Gedichte. Etwa 30 Briefe Goethes sind freilich von ihr verbrannt worden, »sie haben mich geärgert«.

Im Juni 1771 ist Lenz als Gesellschafter zweier kurländischer Edelleute und Offiziere nach Straßburg gekommen. Der Bekanntschaft mit Goethe sind keine zwei Wochen gegeben, um sich zur Freundschaft zu entwickeln, aber die Verbindung wird noch eine ganze Weile anhalten. Im Sommer reicht Goethe seine (heute verschollene) Dissertation mit dem Titel »De legislatoribus« ein. Zwar wird sie als akademische Leistung anerkannt, ihr Druck aber nicht gestattet. Vermutlich ist sie für eine dogmatisch verhärtete protestantische Universität wie die Straßburger allzu progressiv ausgefallen, denn sie begrenzte den Absolutheitsanspruch der Kirche. Ein Satz aus Goethes 1773 veröffentlichtem »Brief des Pastors zu *** an den neuen Pastor zu ***« läßt erahnen, wie er in diesem Punkt auch in

Straßburg schon gedacht haben wird: »Wer Jesum einen Herrn heißt, der sei uns willkommen, können die andre auf ihre eigene Hand leben und sterben, wohl bekomme es ihnen.«

Natürlich macht der Vorfall in der akademischen Szene alsbald die Runde, und worüber man sich in Straßburg das Maul zerreißt, das bleibt auch woanders nicht lange verborgen. Der badische Prinzenerzieher F. D. Ring erhält von Professorenseite Nachricht über einen »Studenten namens Goethe«, der sei »von seinem Wissen aufgeblasen, namentlich aber auch von einigen Bosheiten des Herrn Voltaire«. Man habe jedoch »die Güte gehabt, ihm die Drucklegung seines Meisterwerkes zu verbieten«. Ein Jahr später setzt ein anderer Professor noch eins obendrauf, indem er Ring erzählt, Goethe müsse, »wie man fast durchgängig von ihm glaubt, in seinem Obergebäude einen Sparren zuviel oder zu wenig haben«.

So durchgängig scheint die Meinung aber doch nicht gewesen zu sein, denn es wird Goethe erlaubt, statt einer Abhandlung Thesen einzureichen, die er dann zur Erwerbung eines Lizentiatentitels öffentlich zu verteidigen hat. Schon am 6. August verteidigt er seine 56 lateinisch abgefaßten Thesen, und zwar »cum applausu«, also mit Beifall. Offenbar legt man dem Disputierbegabten sogar nahe, doch noch zu promovieren, aber er hat nun das Studieren endgültig satt; »in Teutschland haben beide Gradus gleichen Wehrt«, schreibt er Salzmann, und damit basta.

Am 14. August tritt er die Heimreise an, am 28. August, seinem Geburtstag, reicht er bereits – in zeitentsprechender Geschraubtheit, er kann das durchaus! – dem Frankfurter Magistrat seinen Antrag ein, als Advokat zugelassen zu werden. Am 31. wird er zugelassen, am 3. September vereidigt. Den Vater wird's gefreut haben. In seinen Augen hat der Sohn das Ziel nun doch erreicht. Wäre es freilich auch sein Ziel gewesen, auf diesem Wege weiterzumachen, wir besäßen von dem 22-Jährigen allenfalls ein kleines Reclam-Heft mit Gedichten, zwei kleinen Dramen und etlichen Briefen – wenn man das angesichts des vermutlich nicht sonderlich bekannt gewordenen Autorennamens überhaupt herausgegeben hätte. Aber es kommt anders. Keine tausend Tage später ist der Name Goethe deutschen Lesern bekannter als jeder andere.

Tage im Elsaß

Im Herbst 1779 ist Goethe noch einmal durchs Elsaß gekommen. »Ein ungemein schöner Tag«, schreibt er am 25. September an Charlotte von Stein, »eine glückliche Gegend, noch alles grün, kaum hie und da ein Buchen und Eichenblat gelb. Die Weiden noch in ihrer silbernen Schönheit. ein milder willkommner Athem durchs ganze Land. Trauben mit iedem Schritt und Tage besser. Jedes Bauerhaus mit Reben bis unters Dach, ieder Hof mit einer grosen vollhangenden Laube.«

Es war Zufall, daß auch ich an einem 25. September in Sesenheim ankam, und Glück, daß Wort für Wort die Beschreibung der jahreszeitlichen Stimmung von vor 200 Jahren auch diesmal wieder zutraf. Noch immer ist das Dorf ein Dorf geblieben. Die Einwohner, soweit sie nicht in Hagenau oder Straßburg arbeiten und hier nur wohnen, betreiben kleine Landwirtschaften, bauen Mais, Tabak, Raps an. Viel los ist hier nicht. Die jungen Leute treffen sich an der Bushaltestelle vor der Mairie – bloß weg in die Diskothek nach Drusenheim! Die älteren und alten setzen sich im Croix d'Or, dem Gasthof mit der einzigen Übernachtungsmöglichkeit des Ortes, zu einem Vierteli Weißen zusammen. Abends allgemeines Bellen der Hunde, morgens ebenso allgemeines Krähen der Hähne. Aber dann eben die Geschichte mit Goethe. Stolz wird alles, was etwa 200 Jahre alt sein könnte, sei's Haus, Baum oder Weg, mit ihm in Verbindung gebracht. Das geschieht wie überall, wo ich Goethes Spuren gefolgt bin, in einer Mischung aus genauer Lokalkenntnis und ungenauen Vorstellungen der biografischen Gegebenheiten.

Mein erster Weg ging natürlich zum Pfarrhaus mit der »Goethe-Scheune«, so genannt, weil sie der junge Student gezeichnet hat. Die Amtsnachfolger des alten Brion haben in dieser Hinsicht alle ihr Päcklein zu tragen. Der jetzige hält immer ein paar Bücher zum Thema »Goethe im Elsaß« zum Verkauf bereit. Er hat sogar das Auto vor der Scheune (immerhin seiner Garage) weggefahren, damit ich beim Fotografieren nur

Historisches aufs Bild bekomme. Sein Vorgänger war 22 Jahre im Ort und galt schließlich als ein solcher Kenner, daß er sogar in den Reiseführern (»zeigt ihnen gerne nach Voranmeldung ...«) Erwähnung fand.

Am Sonntag besuchte ich die Evangelische Kirche (längst ziert ein neuer Wetterhahn die barocke Turmhaube) und erlebte einen jener typisch elsässischen Gottesdienste: Die Predigt wird, wöchentlich wechselnd, in deutsch und französisch vorgetragen, die Lieder, strophenweise wechselnd, in beiden Sprachen gesungen, An- und Absage erfolgt in elsässischer Mundart. Auf dem Friedhof fand ich direkt an der Kirchmauer die Grabplatte der alten Brions. Das Grab selber liegt nach einem Umbau unter einer kenntlich gemachten Stelle im Mittelgang der Kirche.

Hinterher erzählte mir ein verschmitzt dreinschauender alter Sesenheimer: »'s wor nit nett, wasch'r dem Maidli da anton hot, der Goethe, aber er wor sonsch nützlich für Sessehoim. Noch z'letscht, 1942 im Kriag mit di Deutschn, war a Bauer, der het sollen eingezoge werde. Woher er komme tät, frogt'n der deutsch Officier. Aus Sessehoim, secht er. Da ging e Leuchte übers G'sicht von dem Deutsche, und der Bauer hat bleibe derfe un sei Ernt' eifahre. Der hot was vonneme Goethe g'wuscht. Dem hat Sessehoim was bedeut'.«

Als das Dorf 1945 beschossen wurde, hat das Pfarranwesen einige Granattreffer abbekommen. Während das Haus selber bald wieder bewohnbar war, verblieb die Scheune jahrelang in ruinösem Zustand, bis der Westgiebel 1957 mit Getöse einstürzte. Bei ihrer Renovierung hatte zunächst keiner sonderlich auf das Jasmingesträuch geachtet, das sie umstand – bis man dahinterkam, daß es sich ja wohl um Ableger jener Jasminlaube handeln mußte, von der schon in »Dichtung und Wahrheit« die Rede ist.

Das Pfarrhaus an der Rue Frédérique Brion enttäuscht, weil es 1835 neu erbaut wurde. Aber das Binder-Schoepflin-Haus rechts daneben ist von 1765 und gleicht dem – ebenfalls von Goethe gezeichneten – ehemaligen Pfarrhaus im Stil. Dazwischen liegt das Memorial Goethe mit einer Nachbildung der berühmten Goethebüste von David d'Angers. (Eine weitere Replik fand ich später im Park des Heidelberger Schlosses.) In zwei Räumen hat man dort Bilder und fotokopierte Dokumente zum Thema *Goethe en Elsace* zusammengetragen: ein deutsches Dichterleben, diesmal durch die Brille französisch-elsässischen Lokalpatriotismus betrachtet.

Wer Zeit und Lust zu Spaziergängen hat, wird die Rue J. W. Goethe hinunter über den Bahndamm gehen. Nach zwei Häusern auf der Linken kommt ein kleiner, locker bewaldeter Hügel mit einem Bretterhäuschen. An dieser Stelle hat das verliebte Paar gesessen und übers Land geblickt; nachzulesen in »Dichtung und Wahrheit«. Die »Goethe-Eiche« im Oberwald findet, wer das Dorf über die Rue de la Paix verläßt und dann die Bahnlinie überquert.

Wie kurz ein Besuch auch immer ausfällt, unbedingt sollte man das Goethe-Friederike-Museum im Bœuf Rouge (»Zum roten Ochsen«) aufsuchen. Ein ehemaliger Ochsenwirt hat die wirklich sehenswerte Sammlung aufgebaut, der heutige schließt einem den Raum gerne auf. Es gibt Bücher und Bilder, Dosen, Locken und den originalen Turmhahn von damals zu sehen. Fast schon übermüdet von der Fülle des Entzifferten, fiel mein Blick auf einen Poesiealbumeintrag Friederikes: »Wer eifrig wünscht, hat, was er will.«

Mit dem Bummelzug fuhr ich die halbe Stunde nach Straßburg: die alte Reitstrecke wird wohl von den Gleisen nicht so weit abgelegen haben. Vom Bahnhof ist man zu Fuß in 15 Minuten im Altstadtviertel. »Die Straßburger sind leidenschaftliche Spaziergänger«, hat Goethe geschrieben und sich gern ins allgemeine Treiben gemischt. Bei seiner Ankunft aber hat er doch erst einmal den Ausblick auf die Stadt von oben, von der Plattform des Münsters aus, genossen. Die damalige Vielgestaltigkeit der Ufer, Inseln und Werder ist allerdings der Rheinbegradigung zum Opfer gefallen. Dafür wurde aber auch die Schnakenplage geringer. Goethe mußte einmal ihretwegen ein von Sesenheim aus unternommenes Picknick vorzeitig abbrechen.

Auch die übrigen Sehenswürdigkeiten auf Goethes Spuren findet man dank eines vom Fremdenverkehrsamt ausgegebenen Blattes leicht. Zum Beispiel die Hirschapotheke am Münster-Vorplatz, in deren Obergeschoß Medizinvorlesungen stattfanden. Oder eine Minute von dort den Alten Fischmarkt, Rue Du Vieux-Marché-Aux-Poissons. Eine Erinnerungstafel bezeichnet die Stelle, wo der junge Student dort gewohnt hat.

Wenn wir dann durch die Altstadt schlendern, vorbei an den zahlreichen Lokalen mit elsässischen und exotischen Spezialitäten, sollten wir unsere Schritte noch durch die enge Rue de L'Ail lenken. Im Haus »Zu den Drei Hasen« – sie sind überm Portal in Stein gehauen – hat Jung-Stilling gewohnt und ist dort oft von Goethe besucht worden.

Nur eine Straße weiter war der Gasthof »Zum Geist«, Hôtel de l'Esprit, wo Goethe, Herder und übrigens auch Rousseau gewohnt haben. Ein Schild am Gebäude, das heute dort steht, erinnert an die illustren Gäste von damals. Aber erst wenn wir ihm den Rücken kehren und über die Rue de la Division Leclerc in die Richtung des allgegenwärtigen Münsters schauen, haben wir einen Blick, der immer noch dem von 1770/71 gleicht. So ein Rundgang ist schnell gemacht, und am besten läßt man ihn auch wieder vor dem Dom enden, der mit immer bestürzender Wucht aus der Idyllik spätmittelalterlicher Häuserchen empor in den Himmel wächst.

Vom Anwalt zum Autor
1771 – 1773

> »Habe gezeichnet – eine Scene geschrieben.
> O wenn ich jetzt nicht Dramas schriebe ich
> ging zu Grund.«
> *An Auguste Gräfin zu Stolberg, 7./10. März 1775*

Goethe ist nun also wieder zu Hause, desgleichen Horn, der unveränderlich treue und heitere Gesellschafter, und Riese, der dem »dogmatischen Enthusiasmus« des Freundes durch kräftigen Widerspruch mitunter ordentlich zusetzt. Das Ansehen des frisch vereidigten Anwalts beim Vater ist gestiegen. Auch die dichterischen Arbeiten des Sohnes akzeptiert er nun mit Stolz, kann aber auch jetzt nicht aus seiner Haut heraus: Ließ er früher die Bilderchen des Sprößlings »aufziehen und mit Linien einfassen«, so ordnet er nun das im Elsaß Geschriebene, verlangt Vollendung und hofft, daß Wolfgang seine Abneigung vor Veröffentlichung bald verliert. Im übrigen kann Johann Caspar Goethe jetzt anwenden, was er schließlich selbst einmal studiert hat, denn er bereitet die Prozesse seines Sohnes vor und erlebt ihn als glänzenden Anwalt, dem die Arbeit – jedenfalls zunächst – Spaß macht. Die Leichtigkeit, mit der Wolfgang sie durchführt, steigert seine Bewunderung womöglich noch.

Vom 16. Oktober 1771 bis zur Abreise nach Weimar im Herbst 1775 führt Goethe im Römer 28 Prozesse. Das sind nicht eben viele, aber er muß ja auch nicht von den Einnahmen leben. Möglich wäre es ihm durchaus gewesen, denn er führt seine Plädoyers mit einer sprachlichen Vehemenz (man könnte auch von erfrischender Unverschämtheit sprechen), die ihn gleich seinen ersten Prozeß unter dem Gelächter der Anwesenden gewinnen läßt. Allerdings müssen er und auch sein Kollege einen Verweis des Gerichts einstecken. Die Entschuldigung des Gegenanwaltes: Er habe sich durch die Einlassungen des Neuen zu einer ihm sonst fremden Leidenschaft hinreißen lassen. Wenn freilich das Gericht ein halbes Jahr später anläßlich eines schriftlich geführten Prozesses »den beyderseitigen Advocatis die gebrauchte unanständige, nur zur

Verbitterung der ohnehin aufgebrachten Gemüter ausschlagenden Schreibart« verbietet, so darf man schon ein bißchen Spiegelfechterei hinter ihren derben Schriftsätzen vermuten. Diesmal nämlich war der Gegenadvokat – Freund Moors, der nun auch wieder zurückgekommen ist.

Damals kommt Goethe, der im Sommer 1773 die ersten Szenen seines »Faust« zu Papier bringen wird, mit viel Lebenswirklichkeit vor allem der einfachen Bevölkerung in Berührung. Er verteidigt Händler, Bauern, Handwerker und immer wieder Juden, in deren Gasse er bald einen besonders guten Namen hat. Er kann gar nicht umhin, ihnen allen – wie Luther sagt – aufs Maul zu schauen. Der Dramatiker wird später davon profitieren und für jeden Stand, jeden Charakter die gemäße Sprache finden.

Noch bevor Goethe sein Anwaltsbüro eröffnet, nimmt er seine Ossian-Studien wieder auf, übersetzt auch einzelne Stücke aus dem Gälischen und schickt sie an Herder. Begeistert liest er die »Lebensbeschreibung des Herrn Götzens von Berlichingen, zugenannt mit der Eisernen Hand«, die 1731 zum ersten Mal gedruckt worden war, nachdem sie zuvor nur in Handschriften kursierte. Und am 14. Oktober spricht er »Zum Schäkespears Tag«. Eigentlich hat er die Ansprache für eine Festivität geschrieben, die am selben Tag in Straßburg stattfindet und von Lerse, Lenz, Salzmann und ihm selbst vorbereitet worden ist. Aber nun ist er ja in Frankfurt und feiert darum »mit großem Pomp«, wie er Herder schreibt, zu Hause. Sechs Gulden hat der Vater laut Haushaltsbuch für das Fest springen lassen – und drei Gulden für die Musiker.

Die Bedeutung Shakespeares für Goethe und seine Generation kann gar nicht hoch genug eingeschätzt werden. Er ist das literarische Idol des deutschen »Sturm und Drang«. An ihm entzünden die jungen, progressiven Dichter ihren Geist. Längst sind auch Goethe die französischen Trauerspiele nicht mehr das Maß aller Theaterkunst. (»Wie das so regelmäßig zugeht, und daß sie einander ähnlich sind wie Schuhe, und auch langweilig mitunter.«) Shakespeare dagegen wird als Befreier von den klassischen, auf Aristoteles zurückgehenden Regeln begriffen, daß nämlich jedes Drama auf eine Handlung, eine Zeit und einen Ort beschränkt zu sein habe. »Schäkespears Theater ist ein schöner Raritätenkasten, in dem die Geschichte der Welt vor unsern Augen an dem unsichtbaren Faden der Zeit vorbeiwallt«, ruft Goethe vor seinem Publikum aus und nennt sich einen Blindgeborenen, dem nach seiner ersten Shakespeare-Lektüre war, als hätte ihm »eine Wunderhand das Gesicht in einem Augenblicke« geschenkt.

Wandernde Theatertruppen hatten die Stücke des Engländers schon im 17. Jahrhundert in Deutschland gezeigt. Aus dem »schönen Raritätenkasten« war aber nur das herausgeholt worden, was spannende Handlung versprach. Eine umfassende und sehr sprachschöpferische Prosaübertragung gelingt erst Wieland, der in den Jahren 1762–1766 in einer »Galeeren-Sclaven-Arbeit« 22 Stücke übersetzt. Später hat man ihm vorgeworfen, dabei viel Rauhes geglättet zu haben, aber für den Sturm und Drang war es die wichtigste Übersetzung.

Bevor freilich ab 1773 und für rund zehn Jahre die großen Meisterwerke dieser aufgeregten Literaturepoche veröffentlicht werden, kommt es zu theoretischen Vorüberlegungen, bei denen sozusagen die alten Formen niedergerissen und die Wege freigeschaufelt werden. »Das Genie muß sich herablassen, Regeln zu erschüttern, sonst bleiben sie Wasser«, schreibt Hamann 1759 und läßt seiner Aussage 1762 die »Kreuzzüge eines Philologen« folgen. Gerstenberg ruft in seinen »Briefen über Merkwürdigkeiten der Literatur« (1766/67) aus: »Weg mit der Klassifikation des Drama!« Und Herder nennt in der Sammelschrift »Von deutscher Art und Kunst« (1773) Shakespeare einen Bruder des Sophokles und schließt mit der Huldigung an einen jungen Dichter, den er als Erben des großen Engländers bewundert: »Glücklich, daß ich noch im Ablaufe der Zeit lebe, wo ich ihn begreifen konnte [...]« Damit aber ist Goethe gemeint und sein damals soeben im Druck erschienenes Drama »Götz von Berlichingen mit der eisernen Hand«.

Noch Ende 1771 hatte er begonnen, die »Lebensbeschreibung« zu dramatisieren, und war damit innerhalb von sechs Wochen fertig geworden – übrigens nicht zuletzt dank Cornelias beständig geäußertem Unglauben an seine Beharrlichkeit. Zuerst schickt er die Handschrift an Salzmann, dann an Herder, der sich nach Goethes späterer Erinnerung »unfreundlich und hart dagegen äußerte«. In Wahrheit war dem ungeduldigen Dichter die Zeit, bis endlich Antwort kam, zu lang geworden. Herder bemängelt zwar einiges »nur Gedachte«, erkennt auch sogleich die Anklänge an Shakespeare, aber begeistert ist er trotzdem. Es sei »ungemein viel deutsche Stärke, Tiefe und Wahrheit drin«, schreibt er seiner Verlobten Caroline Flachsland schon nach Lektüre der ersten Fassung und beginnt langsam daran zu glauben, daß aus dem »Spatzenmäßigen« doch noch ein Adler werden könne.

Auch Goethe beteiligt sich an der Theoriebildung des Sturm und Drang. Zusammen mit Schlosser und anderen nahestehenden Intellektuellen liefert er ein Jahr lang Buchbesprechungen für die »Frankfurter Gelehrten Anzeigen«. Dieser Jahrgang 1772, der angriffslustigste und nachmals berühmteste der Zeitschrift, sorgt für Ärger und Aufruhr. Noch heute wirkt modern, was die Autoren damals einführten. Sie erarbeiteten ihre Rezensionen nämlich im Kollektiv. Selbst fleißiges Forschen hat die genaue Zahl der Artikel des jungen Autors bzw. der Artikel, an denen er mitgearbeitet hat, nicht überzeugend einzugrenzen vermocht; es werden zwischen sechs und 145 genannt! – »Wer das Buch zuerst gelesen hatte«, erinnert sich Goethe, »der referierte, manchmal fand sich ein Koreferent; die Angelegenheit ward besprochen, an verwandte angeknüpft, und hatte sich zuletzt ein gewisses Resultat ergeben, so übernahm einer die Redaktion.« Der 75-Jährige wird diesen Arbeiten zwiespältig gegenüberstehen. Er empfindet sie zwar als getreuen Spiegel der rückhaltlos leidenschaftlichen Denkungsart früherer Jahre; andrerseits aber seien es keine eigentlichen Rezensionen, die ihre Maßstäbe aus der Literatur selbst nähmen, »sondern alles beruhet durchaus auf persönlichen Ansichten und Gefühlen«.

Bald kommt es zu heftigen Beschwerden der angegriffenen Autoren, endlich sogar zu einem – erfolgreich geführten – Prozeß des lutherischen Predigerministeriums gegen die Zeitschrift. Wer die alten Artikel nachliest, begreift die Wut der Attackierten. Gar zu offensichtlich ist die Angriffs-Lust ihrer Verfasser. In einer Sammlung neuer Schauspiele haben zum Beispiel laut Goethe die »tragikomische Tugend, Großmut und Zärtlichkeit so viel zu schwatzen, daß der gesunde Menschenverstand und die Natur nicht zum Wort kommen können«. Und einen Gedichtband, dessen ganzer Witz offenbar darin besteht, »auf blau Papier gedruckt« zu sein, empfiehlt er wegen der Sanftheit besagten Papieres sogar zweckzuentfremden.

Schließlich ist das Redaktionskollegium die Anwürfe offenbar leid und verabschiedet sich zu Ende des Jahres mit einer hochironischen Nachrede, in der scheinbar der Vorwurf mangelnder Gelehrsamkeit ernstgenommen wird, »aber da ein geehrtes Publikum hierinne sonst sehr genügsam ist, merken wir nun wohl, daß es uns entweder an Geschicke mangelt, mit wenigem uns das gehörige Ansehen zu geben, oder daß wir von dem, was sie gründlich nennen, einen nur unvollkommenen Begriff haben«.

Goethe bleibt aus dieser Zeit die Freundschaft zum Chefredakteur der »Frankfurter Gelehrten Anzeigen«, dem Kriegszahlmeister und Schriftsteller Johann Heinrich Merck aus Darmstadt. Merck ist ein rundum gebildeter Mann, wenngleich ohne akademischen Abschluß, die Tätigkeit am Darmstädter Hof aber nicht so beschaffen, daß sie seinen kritischen Geist ausfüllen könnte. Seine sarkastischen Rezensionen erscheinen zunächst in den »Frankfurter Gelehrten Anzeigen«, später dann vor allem in Wielands »Teutschem Merkur«. Sie sind gefürchtet, denn er will, daß »der Staub von den Perücken der Kahlköpfe fliegt«. Kein Wunder, daß der ebenso gescheite wie gutmütige Wieland seine Wertschätzung Merck gegenüber einmal in die Worte packt: »Ich glaube nicht, daß irgendein Sterblicher mit allen Ihren scharfen Ecken, Stacheln, Hörnern und Klauen Sie mehr lieben und höher achten kann.« In Goethes Elternhaus hat man ihn übrigens ähnlich gesehen und scherzhaft »Mephistopheles« genannt; »Merck und ich waren immer miteinander wie Faust und Mephistopheles«, soll Goethe noch ein Jahr vor seinem Tod gesagt haben. Merck also ist das eigentliche Vorbild für Fausts Widerpart, jenen »Geist, der stets verneint«.

Im März 1772 erzählt der 31-jährige Merck seiner Frau vom damals 22-jährigen Goethe als von jemandem, »in den ich ernstlich verliebt zu werden anfange. Das ist ein Mensch für mein Herz, wie ich noch selten einen gefunden habe«. Goethe weiß schon bald, was er an ihm hat. »Gute Würkung auf mich von Mercks Gegenwart«, wird er noch Jahre später anläßlich eines Besuches bei ihm ins Tagebuch notieren, »sie hat mir nichts verschoben, nur wenige dürre Schaalen abgestreifft und im alten Guten mich befestigt. Durch Erinnerung des Vergangnen und seine Vorstellungs Art, mir meine Handlungen in einem wunderbaaren Spiegel gezeigt. Da er der einzige Mensch ist der ganz erkennt was ich thu und wie ich's thu, und es doch wieder anders sieht wie ich, von anderm Standort, so gibt das schöne Gewissheit.« (13. Juli 1779)

Allzu harmonisch sollte man den Verlauf ihrer Freundschaft aber auch nicht sehen. In späteren Jahren wird Merck von Goethe alles Positive grundsätzlich abgesprochen. Und noch als er längst tot ist (er schoß sich 1791 eine Kugel in den Kopf), bleibt Goethe von seiner Art beunruhigt: ein Faust, der sich von Mephisto herausgefordert fühlt. In den Zeiten ihrer Freundschaft aber scheint sich diese Herausforderung sehr fruchtbar auf ihn ausgewirkt zu haben.

Als Herders Reaktion auf die erste Fassung des »Götz« eingegangen ist, macht sich Goethe Anfang 1773 an eine Neufassung. Alle Szenen konzentrieren sich jetzt auf den Titelhelden, dadurch gewinnt der historische Bilderbogen an Geschlossenheit. Auch an diese Arbeit hat er sich mit großer Unbekümmertheit gesetzt, weil er nicht glaubte, daß es schon die Endfassung sein könne. Als er den Text im März fertig hat und erneut beginnen will, daran zu arbeiten, lacht ihn Merck aus und rät ihm: »Beizeit auf die Zäun', so trocknen die Windeln!« Da er sich dank seiner redaktionellen Kontakte und geschäftlichen Fähigkeiten in der Lage fühlt, die »wilde dramatische Skizze« auch verkaufen zu können, rät er zum Selbstverlag. Goethe soll fürs Papier sorgen, er werde sich um den Druck kümmern.

Geschäftlich wird diese erste Auflage wegen der doch recht laienhaften Kalkulation zu einem Mißerfolg, aber der literarische Erfolg ist gewaltig. Der »Götz« ist eigentlich ein ausgesprochenes Lesedrama. Prosatexte zu dialogisieren war damals eine verbreitete literarische Übung, und an eine Aufführung haben ursprünglich weder Goethe noch Merck gedacht. Trotzdem kommt es schon ein Jahr nach der Erstveröffentlichung zu Inszenierungen für die Bühne. Übelwollende schieben den Erfolg der Uraufführung allerdings auf die prächtigen Kostüme, denn es war damals noch ungewöhnlich, die Schauspieler in historische Trachten und Rüstungen zu stecken.

Viele Leser und Zuschauer nehmen an der neuen Regellosigkeit und derben Sprache Anstoß, aber wer den langgesuchten deutschen Shakespeare erwartet hat, fühlt sich tief berührt. Hamann sieht in dem Stück »die Morgenröte einer neuen Dramaturgie«. Lenz ist glücklich, daß hier endlich jemand das Handeln und nicht »empfindeln, nicht spitzfündeln« in den Mittelpunkt stelle. Gottfried August Bürger fühlt sich durch die Lektüre zu neuen Strophen seiner im gleichen Jahr erscheinenden Ballade »Lenore« begeistert. Er will das Buch unbedingt erwerben, »und wenn ich alle Werke Voltaires und Corneilles darum verkaufen sollte«. Der Brief, in dem er davon erzählt, wimmelt derart von »A-lecken« und »Sch-kerls«, daß man richtig merkt, wie befreit er sich in der neuen Literatursprache suhlt. Goethe schickt ihm 1774 die 2. Auflage des Dramas. »Ich thue mir was drauf zu gute, dass ich's binn der die Papierne Scheidewand zwischen uns einschlägt. Unsre Stimmen sind sich offt begegnet und unsre Herzen auch. Ist nicht das Leben kurz und öde genug? sollen die sich nicht anfassen deren Weeg mit einander geht?« Wirklich treffen sie sich allerdings erst im Revolutionsjahr 1789. Doch da gehen ihre geistigen Wege längst nicht mehr »mit einander«.

Mit kritischer Sympathie äußert sich auch Matthias Claudius, und Wieland verteidigt den »Götz« gegen den Kritikervorwurf, das Stück sei zwar schön, aber ein Ungeheuer: »Möchten wir viele solche Ungeheuer haben!« Im Grunde behagt auch ihm das Ungezügelte daran nicht so ganz, aber er spürt die Kraft des jungen Autors und vertraut darauf, daß er die Regeln des Aristoteles eines Tages ihrer Vernunft wegen schon einsehen werde.

Goethe hat sich damals, fasziniert vom unbeholfenen Stil der ritterlichen Autobiografie und vom saft- und kraftvollen Lutherdeutsch, eine Dialogsprache geschaffen, die modern wirkt, obwohl sie ins Mittelalterliche zurückgreift. Aber jetzt deklamieren die Schauspieler eben nicht mehr steife Alexandriner-Verse, sondern eine anschauliche, der Alltagssprache nahe Prosa. Nicht zufällig ist der berühmteste Satz des Stückes auch sein derbster, jene Stelle, da sich Götz von Berlichingen nicht ergeben will und ausrichten läßt: »Sag deinem Hauptmann vor ihro Kayserlichen Maj. hab ich, wie immer, schuldigen Respeckt. Er aber sags ihm, er kann mich im Arsch lecken.« Goethe läßt diesen Satz übrigens nur bis 1774 im Text. Vollends peinlich ist er ihm dann im Alter, weshalb in der

Gesamtausgabe seiner Schriften von 1787 an dieser Stelle nur noch ein paar Strichelchen geduldet werden.

»Götz von Berlichingen mit der eisernen Hand« – man hat sich später oft gefragt, warum Goethe ausgerechnet einen Raubritter zum Helden seines ersten bedeutenden Stückes gemacht hat, einen Mann, der keineswegs den frühen Tod des literarischen Götz gestorben ist, sondern noch lange nach den Bauernkriegen gelebt hat und hochbetagt gestorben ist. Goethe schreibt in »Dichtung und Wahrheit«, ihn habe die »Gestalt eines rohen, wohlmeinenden Selbsthelfers in wilder, anarchischer Zeit« fasziniert. Damals liest er auch Justus Möser, einen Osnabrücker Politiker und Publizisten, der das Faustrecht aus der Zeit seines Entstehens heraus begreift. (»Die einzelnen Raubereien, welche zufälligerweise dabei unterliefen, sind nichts in Vergleichung der Verwüstungen, so unsre heutigen Kriege anrichten.«) Goethe sieht im Mittelalter eine Epoche voller shakespearisch bunter Gestalten: große Liebende, große Bösewichte, große Tatmenschen.

Nie wieder treten die Charaktere in einem Goethe-Drama so unvermischt auf wie im »Götz«. Schwarz und weiß, heiß und kalt, Liebe und Haß. Das Schlimmste, was die leidenschaftliche Adelheid dem Zauderer Adelbert von Weislingen entgegenschleudern kann: »Du bist von jeher der Elenden einer gewesen, die weder zum Bösen noch zum Guten einige Kraft haben.«

In den »Götz« fließt auch manches Private ein. »Habt Ihr nie bemerkt, daß eine einzige eigne Erfahrung uns eine Menge fremder benutzen lehrt?« fragt Maria, die stille und liebenswerte Schwester Berlichingens, an einer Stelle. Wenn Weislingen sie wegen Adelheid verläßt, dann verbirgt sich hinter dieser Treulosigkeit auch das schlechte Gewissen Wolfgangs gegenüber Friederike.

Aus heutiger Sicht mutet das Stück in manchem noch immer sehr modern an. Zum Beispiel verfährt Goethe, weil er ja kein Bühnenstück schreiben wollte, sehr unbekümmert mit den Schauplätzen. Oft wechselt er den Ort des Geschehens schon nach ein paar Sätzen, was dem Ganzen, wenn man's liest, etwas ausgesprochen Filmisches gibt.

Als 1795 sein Roman »Wilhelm Meisters Lehrjahre« erscheint, findet sich darin eine selbstironisch pointierte Stelle. In häuslich gemütlicher Freundesrunde wird ein Ritterstück, ganz offensichtlich der »Götz«, vorgelesen. Man begeistert sich, empfindet altdeutsch und trinkt entschieden zu viel heißen Punsch. Der Lärm ruft sogar die Wache ins Haus. Als Wilhelm am anderen Morgen mit einem Kater aufwacht, fällt sein Blick auf die Verwüstungen des Vortages, »die ein geistreiches und wohlgemeintes Dichterwerk hervorgebracht hatte«.

Diese Stelle verrät uns zweierlei: zum einen, daß Goethe mittlerweile kräftig Distanz zu seinem einstigen Geniestreich genommen hat, zum anderen aber, daß es zu jener Zeit eine ganz eigene Haus- und Freundschaftskultur gegeben haben muß. In der Tat nimmt man oft weite Wege auf sich, um beieinander zu sein. Man unterhält sich lang und gerne, liest sich vor – und zwar nicht nur aus Büchern, sondern auch aus Briefen. Der Absender eines Schreibens ist sich darüber im klaren, daß Briefe, die nicht ausgesprochen als vertraulich bezeichnet wurden, die Runde machen, daß man aus ihnen vorliest und abschreibt. Freundschaft wird kultiviert, mitunter sogar ein regelrechter Gefühlskult mit ihr getrieben. Grüppchen bilden sich und geben ihren Mitgliedern sentimental-phantasievolle Namen. Gemeinsam wandert man zu verborgenen Plätzen im Grünen und pflegt seine Liebe zu Natur und Dichtkunst auf eine Art, die heute rührend oder übersteigert, auf alle Fälle aber doch sehr fremd anmutet.

Goethe ist in jenen Jahren außerordentlich unruhig. Oft unternimmt er weite Fußmärsche, die ihn bis nach Homburg oder Darmstadt führen. Unter freiem Himmel zu sein, durch die Wälder und Dörfer zu wandern beruhigt ihn. »Lang halt ich's hier nicht aus ich muss wieder fort – Wohin!« beendet er einen Brief und unterschreibt ihn mit »Der unruhige«.

Wer den wilden Wanderer damals hätte beobachten können, dem wäre wohl mitunter ein seltsames Schauspiel zuteil geworden: »Unterwegs sang ich mir seltsame Hymnen und Dithyramben, wovon noch eine unter dem Titel ›Wandrers Sturmlied‹ übrig ist. Ich sang diesen Halbunsinn leidenschaftlich vor mich hin, da mich ein schreckliches Wetter unterwegs traf, dem ich entgegengehen mußte.« Der »leidenschaftliche Halbunsinn« gehört heute zum vielzitierten Schatz der deutschen Lyrik und beginnt mit den Worten:

> Wen du nicht verlässest, Genius,
> Nicht der Regen, nicht der Sturm
> Haucht ihm Schauer übers Herz.
> Wen du nicht verlässest, Genius,
> Wird dem Regengewölk,
> Wird dem Schloßensturm
> Entgegensingen,
> Wie die Lerche,
> Du da droben.

In Darmstadt findet Goethe Aufnahme in einem Freundeskreis, der sich »Gemeinschaft der Heiligen« nennt. Es sind Angehörige des Hofes, die sich besonders für Kunst und Literatur interessieren. Merck gehört dazu und der tratschfreudige Hofrat Leuchsenring, der beinah Herders Verlobung zerstört hätte, außerdem drei junge Frauen, die wir vor allem dadurch kennen, daß Goethe – in diesem Kreis der »Wanderer« genannt – ihnen Gedichte gewidmet hat. Hinter »Urania« verbirgt sich die Hofdame Henriette von Roussillon, hinter »Lila« das Hoffräulein Luise von Ziegler, hinter »Psyche« Caroline Flachsland, Herders Verlobte.

Es gibt auf dem Herrgottsberg im nahe gelegenen Bessunger Wald einen Felsen, auf den nur Goethe klettern kann. In den haut er seinen Namen und schreibt einen »Felsweihegesang«, den er »Psyche« widmet. Caroline schickt Herder das Gedicht nach Bückeburg, wo der Herr Schloßprediger ein säuerlich-spöttisches Gegengedicht verfertigt, in welchem er Goethe einen »Götzenpriester« nennt. Der läßt ihn wissen, daß er ihn dafür einen »intoleranten Pfaffen« gescholten habe. »Und so hätt ich das auch vom Herzen.« Flecken hat auch diese Idylle also, aber es bleiben kleine. Bald folgt größere Pein, und Goethe wird ihr am Ende nur durch seine besondere Begabung entrinnen.

Am 25. Mai 1772 – nach der ersten Niederschrift des »Götz« und noch vor der zweiten – trägt sich der 23-jährige Lizentiat auf Drängen seines Vaters als Rechtspraktikant in das Aufnahmeverzeichnis des Reichskammergerichts von Wetzlar ein. In Wetzlar war schon Urgroßvater Lindheimer Advokat und Prokurator gewesen, Großvater Textor hat hier gearbeitet und geheiratet, noch Johann Caspar der ehrwürdigen Institution wenigstens einen Besuch abgestattet.

Wetzlar also. Die Einwohner findet Goethe ja noch »eine recht gute Art Volks«, aber die Stadt selber wird er in seinem nachmals berühmtesten Roman »klein und übel gebaut« nennen. Noch immer finden sich die rund 6000 Einwohner von mittelalterlichen Mauern umgeben, werden die Tore um 10 Uhr verschlossen. Aber diese Mauern sind schadhaft, und mancher Torturm besitzt kein Dach mehr. Die Gassen haben keinen Gehsteig, dafür eine Rinne, durch die der ganze Unrat fließt. Der hannoversche Legationssekretär Johann Christian Kestner notiert in seinem Tagebuch: »Die Pflaster machen glatte Marmorsteine aus, die, zumal wenn es regnet, sehr oft zu Fall bringen, wovon ich sehr viele, oft sehr schmutzige und schmerzhafte Proben habe.« Kestner arbeitet in der »Großen Visitation«, das ist die Revisionsinstanz des schwerfällig arbeitenden Reichsgerichtes. »Es hangt so lange wie ein Spruch in Wetzlar«, war damals ein geflügeltes Wort im Deutschen Reich. Einer seiner Kollegen ist der braunschweigische Legationssekretär Carl Wilhelm Jerusalem, der Goethe schon in Leipzig flüchtig kennengelernt, ihn aber nicht gemocht hat. Jetzt spricht er in einem Brief von ihm als einem Gecken und Frankfurter Zeitungsschreiber.

Goethe verkehrt im Gasthaus »Zum Kronprinzen«, wo es eine »Wetzlarer Rittertafel« gibt. Dort führt er den Spitznamen »Götz der Redliche«. Es läßt sich also denken, worüber er in jenen Tagen mit Vorliebe spricht. Von eingehenden juristischen Studien ist nicht viel bekannt, aber mit Homer und Pindar befaßt er sich ausgiebig. Begeistert schreibt er Herder, was er sich auf Grund seines »spechtischen Wesens« aus allem herauspickt: »Dreingreiffen, packen ist das Wesen ieder meisterschafft.«

Pindar war ein griechischer Chorlyriker des 5. Jahrhunderts vor Christi. Goethe empfindet ihn als großen Befreier von allen Regeln, womit er ihn zwar völlig mißversteht, aber was macht das schon: auch ein Mißverständnis kann fruchtbar sein. Das Pindar-*Erlebnis* jedenfalls ist echt und führt zu so grandiosen Gedichten wie »Prometheus«, »An Schwager Kronos« und »Wandrers Sturmlied«.

Anfang Juni lernt Goethe – fast unvermeidlich in einer so

kleinen Stadt und noch dazu bei gleichem Beruf – Kestner kennen, wenige Tage darauf, bei einem Ball in Volpertshausen, dessen Verlobte Charlotte Buff. Später wird er in seinen Erinnerungen schreiben: »Was mir in Wetzlar begegnete, ist von keiner großen Bedeutung, aber es kann ein höheres Interesse einflößen, wenn man eine flüchtige Geschichte des Kammergerichts nicht verschmähen will [...]« Man darf nicht vergessen, daß dies die Erinnerungen eines alten Mannes sind, der von den Leiden und Entzückungen des jungen, der er einmal war, nur noch einen matten Begriff hat. Ist es doch eine etwas putzige Vorstellung davon, was denn wohl das Interesse des Publikums errege. Gerade über die Wetzlarer Zeit wünscht es sich eigentlich weniger das Höhere als profunden Klatsch. Nun, man wird sehen, was sich machen läßt.

Von dem besonnenen, genau beobachtenden Kestner haben wir eine wohl recht objektive Charakterisierung des damaligen Goethe:

»Er besitzt, was man Genie nennt, und eine ganz außerordentlich lebhafte Einbildungskraft. Er ist in seinen Affekten heftig. Er hat eine edle Denkungsart. Er ist ein Mensch von Charakter. Er liebt die Kinder und kann sich mit ihnen sehr beschäftigen. Er ist bizarre und hat in seinem Betragen, seinem Äußerlichen verschiedenes, das ihn unangenehm machen könnte. Aber bei Kindern, bei Frauenzimmern und vielen andern ist er doch wohl angeschrieben.

Er tut, was ihm einfällt, ohne sich darum zu bekümmern, ob es anderen gefällt, ob es Mode ist, ob es die Lebensart erlaubt. Aller Zwang ist ihm verhaßt [...]

Vor der christlichen Religion hat er Hochachtung, nicht aber in der Gestalt, wie sie unsere Theologen vorstellten.

Er *glaubt* ein künftiges Leben, einen besseren Zustand. Er strebt nach Wahrheit, hält jedoch mehr vom Gefühl derselben als von ihrer Demonstration. Er hat schon viel getan und viele Kenntnisse, viel Lektüre, aber doch noch mehr gedacht und räsoniert. Aus den schönen Wissenschaften und Künsten hat er sein Hauptwerk gemacht oder vielmehr aus allen Wissenschaften, nur nicht denen sogenannten Brotwissenschaften.«

Das ist genau und bei aller hannöverschen Trockenheit nicht unsympathisch gesehen. Kestner ist ein rechtschaffener Mensch und dabei so zurückhaltend, daß nur Eingeweihte

5 Blick in den Deutschordenshof in Wetzlar.
Zeichnung von Carl Stuhl, um 1850

wissen können, daß er mit Charlotte verlobt ist. Goethe jedenfalls merkt an jenem Ballabend in Volpertshausen nichts von einer Beziehung zwischen den beiden. Er besucht Charlotte gleich am nächsten Tag und lernt in der fröhlichen 19-Jährigen eine ungemein tüchtige Frau kennen, die nach dem Tod ihrer Mutter dem Vater den Haushalt führt – und zu diesem gehören schließlich elf jüngere Geschwister! Goethe kommt nun häufig zu Besuch ins Haus des Deutschen Ritterordens, der Wohnung des Amtmannes Buff. Er freundet sich nach seiner Art mit jedermann, vor allem aber mit den Kindern an. Wandert alleine, mit Charlotte oder beiden Verlobten durch die sommerlich heitere Umgebung. Bald schon aber spürt er unabweislich, daß er sich in sie verliebt hat.

Am 10. September 1772 führt er mit Kestner und Lotte ein Gespräch über die Unsterblichkeit des Menschen. »Wir machten miteinander aus«, schreibt Kestner in sein Tagebuch, »wer zuerst von uns stürbe, sollte, wenn er könnte, den Lebenden Nachricht von dem Zustande jenes Lebens geben.« Am anderen Tag ist Goethe fort. In der Nacht noch schrieb er kurze Zettelchen an Kestner (»euer Gespräch hat mich aus einander gerissen. Ich kann Ihnen in dem Augenblick nichts sagen, als leben Sie wohl«) und Charlotte (»Ich binn nun allein, und darf weinen«).

Der Abschied betrübt alle im Hause Buff sehr. Charlotte ist zwar froh, daß Goethe diesen Weg gewählt hat, bekommt aber doch über seinen Abschiedszeilen Tränen in die Augen. Die Kinder jammern: »Doktor Goethe ist fort!« Und selbst Kestner muß mit inneren Kämpfen fertig werden, »da ich auf der einen Seite dachte, ich möchte nicht imstande sein, Lottchen so glücklich zu machen als er, auf der andern Seite aber den Gedanken nicht ausstehen konnte, sie zu verlieren«.

Die Freundschaft bleibt vorerst bestehen. Briefe und Päckchen wandern zwischen Frankfurt und Wetzlar hin und her – und sind nicht nur an die Erwachsenen gerichtet. »Euer Hans schreibt mir immer wies im deutschen Haus hergeht«, berichtet Goethe, »und so hab ich eine komplete Chronick aller Löcher, Beulen, und Händel von einigem Belang.« Eine Entfremdung wird erst einsetzen, wenn dann jener Roman erscheint, der manches, aber eben nicht alles aus den Vorfällen jenes Sommers bringt, wohingegen alle Welt davon ausgeht, in den »Leiden des jungen Werthers« sei alles bare Autobiografie. Dabei müßte dem besonnenen Leser eigentlich schon der wichtigste Unterschied ins Auge springen: daß sich zwar Werther aus Liebe erschossen hat, aber Goethe doch offensichtlich noch lebt. Ein Selbstmord aus Liebeskummer ist aber in jenen Tagen tatsächlich in Wetzlar vorgefallen. Am 30. Oktober 1772 erschießt sich der unglückliche Jerusalem, weil er eine verheiratete Frau liebte und von ihrem Mann mit Hausverbot belegt worden war.

Im Frühling 1773 zieht Goethe brieflich eine traurige Bilanz: »Lieber Kestner, der du hast lebens in deinem Arm ein Füllhorn, lasse dir Gott dich freuen. Meine arme Existenz starrt zum öden Fels. Diesen Sommer geht alles. Merck mit dem Hofe nach Berlin, sein Weib in die Schweiz, meine Schwester, die Flachsland, ihr, alles. Und ich binn allein. Wenn ich kein Weib nehme oder mich erhänge, so sagt ich habe das Leben recht lieb« (25. April 1773).

Goethe wird sich zwar aus seinen Nöten herausschreiben, aber tatsächlich ist er wohl nie gefährdeter als damals, denn es treten weitere Ereignisse ein, die ihn bedrücken. Karfreitag

1773 heiratet Lotte. Der Darmstädter Kreis der Empfindsamen löst sich auf: Henriette von Roussillon stirbt im Frühjahr 1773, Luise von Ziegler heiratet einen preußischen General, Caroline Flachsland ihren Herder, was mit einem Umzug nach Bückeburg verbunden ist. Besonders aber ist Goethe von der Tatsache betroffen, daß sich Cornelia und Freund Schlosser verlobt haben, als er in Wetzlar war.

Es ist immer wieder über seine seltsame Reaktion nachgedacht worden, und vieles scheint in der Tat darauf hinzudeuten, daß er seine Schwester – halb eingestanden, halb unbewußt – mehr begehrt hat, als für sie beide gut war. Schon die seltsame Charakterisierung in seinen Erinnerungen, er habe sie »nicht gern als Hausfrau, wohl aber als Äbtissin« gesehen, zeigt, daß er sie sich am liebsten unverheiratet vorstellte. Und noch ein halbes Jahrhundert später wird er Schlosser vorwerfen, die Bekanntschaft mit ihr während seiner Abwesenheit unredlich ausgenutzt zu haben!

Durch Wetzlar auf Werthers Spuren

Die »recht gute Art Volks« der Wetzlarer hat es Goethe nicht übelgenommen, daß er ihre Stadt »unangenehm« genannt hat. Sie ehrt sein Andenken und weiß warum. Nächst dem Dom ziehen Lotte- und Jerusalemhaus die meisten Besucher hierher, darum wird alles getan, um es dem Literatur-Touristen leichtzumachen: Der Eintritt in die beiden an Goethe erinnernden Museen ist frei, informative Handzettel liegen zur Mitnahme aus, ein gründlich gearbeitetes Buch führt zu »Wetzlars Goethe-Stätten«. Beim Amt für Wirtschaft und Verkehr am Domplatz Nr. 8 kann man sich für einen literarischen Spaziergang auf Goethes Spuren anmelden, und im Stadtmuseum können sich Wanderer, die den Weg lieber alleine machen wollen, auch eine Streckenbeschreibung holen.

Tja, verehrter »Herausgeber« der Wertherschen Aufzeichnungen, es hat also am Ende gar nichts geholfen, Wetzlar ungenannt zu lassen und Garbenheim, den Ort, wo Werther seine Lotte kennenlernt, in Wahlheim umzubenennen! Bemerkenswert kurzsichtig auch Ihr Sternchen hinterm Ortspseudonym und die Fußnote: »Der Leser wird sich keine Mühe geben, die hier genannten Orte zu suchen«. Und ob er sich die Mühe gegeben hat! Charlotte Kestner geb. Buff wurde zeitweilig eine regelrechte Besucherattraktion. Als das Ehepaar nach Hannover umgezogen war, soll der dortige Stadtrat Lotte sogar gebeten haben, sich zu regelmäßigen Zeiten auf einer Parkbank besichtigen zu lassen. Lottes Bruder Hans schrieb seinem Schwager, wie das Buch in Wetzlar eingeschlagen habe: »Zwei Exemplare sind hier in der ganzen Stadt und jedermann will es lesen! Einer stiehlt es dem andern, so gut er kann. Gestern Abend lasen der Papa, Caroline, Lene, Wilhelm und ich in einem Exemplar, welches wir uneingebunden von Gießen hatten – jedes Blatt ging durch fünf Hände. Die Kleinen, Fritz, Sophie, Georg und Ammel liefen umher wie närrisch und stahlen den Größeren die Blätter, denn sie hatten sehr viel vom Buch gehört.«

Die Altstadt von Wetzlar ist heute sauberer und gepflegter

als zu Zeiten des im Straßenschlamm ausrutschenden Kestner. Bequem läßt es sich von Gedenktafel zu Gedenktafel promenieren: Am Domplatz Nr. 17 war früher das Gasthaus Zum Kronprinzen, wo »Götz der Redliche« seinen Mittagstisch hatte. Das Reichskammergericht lag am Fischmarkt Nr. 13, dort, wo heute das Dom-Café ist. Das Gebäude wurde aber zu Goethes Zeit nur noch als Revisionskanzlei benutzt. Die damalige Kammer war am Buttermarkt und steht heute nicht mehr. Am Kornmarkt Nr. 7 wohnte der Dichter, und von hier aus sollte der Besucher auch seinen ersten Spaziergang in den Ordenshof – heute Lottestraße Nr. 8/10 – machen, stellt sich doch so am ehesten ein Gefühl für Werthers Weg zu Lotte ein.

Daß in der Buffschen Wohnung im Deutschordenshof ein Ehepaar mit zwölf Kindern Platz gehabt haben soll, kann man sich als heutiger Besucher kaum noch vorstellen. Es muß schon sehr eng zugegangen sein, damals. Hinter der Eingangstür habe ich mich dann gedreht und gewendet, bis der berühmte Kaulbach-Stich einigermaßen mit den örtlichen Gegebenheiten übereingebracht war.

Kein Zweifel, hier, wo jetzt das Gästebuch aufliegt, muß Werther bei seinem Eintritt das »reizendste Schauspiel« in die Augen gefallen sein: »In dem Vorsaale wimmelten sechs Kinder von eilf zu zwei Jahren um ein Mädchen von schöner Gestalt, mittlerer Größe, die ein simples weißes Kleid, mit blaßroten Schleifen an Arm und Brust, anhatte. Sie hielt ein schwarzes Brot und schnitt ihren Kleinen ringsherum jedem sein Stück nach Proportion ihres Alters und Appetites ab [...]«

Um wieviel trüber sind dagegen die Assoziationen, die sich im zweiten Stockwerk des Hauses Schillerplatz Nr. 5 (ehemals »Barfüßer Gaß«) einstellen, in den beiden Zimmern nämlich, die der unglückliche Legationssekretär Karl Wilhelm Jerusalem bewohnt und wo er sich auch umgebracht hat. Es ist schon gespenstisch. Da steht noch der Sessel, in dem er sich erschossen hat, und unwillkürlich sucht man nach einem Blutfleck auf der Lehne. »Emilia Galotti lag auf dem Pulte aufgeschlagen.« Tatsächlich haben sie auch noch eine alte Ausgabe des Lessingschen Trauerspiels auf den Tisch gelegt. Vor dem Fenster zur Straße befand sich übrigens der Friedhof der Franziskanermönche; auch kein erhebender Anblick für ein umdüstertes Gemüt.

Jerusalem selber wurde – wie damals bei Selbstmördern üblich – zu nächtlicher Stunde und in aller Stille an der Mauer des Friedhofs verscharrt. Der Friedhof am Wöllbacher Tor ist längst aufgelassen, die Stelle heute ein Gedächtnispark (das Rosengärtchen). Dort ruhen auch die sterblichen Überreste von Charlottes Eltern, zehn ihrer Geschwister und weiteren dreißig Anverwandten, wovon noch heute ein Gedenkstein kündet. Ein anderer Stein nahebei ist Carl Wilhelm Jerusalem gewidmet, ohne daß man aber noch wüßte, wo die genaue Stelle seines Grabes gelegen haben könnte. Es berührt schon etwas seltsam, daß man dort an einen tragischen Todesfall erinnert, den Stein aber laut Aufschrift »zum 200. Geburtstag Goethes« gesetzt hat.

Wanderungen auf Werthers bzw. Goethes Spuren sind natürlich besonders authentisch, wenn man sie im Mai unternimmt. Auch ist die schöne Umgebung dann von besonderem Reiz. »Wenn das liebe Tal um mich dampft und die hohe Sonne an der Oberfläche der undurchdringlichen Finsternis meines Waldes ruht«, das läßt sich immer noch erleben.

»Da ist gleich vor dem Orte ein Brunn', ein Brunn', an den ich gebannt bin wie Melusine mit ihren Schwestern.« (12. Mai) Auch der findet sich noch heute. Man muß nur etwa hundert Meter jenseits des Rosengartens hangabwärts gehen und sich dann auch an den richtigen halten, denn ein falscher liegt – als Ergebnis eines städtebaulichen Schildbürgerstreichs aus den siebziger Jahren – nahebei. Damals sollte der echte wegen einer Durchgangsstraße verschwinden. Nun hat man zwei.

Besonders liebte Goethe den Fußweg über den Lahnberg nach Garbenheim, Werthers Wahlheim. Dem Wanderer kann er noch heute empfohlen werden, etwa zusammen mit der Lektüre der Wertherbriefe vom 10. Mai und 21. Junius. Garbenheim freilich wird er nicht mehr wiedererkennen, denn das ist nach einem Brand von 1866 fast völlig in Schutt und Asche gesunken. Nur die Kirche von damals steht noch, und davor hat man auch wieder eine Linde gepflanzt, jenen gleich, unter denen einst Werther gesessen (26. Mai). Anstelle der Gartenwirtschaft, aus der sich Werther seinen Kaffee kommen läßt, um hier Homer zu studieren, steht nun eine Pizzeria. Guten Kaffee kann man sich dort noch immer holen, und den Homer hat man schon damals selber mitbringen müssen.

Am Ende schließlich, weil am weitesten abseits gelegen, sollte auch jenes Haus besucht werden, das am Anfang der berühmten Liebesgeschichte steht: das Ballhaus, in dem sich Werther und Lotte beim Tanzen kennenlernen, Goethe und Charlotte übrigens auch, und nahezu am gleichen Tag wie die Romanfiguren. Das ehemals nassauische Jägerhaus liegt an der Durchgangsstraße durch Volpertshausen und trägt die Nummer 39. Heute firmiert es als »Heimatmuseum Hüttenburg/Goethehaus«. Noch immer kann man im ersten Stock weit übers Land schauen: »Wir traten ans Fenster, es donnerte abseitswärts, und der herrliche Regen säuselte auf das Land, und der erquickendste Wohlgeruch stieg in aller Fülle einer warmen Luft zu uns auf.«

Bei meiner Rückfahrt nach Wetzlar geriet ich an einen redseligen Jogger vorgerückten Alters, der indessen nicht nur ganze Teile des »Faust« (und von Schillers »Glocke« gleich noch dazu) auswendig wußte, sondern sich auch in der Gegend bestens auskannte und mich zum Stoppelberg oberhalb der Stadt führte. »Maane se, daß aaner wüßt«, sagte er in seinem freundlich hessischen Singsang und hatte wahrscheinlich recht damit, »daß in dem Haus hier links nebe dem Försterhaus die Familie Buff gewohnt hot, wenigstens die Sommer übber? Un der Goethe, der hot jedenfalls die Famillie von seiner Werther-Lotte alls hier obbe wohne losse, anstatt unne, in de Stadt. Genützt hots net viel, gefunne habbe se se doch, die rischtisch Lotte im rischdige Haus, wie der Roman en Bestseller is worn.« – Sprach's und keuchte seiner Wege.

Als Goethe Wetzlar verläßt, wandert er das Lahntal hinab in Richtung Rhein. Noch auf der rechten Seite des Flusses überfällt ihn jäh der Wunsch nach einem Orakel, und schon wirft er sein schönes Taschenmesser ins Wasser. Wenn er sieht, wo's hineinfällt, wird ein Maler aus ihm. Aber das Orakel fällt so doppeldeutig aus, wie Orakel das nun einmal an sich haben. Weidenzweige verdecken den Ort des Auftreffens, aber die aufspritzende Fontäne verrät ihm die Stelle gleichwohl. Mit dieser bedeutungsvollen Szene beginnt das 13. Buch von »Dichtung und Wahrheit«, und zu finden ist der Ort, wenn man die Straße zwischen Oberbiel und Niederbiel, dort, wo Schloß Braunfels zu sehen ist, verläßt und zum Fluß hinuntergeht.

»Das durchaus Scheisige dieser zeitlichen Herrlichkeit«
1773 – 1775

> »Wie von unsichtbaren Geistern gepeitscht, gehen die Sonnenpferde der Zeit mit unsers Schicksals leichtem Wagen durch, und uns bleibt nichts, als mutig gefaßt die Zügel festzuhalten und bald rechts, bald links, vom Steine hier, vom Sturze da, die Räder abzulenken. Wohin es geht, wer weiß es? Erinnert er sich doch kaum, woher er kam.«
> *»Dichtung und Wahrheit«, Ende des 20. Buches*

Wetzlar im Rücken, wandert Goethe am Freitag, dem 11. September 1772, früh morgens bei Anbruch des Tages, hinüber nach Ems und weiter zum Rhein. In der Nähe von Ehrenbreitstein wohnt die Familie des kurtrierischen Geheimrats von La Roche. Dort will er Merck treffen, der ein Freund des Hauses ist. Goethe wird herzlich aufgenommen. »Mit der Mutter verband mich mein belletristisches und sentimentales Streben, mit dem Vater ein heiterer Weltsinn und mit den Töchtern meine Jugend.«

Eine interessante Familie übrigens: Sophie von La Roche war einmal mit Wieland verlobt gewesen. Dieser hatte 1771 ihren Briefroman »Geschichte des Fräuleins von Sternheim« herausgegeben, der schnell ein Erfolg wurde. Zwischen Goethe und ihrer Tochter Maximiliane, genannt »Maxe«, beginnt es schnell zu knistern. »Es ist eine sehr angenehme Empfindung, wenn sich eine neue Leidenschaft in uns zu regen anfängt, ehe die alte noch ganz verklungen ist. So sieht man bei untergehender Sonne gern auf der entgegengesetzten Seite den Mond aufgehn und erfreut sich an dem Doppelglanze der beiden Himmelslichter.« Er wird sich freilich an diesem Mond nicht lange erfreuen können, denn noch bevor er mit seinem »Werther«-Roman beginnt, heiratet »Maxe« den Frankfurter Kaufmann Peter Anton Brentano.

Zwischen den beiden Männern kommt es – vermutlich wegen der jungen Frau – bald zu einem heftigen Zerwürfnis. Goethe

(»Ich habe in denen schröcklichen Augenblicken für alle Zukunft gelitten«) meidet das Haus. Als man sich im November 1774 in der Frankfurter Komödie einmal wiedersieht, hat Brentano freilich schon wieder »all seine Freundlichkeit zwischen die spizze Nase und den spizzen Kiefer zusammengepackt«, wie Goethe Sophie von La Roche schreibt. »Es mag eine Zeit kommen da ich wieder ins Haus gehe.« Sie selbst empfindet ihren Schwiegersohn als »Haußtyrannen«, der Maximiliane unglücklich gemacht habe. Die Kinder der Brentanos, Clemens und Bettina, erben die literarische Begabung der Großmutter und werden bekannte Autoren. Von ihnen wird noch die Rede sein.

1773 ist Goethe rundherum beschäftigt, aber seines Weges darum noch immer nicht sicher. »Und so träume ich denn und gängle durchs Leben«, schreibt er an Kestner, »führe garstige Prozesse schreibe Dramata, und Romanen und dergleichen. Zeichne und poussire und treibe es so geschwind es gehn will.«

»Wenn er einmal in der Welt glücklich wird«, schreibt Schlosser damals einem Bekannten, »so wird er Tausende glücklich machen, und wird er's nie, so wird er immer ein Meteor bleiben, an dem sich unsre Zeitgenossen müde gaffen und unsre Kinder wärmen werden. Lieben Sie ihn ferner: Ich sage Ihnen aber voraus: es gehört eine gewisse Stärke der Seele dazu, sein Freund zu bleiben.«

Im Frühling überarbeitet Goethe den »Götz« und beschäftigt sich mit Hans Sachs. Unter dem Eindruck des kraftvollwitzigen Knittelversdichters beginnt er sogleich eine ganze Reihe »Dramata« im Stil von dessen Fastnachtsspielen. Im Sommer entstehen dann erste Szenen über eine Gestalt, die ihm seit den Tagen der billigen Volksbüchlein vertraut ist: den Doktor Faust. Goethe schreibt große Gedichte wie den »Prometheus« und einige höchst alberne, die übrigens alle um das Phänomen der Kunstkritik kreisen. Er, der im Austeilen nicht schlecht ist, findet sich als Autor, der nun endlich zu publizieren begonnen hat, offensichtlich nicht entsprechend gewürdigt. Zu Kritikern fällt ihm nichts Besseres ein als das vielzitierte »Der Tausendsackerment! / Schlagt ihn tot, den Hund! Es ist ein Rezensent.« (Nachzulesen im Gedicht »Da hatt' ich einen Kerl zu Gast«.) Auch die »Anekdote unsrer Tage« und »Kenner und Künstler« gehören in diesen Zusammenhang.

1773 erscheinen – allesamt noch anonym – die Broschüren

»Von Deutscher Baukunst«, »Brief des Pastors zu *** an den neuen Pastor zu ***«, »Zwo wichtige bisher unerörterte Biblische Fragen zum erstenmal gründlich beantwortet« und das Schauspiel »Götz von Berlichingen mit der eisernen Hand«. Zusammen mit Merck beginnt er eine vierbändige Ausgabe der »Works of Ossian« herauszugeben, deren Titelblatt er selbst radiert hat. Von den vorerst ungedruckt bleibenden Kurzdramen dieses Jahres seien »Hanswursts Hochzeit« und »Götter, Helden und Wieland« hervorgehoben; das erste, weil es einen späterhin gern unterdrückten Goethe charakterisiert, das andere, weil es zu unseren treffendsten Literatur-Satiren gehört. Mit diesen und anderen Spielen hat sich Goethe neben dem empfindsamen und hymnischen nun auch den satirischen Tonfall erarbeitet.

»Sich einen Moralischen Bruch heben« – dem 24-Jährigen ist kaum etwas verhaßter als das, und vor diesem Hintergrund ist auch die Schreibtisch-Narretei von »Hanswursts Hochzeit« zu verstehen. Das Fragment besteht nur aus vier Seiten Dialog, hat aber einen Besetzungszettel, der noch weitere drei Seiten umfaßt und bei dem Goethe ganz unbefangen die Sau rausläßt, sich sozusagen freischmutzt. Er erfindet fäkalische und pornographische Namen für Rollen, zu denen er keine Zeile Text schreibt. Das Namenausdenken ist bereits Spaß genug. Sauschwanz und Scheißmatz sollen da mitspielen, Blackscheißer, Matzfotz von Dresden, Reckärschchen und Schnuckfötzchen, das geht so rund hundert Namen lang. Geist und Leib *und* Unterleib – erst wo von allem die Rede sein darf, kann der Mensch ganz und lebendig sein.

»Götter, Helden und Wieland« benutzt die Form des Totengesprächs, wie es in der Antike vor allem Lukian gepflegt hat. Vorausgegangen war dieser Satire Wielands Singspiel »Alceste«, das der Autor, mittlerweile in Weimar wohnend, auf Anregung der Herzogin Anna Amalia geschrieben hatte und das am 28. Mai 1773 mit gutem Erfolg aufgeführt worden war. Die der Oper zugrundeliegende griechische Sage hatte Euripides schon 438 v. Chr. zum Anlaß für eine große Tragödie genommen, aber Wieland fand in ihr viel »plattes Zeug«. In seiner Zeitschrift »Deutscher Merkur« schrieb er fünf »Briefe an einen Freund über das deutsche Singspiel ›Alceste‹«, worin er sich auf etwas anmaßende Weise seiner »Verbesserungen« rühmt.

Goethe findet es lächerlich, daß dem Stück die antike Wucht genommen wird, nur um es für ein zeitgenössisches Publikum gefälliger zu machen. An einem Sonntagnachmittag Anfang Oktober setzt er sich bei einer Flasche Burgunder hin und schreibt eine Farce, die Wieland in der Unterwelt zeigt, »das ganze Stück, wie es jetzt daliegt, in Einer Sitzung«. Wieland begegnet Euripides und muß sich mit ihm und den »betroffenen« Sagengestalten auseinandersetzen.

Wie andere Satiren, die sehr persönlich waren und die er später zum Teil vernichtet hat, läßt Goethe auch diese zunächst nur im Bekanntenkreis kursieren. Lenz in Straßburg gehört dazu und dringt begeistert auf Veröffentlichung. Das Werkchen wird ein mehrfach aufgelegter Erfolg. Viele gönnen Wieland den Seitenhieb, aber der reagiert souverän. Er empfiehlt das kleine Heft in seiner Zeitschrift allen Liebhabern solcher Literatur »als ein Meisterstück von Persiflage und sophistischem Witze, der sich aus allen möglichen Standpunkten sorgfältig denjenigen auswählt, aus dem ihm der Gegenstand schief vorkommen muß, und sich dann recht herzlich lustig darüber macht, daß das Ding so schief ist!«. Der 41-jährige Wieland weiß mit Kritik entschieden besser umzugehen als der 25-jährige Goethe. »Besser hätt er es nicht machen können«, soll der einigermaßen fassungslos gesagt haben. »Ich sag's ja, nun muß ich ihn auf immer gehen lassen. Wieland gewinnt viel bei dem Publikum dadurch, und ich verliere.« In seinen Erinnerungen spielt er die kleine Satire als etwas herunter, was in Weinlaune entstanden und überhaupt nur gedruckt worden sei, weil Lenz ihm habe schaden wollen. Längst war er ja nun auch gut Freund mit Wieland geworden.

Im Sommer 1773 stellt sich erster Ruhm ein, denn allmählich hatte sich herumgesprochen, von wem der »Götz« ist. Im Jahr darauf folgt schon die »Zwote Auflage«, mittlerweile von einigen der zahlreichen Kraftausdrücke gereinigt:

> Mußt all' die garstigen Wörter lindern:
> Aus Scheißkerl Schurk, aus Arsch mach Hintern.

Auch 1774 wird ein ungeheuer produktives Jahr. Goethe beginnt an zwei Singspielen zu arbeiten (»Claudine von Villa Bella«, »Erwin und Elmire«), fängt ein Epos (»Der ewige Jude«)

und ein »Cäsar«-Drama an, konzipiert das Trauerspiel »Egmont«. Der »Faust« gedeiht weiter, und es entstehen neue Gedichte.

Unbemerkt fängt in dieser Arbeitsfülle, im Springen von Plan zu Plan, im Sichentzünden an immer neuen Ideen etwas an, was ihn ab jetzt sein Leben begleiten wird: die ineinandergreifende Gleichzeitigkeit seiner vielen Projekte. Sie werden begonnen, liegengelassen, wieder aufgenommen und weitergetrieben. Oft begleiten sie ihn über Jahrzehnte hin. Am typischsten dafür ist sein Lebens-Drama, der »Faust«: Die ersten Szenen dazu entstanden im Sommer des Jahres 1773, an einzelnen Partien in der Tragödie zweitem Teil feilt er noch wenige Wochen vor seinem Tod im März 1832. Ist seine Jugend von Außerdems und Nebenhers bestimmt, so werden seine letzten Lebensjahrzehnte von der gewaltigen Anstrengung des Abschließens bestimmt.

Bereits in der ersten Fassung des »Faust« finden wir übrigens das Motiv der verzweifelten Margarete (Gretchen), die ihr Kind ertränkt und dafür mit dem Tode bestraft wird. In diesem Zusammenhang verdient ein Prozeß in Erinnerung gerufen zu werden, der wenige Monate nachdem Goethe aus dem Elsaß heimgekehrt war, in Frankfurt stattgefunden hat: Im Winter 1771/72 ermittelt das Frankfurter Gericht gegen eine Wirtsmagd namens Susanna Margaretha (!) Brandt, die von einem Gast geschwängert worden war und ihr Kind heimlich umbrachte. Die Frau, die aus einfachsten Verhältnissen kam, gab in ihrer dumpfen Ratlosigkeit an, bei der Verführung und dem Kindsmord müsse der Teufel seine Hand im Spiel gehabt haben. Sie wird hingerichtet. In Goethes Elternhaus verfolgte man die Vorgänge interessiert und fertigte sich Abschriften der Prozeßprotokolle an. Schon als Student mußte sich Goethe mit dem Delikt Kindsmord auseinandersetzen, wie die 55. seiner mündlich vorgebrachten Thesen zeigt, konnte damals aber noch zu keiner Stellungnahme finden. Und als 34-jähriger Minister wird er sich zwar dem allgemeinen Consiliumsentscheid anschließen, die Todesstrafe für dieses Delikt beizubehalten, aber die zurückhaltende Formulierung, daß es »räthlicher seyn mögte«, verrät Skrupel.

Seine schriftstellerische Kraft scheint jetzt unerschöpflich. Bilden schon die 1774 entstandenen Fragmente, Gedichte,

Briefe und Briefgedichte eine beachtliche Leistung, so wird dieses Jahr doch recht eigentlich von zwei fertiggestellten großen Projekten bestimmt: Zwischen Februar und April schreibt er ohne nennenswerte Unterbrechung den Briefroman »Die Leiden des jungen Werthers« nieder und im Mai innerhalb einer einzigen Woche das Drama »Clavigo«; zwei Monate später ist es schon veröffentlicht, und zwar nicht mehr anonym, sondern als erstes literarisches Werk unter dem Name Goethe.

Der Autor hätte jetzt sehr wohl Anlaß zu strahlen, jung, beliebt und anerkannt, wie er ist. Dennoch bleibt »das durchaus Scheisige dieser zeitlichen Herrlichkeit« (an Merck, 22. Januar 1776) ein Motiv, das in den Freundesbriefen jener Jahre immer wiederkehrt. »Ich weiß recht gut, was es mich für Entschlüsse und Anstrengungen kostete«, wird er später schreiben, »damals den Wellen des Todes zu entkommen.« Aber er entkommt. Nur Werther stirbt, sein Romanheld, der ihn binnen kürzester Zeit zum ersten internationalen Bestsellerautor macht. Die damals allmählich aufkommende neue Herrenmode – einfacher blauer Frack, Weste und Hosen gelb, dazu Stulpenstiefel – setzt sich, nachdem Werther sie auch trägt, in Windeseile bei allen jungen empfindsamen Männern durch. Briefe wandern durch ganz Deutschland, wie einzig und hinreißend dieses Buch sei. Und: Die Zahl der Selbstmorde aus Liebesleid steigt, weshalb das kleine Büchlein mancherorts als gefährlich gilt und zum Beispiel in Leipzig verboten wird.

Wer den »Werther« heute zum ersten Mal liest, dürfte sich trotz wunderschöner Stellen darin sicher erst einmal schwertun – dem eingangs erwähnten Edgar Wibeau in Ulrich Plenzdorfs »Die neuen Leiden des jungen W.« erging es nicht anders. Der fand das ganze Ding in einem unmöglichen Stil geschrieben: »Das wimmelte nur so von Herz und Seele und Glück und Tränen. Ich kann mir nicht vorstellen, daß welche so geredet haben sollen, auch nicht vor drei Jahrhunderten. Der ganze Apparat bestand aus lauter Briefen, von diesem unmöglichen Werther an seinen Kumpel zu Hause.«

Briefe, die wie halb besinnungslos dahingestürzt wirken, bis man entdeckt, daß Goethe dabei sehr klug kalkulierend vorgegangen ist. Werthers innere Entwicklung und das Geschehen in der Natur werden kunstvoll aufeinander bezogen. Lotte gerät wie im nebenbei ins Spiel (»Besonders macht man viel Wesens von seiner ältesten Tochter«). Schon bald ergibt sich ein Gespräch über die Abhängigkeit von körperlichem Wohlbefinden und guter Laune. (»Wir wollen's also‹, fuhr ich fort, ›als eine Krankheit ansehen und fragen, ob dafür kein Mittel ist!‹«) Wenige Seiten später wird das Todesmotiv noch deutlicher angeschlagen: Werther schwelgt in Glückseligkeit, weil Lotte singt und das »oft zur Zeit, wo ich mir eine Kugel vor'n Kopf schießen möchte«. Ab jetzt kehrt es immer wieder, verhohlen zunächst, dann bedrohlich anschwellend.

Ein Edgar Wibeau hat in dem befremdlich geschriebenen Buch gleichwohl Stellen gefunden, die genau auf seine eigene Situation paßten, und sie auf Band gesprochen. Andere Leser werden andere Zitate finden. Wer hat sich zum Beispiel nicht schon über Ausgewogenheits-Krämer und Sowohl-als-auch-Typen aufgeregt? Auch Werther geht es mit Albert nicht anders: »›Zwar –‹ Nun weißt du, daß ich den Menschen sehr liebhabe bis auf seine Zwar. Denn versteht sich's nicht von selbst, daß jeder allgemeine Satz Ausnahmen leidet. Aber so rechtfertig ist der Mensch, wenn er glaubt, etwas Übereiltes, Allgemeines, Halbwahres gesagt zu haben, so hört er dir nicht auf, zu limitieren, modifizieren und ab- und zuzutun, bis zuletzt gar nichts mehr an der Sache ist.«

Und immer wieder sind es die Menschen mit der vorgefertigten Sprache, die Werther rasend machen. Nichts bringt ihn so aus der Fassung, »als wenn einer mit einem unbedeutenden Gemeinspruche angezogen kommt, da ich aus ganzem Herzen rede«. Und wenn er nur ein wenig eigenwillig redet, dann sperrt sich sein Intimfeind, der Gesandte, schon gewaltig dagegen. »Wenn man seinen Period nicht nach der hergebrachten Melodie heraborgelt, so versteht er gar nichts drinne. Das ist ein Leiden, mit so einem Menschen zu tun zu haben.«

Ein wundervoll lebendiger Mensch, der junge Goethe. Und doch kann man bei näherem Zuschauen auch damals schon ein bißchen vom pedantischen Erbteil Johann Caspars an ihm entdecken. Kaum liegt das Manuskript des »Werther« fertig vor ihm, läßt Goethe es aufbinden. Denn, so stellt er das später in »Dichtung und Wahrheit« dar, »der Band dient der Schrift ungefähr wie der Rahmen einem Bilde; man sieht viel eher, ob sie denn auch in sich wirklich bestehe«. Das erinnert fatal an die vom Vater gerahmten Bildchen.

Als er den »Werther« niederschreibt, hat Goethe zwei geliebte Frauen, Charlotte und Cornelia, an andere Männer verloren, und beide sind zu diesem Zeitpunkt schwanger. Das setzt ihm mächtig zu, und unterderhand wird aus dem redlichen Kestner, der doch vor dem »Werther« zeitweise sein bester Freund war, ein trocken-pedantischer Albert – trocken, wie es eher Schlosser war (und nicht einmal der war es so sehr wie im Roman). Werther verliebt sich wie Goethe und stirbt wie Jerusalem. Und Lotte hat im Roman keine blauen Augen wie in der Wirklichkeit, sondern, was sie heftig geärgert haben soll, die schwarzen Maximiliane von La Roches.

Das große Publikum indessen nimmt alles für kaum verhohlene Autobiografie, was natürlich besonders die Kestners sehr verletzt hat. Bald nach Erscheinen des Buches gibt Johann Christian Kestner einem Freund Aufschluß über die wirklichen Zusammenhänge und schreibt: »Als Goethe sein Buch schon hatte drucken lassen, schickte er uns ein Exemplar und meinte wunder, was er für eine Tat getan hätte. Wir aber sahen es gleich voraus, wie der Erfolg sein würde […] Ich schrieb ihm und zankte sehr. Nun sah er erst ein, was er getan hatte […] Sagen Sie aber, was soll ich bei der Geschichte anders tun als sie übersehen? Zu redressieren ist sie nicht. Goethe hat's gewiß nicht übel gemeint; er schätzte meine Frau und mich dazu zu hoch; seine Briefe und seine andern Handlungen beweisen es. Er betrug sich auch viel größer, als er sich im ›Werther‹ zum Teil geschildert hat.« Wer das zu schreiben in der Lage ist, kann nicht der alberne Albert des Romans sein. Er ist ein wahrer Freund.

Entsprechend dem großen Erfolg fielen auch Lob und Tadel der Kritik heftiger aus. Johann Heinrich Voß, als Dichter dem »Göttinger Hainbund« zugehörig und Übersetzer der Werke Homers, schreibt: »Goethe hat einen Roman gemacht, der über alles geht, was wir von Romanen haben.« In der Tat gibt es damals noch nicht viele deutsche Romane von Rang. Anders als in England galt diese Form in Deutschland als eine mindere, gut genug zwar für flüchtige Unterhaltungsliteratur, aber keinesfalls für hohe Kunst geeignet. Ein Mann wie Lessing scherte sich um solche Kategorien wenig. »Wenn aber«, so schreibt er hellsichtig-kritisch an Eschenburg, »ein so warmes Produkt nicht mehr Unheil als Gutes stiften soll: meinen Sie nicht, daß es noch eine kleine kalte Schlußrede haben müßte? Ein paar Winke hintenher, wie Werther zu einem so abenteuerlichen Charakter gekommen; wie ein andrer Jüngling, dem die Natur eine ähnliche Anlage gegeben, sich dafür zu bewahren habe [...] Also, lieber Goethe, noch ein Kapitelchen zum Schlusse; und je zynischer je besser!«

Das wäre nun wirklich eine Überlegung wert gewesen, aber Goethe erfährt von diesem Brief nichts. Von Friedrich Nicolais schnell populärer Parodie dagegen erfährt er sehr wohl. Der durchaus verdienstvolle Romanautor (»Sebaldus Nothanker«, 1773/76) und Verleger veröffentlicht 1775 die »Freuden des jungen Werthers«: Werther glaubt sich nach dem Schuß schwer verwundet, aber Albert hat die Pistolen vorher mit Hühnerblut geladen. Er kommt, hält Werther eine kluge Rede – und überläßt ihm seine Lotte.

Lichtenberg, der kleine kluge Professor aus Göttingen, der mit dem Überschwang des Büchleins auch nicht viel anzufangen weiß, reagiert seinem Naturell entsprechend kürzer und witziger: »Ich glaube, der Geruch eines Pfannkuchens ist ein stärkerer Bewegungsgrund in der Welt zu bleiben, als alle die mächtig gemeinten Schlüsse des jungen Werthers sind, aus derselben zu gehen.«

In Goethes Nachlaß findet sich später das folgende Notizblatt aus der »Werther«-Zeit:

»A.: Das ist wieder ein gefährliches Buch!

B.: Gefährlich! Gefährlich! Was gefährlich. Gefährlich sind solche Bestien, wie ihr seid, die alles ringsherum mit Fäulnis anstecken, die alles Schöne und Gute begeifern und bescheißen und dann die Welt glauben machen, es sei alles nicht besser als ihr eigner Kot!«

Die Überlieferung weiß von einem Brand im Frankfurt des Jahres 1774, bei dem sich Goethe in die Kette derer einreiht, die wassergefüllte Eimer herbeischleppen. Als jemand wissen will, wer der geschickte und kräftige junge Mann sei, bekommt er zur Antwort: »Das ist der junge Goethe, der Sohn vom Kaiserlichen Rath. Der hat mit seinem Roman über den selbstmörderischen Werther schon manches Feuer entfacht. Nun hilft er auch einmal mit, einen Brand zu löschen!«

Die Meinungsbildner jener Zeit haben gern und häufig von all jenen gesprochen, die damals den Werther-Tod gestorben sind, niemals aber von der anonymen Vielzahl derer, denen das Buch beim Weiterleben geholfen hat, weil man sich über seiner Lektüre von eigenem Leid frei weinen konnte. Aber es kann kein Zufall gewesen sein, daß ausgerechnet ein so trauriger Roman derart geliebt wurde. Goethe selbst haben solche Überlegungen durchaus nicht ferngelegen, denn bei Gelegenheit einer neuen Arbeit schreibt er: »Ich bin müde über das Schicksaal *unsres Geschlechts* von Menschen zu klagen, aber ich will sie darstellen, sie sollen sich erkennen, wo möglich wie ich sie erkannt habe, und sollen wo nicht beruhigter, doch stärcker in der Unruhe seyn.« (An Johanna Fahlmer, März 1775)

Gerade hatte sich Goethes Name als der eines Dramatikers durchzusetzen begonnen, der alle Regeln umwirft, da schreibt er ein Stück, das allen Regeln gehorcht. Es ist knapp, klar und zielgerichtet, kommt mit wenigen Personen aus und wahrt die drei Einheiten. Abermals dramatisiert er einen Prosatext, diesmal einen brandaktuellen. Bei einem häuslichen Vorleseabend hatte er aus dem soeben erschienenen vierten Teil von Beaumarchais' Erinnerungen vorgelesen. In die Literaturgeschichte ist der französische Dramatiker und Abenteurer vor allem durch seine Komödien »Der Barbier von Sevilla« (1775) und »Figaros Hochzeit« (1784) eingegangen. Zweifelhafte Berühmtheit aber erlangte er zunächst durch politische Intrigen, Skandalprozesse und den europaweiten Erfolg seiner angriffslustigen Memoiren. Goethe hatte jenen Teil vorgelesen, in dem Beaumarchais beschreibt, wie er nach Spanien reist, um die Ehre seiner Schwester zu verteidigen. Der Gelehrte José Clavijo y Fajardo hatte ein gegebenes Eheversprechen gebrochen, und tatsächlich gelang es Beaumarchais, die Verbannung Clavijos durchzusetzen.

Halb scherz-, halb ernsthaft wird Goethe nach dem Vorlesen von einer Freundin des Hauses aufgefordert, ein Stück aus dieser Episode zu machen. Nur eine Woche später ist es fertig! Im Alter erinnert er sich seufzend: »In der Zeit meines ›Clavigo‹ wäre es mir ein leichtes gewesen, ein Dutzend Theaterstücke zu schreiben; an Gegenständen fehlte es nicht, und die Produktion ward mir leicht; ich hätte immer in acht Tagen ein Stück machen können, und es ärgert mich noch, daß ich es nicht getan habe.«

Obwohl ihm klar sein muß, daß die literarische Welt erneut Ungebärdiges von ihm erwartet, riskiert er den formalen Rückfall. Dennoch nimmt er es seinem Mephisto-Freund Merck lange übel, daß der gesagt hat: »Solch einen Quark mußt du mir künftig nicht mehr schreiben; das können die andern auch.« Von biografischem Interesse ist, daß – wie schon im »Götz« und im »Faust« – auch im »Clavigo« eine ausnehmend liebenswerte Frau von einem charakterlos schwankenden Antihelden sitzengelassen wird. Es bestärkt die Annahme, daß es sich bei diesem Motiv um eine hartnäckige Selbstanalyse des jungen Autors handelt, der im Elsaß ein liebenswertes Mädchen sitzengelassen hat.

Auch »Clavigo« kommt beim Publikum gut an und wird häufig aufgeführt. Im Herbst 1774 sitzt Beaumarchais unerkannt in einer Augsburger Aufführung und muß verblüfft und wütend erleben, daß sein *alter ego* auf der Bühne Clavigo ersticht und dem Sterbenden Vergebung gewährt. In Hamburg wird das Drama mit Rücksicht auf den noch lebenden Clavijo alsbald wieder abgesetzt. Und in Stuttgart haben es die Karls-Schüler 1780 zum Geburtstag Herzog Karl Eugens einstudiert. Die Titelrolle wird von einem etwas exaltierten jungen Mann mit stark schwäbischem Akzent gespielt. Er heißt Friedrich Schiller.

In den Jahren 1774/75 macht Goethe viele neue Bekanntschaften und gewinnt eine Reihe guter Freunde. Seine Ausstrahlung muß bezwingend gewesen sein. Er reist und wandert, macht viele Besuche. Von seiner Anwaltstätigkeit ist dagegen immer weniger zu hören.

Der wohl eigenartigste seiner damaligen Freunde ist der Schweizer Theologe und Schriftsteller Johann Caspar Lavater (1741–1801), ein Mann von extrem bekehrungsfreudiger Art, der geistliche Betriebsamkeit liebt und selbst den möglichen Skandal nicht scheut. Lavater ist unglaublich produktiv und von beeindruckendem Auftreten, was ihn zeitweilig zu einem überallhin empfohlenen Star unter den Wanderpredigern macht.

Seit August 1773 steht Goethe mit dem acht Jahre Älteren in regem Briefkontakt. Im Juni des darauffolgenden Jahres ist Lavater in Frankfurt zu Gast. Es beginnt eine Beziehung, die sich zunächst genialisch toll entwickelt, mit den Jahren aber immer spannungsreicher wird. Goethe hatte schon zu Beginn ihrer

Freundschaft den weitaus toleranteren Gottesbegriff. Aber es war doch noch ein langer Weg von seiner Äußerung, Lavater sei »der beste grösste weiseste innigste aller sterblichen Menschen die ich kenne« (Ende November 1779) bis zur Schilderung von Lavaters Besuch in Weimar, in der es heißt: »Er hat bey mir gewohnt. Kein herzlich, vertraulich Wort ist unter uns gewechselt worden und ich bin Haß und Liebe auf ewig los.« (21. Juli 1786)

Aber mit dieser Abgeklärtheit ist's nicht weit her. Als ihm Lavater bald darauf sein jüngstes Werk mit einer sehr persönlich gehaltenen Widmung zuschickt, ärgert sich Goethe dermaßen, daß er sich in einem niemals abgeschickten monologischen Wutausbruch Erleichterung verschafft: »[...] du kommst mit deiner Saalbaderey an den unrechten [...] also pack dich Sophist. Oder es gibt Stöße.« Selten hat er so scharf auf einen Menschen reagiert, der ihm einmal nahestand. Erst im dritten Teil seiner Autobiografie, die 1814 erscheint, bemüht er sich um eine halbwegs objektive Schilderung Lavaters. Immerhin hat er zu Anfang ihrer Freundschaft gern und intensiv an dessen erfolgreichstem Werk mitgearbeitet, hat sogar geholfen, den ersten Band zu veröffentlichen.

»Lavaters Physiognomische Fragmente zur Beförderung der Menschenkenntnis und Menschenliebe« (1775–1778) erschienen nur in einer Auflage von 750 Stück und waren wegen des großen Formates und der vielen Kupfertafeln außerordentlich teuer. Dennoch gab es sie schon bald nicht mehr im Handel. Man entlieh und las sie allenthalben. Die Physiognomie wurde eine richtige Mode»wissenschaft«. Sie behauptete, daß Gesicht und Schädel des Menschen seinen Charakter, seine verborgensten Eigenarten, ja die Beschaffenheit seiner Seele verrieten. Menschenkenner konnten mit ihr in der Tat grandiose Treffer erzielen. Lavater strebte aber auch mit diesem Werk nichts anderes an, als das Verhältnis des sichtbaren Menschen zum unsichtbaren Christus zu beschreiben – etwa nach dem Motto: »Gott schuf den Menschen sich zum Bilde« –, und erntete bald nur noch Hohn und Spott für seine dilettantische Wissenschaftsauffassung. So waren in den wahllos zusammengetragenen Abbildungen unterschiedlichster Qualität auch Gesichter vertreten, die nun wirklich kein Zeitgenosse hätte porträtieren können, Judas etwa oder Nero.

1821 kann Goethe das alles viel objektiver beurteilen: »Lavaters Physiognomik hatte dem sittlich geselligen Interesse eine ganz andere Wendung verliehen. Er fühlte sich im Besitz der geistigsten Kraft, jene sämtlichen Eindrücke zu deuten, welche des Menschen Gesicht und Gestalt auf einen jeden ausübt, ohne daß er sich davon Rechenschaft zu geben wüßte; da er aber nicht geschaffen war, irgendeine Abstraktion methodisch zu suchen, so hielt er sich am einzelnen Falle und also am Individuum.«

Wichtig bleibt für Goethe, daß er sich am Prüfstein dieser seltsamen Freundschaft über seinen eigenen Glauben klarer wird. Wenn ihn Lavater schon im Mai 1774 mit dem Wort »Entweder Atheist oder Christ« herausfordert, so findet sich bei Goethe am 29. Juli 1782 die berühmt gewordene Antwort auf weiteres bekehrungswütiges Drängen: Er sei »zwar kein Widerkrist, kein Unkrist aber doch ein dezidirter Nichtkrist«.

Am Ende hatte sich die Lavatersche Philosophie überlebt, und Schiller verfaßte sogar die satirische »Grabschrift eines Gewissen-Physiognomen«:

> Wes Geistes Kind im Kopf gesessen,
> Konnt' er auf jeder Nase lesen:
> Und doch – daß er es nicht gewesen,
> Den Gott zu diesem Werk erlesen,
> Konnt' er nicht auf der seinen lesen.

Zu etwa der gleichen Zeit, als Goethe Lavater kennenlernt, ergibt sich auch eine kurze, aber verzeichnenswerte Bekanntschaft mit Johann Bernhard Basedow (1724–1790), dem bedeutenden Pädagogen der Aufklärungszeit. Damals sind gerade die vier Bände seines »Elementarwerks« für Schüler erschienen, und Basedow reist viel herum, um Geld für sein Dessauer »Philanthropin« zu sammeln, eine schulreformerische Erziehungsanstalt, die sich für eine lebenspraktische Weltorientierung einsetzte. Man sollte annehmen, daß die Basedowsche Lebenseinstellung Goethe gefällt. Aber das Gegenteil ist der Fall, denn im »Elementarwerk« findet er, der doch immer mehr an einer Idee des organischen Sichentwickelns hängt, das Schulwissen ganz und gar zersplittert.

Goethe stellt Lavater und Basedow als vollendete Gegensätze dar, hell und sanft der eine, heftig, finster und rauhstimmig der andere. Dennoch läßt er sich die Gelegenheit nicht entgehen, mit Basedow im Juli 1774 eine Reise nach Ems zu unternehmen, wo man auf Lavater trifft und weiter lahn- und rheinabwärts fährt. Basedow fordert Goethes Denklust heraus. Der will ihn übertrumpfen, findet in ihm aber den Beleseneren, der auch »die Fechterstreiche des Disputierens gewandter als ich« zu führen versteht. Die Reise mit den beiden so grundverschiedenen Persönlichkeiten – »Prophete rechts, Prophete links, / Das Weltkind in der Mitten« – gehört zu den komischen Glanzlichtern in »Dichtung und Wahrheit«.

Am 20. Juli trennt man sich in Köln. Am 22. trifft Goethe bei Jung-Stilling in Elberfeld einen Mann, der leicht sein Feind hätte werden können, mit dem ihn aber nach persönlichem Kennenlernen bald schon Freundschaft verbindet. Unter den zwar nicht veröffentlichten, wohl aber herumgereichten Satiren Goethes gab es eine besonders bissige vom Oktober 1772, die er später vernichtet hat. Sie hieß »Das Unglück der Jacobis« und mokiert sich über den gewaltigen Gefühlskult der Brüder Friedrich Heinrich und Johann Georg Jacobi, die beide Schriftsteller waren. Ein Briefwechsel mit Friedrichs liebenswürdiger Frau Betty und der Kontakt zu ihrer Frankfurter Stieftante Johanna Fahlmer leitete aber dann bereits die Versöhnung ein.

Bei Jung-Stilling lernen sich Goethe und Fritz Jacobi nun persönlich kennen. »Hier tat sich kein Widerstreit hervor, nicht ein christlicher wie mit Lavater, nicht ein didaktischer wie mit Basedow.« Fritz nimmt ihn mit ins Landhaus der Jacobis in Pempelfort, das heute zu Düsseldorf gehört. Dort lernt ihn nun auch der Bruder Johann Georg kennen, der von Goethe auch noch in einer Rezension für die »Frankfurter Gelehrten Anzeigen« angerempelt worden war und ihm sehr gegrollt hatte. Nun schreibt er in sein Tagebuch: »Ich sah einen der außerordentlichsten Männer, voll hohen Genies, glühender Einbildungskraft, tiefer Empfindung, rascher Laune, dessen starker, dann und wann riesenmäßiger Geist einen ganz eignen Gang nimmt.« Und Fritz schreibt über jene Tage an Sophie von La Roche: »Goethe ist der Mann, dessen mein Herz bedurfte [...] Der Mann ist selbständig vom Scheitel bis zur Fußsohle.«

Auch die lebenslange Freundschaft zu Fritz Jacobi bleibt nicht ohne Spannungen. Sie sind unvermeidbar, da im Weltanschaulichen begründet. Nachdem sich die beiden 1805 ein letztes Mal gesehen haben, charakterisiert Goethe die kindlich-rückhaltlos vertrauende Liebe des Freundes zu ihm und sein eigenes Gefühl zu Fritz mit den Worten: »wir liebten uns, ohne uns zu verstehen«. Und in einer bei Lebzeiten nicht veröffentlichten Passage, die wohl zu »Dichtung und Wahrheit« gehört, heißt es: »Neigung, Liebe, Vertrauen waren beständig dieselben, aber der lebendige Anteil verlor sich nach und nach, zuletzt völlig. Über unsere späteren Arbeiten haben wir nie ein freundliches Wort gewechselt. Sonderbar, daß Personen, die ihre Denkkraft dergestalt ausbildeten, sich über ihren wechselseitigen Zustand nicht aufzuklären vermochten, sich durch einen leicht zu hebenden Irrtum, durch eine Spracheinseitigkeit stören, ja verwirren ließen!« Dabei waren es wohl am Ende weniger Jacobis moralbestimmte Urteile über den »Wilhelm Meister« und »Die Wahlverwandtschaften« oder Goethes reichlich geschmacklose Reaktion auf Fritz Jacobis Roman »Woldemar« als vielmehr auch hier wieder eine unterschiedliche Auffassung von Gott.

Seit 1773 hat Goethe ein neues, freudig überall mitgeteiltes Leseerlebnis: die Schriften des kirchenfeindlichen, aber gottgläubigen jüdisch-holländischen Philosophen Baruch de Spinoza (1632–1677). Seine »Ethik, nach der geometrischen Methode dargestellt« und sein »Theologisch-politischer Traktat«, in dem er für eine saubere Trennung von Theologie und Philosophie eintritt, übten auf den deutschen Idealismus und die Romantik eine tiefe Wirkung aus, beunruhigten aber begreiflicherweise das orthodox kirchengläubige Christentum sehr. Spinoza führt einen Gottesbeweis, der alles, was ist, als Teil Gottes begreift. Damit wird das Diesseits ungemein aufgewertet, was Goethes Weltverständnis entgegenkommt, der ebenfalls an das Göttliche in der Natur glaubt.

Vor dem guten Fräulein von Klettenberg, das nun schon recht kränklich geworden ist, führt er sich wohl gar als Heide auf, was die herzenskluge Frau aber nicht sehr erschüttert; »vielmehr versicherte sie mir, daß ich ihr so lieber sei als früher, da ich mich der christlichen Terminologie bedient, deren Anwendung mir nie recht habe glücken wollen [...] Sie blieb immer freundlich und sanft und schien meiner und meines Heils wegen nicht in der mindesten Sorge zu sein.« Am 13. Dezember 1774 stirbt die »schöne Seele«, nachdem ihre Heiterkeit, wie sich Goethe erinnert, mit der Krankheit eher noch zugenommen hatte.

Im Herbst und Winter kommen interessante Besuche ins Haus. Die Ankunft Klopstocks ist der Frankfurter Zeitung sogar eine Nachricht wert. Heinrich Christian Boie, Herausgeber des »Göttinger Musenalmanachs«, bekommt »Faust«-Szenen vorgelesen und Beiträge für den Jahrgang 1776 versprochen. Nachdem Goethe schon im Frühjahr Freundschaft mit Friedrich Maximilian Klinger geschlossen hat, erneuert er im Herbst die Bekanntschaft mit Heinrich Leopold Wagner: Goethe – Klinger – Wagner, das sind die Dramatiker des Frankfurter Sturm und Drang.

Wagner (1747–1779) hatte mit Goethe in Straßburg studiert. Nach der Promotion kommt er 1774 nach Frankfurt, wird dort 1776 Advokat, gibt einen Musenalmanach heraus und beteiligt sich mit mehreren Dramen und Dramenübersetzungen an der zeitgenössischen Auseinandersetzung um ein neues Theater. Er wird heute eher als geschäftiger Mitläufer der Geniebewegung gesehen, hat sich aber doch mit der Satire »Voltaire am Abend seiner Apotheose« (1778) und dem Trauerspiel »Die Kindermörderin« (1776) einen Platz in der deutschen Literaturgeschichte erschrieben. Das Drama – ein adliger Offizier vergewaltigt ein Bürgermädchen, das dabei gezeugte Kind wird von der verzweifelten Mutter umgebracht – erinnert nicht zufällig an den viel später publizierten »Faust«. Goethe hatte dem Freund von seinen eigenen Plänen erzählt. Später meinte er etwas verdrossen: »Ich habe dergleichen Gedankenraub und Vorwegnahmen nachher noch oft genug erlebt und hatte mich, bei meinem Zaudern und Beschwätzen so manches Vorgesetzten und Eingebildeten, nicht mit Recht zu beschweren.« Allerdings liegt der Gretchenstoff, zumal für einen Frankfurter Dramatiker, in der Luft. Kindesmord ist ein häufiger behandelter Stoff des neuen sozialkritischen Theaters. Das Motiv erlaubt, auf dramatische Weise Themen wie Strafrechtsreform, Standesdünkel und das Leiden der Frau in einer starr selbstbewußten Männerwelt zu behandeln.

Von allen einstigen Weggefährten der »tollen« Zeit hat Goethe Friedrich Maximilian Klinger (1752–1831) das liebevollste Andenken bewahrt. Er mochte den in ärmlichen Verhältnissen Aufgewachsenen vom ersten Augenblick, vermittelte ihm über einen befreundeten Gießener Professor den Zugang zum Rechtsstudium und schenkte ihm als finanzielle Unterstützung verschiedene seiner Originalmanuskripte. Klinger hat später eine ganze Reihe herausragender Dramen geschrieben, darunter »Das leidende Weib« (1775) und »Die Zwillinge« (1776). Aus seiner Feder stammt ferner ein neunbändiger Roman-Zyklus, aus dem vor allem »Fausts Leben, Taten und Höllenfahrt« (1791) hervorhebenswert ist. Sein berühmtestes Drama sollte ursprünglich »Wirrwarr« heißen. Bekannt wurde es dann freilich unter einem Namen, der bis heute für die ganze revolutionäre Literaturepoche seiner Zeit steht: »Sturm und Drang« (1777). Nach einem abenteuerlichen Leben als Theaterdichter vermittelt ihm Schlosser 1779 den Eintritt in die österreichische Armee. Ein Jahr später beginnt er in Rußland eine steile Militärkarriere, in der er es bis zum Generalmajor und Präsidenten der Militärverwaltung bringt.

Zu Goethes Bekanntenkreis zählen in jenen Jahren auch die Geschwister Stolberg. Auguste Gräfin zu Stolberg (1753–1835) ist eine schwärmerische Leserin und begeisterte Briefschreiberin. »Sagen Sie mir«, will sie im November 1774 von Boie wissen, »waß sagen Sie zu Die Leiden des jungen Werther? ich kan Ihnen versichern, daß ich fast nichts, (ich nehme allein unßern Klopstock aus) mit den Entzücken geleßen habe.« Im Jahr darauf wendet sie sich, ohne ihren Namen zu nennen, an Goethe. Der antwortet der »theuern Ungenannten« umgehend, weiß aber erst beim zweiten Brief, daß die Adressatin ein junges Stiftsfräulein namens Auguste Stolberg ist. Der kleine Briefwechsel mit ihr (der er übrigens nie persönlich begegnet ist) macht die Entzückungen und Gefährdungen seines damaligen Seelenzustandes besonders deutlich, wenngleich nie vergessen werden sollte, daß auch die erregtesten Stellen darin sehr bewußt formuliert sind. Der »Werther«-Autor versteht es, auch aus persönlichen Briefen einen Kurzroman zu machen. Er dichtet Wahrheit.

Ebenfalls 1775 beginnt sein Briefwechsel mit Christian (1748–1821) und Friedrich Leopold zu Stolberg (1750–1819). Christian wird später zusammen mit seinem Bruder Gedichte und

Schauspiele veröffentlichen, als Autor aber doch im Schatten Friedrich Leopolds bleiben. Dieser übersetzt Homer, Platon, Aischylos und Sophokles. Er gehört wie Christian zum Freundeskreis um Voß, Hölty und Boie und schreibt Gedichte für den »Göttinger Musenalmanach«. Nach seiner Konversion zum Katholizismus (1800) konzentriert er sich auf theologische Schriften. Schon in der Zeit der Französischen Revolution war er seinen ehemaligen Freunden fremd geworden. Nun kommt es völlig zum Bruch. Man tut sich brieflich und öffentlich weh. Literarisches Denkmal dieses Kampfes ist die 1819 erschienene bitterböse Polemik »Wie ward Fritz Stolberg ein Unfreier?« von Voß und Stolbergs »Kurze Abfertigung der langen Schmähschrift«, die sein Bruder 1820 postum herausgibt. Auch Goethe geht der Skandal nahe, doch will er das Zerwürfnis der einstigen Jugendfreunde schon früh geahnt haben. Schließlich sei es ja nur »eine gewisse jugendliche liberale Gutmütigkeit, bei obwaltender ästhetischer Tendenz« gewesen, was sie zusammengehalten habe. Daß es mit ihm und den Stolbergs letztlich nicht viel anders gewesen sein dürfte, sagt er nicht.

Im Mai 1775 läßt sich Freundschaft noch leicht herstellen. Goethe versteht sich mit den Stolbergs und ihrem Begleiter Christian Graf Haugwitz auf Anhieb. Damals bekommt Elisabeth Goethe den liebevollen Necknamen »Mutter Aja« – in Anlehnung an die Mutter der »vier Haimonskinder« aus dem Volksbuch. Die drei Reisenden nehmen Goethe gleich mit auf ihre große Bildungstour in die Schweiz, und Goethe, wieder einmal kompliziert verliebt, ja seit Ostern verlobt, kommt nur zu gern mit.

Schon im Dezember hatte er Carl August von Sachsen-Weimar und seinen jüngeren Bruder Constantin kennengelernt, als sie in Begleitung ihrer Erzieher, des Grafen Görtz und Karl Ludwig von Knebels, in Frankfurt Station gemacht hatten. Knebel, ehedem preußischer Gardeleutnant, ist der Literatur durch eigene Versuche und Bekanntschaften mit zeitgenössischen Dichtern verbunden. Goethe nennt ihn später seinen »Urfreund«, und Knebel schildert den Dichter in der »Üppigkeit seines Genies«. Dieser Mensch zöge, so schreibt er begeistert, »die Manuskripte aus allen Winkeln seines Zimmers hervor«. Knebel ist auch überzeugt, daß sich Wieland und Goethe, würden sie sich nur kennenlernen, gut verstünden, und schreibt Wieland in diesem Sinne. Der aber ist damals gerade pikiert, weil er aus einem Brief Goethes an ihn Spott herausgelesen hat. »Ich verzichte vollständig und für immer auf die Ehre, mit all diesen Genies und Schöngeistern, die Sie bisher auf Ihrer Reise gesehen haben, Bekanntschaft zu machen«, antwortet er Knebel am 24. Dezember 1774 und ahnt nicht, wie bald er seine Einstellung ändern wird. Aber auch Goethe ist noch nicht zur Freundschaft bereit. »Wieland ist und bleibt ein Sch-kerl [...] Ewige Feindschafft sey zwischen meinem Saamen und ihrem Saamen.« (An Johanna Fahlmer, März 1775)

Das erste Gespräch Goethes mit Carl August nimmt einen außerordentlich glücklichen Verlauf. Der zukünftige Regent ist beeindruckt von Goethes politischem Wissen. Man will gerade Mösers »Patriotische Phantasien« lesen. Der junge Dichter kennt das Buch schon und hat auch klar umrissene Ansichten darüber, wie ein Land zu regieren sei. Ihm wiederum ist schon manches Günstige über Weimar mitgeteilt worden, »denn es kamen viele Fremde von daher zu uns, die Zeugen gewesen waren, wie die Herzogin Amalia zu Erziehung ihrer Prinzen die vorzüglichsten Männer berufen; wie die Akademie Jena durch ihre bedeutenden Lehrer zu diesem schönen Zweck gleichfalls das Ihrige beigetragen« und anderes mehr. Was er nicht weiß, ist, daß der 41-jährige Wieland als Erzieher des 17-jährigen Carl August keine glückliche Figur macht und sich lieber mit schriftstellerischen Arbeiten befaßt.

Als Goethe im Frühsommer 1775 mit den Stolbergs in die Schweiz fährt, gibt es ein Wiedersehen mit Carl August in Karlsruhe, wo der Prinz seine zukünftige Gemahlin, Louise von Hessen-Darmstadt, aufgesucht hat. »Dieser unvermutete Besuch machte mir viel Spaß«, schreibt der Prinz seiner Schwester, »da ich den Goethe recht gern habe, weil er so natürlich ist.«

In Straßburg begegnet Goethe Salzmann und Lenz wieder. Vor einem Abstecher nach Sesenheim scheut er indessen noch zurück. In Emmendingen, wohin er Lenz mitnimmt, trifft er wieder einmal Schwester und Schwager. Eine Woche hält er sich bei Lavater in Zürich auf, besucht mit seinen Reisegefährten auch den 76-jährigen Literaturtheoretiker Johann Jacob Bodmer. Die junge Dichtergeneration mochte ihn, weil er als einer der ersten die Bedeutung der Phantasie im künstlerischen Schaffensprozeß hervorgehoben hatte. Am 22. Mai steht Goethe dann auf dem Gotthard. Beim Abstieg hat er im Gepäck eine Zeichnung mit dem vielsagenden Titel »Scheide-Blick nach Italien«; »einesteils hat er große Lust, nach Italien zu gehen«, schreibt Fritz Stolberg an seine Schwester, »zum andern zieht ihn sein Herz nach Frankfurt zurück«.

Am 3. September übernimmt Carl August die Regierung Sachsen-Weimars von seiner Mutter Anna Amalia und fährt, um Louise zu heiraten, erneut nach Karlsruhe. Wieder kommt er durch Frankfurt, und diesmal lädt er Goethe nach Weimar ein. Der nimmt vielleicht um so lieber an, als er gerade ein Liebes-Desaster zu bewältigen hat. Seine Verlobung mit Lili Schönemann, dem 16-jährigen Töchterchen eines Frankfurter Bankiers, ist schon nach einem halben Jahr in die Brüche gegangen.

Am 13. Februar 1775 kennt Goethe Lili, den Liebling der Bälle und Redouten, erst wenige Wochen und schildert sich der Gräfin Stolberg als einen ganz und gar zwiegespaltenen Menschen. Da gebe es einen, »der immer in sich lebend, strebend und arbeitend« nach Idealen springe. Dann aber auch einen glänzenden Gesellschaftsmenschen, der, »umleuchtet vom unbedeutenden Prachtglanze der Wandleuchter und Kronenleuchter, mitten unter allerley Leuten, von ein Paar schönen Augen am Spieltische gehalten wird, der in abwechselnder Zerstreuung aus der Gesellschafft, ins Conzert, und von da auf den Ball getrieben wird, und mit allem Interesse des Leichtsinns, einer niedlichen Blondine den Hof macht«. Dieser »Fassnachts Goethe« ist sich selber unheimlich:

> Bin ich's noch, den du bei so viel Lichtern
> An dem Spieltisch hältst?
> Oft so unerträglichen Gesichtern
> Gegenüberstellst?

Das gesellschaftliche Leben, in das er durch die Bekanntschaft mit den damals noch sehr wohlhabenden Schönemanns gerät, ist ihm fremd und unbehaglich. »Einen Bären, ungeleckt und ungezogen«, nennt er sich im bekanntesten der Gedichte, die er ihr gewidmet hat (»Lilis Park«). Durch alle zieht sich »Liebe, Liebe, laß mich los!« als Grundmotiv. Lili und er finden sich nach kurzem Kennenlernen in einer Leidenschaft verbunden, die ebenso beseligend wie quälend ist. Ihre Familien sehen die Verbindung, die schon um Ostern 1775 in eine Verlobung mündet, distanziert. Das gesellschaftlich gewandte Mädchen – Vater Goethe nennt sie abfällig »die Staatsdame« – liebt kapriziöses Flirten, den irrlichternden Wechsel zwischen vergnügtem Zurückweichen und ernsthafter Annäherung. Und der kraftgenialische »Bär« scheint sich manchmal gezielt danebenbenommen zu haben, um seiner Befangenheit Herr zu werden.

Bizarre Kräfte treiben ihn um. Der von klein auf geübte Stelzengänger bekommt es fertig, wie ein Kindskopf, als Gespenst verkleidet, im Mondenschein vor den Fenstern eines ersten Stockwerks vorbeizustaksen, um den Leuten dahinter fürchterlichen Schrecken einzujagen. Mit »Hanswursts Hochzeit« (1774/75) und ähnlichen Satiren schreibt er sich Schmutz von der Seele. Mit dem Drama »Stella« (Frühjahr 1775) greift er ein skandalträchtiges Thema auf: Bindungsängstlicher Mann verläßt seine Frau, verliebt sich in eine andere und verläßt auch sie. Zwei Fassungen des Stücks – eine glücklich, eine tragisch endend – verraten nicht zuletzt des Autors eigenes Dilemma, wie denn überhaupt die Titelgestalt manche Züge von Lili trägt. Kein Thesenstück entsteht, das die Monogamie angreift oder verteidigt; auch hier soll das Publikum – und der Autor mit ihm – »wo nicht beruhigter, doch stärcker in der Unruhe seyn«. Goethe schenkt Lili ein Exemplar der Buchausgabe und schreibt ein Gedicht für sie hinein, worin es heißt:

> [...]
> Empfinde hier, wie mit allmächt'gem Triebe
> Ein Herz das andre zieht –
> Und daß vergebens Liebe
> Vor Liebe flieht.

Die Schweizer Reise mit den Stolbergs und Haugwitz mutet wie eine Flucht an. Zwei Tage vor ihrem Antritt hat er an Herder geschrieben: »Dem Hafen häuslicher Glückseeligkeit und festem Fuse in wahrem Leid' und Freud der Erde wähnt ich vor kurzem näher zu kommen, bin aber auf eine leidige Weise wieder hinaus in's weite Meer geworfen.« Sein Gedicht »Auf dem See«, das am 15. Juni während einer Ruderpartie auf dem

Zürcher See entsteht, verrät, wie gewaltsam er seine Gedanken von Lili abziehen möchte (»Weg, du Traum, so gold du bist, / Hier auch Lieb und Leben ist«). Aber am selben Tag schreibt er auch in sein Tagebuch über den Anblick vom Berg übern See:

> Wenn ich liebe Lili dich nicht liebte
> Welche Wonne gäb mir dieser Blick
> Und doch wenn ich Lili dich nicht liebte
> Wär was wär mein Glück.

Im Oktober wird die Verlobung gelöst, ohne daß man sich darum auch innerlich voneinander zu lösen vermochte. Der Bannstrahl früherer Goethe-Forscher, für die Lili Schönemanns Leben damit zu Ende war, hat lange Zeit bewirkt, daß man sie nur als ein leichtlebig-verwöhntes blondes Gör aus reichem Hause gesehen hat. Aber sie war weit mehr. Immer wieder bestätigen ihr Zeitgenossen Anmut und Zuverlässigkeit. Sicher, zu Anfang ihres Lebens hat sie das Schicksal mit allen guten Gaben nur so überhäuft, doch mußte sie später um so härtere Schicksalsschläge einstecken: Zusammenbruch der Familienbank, Tod des auf Goethe folgenden Verlobten. Mit ihrem späteren Ehemann Bernhard Friedrich von Türckheim zieht sie nach Straßburg, wo man während der Revolution in Gefahr und eine Armut gerät, die nie wieder ganz überwunden wird. Gleichwohl versucht Lili in einem späteren Bittbrief an Goethe nicht sich, sondern einem Bekannten zu helfen. Goethes Antwort kommt schnell und freundlich. Bis in seine letzten Tage hat er sich respektvoll über sie geäußert, ja sogar gesagt, sie sei die erste und vielleicht letzte gewesen, die er so tief und wahr geliebt habe. Nie sei er in seinem Leben dem Glück so nahe gewesen. Damals aber scheint der Bär Angst gehabt zu haben, wegen dieser Fessel nie mehr aus Frankfurt wegzukommen.

Die Trennung fällt schwer. Noch an einem der letzten Abende, die er daheim verbringt, schleicht sich Goethe, in einen großen Mantel gehüllt, unter ihrem Fenster vorbei. Er hört sie eines der Lieder singen, zu denen er ihr letztes Jahr den Text geschrieben hat. Selbst wenn diese herzzerreißende Erinnerung nicht auf Wahrheit beruhte, wäre sie doch sehr aufschlußreich gedichtet.

Er hilft sich, wie er sich nun schon manches Jahr geholfen hat. Er schreibt. »Die Gabe hierzu war wohl niemand nötiger als mir, den seine Natur immerfort aus einem Extreme in das andere warf. Alles, was daher von mir bekannt geworden, sind nur Bruchstücke einer großen Konfession«, heißt es später in »Dichtung und Wahrheit« – und zwar schon nach der Darstellung seiner Leipziger Jahre! Das mutet bei den poetischen Geschicklichkeitsübungen jener Jahre noch etwas eigenartig an, aber auch aus damaliger Zeit gibt es ein ähnliches Zeugnis. Da hat er nämlich in einem Brief an Freund Langer geschrieben, seine Lieder seien die »Geschichte meines Herzens in kleinen Gemählden«. Was ihn freut oder quält, das muß er in Dichtung verwandeln, um darüber mit sich selbst abschließen zu können. Es macht das Besondere, das ganz und gar Konkrete seiner Dichtung aus. Schon der kritische Merck hat das klar erkannt. »Dein Bestreben«, sagte er, »deine unablenkbare Richtung ist, dem Wirklichen eine poetische Gestalt zu geben; die andern suchen das sogenannte Poetische, das Imaginative zu verwirklichen, und das gibt nichts wie dummes Zeug.«

Das »durchaus Scheisige« seiner Situation bestimmt Goethe einmal mehr, auf Reisen zu gehen. Immer wieder ist er in den letzten beiden Frankfurter Jahren auf und davon: nach Darmstadt, Heidelberg und Karlsruhe, ins Rheinland, in die Schweiz, nach Straßburg; die vielen stürmischen Spaziermärsche des »Wanderers« gar nicht gerechnet! Nach Weimar soll es auch nur eine schnelle Reise werden, nicht mehr. Aber die überlieferten Zeugnisse lassen durchaus den Schluß zu, daß andere jedenfalls gespürt haben: Der kommt nicht wieder. Und Johann Caspar Goethe murrt – ganz Bürger einer Freien Reichsstadt –, man gehe nicht zu Hofe. Die Mutter hat ihre liebe Not, zwischen den beiden zu vermitteln.

Goethe soll von einem Kammerrat von Kalb abgeholt werden, der eine neue, in Straßburg bestellte Kutsche nach Weimar zu bringen hat. Er verabschiedet sich von allen, aber sein Gewährsmann kommt nicht. Was tun? Er zieht sich zurück und überbrückt die leere Zeit mit Schreiben. Der angefangene »Egmont« entwickelt sich fast bis zum Ende. Dem Vater gefällt das geschichtliche Drama ausnehmend gut. Schon um sicher zu sein, daß es auch bald fertig werde, behielte er den Sohn am liebsten hier. Aber dem fällt nach einer Woche die Decke auf den Kopf. Der Vater will ihn von seiner fixen Idee mit Weimar abbringen und bietet ihm Geld und Kredit an, damit er nun endlich nach Italien reisen könne; die Koffer seien doch ohnehin gepackt, er müsse sich aber auch gleich entschließen aufzubrechen. Und so geschieht es.

Ins Land seiner Träume also? Schon 1770 hatte Goethe aus Straßburg geschrieben: »Nach Italien Langer! Nach Italien! Nur nicht über's Jahr. Das ist mir zu früh; ich habe die Kenntnisse noch nicht die ich brauche, es fehlt mir noch viel. Paris soll meine Schule seyn, Rom meine Universität. Denn es ist eine wahre Universität; und wenn man's gesehn hat hat man alles gesehen. Drum eil ich nicht hinein.« Da hört man Johann Caspar, der dem Sohn immer wieder gesagt hat, daß man »aus Italien kommend sich an nichts mehr ergötze«. Auch in späteren Jahren scheint Wolfgang Freunden und Bekannten gegenüber immer wieder von seiner Wunschreise gesprochen zu haben. Und auf der Schweizer Reise war es ja dann schon fast soweit.

Am Morgen des 30. Oktober verläßt er Frankfurt mit seinem 20-jährigen Diener Philipp. Es ist sechs Uhr früh, gerade sind die Torschließer schlüsselklingelnd vom Bürgermeister gekommen. Am Kornmarkt schließt der Spenglersjunge rasselnd den Laden auf und schickt der Nachbarsmagd einen Gruß hinüber. Es nieselt. Abends führt Goethe in Ebersstadt Reisetagebuch. Schon hat sich seine Seele dem Neuen zugekehrt, »und was das übrige betrifft so fragt das liebe unsichtbaare Ding das mich leitet und schult, nicht ob und wann ich mag. Ich packte für Norden, und ziehe nach Süden; ich sagte zu, und komme nicht, ich sagte ab und komme!« Und ein paar Zeilen weiter: »Lili Adieu Lili zum zweitenmal! Das erstemal schied ich noch hoffnungsvoll unsere Schicksaale zu verbinden! Es hat sich entschieden – wir müssen einzeln unsre Rollen ausspielen. Mir ist in dem Augenblick weder bange für dich noch für mich, so verworren es aussieht! – Adieu!« So viel Schicksalsergebenheit? In Weinheim bricht schon wieder das Komödiantische in ihm durch: »Was nun aber eigentlich der politische, moralische, epische oder dramatische Zweck von diesem Allen? – – Der eigentliche Zweck der Sache meine Herren [...] ist, daß sie gar keinen Zweck hat.«

In Heidelberg nächtigt er bei der »Handelsjungfer« Delph,

einer Dame, der er sich befreundet fühlt, seit sie sich bei den Schönemanns für Lili und ihn verwendet hat. Überhaupt spielt sie gerne Schicksal und will ihn am liebsten gleich wieder verkuppeln. »Wir trennten uns erst gegen eins. Ich hatte nicht lange, aber tief geschlafen, als das Horn des Postillons mich weckte, der reitend vor dem Hause hielt.« Eine Stafette des Herrn von Kalb, der ebensolange auf die Kutsche gewartet hatte wie Goethe auf ihn. Er kann den Hofmann nicht der Peinlichkeit aussetzen, ohne ihn in Weimar anzukommen. Also bricht er auf und kehrt noch einmal nach Frankfurt zurück.

6 Goethe als 26-Jähriger. Ölgemälde von Georg Melchior Kraus, 1775/76

Die ersten Jahre in Weimar
1775 – 1786

> »Ich bin nun ganz eingeschifft auf der Woge
> der Welt – voll entschlossen: zu entdecken,
> gewinnen, streiten, scheitern, oder mich mit
> aller Ladung in die Lufft zu sprengen.«
>
> *An Johann Caspar Lavater, 6. März 1776*

Drei junge Männer auf dem Weg nach Weimar: der 26-jährige Goethe mit seinem sechs Jahre jüngeren Diener Philipp Seidel und der 28-jährige Kammerrat August von Kalb. Philipp hatte nach karger Jugend eine Anstellung als Schreiber im Haus des Rates Goethe gefunden. Mutter Aja nennt den gelehrigen Jungen ihren »Blitzpagen«, und spätestens als er mit Wolfgang Frankfurt verläßt, beginnt ein besonders enges und freundschaftliches Verhältnis zwischen den beiden. Philipp sieht alles, kann alles, ist treu und vergnügt, selbstbewußt und offen.

Auch von Kalb besitzt unleugbar Charme. Er sprudelt über vor Ideen. Goethe und er werden alsbald Duzbrüder. Der zehn Jahre jüngere Herzog kennt ihn von früh auf und bringt ihm großes Vertrauen entgegen. Zu großes, wie die Herzoginmutter findet.

Stellen wir uns die kleine Reisegesellschaft in der Nacht vom 6. auf den 7. November 1775 vor. Der Landauer schaukelt über schlechte Straßen. Nach mancherlei Reden wird man verstummt, in unruhigen Schlaf gesunken sein. Was mag in Goethes Kopf und Herzen vorgegangen sein?

Vom allzu eng gewordenen Frankfurt ist er nun weg. Von Lili freilich auch. Sicher würde er in Weimar lustige »Miesels« kennenlernen, mit denen sich tanzen und albern läßt, aber eine Liebe, eine so große Liebe wie sie? Andererseits, in Weimar wartet der Herzog auf ihn. Und er wird den mittlerweile 42-jährigen Wieland endlich persönlich kennenlernen. Ob daraus noch eine Freundschaft werden kann? Aber was sollen diese Gedanken? Mehr als dem Herzog seine Aufwartung machen hat er doch schließlich nicht vor, oder? Wie hat er im Sommer in sein Tagebuchheftchen der Schweizer Reise geschrieben? »Dass es der Erde so sauwohl und so weh ist zugleich.« Wenn er nun heute nacht stürbe, was bliebe dann eigentlich von ihm? Genügen ein »Werther«, »Götz«, »Clavigo«, dazu eine Handvoll guter Gedichte, um ihm ein Plätzchen auf dem Parnaß der Deutschen einzuräumen?

Früh um fünf Uhr schrecken die Reisenden auf. Die Kutsche hält am Erfurter Tor. Der Schreiber waltet seines Amtes, und weiter geht's, an der Stadtkirche vorbei zum imponierenden Giebelhaus der ehemaligen Deutsch-Ordens-Komturei, August von Kalbs Elternhaus. Hier, bei seiner Exzellenz dem Kammerpräsidenten Carl Alexander von Kalb, ist der Gast des Herzogs eingeladen, so lange zu wohnen, wie er möchte. Raum und Dienerschaft sind genug vorhanden, dazu zwei fröhliche Töchter, 14 und 20 Jahre alt.

Die Herzogtümer Sachsen-Weimar-Eisenach waren damals nicht größer als ein heutiger Landkreis, hatten rund 100000 Einwohner, wovon im Residenzstädtchen selbst gerade mal 6000 wohnen. Auch in Weimar gibt es noch Stadttore – vier an der Zahl –, an denen man sich ausweisen muß, und die Passierliste wird dem Herzog abends nach dem Schließen vorgelegt. Er gebietet über 36 Quadratmeilen, die nicht einmal zusammenhängen, sondern noch von anderen Duodez-Fürstentümern unterbrochen werden. Die größten Gebietsflecken sind Weimar mit den Städten Apolda und Jena, sind Eisenach und Ilmenau.

Als Goethe kommt, ist die Residenz ein Ackerbürgerstädtchen mit nicht mehr als 700 Häusern. Der Stadthirte treibt die Kühe morgens auf die Weide vor den Toren. Enten und Gänse schnattern aus den Hausgärten, Schweine wälzen sich im Schlamm. Als Herder schon manches Jahr hier lebt, schreibt er an Knebel: »So steht's hier in dem wüsten Weimar, dem unseligen Mittelding zwischen Hofstadt und Dorf; alles schleppt sich oder kauzt auf den Fersen; eine sonderbare Empfindung, wenn man auch nur einige Wochen andere und mehr Menschen gesehen hat.« Und eine Reisebeschreibung jener Zeit warnt: »Man darf sich nicht weit von den Hauptstraßen entfernen, um in Winkel und Löcher zu kommen.« Immer wieder brennt es irgendwo. Dabei hatte schon Carl Augusts Großvater 1737 ein Mandat erlassen, »daß zur Vorbauung aller besorglichen Gefahr nicht nur keine Häuser weiter mit Strohe oder Schindeln gedecket. Sondern auch die bereits damit gedeckten so bald immer möglich mit Ziegeln gedecket, mithin die Stroh- und Schindeldächer abgeschaffet werden mögen.«

Mit der Wirtschaft liegt es in diesem wie in den meisten Kleinstaaten im argen. Sogar der herzogliche Hof muß überall sparen und verbraucht doch mehr als erwirtschaftet werden kann. Als das Stadtschloß 1774 niederbrennt, bezieht der persönlich bedürfnislose Herzog jahrzehntelang die mittelmäßigen Räume im Fürstenhaus. Zur Oberschicht gehören Kaufleute, Gastwirte, Bankiers, die Hofbeamten und der Adel. Die meisten Berufstätigen sind Handwerker, oft mit einem eigenen Lädchen vor der Wohnstube.

1786 zählt das Städtchen 102 registrierte Arme. Anna Amalia hält 1761 ein Mandat gegen Garten- und Felddiebstähle für nötig, damit die Selbstversorgung ihrer Untertanen keine Einbußen erfahre. Der Unterschied zwischen Arm und Reich ist freilich nicht sehr bedeutend, weshalb man um so mehr auf den Unterschied der Gesellschaftsschichten setzt. Adlige sind oft dankbar, beim Herzog einen Mittagstisch zu haben. Ein vergleichsweise wohlhabender Nichtadliger aber darf sich, selbst wenn er Goethe heißt und Carl Augusts Freund ist, nicht an den Tisch des Herzogs setzen, sondern muß sich mit einem Platz an der »Marschalltafel« begnügen. Für alle Grundnahrungsmittel und Gegenstände des täglichen Bedarfs wird vierzehntäglich ein Taxwert festgesetzt, der sich aus dem jeweiligen Marktwert für Getreide ergibt. Steigt der Brotpreis, werden automatisch auch Fleisch und Fisch, Butter und Bier, Holz, Wachs und Seife teurer.

Kein sehr einladender Ort, dieses Weimar, und doch wird Goethe später, als sein neuer Mitarbeiter Johann Peter Eckermann hierherkommt, sagen: »Wo finden Sie auf einem so engen Fleck noch so viel Gutes! Auch besitzen wir eine ausgesuchte Bibliothek und ein Theater, was den besten anderer deutschen Städte in den Hauptsachen keineswegs nachsteht. Ich wiederhole daher: bleiben Sie bei uns, und nicht bloß diesen Winter, wählen Sie Weimar zu Ihrem Wohnort. Es gehen von dort die Tore und Straßen nach allen Enden der Welt. Im Sommer machen Sie Reisen und sehen nach und nach, was Sie zu sehen wünschen. Ich bin seit funfzig Jahren dort, und wo bin ich nicht überall gewesen! – Aber ich bin immer gerne nach Weimar zurückgekehrt.«

Ihm selber hat 1775/76 der Gedanke, die Stadt wieder zu verlassen, gar nicht so fern gelegen. Er bemüht sich von Anfang an, Herder auf die Stelle des Weimarer Generalsuperintendenten zu bekommen, und schreibt ihm, selber absprungbereit: »ich muss das stifften eh ich scheide« (2. Januar 1776). Als er dagegen am 22. Januar an Merck schreibt, scheint alles klar zu sein: »Ich bin nun ganz in alle Hof- und politische Händel verwickelt und werde fast nicht wieder weg können. Meine Lage ist vortheilhaft genug, und die Herzogthümer Weimar und Eisenach immer ein Schauplatz, um zu versuchen, wie einem die Weltrolle zu Gesichte stünde.«

Im Februar dann zwar wieder nur ein kleines Ja gegenüber Johanna Fahlmer, aber eine große Beschreibung aller, die er schon ins Herz geschlossen hat: »Ich werd auch wohl dableiben und meine Rolle so gut spielen als ich kann und so lang als mir's und dem Schicksaal beliebt. Wär's auch nur auf ein paar Jahre, ist doch immer besser als das untätige Leben zu Hause wo ich mit der grössten Lust nichts thun kann. Hier hab ich doch ein paar Herzogthümer vor mir. Jezt bin ich dran das Land nur kennen zu lernen, das macht mir schon viel spaas. Und der Herzog kriegt auch dadurch Liebe zur Arbeit, und weil ich ihn ganz kenne bin ich über viel Sachen ganz und gar ruhig. [...] Eine herrliche Seele ist die Frau von Stein, an die ich so was man sagen mögte geheftet und genistelt bin. Louise und ich leben nur in Blicken und Sylben zusammen. Sie ist und bleibt ein Engel. Mit der Herzoginn Mutter hab ich sehr gute Zeiten, treiben auch wohl allerley Schwänck und Schabernack. Sie sollten nicht glauben wie viel gute Jungens und gute Köpfe beysammen sind, wir halten zusammen, sind herrlich untereins und dramatisiren einander, und halten den Hof uns vom Leibe.«

Aber offenbar ist Goethe doch erst im März entschlossen, den endgültigen Wechsel zu wagen und seine neue Rolle auf dem Weimarer Welttheaterchen anzunehmen. Er entlohnt die Dienerschaft seines Gastgebers von Kalb und mietet sich gegenüber dem sogenannten Gelben Schloß eine eigene Wohnung.

Die Hauptrolle spielt der 18-jährige Carl August, seit dem 3. September 1775 volljährig und somit – sein Vater lebt bereits seit 1758 nicht mehr – regierender Herzog von Sachsen-Weimar-

7 *Carl August, Herzog von Sachsen-Weimar-Eisenach.
Ölgemälde von J. E. Heinsius, 1773*

Eisenach. Es gibt ein Ölgemälde aus der Zeit, als Goethe ihn kennenlernt, das zeigt einen bezopften Kavalier mit fleischiger Nase, zartem Mund und willensstarkem Kinn: Carl August ist ein vitaler und sinnenfreudiger Mensch, dabei Wortspiel und Dichtung ebenso zugeneigt wie albernen Scherzen auf Kosten Dritter und wilden Jagden; ein Mensch mit großen inneren Spannungen. Goethe hat seine dunkle Seite bald erkannt. »Er war damals sehr jung«, erinnert sich der Dichter 1828 gegenüber Eckermann, »doch ging es mit uns freilich etwas toll her. Er war wie ein edler Wein, aber noch in gewaltiger Gährung. Er wußte mit seinen Kräften nicht wohinaus, und wir waren oft sehr nahe am Halsbrechen. Auf Parforce-Pferden über Hecken, Gräben und durch Flüsse, und bergauf bergein sich tagelang abarbeiten, und dann Nachts unter freiem Himmel campiren, etwa bei einem Feuer im Walde: das war nach seinem Sinne. Ein Herzogthum geerbt zu haben war ihm nichts, aber hätte er sich eins erringen, erjagen und erstürmen können, das wäre ihm etwas gewesen.«

Vier Wochen nach der Regierungsübernahme hatte Carl August in Karlsruhe Louise Prinzessin von Hessen-Darmstadt geheiratet, ein sanftes, geradezu ärmlich erzogenes Persönchen, deren fünf Schwestern zuvor schon von der Mutter verheiratet worden waren. Sie war die Übriggebliebene, freilich mit der späteren Genugtuung, nicht verheiratet, sondern erwählt worden zu sein. Dennoch wird die Ehe nicht glücklich. Louise ist eine scheue, empfindsame Frau, für die bereits die Brautnacht ein Schock ist, Carl August aber auch auf erotischem Gebiet »in gewaltiger Gährung«. Bald schon pflegt er Liebschaften und Affären. Erst im Alter wandelt sich ihre Beziehung zu tiefer Freundschaft. Zu Louises Leiden trägt sicher auch bei, daß sie sehr etikettebewußt erzogen war und zwischen ihr und der Herzoginmutter, die mit dem Hofzeremoniell viel zwangloser umzugehen weiß, immer eine gewisse Fremdheit bleibt.

Dabei ist Anna Amalia, sieht man von einigen aus der Zeit zu verstehenden Härten gegenüber Untergebenen ab, eine ungewöhnlich umgängliche, geistig interessierte, auch künstlerisch begabte Frau. Mit sechzehn Jahren verheiratet, ist sie mit achtzehn schon Witwe und damit bis zu ihres ersten Sohnes Mündigkeit regierende Herzogin. Damals kommt ihr zugute, daß sie auch durchsetzungsbegabt ist und eine gute Menschenkenntnis besitzt. Während der fünfzehn Jahre ihrer Herrschaft ziehen Franzosen, Russen, Preußen und Reichstruppen plündernd durchs Land, ohne daß sie viel dagegen unternehmen kann. Doch vernachlässigt sie selbst in der schwersten Zeit die Künste nicht, ja ist es recht eigentlich, die Weimar zum »Sitz des Musenhofes« macht. Sie holt den witzigen Musäus (»Volksmärchen der Deutschen«) 1763 als Pagenerzieher an den Weimarischen Hof und beruft 1772 Wieland zum Erzieher des Erbprinzen. Als sie die Regierungsgeschäfte in die Hände Carl Augusts legt, zieht sie sich in das sogenannte Wittumspalais zurück und schart dort, sommers auch in Tiefurt oder auf Schloß Ettersburg, jeden Montag ihre geistvoll-vergnügte »Tafelrunde« um sich.

Anna Amalias zweiter Sohn, Prinz Constantin, kommt nur ein Jahr nach seinem Bruder auf die Welt – und doch schon drei Monate nach dem Tod des Vaters. Er ist Carl August zwar an Schönheit, nicht aber an Vitalität überlegen, macht sich weder aus körperlichen noch geistigen Anstrengungen etwas, ist aber sehr musikalisch. Gesellschaften meidet er nach Möglichkeit. Frauen gegenüber ist er freilich sehr aufgeschlossen – und sie wohl auch ihm. Als er von seiner zweijährigen »Kavalierstour« (Zürich – Paris – London) zurückkommt, folgen ihm alsbald zwei schwangere Damen nach, die eine aus Frankreich, die andre aus England. (Goethes Aufgabe ist es, den »garstigen Handel« zu einem diskreten Ende zu bringen, und er findet, der Prinz hätte sich dabei kaum »kindischer, kleinlicher, alberner« aufführen können.)

Die Freundschaft zu Christoph Martin Wieland gelingt, genauso wie es Knebel vorausgesagt hat, und sie wird trotz einiger Irritationen ein Leben lang halten. »Wie ganz der Mensch beim ersten Anblick nach meinem Herzen war!« schreibt Wieland an Friedrich Heinrich Jacobi. »Wie verliebt ich in ihn wurde, da ich am nämlichen Tage an der Seite des herrlichen Jünglings zu Tische saß!« Und dem Dichter Johann Wilhelm Ludwig Gleim offenbart er, »daß ich nichts *Besseres*, Edleres, Herzlicheres, Lieberes und Größeres in der Menschheit kenne als ihn – so wild und siebenseltsam der holde Unhold auch zuweilen ist oder scheint.« In seinem Gedicht »An Psyche« schildert er Goethes erstes Auftreten wie das eines Zauberers:

> Ein schöner Hexenmeister es war
> Mit einem schwarzen Augenpaar,
> *Zaubernden Augen voll Götterblicken*,
> Gleich mächtig zu *töten* und zu *entzücken*;
> So trat er unter uns, herrlich und hehr,

Ein echter Geisterkönig daher!
Und niemand fragte: wer ist denn der?
Wir fühlten beim ersten Blick: 's war *er*!

Neben Carl August und Wieland wird Carl Ludwig von Knebel zum dritten großen Freund der frühen Weimarer Jahre. Man war sich ja bereits im Dezember 1774 in Frankfurt begegnet. Im Jahr zuvor hatte der literarisch begabte Fähnrich seinen Abschied aus der preußischen Armee genommen und bei der Rückkehr in seine Heimat Weimar aufgesucht. Art und Auftreten des 30-Jährigen beeindruckten allgemein. So wird der friderizianische Offizier als Hauptmann eingestellt und mit der Erziehung Prinz Constantins betraut, der – wie üblich bei nachgeborenen Adligen, die zu versorgen waren – auf eine militärische Karriere vorbereitet werden soll. Knebel ist gescheit und liebenswürdig, kann aber auch jähzornig, trübsinnig und verletzbar sein. Er findet zu dem psychisch gleichfalls instabilen Prinzen keinen rechten Zugang und wird von ihm noch vor der besagten Bildungsreise rigoros beiseite geschoben. Tief gekränkt will er Weimar daraufhin sofort verlassen. Aber der Herzog, der Knebel sehr mag, versteht es geschickt, ihn zu halten. Auch in Goethe und anderen hat er gute Freunde. Für ein festes Amt auf Dauer wenig geeignet, genießt er als Beiträger zu entspannter Geselligkeit gerade in den ersten Jahren große Beliebtheit.

Zu den herausragenden Darstellern auf der Bühne des Weimarer Welttheaters gehören natürlich auch Hofdamen: die gehässige Gräfin Görtz zum Beispiel, für die Goethe das »Haupt der verdammenswerten Schöngeisterei« ist; die überaus konservative Oberhofmeisterin Giannini, der das neue Weimar gleichfalls *»une maison de fous«*, also ein Narrenhaus ist; die allseits Entzücken erregende Jeanette Louise von Werthern-Neunheiligen; die kühl-distanzierte Charlotte von Stein und die bucklige Göchhausen, beide Hofdamen von Anna Amalia.

Die mit ihrer Verwachsenheit geschlagene Luise von Göchhausen ist intellektuell aufgeschlossen und verfügt über eine »mobile Feder«. Ihre Briefe haben viel vom geselligen Treiben festgehalten. Goethe mag ihre anregende Art, und er zieht sie wiederholt heran, wenn er jemanden zum Diktieren braucht. Die Brüder Stolberg bestätigten der kleinen Dame ein »wehrhaftes Mund- und Schreibwerk«, aber das wird sie wohl auch nötig gehabt haben, wie die vielen ihr angehängten Spitznamen zeigen: »das kleine Monstrum« (Gräfin Görtz), »Thusnelda« (Stolbergs), »Thusselchen« (Anna Amalia), »meine Gnomide« (Wieland).

Die bei Goethes Ankunft 23-jährige Jeanette Louise von Werthern-Neunheiligen, Schwester des Reichsfreiherrn vom und zum Stein und verheiratet mit einem Grafen, der große Ländereien besitzt, wird uns als zierliches Persönchen von großem Liebreiz beschrieben; »sie ist wie Quecksilber«, meint Goethe, »gemacht einen Mann anzuziehen und zu erhalten«. Er weiß von ihrer Liaison mit Carl August, hofft auf Erziehung des Freundes durch ihre Schule des Charmes, merkt aber auch: »Sie liebt den H[erzog] schöner als er sie.« Später wird die Gräfin als Leonore Sanvitale in seinen »Tasso« eingehen, so wie Charlotte von Stein Züge der Leonore von Este trägt.

Sie ist die Gattin des gänzlich ungeistigen herzoglichen Stallmeisters Josias von Stein und Mutter von sieben Kindern. Schon am 6. Dezember ist Goethe erstmals auf dem Schloß und Gut der Familie Stein in Kochberg zu Gast und nimmt sich heraus, dies Datum auf die Schreibplatte ihres Sekretärs zu ritzen. Und fast von Anfang an sprechen seine Zettelchen und Briefe an sie von Leidenschaft. Am 23. Februar 1776 heißt es bereits unverhohlen: »Ich muss dir's sagen du einzige unter den Weibern, die mir eine Liebe in's Herz gab die mich glücklich macht. Nicht eher als auf der Redoute seh ich dich wieder! Wenn ich meinem Herzen gefolgt hätte – Nein will brav seyn – Ich liege zu deinen Füssen ich küsse deine Hände.«

Charlotte von Stein ist in den kommenden zehn Jahren die beherrschende Frau in Goethes Leben, seine Sonne, um die er als getreuer Trabant kreist. Ein Bild übrigens, das er in seinen Tagebüchern verwendet, wo für die fünf meistgenannten Personen vielsagende astrologische Zeichen eingesetzt werden:

- ☉ Sonne: Charlotte von Stein
- ☽ Mond: Anna Amalia
- ♃ Jupiter: Carl August
- ♐ Schütze: Prinz Constantin
- ♀ Venus: Jeanette Louise von Werthern-Neunheiligen.

Schnell und immer fester findet sich Goethe an Weimar gebunden. Da ist seine Freundschaft zu Carl August und die bald schon überhandnehmende Arbeit für ihn, ist das kleine Gartenhäuschen, das ihm der Herzog im ersten Weimarer Frühling schenkt, und schließlich die alles überstrahlende Liebe zu einer verheirateten, um sieben Jahre älteren Frau, bei der ihn das »brav seyn« oft genug schwer ankommt. Bindungen und Verpflichtungen, die ihn ganz allmählich tief verwandeln.

In vieler Hinsicht ist das erste Weimarer Jahrzehnt der »spannendste« Abschnitt in Goethes Leben: Da ist gleichermaßen äußeres und inneres Geschehen, Freundschaft und Feindschaft, Liebe und Leid, herausfordernde Tollheit, Reiten und Schwimmen, Eislauf und Schlittenfahrt, Festefeiern und Theaterspielen. In der Stille aber entstehen Gedichte von unerhörter Seelentiefe und Weltweite.

> Alles geben Götter die unendlichen
> Ihren Lieblingen ganz
> Alle Freuden die unendlichen
> Alle Schmerzen die unendlichen ganz.

Das steht mitten in einem Briefchen an Auguste Stolberg vom 17. Juli 1777. Wortwiederholungen bestimmen die wenigen Verse, ihre Aussage mutet nicht eben originell an. Und dennoch liegt ein Zauber über den wenigen Zeilen, der sie zu den berühmtesten Zeugnissen deutscher Dichtung hat werden lassen.

Aber nicht nur, weil wir in den Briefen jener Jahre viele von Goethes schönsten Gedichten finden, kommt ihnen besondere Bedeutung zu. Der Selbstbiograf Goethe hat sich oft und gern und manchmal sehr detailfreudig geäußert, kaum jedoch über diesen Lebensabschnitt. Von den ersten drei Vierteln des Jahres 1776 deutete er zwar einmal an, es seien die »zerstreutesten, verworrensten, ganzesten, vollsten, leersten, kräftigsten und läppischsten« seines Lebens gewesen. Aber das sind starke Worte für starke Augenblicksempfindungen, niedergeschrieben zudem mit rhetorischem Kalkül, das man selbst bei der oft einzigen autobiografischen Quelle jener Jahre, den Briefen, berücksichtigen muß, auch wenn noch so viel Unmittelbarkeit aus ihnen zu sprechen scheint.

Sicher, manche Narrheit des jungen Goethe wird dem alten peinlich gewesen sein. Vielleicht wollte er auch nicht über das Scheitern so vieler politischer, administrativer und künstlerischer Pläne sprechen. Aber es muß auch noch andere Gründe geben. Der Weimarer Kanzler Friedrich von Müller hat sich in seiner Gedächtnisrede vom 9. November 1832 an ein Gespräch erinnert, in dem der Dichter gesagt habe: »Die wahre Geschichte der ersten zehn Jahre meines weimarischen Lebens könnte ich nur im Gewande der Fabel oder eines Mährchens darstellen; als wirkliche Thatsache würde die Welt es nimmermehr glauben. Kommt doch jener Kreis [...] mir *selbst*, der alles mit erlebt hat, schon als ein *mythologischer* vor. Ich würde Vielen weh, vielleicht nur Wenigen wohl, mir selbst niemals Genüge thun; wozu das? Bin ich doch froh, mein Leben hinter mir zu haben; was ich geworden und geleistet, mag die Welt wissen; wie es im Einzelnen zugegangen, bleibe mein eigenstes Geheimniß.«

Nach Carl Augusts Tod hat sich Goethe noch einmal mit dem Gedanken getragen, über die ersten Weimarer Jahre zu schreiben. Aber es ist dann doch nur bei dem Vorsatz geblieben. Heute, da es niemandem mehr weh tut, mag unser Interesse daran, »wie es im Einzelnen zugegangen« ist, berechtigt sein. Aber es werden Rätsel bleiben, über die nur noch spekuliert werden kann. Ist Charlotte von Stein Goethes Geliebte geworden? Und warum hat er den Herzog bewogen, Lenz des Landes verweisen zu lassen? Aber selbst wenn wir dabei nahe an die rechte Antwort kommen sollten – sie kann das Wesentliche nicht ausmachen. Goethes wahre »Geheimnisse« werden seelischer Natur gewesen sein, hat er doch stets eine große Scheu davor gehabt, daß ihm jemand allzu tief in sein Innerstes schaute.

Als Goethes 50-jähriges Dienstjubiläum gefeiert wird, wählt Carl August nicht das Datum des eigentlichen Dienstantritts – den 11. Juni 1776 –, sondern den Tag der Ankunft. Damit würdigt er das Erscheinen des Freundes in Weimar bereits als erste Leistung in seinem Dienst. Tatsächlich aber hatte sich Goethes Eintritt ins Cabinett zunächst verzögert.

Das höchste Beratergremium des Herzogtums ist das sogenannte »Geheime Consilium«, in dem drei Räte Sitz und

Stimme haben. Zugleich verklammert es die Landesbehörden der getrennten Gebiete Weimar und Eisenach. Der erste Beamte des Staates führt den Titel »Seine Exzellenz der Wirkliche Geheime Rat«. Damals ist es der 45-jährige Freiherr Friedrich von Fritsch. Daneben gibt es den »Geheimen Rat«, dessen Stelle gerade frei wird und nach dem Willen des Herzogs von Goethe eingenommen werden soll, und schließlich den »Geheimen Assistenzrat«, dessen Posten der 53-jährige Christian Friedrich Schnauß innehat. Eigentlich darf er sich nach 20 Jahren Ochsentour durch die Amtsstuben eine Beförderung ausrechnen. Aber nein, da kommt nun dieser Liebling des Herzogs, dieses abenteuerliche Bestsellergenie, das nie Verwaltungsarbeit geleistet hat!

Das ist bitter für den fleißigen und gewissenhaften Schnauß, aber der massive Widerstand kommt dann nicht von ihm. Seine Exzellenz von Fritsch ist finanziell unabhängig und kann es sich leisten, dem Herzog am 24. April 1776 sein Rücktrittsgesuch einzureichen: Er sei zwar »ohne allen Widerwillen oder Abneigung gegen diesen Mann«, erkläre aber, »in einem Collegio, dessen Mitglied gedachter Dr. Goethe anjetzt werden soll«, nicht länger sitzen zu wollen. Carl August verteidigt Goethe klug und temperamentvoll: »Sein Kopf und Genie ist bekannt. Sie werden selbst einsehen, daß ein Mann wie dieser nicht würde die langweilige und mechanische Arbeit, in einem Landescollegio von unten auf zu dienen, aushalten. Einen Mann von Genie nicht an den Ort gebrauchen, wo er seine außerordentlichen Talente nicht gebrauchen kann, heißt, denselben mißbrauchen.«

Den Ausschlag gibt dann wohl ein Brief Anna Amalias, in dem es heißt, sie habe schließlich immer darauf hingearbeitet, daß ihr Sohn von Ehrenmännern – wobei sich auch Fritsch angesprochen fühlen kann – umgeben sei. »Wäre ich überzeugt, daß Goethe zu diesen kriechenden Geschöpfen gehörte, denen kein anderes Interesse heilig ist als ihr eigenes und die nur aus Ehrgeiz tätig sind, so würde ich die erste sein, gegen ihn aufzutreten [...] Machen Sie Goethes Bekanntschaft! Suchen Sie ihn kennenzulernen! Sie wissen, daß ich meine Leute erst gehörig prüfe, bevor ich über sie urteile.«

Womit es geschafft ist. Geheimrat von Fritsch zieht das Rücktrittsgesuch nicht nur zurück, sondern arbeitet bis zu seinem Ruhestand loyal mit Goethe zusammen. Und Schnauß? Der wird 1779 zusammen mit Goethe zum Geheimen Rat ernannt und soll es kindlich genossen haben, daß die Schloßwache jetzt bei seinem Auftauchen salutieren muß!

Der Ausgabe von Goethes »Amtlichen Schriften« ist eine Übersicht seiner Consiliums-Sitzungen beigegeben. Aus ihr geht hervor, daß er zwischen dem 25. Juni 1776 und dem 24. Juli 1786 an rund 500 von 750 ordentlichen Sitzungen teilgenommen hat. Die Beratungen finden meist einmal pro Woche statt. Das Ergebnis wird dem Herzog zur endgültigen Entscheidung vorgelegt und ergeht dann in einem Kanzleischreiben an die angesprochenen Institutionen oder Personen.

Goethe bewegt sich – oft mehrmals an einem Tag – mit großer Leichtigkeit zwischen Poesie und Verwaltungsstil hin und her. Er verteidigt den alten, besonders umständlichen Kanzleistil sogar, weil er findet, der gebe den Beschlüssen mehr Gewicht. Zwar amüsiert er sich dann auch wieder darüber, denn »wenn ich auch im Styl mit unter Geheim Räthisch werde, so bleibt doch leider das übrige ziemlich im alten« (an Kestner, 23. Januar 1778). Aber später verinnerlicht er diesen »Styl« doch sehr.*

Er war ein ungemein fleißiger Mensch, der sich sein Leben lang ausdauernd in viele Materien eingearbeitet hat. Und unter den Ämtern und Aufgaben, die ihm mit den Jahren zufielen, waren ihm einige auch herzlich zuwider. In der Geschichte der Goethe-Biografien folgte auf ein bedauerndes Abtun dieser Tätigkeiten (weil er ja in diesen zehn Jahren keine großen Werke von Rang geschaffen habe) eine Gegenbewegung, die von diesem Sich-in-die-Pflicht-Nehmen so viel hermachte, daß in Reaktion darauf dann wieder gesagt wurde: Was er da als weimarischer Minister geleistet habe, das hätte jeder preu-

---

* Daß Goethe studierter Jurist war, merkt man seinen Amtsschriften sehr wohl an. Sie besitzen die gleiche Qualität wie etwa die Bergbaurelationen von Novalis oder später die Rechtsgutachten von Kammergerichtsrat E. T. A. Hoffmann, die Bußtagsmandate Gottfried Kellers. Für unser Jahrhundert seien hier die Versicherungsarbeiten Kafkas, Albert Drachs Anwaltsprotokolle oder Herbert Rosendorfers richterliche Auslassungen genannt. Dabei fällt auf, wie es doch gerade die extrem phantasievollen Autoren, die Romantiker, Phantasten, Symbolisten, waren, die auch trockenste Schriftsätze abfassen konnten – so als bräuchten sie diese Eigenschaft als ein nötiges Stückchen Erdenschwere.

ßische Landrat auch erledigen müssen, und zwar ohne Hoffnung auf Lorbeer und Adelstitel.

Goethe selber sieht seine Stärken und Schwächen recht objektiv und faßt sie, als er sich an seine Autobiografie macht, in einer ersten Stoffsammlung zusammen: »Tätiges Selbstvertrauen. Sisyphisches Übernehmen. Unbegriff des zu Leistenden. Sichre Kühnheit, daß es zu überwinden sei. Eigentlich konstruktiv, nicht empirisch tätig. Zum technischen Geschäft gleichsam untauglich. Nicht homme à ressource. [Jemand, der sich mit kleinen Tricks weiterzuhelfen weiß.] Geschickter zu allem, was auferbaut, planmäßig werden sollte. Dabei vorschnell im Entschließen wie im Antworten. Tat steht mit Reue, Handeln mit Sorge in immerwährendem Bezug.«

Es bleibt bewundernswert, daß ein bedeutender Künstler so lange und intensiv – und trotz mancher Skrupel – in einer ihm fremden Profession gearbeitet hat, um zu helfen und zu verbessern, wo er nur konnte. Und während James Cook zu seiner dritten Weltreise aufbricht, Adam Smith über »Natur und Ursachen des Volkswohlstandes« nachdenkt und die Vereinigten Staaten von Amerika ihre Unabhängigkeit erklären, befaßt sich einer der größten Dichter aller Zeiten freiwillig mit Wegebau, Dreifelderwirtschaft und Staatsverschuldung eines winzigen Herzogtums.

Schon seine Zeitgenossen fragten sich, warum er das wohl tat. Und ist es ihm im August 1776 vielleicht selbst noch nicht ganz klar (»Was weiß ich, was mir hier gefällt, / In dieser engen, kleinen Welt«), so ist er fünf Jahre später in einem Brief an die Mutter mit sich im reinen: »Merck und mehrere beurtheilen meinen Zustand ganz falsch, sie sehen das nur was ich aufopfre, und nicht was ich gewinne, und sie können nicht begreifen, daß ich täglich reicher werde, indem ich täglich so viel hingebe.« Weltfremd und in ewiger Kindheit wäre er hingegen geblieben, hätte er sich nicht in dieses neue Verhältnis gesetzt, »dem ich von keiner Seite gewachsen war, wo ich durch manche Fehler des Unbegrifs und der Übereilung mich und andere kennen zu lernen, Gelegenheit genug hatte, wo ich, mir selbst und dem Schicksaal überlaßen, durch so viele Prüfungen ging die vielen hundert Menschen nicht nöthig seyn mögen, deren ich aber zu meiner Ausbildung äußerst bedürftig war« (11. August 1781).

Die Wirtschaft des Herzogtums ist, wie gesagt, in einem

erbärmlichen Zustand. Repräsentationsbewußte Vorfahren hatten Schulden hinterlassen, und der Siebenjährige Krieg gab keine Gelegenheit, sie zu mindern. Die Ernten waren gering. Fielen sie aber doch einmal so aus, daß man sie hätte außer Landes absetzen können, so standen dem die hohen Einfuhrzölle der anderen Länder entgegen. Industrie? Eine Strumpfmanufaktur in Apolda. Bodenschätze? Bei Ilmenau hatte es einen Silber-Kupfer-Schiefer-Bergbau gegeben, der schon 1739 als unrentabel aufgegeben worden war. Carl August und Goethe sehen sich in ihrem ersten gemeinsamen Sommer die alten Stollen noch einmal an. 1777 wird eine Bergwerkskommission einberufen, der Goethe bald vorsteht. 1779 wird ihm die Leitung der Kriegs- und der Wegebaukommission übertragen und 1782 auch noch die der Staatsfinanzen.

Die letztgenannte Aufgabe bedeutet nicht nur eine weitere Vermehrung seiner Pflichten, sondern ist zunächst ausgesprochen peinlich: Goethes Vorgänger in diesem Amt war nämlich der vom Herzog immer geförderte, erst 1776 eingesetzte August von Kalb. Aber mit ihm hatte man den Bock zum Gärtner gemacht. Die Staatsverschuldung stieg unter seiner Präsidentschaft auf 140000 Taler. Seine privaten, ebenfalls nicht unbeträchtlichen Schulden gegenüber dem Herzog beglich er ebensowenig, und endlich hatte er sich auch noch aus der Kammerkasse 1000 Taler »geborgt«. Der Mann war unhaltbar geworden. Goethe gelingt es, bis 1786 die Finanzkasse in Ordnung zu bringen. Er halbiert die Infanterie des Ländchens und setzt einen unbestechlichen Amtmann in Ilmenau ein, um dort langwirkendem Steuerbetrug ein gründliches Ende zu bereiten. Schließlich soll die erneute Inbetriebnahme des Ilmenauer Bergbaus alle einschlägigen Bemühungen krönen.

Goethe arbeitet sich gründlich ein, bestellt den Geheimen Regierungsrat Christian Gottlob Voigt in die Bergwerkskommission und dessen Bruder Carl Wilhelm, der an der Bergakademie Freiberg ausgebildet worden war, zum Sekretär der Kommission. Alles läßt sich gut an, die Grube kann 1784 wiedereröffnet werden, aber der Metallertrag bleibt gering, und 1796 stürzt ein Stollen ganz ein.

Mehr Glück hat man später mit der Glas- und Porzellanmanufaktur. Aber Reichtümer sind auch damit keine zu erwerben. Die gründliche Beschäftigung mit dem Bergbau und die vielen Reisen durchs Herzogtum haben aber einen unerwarteten persönlichen Ertrag: Goethe, der an den Phänomenen der Natur schon früh interessiert war, bildet sich zunehmend zum Naturforscher aus. »Ich kam höchst unwissend in allen Naturstudien nach Weimar und erst das Bedürfniß, dem Herzog bey seinen mancherley Unternehmungen, Bauten, Anlagen, practische Ratschläge geben zu können, trieb mich zum Studium der Natur«, berichtet er dem Kanzler Müller 1824, als das Gespräch auf Ilmenau kommt.

Von Anfang an vertraut er dabei den Vorzügen unmittelbarer Anschauung. Vom objektiven Beobachter der Natur fordert Goethe: »Er sondere sorgfältig das, was er gesehen hat, von dem, was er vermuthet oder schließt. Jede richtig aufgezeichnete Bemerkung ist unschätzbar für den Nachfolger, indem sie ihm von entfernten Dingen anschauende Begriffe gibt, die Summe seiner eigenen Erfahrungen vermehrt und aus mehreren Menschen endlich gleichsam ein Ganzes macht. [...] Bei dieser Sache, wie bei tausend ähnlichen, ist der anschauende Begriff dem wissenschaftlichen unendlich vorzuziehen.« (An Herzog Ernst II. von Sachsen-Gotha, 27. Dezember 1780) In diesem Brief konzentriert Goethe geradezu, was dann ein Leben lang die Eigenart seines Forschens ausmachen wird. Alles, was ihm gelingt, wird ihm durch genaues Anschauen und präzises Wiedergeben gelingen.

Er beginnt Gesteinsproben und Versteinerungen zu sammeln und läßt sie sich von anderen mitbringen. Nach seinem Tode hinterläßt er eine Sammlung von 18000 Mineralien, darunter Stücke, die es in Deutschland kein zweites Mal gibt. Seine Sammelleidenschaft zielt nicht auf die Schaffung eines Raritätenkabinetts, wie es zu dieser Zeit beliebt ist; vielmehr will er dabei lernen, Rückschlüsse auf die Entstehung der Erde zu ziehen. Als Mineraloge erlangt er schließlich nicht nur den wissenschaftlichen Standard seiner Zeit, sondern strebt – durchaus modern – eine ganzheitliche Anschauung des lebendigen Erdorganismus an. 1784 verfaßt er dann einen ungemein anschaulichen Essay über den Granit, der vermutlich Bestandteil eines nie vollendeten »Romanes über das Weltall« werden sollte.

»Ich fürchte den Vorwurf nicht«, schreibt der »Werther«-Autor jetzt, »daß es ein Geist des Widerspruches sein müsse, der mich von Betrachtung und Schilderung des menschlichen

Herzens, des jüngsten, mannigfaltigsten, beweglichsten, veränderlichsten, erschütterlichsten Teiles der Schöpfung, zu der Beobachtung des ältesten, festesten, tiefsten, unerschütterlichsten Sohnes der Natur geführt hat. Denn man wird mir gerne zugeben, daß alle natürlichen Dinge in einem genauen Zusammenhange stehen, daß der forschende Geist sich nicht gerne von etwas Erreichbarem ausschließen läßt.« (»Über den Granit«, 1784) Herz und Stein, Werther und Weltall – Goethe fügt es sich in eins. Sein Forschen geht je länger, je mehr dahin, in allem den gemeinsamen Urgrund, die Urform zu finden.

Am 5. Juli 1778 beginnt der Bayerische Erbfolgekrieg mit dem Einmarsch preußischer Truppen in Böhmen. Nach dem Tod des letzten Wittelsbachers Maximilian III. wurde Altbayern dem österreichischen Kaiser Joseph II. im Tausch gegen die Niederlande angeboten. Das hätte seine Stellung auf deutschem Gebiet verbessert, was den »Alten Fritz« natürlich beunruhigt. Er rechnet sich Unterstützung durch deutsche Kleinstaaten aus und fordert, auch auf Weimarischem Gebiet Rekruten anwerben zu können. Das kann man ihm schon deshalb kaum verweigern, weil er Herrscher einer starken Militärmacht und überdies Anna Amalia seine Nichte ist. So steht es, als Goethe im Januar 1779 die Leitung der Kriegskommission übertragen wird, was ihm überhaupt nicht behagt.

Im Februar/März fährt er nach Jena, Dornburg und anderen Orten zur Inspektion des Wegebaus, vor allem aber um die Rekrutenaushebungen selbst vorzunehmen. Aus Apolda schreibt er am 6. März an Charlotte von Stein: »Kein sonderlich Vergnügen ist bey der Ausnehmung, da die Krüpels gerne dienten und die schönen Leute meist Ehehafften haben wollen. Doch ist ein Trost, mein Flügelmann von allen (11 Zoll 1 Strich) kommt mit Vergnügen und sein Vater giebt den Seegen dazu.«

Was ihm in Apolda an freier Zeit bleibt, wendet er nach allerlei Gelegenheitsdichtungen endlich wieder einmal an eine große Arbeit: die erste Fassung der »Iphigenie«. Aber es will nicht recht vorwärtsgehen damit, denn was er tags in Apolda sieht, der Stadt mit der größten Strumpfmanufaktur des Deutschen Reiches (780 Webstühle!), kann er abends nicht aus dem Kopf bekommen: »es ist verflucht, der König von Tauris soll reden als wenn kein Strumpfwürcker in Apolde hungerte«.

8 Rekrutenaushebung in Apolda. Zeichnung von Goethe, 1779

Bald aber sind die unruhigen Tage vorbei. Der Friede von Teschen gleicht am 13. Mai die Interessen auf höchst komplizierte Art aus. Der relativ kurze Krieg hat im Blick auf das, was am meisten erbeutet wurde, bald schon den Spitznamen »Kartoffelkrieg« weg und ist rasch vergessen.

Besonders in den ersten Jahren reitet Goethe mit dem Herzog oft über die Dörfer, durch Auen und Wälder, häufig begleitet von den Kammerherren Knebel und Seckendorff. Letzterer ist fast gleichzeitig mit Goethe nach Weimar gekommen. Damals wird viel über die Zügellosigkeit des jungen Herzogs gemunkelt. Und noch heute weiß man nicht so recht, ob Goethe bei mancher heiklen Unternehmung nur mitgemacht hat, um das Vertrauen des jungen Carl August zu gewinnen – oder ob er sich einfach hat mitreißen lassen. Als er, mittlerweile 31-jährig, wieder einmal in Ilmenau ist, schreibt er an Frau von Stein: »Ich sehne mich recht von hier weg, die Geister der alten Zeiten lassen mir hier keine frohe Stunde, ich habe keinen Berg besteigen mögen, die unangenehmen Erinnerungen halten alles befleckt.« (2. Juli 1781)

Was für unangenehme Erinnerungen? Im Tagebuch des 27-Jährigen heißt es einmal: »den Morgen bis Nachm 3 auf der Jagd [...] nach Tische mit den Bauernmaidels getanzt, Glasern sündlich geschunden, ausgelassen toll bis gegen 1 Nachts« (1. September 1777). Ein andermal: »Abends die Weiber, getanzt von 6 bis Morgends 3« (8. September). Schon das Jagen – Goethe hat es nie gemocht – ist keine Harmlosigkeit, denn das kann mitten durchs reife Korn gehen, da kennen die Herren nichts. Und der Herzog zumindest beläßt es auch nicht nur beim Tanzen mit den »Bauernmaidels«.

Mit Johann Elias Glaser, einem unbeholfenen, etwas eitlen Kaufmann aus Stützerbach, werden kindische, ja ausgesprochen grausame Scherze getrieben. Der Mann fühlt sich immer hochgeehrt, wenn ihn der Herzog mit seinen Freunden besucht, und läßt auffahren, was Küche und Keller bieten. Bedankt aber findet er sich mit gewalttätigen Streichen. Einmal werden ihm Fässer und Kästen aus dem Warengewölbe getragen und den Berg hinabgekollert. Dem Porträt des Hausherrn schneidet Goethe das Gesicht weg und steckt unter großem Hallo sein eigenes hindurch. Mal findet man Glaser schlafend im Backtrog, übergießt ihn mit Milch und knetet ihn wie einen Teig, mal wird er bis zum Hals in einer Grube verscharrt. Nur einmal geht so ein Streich daneben. Da hatte man Glaser eine tote Katze ins Butterfaß gesteckt und erhält beim nächsten Besuch auf die Frage, wie die Butter geschmeckt habe, von Frau Glaser zur Antwort: »Ja, dos weß ich net, die han' ma an'n Weimarer Hof geliefert!«

Manches, was über den Herzog und Goethe kursiert, ist sehr subjektiv gefärbt. »Das Ganze teilt sich in zwei Parteien«, klagt Seckendorff, »von denen die des Herzogs die geräuschvolle, die andere die ruhige ist. Man läuft, jagt, schreit, peitscht, galoppiert in der ersten und, sonderbar genug, bildet man sich ein, es mit Geist zu tun, und zwar wegen der Schöngeister, die daran teilnehmen.« (An seinen Bruder, 15. Februar 1776) Die Beschreibung mag im Kern sogar richtig sein, stammt aber von einem Mann, der von Carl August nach Weimar geholt wurde und bald tief enttäuscht ist. Eine Legationsratsstelle sollte er bekommen – aber die hat der Herzog nun schon an Goethe vergeben. Jahrelang leistet Seckendorff Beachtliches für die höfische Geselligkeit, immer in der Hoffnung, daß es sich auch einmal für ihn lohnen werde. Doch vergeblich.

1781 gehört Goethe jedenfalls mit Sicherheit nicht mehr zur geräuschvollen Partei. »Der Herzog ist vergnügt und gut«, schreibt er an Charlotte, »nur find ich den Spas zu theuer, er füttert 80 Menschen in der Wildniss und dem Frost, hat noch kein Schwein, weil er im freyen hetzen will, das nicht geht, plagt und ennuirt die seinigen, und unterhält ein Paar schmarutzende Edelleute aus der Nachbaarschafft die es ihm nicht dancken. Und das alles mit dem besten Willen sich und andre zu vergnügen. Gott weis ob er lernen wird, daß ein Feuerwerck um Mittag keinen Effeckt thut.« (10. Dezember 1781)

In den ersten Jahren, die Goethe in Weimar lebt, verbreiten sich jedenfalls die tollsten Gerüchte und um so toller, je weiter ihre Verbreiter von Weimar entfernt sind. Den Höhepunkt bildet die Auseinandersetzung mit Klopstock aus Hamburg. Der mahnt Goethe nachdrücklich, etwas dagegen zu tun, daß sich der Herzog »ferner bis zum Krankwerden betrinkt«. Goethes Reaktion: »Verschonen Sie uns ins Künftige mit solchen Briefen, lieber Klopstock! Sie helfen nichts, und machen uns immer ein paar böse Stunden [...] Glauben Sie, daß mir kein Augenblick meiner Existenz überbliebe, wenn ich auf all' solche Briefe, auf all' solche Anmahnungen antworten sollte.« (21. Mai 1776) Der Briefwechsel bedeutet das Ende ihrer Freundschaft, und sein Inhalt findet noch lange Widerhall in den Briefen Dritter. Johann Heinrich Voß aus dem norddeutschen Wandsbeck weiß es übrigens im Sommer ganz genau: »Es geht da schrecklich zu. Der Herzog läuft mit Goethen wie ein wilder Pursche auf den Dörfern herum; er besäuft sich und genießet brüderlich einerlei Mädchen mit ihm.«

Am ehesten dürfen wir wohl Wieland Glauben schenken, weil er die Dinge von nahem – und wohlwollend! – sieht. »Überhaupt, mein Lieber«, schreibt er im Herbst an Gleim, »glauben Sie von allem Bösen, was die Dame Fama von Weimar und dem Herzog und Goethen und der ganzen Wirtschaft aus ihrer schändlichen Hintertrompete in die Welt hineinbläst, *kein Wort!*«

Mit den Jahren kann der Klatsch Weimars Ruf als Musensitz nicht länger verdunkeln. Zu groß ist die Leistung derer, die ihn befördern, und das gesellige Treiben bei Hofe so einfallsreich und lebendig, daß es immer wieder die Bewunderung auf sich zieht. Und heute, da das Organisieren von Unterhaltung überwiegend an die Massenmedien delegiert ist, beeindruckt uns, wieviel Fleiß und Phantasie zu Goethes Zeit an ihre Vorbereitung gewendet wurde.

Das Theaterspielen war besonders beliebt. Nachdem beim Brand des Schlosses 1774 auch das kleine Schloßtheater in Schutt und Asche gefallen war und die Berufsschauspieler Weimar verlassen hatten, bildeten sich kleine Gruppen, die mit Selbstinszeniertem auftraten. Diese Laienensembles führten auf, was ihnen auch als Zuschauer am meisten Spaß machte: Lustspiele, Ballette, Operetten, Maskeraden. Zunächst blieben Aristokraten und Bürger unter sich, aber die Gruppen mischten sich, bald nachdem Goethe aufgetaucht war.

Schon im Februar 1776 spielt er in einem der Stücke mit, und im Juni geht sein Singspiel »Erwin und Elmire« über die Bühne. Die Musik dazu stammt von Anna Amalia, die als geistiger Motor hinter allem steht. Der Handelsherr und Schriftsteller Friedrich Justin Bertuch, der die Kasse des Herzogs verwaltet, übernimmt jeweils die Finanzierung eines Stückes und verkörpert besonders gern die komischen Rollen. Auch Luise von Göchhausen liebt das Lustige und kann wunderbar die böse Alte mimen. Prinz Constantin spielt meist die sanften Liebhaber und Goethe die stürmischen (ohne dabei, wie es heißt, eine gewisse Steifheit ablegen zu können). Die Freiherren Seckendorff und Einsiedel gelten als vielseitig einsetzbar, nicht zuletzt als Komponisten und Textbearbeiter.

»Meine Schriftstellerey subordinirt sich dem Leben«, schreibt Goethe zu Pfingsten 1780 an Kestner. »Geschrieben liegt noch viel, fast noch einmal so viel als gedruckt, Plane hab ich auch genug, zur Ausführung aber fehlt mir Sammlung und lange Weile. Verschiednes hab ich für's hiesige Liebhaber Theater, freylich meist Conventionsmäsig ausgemünzt.«

Konventionelle Arbeiten dieser Art liefert er jetzt zu allen möglichen Anlässen. Manches wird für die fürstlichen Geburts- und Ehrentage geschrieben und muß dementsprechend fast immer unter großem zeitlichem Druck entworfen und inszeniert werden. Viele dieser Spiele stecken voller Anspielungen, so daß sie in ihrer ganzen Bedeutung heute kaum noch zu verstehen sind. Das Singspiel »Lila« zum Beispiel, geschrieben für den Geburtstag der Herzogin Louise am 30. Januar 1777, soll dem jungen Paar zu einem Zeitpunkt den Spiegel vorhalten, als es schon große Schwierigkeiten miteinander hat. Als Doktor Verazio verkleidet, sagt Goethe mit deutlichem Bezug auf sein eigenes Selbstverständnis: »Jeder, der in sich fühlt, daß er etwas Gutes wirken kann, muß ein Plaggeist sein. Er muß nicht warten, bis man ihn ruft; er muß nicht achten, wenn man ihn fortschickt.«

Meist aber sind die Spielinhalte von harmloser Art. Goethe macht sich über Naturschwärmerei und die überspannte Aufnahme von Literatur lustig (»Der Triumph der Empfindsamkeit«, 1778), oder er bringt närrisches Volkstreiben im Stile von Hans Sachs auf die Bühne (»Das Jahrmarktsfest von Plundersweilern«, Neufassung 1778). Inspiriert von der Romantik des Tiefurter Parks, führt er dort 1782 das Singspiel »Die Fischerin« auf. Bei der Aufführung sitzt das Publikum mit dem Blick auf die nächtliche Ilm. Auf den Moment, wenn der Chor die vermeintlich ertrunkene Titelheldin zu suchen beginnt (»Und brennet Fackeln / Und Feuer an!«), ist, wie Goethe später in einer Fußnote der Buchausgabe vermerkt, »die Wirkung des ganzen Stückes berechnet [...] In dem gegenwärtigen Augenblick sah man erst Fackeln sich in der Nähe bewegen. Auf mehreres Rufen erschienen sie auch in der Ferne; dann loderten auf den ausspringenden Erdzungen flackernde Feuer auf [...] Selten hat man eine schönere Wirkung gesehen.«

Selten hat man wohl auch eine größere Schauspielerin in der Hauptrolle erlebt, denn seit November 1776 gehört Corona Schröter dem Ensemble als einzige professionelle Künstlerin an. Goethe hat die schöne Sängerin mit der zarten, aber eindrucksvollen Stimme schon während seiner Leipziger Zeit auf der Bühne erlebt und jetzt nach Weimar verpflichten können. Sie läßt die Herzen der Männer höher schlagen, und Goethe, Carl August und Einsiedel verlieben sich der Reihe nach in die attraktive und kluge Frau. Das damals aufgeführte Singspiel ist heute längst vergessen, nicht aber eine darin enthaltene Ballade, die nachmals noch häufig vertont wurde, zuerst aber von der Schröter selbst: »Der Erlkönig«.

Und einmal zumindest entspringt der allgemeinen Liebhaberei auch ein Drama der Weltliteratur: Am Osterdienstag 1779 wird – mit Corona Schröter und Goethe in den Hauptrollen – die frühe, die Prosafassung der »Iphigenie« uraufgeführt.

Von 1781 bis 1784 macht allen das von Anna Amalia herausgegebene »Journal von Tiefurt« viel Spaß, eine Literaturzeitschrift in jeweils elf Exemplaren, durch Kopisten und einige Weimarer Gymnasiasten von Hand vervielfältigt. Nicht nur Goethe, Herder und Wieland steuern das Jüngste aus ihrer Produktion bei, sondern auch Hofmitglieder – und es bleibt bis heute staunenswert, wie hoch das Niveau vieler Dichtungen und Übersetzungen war.

Zu den geselligen Veranstaltungen in Weimar gehören auch die Leseabende bei Anna Amalia im Wittumspalais. »Bei der Herzogin-Mutter wird gewöhnlich Montags gelesen«, schreibt Herder 1791 an Knebel. »Einige Shakespearesche Stücke, Lessings ›Nathan‹ und ›Emilia Galotti‹, Goethes ›Iphigenie‹ und ›Tasso‹.« Der Maler Georg Melchior Kraus hat um 1795 einen solchen Leseabend als Aquarell festgehalten. Neben anderen zeigt das Bild links Goethe und Einsiedel (mit den Rücken zum Betrachter), in der Mitte Anna Amalia, rechts

9 Abendgesellschaft bei Anna Amalia.
Aquarell von Georg Melchior Kraus, 1795

außen den fülligen Herder und halb vor ihm Luise von Göchhausen.

Im Sommer 1777 kommt Johann Wilhelm Ludwig Gleim zu Besuch nach Weimar, wird abends in die Runde eingeladen und bringt als geselligen Beitrag den neuesten Göttinger Musenalmanach mit, aus dem er einiges vorliest. Später bietet ein Unbekannter an, ihn beim Vorlesen abzulösen, damit er nicht ermüde, und Gleim geht auf das freundliche Angebot ein. Anfangs scheint alles gutzugehen. »Auf einmal aber war es, als ob den Vorleser der Satan des Übermutes beim Schopfe nehme [...] Er las Gedichte, die gar nicht im Almanach standen, er wich in alle nur mögliche Tonarten und Weisen aus. Hexameter, Jamben, Knittelverse, und wie es nur immer gehen wollte, alles unter- und durcheinander, wie wenn er es nur so herausschüttelte. ›Das ist entweder Goethe oder der Teufel!‹ rief ich Wieland zu, der mir gegenüber am Tische saß. – ›Beides‹, gab mir dieser zur Antwort; ›er hat einmal heute wieder den Teufel im Leibe; da ist er wie ein mutiges Füllen, das vorn und hinten ausschlägt, und man tut wohl, ihm nicht allzu nahe zu kommen.‹«

Über das erhitzt Genialische des Sturm und Drang und derer, die ihn leben, wird damals viel geredet. Wieland kann, wo er Leistung erkennt, auch befremdliche Äußerungen tolerieren. Gleim geht da schon mehr auf Distanz. Klopstock aber gerät, wenn von Genies die Rede ist, regelmäßig aus der Fassung. In seinen Augen mißbrauchen sie die Sprache »bis zu des Gedankens Verzerrung« (88. Epigramm der »Sämmtlichen Werke«). Aber selbst der blitzgescheite Göttinger Physikprofessor Lichtenberg, dessen »Sudelbücher« ihn nach seinem Tod als einen der geistreichsten Köpfe Deutschlands ausweisen, schätzt die »Genie-Flegelei« nicht: »Die Leute können nicht begreifen, wie es Menschen geben könne, die das sogenannte Weben des Genies in den Wolken, wo ein glühender Kopf halbgare Ideen auswirft, für Possen halten können, ja wie man so grausam sein könne und ganze Kapitel voll schöner Ausdrücke nicht so hoch achtet als ein Senfkorn von *Sache*.« Ihm sind die vom Werther-Fieber Befallenen deshalb suspekt, »weil man solche Schafengel brauchen kann, wozu man will«.

Aber auch von einem der besten Männer des inneren »Sturm und Drang«-Kreises kommt bald tiefempfundene Kritik. Jakob Michael Reinhold Lenz setzt dem hohnvoll-stolzen

Übermut eines »Prometheus« schon zur Zeit von Goethes Umsiedlung nach Weimar die Worte entgegen: »Lebt wohl große Männer, Genies, Ideale, euren hohen Flug mach ich nicht mehr mit, man versengt sich Schwinge und Einbildungskraft, glaubt sich einen Gott und ist ein Tor.«

Indessen entwickelt sich Goethe selbst am raschesten von den Geistern fort, die er mit gerufen hat. Deshalb werden die Beziehungen zu vielen Bekannten von früher bald schwächer oder hören ganz auf. Am besten geht es zunächst noch mit Herder. Goethe findet sich von ihm gefördert und zu weiterer Entwicklung gedrängt, nimmt auch selber teil am Entstehen der neuen Schriften des Freundes, vor allem an den »Ideen zur Philosophie der Geschichte der Menschheit«.

Anders verhält sich die Sache mit Lenz. Der empfindsam Ungeduldige und geistreich Vorlaute rückt unvermutet am 3. April 1776 an. Er hofft, bei Freund Goethe Ruhe und eine gesicherte Unterkunft zu finden. Anfangs scheint die Sache noch gutzugehen. »Sie werden das kleine wunderliche Ding sehen und ihm gut werden«, schreibt Goethe etwas gönnerhaft an Frau von Stein. Aber die Dinge spitzen sich schnell zu, und am 1. Dezember wird Lenz wegen einer Sache des Landes verwiesen, die bis auf den heutigen Tag nicht recht geklärt ist, eins aber klarmacht: wie kompromißlos Goethe unter Umständen bereit ist, mit seiner Vergangenheit zu brechen.

Maximilian Klinger kommt auch, hofft auf Anstellung und zieht unverrichteter Dinge weiter. Goethe fühlt sich in seiner Nähe nicht mehr wohl, »ich hab's ihm gesagt, darüber er außer sich war und's nicht verstund und ich's nicht erklären konnte«. Mercks Besuch 1779 geht gut, weil seine Gegenwart »nur wenige dürre Schalen abgestreift und im alten Guten mich befestigt« hat. Aber mit den Jahren wird auch der Briefwechsel mit ihm distanzierter. Als Merck 1788 ein geschäftliches Desaster erlebt und, wie er schreibt, »physisch und moralisch zugrunde gerichtet« ist, antwortet Goethe in seltsam unpassendem Tonfall: Der Brief an ihn werde Merck gewiß Erleichterung verschafft haben, er solle also ruhig »manchmal« wiederschreiben. »Lebe wohl, ich bin zufrieden und vergnügt.«

Der Briefwechsel jener ersten zehn Jahre – Goethe schreibt in diesem Zeitraum weit über 2000 Briefe! – zeigt herzliches

Interesse gegenüber neuen Gesprächspartnern, während der Kontakt zu vielen alten deutlich abkühlt. Im Mai 1777 schreibt Schlosser in einem Brief an Merck, sein neuer Wahlspruch sei »Never to be hot on a cold subject« (Kaltem nie in Hitze gegenübertreten). Drei Zeilen später wendet er ihn auf ein solches »cold subject« an: »Goethe hat mir neulich durch seinen Bedienten schreiben lassen, ohne nur ein ›Grüß Dich Gott‹ beizusetzen. Das Ding hat mich anfangs entsetzlich geärgert und im Ernst geschmerzt. Nun fühl' ich's nicht mehr! Er war innig von mir geliebt, er hat mich aber vorbereitet, erstaunlich gleichgültig gegen ihn zu sein.«

Auch wenn die eigene Mutter etwas von ihrem Sohn hören will, muß sie zumeist auf Briefe Philipp Seidels hoffen. Später schreibt ihr Charlotte von Stein und noch später Goethes Frau Christiane. Dieses Distanzwahren befremdet noch heute, scheint aber wohl zuzeiten lebenswichtig für Goethe gewesen zu sein. Dieser hocheigenartige Mensch hat geradezu hellsichtig gespürt, wann der Zeitpunkt für eine Fort- und Weiterentwicklung gekommen war. Dann hat er groß aufgeräumt, weggeworfen »und alle alten Schaalen verbrannt«; ist in Krankheiten gestürzt und als ein Neuer, Gereifter aus ihnen hervorgegangen; hat sich um neue Menschen und Ideen bemüht.

Am 26. November 1776 findet sich in Goethes Tagebuch nur die ominöse Bemerkung: »Lenzens Eseley.« Am 1. Dezember verweist der Herzog Lenz des Landes und reist am darauffolgenden Tag mit Goethe nach Wörlitz und Dessau. Daß der Vorfall unterschiedlich bewertet wird, ist gewiß. Anna Amalia, die Göchhausen, Einsiedel und der junge Kalb, vermutlich sogar Charlotte von Stein haben sich für Lenz verwendet, Herder und Wieland bleiben ihm gewogen. Goethe aber empfindet, was geschehen ist, als so bedrohlich, daß er seine nicht von jedermann akzeptierte Reaktion darauf mit einem Brief an Einsiedel verteidigt, der gewaltsam energisch wirkt: »Lenz wird reisen. Ich habe mich gewöhnt bey meinen Handlungen meinem Herzen zu folgen und weder an Misbilligungen noch an Folgen zu dencken. Meine Existenz ist mir so lieb, wie jedem andern, ich werde aber just am wenigsten in Rücksicht auf sie irgend etwas in meinem Betragen ändern.« Und an Charlotte schreibt er: »Die ganze Sache reisst so an meinem innersten, dass ich erst dadran wieder spüre dass es tüchtig ist und was aushalten kann.«

Kann es aber wohl doch nicht, denn vier Wochen später geht es ihm so schlecht, daß er den Arzt Hufeland ruft. Einmal mehr revoltiert sein Körper gegen die Anspannung der Nerven. Danach scheint die Krisis überwunden. »Ich soll wohl mit den Menschen spür ich sobald noch nicht auseinander kommen.« Aber auf den »verhaßten Gegenstand« Lenz darf man noch im Alter (wie einem Brief Hufelands aus dem Jahre 1816 zu entnehmen ist) nicht zu sprechen kommen. Was mochte nur der Anlaß für diese heftige Abneigung sein?

Mittlerweile sind als Antwort zahlreiche gutbegründete Theorien entwickelt worden, die überraschenderweise gemeinsam haben, daß sie sich eher ergänzen als ausschließen. Darum ist der Schluß erlaubt, daß die »Eseley« für Goethe wahrscheinlich nur der zündende Funke an einem ganzen Paket schwelender Konflikte war. Es wird grundsätzliche Unterschiede zwischen den künstlerischen Ansichten der beiden gegeben haben. Mit einem »Pasquill«, einer Spottschrift also, hatte Lenz seinen ehemaligen Mitstreitern vom Frankfurter Sturm und Drang ja schon im Sommer 1776 erklärt, er wolle es ihnen »sauer machen«. Goethes Entwicklung vom »Götz«-Dichter zum Laienspielautor ist Lenz, wie das satirische Dramenfragment »Der Tod der Dido« nahelegt, ein Dorn. Er mokiert sich darin über den Versuch eines Adligen, mit dilettantischen Mitteln ein Stück auf die Beine zu stellen. Lenz hätte es wohl ohnehin am liebsten gesehen, wenn Goethe den mutmaßlichen Frivolitäten bei Hofe entsagt und wieder der parnaßerstürmende Titan der Straßburger Tage gewesen wäre. Naheliegend wäre auch, daß sich der denkbar undiplomatische Lenz über einen Bereich politischer Arbeit geäußert hat, auf dem Goethe gerade heikle Arbeit leistete. Und mit Sicherheit ist Goethe eifersüchtig, seitdem Lenz als Englischlehrer in Kochberg mehr Erfolg hat als er selber. »Die Frau von Stein findet meine Methode besser *als* die Deinige.« Goethe an Charlotte: »Von mir hören Sie nun nichts weiter, ich verbitte mir auch alle Nachricht von Ihnen oder Lenz.« Wenn man sich allerdings einmal die Frage stellt, was Goethe wohl zum damaligen Zeitpunkt am peinlichsten gewesen wäre, dann drängt sich unweigerlich die Überlegung auf, Lenz habe eine taktlose

Bemerkung über Goethes Verhältnis zu Charlotte von Stein oder Cornelia gemacht.

Nur fünf Tage vor der »Eseley« war Goethes Spiel »Die Geschwister« uraufgeführt worden. Darin liebt Marianne Wilhelm, von dem sie aber auf Grund der Vorgeschichte glauben muß, er sei ihr Bruder. Die pikante Figurenkonstellation erlaubt es Goethe, einen ihn belastenden inneren Konflikt, nämlich die halb bewußte Liebe zu seiner eigenen Schwester, wenigstens auf der Bühne zu lösen. Auch ist der ehedem leichtsinnige Wilhelm von einer Charlotte zu Selbstzucht und verantwortlichem Handeln geführt worden. Diese Frau wird überdies mit einem Brief zitiert, von dem die Forschung heute annimmt, daß es sich um ein authentisches Schreiben der Frau von Stein handelt: »Die Welt wird mir wieder lieb [...] Vor einem halben Jahr war ich so bereit zu sterben, und bin's nicht mehr.«

Vor-Bilder also in Fülle, und wenn wir davon ausgehen, daß ein scharfsichtiger, höchste moralische Maßstäbe anlegender, leider aber auch etwas klatschhaft veranlagter Mensch wie Lenz sich ungeachtet der Glätte des höfischen Parketts allzu deutlich über Leute geäußert hat, die sich allesamt gut kennen, scheint Goethes Erregung zumindest nachvollziehbar. Er muß ihn sogar dezent gewarnt haben, wie aus einem Brief von Lenz an Herder hervorgeht (»Hätt ich nur Goethens Winke eher *verstanden*. Sag ihm das«). Und gewiß wollte ihn Lenz nicht kränken. Aber noch nie hat die eigentliche Absicht das Verhalten von Gekränkten bestimmt, sondern immer die Auswirkung – und sei es auch nur eine befürchtete.

Lenz bleibt auch nach der Weimarer Episode, der er schon vorher war: ein Unbehauster und Leidender. Er schreibt mit dem »Waldbruder« ein »Werther«-Pendant, hinter dessen Gestalten sich unschwer Personen der Weimarer Hofgesellschaft entdecken lassen: Rothe = Goethe, Herz = Lenz, Honesta = Frau von Stein, Frl. Schatouilleuse = Louise von Göchhausen. Mag sein, daß sich für den Literaturdetektiv hier noch mancher Hinweis für eine endgültige Aussage über die »Eseley« entdecken läßt. Lenz reist durch die Lande, immer wieder von schweren psychischen Zusammenbrüchen bis hin zum endlichen Wahnsinn gequält. Alle Versuche, sich eine Existenz zu verschaffen, scheitern. 1792 bricht er in Moskau auf offener Straße zusammen und stirbt.

Der kleine Livländer muß Goethe ungewollt die verdrängte Tatsache vor Augen geführt haben, daß er selbst nicht mehr die reinen, ungeschützt steilen Träume seiner Jugend weiterträumte. Der Weimarer Weg des Herrn Ministers verläuft jetzt so ganz anders, als es sich der junge Poet und seine Freunde einst vorgestellt haben mochten. Zu Goethes gern gebrauchten Begriffen avancieren Worte wie Pflicht, Muß, Streben, Wirken, Stetigkeit. »Das Muß ist oft hart«, schreibt er einem Mann, um dessen Erziehung er sich jahrelang kümmern wird, »aber beim Muß kann der Mensch allein zeigen wie's inwendig mit ihm steht. Willkürlich leben kann jeder.« – Indessen kann man recht haben und trotzdem nicht glücklich sein damit.

Der ältere Goethe braucht sich eigentlich wegen seiner Entwicklung vor niemandem zu schämen, aber vor einem tut er es doch: vor dem jüngeren Goethe. Und der blickt ihn am deutlichsten aus den Augen jenes Mannes an, den eine ungerechte Literaturgeschichtsschreibung später den »Affen Goethes« genannt hat: Jakob Michael Reinhold Lenz.

In seiner Beziehung zu Charlotte von Stein begegnet uns wieder der andere Goethe, der anpassungsfähig, ja hingebungsvoll und leidensbereit sein kann. Dabei trennen die beiden eigentlich Welten. Er ist ein gutaussehender, vielversprechender Patriziersohn von einigem Vermögen, sie eine sieben Jahre ältere, von sieben Schwangerschaften körperlich erschöpfte Adlige mit vergleichsweise geringem Besitz und bescheidenem Einkommen. Goethe – ein ungebärdiger Feuerkopf, die Stein – eine zurückhaltende, nicht selten gefühlskalt gescholtene Dame. Aber es stellt sich heraus, daß sie das auf ihre je eigene Art brauchen, diese Distanz und Nähe, diese Beruhigung und Spannung. Und was schon viele Liebesbeziehungen hat erkalten lassen, gereicht dieser wunderbarerweise zu jahrelanger Stabilisierung: Die Stein hat das ausgeprägte Bedürfnis, Goethe zu erziehen. Sie tadelt seine Umgangsformen, fordert Haltung, legt das Du auf die Goldwaage. Und sie verwehrt erotische Erfüllung.

Spätere Generationen haben gerade über den letzten Punkt ihre Spekulationen angestellt. Im Zeitalter des Pietismus waren »Seelenfreundschaften« noch ein durchaus vertrauter Begriff, der nichts Zweideutiges hatte; auch am Weimarer Hof gab es muntere Amouren ebenso wie platonische Beziehungen zwischen den Geschlechtern. Doch muten letztere in unserer Zeit eher befremdlich an, weshalb denn immer wieder versucht wird, mehr und anderes dahinter zu entdecken. Für Goethe aber war die Liebe, wie Charlotte sie gewährte, ein Jahrzehnt lang genau das, was er zu seiner Reifung gebraucht zu haben scheint. Es beginnt mit dem Zurechtstutzenlassen seiner rauhen Umgangsformen auf höfisches Format, entwikkelt sich dann aber zu einer Selbstzucht, die er niemandem sonst zuliebe aufgebracht hätte. »Die Stein hält mich wie ein Korkwams über Wasser, daß ich mich auch mit Willen nicht ersäufen könnte«, schreibt der immer wieder von inneren Tumulten Heimgesuchte an Freund Knebel.

Wollte man Goethes bisherige Liebesverhältnisse als eine Schule der Frauen betrachten, ließen sich die »Lehrinhalte« vielleicht so beschreiben:

– *Gretchen* vermittelt Goethe eine erste Ahnung von der Anziehung des anderen Geschlechts. Sie lockt ihn sozusagen an die magische Grenze heran.
– *Käthchen* verursacht im Jüngling eine ungelenk-unreife Liebe, durch die er in ein völliges Durcheinander von Entzückungen und Eifersüchteleien gerät.
– Erst für *Friederike* empfindet er eine wirklich tiefgehende Zärtlichkeit. Zugleich aber spürt er, daß sich daraus bei fortgesetzter Beziehung eine Bindung ergeben würde, der er sich noch nicht gewachsen fühlt.
– Ganz anders verläuft die Begegnung mit *Charlotte Buff*. Obwohl auch hier am Ende wieder die Flucht steht, hat er diesmal, anders als in Sesenheim, Schuld noch rechtzeitig vermieden.
– Sein Verhältnis zu *Lili* darf als erste große Liebe gelten. Wieder gerät er in Gefahr, sich selbst zu verlieren, und begegnet dem mit einem radikalen Orts- und Alltagswechsel.
– Die Liebe zu *Charlotte von Stein* schließlich erlaubt ihm, weil körperliche Erfüllung von vornherein verwehrt bleibt, alle Register seines Empfindungslebens ihr gegenüber zu ziehen – und damit zu üben: vom flammenden Gefühlsausbruch bis zur äußersten Zurückhaltung, von fröhlicher Koketterie bis zur Äußerung der tief empfundenen Vorstellung, auf eine besondere Weise tatsächlich mit ihr verheiratet zu sein.

Es ist schon oft darauf hingewiesen worden, welch tiefes Verständnis Goethe für Frauen gehabt habe. In seinen Dramen und Romanen finden wir weiche Männer und starke Frauen, und sie entsprachen mit Sicherheit weniger dem zeitgenössischen Geschlechterverständnis als Goethes Vorstellung von dem, was einen ganzen Menschen ausmache. Und sicher haben Frauen gespürt, wieviel von ihrem ureigenen Wesen auch in Goethe lebte – und ihn dafür geliebt.

Fast 2000 Briefe hat er an Charlotte von Stein geschrieben. Als sie 1848 veröffentlicht werden, verändern und bereichern sie das damalige Bild des Dichters ganz gravierend. Vor allem für das erste Weimarer Jahrzehnt kommt ihnen ebenso große Bedeutung zu wie später für das klassische Jahrzehnt der Briefwechsel mit Schiller und für den alten Goethe der mit dem Musiker Karl Friedrich Zelter. Während freilich die beiden Letztgenannten sozusagen Dialoge sind, können wir in den Briefen an Charlotte die Partnerin nur noch indirekt hören. Nach dem Bruch der Beziehung hat sie ihre Briefe zurückverlangt und vernichtet. Das danach Geschriebene macht den geringsten Teil aus und ist auch nicht mehr typisch für den Tonfall der ersten Jahre.

Schon bevor sie sich kennenlernen, hören Goethe und Frau von Stein voneinander. Die gebildete Hofdame hat den »Werther«, »Götz«, »Clavigo« gelesen und korrespondiert mit dem seinerzeit berühmten Arzt Johann Georg Zimmermann. Dieser zeigt Goethe bei seinem zweiten Straßburger Besuch eine Silhouette Charlottens und bittet ihn, sie im Sinne der Lavaterschen Physiognomie zu deuten. Die Antwort: »Es wäre ein herrliches Schauspiel zu sehen, wie die Welt sich in dieser Seele spiegelt. Sie sieht die Welt, wie sie ist, und doch durchs Medium der Liebe. So ist auch Sanftheit der allgemeine Eindruck.« Zimmermann schreibt's der Stein am 22. Oktober 1775 und fügt noch hinzu: »Meiner Meinung nach hat man noch nie eine Silhouette mit mehr Genie beurteilt, noch hat man von Ihnen, Madame, mit mehr Wahrheit gesprochen.«*

Goethe selber schreibt Lavater ein paar Tage später für den zweiten Teil seiner »Physiognomischen Fragmente« Parallelkommentare zu den Silhouetten von Frau von Stein und der

---

* Im Original französisch.

10 Carlotte von Stein. Schattenriß

Marquise Branconi, die eine Schönheit ihrer Zeit und die Geliebte des Erbprinzen von Braunschweig ist. Die Wesenszüge der Stein und der Branconi sind komplementär angeordnet. Und notiert er – aufs Erotische bezogen – bei dieser: »siegt mit Pfeilen«, so bei jener: »siegt mit Nezzen«. Anders gesagt: Wo bei der Branconi Amor den Geliebten jäh trifft, hält die Stein ihn durch »nachgiebige Festigkeit«. Das hat alles so viel Wahrheit, daß man schon wieder an die ganze »Lavaterei« glauben möchte.

Aus Charlottes Briefen an Zimmermann geht hervor, daß sie anfangs immer wieder sehr unzufrieden mit Goethe war. »Ich habe erstaunlich viel auf meinen Hertzen daß ich den Unmenschen sagen muß«, schreibt sie am 8. März 1776 empört. »Es ist nicht möglich mit seinen Betragen kömt er nicht durch die Welt.« Auf einmal meine der Herzog, daß Manieren und Ehrlichkeit einander ausschlössen, »daher er auch niemanden mehr leiden mag der nicht etwas ungeschliffnes an sich hat. Das ist nun alles von Goethen von den Menschen der vor tausende Kopff, und Hertz hat, der alle Sachen so klar ohne Vorurtheile sieht so bald er nur will der über alles kan Herr werden was er will. Ich fühls Goethe und ich werden niemahls Freunde; auch seine Art mit unßern Geschlecht umzugehn gefält mir nicht er ist eigendlich was man *coquet* nent es ist nicht Achtung genug in seinen Umgang.« – Viel Auf und Ab in wenigen Zeilen, und der folgende Satz hebt das zuletzt Gesagte abermals auf: »Zerreißen Sie meinen Brief, es ist mir als wenn ich eine Undanckbarkeit gegen Goethen damit begangen hätte.« Sie scheint sich zu diesem Zeitpunkt ihrer Gefühle keineswegs mehr sicher zu sein und ist sichtlich um Fassung bemüht. Aber auch seine Gefühle befinden sich wieder einmal in Aufruhr, wie schon der Wechsel der Anrede zeigt: »Wenn's Ihnen einmal so ist schreiben Sie mir doch mein Gedicht ab, ich habs nicht mehr, möchts von deiner Hand – sollst auch Ruh vor mir haben.« (16. April 1776)

Charlotte hat Goethe zu einigen seiner schönsten Gedichte beflügelt, wobei übrigens die von ihm zum Druck bestimmten Fassungen nicht annähernd die gleiche Intensität besitzen wie jene, die er seinen Briefen spontan beigibt. Am berühmtesten sind »Rastlose Liebe«, »Wandrers Nachtlied« und »An den Mond« geworden. Biografisch am aufschlußreichsten ist das große Briefgedicht vom 14. April 1776, in dem er fragt:

> Sag', was will das Schicksal uns bereiten?
> Sag', wie band es uns so rein genau?
> Ach, du warst in abgelebten Zeiten
> Meine Schwester oder meine Frau [...]

Vier Tage zuvor hat er Wieland, der ihn vor einer allzu heftigen Beziehung zu Charlotte warnt, geschrieben: »Ich kann mir die Bedeutsamkeit – die Macht, die diese Frau über mich hat, anders nicht erklären als durch die Seelenwanderung. Ja, wir waren einst Mann und Weib! – Nun wissen wir von uns – verhüllt, in Geisterduft.«

Einmal mehr ist hier zu beobachten, wie die Begriffe *Schwester* und *Geliebte* bei Goethe ineinanderfließen. Daß Cornelia und Charlotte unübersehbare Gemeinsamkeiten der Physiognomie, ja der ganzen Konstitution haben, ist auffällig genug.

Das Briefgedicht, das ganz besonders auch die mäßigende Wirkung der Adressatin auf den Dichter würdigt, endet mit Worten, die dem ganz zu widersprechen scheinen: »Glücklich, daß das Schicksal, das uns quälet, / Uns doch nicht verändern mag.« Viereinhalb Jahre später wird er an Merck in Darmstadt schreiben: »Ich richte mich ein in dieser Welt, ohne ein Haar breit von dem Wesen nachzugeben was mich innerlich erhält und glücklich macht.« Auch Charlotte hat also nur heraus-entwickeln können, was als Kern in ihm verborgen liegt, und dankbar ist er seinem Schicksal, trotz aller Beeinflussungen von außen immer zu wissen, wer er im tiefsten Grunde eigentlich ist.

Die Bindung wird immer intensiver. Am 11. März 1781 schreibt Goethe ihr nachts: »Meine Seele ist fest an die deine angewachsen, ich mag keine Worte machen, du weist, daß ich von dir unzertrennlich bin und daß weder hohes noch tiefes mich zu scheiden vermag. Ich wollte daß es irgend ein Gelübte oder Sakrament gäbe, das mich dir auch sichtlich und gesezlich zu eigen machte, wie werth sollte es mir seyn. Und mein Noviziat war doch lang genug um sich zu bedencken.«

Sätze, die Charlotte später, als er eine andere liebt, mit Bleistift unterstrichen hat, als wolle sie Goethe noch einmal an die Worte von damals erinnern. Der Nachwelt ist damit zugleich verraten, daß sie seine Briefe auch Jahre später noch mit großer Bewegtheit gelesen haben muß.

»Es ist mir in deiner Liebe«, schreibt er einmal an Charlotte, »als wenn ich nicht mehr in Zelten und Hütten wohnte als wenn ich ein wohlgegründetes Haus zum Geschenck erhalten hätte, drinne zu leben und zu sterben, und alle meine Besitzthümer drinne zu bewahren.« Von Carl August hat Goethe wirklich ein Haus geschenkt bekommen. Es liegt beim Stern, einem Park am Rande der Stadt. Am 22. April 1776 darf es der Dichter in Besitz nehmen, womit auch eine wichtige Voraussetzung zur Erlangung der Weimarer Bürgerrechte geschaffen ist. Im Alter schreibt er unter eine kolorierte Abbildung:

> Übermütig sieht's nicht aus,
> Hohes Dach und niedres Haus;
> Allen, die daselbst verkehrt,
> Ward ein guter Mut beschert.
> Schlanker Bäume grüner Flor,
> Selbstgepflanzter, wuchs empor.
> Geistig ging zugleich alldort
> Schaffen, Hegen, Wachsen fort.

Goethe liebt das kleine Haus, obwohl es nicht dazu taugt, das ganze Jahr bewohnt zu werden. »Ich kalfatre ietzt Fenster und Thüren«, schreibt er Charlotte nach einer stürmischen Novembernacht 1776, »und will sehn wie lang ich mich gegen die Unbilden der Wittrung halte, und ob sie mich überwältigen.« Bis zu seinem Einzug in das große, repräsentative Haus am Frauenplan wohnt er viel lieber hier als in seiner kleinen Stadtwohnung. Auch später sucht er das Häuschen noch gerne auf. Zunächst bringt er den halb verwilderten Garten in Ordnung, zieht Obst, Gemüse und Blumen, die er in der Folgezeit gern als Geschenk mitbringt.

Das baufällige Haus wird unter seiner Leitung tatkräftig renoviert. Seidel ist jetzt der Mann für alles. Ende 1776 wird ihm der 21-jährige Christoph Erhard Sutor als Diener und Schreiber beigegeben, einen Monat später der 16-jährige Paul Götze, dessen Mutter – sie ist von ihrem Mann verlassen worden – Goethe gleich mit aufnimmt. In der Küche wirkt die alte Dorothee Wagenknecht. Damit steht der junge Herr Minister also schon in seinem ersten Weimarer Jahr einem sechsköpfigen Haushalt vor.

Im Gartenhaus arbeitet er sich durch seine Sitzungsvorlagen und lädt Gäste zu zwanglosem Beisammensein ein. Beileibe nicht nur Erwachsene. Für die Kinder der Familien Stein, Wieland und Herder veranstaltet er draußen Ostereiersuchen. Gelegentlich eines plötzlichen Gewitters dürfen die drei »Grasaffen« der Familie Stein im Häuschen kampieren; bald hat jeder im Garten ein eigenes Beet. Und den jüngsten, Fritz von Stein, nimmt er für einige Jahre ganz zu sich. (»Fritz hat mich vor Vieren geweckt und das neue Jahr herbeigegäckelt«, schreibt er nach dem Jahreswechsel 1778/79 an Charlotte.)

Nachts betrachtet er den Mond mit seinem Teleskop. »Heut Nacht hab ich auf meinem Altan unterm blauen Mantel geschlafen«, schreibt er Charlotte am 19. Mai 1777, »bin dreymal aufgewacht um 12, 2 und 4 und iedesmal neue Herrlichkeit des Himmels um mich.« Der sportliche junge Mann ist viel an der frischen Luft.

> Und ich geh meinen alten Gang
> Meine liebe Wiese lang.
> Tauche mich in die Sonne früh,
> Bad ab im Monde des Tages Müh
> [...]

Goethe gesteht Charlotte am 3. November (!) 1776, er sei am Abend zuvor »noch in's Wasser gestiegen und habe den Alten Adam der Phantaseyen ersäuft«. Und in seinem Tagebuch finden sich immer wieder Eintragungen, die belegen, daß er zu allen Jahreszeiten in der Ilm badet. Und wenn sie zugefroren ist, wird Schlittschuh gelaufen; er war es, der diesen neuen Sport in Weimar eingeführt hat. »Ich habe heute früh schon meine traurig stockenden Geister im Schnee gebadet, ich denke, das soll ihnen frische Sinne geben« – wer das schreibt, ist kein Stubenhocker.

Das schlichte Arbeitszimmer des Gartenhauses wird für sechs Jahre die Werkstatt des Dichters. Hier beginnt Goethe im Februar 1777 seinen zweiten Roman, »Wilhelm Meisters theatralische Sendung«, den er bis 1786 fortsetzt, um ihn dann erst einmal aufzugeben. Als er sich unter dem Einfluß seiner Italienreise und der Französischen Revolution 1794 den alten Plan wieder vornimmt, wird ein ganz anderes Buch daraus – statt eines Theaterromans ein Entwicklungs- und Bildungsroman. Auch die Prosa-»Iphigenie« wird zu großen Teilen im Gartenhaus geschrieben, und immer wieder nimmt er sich auch den in Frankfurt begonnenen »Egmont« vor. Ende März

1780 ist dann erstmals von einem Dramenplan mit dem Titel »Torquato Tasso« die Rede. Und nicht zuletzt entstehen hier die Verse an Lida, wie er Charlotte in den ihr gewidmeten Gedichten nennt.

Es ist also keine so schöpfungsarme Zeit, wie immer wieder – und nicht zuletzt vom alten Goethe selber – behauptet worden ist. Er braucht nur Ruhe, und die verschafft sich der Vielgefragte, der überraschende Besuche nicht liebt, mit einem rigorosen Mittel. Wieland an Merck: »Und zu ihm zu kommen, wiewohl unsre Domänen eben nicht sehr weit voneinander liegen, ist auch keine Möglichkeit, seitdem er beinahe alle Zugänge barrikadiert hat. Denn alle nähere Wege zu seinem Garten gehen über die Ilm und teils durch eine ehemals öffentliche Promenade, der Stern genannt, teils über eine herrschaftliche Wiese. Nun hat er zwar pour faciliter la communication [um die Verbindung zu erleichtern] im vorigen Jahre drei bis vier Brücken über die Ilm machen lassen; aber, Gott weiß warum, sie sind mit Thüren versehen, die ich, sooft ich noch zu ihm dringen wollte, verschlossen angetroffen habe. Da man nun nicht anders zu ihm dringen kann als mit einem Zug Artillerie oder wenigstens mit ein paar Zimmerleuten, die einem die Zugänge mit Äxten öffnen, so ist ein gemeiner Mann wie unsereiner gezwungen, das Abenteuer gar aufzugeben und in seinem Eignen zu bleiben.« (12. April 1778) Der Herzog freilich und Frau von Stein besitzen sehr wohl Schlüssel zu den Brückentüren.

Natürlich hat sich Goethes Tätigkeit als Direktor der Straßenbaukommission nicht aufs Errichten und Versperren einiger Brücken zu eigenem Nutzen beschränkt. Trotz großer Schwierigkeiten gelingt es ihm zum Beispiel, daß die Straßen nach Erfurt und Jena während seiner Amtszeit zu Ende gebaut werden. Und den Stern – so genannt, weil sich in der Aue unterhalb des Schlosses Wegschneisen sternförmig in der Mitte treffen – gestaltet er mit den Jahren nach dem Vorbild des schönen Wörlitzer Parks zu etwas ganz Einzigartigem, das dann in den wesentlichen Grundzügen von allen nachfolgenden Generationen bewahrt wird. Buschwerk schützt den Spaziergänger, der gern unbeobachtet bleiben will. Ahorn, Weißbuche und Kastanie wachsen dort und in den Niederungen Erlen- und Weidengehölz. »In meinem Thal wird's immer

Die ersten Jahre in Weimar

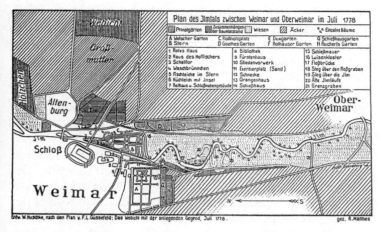

*11 Ilmtal zwischen Weimar und Oberweimar, 1778.
Zeichnung von Wolfgang Huschke*

schöner«, schreibt Goethe am 5. August 1778 an Merck, »da ich die vernachläßigten Plätzchen alle mit Händen der Liebe polstre und putze, und jederzeit mit größter Sorgfalt die Fugen der Kunst der lieben immer bindenden Natur zu befestigen und zu decken übergebe.«

Mit der Zeit entstehen hier auch Kleinbauten und Gedenksteine, die alle ihre eigene Geschichte haben. So wird aus Anlaß des Namenstages von Herzogin Louise am 9. Juli 1778 ein Fest gegeben, das vor einer rasch gezimmerten Einsiedelei spielt. Später läßt sie der Herzog zu einem festen »Borkenhäuschen« umgestalten, in dem er gern die Nacht verbringt. Unweit davon findet sich eine Treppe in den Fels gehauen, das sogenannte Nadelöhr. Sie erinnert an die junge Christel von Laßberg, die am 18. Januar 1778 aus Liebeskummer in die Ilm gegangen war; »ich erfand ein seltsam Plätzgen, wo das Andencken der armen Cristel verborgen stehn wird«, schreibt Goethe an Charlotte, »man übersieht von da, in höchster Abgeschiedenheit, ihre lezte Pfade und den Ort ihres Tods«. 1784 wird eine künstliche Ruine, 1786 eine Sphinxgrotte gebaut, 1792 dann das sogenannte Römische Haus, wo sich Carl August von höfischer Etikette ausruhen möchte und zu dessen Plänen er Goethe völlig freie Hand läßt, denn »unsere Bedürfnisse waren einander immer ähnlich.«

Am 16. Mai 1777 kommt in Emmendingen Cornelias zweites Kind auf die Welt, sie selber aber stirbt am 8. Juni. »Dunckler zerrissener Tag«, schreibt ihr Bruder, als er die Nachricht erhält, in sein Tagebuch und äußert sich auch sonst nur wenig über den Vorfall. Ein sicheres Zeichen, wie nahe ihm ihr Tod geht.

Cornelia Schlosser, die schon an ihrem 18. Geburtstag geschrieben hatte, »daß ich Unglück erwarte, das ich noch nicht kenne«, hatte in den letzten Jahren immer häufiger an Depressionen gelitten; »meines Manns Geschäffte erlauben ihm nur sehr wenige Zeit bey mir zuzubringen«, schrieb sie am 10. Dezember 1776 an Auguste von Stolberg, »und da schleiche ich denn ziemlich langsam durch die Welt, mit einem Körper der nirgend hin als ins Grab taugt«. Die Ehe war für beide Partner eine stille Tragödie. Cornelia ekelte sich vor körperlicher Zärtlichkeit, und ihr Mann vermißte eine Frau, die seine ehrliche Liebe auch erwidert hätte.

Noch im Jahr ihres Todes verlobt er sich mit Johanna Fahlmer und heiratet sie im Jahr darauf. Goethe ist befremdet. Sein Verhältnis kühlt sich nun auch gegenüber Johanna ab. Dabei nimmt sie ihn noch 1779 gegenüber ihrem Stiefvetter Fritz Jacobi in Schutz. Goethe hatte sich nämlich zu der Geschmacklosigkeit hinreißen lassen, Jacobis neuen Roman »Woldemar« im Kreise einer aufgekratzten Ettersburger Hofgesellschaft nicht nur mit geschwindem Witz zu parodieren, sondern das Buch auch noch – wie man Jacobi brühwarm hinterbrachte – »andern zum schreckenden Exempel an beiden Ecken der Decke an eine Eiche genagelt [...] wo es so lange flattern sollte, als ein Blatt daran wäre«. Goethe habe nach eigenem Bekunden gestört, »was man den *Geruch dieses Buches* nennen möchte«, also Weltanschauliches. Auch über die Empfindelei des Romanschlusses wird er seine Nase kraus gezogen haben. Aber Jacobi pflegt lieber die Vorstellung, der Freund möge den literarischen Konkurrenten gewittert haben. Erst im Oktober 1782 erfolgt die briefliche Versöhnung, herzlich und generös von seiten Fritz Jacobis, befangen von derjenigen Goethes.

Noch in einem großen, vier Jahre Schreibpause überbrückenden Resümee-Brief des 50-jährigen Goethe schwingt Bedauern über den Vorfall von ehedem mit: »Sonst machte mich mein entschiedener Haß gegen Schwärmerey, Heucheley und Anmaßung auch gegen das wahre ideale Gute im Menschen, das sich in der Erfahrung nicht wohl ganz rein zeigen kann, oft ungerecht. Auch hierüber, wie über manches andere belehrt uns die Zeit, und man lernt: daß wahre Schätzung nicht ohne Schonung sein kann. [...] Seit der Zeit ist mir jedes ideale Streben, wo ich es antreffe, wert und lieb, und du kannst denken wie mich der Gedanke an dich erfreuen muß, da deine Richtung eine der reinsten ist die ich jemals gekannt habe.« (2. Januar 1800)

Das 30. Lebensjahr empfindet Goethe als eine Lebenszäsur, jenseits deren ihm ideales Streben immer wichtiger wird. Am 7. August 1779, kurz vor seinem Geburtstag, geht er in einer ungewöhnlich langen Tagebuchnotiz überhart mit sich ins Gericht: »Zu Hause aufgeräumt, meine Papiere durchgesehen und alle alten Schaalen verbrannt. Andre Zeiten andre Sorgen. Stiller Rückblick aufs Leben, auf die Verworrenheit, Betriebsamkeit Wissbegierde der Jugend, wie sie überall herumschweift um etwas befriedigendes zu finden. Wie ich besonders in Geheimnissen, duncklen Imaginativen Verhältnissen eine Wollust gefunden habe. Wie ich alles Wissenschafftliche nur halb angegriffen und bald wieder habe fahren lassen, wie eine Art von demütiger Selbstgefälligkeit durch alles geht was ich damals schrieb. Wie kurzsinnig in Menschlichen und göttlichen Dingen ich mich umgedreht habe. Wie des Thuns, auch des Zweckmäsigen Denckens und Dichtens so wenig, wie in zeitverderbender Empfindung und Schatten Leidenschafft gar viel Tage verthan, wie wenig mir davon zu Nuz kommen und da die Hälfte nun des Lebens vorüber ist, wie nun kein Weeg zurück gelegt sondern vielmehr ich nur dastehe wie einer der sich aus dem Wasser rettet und den die Sonne anfängt wohlthätig abzutrocknen. Die Zeit dass ich im Treiben der Welt bin seit 75 Oktbr. getrau ich noch nicht zu übersehen. Gott helfe weiter. und gebe Lichter, dass wir uns nicht selbst so viel im Weege stehn. Lasse uns von Morgen zum Abend das gehörige thun und gebe uns klare Begriffe von den Folgen der Dinge.«

Schon bald nach seiner Ankunft liest er ein erstes Mal aus den »Faust«-Fragmenten vor. Er findet sofort ein hingerissenes

Publikum, das den Wert des Dramas erkennt und würdigt. Irgendwann zwischen 1776 und 1780 bittet Louise von Göchhausen sich die Handschrift aus, kopiert sie – und erhält damit den Text der Nachwelt. Als der »Urfaust« 1887 in ihrem Nachlaß entdeckt wird, kommt das einer Sensation gleich.

Auch die Rettung eines anderen Werkes in seiner Urfassung verdanken wir einer zeitgenössischen Verehrerin. 1775 lernt Goethe in Zürich Barbara Schultheß kennen, die geistig aufgeschlossene Frau eines Seidenfabrikanten. Zusammen mit ihrer Tochter schreibt sie »Wilhelm Meisters theatralische Sendung« ab. Erst 1910 wird diese einzig erhaltene Abschrift entdeckt und im Jahr darauf veröffentlicht.

Beide Werke, »Faust« und »Meister«, werden nur langsam vorangetrieben und bleiben in ihrer vorliegenden Form unvollendet. Allzu viele Beschäftigungen behindern die ruhige Konzentration auf ein größeres schriftstellerisches Projekt. 1781 wird in Weimar die »Freie Zeichen-Schule« gegründet. Goethe veranlaßt, daß der Frankfurter Maler Georg Melchior Kraus zum Direktor berufen wird, beteiligt sich 1782 an der Leitung und übernimmt sogar Vorträge (Anatomie für Künstler).

Seit 1778 trägt sich Goethe mit dem Gedanken an ein festes Theatergebäude und skizziert erste Pläne. Da tritt der Hofjäger Anton Georg Hauptmann auf den Plan, ein unternehmerisch wendiger Mann, in dessen Redoutenhaus die herzogliche Liebhaberbühne oft gastiert hat. Weil er es in ein Wohnhaus umwandeln möchte, bietet er an, ein richtiges Theater errichten zu lassen. Anna Amalia stellt ihm dafür kostenlos ein Grundstück gegenüber ihrem Palais zur Verfügung, das durch Schleifen der alten Stadtmauern frei geworden war. Hier, wo übrigens noch heute das Weimarer Theater steht, wird nun das Herzogliche Comödien- und Redoutenhaus gebaut und am 7. Januar 1780, pünktlich zur Rückkehr Carl Augusts und Goethes von ihrer langen Schweizer Reise, feierlich eingeweiht.

Bis 1783 benutzt man es als Liebhabertheater. Dann wird Josepho Bellomos »Teutsche Schauspieler-Gesellschaft« nach Weimar verpflichtet. Weil die Residenz nicht groß, die Anzahl der Besucher also beschränkt ist, muß ständig Neues geboten werden. Zwischen 1784 und 1791 läßt Bellomo an insgesamt 643 Tagen (je drei pro Woche) 282 Werke spielen; jede Woche eine neue Komödie, alle 14 Tage eine neue Oper. Zwar wird auch Gluck und Mozart aufgeführt, Shakespeare, Lessing, ab und zu ein Goethe, bevorzugt aber werden Singspiele und Komödien. Den Kennern gefällt der hastig inszenierte »Bellomoische Schlendrian« schon bald nicht mehr. Die letzten Schritte zum Hoftheater werden deshalb 1791 mit der Bildung eines Schauspiel-Ensembles unter Goethes Leitung, 1798 mit dem Umbau des nebenher immer noch als Tanzsaal verwendeten Gebäudes in ein richtiges Theater getan.

1782 wird dann ein besonderes Jahr im Leben Goethes: Kaiser Joseph II. erhebt ihn am 10. April in den erblichen Adelsstand; der Dichter wählt sich den Morgenstern als Wappenbild. Im Alter spielt er die Tatsache sehr herunter: »Als man mir das Adelsdiplom gab, glaubten viele, wie ich mich dadurch möchte erhoben fühlen. Allein, unter uns, es war mir nichts, gar nichts! Wir Frankfurter Patrizier hielten uns immer dem Adel gleich, und als ich das Diplom in Händen hielt, hatte ich in meinen Gedanken eben nichts weiter, als was ich längst besessen.« Aber es wird ihm schon angenehm gewesen sein, nun – auch bildlich gesprochen – am Tisch des Herzogs sitzen zu können. Dem Vater, der wenige Wochen später starb und dessen von Schlaganfällen zerstörter Geist von der Nobilitierung seines Sohnes wohl schon nichts mehr mitbekommen hat, wären die bürgerstolzen Worte eher zu glauben gewesen.

Am 2. Juni 1782 zieht Goethe mit seinen fünf Dienstboten zur Miete in das geräumige Haus am Frauenplan. Er wird es von nun an mit einer kurzen Unterbrechung bis zu seinem Tode bewohnen. Die vielerlei Verpflichtungen gegenüber dem Herzog und der Regierung, auch wohl sein Rang machen es längst erforderlich, daß er eine repräsentative Wohnung in der Stadt besitzt. 1794 schenkt ihm Carl August das Haus. Manche Gründe mögen ihn dazu bewogen haben, nicht zuletzt die Erinnerung daran, daß ihn Goethe zwei Jahre zuvor auf einem anstrengenden und gefährlichen Feldzug nach Frankreich begleitet und damit ein weiteres Mal über alle Dienstverpflichtung hinaus seine Anhänglichkeit als Freund bewiesen hatte.

Goethe wächst förmlich in dieses Haus hinein, denn Jahr für Jahr werden seine Sammlungen größer. 50 000 Gegenstände zählt sein Besitz zum Schluß, darunter eine Kunstsammlung von 26 000 Objekten, 18 000 Mineralien und nahezu 5000

Gegenständen aus den verschiedensten naturwissenschaftlichen Disziplinen.

Die Anfänge von Goethes naturwissenschaftlicher Betätigung muten dilettantisch an. Zur Grundlage aber haben sie eine Qualität, von der die heutige Wissenschaft sehr fern gerückt ist und worauf schon 1858 der große Arzt Rudolf Virchow hingewiesen hat: »Ist es nicht beschämend zu gestehen«, rief er in einem öffentlichen Vortrag aus, »daß Goethe das Prinzip der *Beobachtung* für die Naturwissenschaft retten mußte!« Heute müßte man noch hinzufügen: und daß er über dem Kästchendenken nicht das große Ganze vergessen hat! Typisch für den Dilettanten ist freilich das große Mitteilungsbedürfnis, das er an den Tag legt. Schon wenige Monate nachdem er sich in die Knochen- und Bänderlehre einführen ließ, rühmt er sich gegenüber Merck, daß er sie »auf den Fingern auswendig herzusagen« wisse, und gibt sein Wissen am Zeichen-Institut weiter.

Am 27. März 1784 gelingt ihm eine Entdeckung, die ihn so glücklich macht, »daß sich mir alle Eingeweide bewegen«: Er findet den Zwischenkieferknochen, der lange Zeit nur bei Tieren festgestellt worden war, auch beim Menschen. Der beim Embryo noch eigenständige Knochen verwächst bald so eng mit dem Gaumenknochen, daß die Stelle nur noch als schwache Naht zu erkennen ist. Er schreibt jubelnde Briefe an Charlotte und Herder, legt seine Erkenntnis in deutsch und lateinisch nieder, läßt den Text mit Bildtafeln ausstatten und schickt das Ganze an bekannte Kapazitäten in Kassel, Göttingen und Leiden, die aber nicht geneigt sind, das Entdeckte für richtig zu halten. Ihrer Auffassung nach muß der Unterschied zwischen Affe und Mensch auch im Knochenbau zum Ausdruck kommen. Dabei hatten in 1600 Jahren abendländischer Naturwissenschaft nachweislich bereits acht Forscher – zuletzt vier Jahre vor Goethe der französische Arzt Felix Vicq d'Azur – die nämliche Entdeckung gemacht, was aber offenbar keiner der Forscher weiß. Auch Goethe nicht. Aber der spürt jetzt einige Zitate älterer Anatomen auf, in welchen die betreffenden Knochennähte auch beim Menschen schon beschrieben sind. Dennoch läßt er sich nun noch 36 Jahre Zeit, um seinen Bericht im Druck vorzulegen.

Die Entdeckung macht ihn deshalb so glücklich, weil er

jetzt ein weiteres Zeugnis dafür besitzt, daß – wie er an Herder schreibt – »iede Creatur nur ein Ton eine Schattirung einer grosen Harmonie« ist. Herder veröffentlicht gerade seine »Ideen zur Philosophie der Geschichte der Menschheit«, worin er gleichfalls die Überzeugung ausspricht, daß allem Leben eine Hauptform innewohne, »die in der reichsten Verschiedenheit wechselt«.

Je länger, je mehr wird Goethe bei seinen naturwissenschaftlichen Beobachtungen das Augenmerk auf die Suche nach dieser Hauptform, dem *Urphänomen*, legen und – sozusagen gegenläufig – auf die unaufhörliche Veränderung, die *Metamorphose*. Er erkennt darin eine »höchst gefährliche Gabe von oben«, denn schließlich kann der Weg ins Formlose und Zerstörende ebenso führen wie ins Gestaltete. Wir sehen: Sein Begriff von Naturwissenschaft ist im Grunde stark philosophisch. Man könnte sich sogar vorstellen, daß die meisten seiner Forschungsergebnisse auf einen »Roman über das Weltall« in Form wissenschaftlicher Untersuchungen hinauslaufen. Aber wären sie darum weniger ernst zu nehmen? Goethe jedenfalls baut mit großer Beharrlichkeit sein Wissen aus und kommt dabei zu Ergebnissen, die zunächst abseits der weiteren naturwissenschaftlichen Entwicklung liegenbleiben, aber heute, da das mechanistische Weltbild der modernen Physik längst erschüttert ist, auf immer größeres Interesse stoßen.

Rudolf Steiner zum Beispiel, der Begründer der modernen Anthroposophie und von 1883 bis 1897 Herausgeber der naturwissenschaftlichen Schriften Goethes, baute sein Denken nicht zuletzt auf der hier gefundenen Verbindung von Materie und Geist auf. Der englische Biochemiker Rupert Sheldrake hat mit seinem Buch »Das Gedächtnis der Natur«, einem der zentralen Werke der New-Age-Bewegung (deutsch 1990), Goethes Morphologie in seiner Theorie der natürlichen Gestaltkräfte zeitgemäß wieder aufgegriffen. Und Werner Heisenberg, der Nobelpreisträger für Physik von 1932, vertrat, was Goethes Farbenlehre angeht, die Ansicht, daß sein Kampf »gegen die physikalische Farbenlehre auf einer erweiterten Front auch heute noch ausgetragen werden muß«. Seit etwa 1953 arbeitete er an einer einheitlichen Theorie der Materie. Dieses Bedürfnis nach einer »Weltformel« erinnert sehr an Goethes Suche nach dem »Urphänomen«.

In den ersten Weimarer Jahren ist noch nichts von den späteren Kämpfen zu spüren. Goethe steckt mit seiner Freude an mineralogischen und botanischen Studien die Freunde an. Charlotte von Stein 1783: »Goethe grübelt jetzt gar denkreich in diesen Dingen, und jedes, was erst durch seine Vorstellungen gegangen ist, wird äußerst interessant. So sind mirs durch ihn die gehässigen Knochen geworden und das öde Steinreich.« Auf allen Reisen wird jetzt auch gesammelt und geforscht.

Neben den vielen Wanderungen und Ausflügen durch die neue thüringische Heimat unternimmt Goethe in dieser Zeit vier größere Reisen. Sie führen ihn 1780 in die Schweiz und dreimal – 1777, 1783 und 1784 – in den Harz.

Ende November 1777 unternimmt der Herzog eine Jagdpartie ins Eisenacher Land, von wo beträchtlicher Wildschaden gemeldet wird. Goethe bittet um zwei Wochen Urlaub. Er möchte einen Abstecher in den Harz machen. Daß er sich in den dortigen Bergwerken fachlich unterrichten will, ist ein annehmbares Argument. Daß es auch noch andere Gründe für seinen Wunsch gibt, verschweigt er. Er sucht Klärung über sich und sein Verwickeltsein in »alle Hof- und politische Händel«, auch über sein Verhältnis zu Frau von Stein.

Erst recht bleiben zwei weitere Vorhaben geheim: Er will den Brocken im Winter besteigen, was selbst an Ort und Stelle für unmöglich gehalten wird und ihm in Begleitung eines Försters trotz kniehohen Schnees dann doch gelingt. »Ich stand wirklich am siebenten Dezember in der Mittagsstunde, grenzenlosen Schnee überschauend, auf dem Gipfel des Brockens, zwischen jenen ahnungsvollen Granitklippen, über mir den vollkommen klarsten Himmel, von welchem herab die Sonne gewaltsam brannte, so daß in der Wolle des Überrocks der bekannte branstige Geruch erregt ward. Unter mir sah ich ein unbewegliches Wogenmeer nach allen Seiten die Gegend überdecken und nur durch höhere und tiefere Lage der Wolkenschichten die darunter befindlichen Berge und Täler andeuten.« – Außerdem will er incognito einen unglücklichen jungen Mann besuchen, um ihm zu helfen. Aber dabei ist er nicht so erfolgreich wie bei seinem Wanderwagestück.

Der mit Goethe etwa gleichaltrige Pfarrerssohn Friedrich

Viktor Leberecht Plessing hat dem Dichter des »Werther« zwei Briefe geschrieben, aus denen Bildung und Empfindsamkeit, aber auch ein tiefes Zerfallensein mit der Welt sprechen. Goethe stellt sich ihm als wandernder Maler vor, der den Dichter kennt, und merkt schnell, was dem allzusehr mit sich selbst Beschäftigten fehlt. Er empfiehlt, was auch ihm selbst immer wieder hilft, nämlich sich dem tätigen Leben zuzuwenden. Die Diagnose ist gut, doch die Therapie schlecht. Plessing wäre wahrscheinlich im Augenblick etwas Verständnis wichtiger gewesen als Ratschläge. Goethe handelt sich eine Abfuhr ein, doch geht man im guten auseinander.

Goethe als Erzieher, das ist kein so unproblematisches Thema, wie man bei jemandem denken sollte, der doch Kinder gern gehabt hat. Zwei Jahre lang hat er den Schweizer Hirtenjungen Peter im Baumgarten bei sich beherbergt und zu leiten versucht. Aber der war nicht zu bändigen, so daß ihn Goethe schließlich nach Ilmenau gab, wo er Jäger werden sollte. Auch mit Johann Friedrich Krafft, einem Hilfesuchenden, an den Goethe zeitweise bis zu einem Siebtel seines Gehalts wandte, ging es nicht viel anders. (Er war es, an den die Worte »Willkührlich leben kann jeder« gerichtet waren.) Der junge Mann war zwar intelligent, aber anstrengend, weil er »untätig einem immer vorjammert was nicht ist wie es sein sollte« (Tagebucheintrag vom 13. Mai 1780). Krafft mußte bis zu seinem Tode unterstützt werden.

In seinem Erinnerungsbuch »Kampagne in Frankreich 1792« (1822) gesteht sich Goethe 45 Jahre später ein, warum er Plessing damals nicht nach Weimar eingeladen und ihm gesagt habe, wer er wirklich sei: »Ich hatte mir [...] schon eine Zahl von jungen Männern aufgebürdet, die, anstatt mit mir auf meinem Wege einer reineren höheren Bildung entgegen zu gehen, auf dem ihrigen verharrend, sich nicht besser befanden, und mich in meinen Fortschritten hinderten.«

Der große Hymnus »Harzreise im Winter« ist die literarische Frucht der ersten Unternehmung. Allgemein als dunkles Gedicht geltend, erhellt es sich in den wesentlichen Zügen sofort, wenn man die kunstvoll ineinandergleitenden biografischen Motive wiedererkennt: glückliches und gefährdetes Leben, Dichtung und Liebe, Plessing (»Ach, wer heilt die Schmerzen / Des, dem Balsam zu Gift ward?«), der Herzog und seine

Gefährten (»Segne die Brüder der Jagd«) und die Besteigung des »gefürchteten Gipfels«.

Zwischen die erste und die zweite Harzunternehmung fallen im Frühjahr 1782 Reisen in diplomatischer Mission an die thüringischen Höfe in Erfurt, Gotha, Eisenach, Meiningen, Hildburghausen und Coburg. Der eben Geadelte genießt das Vertrauen des Herzogs, sich auch bei heiklen Aufträgen zu bewähren, und was man jetzt anvisiert, muß vorerst so geheim bleiben, daß alle diesbezüglichen Schriftstücke nicht von einem Schreiber, sondern von ihnen selbst stammen. Um nicht länger ein Spielball der Großen zu sein – noch war der Bayerische Erbfolgekrieg in lebhafter Erinnerung –, ist man daran interessiert, den Ländern Preußen und Österreich einen Fürstenbund der kleinen deutschen Staaten entgegenzustellen. Die Sache geht nur langsam vorwärts, bis sich ihrer ausgerechnet Friedrich von Preußen bemächtigt und am 23. Juli 1785 mit Hannover und Sachsen den Deutschen Fürstenbund bildet. Es blieb keine andere Wahl. Allzu deutlich ist die österreichische Politik auf Ausweitung ihres Machteinflusses angelegt. In den nächsten zwei Jahren schließen sich noch eine Reihe von Landesherren an, und bis zum Tode Kaiser Josephs II. 1790 mag die Wirkung des Bundes auch durchaus beruhigend auf die politischen Verhältnisse in Mitteleuropa gewirkt haben. Danach wurde er durch die Annäherung Preußens und Österreichs ohnehin gegenstandslos.

Als Goethe das erste Mal in den Harz reiste, war er 28 Jahre. Beim zweiten Mal – im September 1783 – ist er 34. Der Schöpfer des aufrührerisch-stolzen »Prometheus« (»Ich kenne nichts Ärmeres / Unter der Sonn als euch, Götter!«) schreibt jetzt den Hymnus »Das Göttliche« (»Heil den unbekannten / Höhern Wesen«). Das lyrische Ich grollt nicht mehr. Jetzt fordert es: »Edel sei der Mensch, / Hülfreich und gut!« Goethe ist zielstrebiger und beharrlicher geworden.

Mittlerweile schon ein kenntnisreicher Geologe und Mineraloge, will er mehr von der Beschaffenheit der Erde und der Montankunde, der Lehre vom Bergbau, wissen. Dabei hilft ihm der Vizeberghauptmann von Zellerfeld, Friedrich Wilhelm Heinrich von Trebra. Die beiden verbindet schon seit 1776 eine Freundschaft, wie sie Goethe immer wieder zu lebenspraktischen Menschen gesucht hat.

Ein weiterer Begleiter jener unbeschwerten Herbsttage ist erst 10 Jahre alt und lebt seit Mai des Jahres in Goethes Haushalt: Fritz von Stein, Charlottes jüngster Sohn. Sie sind sich herzlich zugetan. Noch als Erwachsener wird Fritz die Zeit mit Goethe als glücklichste seiner Jugend nennen. An allem teilnehmend, lernt er vieles gleichsam spielend; eine angenehme Schule, die freilich eines unheilvoll ausspart: daß manche Dinge auch erarbeitet sein wollen. Die Fähigkeit zu Disziplin und Durchhaltevermögen wird ihm zeitlebens abgehen. In jenem Herbst wandert man gemeinsam zur Roßtrappe, einer Felsenklippe gegenüber dem berühmten Hexentanzplatz, beobachtet im Bodetal die wechselnde Abfolge von Kalk, Schiefer, Granit und Quarz und besucht natürlich auch die Baumannshöhle.

Anfang August 1784 lernt Goethe dann auf seiner dritten Harzreise auch die Gegend von Schierke und Elend kennen, womit ihm nun alle Schauplätze der Walpurgisnachtszene seines »Faust« bekannt sind. Auf der Rückreise besucht er zunächst in Halberstadt Gleim, den Dichter gefälliger anakreontischer Lieder. Aber die Zeit, als er selber dergleichen schrieb, ist lange vorbei. Und Gleim findet den Stürmer und Dränger von Weimar nicht wieder, so daß er später etwas ratlos an Fritz Jacobi schreibt: »Der arme Mann! Er ist geheimer Rat und ist nicht mehr, was er gewesen ist.«

Ein paar Tage später kommt Goethe nach Göttingen, wo er die Erwartungen abermals enttäuscht, freilich angenehm. »Jedermann ist zufrieden mit ihm«, stellt eine 20-jährige Professorentochter fest. »Und alle unsre schnurgerechten Herren Professoren sind dahin gebracht, den Verfasser des ›Werther‹ für einen soliden, hochachtungswürdigen Mann zu achten.« Wozu vielleicht auch der scharfzüngige Lichtenberg gehört, denn der berühmte Experimentalphysiker lernt das »Genie« jetzt als einen ernsthaft an seinem Lehrgebiet interessierten Mann kennen. Zehn Jahre später wird sich zwischen ihnen sogar ein kurzer Briefwechsel zu Fragen der Optik ergeben, der aber im Endergebnis unergiebig bleibt: Lichtenberg kann sich trotz großer Aufgeschlossenheit von Goethes Seite nicht entschließen, dessen Theorie »ganz ohne Einschränkung für richtig zu erkennen«, und verschanzt sich bei der Antwort hinter einem langen, ungemein gedrechselten Brief.

Folgenreicher verläuft der Kontakt mit dem 32-jährigen Professor der Medizin Johann Friedrich Blumenbach, den er schon im März in Weimar kennengelernt hat. Dieser »Zeit- und Fleißgenosse« ist ein Meister empirischer Methodik und besitzt eine berühmte Schädelsammlung, die er für ausgebreitete Studien der vergleichenden Anatomie und Anthropologie nutzt. Seine Lehre vom Weiterbildungstrieb vorhandener Körper berührt und belebt Goethes eigenes Forschen auf den Gebieten der Entwicklungs- und Metamorphosengesetze. Im Jahr nach dem Kennenlernen ist er freilich enttäuscht von Blumenbach, weil auch dieser Wissenschaftler sich ablehnend gegenüber seiner Entdeckung des menschlichen Zwischenkieferknochens verhält. Aber »ein so geistreicher, fort untersuchender und denkender Mann konnte nicht immer bei einer vorgefaßten Meinung verharren«, und mit geänderter Meinung geht auch wachsende Schätzung einher.

Bei dieser dritten Harzreise nimmt Goethe den Direktor der herzoglichen Zeichenschule, Georg Melchior Kraus, mit, damit der mit dem Zeichenstift festhalte, was Goethe bei seinen geologischen Studien entdeckt. Außerdem arbeitet er an einem großen Gedicht, das später den Titel »Zueignung« erhält. Es leitet 1787 die Ausgabe seiner Schriften und 1815 die 20-bändige Werkausgabe ein, Goethe hat ihm also eine besondere Bedeutung beigemessen.

Am 11. August schreibt er Charlotte, die von den Herders eine Abschrift bekommen hat: »[...] du wirst dir daraus nehmen was für dich ist, es war mir gar angenehm dir auf diese Weise zu sagen wie lieb ich dich habe.« Und doch ist Goethe gerade damals – vielleicht zum einzigen Mal in all diesen Jahren – ernsthaft in Gefahr, sein Herz an eine andere Frau zu verlieren.

1779 war der 30-Jährige mit Carl August in die Schweiz gereist, wo man die Bekanntschaft der Marquise von Branconi machte. Es ist die Frau, von der Goethe nach Betrachtung ihres Schattenrisses gemeint hatte, sie siege »mit Pfeilen«. Die Branconi gilt als eine der schönsten und geistvollsten Frauen Europas. Ja, der Arzt Zimmermann behauptet sogar, daß sie »das größte Wunder von Schönheit ist, das in der Natur existiert, und hierbei noch die besten Manieren hat, die edelste Sittsamkeit und den aufgeklärtesten Verstand«.

Als sie im August 1780 vorübergehend in Weimar ist, fühlt sich Goethe hinterher – man darf wohl sagen: wie besoffen. »Erst iezt spür ich dass Sie da waren, wie man erst den Wein spürt wenn er eine Weile hinunter ist. In Ihrer Gegenwart wünscht man sich reicher an Augen, Ohren und Geist, um nur zu sehen, und glaubwürdig und begreiflich finden zu können, dass es dem Himmel, nach so viel verunglückten Versuchen, auch einmal gefallen und geglückt hat etwas Ihresgleichen zu machen.« Er hat noch mehr auf dem Herzen, aber »weil sich doch auch das, wie man zu sagen pflegt nicht schickt, so muss ich darüber abbrechen, und das beste für mich behalten«.

Nun sieht er sie also drei Jahre später auf ihrem Gut Langenstein im Harz wieder und muß sich noch einmal ihres Liebreizes erwehren. Aber die Zeit ist noch nicht reif für eine neue Liebe. Noch wirkt jene letzte Sperre gegenüber Frauen, die ihn schon nach der ersten Begegnung mit Frau von Branconi an Lavater hat schreiben lassen: »Deine Frage über die *Schöne* kan ich nicht beantworten. Ich habe mich gegen sie so betragen, als ich's gegen eine Fürstinn oder eine Heilige thun würde. Und wenn es auch nur Wahn wäre, ich mögte mir solch ein Bild nicht durch die Gemeinschafft einer flüchtigen Begierde besudlen. Und Gott bewahre uns für einem ernstlichen Band, an dem sie mir die Seele aus den Gliedern winden würde.« (20. September 1780) Da ist er wieder zu hören, der junge Student aus Leipzig, dem träumte, er würde von seinem Mädchen in den Sack gesteckt.

Die längste Reise der frühen Weimarer Jahre unternimmt Goethe vom 12. September 1779 bis zum 13. Januar 1780. Zusammen mit Oberforstmeister von Wedel begleitet er Carl August durch Süddeutschland und den Elsaß in die Schweiz. Es wird für ihn zugleich eine Reise in die Vergangenheit und in die Zukunft. Auf der Hinreise wohnt man in Frankfurt, dann geht es weiter nach Straßburg. Kurz vorher trennt sich Goethe von den Reisegefährten und macht einen Abstecher nach Sesenheim. Dort trifft er abends bei den Brions ein und wird »gar freundlich und gut aufgenommen«. In einem langen Tagebuchbrief schreibt er Charlotte von der Wiederbegegnung mit Friederike, die ihn tief bewegt: »Die Zweite Tochter vom Hause hatte mich ehmals geliebt schöner als ichs verdiente, und mehr als andre an die ich viel Leidenschafft und Treue verwendet habe.«

Es tut ihm gut, daß sie nicht an seine früheren Gefühle rührt. Was in ihr selber vorgeht, können wir nur mutmaßen, weil er ausschließlich von sich schreibt. Indessen ist zwischen den Zeilen herauszulesen, daß es ihr wieder besser geht und sie sich wohl eher gefreut hat über den unerwarteten Besuch. Am anderen Morgen wird Goethe auf eine Weise »von freundlichen Gesichtern verabschiedet dass ich nun auch wieder mit Zufriedenheit an das Eckgen der Welt hindencken [kann], und in Friede mit den Geistern dieser ausgesöhnten in mir leben kan«.

Denselben Tag trifft er in Straßburg auch Lili wieder, nunmehr verheiratete Frau von Türckheim und glückliche Mutter eines sieben Wochen alten Kindes. Der Mann »scheint brav, vernünftig, und beschäfftigt«, das Haus ist schön. Auch hier Aussöhnung der Geister. Wieder einen Tag später freilich steht Goethe vor dem Grab seiner Schwester in Emmendingen; »ihr haushalt ist mir, wie eine Tafel worauf eine geliebte Gestalt stand die nun weggelöscht ist«. Nur ein Satz in seinem Brief an Charlotte, während die vorangegangenen Erlebnisse ganze Absätze erforderten. Aber das wissen wir ja nun schon: Über Belastendes kann Goethe schwer sprechen. Und wenn es zu arg wird, dann antwortet sein Körper mit plötzlicher Krankheit.

In der Schweiz entstehen eine Reihe tagebuchähnlicher Briefe an Lavater, Merck, Knebel und natürlich an Charlotte, die daheim Bewunderung erregen. Wiederholt will Goethe ein Werkchen daraus machen, aber erst 1796 erscheint ein erster Teil davon in Schillers Zeitschrift »Die Horen« – selbst das nur, weil gerade kein anderer Beitrag zur Hand ist. Daß es dennoch nicht als Nebenwerk aufgefaßt wird, bestätigt ihm Schiller am 23. Oktober 1796: »Ihre Schweizer Briefe interessieren jeden, der sie liest, und ich bin ordentlich froh, daß ich Ihnen diese habe abjagen können. Es ist auch wahr, sie geben ein ungemein lebendiges Bild der Gegenwart, aus der sie flossen, und ohne ein kunstmäßiges Entstehen stellen sie sich recht natürlich und geschickt in ein Ganzes zusammen.«

Später bekommen sie den Titel »Briefe aus der Schweiz. Zweite Abteilung«. Goethe stellt ihnen nämlich, als er sie erstmals in seine Werke aufnimmt, eine Erzählung voran, die er

»Briefe aus der Schweiz. Erste Abteilung« nennt und als »Fragment von Werthers Reisen« ausgibt. In diesem literarischen Zwitter versucht er noch einmal den Tonfall des empfindsamen Werther aufzunehmen. Aber es ist eben doch – auch wenn zum Teil noch Aufzeichnungen der Reise von 1775 Verwendung finden – die Arbeit eines 46-Jährigen, der reifer und zu einem distanzierten Beobachter geworden ist.

Eine Begegnung mit der Zukunft findet dann am 4. Dezember 1779 statt. »In Stuttgard haben wir den Feyerlichkeiten des Jahrstags der Militär Akademie beygewohnt«, schreibt Goethe vom Besuch der Karlsschule. Als bester Eleve des Jahrgangs wird ein junger Mann ausgezeichnet, dessen Name sich Goethe danach bestimmt nicht gemerkt hat. Die Prüfungskommission hatte seine erste Abschlußarbeit nicht angenommen, sprang sie doch allzu kritisch mit den Autoritäten der Zeit um. Daraufhin schrieb er eine zweite Dissertation und gleichzeitig heimlich ein vor Wut kochendes Drama über Tyrannenwillkür. Der junge Mann heißt – Friedrich Schiller. Ein Jahr später veröffentlicht er sein Stück im Selbstverlag, und am 13. Januar 1782 werden »Die Räuber« am Mannheimer Nationaltheater uraufgeführt.

Indessen wird es noch zwölfeinhalb Jahre dauern, bis die beiden so unterschiedlichen Männer Freundschaft miteinander schließen.

Die letzten Jahre des ersten Weimarer Dezenniums wird Goethe in seinen Tagebucheintragungen immer wortkarger. Ab Juni 1782 führt er mehr als vier Jahre lang überhaupt kein Tagebuch mehr. Nur in Briefen und Gelegenheitsgedichten gibt er uns zuletzt noch Auskunft über sein damaliges Leben. Jahrelang war er der starken Belastung als Mehrfachminister ausgesetzt. Herder nennt ihn schon das »Weimarische Faktotum« und Knebel gar »das Rückgrat der Dinge«. Allmählich muß er aber sowohl als Dichter wie als Politiker erkennen, daß »nicht alle Blütenträume reiften«, und wird sein Tun wohl immer häufiger selbst nicht mehr verstanden haben. »Ich flicke an dem Bettlermantel der mir von den Schultern fallen will«, schreibt er resigniert an Knebel. Es fällt auf, wie abgearbeitet er aussieht. Im Sommer 1785 fährt er zum erstenmal nach Karlsbad in Böhmen, um sich dort zu erholen. Der gesellige

Verkehr mit alten und neuen Freunden, die Trinkkur am heißen Sprudel tun ihm gut. Vom 24. Juli bis zum 2. September des darauffolgenden Jahres sucht er den angenehmen Ort erneut auf.

Diesmal arbeitet er an der Sammlung und Vervollkommnung seiner Schriften für die erste von ihm autorisierte Werkausgabe. Der tüchtige Bertuch hat ihm dazu Göschen als Verleger gewonnen. Von acht Bänden – ach was: Bändchen! – können die ersten vier vollendet werden. Viel ist es eben nicht, was der fast 40-Jährige anzubieten hat. Er gilt uns zwar heute als deutscher Dichter schlechthin, war aber lange Zeit in seiner Kunst so unsicher und wankelmütig wie kaum ein anderer der Großen. Mit letzter Sicherheit weiß er auch jetzt noch nicht, ob Schreiben seine eigentliche Profession ist, Malen oder doch die Naturwissenschaften. Der Entscheidung stand er lange durch seine Beamtentätigkeit selbst im Weg, und wenn er schrieb, geriet er alle paar Jahre in einen völlig neuen Stil.

Am 14. August begleitet er die ebenfalls in Karlsbad anwesende, nun aber zurückkreisende Charlotte noch bis Schneeberg im Erzgebirge. Sie wird es als Liebesdienst verstanden haben, was es ja zweifellos auch war. Aber die nachträgliche Erkenntnis, daß Goethe zu diesem Zeitpunkt schon alles für seine Flucht vorbereitet hat, muß um so schmerzhafter gewesen sein. Jawohl, er flieht. Man kann es nicht anders nennen.

Ein Abschiedsbrief an Carl August enthält die Versicherung, daß alle laufenden Geschäfte so gestellt sind, »daß sie eine Zeitlang bequem ohne mich fortgehen können; ja ich dürfte sterben und es würde keinen Ruck tun«. Auch ein Autodafé findet wieder statt. Diesmal trifft es alle Briefe bis 1786. »Es lerne ja doch niemand viel aus alten Briefen«, argumentiert der 80-jährige Goethe gegenüber dem Kanzler Müller. »Was gut in den Briefen gewesen, habe seine Wirkung schon auf den Empfänger und durch ihn auf die Welt schon vollendet; das übrige falle eben ab wie taube Nüsse und welke Blätter.« Seidel hat schon zu Hause alles aufgeschrieben bekommen, was zu tun ist: die Verteilung der Briefe und die Verwaltung ein- und ausgehender Gelder; zwei Kästen und ein Paket mit vertraulichen Papieren sind ins herzogliche Archiv zu bringen und ausgeliehene Bücher nach Göttingen zurückzuschicken. Goethe vergißt nichts.

Liest man die letzten Briefe vor der Flucht auf Anspielungen durch, fallen bestenfalls zwei auf. Eine Jacobi gegenüber, der gerade in England ist: »wenn du wiederkommst werde ich nach einer andern Weltseite geruckt seyn, schreibe mir nicht eher bis du wieder einen Brief von mir hast der dir den Ort meines Aufenthaltes anzeigt« (12. Juli). Und eine vielleicht an Carl August, die aber in ihrer Doppeldeutigkeit auch auf die entstehende Werkausgabe zielen kann: »Ich gehe allerley Mängel zu verbessern und allerley Lücken auszufüllen, stehe mir der gesunde Geist der Welt bey!« (24. Juli) Charlotte müssen allerdings schon im Frühjahr vage Ahnungen gekommen sein, denn sie schreibt Knebel: »Goethe lebt in seinen Betrachtungen, aber er teilt sie nicht mit [...] Wem wohl ist, der spricht!« Ohne es zu wissen, trifft sie damit den Nagel auf den Kopf. Goethe wird spüren, daß sich nicht nur Neues anbahnt, sondern daß damit auch so manches zu Ende gehen wird, möglicherweise gar ihrer beider Liebe. Ein Grund mehr, seine »Betrachtungen« für sich zu behalten.

Am 30. August schildert sie Knebel, wie sie dem gemeinsamen Freund in Weimar ein Geburtstagsgeschenkchen in den Schreibtisch gelegt habe und daß ein Brief gekommen sei, demzufolge er noch acht Tage in Karlsbad bleibe. Danach wolle er »dunkel und unbekannt eine Weile in Wäldern und Bergen herumziehen, so daß er unter sechs Wochen nicht hier sein wird«. Was sie zu der Annahme von sechs Wochen verleitet hat, ist nicht nachzuvollziehen. Es wird länger dauern, bis er wieder daheim ist, viel länger. »Unbekannt« aber stimmt, einmal mehr reist Goethe incognito.

Die Arbeit an den ersten vier Bänden ist jetzt abgeschlossen. Herder, zu dem die Freundschaft gerade während dieser Zeit besonders herzlich ist, hat kräftig geholfen. Die Manuskripte von »Iphigenie«, »Tasso«, »Egmont« und »Faust« aber kommen schon ins Reisegepäck. Festlich begeht man am 28. August seinen 38. Geburtstag. Am gleichen Tag reist der Herzog ab. Goethe hat ihm zwar von »Reisen und Außenbleiben« erzählt, aber höchst unbestimmt. Erst am 2. September schreibt er den großen Abschiedsbrief, in welchem er den Freund vertrauensvoll um unbestimmten Urlaub bittet: Er brauche Ruhe, damit die letzten Bände seiner Werke keine »Sudelei« würden. Auch hoffe er von der Unternehmung, sie vermöge seine »Existenz ganzer zu machen«, nicht zuletzt um sie mit dem Herzog und den Seinen in Zukunft wieder besser genießen zu können. Carl August beweist jetzt wahre Größe. Er hält nicht nur zu ihm, sondern läßt ihm sogar seine Bezüge weiterhin in voller Höhe zukommen. Er vertraut fest darauf, daß sein Freund nicht nur einer Laune gefolgt sei, weiß er doch längst: »Seine Existenz ist eine der fleißigsten, moralischsten, besten, die sich über Dreißig erhalten hat.« (An Lavater, 22. Februar 1786)

Charlotte ist wie vor den Kopf geschlagen, als sie nichts von Goethe hört. Endlich erhält sie – ein Zettel nur! – seine Adresse. Sein ausführliches Reisetagebuch, daß er längst in ihren Händen glaubt, erreicht sie durch ein Versehen Seidels erst Wochen später. Es beginnt mit den Worten: »d. 3. Sept. früh 3 Uhr stahl ich mich aus dem Carlsbad weg, man hätte mich sonst nicht fortgelassen. Man merkte wohl, daß ich fort wollte; die Gräfin Lanthieri setzte auch einen entsetzlichen Trumpf drauf; ich lies mich aber nicht hindern, denn es war Zeit.«

Weimarer Spaziergänge I

Wieder einmal stehe ich auf dem Theaterplatz und versuche, mich in die Zeit der Klassik zurückzufinden. Es sollte doch nicht schwerfallen, denn die Stadt lebt von ihren Klassikern und tut alles, um zu erhalten, was an sie erinnert. Und dennoch will es mir hier nicht recht gelingen. Wie soll ich suchen, was hinter mir schier unverrückbar aufgebaut ist! Da stehen sie, die beiden Hauptgesellschafter der Deutschen Klassiker-GmbH, Goethe & Schiller; die beiden berühmtesten Säulenheiligen der Nation, geschaffen von dem Dresdner Bildhauer Ernst Rietschel und am 4. September 1857 feierlich enthüllt.

Vielleicht muß ich einfach hinters Theater gehen, dorthin, wo zwar nichts mehr ans 18. Jahrhundert erinnert, wo's aber stiller ist. Hier stand einst das alte Erfurter Tor, traf Goethe am 7. November 1775 um 5 Uhr früh in Weimar ein. Sein Blick wird auf ein kleines Zollhaus gefallen sein, auf Reste der alten Stadtmauer, Nutzgärtchen, Schweine- und Gänsetreiben vor den ersten Häusern.

Nichts mehr von alledem, wie gesagt, aber der weitere Weg ließe sich noch immer nachgehen: über den Theaterplatz und die Rittergasse zum Herderplatz, wo die Stadtkirche St. Peter und Paul steht und der Superintendent Herder gepredigt hat. In diesen Platz ragt die Scharfe Ecke, die aus Eisfeld und Rittergasse gebildet wird. Dort steht ein schmales, hochgiebliges Renaissancegebäude, das einst im Besitz des Deutschritterordens war. Zu Goethes Zeit gehörte es der Familie von Kalb, und hier hat der Neuankömmling dann die nächsten vier Monate gewohnt.

Um zur Residenz zu kommen, hätte er eigentlich nur noch durch die schmale Vorwerksgasse jenseits des Platzes gehen müssen. Aber das Schloß lag ja seit dem großen Brand von 1774 bis auf den Hausmannsturm und einige ihn umgebende Gebäudeteile in Trümmern. Dort hatte nur noch der Hofmarschall sein Amt, der Herzog residierte im Fürstenhaus. Man kann es gar nicht verfehlen, denn bestimmt ertönt tagsüber aus einem seiner vielen Fenster Gesang oder Instrumentalmusik. Wo Carl August und seine Frau Louise 30 Jahre lang Hof gehalten haben und die Arbeit des Geheimen Conseils bis 1803, also bis zum Rückumzug ins renovierte Schloß, stattgefunden hat, ist heute die Musikhochschule Franz Liszt untergebracht.

Während es auf dem Platz vor dem Fürstenhaus immer sehr belebt ist, wird's gleich dahinter ruhiger. Ob es die Nähe der Herzogin Anna Amalia Bibliothek ist, in der sich heute eine der größten Sammlungen zur deutschen Literatur der Klassik befindet, oder die Ruhe des angrenzenden Parks an der Ilm? Auf alle Fälle ist man hier, zwischen Seifengasse und Ackerwand, aus dem lautesten Getriebe heraus. Das langgezogene klassizistische Gebäude, das dort steht, haben auf der westlichen Seite des ersten Geschosses Oberstallmeister Josias von Stein mit Charlotte und ihren Kindern bewohnt, auf der östlichen Oberforstmeister von Wedel mit seiner Familie. Goethe, dem sein Gartenhäuschen manchmal zu weit weg war vom Weimarer Geschehen, nahm sich von 1779 bis 1781 in der Seifengasse Nr. 16 eine kleine Wohnung. Von dort waren es außerdem nur ein paar Schritte hinüber zu Charlotte.

Geht man durch das verschwiegene Gäßchen hindurch, steht man unvermittelt, weil von der Seite kommend, vor dem Haus am Frauenplan, dessen Front die gesamte Breite des Platzes beherrscht. Viele Besucher betrachten ergriffen das berühmte Haus, vergleichen, ob's auch wirklich so ausschaut wie in ihrem Reiseführer, und manch einer entsinnt sich wohl auch jenes ebenso einprägsamen wie anzweifelbaren Spruches, den Goethe 1828 geschrieben hat:

> Warum stehen sie davor?
> Ist nicht Thüre da und Thor?
> Kämen sie getrost herein
> Würden wohl empfangen seyn.

Doch die Anekdoten um Goethe wissen nicht nur von Wohl-, sondern auch von Übelempfangenen zu berichten. Der Romantiker Ludwig Tieck zum Beispiel stand eines Tages – zugegebenermaßen unangemeldet – vor Goethes Tür und Tor und wünschte den großen Mann zu sehen. Der gibt seinem

Diener zunächst Order abzulehnen, folgt ihm dann aber fast auf dem Fuße ins Vorzimmer. »Sie wünschen mich zu sehen?« – »Gewiß, Herr Geheimrath.« – »Nun, so sehen Sie mich!« Spricht's und dreht sich dabei langsam und majestätisch um seine Achse. »Nun können Sie wieder gehen.« Tieck, zwar vor den Kopf gestoßen, aber nicht auf ihn gefallen, bittet Goethe, der schon im Begriff steht sich wieder zu entfernen, noch einmal zurück. »Was wünschen Sie denn noch!« – »Nur eine Kleinigkeit«, entgegnet der Besucher und fährt sich mit der Hand in die Tasche: »Was kostet die Besichtigung?« So viel Frechheit ist dem Hausherrn schon lange nicht mehr begegnet, aber jetzt betrachtet er sich den Mann doch wenigstens genauer. »Sie gefallen mir«, sagt er nach einer Weile, »treten Sie also ein.«

Wir hingegen verschieben das Eintreten vorerst und spazieren hinüber zum Park an der Ilm. Wenn wir uns, von der Akkerwand zurückkommend, etwas rechts halten, gelangen wir zu jener Felsentreppe, die das Nadelöhr genannt wird. Goethe hat sie zur Erinnerung an Christel von Laßberg angelegt, jene Liebesverzweifelte, die sich in den Fluten der Ilm ertränkt hat.

Heute ist aus dem Fluß längst ein Flüßchen geworden, das man überall durchwaten könnte. Weiter geht's über die sogenannte Naturbrücke. Hier hat Goethe, aus Italien heimgekehrt, ein Mädchen kennengelernt, das dann – aber warum einer schönen Geschichte vorgreifen, die noch zur rechten Zeit erzählt werden wird!

Jenseits der kleinen hölzernen Brücke ist freie Wiese. Und drüben, am beginnenden Gegenhang – »Übermüthig sieht's nicht aus, / Hohes Dach und niedres Haus« –, liegt Goethes Gartenhäuschen. Obwohl es doch ein Museum der Deutschen Literaturgeschichte ist, strahlt's noch immer etwas Anheimelndes aus, eine Gemütlichkeit, als ob noch heute darin gelebt, geliebt, gearbeitet würde. Und so kommt es, daß man eher lächelnd eintritt als mit bildungsbeflissen gefurchter Stirn.

Auch wenn der letzte Spargel für Frau von Stein schon längst gestochen wurde, gibt es im Garten noch genug zu sehen, was an den ehemaligen Hausherrn erinnert. Im Sommer zum Beispiel die Riesendolden des Bärenklaus, die Goethe bis in seine letzten Jahre beschäftigten und deren Blütenstände er auf einem eigens dafür gebauten Gerüst betrachtete. Oder im nördlichen Teil des Gartens der Stein des guten Glücks, eine

Kugel auf einem Würfel. Im Frühjahr 1777 trieb es Goethe dazu, seinem doppelten Glück – der Liebe zu Charlotte und dem Besitz des Gartenhauses – ein Denkmal zu setzen, das gleichermaßen ans Fundament der Liebe (Würfel) wie an die Wandelbarkeit des Glücks (Kugel) erinnern sollte. Goethe mochte solche Zeichen der Kunst in der freien Natur. In den Parks in und um Weimar lassen sich mehr davon finden, und auch im Gärtchen hinterm Haus kann der aufmerksame Besucher noch zwei weitere entdecken. Da ist der sogenannte Schlangenstein, der dem Genius dieses Ortes (»Genius huius loci«) gewidmet ist. Und oberhalb des Hauses, dort, wo Charlottes Lieblingsbank war, hat Goethe ein ihr gewidmetes Epigramm auf eine Steintafel gravieren und einmauern lassen (»Hier im stillen gedachte der Liebende seiner Geliebten; / Heiter sprach er zu mir: ›Werde mir Zeuge, du Stein!‹«).

Aus dem Park wieder in die Stadt zurückkehrend, kommen wir über den Wielandplatz. Dort war ich einmal Zeuge, wie ein tief in poetische Gedanken versunkener Tourist vor Wielands Denkmal stand und einen Einheimischen fragte: »Und das ist nun Goethe?« – Prompt kam im besten Thüringisch die kundige Antwort: »Aber nee, Goethe, das war'n doch zwee'e!«

Womit wir also wieder beim Goethe-Schiller-Denkmal wären. Das Erz dazu hatte seinerzeit der König von Bayern gestiftet. Es stammte von türkischen Kanonen, die 1827 bei der Seeschlacht von Navarino erbeutet worden waren. Von Anbeginn also hat es immer auch ein wenig Zeitgeschichte mitgespiegelt. Alte Weimarer erinnern sich noch daran, daß man die Doppelstatue im Zweiten Weltkrieg eingemauert hatte, um sie vor Bombensplittern zu schützen – zum Glück, denn das Theater wurde tatsächlich von Fliegerbomben getroffen. »Wir fanden als Kinder immer, es sehe aus wie ein Behelfsheim«, erzählte mir eine pensionierte Lehrerin, »und da haben wir einen Zettel drangehängt: Goethe 1 × klingeln, Schiller 2 × klingeln.« Im schicksalsträchtigen Sommer 1989 vor der Wende, als viele DDR-Bürger die Flucht ergriffen, wurde den beiden Nationalhelden der Feder über Nacht ein großes Schild um den Hals gehängt: WIR BLEIBEN HIER.

Am 19. Juli 1991 ist das Denkmal dann zum zweiten Mal enthüllt worden. Eine westdeutsche Firma hatte die überfällige Renovierung der angegriffenen Oberfläche durch großzügige

Unterstützung ermöglicht. Aber nicht Musik, Ansprache und Gedichtrezitation haben mich am meisten berührt, sondern der von den Fernsehkameras schon nicht mehr wahrgenommene Moment, als eine alte Frau die Stufen unglaublich leichtfüßig hinauflief und den beiden da oben einen bunten Sommerblumenstrauß zu Füßen legte.

Italienische Reise
1786 – 1788

> »Jetzt darf ich es gestehen: Zuletzt durft ich kein Lateinisch Buch mehr ansehn, keine Zeichnung einer italiänischen Gegend. Die Begierde dieses Land zu sehn war überreif, da sie befriedigt ist, werden mir Freunde und Vaterland erst wieder recht aus dem Grunde lieb, und die Rückkehr wünschenswerth. Wird es dann in der Folge-Zeit möglich, es auch mit Ihnen zu sehen und Ihnen durch die Kenntniße die ich jetzt erwerbe, hier, und indeß zu Hauße, nützlich zu werden; so bleibt mir fast kein Wunsch übrig.«
>
> *An Carl August, 3. November 1786*

Goethes »Italienische Reise« beginnt mit den Worten: »Früh drei Uhr stahl ich mich aus Karlsbad, weil man mich sonst nicht fortgelassen hätte. Die Gesellschaft, die den achtundzwanzigsten August, meinen Geburtstag, auf eine sehr freundliche Weise feiern mochte, erwarb sich wohl dadurch ein Recht, mich festzuhalten; allein hier war nicht länger zu säumen. Ich warf mich, ganz allein, nur einen Mantelsack und Dachsranzen aufpackend, in eine Postchaise und gelangte halb acht Uhr nach Zwodau, an einem schönen stillen Nebelmorgen.«

Er hat also bei der Niederschrift sein Reisetagebuch an Charlotte verwendet. Auch aus den italienischen Briefen wird vieles eingearbeitet – neben solchen an die Freundin vor allem die an Carl August und die Herders. Kritiker haben deshalb gespottet, auch dieses Werk des späteren Goethe (es erscheint erst 1816/17) sei wieder mal mit Schere und Kleister verfertigt. Aber ganz so einfach ging es bei seiner Entstehung dann doch nicht zu. Immerhin hat er das spätere Werk schon recht bald ins Auge gefaßt, wie ein gleichermaßen berechnender wie gefühlvoller Brief an Charlotte zeigt:

»Anfangs gedacht ich mein Tagebuch allgemein zu schreiben, dann es an dich zu richten und das *Sie* zu brauchen damit es Kommunikabel wäre, es ging aber nicht es ist allein für dich. Nun will ich dir einen Vorschlag thun. [-] Wenn du es nach und nach abschriebst, in Quart, aber gebrochne Blätter, verwandeltest das *Du* in *Sie* und liesest was dich allein angeht, oder du sonst denckst weg; so fänd ich wenn ich wiederkomme gleich ein Exemplar in das ich hinein korrigieren und das Ganze in Ordnung bringen könnte.«

Folgen wir Goethe auf seiner Route, dann fällt auf, mit welcher Eile er seinem Ziel entgegenstrebt: In Regensburg hält er sich nur Stunden auf. Ein Buchhändler erkennt ihn. »Ich hab es ihm aber grade ins Gesicht, mit der größten Gelassenheit, geleugnet, daß ich's sei.« Keine Woche später liegen die Alpen hinter ihm, »nun geht's der Kunst, dem Altertum und der Seenachbarschaft zu«. Eine Woche Aufenthalt in Vicenza, zwei in Venedig. Noch immer läßt er niemanden wissen, wohin die Fahrt gehen soll. Nur Seidel, der als Kontaktmann eingeweiht worden ist, weiß es und wird noch einmal von unterwegs ermahnt: »Du tust vor wie nach, als wüßtest du nicht, wo ich sei.« Weiter geht es über Ferrara (16. Oktober), Cento (17.), Bologna (18.), Florenz (23.), Perugia (25.), Assisi (26.). Am 29. ist er am Ort seiner Träume: »Endlich kann ich den Mund auftun und Sie mit Freuden begrüßen«, schreibt er Carl August, »verzeihen Sie das Geheimnis und die gleichsam unterirdische Reise hierher. Kaum wagte ich mir selbst zu sagen wohin ich ging, selbst unterwegs fürchtete ich noch und nur unter der Porta del Popolo war ich mir gewiß Rom zu haben.«

Rom also und diese Stadt vor allen anderen. Von den 653 Tagen, die Goethe Weimar fernbleibt, verbringt er die überwiegende Zeit dort. Was es für ihn bedeutet, ermißt wohl am meisten Mutter Aja, die seit dem 15. November seinen Aufenthaltsort kennt. »Jubeliren hätte ich vor Freude mögen daß der Wunsch der von frühester Jugend an in deiner Seele lag, nun in Erfüllung gegangen ist – Einen Menschen wie du bist, mit deinen Kenntnüßen, mit dem reinen großen Blick vor alles was gut, groß und schön ist, der so ein Adlerauge hat, muß so eine Reiße auf sein gantzes übriges Leben vergnügt und glücklich machen – und nicht allein dich sondern alle die das Glück haben in deinem Wirckungs kreiß zu Leben. Ewig werden mir die Worte der Seeligen Klettenbergern im Gedächtnüß bleiben Wenn dein Wolfgang nach Maintz reißet bringt Er mehr Kenntnüße mit, als andere die von Paris und London zurück kommen.« Im selben Brief heißt es an anderer Stelle: »Deine übrigen Freunde sind alle noch die sie waren, keiner hat so Rießenschritte wie du gemacht.«*

Aber solche Schritte zu unternehmen kostet Kraft bis zum eben noch Verkraftbaren. Den jüngsten setzt er sogar mit einer »Wiedergeburt« gleich – und dazu gehören mit Sicherheit auch Geburtswehen, beispielsweise eine gewisse Disharmonie zwischen Empfindungen und Taten: Er weiß, daß er fort muß, wenn er nicht verkümmern will, auch von geliebten Menschen fort, und zugleich hängt er doch so an ihnen. Die mitunter beschwörenden Liebesversicherungen seiner Briefe an Charlotte legen ein beredtes Zeugnis davon ab. Hier ist spürbar etwas zu Ende gegangen. Goethe will es und will es doch auch wieder nicht.

Immer wieder ist er das: ein Scheiternder, Fliehender, ein neu Ansetzender. Wo ist das Denkmal, das ihn so zeigt? Immer bekommen wir ihn nur als den Sieger, den Weltmeister in Sachen Weltliteratur zu sehen. Aber die großen reformerischen Pläne, die der Mittdreißiger in Weimar hatte, sind gescheitert; er hat sich zusehends in Akten verkramt. Als Dichter sitzt er auf einem ganzen Stapel mittelmäßiger, fallengelassener und unvollendeter Werke und ist dem großen Lesepublikum nur noch Erinnerung.

»Ich bin wie ein Baumeister der einen Turm aufführen wollte und ein schlechtes Fundament gelegt hatte«, schreibt er Charlotte, »er wird es noch bei Zeiten gewahr und bricht gerne wieder ab.« Nie wieder soll das Bauwerk seines Lebens so fragwürdig dastehen. Aber das Abbrechen und Neuanfangen ist

---

* Es ist übrigens der nahezu einzig erhaltene Brief an Goethe aus der italienischen Zeit. Daß er dem üblichen Autodafé entgangen ist, haben wir geheimdienstlichen Ermittlungen des österreichischen Gesandten in Rom, Kardinal Graf Hrczan-Harras, zu verdanken. Er hatte den Brief kurzerhand durch seinen deutschen Sekretär stehlen lassen, um herauszubekommen, ob Goethe am Ende in politischer Mission hier sei. Einem Brief vom 24. März 1787 an den Fürsten Kaunitz ist unschwer zu entnehmen, daß über Goethe sehr eingehende Informationen eingeholt worden sind, wenn er nicht sogar observiert worden ist. Man fürchtete, daß er als Minister Carl Augusts Fürstenbundbestrebungen gegen Österreich im Auge habe und bei der Wahl des neuen Reichskanzlers von Einfluß sein könne.

ein existentielles Wagnis sondergleichen. In der »Italienischen Reise« wird das später nach souveräner Selbstdeutung klingen. Im Tagebuch der Reise, das er für Charlotte schreibt, ist der Ton noch authentisch. Da weiß er noch nicht, wie seine Geschichte weitergeht. »Dein Brief vom 1. Jan. ist mir gekommen und hat mir Freude und Schmertzen gebracht. Dazu kann ich nichts weiter sagen als: ich habe nur *Eine* Existenz, diese hab ich diesmal *ganz* gespielt und spiele sie noch. Komm ich leiblich und geistlich davon, überwältigt meine Natur, mein Geist, mein Glück, diese Krise, so ersetz ich dir tausendfältig was zu ersetzen ist. – Komm ich um, so komm ich um, ich war ohne dies zu nichts mehr nütze.«

Solche Briefe gab es auch früher schon von ihm. Oft hat er dabei das Bild vom Häute- und Schalenabstreifen gebraucht. Und in einem Brief an Fritz Jacobi findet er für seine Entwicklungsschmerzen ein wahrhaft schlagendes Gleichnis: »Wenn du eine glühende Masse Eisen auf dem Heerde siehst, so denkst du nicht daß soviel Schlacken drinn stecken als sich erst offenbaren wenn es unter den großen Hammer kommt [...] Es scheint als wenn es eines so gewaltigen Hammers bedürft habe um meine Natur von den vielen Schlacken zu befreyen, und mein Herz gediegen zu machen.« (17. November 1782)

Mit dem inneren Aufräumen geht bei Goethe allemal das äußere einher, deutlich ablesbar am Verbrennen von Papieren und Manuskripten, den »Autodafés«. 1767 vernichtet der Leipziger Student seine »Jugendsünden«. Am Geburtstag 1779 heißt es im Tagebuch: »Zu Hause aufgeräumt, meine Papiere durchgesehen und alle alten Schaalen verbrannt. Andre Zeiten andre Sorgen.« 1797 wiederum, vor Beginn der dritten Schweizer Reise, gehen alle Briefe, die er seit 1772 empfangen hat, in Rauch auf. Wenn die Vernichtung eines Lebenszeugnisses nicht mehr möglich ist, weil es bereits veröffentlicht vorliegt, distanziert sich Goethe auch schon mal davon. Das belegen zum Beispiel spätere Äußerungen über Arbeiten aus der Sturm-und-Drang-Zeit. Seine hymnische Prosa »Von deutscher Baukunst« hat er »eine Staubwolke von seltsamen Worten und Phrasen« genannt und kommt damit Klopstocks und Lichtenbergs Ansichten überraschend nahe.

Er hat Angst vor Mißdeutungen und wohl auch davor, daß

man seine verschiedenen Lebensphasen miteinander vergleicht. Schon der Straßburger Student empfand sich ja innerhalb von vier Wochen um ein bedeutendes Stück weiter, »nicht weil ich *viel* sondern *vieles* tue«. An Carl August gefällt ihm später, daß der eigentlich als einziger im Werden sei, »die andern sind fertig wie Dresselpuppen, wo höchstens noch der Anstrich fehlt«. Und als der Kanzler Müller dem alten Goethe vorhält, über ein bestimmtes Faktum früher anders gedacht zu haben, bekommt er zur Antwort: »Ei, bin ich denn darum achtzig Jahre alt geworden, daß ich immer dasselbe denken soll? Ich strebe vielmehr, täglich etwas anderes, Neues zu denken, um nicht langweilig zu werden.«

Aber nicht immer läßt Goethe unter dem Anprall neuer Eindrücke die alten Vorstellungen fahren. Gerade in Italien scheint die Bestätigung von Erwartetem eine Voraussetzung dafür zu sein, daß er sich überhaupt für all das Fremde öffnen kann. Aus Venedig schreibt er: »Es ist mir wirklich auch jetzt nicht etwa zumute, als wenn ich die Sachen zum erstenmal sähe, sondern als ob ich sie wiedersähe.« Und aus Rom dann: »Ich habe keinen ganz neuen Gedanken gehabt, nichts ganz fremd gefunden, aber die alten sind so bestimmt, so lebendig, so zusammenhängend geworden, daß sie für neu gelten können.«

In Rom angekommen, steigt er in einem alten Gasthof am Ufer des Tiber ab. Die ersten Eindrücke treffen den Augenmenschen mit Macht. Die Stadt ist damals bei aller Pracht der Kirchen und Palazzi schmutzig und verwahrlost. Das strahlende Zentrum der antiken Welt zeigt sich nur noch als matter Abglanz. Die Bevölkerung – um Christi Geburt zwischen einer und zwei Millionen Einwohner – ist auf etwa 180000 zusammengeschmolzen, der Tiber ein schmutziger, unregulierter Fluß, das Forum Romanum meterhoch zugeschüttet von Dreck und Erde. Hier lassen jetzt die Hirten ihr Vieh weiden und binden es an den wenigen aus dem Boden ragenden Säulen fest. Das Leben konzentriert sich weitgehend in den Stadtteilen innerhalb der großen Tiberschleife. Alle anderen sind verödet. Es gibt keine Nachtbeleuchtung, was Spaziergänge nach Sonnenuntergang nicht nur schwierig, sondern gefährlich macht. »Daß man andere totschlage, davon hätte ich fast Tag für Tag zu hören«, erfährt Goethe, und in der Tat registriert eine Kriminalstatistik des Jahres 1785, daß es in Rom 560 bekanntgewordene Morde gegeben habe.

Noch am Abend seiner Ankunft trifft sich Goethe mit dem Maler Wilhelm Tischbein, der durch ihn eine Pension des Herzogs von Gotha bekommen hat und die Stadt schon aus mehrjähriger Erfahrung kennt. Am nächsten Tag zieht er als Johann Philipp Möller in die Wohnung des Freundes in der Strada del Corso Nr. 20. Im selben Haus, der Casa Moscatelli, wohnen noch die Maler Georg Schütz und Friedrich Bury, und bald lernt Goethe auch die anderen Mitglieder der deutschen Künstlerkolonie in Rom kennen, Johann Heinrich Lips zum Beispiel, die berühmte Angelica Kauffmann und seinen späteren Freund und Hausgenossen Heinrich Meyer, der ihn vor allen anderen »in das eigentliche *Machen* initiiert«. (In Neapel wird noch der Landschaftsmaler und Kupferstecher Philipp Hackert hinzukommen, in Palermo Christoph Heinrich Kniep, der dann seine Reise mit Goethe durch Sizilien zeichnend festhält.)

In Gesellschaft von Malern also hält sich der vorgebliche Maler Möller – nur Tischbein weiß es zu Anfang besser – in der Stadt und den Bergen der umgebenden Landschaft auf. Er arbeitet wie ein Besessener und wird am Ende rund 850 Zeichnungen und Aquarelle mit nach Hause bringen. Noch einmal will er wissen, ob seine wahre Bestimmung nicht vielleicht doch die bildende Kunst sei. Er besucht einen Unterrichtskurs in perspektivischem Zeichnen, befaßt sich Anfang 1788 mit der Darstellung des menschlichen Körpers, die ihm aber zeitlebens nicht gelingen will, weswegen er sich auf Landschaften beschränkt oder die Menschen darin sehr weit entfernt unterbringt. Aber obgleich sich der Blick weitet und die Technik deutlich verfeinert, erkennt Goethe von Tag zu Tag deutlicher, daß er zur Dichtkunst berufen ist. Erst in Italien gewinnt er endgültige Klarheit über seine wahre Bestimmung, und nun muß er auch kein Messer mehr ins Wasser werfen, um wahrsagende Auskunft darüber zu bekommen.

Alles ist wie ein kräftiges Atemholen. Es gab schon mehrere solcher Phasen in seinem Leben, und weitere werden folgen: ein- und ausatmen, sich auftun und wieder verschließen. In den Epochen der Sinnes- und Selbstbewußtseinserweiterung aber ist zu beobachten, daß er auf unbegreifliche Weise blind wird für anderes, gerade so, als hätte es ihn sonst zerrissen. Darüber, daß er in Italien nur Augen für die Antike und Renaissance hat und keinerlei Sinn für die Kunstschätze des Mittelalters und Barock, ist später viel gerätselt worden. Ein bißchen Tempelgebälk in einer Antikensammlung genügt, und schon heißt es: »Das ist freilich etwas anderes als unsere kauzenden, auf Kragsteinlein übereinandergeschichteten Heiligen der gotischen Zierweisen, etwas anderes als unsere Tabakspfeifensäulen, spitze Türmlein und Blumenzacken; diese bin ich nun, Gott sei Dank, auf ewig los!« (8. Oktober 1786) Auch darin wird er, wie in so vielem, seine Meinung noch einmal ändern.

Seltsam auch, wie konsequent er nahezu alle historische, politische, soziale Wirklichkeit aus seinem Denken ausblendet. Es sind schließlich die letzten Jahre vor der Französischen Revolution. Das geistige Klima ist deutlich unruhiger geworden, Goethe muß es bei der Zeitungslektüre bemerkt haben, denn immerhin veranlaßt sie ihn gegenüber Carl August zu der hellsichtigen Bemerkung: »Mir scheint es für Freund und Feind bedencklich daß Franckreich so weit herunter ist.« (17. November 1787) Viel mehr an Politischem geben seine Aufzeichnungen von damals nicht her, und das ist mit der allgemeinen Furcht vor Zensur nicht zu erklären.

In ganz Europa erregt man sich damals über die »Halsbandaffäre« am Hof Ludwigs XVI. Auch Goethe will später in dem Vorfall ein erstes Anzeichen der kommenden Revolution gesehen haben. In der »Italienischen Reise« aber findet er die »Märchen« des Hochstaplers Cagliostro vor Gericht gerade mal eine »Frechheit«. Dieser, ein sizilianischer Bauernsohn namens Joseph Balsamo*, hatte sich mit einer Abenteurerin zusammengetan und einem in Ungnade gefallenen Kardinal eingeredet, er werde seine frühere Stellung wiedererlangen, wenn

---

* Goethe hat übrigens Balsamos Familie in Palermo ausfindig gemacht und aufgesucht: eine Schelmengeschichte, in deren Verlauf er sich einiger haarsträubender Lügen bedient, um an seine Informationen heranzukommen. Nachzulesen in der »Italienischen Reise«. Seine heute selten gespielte Komödie »Der Groß-Cophta« behandelt den Stoff in verschlüsselter Form. Reißerischer ist der Skandal später von Alexandre Dumas in seinem umfänglichen Romanwerk »Erinnerungen eines Arztes: Joseph Balsamo« (1846–1848) dargestellt worden.

er Marie Antoinette ein 1,6 Millionen Livres teures Diamanthalsband schenke. Als der Juwelier dann sein Geld verlangte, ist das Schmuckstück längst ins Ausland verbracht und sollte auch nie wieder auftauchen. Das Ausmaß an Leichtsinn und Korruption, das sich während des Prozeßverlaufs zeigte, vor allem aber die mutmaßliche Mittäterschaft der Königin empörte das Volk aufs äußerste und trug dazu bei, daß das Ansehen der französischen Monarchie immer mehr geschwächt wurde.

Der Nachricht, daß Friedrich der Große gestorben sei, weiß Goethe in seinen Aufzeichnungen nichts Wesentlicheres hinzuzusetzen, als daß man sich heute einen guten Tag zu machen und das Kapitol zu betrachten gedenke. Friedrichs Nachfolger wird Friedrich Wilhelm II., in dessen Armee Carl August im September 1787 eintritt, alsbald am preußischen Feldzug nach Holland teilnimmt und noch im selben Jahr ein Kürassierregiment unterstellt bekommt. Durch Carl August erfährt Goethe immerhin von den Verhandlungen im Haag, wo April 1788 eine Allianz zwischen Holland, Preußen und England zustande kommt. Daß damals auch die Verfassung der USA in Kraft tritt, scheint er nicht wahrgenommen zu haben. Und während in Frankreich die wirtschaftlichen Reformversuche einer nach dem anderen scheitern und eine Flut politischer Broschüren zu erscheinen beginnt, in denen Freiheit und Gleichheit für alle Bürger gefordert wird, reist er durchs italische Land.

Er malt, studiert die alten Bauwerke und beginnt wieder zu schreiben. Noch mag ihm der Spott der Freunde in Karlsbad in den Ohren geklungen haben, die zu seinem Geburtstag mehrere Gedichte »im Namen meiner unternommenen, aber vernachlässigten Arbeiten« geschrieben hatten, »worin sich jedes nach seiner Art über mein Verfahren beklagte«. Von seinen »Stückwerken« hat er »Iphigenie«, »Egmont«, »Tasso« und »Faust« mitgenommen. Was war das aber auch für eine lächerliche Vorankündigung im Buchhandel, die für seine im Erscheinen begriffene achtbändige Werkausgabe mit Hinweisen auf »Egmont, unvollendet«, »Tasso, zwey Akte« oder »Faust, ein Fragment« werben mußte! Das Publikum wollte zu Recht etwas Ganzes lesen. Entsprechend schleppt sich nun auch der Verkauf der Büchlein hin.

Im November und Dezember 1786 arbeitet Goethe mit Nachdruck an der »Iphigenie« und liest sie nach der endgültigen Umgestaltung den römischen Freunden vor. Es wird ein Reinfall, es war wohl eher etwas »Götz«mäßiges erwartet worden. Auch in Weimar, wohin er das Stück im Januar sendet, findet es nicht den erhofften Anklang; »man war die erste Form so gewohnt, man kannte die Ausdrücke, die man sich bei öfterm Hören und Lesen zugeeignet hatte; nun klingt das alles anders, und ich sehe wohl, daß im Grunde mir niemand für die unendlichen Bemühungen dankt. So eine Arbeit wird eigentlich nie fertig, man muß sie für fertig erklären, wenn man nach Zeit und Umständen das möglichste getan hat.« Noch im Dezember wird die »Stella« für den Druck überarbeitet, und innerlich beschäftigt er sich auch schon mit den anderen Dramenfragmenten und der Fortsetzung seines »Wilhelm Meister«-Romanes.

Nach einer längeren Reisephase beginnt dann im Sommer 1787 der zweite römische Aufenthalt des nunmehr 38-Jährigen. Wieder nimmt er sich den »Egmont« vor, vollendet ihn im August und schickt das Manuskript im September nach Weimar: Zwölf Jahre sind vergangen, seit das Drama im väterlichen Hause begonnen worden war! Am Ende hat wohl niemand mehr geglaubt, daß dieses Werk noch zu Ende gedeihen würde.

Neben das Romanprojekt tritt jetzt auch, im Zusammenhang mit dem Studium der italienischen Opernform, eine etwas unglückliche Liebe zu Texten für das Musiktheater. Goethe arbeitet »Claudine von Villa Bella« und »Erwin und Elmire« für die Opernbühne um und schreibt an der dreiaktigen komischen Oper »Die Mystifizierten«, einer Vorstufe des späteren »Groß-Kophta«-Stoffes.

Alles nichts Besonderes. Das können andere besser. Aber seit 1787 wohnt der Frankfurter Komponist Philipp Christoph Kayser, ein Jugendfreund Goethes, mit im römischen Künstlerhaushalt. Da wird natürlich über musikalische Fragen diskutiert, entstehen gemeinsame Pläne, auch wenn schon früheres Zusammenarbeiten nicht gerade von Erfolg gekrönt war. Mit einem Singspiel »Jery und Bätely« (1780) ist Kayser nicht fertiggeworden, weshalb dann Seckendorf die Musik dazu schrieb, und mit der komischen Oper »Scherz, List und Rache« verhält es sich nicht viel besser. Der Komponist bringt sie zwar 1787 mehr schlecht als recht zu Ende, aber sie wird niemals auf die Bühne kommen. Selbst Goethe rückt, nachdem er Mozarts »Entführung aus dem Serail« gesehen und damit das Meisterstück dieser kleinen geschlossenen Opernform kennengelernt hat, immer mehr von der Unternehmung ab. Trotzdem bleibt das freundschaftliche Verhältnis zu Kayser während der italienischen Zeit ungetrübt, und gemeinsam wird man später die Heimreise antreten.

Den Winter 1786/87 verbringt Goethe in Rom. Er studiert die großen Bau- und Kunstwerke der Antike und sieht das alles immer noch ein bißchen mit den Augen Winckelmanns, des 1768 in Triest ermordeten Archäologen und Kunstwissenschaftlers. Aber auch die Bücher Andrea Palladios werden ihm jetzt ein wichtiger Führer; die Bauten dieses Architekten aus dem 16. Jahrhundert haben ihn schon in Vicenza und Venedig tief beeindruckt. Seine Lehrbücher fußen auf der Vermessung römischer Gebäude und vermittelten deshalb noch zu Goethes Zeit die beste Kenntnis antiker Bauregeln. Johann Jacob Volkmanns »Historisch-kritische Nachrichten von Italien« (1770/71), eine Art Baedeker der damaligen Zeit, komplettiert die Reisebibliothek. Blättert man ein wenig in diesem Werk, wird schnell deutlich, wie sehr Goethes »Italienische Reise« solche Art Literatur hinter sich läßt. Der Sturm-und-Drang-Autor Wilhelm Heinse konnte Volkmann mit Fug und Recht einen »blind in den Tag Hineinreiser und alles Aufschreiber« nennen. Goethe dagegen gelingt es – trotz Übernahme einiger unbedeutender Kunsturteile aus zweiter Hand –, anschaulich und erfrischend subjektiv wiederzugeben, was er an Bauten, Bildern und Plastiken gesehen hat. Deshalb hat die »Italienische Reise« bis heute noch nichts von ihrem Reiz verloren.

Immer wieder wandert er in den ersten Wochen durch die Ewige Stadt. Zu Anfang des neuen Jahres meint er sogar schon in einem Brief an Seidel, »ich habe mich fast durch Rom durchgesehen«, und nutzt eine Reise Tischbeins nach Neapel, um mitzufahren. Am 22. Februar bricht man gemeinsam auf. In Goethes Gepäck steckt der »Tasso«, der bei dieser Gelegenheit völlig umgestaltet werden soll.

Neapel wird ihm ein Fest der Sinne; »wenn man in Rom nur studieren mag, so will man hier nur leben«. Er mischt sich unters Volk, ist heute auf dem Markt, morgen im Theater, übermorgen im Gericht. Dank seiner Italienischkenntnisse vermag er an allem teilzuhaben. Wird's ihm zuviel, dann zieht er sich zurück, beobachtet Natur und Landschaft. Jetzt lernt er auch Philipp Hackert, den Hofmaler des Königs von Neapel, kennen, bei dem er noch einmal Unterricht nimmt. Später wird ihm der Maler vertrauensvoll seine Aufzeichnungen überantworten, die er dann 1811, vier Jahre nach Hackerts Tod, sorgfältig redigiert und herausgibt.

Goethe erklettert am 2., 6. und 19. März den Vesuv. Beim ersten Mal verliert er den Führer. Beim zweiten Mal erlebt er auf der Spitze des Kegelbergs einen Ausbruch. »Erst ein gewaltsamer Donner, der aus dem tiefsten Schlunde hervortönte, sodann Steine, größere und kleinere, zu Tausenden in die Luft geschleudert, von Aschenwolken eingehüllt. Der größte Teil fiel in den Schlund zurück. Die andern nach der Seite zu getriebenen Brocken, auf die Außenseite des Kegels niederfallend, machten ein wunderbares Geräusch: erst plumpten die schwereren und hupften mit dumpfem Getön an die Kegelseite hinab, die geringeren klapperten hinterdrein, und zuletzt rieselte die Asche nieder.« Mit dem jüngsten Führer wagt er sich noch weiter vor, über das glühende Geröll, bis an den ungeheuren Abgrund. »Auf einmal erscholl der Donner, die furchtbare Ladung flog an uns vorbei, wir duckten uns unwillkürlich, als wenn uns das vor den niederstürzenden Massen gerettet hätte; die kleineren Steine klapperten schon, und wir, ohne zu bedenken, daß wir abermals eine Pause vor uns hatten, froh die Gefahr überstanden zu haben, kamen mit der noch rieselnden Asche am Fuße des Kegels an, Hüte und Schultern genugsam eingeäschert.« Die Kunde neu aufbrechender Lava reizt ihn, ein drittes Mal den Vesuv zu besuchen, »die Schlacken rollten regelmäßig an den Seiten herunter bis zu unsern Füßen. Durch einige Lücken des Kanals konnten wir den Glutstrom von unten sehen und, wie er weiter hinabfloß, ihn von oben beobachten.«

Wenn man die einschlägigen Stellen in der »Italienischen Reise« nachliest, gewinnt man den Eindruck, daß Goethe noch Jahrzehnte später nicht klargeworden ist, in welche Lebensgefahr er sich damals, dicht neben den Lavaströmen herwandernd, begeben hat. Unverändert gibt er eine Briefstelle wieder, in der er den Freunden daheim versichert, »da, wo ich gehe, ist nicht mehr Gefahr als auf der Chaussee nach Belvedere«. (Bei der Besteigung eines Ätnakraters sechs Wochen später wäre er um ein Haar vom Sturm in den Abgrund gerissen worden!)

Überhaupt ließe sich die italienische Reise – und nicht nur weil Goethe leichtsinnig gewesen wäre – als »ein einzig Abenteuer« schildern. Das beginnt im Grunde schon am Gardasee, als er ein Schloß zeichnet und ihn die Einwohner deswegen angreifen. Die Grenze ist nah und damit der Kaiser. Jedenfalls rettet ihn nur große Mundfertigkeit vor üblen Folgen. In der Sixtinischen Kapelle, wohin man damals nur gegen ein gutes Trinkgeld für den Kustoden kam, betrachtet er bei großer Augusthitze die Fresken Michelangelos, gibt dann aber irgendwann der Müdigkeit nach, setzt sich und schläft ein. Wenn in diesem Moment der Papst hereingekommen wäre, hätte er seinen eigenen Stuhl neben dem Altar von einem protestantischen Deutschen besetzt gefunden. Eine Tischbein-Skizze hält fest, wie Goethe sich anstrengt, einem panisch ausschlagenden Pferd aus dem Morast zu helfen. Und in Messina muß er sich einem uralten, jähzornigen Gouverneur vorstellen, der Fremden damit droht, sie »in Verwahrung zappeln zu lassen«. Er selber kommt zwar mit einer Einladung zur Tafel davon, aber nach der rüden Abfertigung dessen, der vor ihm empfangen wurde, hat er nicht die geringste Lust, »dieser Löwenhöhle je wieder nah zu treten«.

Sizilien aber war sicher das größte Abenteuer. Auf dieser Reise im April / Mai 1787 begleitet ihn der 32-jährige Maler Kniep, ein Meister der Sachlichkeit, der mit wenig zeichnerischem Aufwand das Wesentliche einer Sache einfängt. Mit Hilfe Tischbeins und unter Einfluß Hackerts bildet er sich damals vom Porträtisten zum Landschaftsmaler weiter.

»Ich habe nie eine Reise so ruhig angetreten«, schreibt Goethe am 3. April 1787, einen Tag nach seiner Ankunft im Hafen von Palermo, »habe nie eine ruhigere Zeit gehabt als auf der durch beständigen Gegenwind sehr verlängerten Fahrt, selbst auf dem Bette im engen Kämmerchen, wo ich mich die ersten Tage halten mußte, weil mich die Seekrankheit stark angriff. Nun denke ich ruhig zu euch hinüber; denn wenn irgend etwas für mich entscheidend war, so ist es diese Reise.« Der

Binnenländer, der erstmals in Venedig das Meer zu Gesicht bekommen hatte, zeigt sich von dieser ersten kleinen Seefahrt tief ergriffen. »Hat man sich nicht ringsum vom Meere umgeben gesehen, so hat man keinen Begriff von Welt und von seinem Verhältnis zur Welt. Als Landschaftszeichner hat mir diese große, simple Linie ganz neue Gedanken gegeben.«

Er fühlt sich lebhaft an die Welt Homers erinnert. »Nun ich alle diese Küsten und Vorgebirge, Golfe und Buchten, Inseln und Erdzungen, Felsen und Sandstreifen, buschige Hügel, sanfte Weiden, fruchtbare Felder, geschmückte Gärten, gepflegte Bäume, hängende Reben, Wolkenberge und immer heitere Ebnen, Klippen und Bänke und das alles umgebende Meer mit so vielen Abwechselungen und Mannigfaltigkeiten im Geiste gegenwärtig habe, nun ist mir erst die Odyssee ein lebendiges Wort.«

Der Zauber der italienischen Frühlingslandschaft regt ihn zur Dramatisierung einer der zauberhaftesten Episoden in diesem Werk an, der Begegnung der Königstochter Nausikaa mit dem weitgereisten, nun auf der Insel Phäa gestrandeten Odysseus. Im Giardino pubblico, dem öffentlichen Garten von Palermo, malt er sich die Geschichte tagelang unter Zitronenspalieren und Oleandergebüsch aus, schreibt aber nach seiner »löblichen oder unlöblichen Gewohnheit« weder hier noch später in einem verwilderten Bauerngarten unterhalb von Taormina viel davon nieder. Überliefert sind nur einige Bruchstücke des Anfangs und eine recht trockene Inhaltsangabe des geplanten Ganzen in der »Italienischen Reise«, die das Fehlende nur um so schmerzlicher vermissen lassen.

Beobachtungen im Giardino pubblico und das Studium der üppigen Inselvegetation drängen den schönen Plan schließlich beiseite. Schon bei einem Spaziergang am Strand von Neapel war ihm die unvermittelte Gewißheit einer »ursprünglichen Identität aller Pflanzenteile« gekommen. »Die Urpflanze wird das wunderliebste Geschöpf von der Welt, um welches mich die Natur selbst beneiden soll. Mit diesem Modell und dem Schlüssel dazu kann man alsdann noch Pflanzen ins Unendliche erfinden, die konsequent sein müssen, das heißt, die, wenn sie auch nicht existieren, doch existieren könnten und nicht etwa malerische oder dichterische Schatten und Scheine sind, sondern eine innerliche Wahrheit und Notwendigkeit haben. Dasselbe Gesetz wird sich auf alles übrige Lebendige anwenden lassen.« (An Herder, 17. Mai 1787)

Was ihm im Februar 1787 noch eine »Erleuchtung über botanische Gegenstände« ist, nennt er schon im Mai »Modell« und im Oktober nur eine »Formel«. In der »Metamorphose der Pflanzen« (1790) bemüht er sich, die Sache in wissenschaftlich exakter Begrifflichkeit zu fassen, und in der »Italienischen Reise« (1816/17) mag er bloß noch von einer »alten Grille« sprechen. Aber auch diese nachträgliche Bagatellisierung sollte nicht darüber hinwegtäuschen, daß er damals auf imaginativem Wege nicht mehr und nicht weniger als das Grundgesetz seiner ganzen Metamorphosenlehre entdeckt hat.

Am 18. April beginnt die Reise über die Insel. Girgenti, Caltanisetta, Catania, Taormina und Messina – was für eine fremde und kulturferne Welt das damals ist, läßt sich heute kaum noch nachvollziehen. Schon die Armut von Rom, der unglaubliche Straßenkot von Palermo und die allerorten begegnende Armut haben Goethe sehr beschäftigt. Und dennoch schreibt er später: »Italien ohne Sizilien macht gar kein Bild in der Seele. Hier ist der Schlüssel zu allem.«

Man hat diesen Satz gern auf das Erlebnis der klassischen griechischen Baukunst bezogen. Aber Goethe hat Rom nicht zuletzt für ein Weilchen verlassen, um sich »von der Idee sovieler trauriger Ruinen reinspülen« zu lassen. Verfall signalisiert ihm Tod und Vergänglichkeit, und davor hatte er schon immer einen Abscheu. Die meisten der üblicherweise in Sizilien aufgesuchten Stätten der Antike besucht er gar nicht. Girgenti und Segesta werden wohl nur deshalb in der späteren Reisebeschreibung erwähnt, weil man es von ihm erwartet. Seine Antike belebt sich in der Landschaft, die noch immer Homers Landschaft ist. *Hier* ist der Schlüssel zu allem. Die Eintragung über Segesta im Reisetagebuch ist typisch. »Auf blühenden Disteln schwärmten unzählige Schmetterlinge, und Wilder Fenchel stand 8–9 Fuß hoch, es sah aus wie eine Baumschule. [–] Wo eine Stadt gelegen, ist keine Spur in der Nähe. [–] Der Wind sauste in den Säulen wie in einem Walde und Raubvögel schwebten schreyend über dem Gebälcke. Sie hatten wohl Jungen in den Löchern.« In wenigen Worten eine unvergeßliche Skizze des Augenblicks. Der Rest ist Schweigen. »Vom Ganzen sag ich nichts.«

Immer betrachtet er die Landschaft mit den Augen des Naturforschers. Am Fluß Oreto will er sich nichts von Hannibal und dessen Schlachten erzählen lassen, sondern sucht ihn zur Verwunderung seines Führers nach kleinen Steinchen ab. »Ich konnte ihm abermals nicht erklären, daß man sich von einer gebirgigen Gegend nicht schneller einen Begriff machen kann, als wenn man die Gesteinarten untersucht, die in den Bächen herabgeschoben werden, und daß hier auch die Aufgabe sei, durch Trümmer sich eine Vorstellung von jenen ewig klassischen Höhen des Erdaltertums zu verschaffen.« Gesteinsproben hatte er sich bereits seit dem Brenner mitgenommen und sorgfältige Bestimmungslisten darüber geführt.

Während der Rückfahrt nach Neapel gerät das von einem unfähigen Kapitän geführte Schiff nachts in eine gefährliche Strömung und treibt, durch Windstille manövrierunfähig, auf Felsschroffen zu. »Nicht die geringste Bewegung war in der Luft zu bemerken: Schnupftücher und leichte Bänder wurden von jedem in die Höhe und ins Freie gehalten, aber keine Andeutung eines erwünschten Hauches zeigte sich.« Auf dem engen Verdeck droht eine Panik auszubrechen. Da tritt Goethe, »dem von Jugend auf Anarchie verdrießlicher gewesen als der Tod selbst«, vor seine Mitpassagiere und redet wie mit Engelszungen auf sie ein. »Ich stellte ihnen vor, daß gerade in diesem Augenblick ihr Lärmen und Schreien denen, von welchen noch allein Rettung zu hoffen sei, Ohr und Kopf verwirrten, so daß sie weder denken noch sich untereinander verständigen könnten«, und erzielt durch seine Ruhe auch zeitweilig Wirkung. Aber die Lage wird immer schauriger. Von den Felsen herunter sind die Schreie der Ziegenhirten zu hören, die sie entdeckt haben, und es klingt in ihren Ohren, »als freuten sie sich auf manche Beute, die sie am andern Morgen aufzufischen gedächten«. Da aber mehr nicht getan werden kann, gibt Goethe seiner wiederaufkommenden Seekrankheit nach und legt sich hin. Nach einer Weile holt ihn Kniep aus dem Halbschlaf heraus: Wind sei aufgekommen! Man entferne sich schon sichtbar vom Felsen! Sie sind gerettet.

Man muß es an dieser Stelle einmal sagen: Goethe war ein großer Reisender. Das ist nicht nur quantitativ richtig, denn er hat auf 40 großen und 140 kleineren Reisen die damals enorme Strecke von rund 40000 km bewältigt, was ziemlich genau dem Erdumfang am Äquator entspricht! Es trifft auch auf seine Begabung zum Reisen zu, denn er konnte sich – obwohl man es ihm mancher Marotten und Umständlichkeiten halber auf den ersten Blick vielleicht gar nicht zugetraut hätte – schnell und gut auf veränderte Lebensumstände einstellen. »Für Naturen wie die meine, die sich gerne festsetzen und die Dinge festhalten«, schrieb er später durchaus selbstkritisch an Schiller, »ist eine Reise unschätzbar, sie belebt, berichtigt, belehrt und bildet.« (14. Oktober 1797)

Weil das Reisen früher unbequem und gefährlich war, gab es natürlich viele Ratschläge, wie dabei zu verfahren sei. Goethe beachtet, als er Karlsbad nur mit Mantelsack und Dachsranzen verläßt, die wenigsten davon. Gleichwohl ist er nicht unvorbereitet: Seine finanzielle Versorgung war geregelt, und er hatte durch Seidel mit Weimar Kontakt. Er ist mit der Landessprache vertraut, sportlich trainiert und durchaus bereit, auch unerwartete Einschränkungen hinzunehmen. Eine besteht zum Beispiel darin, zum ersten Mal seit Jahren wieder auf Dienerschaft zu verzichten. In Verona schreibt er an Seidel: »Es ist mir eine gute Übung allein zu seyn, da ich für mich selbst sorgen, alles selbst thun muß, nachdem ich mich solange habe gängeln und bedienen lassen.« Aber schon in Venedig nimmt er sich wenigstens einen Lohndiener, weil der »mit einem ungeheuren Lärm« die besten Preise heraushandelt. Wenn man nicht »einen Italiäner an die Italiäner hetzt«, empfiehlt Goethe später, »so kommt man nicht fort«.

Außer seinen Papieren nimmt er nur das Wichtigste an Kleidung mit und ergänzt das Fehlende entsprechend der Witterung im Lande. Dort steigt er auch auf die jeweils stationsweise zu mietenden einsitzigen Kleinkutschen um, die sogenannten Sediolas (Sesselchen). Die haben nämlich genau die richtige Spurbreite für die tief ausgefahrenen Überlandwege, während vornehme Reisende, die ihre eigene Kutsche nicht missen wollen, oft damit umstürzen. Im Preis für eine Sediola sind Verpflegung, Übernachtung und alle Arten von Abgaben – vom Zoll bis zum Schmiergeld – eingeschlossen. Das reduziert die Leidigkeit des Feilschens in fremder Sprache auf die einmalige Auseinandersetzung mit dem Kutscher. Ein Zeitgenosse Goethes registriert, daß man in Italien zwar nur langsam vorankomme, dafür aber »zusammt der Kost, eine teutsche Meile, in einem höchst bequemen Federwagen, um höchstens acht bis zehn gute Groschen zurücklegt, wofür man in Teutschland bekanntlich kaum das Recht erkauft, auf einem donnernden Postkarren dermaßen zermalmt zu werden, daß einem beinahe die Eingeweide aus dem Leibe fallen möchten«.

Die Umstellung auf fremde Kost und mangelnde Schlafgelegenheiten – in Messina gibt es sie erst, als der Kutscher dem Wirt die Matratze buchstäblich »unter dem Leibe weggeschwatzt hatte« –, das ständige Rechnen mit den vielen Geldsorten, nichts kann Goethe auf dieser Reise ernstlich erschüttern. Er hat mit Sicherheit mehr vom Land gehabt als Fritz Stolberg, der 1791/92 im geschlossenen Reisewagen durchs Land schaukelt und wenig sieht, oder als Herder, der bald nach Goethes Rückkehr in höfischer Gesellschaft dorthin fährt und kreuzunglücklich ist (»seit ich Italien kenne, bin ich sehr gern ein Deutscher«).

Auch Johann Caspar Goethe, der seine Italienreise schon 1740 absolviert hatte, war kein idealer Reisender gewesen. Als Bildungsbürger erwartete er das Nützliche. Er wollte nicht leben lernen, sondern betrachtete Italien als eine Spezialschule für Sprachen, Erdkunde, Geschichte und Kunst. Dementsprechend trocken fiel seine »Viaggio per l'Italia« aus, die er immerhin als erster Deutscher in der Sprache des Landes niederschrieb! Einem Freund gegenüber wundert er sich im nachhinein, »daß man denen Italienern ihre alten Mauern, worauf sie sich so viel einbilden, nicht lässet«. Man reise in ganze Europa nirgendwo unbequemer und bekäme den »Kopf voller Curiosideten«, wofür einem daheim niemand etwas geben würde.

Was er wohl dazu gesagt hätte, daß sein Sohn für diese »Curiosideten« am Ende 7000 Taler geopfert hat, was etwa drei seiner ministerialen Jahresgehälter entsprach? Den mit irdischen Gütern schlecht gesegneten Schiller, der während Goethes Abwesenheit in Weimar eingetroffen war, veranlaßte es jedenfalls zu den bissigen Worten: »Während er in Italien malt, müssen die Voigte und Schmidts für ihn wie die Lasttiere schwitzen. Er verzehrt in Italien für Nichtstun eine Besoldung von 1800 Thalern, und sie müssen für die Hälfte des Geldes doppelte Lasten tragen.«

Bei der Rückkehr von Sizilien nach Rom begegnet Goethe den griechischen Bauwerken von Paestum. Jetzt scheint er sich erstmals auf sie einzulassen. Vermag sie anfangs gar nicht so recht in sein edel-einfältiges Antikenbild einzuordnen. Ihm erscheinen die »kegelförmigen, enggedrängten Säulenmassen lästig, ja furchtbar«, und er begreift: »wie die Jahrhunderte sich aus dem Ernsten in das Gefällige bilden, so bilden sie den Menschen mit, ja sie erzeugen ihn so«.

Vielleicht ist hier der Grund für Goethes merkwürdige Scheu zu suchen, auch noch nach Griechenland zu reisen. Fürst von Waldeck, ein österreichischer General, »beunruhigte mich noch beim Abschied [von Neapel], denn er sprach von nichts weniger, als daß ich bei meiner Rückkehr mich einrichten sollte, mit ihm nach Griechenland und Dalmatien zu gehen«. Goethe schlägt das Angebot aus. »Das Land der Griechen mit der Seele suchend« – es wird das geflügelte Wort aus der »Iphigenie«. Der Autor selbst aber scheut dieses Land. Was fürchtet er? »Wenn man sich einmal in die Welt macht und sich mit der Welt einläßt, so mag man sich ja hüten, daß man nicht entrückt oder wohl gar verrückt wird. Zu keiner Silbe weiter bin ich fähig.« Goethe sucht Weite und Begrenzung zugleich, Flucht und Sammlung. Sizilien ist die Grenze. Mehr würde ihn nicht mehr befreien, sondern ängstigen. Er hat immer gewußt, wie weit er gehen durfte, um nicht entrückt zu werden.

Wieder in Rom, nimmt Goethe seinen mehr oder weniger geregelten Tagesablauf von Wandern und Ruhen, Schreiben und Zeichnen wieder auf. Auch das Studium der Kunst natürlich, wobei freilich bei aller Bereicherung seine alten Vorlieben und Abneigungen ein deutliches Wort mitreden. Er spielt christliche Kunst gegen antike aus und – weil ihm seine Malerfreunde im Erkennen der wirklich waltenden Regeln sicher überlegen sind – gleich auch Kunst und Natur. »Das geringste Produkt der Natur hat den Kreis seiner Vollkommenheit in sich und ich darf nur Augen haben um zu sehen, so kann ich die Verhältnisse entdecken, ich bin sicher daß innerhalb eines kleinen Zirkels eine ganze wahre Existenz beschlossen ist. Ein Kunstwerk hingegen hat seine Vollkommenheit außer sich, das ›Beste‹ in der Idee des Künstlers, die er selten oder nie erreicht [...]« Von dem Genie Leonardo da Vincis, Michelangelos und Raffaels ist er überwältigt, die christliche Thematik aber bleibt ihm verhaßt: »[...] immer *Leiden* des Helden nie *Handlung*. Nie ein gegenwärtig Interesse, immer etwas phantastisch erwartetes. Entweder Mißethäter oder Verzückte, Verbrecher oder Narren. Wo denn nun der Mahler um sich zu retten einen nackten Kerl, eine schöne Zuschauerinn herbeyschleppt. Und seine geistliche Helden als Gliedermänner tracktirt und ihnen recht schöne Faltenmäntel überwirft.« (19. Oktober 1786)

Tischbein hat 1786 ein großes Tafelbild »Goethe in der Campagna« begonnen und vollendet es jetzt. Es hängt heute im Städelschen Kunstinstitut Frankfurt und dürfte das berühmteste Goethe-Bildnis überhaupt sein. Aber es hat – was noch nichts gegen seine malerische Qualität sagt – auch sehr dazu beigetragen, den Dichter ins Bedeutend-Ferne zu entrücken. Lebensnäher wirken seine gleichzeitig entstandenen Zeichnungen, die uns Goethe im gemeinsamen römischen Haushalt zeigen und von denen die Skizze mit dem Ausruf »Das verfluchte zweite Küssen« von geradezu comic-hafter Spontaneität ist.

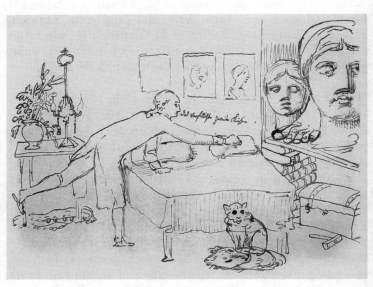

12   *Goethe in seiner römischen Wohnung am Corso*
(»*Das verfluchte zweite Küssen*«).
Federzeichnung von Johann Heinrich Tischbein, 1787

Sonntags und einmal in der Woche besucht Goethe die erfolgreiche Malerin Angelica Kauffmann, deren Porträts und empfindsame Bilder allegorischen Inhalts sehr beliebt sind. Von weiterreichender Bedeutung aber erweist sich die Freundschaft mit dem Schriftsteller Karl Philipp Moritz (1756–1793) und dem Maler und Kunstgelehrten Johann Heinrich Meyer (1760–1832), von Goethe später wegen seines Schweizer Dialekts »Kunscht-Meyer« genannt. Er hat dieses wandelnde Lexikon gleich in den ersten Tagen kennengelernt, und 1791 wird Meyer dann als »Hausgenosse, Künstler, Kunstfreund, Mitarbeiter« in die Mansarde des Hauses am Frauenplan einziehen.

Karl Philipp Moritz wiederum ist eine ganz erstaunliche und selbst heute noch zu wenig anerkannte Gestalt der deutschen Literatur des 18. Jahrhunderts. Sein Werk wird oft der Klassik zugeordnet, er selbst aber war ein innerlich zerrissener Mensch. Nach harter und entbehrungsreicher Jugend arbeitete er sich zäh und zielstrebig über eine Art zweiten Bildungsweg empor, wurde unter anderem Lehrer am Basedowschen Philanthropinum in Dessau und Redakteur an der »Vossischen Zeitung« in Berlin. Mit seinem autobiografischen Roman »Anton Reiser« (1785/94) hinterließ er »eines der wichtigsten Denkmäler jener Zeit« (Heinrich Heine), das proletarisch-bittere Gegenstück zu Goethes »Wilhelm Meister«. Auch seine »Reisen eines Deutschen in Italien in den Jahren 1786 bis 1788« – lesenswert schon wegen der profunden Kunstkenntnisse – wirken wie eine Kontrastlektüre zur »Italienischen Reise« Goethes.

Als der 30-jährige Moritz und der 37-jährige Goethe miteinander bekannt werden, entwickelt sich sofort eine Freundschaft zwischen den beiden. Goethe empfindet Seelenverwandtschaft: »Er ist wie ein jüngerer Bruder von mir, von derselben Art, nur da vom Schicksal verwahrlost und beschädigt, wo ich begünstigt und vorgezogen bin. Das machte mir einen sonderbaren Rückblick in mich selbst.« Moritz bricht sich Ende November den Arm, »indem sein Pferd auf dem glatten römischen Pflaster ausglitschte«, hat große Schmerzen und muß vierzig Tage fest im Bett liegen. Da organisiert Goethe eine Besucherfolge, die rund um die Uhr bei dem Kranken ist, und betätigt sich auch selber »als Wärter, Beichtvater und Vertrauter, als Finanzminister und geheimer Sekretär«. Ein solcher Freundschaftsbeweis ist Moritz noch selten im Leben zuteil geworden. Goethe spürt, wie dankbar dieser Mann ist, »wenn man ihm eine Stufe weiter hilft«, und erkennt zugleich, wie sauer es einem Menschen wird, »ohne Lehre zur rechten Zeit sich selbst zu finden und zu helfen«. Er, der »ältere Bruder«, hat dieses Glück fast immer gehabt. Nicht zuletzt dank der Frauen in seinem Leben.

Es gibt eine bemerkenswerte Übereinstimmung in den Reisebeschreibungen von Vater und Sohn Goethe: Beide kommen sie gegen Ende ihrer Darstellung auf eine Liebesepisode zu sprechen, die in Mailand spielt bzw. mit einer Mailänderin zu tun hat. Der Vater fügt dem betreffenden Kapitel einen fiktiven Briefwechsel zweier Liebenden aus dem vorigen Jahrhundert an, von dem er behauptet, ihn in der Vertäfelung seines Gasthofes gefunden zu haben. Aber es wird wohl eher der Versuch gewesen sein, mit einer Briefnovelle im Geschmack der Zeit zu schließen: Wenn schon ein Buch über Italien, dann aber auch mit einer Liebesgeschichte als Höhepunkt. Möglicherweise hat sein Sohn etwas Ähnliches gedacht, als er von seiner Begegnung mit Maddalena Riggi berichtet, einer schönen Mailänderin von 22 Jahren, die freilich schon verlobt ist. Seine schnell entfesselte Sehnsucht, die Unmöglichkeit der Verbindung, Entsagung und rührender Abschied, das ist alles so hübsch erzählt und gerade genügend breit ausgeführt, um dem Heimkehrenden mögliche Fragen nach einer weiter gehenden Affäre zu ersparen. Aber es hat auch eine solche gegeben.

Man vermutet, daß Goethe im Winter 1787 eine Römerin kennengelernt und bis zu seiner Abreise im April 1788 eine Beziehung mit ihr unterhalten habe, die für ihn als Mann einer wahren Befreiung gleichkommt, denn tatsächlich dürfte es die erste sein, die ihm auch sexuelle Erfüllung schenkt. In den zum größten Teil erst 1788/90, also nach seiner Heimkehr entstandenen »Römischen Elegien« verschmilzt die Gestalt Faustinas, wie er sie im Gedicht nennt, mit seiner neuen Geliebten auf eine Weise, daß eine Trennung gar nicht mehr möglich ist. Indessen gibt es ein Indiz, das auf die Besonderheit der römischen Episode schließen läßt, und das ist – obwohl Goethe auf die antike Form der Elegie zurückgegriffen hat, wie sie ihm von Tibull, Properz und Horaz vertraut war – der gänzlich neue Klang in seinen Gedichten. Auf einmal ist nicht mehr nur von Leidenschaft, Sehnsucht und Verehrung die Rede. Nein:

Uns ergötzen die Freuden des echten, nacketen Amors
Und des geschaukelten Betts lieblicher, knarrender Ton.

Goethe ist durch zahlreiche Auswüchse der Literaturforschung mit nahezu allem, was an Weiblichkeit seinen Weg gekreuzt hat – und mit einigen Männern überdies! – ins Bett gelegt worden, was zu den abstrusesten Schlußfolgerungen geführt hat. Sie reichen vom Verdacht, er habe sich in Leipzig eine Syphilis geholt, über die Behauptung, es hätte illegitime Kinder mit Charlotte gegeben, bis zur biografisch detaillierten Fälschung eines Forschers, der nachweisen wollte, Goethe habe tatsächlich eine Frau namens Faustina gekannt. Die extremste Theorie gipfelt in der Behauptung, daß ein außerehelicher Nachkomme von Goethes Sohn August heute als Maori-Häuptling in Australien lebe; man brauche nur die Züge seines Gesichts mit denen des Dichters zu vergleichen und wisse Bescheid.

Das Erlebnis mit der unbekannten Römerin erfüllt Goethe mit einer bis dahin nicht gekannten Sicherheit im Umgang mit seinen erotischen Bedürfnissen. Er fühlt sich – eine Vokabel, die von nun an häufiger wiederkehren wird – »behaglich«. Und wenn auch vor übertriebenem Herauslesen biografischer Details zu warnen ist, dürfte »Faustina« gleichwohl ihren besonderen Anteil an der heiteren Wärme der Elegien haben, hat sie dem nach Gelehrsamkeit suchenden Deutschen doch eine ganz eigene Ausbildung zuteil werden lassen:

Und belehr ich mich nicht, indem ich des lieblichen Busens
    Formen spähe, die Hand leite die Hüften hinab?
Dann versteh ich den Marmor erst recht; ich denk und
                                   vergleiche,
Sehe mit fühlendem Aug, fühle mit sehender Hand.

[...]

Oftmals hab ich auch schon in ihren Armen gedichtet
   Und des Hexameters Maß leise mit fingernder Hand
Ihr auf den Rücken gezählt. Sie atmet in lieblichem
                                   Schlummer,
Und es durchglühet ihr Hauch mir bis ins Tiefste die Brust.

Der große Menschenbeobachter, der aber bis dahin eine eigenartige Scheu vor dem Körper einer attraktiven Frau gehabt haben muß, konstatiert bereits im Oktober 1787 ein gewandeltes Interesse seiner künstlerischen Bemühungen: »Die Menschengestalt zog nunmehr meine Blicke auf sich und wie ich vorher, gleichsam wie von dem Glanz der Sonne, meine Augen von ihr abgewendet, so konnte ich nun mit Entzücken sie betrachten und auf ihr verweilen.« Monat für Monat weitet er dieses Studium nun aus. Die akribische Beschreibung hat, wenn man weiß, was schon bald in dem breiten Bett mit den zwei Kissen geschieht, etwas unfreiwillig Komisches. Das geht in aller Umständlichkeit vom Kopf übers Schlüsselbein »auf die Brust und so weiter«. Im Geständnis seiner künstlerischen Bemühungen kann Goethe die überwundene visuelle Hemmung wohl am ehesten preisgeben. Nun endlich ist er der südlichen Wärme mit wirklich allen Sinnen erlegen. Die Schule der Frauen hat ihn ein weiteres Kapitel Leben gelehrt: die sinnliche Liebe.

»Wie moralisch heilsam ist es mir dann auch, unter einem ganz sinnlichen Volke zu leben, das jeder Fremde nach dem Maßstab beurteilt, den er mitbringt«, hat er schon bald nach seiner Ankunft in Rom geschrieben und findet es später in Neapel noch immer »eine wunderliche Empfindung, nur mit genießenden Menschen umzugehen«. Hegt er während des ersten Karnevals noch »Sehnsüchtige Gefühle rückwärts« und beschaut sich das wilde Treiben auf dem Corso aus dem Fenster, so findet ihn der zweite mitten im wilden Treiben. Im Juni 1787 konstatiert er angesichts des großen St.-Peter-und-Paul-Feuerwerks und der erleuchteten Kuppel des Petersdoms: »Da ich neuerdings nur die Sachen und nicht wie sonst bei und mit den Sachen sehe, was nicht da ist, so müssen mir so große Schauspiele kommen, wenn ich mich freuen soll.« Anders gesagt: Wurden die Eindrücke der früheren Jahre sofort durch Interpretation und Allegorie ins Idealische überhöht, gelingt es Goethe in Italien, sie auf einer ungewohnt realistischen Ebene zu halten. Er schaut und fühlt und schmeckt. Nimmt die Dinge auf, wie sie sind, und freut sich ihrer. Das hat am Ende Auswirkungen bis ins Körperliche. Wieder daheim, wird Goethe sehr bald fülliger.

Wie sehr er sich gegenüber früher verändert hat, merken

nach seiner Rückkehr am schnellsten und mit untrüglichem Gespür die Weimarer Prüden. Daß es ihm dabei gelungen ist, seine »Existenz ganzer zu machen«, vermögen sie freilich nicht zu erkennen. »Die Stein meint, er sei sinnlich geworden«, bemerkt Frau Superintendent Herder indigniert, »und sie hat nicht ganz unrecht.« Und Schiller: »Seine Philosophie mag ich auch nicht ganz: sie holt zuviel aus der Sinnenwelt, wo ich aus der Seele hole. Überhaupt ist seine Vorstellungsart zu sinnlich und *betastet* mir zuviel.« Obwohl es abfällig gemeint ist, drückt es das Unterschiedliche ihrer Temperamente gut aus. Schiller war stets ein hochgespannter Idealist, aber viele seiner Gedichte gerieten dabei eher deklamatorisch als anschaulich. Goethe nahm seine Philosophie aus der Anschauung, noch dem flüchtigen Nebenprodukt merkt man das an.

Donnerstag, den 24. April 1788 reist er in aller Frühe zusammen mit Kayser von Rom ab. In der »Italienischen Reise« wird es später etwas geheimnisvoll heißen: »Mein Abschied von hier betrübt drei Personen innigst. Sie werden nie wieder finden, was sie an mir gehabt haben, ich verlasse sie mit Schmerzen. In Rom hab' ich mich selbst zuerst gefunden, ich bin zuerst übereinstimmend mit mir selbst glücklich und vernünftig geworden, und als einen solchen haben mich diese dreie in verschiedenem Sinne und Grade gekannt, besessen und genossen.« Es wird sich dabei um Angelica Kauffmann oder Friedrich Bury, um Karl Philipp Moritz und die unbekannte Römerin gehandelt haben. Auch ihm ist der Abschied sehr nahegegangen. Er habe, so erfährt Caroline Herder später von ihm, »14 Tage vor der Abreise aus Rom täglich wie ein Kind geweint«. Und noch als alter Mann gesteht er an einem regnerischen und auch sonst unerquicklichen Tag dem Kanzler von Müller: »[...] seit ich über den Ponte molle heimwärts fuhr, habe ich keinen rein glücklichen Tag mehr gehabt.«

Goethe legt noch eine mehrtägige Kunst-Pause in Florenz ein, wo ihn die Statue der Venus von Medici in den Uffizien über alle Erwartung beeindruckt. In Mailand ärgert ihn der Dom, »welchen zu erbauen man ein ganzes Marmorgebirg in die abgeschmacktesten Formen gezwungen hat«. Aber das Abendmahl Leonardo da Vincis setzt ihm einen rechten »Schlußstein in das Gewölbe der Kunstbegriffe«. Weiter geht es über Konstanz, Ulm, Nürnberg, den Thüringer Wald, und endlich kann Herder an Knebel schreiben: »Er ist seit dem 18. abends um 10 Uhr mit dem Vollmond hier, ist gesund und wohl und hat uns schon tausend Dinge erzählt.«

Auch wenn die Meinungen der Zeitgenossen darüber zunächst auseinandergehen, kann sich sehen lassen, was Goethe in Italien geschaffen hat: »Iphigenie«, »Egmont«, der nahezu vollendete »Tasso« – nicht weniger als drei seiner wichtigsten Dramen überhaupt! »Alle diese Recapitulationen alter Ideen, diese Bearbeitungen solcher Gegenstände, von denen ich auf immer getrennt zu seyn glaubte, zu denen ich fast mit keiner Ahndung hinreichte, machen mir große Freude. Diese *Summa Summarum* meines Lebens giebt mir Muth und Freude, wieder ein neues Blat zu eröffnen.« (An Carl August, 16. Februar 1788) Darüber hinaus hat er – bitter genug – begriffen, daß er durch seine Abneigung, das Handwerkliche einer Sache zu lernen, vieles verdorben, anderes nur durch Zufall glücklich vollendet hat. Und daß nur darum so viel liegengeblieben ist, weil ihn bei der Geschwindigkeit seines Denkens die schrittweise Ausführung ganz einfach gelangweilt hat. Eine Einsicht immerhin, aus der er im weiteren seine Schlüsse zu ziehen versteht.

Das »Weimarische Faktotum« begreift, daß es seinen Arbeitsalltag nach der Heimkehr neu ordnen muß. In seinem italienischen Briefwechsel mit Carl August hat Goethe diesen Punkt, wenn auch meist nur andeutend, immer wieder berührt. »Ich darf wohl sagen: ich habe mich in dieser anderthalbjährigen Einsamkeit selbst wiedergefunden«, schreibt er am 17./18. März 1788, »aber als was? – als Künstler!« Schließt aber sogleich den Satz an: »Was ich sonst noch bin, werden Sie beurtheilen und nutzen«, denn lassen will er nicht von seinem Freund und Dienstherrn und dieser, umgekehrt, auch nicht von ihm. Der Herzog, meint Goethe, brauche ihn ja nun wohl nicht mehr »im Mechanischen«. Die in Italien neu gewonnene Kraft aber könne er ihm »wie eine nun geöffnete, gesammelte, gereinigte Quelle« zuleiten. Und wirklich: Goethe bleibt Geheimer Rat mit vollen Bezügen und bleibt auch Berater des Herzogs. Die Kanzleiarbeit ist er los. Wo er alte Aufgaben behält und neue übernimmt, haben sie im wesentlichen mit Kunst und Wissenschaft zu tun. Kammerpräsident wird jetzt Johann Christoph Schmidt; von Wedel und von Voigt übernehmen Posten im Collegium, und Goethe darf weiterhin an allen Sitzungen teilnehmen, bei denen er das möchte. Durch diese, für die damalige Zeit beispiellose Großzügigkeit verpflichtet sich Carl August den Freund auf Lebenszeit.

Mit »Iphigenie auf Tauris« hat Goethe sein erstes klassisches Schauspiel beendet. Das Stück ist in einer Versform geschrieben, die ihn schon bei dem griechischen Dramatiker Sophokles beeindruckt hat. Der Dialog ist geistreich und bietet eine Fülle von Sinnsprüchen. Aber das macht es auch schwer, dem Stück auf der Bühne zu folgen, zumal sich das dramatische Geschehen fast ausschließlich im Inneren der Personen abspielt. Und weil das Stück überdies einem hohen Humanitätsideal verpflichtet ist, hat es viele Regisseure zu besonders erhabenen Inszenierungen verlockt, wodurch es dann oft zu einem echten Langweiler geriet.

Aber unter der glatten Oberfläche des Kunstwerks brodelt es. Was Iphigenie an Menschlichkeit verkörpert und bewirkt, ist dem fürchterlichsten Fluch der Götter abgerungen: In einer nicht enden wollenden Katastrophenfolge hat es in ihrer Familie seit den Tagen von Tantalus Kinder-, Gatten- und Muttermord gegeben. Sie ist die erste, der es vielleicht gelingt, den alten Fluch zu durchbrechen. Auf die Insel der Taurer verbannt und als Priesterin eingesetzt, erreicht sie es, daß dort keine Menschenopfer mehr vollzogen werden. Weil sie sich aber der Bitte des Königs verweigert, ihn zu heiraten, gerät, was schon gewonnen schien, noch einmal in Gefahr, bis dann Offenheit auf der einen, Liebe auf der anderen Seite die tragische Unausweichlichkeit aufbrechen. Was Iphigenie errungen hat, wirkt vor dem Hintergrund barbarischer Bräuche, gnadenloser göttlicher Verfluchung und des großen trojanischen Krieges wie ein sehr bescheidener Schritt, aber:

> Zu wandeln und auf seinen Weg zu sehen
> Ist eines Menschen erste, nächste Pflicht:
> Denn selten schätzt er recht, was er getan,
> Und was er tut, weiß er fast nie zu schätzen.

Im Gegensatz zum »Iphigenien«-Drama, das sich wohl eher beim Lesen erschließt, gelingt Goethe mit dem Trauerspiel »Egmont« auch wieder einmal ein Werk, das durch seine dramatische Handlung, den Wechsel von großer und kleiner Szene wesentlich mehr Chancen hat, auf der Bühne zu bestehen. Graf Egmont ist einer der flandrischen Adligen, die sich um 1568 gegen die Fremdherrschaft der Spanier zur Wehr setzten, zu einem Zeitpunkt also, als sie durch den Herzog von Alba noch willkürlich verschärft wird. Bei Goethe ist Egmont ein sorglos-impulsiver, in ein Bürgermädchen verliebter Graf, eher ein Abbild seiner selbst in der Frankfurter Sturm-und-Drang-Zeit als historisch getreu aufgefaßt. Die Brüche des Stückes, angefangene und nicht wieder aufgenommene Handlungsstränge zum Beispiel, verraten seine lange Entstehungszeit. Zugleich kann man an vielen Stellen den Empfindungswandel Goethes vom jungen, verantwortungslosen Mann zum erfahrenen Minister ablesen, der es gelernt hat, sich in die Pflicht zu nehmen. Die mangelnde Nähe zum historisch verbürgten Egmont hat man dem Drama gleich bei seinem Erscheinen vorgeworfen. Schiller, der ein ungleich fundierteres Geschichtswissen als Goethe besaß, legte den Fehler in einer klugen Rezension dar. Als Dramatiker hat ihn aber der melodramatische Schluß – er nennt ihn »Salto mortale in eine Opernwelt« – bald noch mehr gestört.

Die erste Weimarer Aufführung von 1791 wird kein großer Erfolg. 1796 vertraut Goethe das Stück dem Bühnenpraktiker Schiller an, der es einer tiefgreifenden Redaktion unterzieht. Letztendlich hat ein ganz anderer Künstler für den Erfolg des Stückes in seiner Urfassung gesorgt, noch dazu einer, dem Goethe zunächst mit einiger Reserve gegenübersteht: Ludwig van Beethoven. Seine Bühnenmusik setzt sich schnell durch und paßt auch nur zur Originalfassung des Stückes.

Überhaupt nicht bühnengerecht ist dagegen »Torquato Tasso«, kann es seiner ganzen Anlage nach auch nicht sein. Goethe hat, was beim Lesen sofort auffällt, kaum szenische Anweisungen in den Text geschrieben und es selber als »theaterscheues Werk« bezeichnet. Aus Sizilien zurück, beendete er zunächst den »Egmont«. »Nun steht mir fast nichts als der Hügel Tasso und der Berg Faustus vor der Nase«, schreibt er im Februar 1788 zuversichtlich an den Herzog, im März freilich: »Hätte ich es nicht angefangen; so würde ich es jetzt nicht wählen und ich erinnre mich wohl noch daß Sie mir davon abriethen. Indeßen wie der Reitz der mich zu diesem Gegenstande führte aus dem innersten meiner Natur entstand; so schließt sich auch jetzt die Arbeit die ich unternehme um es zu endigen ganz sonderbar ans Ende meiner Italiänischen Laufbahn, und ich kann nicht wünschen daß es anders seyn möge.«

Torquato Tasso (1544–1595) war einer der größten Dichter seiner Zeit. Goethe hat in Italien viele seiner Lebensstationen kennengelernt: Padua, wo Tasso Rechtswissenschaften studiert hat, Ferrara, wo er, nachdem er sich selbst der Ketzerei beschuldigt hatte, im Gefängnis saß, schließlich auch seine Grabstätte im Kloster San Onofrio zu Rom. Tassos Hauptwerk ist »Das befreite Jerusalem« (1575), ein Epos, das die Eroberung Jerusalems während des ersten Kreuzzuges schildert und den christlichen Inhalt mit antiker Formschönheit verbindet. Goethe beschäftigte wohl vor allem die schwierige Persönlichkeit dieses genialen Mannes, der überaus sensibel war und sieben Jahre in der Irrenanstalt von St. Anna in Ferrara verbracht hat.

Als Goethe im Alter mit jener berühmten Frage konfrontiert wird, die noch jeden Autor ratlos gemacht hat, nämlich was er mit seinem Werk sagen wolle bzw. welche Idee darin zum Ausdruck kommen solle, ruft er aus: »Idee? [...] daß ich nicht wüßte! Ich hatte das Leben Torquato Tassos, ich hatte mein eigenes Leben, und indem ich zwei so wunderliche Figuren mit ihren Eigenheiten zusammenwarf, entstand in mir das Bild des Tasso, dem ich als prosaischen Kontrast den Antonio entgegenstellte, wozu es mir auch nicht an Vorbildern fehlte. Die weiteren Hof-, Lebens- und Liebesverhältnisse waren übrigens in Weimar wie in Ferrara, und ich kann mit Recht von meiner Darstellung sagen: sie ist Bein von meinem Bein und Fleisch von meinem Fleisch.«

Wie weit diese Identifikation geht, zeigt sich an seiner Reaktion auf eine französische Besprechung im Jahre 1826. Der Rezensent habe ganz richtig bemerkt, »daß ich in den ersten zehn Jahren meines weimarischen Dienst- und Hoflebens so gut wie gar nichts gemacht, daß die Verzweiflung mich nach Italien getrieben und daß ich dort mit neuer Lust zum Schaffen die Geschichte des Tasso ergriffen, um mich in Behandlung dieses angemessenen Stoffes von demjenigen freizumachen, was mir noch aus meinen weimarischen Eindrücken und Erinnerungen Schmerzliches und Lästiges anklebte. Sehr treffend nennt er daher auch den ›Tasso‹ einen gesteigerten ›Werther‹.« (Zu Eckermann, 3. Mai 1827)

Im Drama stellt er Tasso am Hof des Herzogs von Ferrara nicht nur dem erfolgreichen Staatssekretär Antonio gegenüber, sondern auch der Schwester des Herzogs, Leonore von Este. Bei Leonore hat man immer wieder den Eindruck, daß in ihre Gestalt viele Züge Charlottens eingeflossen sind. (Tassos Wahlspruch »Erlaubt ist, was gefällt« stellt sie ihr »Erlaubt ist, was sich ziemt« entgegen.) Wie schon in der »Iphigenie« liegt die besondere Schönheit des Stückes darin, mit der Leichtigkeit des rhythmisch gebundenen Dialogs einen tiefen Inhalt zu präsentieren, der sich zudem an nicht wenigen Stellen zu einprägsamen Sinnsprüchen verdichtet. Der bekannteste aber klingt geradezu wie ein Motto zur italienischen Reise:

> Es bildet ein Talent sich in der Stille,
> Sich ein Charakter in dem Strom der Welt.

Der Strom der Welt hatte Goethe in Italien tatsächlich zurechtgeschliffen wie einen jener Flußkiesel, die er in Sizilien gesammelt hatte. »Übrigens habe ich glückliche Menschen kennen lernen, die es nur sind weil sie *ganz* sind, auch der Geringste wenn er ganz ist kann glücklich und in seiner Art vollkommen seyn, das will und muß ich nun auch erlangen, und ich kanns, wenigstens weiß ich wo es liegt und wie es steht, ich habe mich auf dieser Reise unsäglich kennen lernen. Ich bin mir selbst wiedergegeben und nur umsomehr dein. Wie das Leben der letzten Jahre wollt ich mir eher den Todt gewünscht haben und selbst in der Entfernung bin ich dir mehr als ich dir damals war.« (An Charlotte von Stein, 9. Juni 1787)

Auch er ist wieder ganz geworden, aber das Verhältnis zu Charlotte von Stein ist darüber doch zerbrochen.

Mit Goethe in Rom

Es wäre vermessen, von Rom als einer Goethe-Stadt zu sprechen, Rom ist so vieles. Wer mit der Absicht hierherkäme, nur auf Goethes Spuren wandeln zu wollen, den würde nicht nur Leben und Verkehr der Gegenwart, noch mehr würden ihn die Schildzeichen der Vergangenheit in alle möglichen anderen Richtungen entführen. Und am Ende käme er nicht einmal enttäuscht nach Hause.

»In questa casa romana« war fast der erste Ausdruck, den ich in dieser Stadt gelernt habe. Kaum eine Straße, in der sich nicht mehrere Schilder mit dem Hinweis finden ließen, wer »in diesem römischen Hause« gelebt und gearbeitet habe oder gestorben sei. Allein auf der kurzen Via Sistina, die zur – häufig von Goethe besuchten – Kirche San Trinità dei Monti führt, finden sich Hinweise auf den Komponisten Rossini und die Dichter Andersen, Gogol, Shelley und Keats, in der abzweigenden Via Frattina auch noch auf Joyce.

Ein »Goethe-Zentrum« ließe sich als Dreieck beschreiben, dessen Eckpunkte die oben erwähnte Kirche mit der ihr vorgelagerten Spanischen Treppe, die Porta del Popolo und die Villa Borghese wären. Zu Goethes Zeit kamen die deutschen Reisenden über die Tiberbrücke Ponte Molle und durch die Porta del Popolo in die Stadt; gleich in der ersten Straße dahinter, der Via del Corso Nr. 18, hat Goethe von 1786 bis 1788 als Gast des Malers Johann Heinrich Wilhelm Tischbein gewohnt. Heute befindet sich im ganzen ersten Stock dieses Eckhauses das 1997 neueröffnete Goethe-Museum, Anlauf- und Mittelpunkt für alle Freunde des Dichters, die nach Rom kommen.

Wer vor dem Gebäude steht, muß sich vor Augen führen, daß der linke, fünf Fensterachsen umfassende Teil seinerzeit noch ein eigenes Haus war. Hier wohnte Tischbein im ersten Stockwerk, hinter dem linken Balkon dürfte sein Atelier gelegen haben. In einem der Räume, deren Fenster schon auf die Via della Fontanella hinausgehen, hat der Dichter zunächst gewohnt. Auf Tischbeins Tuschbild von 1787 verfolgt Goethe

*13 Goethe am Fenster seiner römischen Wohnung.
Kolorierte Zeichnung von Johann Heinrich Tischbein, 1787*

abends das Treiben in dieser Straße. Die Tageszeit läßt sich aus dem Schattenstand schließen, die Lage aus der Dachtraufe gegenüber, die nicht zur Fassade des Palazzo Rondanini gehört, der auf der Corso-Seite liegt.

Ein Spaziergang auf Goethes Spuren könnte nun von der Via del Corso zur Porta del Popolo führen. (»Kaum wagte ich mir selbst zu sagen, wohin ich ging«, schrieb er am 1. November 1786 über seine Ankunft in der Ewigen Stadt, »und nur unter der Porta del Popolo war ich mir gewiß, Rom zu haben.«) Von dort ist es fünf Minuten zum Pincio hinauf, einem großen, der Villa Borghese vorgelagerten Park, der einen herrlichen Ausblick über die Stadt gewährt; leicht läßt sich noch der Standort bestimmen, wo Goethe seine Zeichnung angefertigt hat.

An der stark befahrenen Viale di Porta Pinciana steht ein Denkmal, das Goethes Erscheinungsbild zu Zeiten der italienischen Reise recht überzeugend wiedergibt. Zu seinen Füßen drei bewegte Figurengruppen: Iphigenie und Orest, Mignon und der alte Harfner, Faust und Mephisto. Hundert Meter oberhalb des Denkmals gelangt man dann zur Villa Borghese, einem Schloß, dessen reich bestückte Kunstsammlungen eine herausragende Attraktion sind, ganz unabhängig davon, daß sie auch Goethe schon begeistert haben.

Und dennoch hat mich ein eher bescheidener Platz etwas seitab der Villa mehr bewegt, ein stilles Halbrondell, das der Barock-Architekt Bernini geschaffen hat. Hier, im Schatten immergrüner Steineichen, die über eine verspielt gegliederte Schaumauer wachsen, war Goethes Lieblingsplatz. Schon damals werden Eidechsen über den heißen Stein gehuscht und struppige Katzen durch die Ochsenaugen in der Wand gesprungen sein. Hier las er seine Briefe aus der Heimat, faßte Entschlüsse, schrieb Szenen des »Faust« (zum Beispiel den Pakt mit Mephisto und die Hexenküchen-Passage), der »Iphigenie«, des »Tasso«.

Keine Viertelstunde, und man ist, an der Villa Medici vorbei und die Spanische Treppe hinunter, wieder auf dem Corso. Für weitere Wege im Gefolge des unermüdlichen Wanderers halte man sich nun am besten an die betreffenden Kapitel der »Italienischen Reise« und an seine Zeichnungen, die er als »deutscher Maler Philipp Müller« geschaffen hat. Im Einwohnerverzeichnis der Pfarrei S. Maria del Popolo findet man ihn unter dem Eintrag »Filippo Miller Tedesco Pittore«.

So recht zum Ziel aber führt eine römische »Goethe-Tour« paradoxerweise erst, wenn man sein Ziel ein wenig aus den Augen verliert und die Stadt aus Eigenem zu erleben beginnt. »Nun bin ich sieben Tage hier«, schrieb Goethe am 7. November 1786, »und nach und nach tritt in meiner Seele der allgemeine Begriff dieser Stadt hervor.« Bis dahin hatte er den Begriff stets hinter den Dingen und hinter allem die Idee gesucht, aber nun lehrte ihn die römische Schule des Schauens, vor allem mit den Sinnen wahrzunehmen.

Ich lag auf einer schattigen Hangwiese vorm Kollosseum und gönnte meinen schmerzenden Füßen eine Pause. Es war heißer Mittag, als ich in der »Italienischen Reise« las: »Von der Schönheit, im vollen Mondschein Rom zu durchgehen, hat man, ohne es gesehen zu haben, keinen Begriff. [...] Einen vorzüglich schönen Anblick gewährt das Coliseo. Es wird nachts zugeschlossen, ein Eremit wohnt darin an einem Kirchelchen, und Bettler nisten in den verfallenen Gewölben. Sie hatten auf flachem Boden ein Feuer angelegt [...] Nach und nach zog sich der Rauch durch die Wände, Lücken und Öffnungen, ihn beleuchtete der Mond wie einen Nebel.«

Stunden vorher, noch bevor die große Hitze begann, hatte ich gesehen, wie ein alter Stadtstreicher hinterm Kollosseum kalte Nudeln und kleine Häufchen Dosenfutter auf Plastikdeckel verteilte, und alsbald umdrängelte ein Dutzend der merkwürdig gescheckten Katzen, wie sie hier zu Hunderten herumstreunen, seine schäbigen Hosenbeine. So hat nun jeder *sein* Erinnerungsbild vom Kollosseum; es gibt ihrer so viele, als es Reisende gibt, die sich eins mitzunehmen verstehen.

Am letzten Tag bin ich von der Piazza del Popolo mit dem Bus die ewig lange Via Flaminia zum Tiber hinuntergefahren, hab' mich dort ins Gestrüpp am Hang gesetzt und zur Brücke hinübergeschaut. »Euch darf ichs wohl gestehen, seit ich über den Ponte Molle heimwärts fuhr, habe ich keinen rein glücklichen Tag mehr gehabt.« Da verlasse nun einer leichten Herzens die Stadt!

Wieder in Weimar. Revolution und Krieg
1788 – 1794

> Warum treibt sich das Volk so und schreit? Es will sich ernähren,
> Kinder zeugen und die nähren, so gut es vermag.
> Merke dir, Reisender, das, und tue zu Hause desgleichen!
> Weiter bringt es kein Mensch, stell er sich, wie er auch will.
> *»Venetianische Epigramme«, Nr. 10*

Am 18. April schreibt Carl Ludwig von Knebel seiner Schwester, daß Goethe auf der Rückreise sei. »Es wird ihm schwer, Italien zu verlassen, und ich fürchte, daß er sich so bald nicht wieder an deutsche Luft gewöhnen möchte.« Am 24. Mai erhält er aus Mailand einen Brief des Zurückerwarteten, der mit den Worten schließt: »Ich bringe vieles mit wenn Ihr nur im Fall seyd es zu genießen.« Das »wenn« drückt schon Goethes ganze Furcht aus, nichts werde mehr sein wie vor der Abreise. Auf der Heimfahrt notiert er in ein Notizbüchlein allerlei gute Vorsätze. Er will immer etwas lesen, weiter an seinen Schriften arbeiten und das ordnen, was er gesammelt hat. Vor allen Dingen aber will er nicht alles mit Italien vergleichen, sich niemandem mehr notwendig machen und jedermann in seiner Existenz begreifen.

Gute Vorsätze sind bekanntlich dann am schwersten auszuführen, wenn das Leben härter wird, und es erwartet ihn jetzt eine Zeit großer Ablehnung. Noch fast 30 Jahre später klingt Bitternis nach, wenn er schreibt: »[...] die Freunde, statt mich zu trösten und wieder an sich zu ziehen, brachten mich zur Verzweifelung. Mein Entzücken über entfernteste, kaum bekannte Gegenstände, mein Leiden, meine Klagen über das Verlorne schien sie zu beleidigen, ich vermißte jede Teilnahme, niemand verstand meine Sprache. In diesen peinlichen Zustand wußt' ich mich nicht zu finden, die Entbehrung war zu groß, an welche sich der äußere Sinn gewöhnen sollte, der Geist erwachte sonach, und suchte sich schadlos zu halten« (»Die Metamorphose der Pflanzen – Schicksal der Handschrift«, 1817).

Goethe widerfährt aber nicht nur Ablehnung, er lehnt auch selber ab. Nach seiner italienischen Selbstschulung gab es vor allem einige neuere Dichtungen, die ihn äußerst anwiderten, Heinses »Ardinghello« zum Beispiel und Schillers »Räuber«, denen »von wilden Studenten als der gebildeten Hofdame« gleichermaßen Beifall gezollt wird. Als ihm sogar Meyer, Moritz, Tischbein und Bury davon nicht unbeeindruckt scheinen, überlegt er ernsthaft, das Dichten aufzugeben, »wenn es möglich gewesen wäre; denn wo war eine Aussicht, jene Produktionen von genialem Wert und wilder Form zu überbieten? Man denke sich meinen Zustand! Die reinsten Anschauungen suchte ich zu nähren und mitzuteilen, und nun fand ich mich zwischen Ardinghello und Franz Moor eingeklemmt.« (»Glückliches Ereignis«, 1817) Damals beginnt er sich eine Art Würde-Maske zuzulegen, einen anfangs oft verkrampft zur Schau getragenen Schutz vor Verwundungen und Überfällen, der sich aber mit den Jahren zu echter Würde wandelt.

Der Reisende hatte sich in seinen Briefen immer bemüht, so zu tun, als erlebe er Italien sozusagen im Auftrag seiner daheim gebliebenen Freunde. Aber damit betrog er sich nur, und die Reaktion auf seine Wiederkehr mußte ihn enttäuschen. Anna Amalia ist zu diesem Zeitpunkt selbst in Italien, Carl August von einer Liebesaffäre in Beschlag genommen, und Charlotte von Stein fühlt sich zutiefst gekränkt. Sie empfängt ihn distanziert und zieht sich den Sommer über nach Kochberg zurück.

Dennoch bleibt Goethe nun – abgesehen von Arbeits- und Kurreisen – bis an sein Lebensende im Weimarer Land. Er ordnet seinen Alltag neu und findet sich in das Bestehende, ohne aufzuhören, Neues zu initiieren. Entsprechend seiner eigenen Wandlung wandelt sich in den ersten nachitalienischen Jahren auch wieder der Kreis seiner Freunde und Bekannten. Einige der innigsten Beziehungen von ehedem kühlen ab, dafür ergeben sich neue Bekanntschaften: zu dem Komponisten und Publizisten Johann Friedrich Reichardt (1788), dem Gelehrten und Politiker Wilhelm von Humboldt (1788), dem Weltreisenden Georg Forster (1791), der Fürstin Amalia von Gallitzin (1792). Vor allem aber wird eine Freundschaft für ihn wichtig, die sich anfangs nur zögerlich entwickelt, jene zu dem zehn Jahre jüngeren Friedrich Schiller (1790).

Große Namen, bedeutende Persönlichkeiten. Im Mittelpunkt seiner Gefühle aber wird eine ganz andere Beziehung stehen. Drei Wochen nach seiner Heimkehr, am 12. Juli 1788, macht sich die 23-jährige Christiane Vulpius auf, um Goethe ein Bittgesuch ihres Bruders zu überreichen. Zu diesem Zeitpunkt hat ihre Familie bereits ein Leben voller Not hinter sich. Der Vater, ein schlecht bezahlter Amtsarchivar, war einst wegen einer Gebührenunterschlagung entlassen worden. Seit seinem Tode (1786) war der Sohn Christian August zum Ernährer der Familie geworden und dabei als Sekretär in schlechtbezahlte Stellungen geraten, deren letzte er schließlich an jemanden verlor, der mit noch weniger zufrieden war. In dieser ausweglosen Lage hatte er von seinem augenblicklichen Wohnort an Goethe geschrieben und seine Schwester gebeten, das Schreiben dem Minister zu überreichen.

Christiane trifft ihn auf dem Weg zum Gartenhaus, die Fama will, daß es bei der Floßbrücke gewesen sein soll, einem schmalen Steg über die Ilm. Und Goethe hilft. Der gebildete, vielseitig einsetzbare und unglaublich fleißige junge Mann wird als Dramaturg am Hoftheater beschäftigt. Bald füllen seine Stücke und Libretti den Spielplan. Ab 1797 tritt er in den Bibliotheksdienst und arbeitet entscheidend an der Reorganisation der Jenaer und Weimarer Bibliotheken mit. Wie nebenher produziert der Vielschreibende Sachbücher und breit angelegte Unterhaltungsromane. 1798 gelingt ihm mit »Rinaldo Rinaldini, der Räuberhauptmann« ein Bestseller, der an Bekanntheit nahezu alles übertrifft, was damals auf den Buchmarkt kommt.

Noch in der Nacht, die dem Tag der Bittschriftübergabe folgt, wird Christiane Vulpius die Geliebte des 38-jährigen Goethe. Jedenfalls haben sie den 12. Juli zeitlebens als Tag ihrer Verbindung gefeiert. Monate vergehen, bevor man in Weimar dahinterkommt, daß Goethe nicht mehr allein dort draußen im Gartenhaus lebt – und wer es ist, mit dem er nun sein Leben teilt. Dann aber geht ein unerbittliches Getratsche los, das sich viele Jahre lang nicht legen wird. Man ärgert sich über den Unterschied des Standes, des Alters und der Bildung, am meisten aber wohl darüber, daß Goethe mit Christiane ersichtlich glücklich ist und die Beziehung nicht zerbricht. Frau Superintendent Herder will sogar gehört haben, daß Christiane vorher eine Hure gewesen sei.

Goethe zeigt sich von dem Gerede unbeeindruckt. Zwar

wird er erst 1806 mit Christiane in den Stand der Ehe treten, bekundet aber schon 1790 unmißverständlich: »Ich bin verheiratet, nur nicht mit Zeremonie.« Als ihn fragwürdige Freunde in den neunziger Jahren damit aufziehen, daß er vielleicht nicht der erste gewesen sei, der Christiane besessen habe, gibt er zur Antwort: »Daß sie auch anderen würde gefallen haben, bezweifle ich nicht.« Und er tröstet die vielfach Gedemütigte in den »Römischen Elegien« mit den Worten:

Laß dich, Geliebte, nicht reun, daß du so schnell dich ergeben,
    Glaub es, ich denke nicht frech, denke nicht niedrig von dir.

Er hat, wie es das Gelegenheitsgedicht »Frech und froh« verrät, genug vom »Sanften Jammer, süßen Schmerz« und brauche jetzt, armer Hund, der er sei, derbe Küsse. Die hat ihm sein »bräunlich Mädchen« gewiß gegeben und mancherlei mehr, wofür es in der Geheimsprache der Liebenden Namen wie »schlampampen« oder »hätscheln« gibt.

Nicht nur physiognomisch, sondern auch von ihrer tüchtigen Lebenseinstellung her besitzt Christiane viel Ähnlichkeit mit Goethes Mutter. Sie hält ab jetzt ein Leben lang zu ihm und tut alles, damit er sich behaglich fühlt. Dennoch bleibt sie dabei ihrem eigenen Wesen und ihren Bedürfnissen nach gutem Essen und Trinken, Tanzen und Theaterbesuch treu. Obgleich ihr das »Bustawiren« schwerfällt, quält sie sich lange Briefe ab, wenn ihr Liebster wieder einmal in der Ferne ist. Und dem gemeinsamen Sohn – von ihren vier Kindern bleibt nur August, der Erstgeborene, am Leben – ist sie eine liebevolle Mutter. Möglicherweise war sie ein bißchen laut für einen Autor, der ein weitläufiges Haus nicht zuletzt deshalb hat, weil er hofft, darin ein leises Zimmer zu finden. Aber ganz sicher hat ihm ihr fröhliches Wesen gefallen, hat ihn die handfeste Art, den Haushalt zu führen, kräftig entlastet.

Die Mitwelt kann sich erst Jahre später dazu bequemen, sie anzuerkennen, und hat ihr damit böse Stunden bereitet. Und die Nachwelt geht zunächst nicht viel freundlicher mit ihr um. Noch bis in unser Jahrhundert hinein hat man Goethe vorgeworfen, er habe sich mit Halbglück begnügt. Eine Frau von Stein, die ihn veredelt – gut. Aber eine naive, warmherzige, glücklich machende Christiane – das durfte nicht sein!

Einzig Mutter Aja hat sie alsbald und ohne moralische Bedenken ins Herz geschlossen. Sie spürt, daß Christiane ihrem Sohn guttut. Als sie der in Weimar Verachteten einmal Stoff für Weste und Rock schenkt, weint die so herzlich Angenommene vor Freude. Noch über das Geschenk selbst geht ihr der Gruß der Mutter. »Ich habe was ohne Dein Wissen gethan«, gesteht sie Goethe, »ich habe an die liebe Mutter geschrieben und mich bei ihr bedankt, mein Herz ließ mir es nicht anders zu, ich mußte schreiben.« Ausgerechnet vor Mutter Aja schämt sie sich nämlich für ihr unbeholfenes Schreiben! Die aber liebt Christiane und hat nur einen Kummer: daß sie, als sich wieder einmal ein »Enckelein« anmeldet, den neuen Weltbürger nicht »ins Anzeigenblättgen setzen laßen« kann. Aber sie tröstet sich damit, »daß mein Hätschelhans vergnügt und glücklicher als in einer fatalen Ehe ist« (24. September 1795).

Charlotte von Stein erfährt von Christiane erst ein dreiviertel Jahr nach Beginn der Beziehung. Zunächst ist es nur sein geheimes Fortgehen nach Italien, was sie so verletzt hat. Aus Caroline Herders Briefen an ihren Mann, der Anna Amalia nach Italien begleitet, erfahren wir Einzelheiten über die Entfremdung. Am 5. September besucht sie mit Goethe und zwei Steinschen Verwandten Charlotte, »die uns alle freundlich empfing, doch ihn ohne Herz. Das verstimmte ihn den ganzen Tag.« Im Herbst ist schon abzusehen: »Die Zusammenkünfte mit [Frau von Stein] und Goethe werden also diesen Winter nicht erbaulich werden, und es werden ihrer wenig sein.« Caroline vermeidet es, das heikle Thema ihr gegenüber noch zu berühren.

Im März 1789 platzt die Bombe. Fritz von Stein besucht Goethe im Gartenhaus und trifft eine Frau, die sich dort augenscheinlich ganz zu Hause fühlt. Der 16-Jährige zieht die richtigen Schlüsse und wird sie seiner Mutter mitgeteilt haben, denn kurz darauf schreibt Caroline: »Ich habe nun das Geheimnis von der Stein selbst, warum sie mit Goethe nicht mehr recht gut sein will. Er hat die junge Vulpius zu seinem Klärchen und läßt sie oft zu sich kommen usw. Sie verdenkt ihm dies sehr. Da er ein so vorzüglicher Mensch ist, auch schon 40 Jahr alt ist, so sollte er nichts tun, wodurch er sich zu den andern so herabwürdigt.«

Mit dem Klärchen ist jenes Bürgerkind gemeint, das in

Goethes »Egmont« dem Grafen sein Herz geschenkt hat. Charlotte von Stein hat sich daran gleich bei der ersten Lektüre gestoßen, denn Goethe schreibt ihr noch aus Italien: »Was Du von Klärchen sagst, verstehe ich nicht ganz. Ich sehe wohl, daß Dir eine Nuance zwischen der Dirne und der Göttin zu fehlen scheint.« Die gleiche Nuance fehlt jetzt ganz Weimar gegenüber Christiane: Da sie zur »Göttin« der literarischen Teekränzchen nicht taugt, muß sie eine Dirne sein; so einfach ist das.

Im Juni schreibt Goethe noch zwei eingehende Briefe an Charlotte. Im ersten wirft er ihr die Kälte vor, die ihn seit seiner Rückkehr empfangen, und »das alles eh von einem Verhältniß die Rede seyn konnte das dich so sehr zu kräncken scheint«. Obwohl er mittlerweile längst weiß, daß er Vaterfreuden entgegensieht, fragt er sie: »Und welch ein Verhältniß ist es? Wer wird dadurch verkürzt? wer macht Anspruch an die Empfindungen die ich dem armen Geschöpf gönne? Wer an die Stunden die ich mit ihr zubringe?« (1. Juni 1789) Vor Tische las man's freilich anders. Da hieß es, »daß weder Hohes noch Tiefes mich zu scheiden vermag« (12. März 1781). Oder: »Den einzigen Lotte welchen du lieben kanst / Foderst du ganz für dich und mit Recht. / Auch ist er einzig dein.« (9. Oktober 1781)

Der zweite, eine Woche später entstandene Brief enthält rätselhafte Sätze, die seine zwiespältigen Gefühle gegenüber der Freundin belegen: »Hilf mir selbst, daß das Verhältnis das dir zuwider ist, nicht ausarte, sondern stehen bleibe wie es steht.« Und flehentlich: »Schencke mir dein Vertrauen wieder, sieh die Sache aus einem natürlichen Gesichtspunckte an, erlaube mir dir ein gelaßnes wahres Wort darüber zu sagen und ich kann hoffen es soll sich alles zwischen uns rein und gut herstellen.« Danach ruht ihr Briefwechsel. Erst fünf Jahre später fängt er zögerlich wieder an. Aus dem Du ist wieder ein Sie geworden, aus der Liebe, immerhin, Freundschaft.

Noch jemanden gibt es, der traurig und verstört ist; aber wie leicht vergißt man über den großen Namen einer Biografie die kleinen! Darum sei noch einmal an Philipp Seidel erinnert, den talentierten und fröhlichen Alleskönner, dem Goethe vor der Italienreise noch eine zusätzliche Stelle im Rechnungsamt verschafft hatte. Seidel war in der Lage, so selbständig zu arbeiten, daß sich Goethe auch während der langen Abwesenheit ganz auf ihn verlassen konnte. Deshalb durfte er sich auch alte Freundschaft und neue Nähe des Heimkehrenden ausrechnen.

Statt dessen erlebt er, wie bald ein neuer Wind im Hause weht. Ein guter zwar, aber nun ist er überflüssig geworden. Goethe betraut ihn mit anspruchsvolleren Arbeiten, dennoch zieht sich Seidel verletzt zurück. Die alte Vertrautheit ist dahin. Der 33-Jährige gründet eine Familie, macht bescheidene Karriere, aber wirklich glücklich scheint er trotzdem nicht zu sein. Was jahrelang nicht recht zutage tritt, sich allenfalls in Gereiztheit und körperlichem Unbehagen andeutet, wird vom Ende her deutlich: Ein halbes Jahr vor seinem Tod wird Seidel von seiner Familie mit allen Anzeichen von Schizophrenie ins Jenaer Irreninstitut eingeliefert. Dort stirbt er 1820 am Schlagfluß.

Unter den guten Vorsätzen, die sich Goethe notiert hatte, stand auch: »Dich niemand nothwendig zu mach[en].« Er will nicht mehr »das Rückgrat der Dinge« sein, und Carl August entlastet ihn dann auch von vielen Ämtern. Goethe wird jetzt fast nur noch mit den kulturellen Institutionen des Landes betraut. Er übernimmt die Leitung des »Freien Zeicheninstituts«, arbeitet in der Wiederaufbau-Kommission des abgebrannten Schlosses mit und leitet die Wasserbau-Kommission. Die Aufsicht über die Jenaer Universität, die Pflege der Bibliotheken und Parks gehört in sein Gebiet, vor allem aber – ab 17. Januar 1791 – die Leitung des künftigen Weimarer Hoftheaters. Er gehe dabei erst einmal »sehr piano zu Werke«, behauptet er am 20. März 1791 in einem Brief an Fritz Jacobi, aber unversehens hat er sich doch wieder mehr »nothwendig« gemacht als geplant.

Zunächst stellt er sich vor, alle Jahre ein paar spielbare Stücke zu schreiben, aber daraus wird nichts: Seine großen Werke ziehen nicht das große Publikum an, und die mit lockerer Hand hingeschriebenen bleiben entweder erfolglos oder von vornherein Fragment. Goethe muß aber auf einen zugkräftigen Spielplan achten, der genügend Geld einspielt. Er wird Intendant mit allen Nöten eines solchen, und nicht selten bürdet er sich auch noch die Sorgen für Kleider, Requisiten, Dekorationen und selbst die Kinkerlitzchen einer Inszenierung auf. Einmal verbessert er dem Theatermaler sogar die Dekorationen einer Berglandschaft – und hat auch noch recht damit!

Bei aller Hochachtung vor einzelnen Schauspielern geht er oft recht selbstherrlich mit ihnen um. Er verbietet ihnen das Heiraten und hätte solchen, die sich krank melden, zur Kontrolle ihres Gesundheitszustandes am liebsten einen Gendarmen vors Bett gesetzt. Absonderlichkeiten, die den Blick nicht dafür verstellen sollten, daß er in den 26 Jahren seiner Intendanz durch praktische, theoretische und künstlerische Arbeit eine Theaterkunst entwickelt hat, wie es sie vorher nirgendwo gab. Durch unterhaltsame Stücke – 118 allein von Iffland und Kotzebue – sichert er auch dem anspruchsvollen Teil des Programms ein größeres Publikum, das gern ins Theater kommt, weil es nicht durch überschießenden Belehrungsdrang verschreckt wird. Nur 37-mal hat er während seiner Zeit als Theaterleiter Stücke von Schiller und sich selbst inszenieren lassen.

Später einmal wird das alles achtungsvoll »Weimarer Stil« und »Klassische Zeit« genannt. Zunächst aber muß es tagtäglich neu erarbeitet werden und bleibt über Jahre eine der Hauptbeschäftigungen des Ministers Goethe. Durch kluge Programmpolitik und die tätige Mithilfe des gewandten und sparsamen Verwaltungsbeamten Franz Kirms gelingt es, zwei Drittel der laufenden Ausgaben selbst zu erwirtschaften. Dazu waren gefüllte Häuser nötig, auch Gastspiele in Erfurt, Rudolstadt und während der Sommerzeit ein Ausweichen auf das Kurtheater in Bad Lauchstädt.

Goethe ist sich auch über die Notwendigkeit attraktiver Stars im klaren. Bereits 1776 hatte er Corona Schröter aus Leipzig geholt. Sie beendet zwar schon mit 34 Jahren ihre Bühnenkarriere, gibt aber ihre Kunst als Gesangs- und Schauspiellehrerin weiter und fördert unter anderem Christiane Becker, von der sogar Iffland, der selbst ein bedeutender Charakterdarsteller war, sagte: »Sie kann alles!« 1797 stirbt Christiane mit 19 Jahren an Tuberkulose. Goethe erfährt es auf Reisen und widmet ihr tief erschüttert sein Gedicht »Euphrosyne«, benannt nach einer Rolle, in der sie die Grazie des Frohsinns verkörpert hatte.

Im selben Jahr, 1797, debütiert in Weimar eine ungemein begabte, temperamentvolle und selbstbewußte Schauspielerin:

die 20-jährige Caroline Jagemann, Tochter von Anna Amalias Bibliothekar Christian Joseph Jagemann und Schwester des von Goethe geförderten Malers Ferdinand Jagemann, der die herzogliche Familie, Mitglieder des Hofes und die Weimarer Klassiker häufig porträtiert hat. Die schöne Caroline ist ein wirklicher Star, leider aber auch mit einer gehörigen Portion Machtstreben und Tücke ausgestattet. Goethe vermag immer weniger gegen sie auszurichten. Nach jahrelangem Werben Carl Augusts wird sie dessen offiziell anerkannte Nebenfrau und kann nun, vorbei an ihrem Vorgesetzten Goethe, alles am Theater durchsetzen, was ihr paßt.

Goethe mag in späteren Jahren ein Pedant werden, aber seine Vorstellung von Theater hat doch zum Ziel, aus einem mittelmäßigen Ensemble das Beste herauszuholen, mit ihm herausragende Aufführungen auf die Bretter zu stellen und – nicht zuletzt – dem Beruf des Schauspielers ein Ansehen zu verschaffen, das er vorher nicht besaß. Damit hat nun die Jagemann (seit 1809 sogar zur Frau von Heygendorf geadelt) weniger im Sinn. Als es ihr 1817 gelingt, ein Stück auf den Spielplan zu bringen, in dem ein dressierter Pudel auftritt, reicht es Goethe. Er tritt von der Leitung des Hoftheaters zurück. Möglicherweise kam ihm dieser Anlaß aber nach all den Jahren fordernder Arbeit ganz zupasse.

Am 5. September 1788 fährt Goethe mit Caroline Herder, Fritz von Stein und Sophie von Schardt, einer Schwägerin Charlottes, zu Frau von Stein nach Kochberg. Sonntag, den 9. September macht man einen Ausflug nach Rudolstadt zur Familie von Lengefeld. Dort hält sich zu diesem Zeitpunkt auch Schiller auf, der seit Sommer 1787 in Weimar wohnt, eine Zuneigung zu beiden Töchtern des Hauses gefaßt hat und häufig Gast bei ihnen ist. Aber die erste Bekanntschaft der beiden großen Geister verläuft dann doch nicht so, wie es sich jene gewünscht hätten, die an dem »zufälligen Zusammentreffen« ein wenig mitgewirkt hatten. »Höchst gespannt waren wir bei dieser Zusammenkunft«, schreibt Caroline von Lengefeld, Schillers spätere Schwägerin, »und wünschten nichts mehr als eine Annäherung, die nicht erfolgte. Von Goethen hatten wir [...] Entgegenkommen erwartet und von unserm Freunde auch mehr Wärme in seinen Äußerungen.«

Schiller selbst war gar nicht einmal so enttäuscht von dem Treffen. Er bedauerte nur, daß um Goethe ein so großer Andrang gewesen sei; es habe sich gar keine rechte Gelegenheit ergeben, miteinander zu reden. Dabei wären durchaus hochgespannte Erwartungen zu zerstören gewesen. Goethe werde, so schreibt er seinem Freund Christian Gottfried Körner hinterher, »mit einer Art von Anbetung genannt und mehr noch als Mensch denn als Schriftsteller geliebt und bewundert. Herder gibt ihm einen *klaren* universalen Verstand, das wahrste und innigste Gefühl, die größte Reinheit des Herzens! Alles, was er ist, ist er ganz, und er kann, wie Julius Caesar, vieles zugleich sein. Nach Herders Behauptung ist er frei von allem Intrigegeist; er hat wissentlich noch niemand verfolgt, noch keines anderen Glück untergraben. Er liebt in allen Dingen Helle und Klarheit, selbst im Kleinen seiner politischen Geschäfte, und mit ebendiesem Eifer haßt er Mystik, Geschraubtheit, Verworrenheit. Herder will ihn ebenso und noch mehr als Geschäftsmann denn als Dichter bewundert wissen. Ihm ist er ein allumfassender Geist.« (12. August 1787)

Obwohl keineswegs enttäuscht, zweifelt Schiller nach der ersten Begegnung, ob sie einander jemals näherrücken werden. »Er ist mir (an Jahren weniger als an Lebenserfahrungen und Selbstentwicklung) so weit voraus, daß wir unterwegs nie mehr zusammenkommen werden; und sein ganzes Wesen ist schon von Anfang her anders angelegt als das meinige, seine Welt ist nicht die meinige, unsere Vorstellungsarten scheinen wesentlich verschieden. Indessen schließt sich's aus einer solchen Zusammenkunft nicht sicher und gründlich. Die Zeit wird das Weitere lehren.« (An Körner, 12. September 1788)

Am 20. September erscheint Schillers sorgfältig begründete Kritik am »Egmont« in der Jenaer »Allgemeinen Literaturzeitung« – und wird von Goethe respektiert. Im Dezember vermittelt Goethe die Berufung des stellungslosen Schiller zum Professor für Geschichte an der Universität in Jena. Mit Hinweis auf dessen »Geschichte des Abfalls der vereinigten Niederlande von der spanischen Regierung« (1788) vertritt er im Consilium die Ansicht, daß der Herr Rat Schiller »das Historische Fach mit Glück bearbeiten werde«. Außerdem werde er »von Personen die ihn kennen auch von Seiten des Characters und der Lebensart vortheilhaft geschildert, sein Betragen ist ernsthaft und gefällig und man kann glauben daß er auf junge Leute guten Einfluß haben werde«.

Der Historiker Schiller ist ihm freilich lieber als der Hitzkopf, der »Die Räuber« (1781), den »Fiesco zu Genua« (1783) oder »Kabale und Liebe« (1784) geschrieben hat. Und einer, der vielleicht die unruhig gewordenen Studenten auf rechtem Wege hält, kommt ihm gerade jetzt sehr recht. Sie finden sich am 26. Mai 1789 in hellen Scharen ein zu Schillers Antrittsvorlesung »Was heißt und zu welchem Ende studiert man Universalgeschichte?«. Aber ihre Zahl reduziert sich auch wieder, als sie merken, daß selbst dieser Mann an der Universität Professor zu sein hat und das Podium nicht mit einer Sturm-und-Drang-Bühne zu verwechseln gedenkt.

»Eben komme ich aus einem Kollegium von Schiller«, warnt ein Lübecker Student seinen Freund. »Ich will dir deine Vorstellung nicht rauben, die du dir von dem Manne machst, doch ist es weit besser, ihn zu lesen als zu hören. Ein feiner, wohlgebildeter Mann. *Was* er liest, ist vortrefflich, doch *wie* er liest! Ein unausstehlicher Dialekt, eine oft überaus falsche Deklamation, eine unangenehme [Aussprache]. Er wird wohl nicht lange bleiben. Zu seinen Vorlesungen haben sich nur 29 eingeschrieben, und neulich hat man ihm sogar die Lichtscheere entwandt.«

Das erste Jahr nach Italien verbringt Goethe vor allem zu Hause. Im November 1789 zieht er mit der hochschwangeren Christiane in eines der Jägerhäuser in der Marienstraße, das bis 1792 das Zwischendomizil der »kleinen, nicht eben heiligen Familie« bleibt. Danach weist ihm der Herzog das Haus am Frauenplan als Dienstwohnung zu und schenkt es ihm schließlich 1794, weil Goethe ihn auf dem gefährlichen Feldzug nach Frankreich begleitet hat. Das sei ein Freundschaftsdienst gewesen, bei dem er nach Carl Augusts eigenen Worten »solche Fatiguen und Gefahren ertrug, die ganz außer seiner Dienstverbindlichkeit lagen, und für welche ich demselben eine ausgezeichnete Erkenntlichkeit schuldig war«.

Nach seiner Rückkehr aus Italien beginnt Goethe zunächst einmal seine neuen Kunsterfahrungen in einigen Aufsätzen für Wielands »Teutschen Merkur« auszuarbeiten. So stellt er unter anderem »Über die bildende Nachahmung des Schönen«

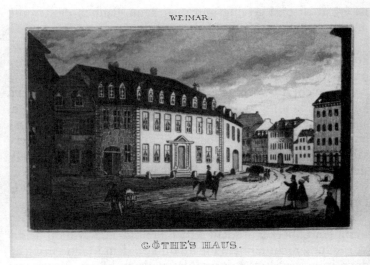

*14 Goethes Haus am Frauenplan in Weimar.
Kolorierter Stich von Eduard Lobe*

von Karl Philipp Moritz vor – »das eigentlichste Resultat unseres Umgangs« in Rom – und macht sich noch einmal grundlegend Gedanken über »Einfache Nachahmung der Natur, Manier, Stil«. Er schätzt die Nachahmung der Natur durch die Kunst, wo sie auf ruhigem Anschauen beruht, begreift die Manier als Ausdruck starker Subjektivität, stellt aber Stil über alles, denn der ergebe sich aus den Grundfesten der Erkenntnis und sei der höchste Grad, den menschliche Kunst erlangen könne.

Im November 1791 trifft Johann Heinrich Meyer, der Malerfreund aus italienischer Zeit, ein und bezieht im neuen Haus die Mansarde. Er leitet den nach Goethes Plänen festgelegten Umbau des alten Barockgebäudes in ein klassizistisches Stadthaus, das ebenso repräsentativ wie gemütlich ist. Die gesellschaftlich sonst so schlecht behandelte Christiane gewinnt schnell ein gutes Verhältnis zu dem Schweizer Künstler. Dem neuen Haushalt gehören außerdem Christianes Halbschwester Ernestine und ihrer beider Tante Juliane an, dazu der Diener Paul Götze.

Unter Seidels Anleitung hat der flinke Bursche, der 1777 in

Goethes Dienste getreten war, dessen persönliche Aufwartung zu übernehmen, Tage- und Kassenbuch zu führen und als Sekretär mitzuarbeiten. Er begleitet die Reisen der nächsten Jahre und bewährt sich auch als Kutscher einer kleinen Halbchaise, die Carl August seinem Freund geschenkt hat.

Es hätte jetzt eine behagliche, dem Werk, der Wissenschaft und örtlichem Wirken gewidmete Zeit beginnen können. Aber in seinen späteren »Tag- und Jahresheften als Ergänzung meiner sonstigen Bekenntnisse« (1830) notiert Goethe einzig für 1791: »Ein ruhiges, innerhalb des Hauses und der Stadt zugebrachtes Jahr!« Davor mußte der mittlerweile 40-Jährige in dienstlichem Auftrag nach Venedig und Schlesien, danach mit Carl August nach Frankreich.

Goethes zweite Italienreise beginnt am 10. März 1790. Anna Amalia ist auf der Rückreise, und die fürstliche Familie wünscht, daß sie in Venedig abgeholt und nach Hause begleitet werde. Die Reise wird ihm sauer, obwohl er doch noch so manche Nacht von Italien träumt. Aber diesmal geht er nicht freiwillig, sondern im Auftrag, was ihn aus angefangenen Forschungen herausreißt. Vor allem aber muß er sich von seiner Geliebten und dem kleinen August trennen, der erst ein Vierteljahr alt ist.

Bedrückt schreibt er zwei Tage nach der Abreise an den mittlerweile heimgekehrten Herder: »Da man gegen das Ende weich und sorglich zu werden anfängt, so fiel mir erst ein, daß nach meiner Abreise mein Mädchen und mein Kleiner ganz und gar verlassen sind, wenn ihnen irgend etwas zustieße, worin sie sich nicht zu helfen wüßte. Ich habe ihr gesagt, sich in einem solchen äußersten Falle an dich zu wenden. Verzeih!« Und Herder hat die in ihn gesetzte Hoffnung dann auch nicht enttäuscht.

In den Briefen finden sich viele negative Äußerungen über die Reise. Die Zeit, bis Anna Amalia endlich mit den Malern Meyer und Bury im »Wassernest« Venedig eintrifft, zieht sich unerwartet lange hin. »An Gemälden habe ich mich fast krank gesehen, und wirklich eine Woche pausiren müssen.« Herder gesteht er, diesmal sei ihm ein wenig »intoleranter gegen das Sauleben dieser Nation« zumute als vormals, und dem Herzog gar, »daß meiner Liebe für Italien durch diese Reise ein tödtlicher Stos versetzt wird«.

Der Lust zum Schreiben freilich nicht. Seine Enttäuschungen, Sehnsüchte und kritischen Zustandsanmerkungen fließen in nicht weniger als 103 Distichen ein. Diese antike Versform fasziniert Goethe seit seinem ersten Italienbesuch. Sie besteht aus einem sechstaktigen Hexameter und einem fünftaktigen Pentameter.

Schon vom Herbst 1788 bis zum Frühling 1790 war ein Büchlein »Römische Elegien« entstanden, das diese Form pflegt und ursprünglich »Erotica Romana« heißen sollte. Selbst in der gekürzten Fassung, wie sie zuerst im Juni 1795 in Schillers Zeitschrift »Die Horen« erscheint, erregen die Distichen wegen ihrer hübsch plastischen Sprache in Sachen Liebe einen Skandal. Der Weimarer Gymnasialdirektor Karl August Böttiger faßt am 27. Juli 1795 in frischer Empörtheit die Stimmung zusammen: »Es brennt eine genialische Dichterglut darinnen, und sie stehn in unserer Literatur *einzig*. Aber alle ehrbaren Frauen sind empört über die bordellmäßige Nacktheit. Herder sagte sehr schön [...] Die ›Horen‹ müßten nun mit dem u gedruckt werden. Die meisten Elegien sind bei seiner Rückkunft im ersten Rausche mit der Dame Vulpius geschrieben.«

Noch heute drucken zahlreiche Goethe-Ausgaben die deutlichsten Elegien nicht mit ab. Viele bedeutende Geister der Klassik hingegen, darunter Schiller, Wilhelm von Humboldt, August Wilhelm von Schlegel, haben sich an ihrer Sinnlichkeit und ihrem formvollendeten Witz erfreut.

Goethe hat sich in diesem Fall die Lyrik der römischen Dichter Properz, Ovid und Horaz zum Vorbild genommen, sein Buch auf das Thema Liebe konzentriert und alles in einen konsequent antiken Rahmen gefügt. Ein Jahr später, in den »Venetianischen Epigrammen«, geht es dann ungleich vielfältiger zu, auch setzt er sich kritisch mit seiner Zeit auseinander. Unterwegs begonnen, wurden die Epigramme im wesentlichen in Venedig niedergeschrieben. 1796 erscheinen sie anonym in Schillers »Musenalmanach«. Wiederholt gibt Goethe darin seiner Italien-Enttäuschung Ausdruck:

Schön ist das Land; doch ach! Faustinen find' ich nicht wieder.
Das ist Italien nicht mehr, das ich mit Schmerzen verließ.

Immer wieder aber bricht auch die Freude an Christiane oder – wie hier – an seinem Söhnchen durch:

> Widerfahre dir, was dir auch will, du wachsender Liebling –
> Liebe bildete dich; werde dir Liebe zuteil!

In einem später oft zitierten Epigramm an Carl August heißt es:

> Klein ist unter den Fürsten Germaniens freilich der meine;
> Kurz und schmal ist sein Land, mäßig nur, was er vermag.
> Aber so wende nach innen, so wende nach außen die Kräfte
> Jeder; da wär's ein Fest, Deutscher mit Deutschen zu sein.

Nicht zum wenigsten aber sind es Epigramme, die sich mit dem alles beherrschenden, von jedermann Stellungnahme erfordernden Zeitereignis auseinandersetzen: der Französischen Revolution.

Nur in Geschichtsbüchern fangen Umwälzungen wie die Französische Revolution mit einem neuen Kapitel an. Nur dort legt die Erstürmung der Bastille am 14. Juli 1789 die Vorstellung nahe, nun sei Europa wie ein Flächenbrand von diesem Ereignis ergriffen worden. In Wahrheit präpariert eine um Einteilung bemühte Geschichtsschreibung erst viel später jene Zäsuren aus dem Alltagsablauf heraus, die geeignet sind, den Beginn einer neuen Epoche zu umreißen.

Während Sieyès seine Broschüre »Was ist der dritte Stand?« veröffentlicht, lernt Goethe Christiane kennen. Die Generalstände treten in Versailles zusammen, als wachsende Entfremdung zwischen ihm und Charlotte von Stein mit all den damit verbundenen Kümmernissen einsetzt. Durch Goethes Briefe ziehen sich Themen wie die Oberaufsicht der Weimarer Zeichenschule und seine mineralogischen Studien, während bereits die Emigration des französischen Adels beginnt und ihre Vertreter für eine Intervention der europäischen Mächte in Frankreich werben. Und während über eine französische Verfassung beraten wird, Frankreichs Verwaltung neu eingeteilt und die Kirchengüter verstaatlicht werden, begleitet Goethe die Herzogin Louise nach Aschersleben, wo Carl August – seit 1788 in preußischen Diensten – seine Garnison hat.

Im Herbst und Winter 1789 intensiviert Goethe die Pflege der wissenschaftlichen Beziehungen zur Universität Jena. Er wirkt bei Arbeiten an den naturkundlichen Sammlungen und am botanischen Garten mit. Und der erste Weihnachtsfeiertag steht ganz im Zeichen der Geburt seines Sohnes August. Dennoch wirken die Zeitereignisse seinen Bedürfnissen nach Ruhe, Sammlung und Ordnung bald entgegen.

Fast ein Vierteljahrhundert später wird er in »Dichtung und Wahrheit« schreiben: »Das Wort Freiheit klingt so schön, daß man es nicht entbehren könnte, und wenn es einen Irrtum bezeichnete.« Solcher und anderer Bemerkungen wegen ist er von Zeitgenossen und der Nachwelt als Fürstenknecht beschimpft worden. Dabei liebte er das Ancien Régime* nicht unbedingt. Er sah nur nichts grundlegend Besseres. Viele Äußerungen, die er während der Revolutionszeit und bis ins hohe Alter hinein getan hat, belegen das. In den »Zahmen Xenien«, die zwischen 1822 und 1823 entstehen werden, heißt es:

> Umstülpen führt nicht ins Weite;
> Wir kehren frank und froh
> Den Strumpf auf die linke Seite
> Und tragen ihn so.

Die »Tag- und Jahreshefte«, die ja recht eigentlich erst mit der Revolution anfangen, enthalten für das Jahr 1793 den aufschlußreichen Vermerk, daß er sich an seinen naturwissenschaftlichen Studien, zumal an der Farbenlehre festhalte »wie an einem Balken im Schiffbruch; denn ich hatte nun zwei Jahre unmittelbar und persönlich das fürchterliche Zusammenbrechen aller Verhältnisse erlebt«. Nicht zuletzt befürchtet er, daß mit der Stunde der Freiheitskämpfer auch die der Wirrköpfe und Demagogen anbreche, die zwar viel Wind machen, aber nichts Ordentliches säen.

Goethe ist von seiner ganzen Natur her ein Mann des Beobachtens, Abwägens, erst dann des Handelns. Er konnte »kein Freund der Französischen Revolution sein«, wie er später Eckermann sagte, »denn ihre Greuel standen mir zu nahe

---

* Alte Regierungsform; spätere Bezeichnung für Staat und Gesellschaft in Europa vor 1789.

und empörten mich täglich und stündlich, während ihre wohltätigen Folgen damals noch nicht zu ersehen waren [...] Ebensowenig aber war ich ein Freund herrischer Willkür. Auch war ich vollkommen überzeugt, daß irgendeine große Revolution nie Schuld des Volkes ist, sondern der Regierung.« Weil er aber nun einmal Revolutionen verabscheue, sei er *Freund des Bestehenden* genannt worden, ein Titel, den er sich verbitte, denn die Zeit sei »in ewigem Fortschreiten begriffen, und die menschlichen Dinge haben alle fünfzig Jahre eine andere Gestalt, so daß eine Einrichtung, die im Jahre 1800 eine Vollkommenheit war, schon im Jahre 1850 vielleicht ein Gebrechen ist«.

Als Goethe im Frühjahr 1790 durch Venedig schlendert, das vergnügte Treiben beobachtet und dabei gleichzeitig die tragischen Vorgänge in Frankreich bedenkt, faßt er seine melancholische Erkenntnis in jenes Distichon, das dem vorliegenden Kapitel als Motto voransteht. Der Gedanke liegt auf der Hand, daß all die Werke voller Ebenmaß und Harmonie, mit denen wir heute die deutsche Klassik verbinden, eine einzige Antwort auf die zerstörte Harmonie des Jahrhunderts sind, etwas Ertrotztes, Wiedergewonnenes und darum viel lebendiger und kämpferischer, als ihre Oberfläche vermuten läßt. Daher aber auch das Phänomen, daß klassische Dichter besonders in Kriegs- und Nachkriegszeiten verstanden werden.

Übrigens gewähren Goethes Lieblingswörter – er hat sie gehabt wie wir alle – nicht nur Einblick in seine persönliche Entwicklung, sondern auch in die historischen Umstände, die dabei mitwirkten. Im Vollgefühl jugendlicher Kraft, gleichzeitig aber zerrissen und im unklaren darüber, was aus ihm werden würde, kommt er in Weimar an. Damals ist alles »unendlich« und am rühmenswertesten das, was »klar« ist. (Wieland amüsiert sich weidlich, wie daraus in seinem Kreis alsbald Modewörter werden.) Wenn man will, kann man schon auf dem Weg vom ersten zum zweiten Wort die Entwicklung von der aufgewühlten Empfindsamkeit zur Klassikbedürftigkeit erkennen.

Die häufig wiederkehrenden Worte in den großen Dramen und Gedichten des ersten Weimarer Jahrzehnts und der italienischen Jahre sind »Menschlichkeit«, »Wahrheit«, »Reinheit«. In der Revolutionszeit tauchen dann immer wieder »Ordnung«

und »Zucht« auf, schließlich – bis ins Alter ein Lieblingswort – »Behagen«. Das tätige Leben des Dichters und Forschers aber bezeichnet kein Ausdruck besser als sein persönlicher Gebrauch des Wortes »Erfinden«, der etwas mit bewußtem Gewahrwerden zu tun hat. In den »Tag- und Jahresheften« zum Beispiel nennt er alles Erfinden »eine weise Antwort auf eine vernünftige Frage«.

Am 18. Juni 1790 ist Goethe aus Venedig wieder daheim bei seiner kleinen Familie. Aber schon am 26. Juli geht es wieder auf Reisen. Der Herzog hat ihn zu sich nach Breslau gerufen. Preußen will dort eine Demonstration militärischer Stärke gegenüber den Österreichern und Polen geben, um sie zu Gebietsabtretungen zu veranlassen. Nicht weniger als drei Armeen – das sind 200000 Mann! – marschieren in der Stadt auf. Breslau ist mit 55000 Einwohnern die nach Berlin und Königsberg wichtigste Großstadt Preußens und liegt zudem in einer strategisch brisanten Ecke, denn die Grenzen zu Österreichisch-Schlesien und Russisch-Polen sind nicht weit.

Noch bevor Goethe im Feldlager vor der Stadt eintrifft, haben Preußen und Österreich eine friedliche Übereinkunft erzielt, an der auch Rußland, Polen, England und Holland mitwirken; jetzt muß nur noch die Türkei zustimmen, die seit 1788 mit Österreich und Rußland im Krieg steht. Damit schafft die sogenannte »Konvention von Reichenbach« Frieden zwischen nahezu allen Großmächten Europas; Frankreichs Kräfte sind derzeit ohnehin durch die Revolution gebunden.

Der türkische Kurier trifft zwar erst am 17. September mit der Einwilligung Selims III. ein, aber weil man in außergewöhnlich illustrem Kreise beisammen ist, der bis hinauf zum Preußenkönig Friedrich Wilhelm II. reicht, feiert man, um die Zeit zu überbrücken, ein Fest nach dem anderen. In des Dichters »Tag- und Jahresheften« heißt es später, ihn habe »unaufhörlich, so wunderlich es auch klingen mag, die *vergleichende Anatomie*« interessiert, »weshalb mitten in der bewegtesten Welt ich als Einsiedler in mir selbst abgeschlossen lebte«. In Wirklichkeit ist der 41-Jährige fast ununterbrochen auf Galadiners und festlichen Hofbällen. Auch in einem damaligen Brief an Herder klingt es eigentümlich zurückhaltend, ja geradezu verzagt: »Eine Menge Menschen lerne ich kennen, neue Verbindungen werd' ich wohl schwerlich eingehn [...] Ich sehne mich nach Hause; ich habe in der Welt nichts mehr zu suchen.« (21. August 1790)

Keine neuen Verbindungen? Dabei hat Goethe am 17. August die aus vermögender altadliger Familie von Rittergutsbesitzern stammende, gerade 21-jährige Henriette Freiin von Lüttwitz kennengelernt. Und es ist etwas sehr Merkwürdiges, in der Biografie des oft so Zögerlichen Einmaliges geschehen: Er hat sich auf der Stelle in das Mädchen verliebt. Auch sie scheint ihm zugeneigt, und schon zehn Tage später hält er um ihre Hand an, wird aber, vermutlich am 11. September, von dem ungemein standesdünkelhaften Vater, der Generallandschaftsrepräsentant war, abschlägig beschieden.

Der bittere, dabei eigenartig undeutliche Tonfall des nächsten Briefes an Herder (vom 11. September!) hat jetzt einen nachvollziehbaren Grund: »Ich habe in diesen acht Tagen viel Merkwürdiges, wenn es auch nur meist negativ merkwürdig gewesen wäre, gesehen. [...] Nun sind wir wieder hier in dem lärmenden, schmutzigen, stinkenden Breslau, aus dem ich bald erlöst zu sein wünsche.« Und danach? »Es ist all und überall Lumperei und Lauserei, und ich habe gewiß keine eigentlich vergnügte Stunde, bis ich mit Euch zu Nacht gegessen und bei meinem Mädchen geschlafen habe. Wenn Ihr mich lieb behaltet, wenige Gute mir geneigt bleiben, mein Mädchen treu ist, mein Kind lebt, mein großer Ofen gut heizt, so hab' ich vorerst nichts weiter zu wünschen.« Der Forschung wird die schlesische Episode später so peinlich sein, daß sie ihr erst in diesem Jahrhundert – und zögerlich genug – nachgegangen ist.

Bei alledem hat Goethe tatsächlich noch Zeit gefunden, seine naturwissenschaftlichen Studien fortzusetzen. Er arbeitet an einer Abhandlung mit dem Titel »Versuch über die Gestalt der Tiere«. Auch auf diesem Gebiet der Naturwissenschaft sind seine Forschungen von der Suche nach einem Grundtypus geleitet, dem Ur-Tier sozusagen, aus dem sich eine Ordnung der späteren Entwicklung gewinnen ließe.

Auf einem Ritt, den er mit Carl August durch die Grafschaft Glatz unternimmt, beschäftigt er sich erneut mit Geologie. Auf einer weiteren Reise, die sie bis ins Polnische hineinführt

(Tarnowitz, Krakau, Czenstochau, Wieliczka), besichtigen sie Bergwerkbetriebe, um für Ilmenau zu lernen. In Tarnowitz bestaunen sie unter Tage die erste Dampfmaschine des Kontinents. Sie wird dort zum Auspumpen des Grubenwassers eingesetzt. Mitte September macht Goethe noch einen letzten Abstecher ins Riesengebirge und besteigt ohne Begleitung den höchsten Berg, die Schneekoppe. Tage später geht es über Dresden wieder nach Weimar, wo er am 6. Oktober eintrifft.

»Ich habe in Schlesien manches Gute genossen, manches Merckwürdige gesehen, manche interessante Bekanntschaft gemacht, davon ich allerley erzählen werde«, läßt er schon am 18. September in einem Brief wissen. Aber so schreibt man, wenn man nichts erzählen will, und es ist auch später nicht bekannt geworden, daß er sich geäußert hätte. Ein geplantes Buch mit dem Titel »Kampagne in Schlesien« bleibt ungeschrieben, Henriettes Name unerwähnt. Wohl aber existiert ein Notizbuch der schlesischen Reise, das freilich erst 1884 ungekürzt gedruckt wird. Zum erstenmal taucht jetzt ein rätselhaftes Gedicht auf, das eigenartigerweise bis heute nur selten nachgedruckt worden ist und dessen voller Sinn sich nur dem erschließt, der etwas von der schlesischen Liebe Goethes weiß:

Auf dem Wege nach Krakau.

»Ach, wir sind zur Qual geboren!«
Sagt Ihr unter Tränen wert,
»Erst in dem, was wir verloren,
Dann in dem, was wir begehrt.«

Du bist nicht zur Qual geboren!
Habe, was Dein Herz begehrt!
Jenen Menschen, die verloren,
Ist das zweite doppelt wert.

1791 wird für Goethe ein häusliches Jahr. Hingebungsvoll arbeitet er auf dem Gebiet der Farbphysik, vor allem der prismatischen Erscheinungen, gibt schließlich das erste Stück seiner »Beiträge zur Optik« heraus, die aber »mit schlechtem Dank und hohlen Redensarten der Schule beiseitegeschoben wurden«. Er läßt sich nicht beirren und arbeitet neun weitere Jahre an einer umfassenden Geschichte der Farbenlehre, für die er von Leonardo da Vinci bis zu seiner Gegenwart alles liest, was ihm zum Thema in die Hände kommt. Eine imponierende Arbeit mit vielen Vorzügen, die freilich in einem Punkt irrt; und wie üblich zeigt die Welt hohnlachend auf diesen Punkt und läßt das Ganze nicht gelten.

Seit Isaac Newton gilt, daß »die sämtlichen Farben im Licht enthalten seien«. Im Frühjahr 1790 wiederholt Goethe Newtons Versuche nach der bisherigen Methode, den entscheidenden aber anders und kommt zum entgegengesetzten Ergebnis: Das Weiß zersplittert sich nicht. Sofort fühlt er sich in seiner Idee bestärkt, daß Licht eine unteilbare Einheit sei. In den »Venetianischen Epigrammen« polemisiert er daraufhin:

> Weiß hat Newton gemacht aus allen Farben! Gar manches
> Hat er euch weis gemacht, das ihr ein Säkulum glaubt.

Aber er selbst wird es nun sein, der sich da ein Leben lang etwas vormacht.

Im Januar beschäftigt er sich wieder einmal mit dem »Wilhelm Meister«-Roman, nachdem die erste Fassung 1786 endgültig abgebrochen worden war. Aber es wird noch zwei Jahre dauern, bis er die Arbeit daran wieder aufnimmt und noch einmal ganz von vorne beginnt. Dann aber entsteht ein ganz anderer Roman als einst geplant. Im März ist die Uraufführung des »Egmont« in Weimar, im Sommer entsteht das Schwindlerdrama vom »Groß-Cophta«. Das Honorar für die Buchausgabe schickt Goethe an die notleidende Familie Balsamo in Palermo.

Im Juni 1791 erschüttert den kleinen Weimarer Kreis der Selbstmord Johann Heinrich Mercks und Ludwigs XVI. Fluchtversuch ins Ausland. Die politischen Verhältnisse in Frankreich schienen sich gerade etwas beruhigt zu haben. Nun aber verliert der Royalismus schlagartig viele seiner Anhänger. Der König wird nach Paris zurückgebracht. Sein Schwager, Kaiser Leopold II., versucht auf diplomatischem Wege zugunsten des Königtums zu intervenieren. Bei einer Zusammenkunft mit Friedrich Wilhelm II. und den Brüdern Ludwigs XVI. wird am 27. August die »Pillnitzer Deklaration« beschlossen: Falls auch die anderen europäischen Mächte mitzuwirken bereit sind, sei man nunmehr willens, in Frankreich einzumarschieren, um eine Regierung zu unterstützen, die »den Rechten des Souveräns und den Interessen der Nation gleichmäßig angemessen« sei.

Trotz dieser herausfordernden Formulierung scheint zunächst alles noch relativ friedlich weiterzulaufen: Am 3. September tritt die Verfassung in Kraft, Frankreich hat nun eine konstitutionelle Monarchie. Am 14. leistet der König seinen Eid darauf und erklärt die Revolution für beendet. Im geheimen aber setzt er sein Doppelspiel fort und glaubt noch immer, das Rad der Geschichte zurückdrehen zu können.

Idyllische Verhältnisse dagegen in Weimar. Goethe verwirklicht seine Idee, eine gelehrte Gesellschaft ohne großen Aufwand zu begründen, indem er einfach die Weimarer und Jenaer Kapazitäten nutzt und sie regelmäßig Vortrag halten läßt. Die Gründungsmitglieder der sogenannten »Freitagsgesellschaft« treffen sich anfangs jeden ersten Freitag im Monat, später in größeren Abständen. Jeder wird aufgefordert, von »seinen Geschäften, Arbeiten, Liebhabereien beliebige Kenntnis zu geben, was mit freimütigem Anteil aufgenommen werden sollte«. Freimut, auch Streit sind erwünscht, denn selbst »Streit ist Gemeinschaft, nicht Einsamkeit, und so werden wir selbst durch den Gegensatz hier auf den rechten Weg geführt«. Mit dieser Willenserklärung dürfte er sich freilich ein wenig überschätzt haben, denn von anderen Geselligkeiten wird berichtet: »Goethe konnte nicht einmal einen einzelnen Widerspruch gern ertragen, und Disputieren ist ein fortwährendes Widersprechen«.

Die erste Sitzung findet am 9. September im Wittumspalais der Anna Amalia statt, später trifft man sich zumeist im Haus am Frauenplan. Da waren sie nun, älter geworden, alle wieder beisammen: Goethe, Bertuch, Herder, Wieland, Knebel; nach anfänglichem Widerstreben auch der allzeit kollegiale Premier des Geheimen Consiliums, Freiherr von Fritsch. Dazu Christian Gottlob Voigt, der 1773 in die Ilmenauer Bergwerkkommission berufen worden war und sich als so tüchtig erwies, daß er Ende 1791 ins Geheime Consilium aufgenommen und in späteren Jahren die herausragende Verwaltungspersönlichkeit des klassischen Weimar wurde. Er ist sachlich, souverän, witzig und Goethe ausgesprochen freundschaftlich zugetan: »Ich bitte, mich nicht zu schonen, wenn *Ihnen* etwas anliegt. Das gehört unter die Fälle, wo ich mir gern sage: da war das Leben etwas!«

Weitere Männer von geistigem Rang finden sich ein: der Arzt Hufeland, der Gymnasialdirektor Böttiger, aus dessen Aufzeichnungen wir die Chronik der Gesellschaft entnehmen können, die Künstler Georg Melchior Kraus und Johann Heinrich Meyer. Besuchsweise stößt Wilhelm von Humboldt aus Berlin dazu, Prinz August aus Gotha, hin und wieder auch das herzogliche Paar. Wenn Bertuch über englische Landschaftsgärten spricht, Hufeland über die Makrobiotik, Herder über religiöse Grundsatzfragen oder Goethe über Homers »Ilias« in Voßens Übersetzung, ist das nicht mehr die zur Tugend gemachte Not einer Schmalspur-Akademie. Weimar hatte einfach die Besten!

Gedichtet wird wenig in dieser Zeit. Goethe konzentriert sich auf seine optischen Forschungen. Er vollendet den zweiten und dritten Teil seiner »Beiträge zur Optik«, studiert die Schriften Newtons und korrespondiert mit Wissenschaftlern unterschiedlicher Disziplinen wie dem Physiker und Philosophen Lichtenberg, dem Mediziner und Physiker Sömmering oder dem Naturforscher und Geografen Alexander von Humboldt. Aber im Sommer 1792 gerät Goethe dann doch in den Wirbel der Weltgeschichte. Am 20. April hat die französische Nationalversammlung Österreich den Krieg erklärt. Man ist bestrebt, die Revolution im Lande durch einen Krieg gegen äußere Feinde zu festigen. Aber der schwer zu organisierende Armeehaufe der Revolutionäre erleidet gegen Österreich und das mit ihm verbündete Preußen eine Niederlage nach der anderen.

In den »Tag- und Jahresheften« findet sich wenig über das, was auf Goethe zukommt: »In der Mitte des Sommers ward ich abermals ins Feld berufen, diesmal zu ernsteren Szenen. Ich eilte über Frankfurt, Mainz, Trier und Luxemburg nach Longwy, welches ich den 28. August schon eingenommen fand; von da zog ich mit bis Valmy sowie auch zurück bis Trier; sodann, um die unendliche Verwirrung der Heerstraße zu vermeiden, die Mosel herab nach Koblenz.« Hinter den dürren Worten der recht langweilig zu lesenden Altersschrift (1827 bis 1830) verbirgt sich die häßlichste und entbehrungsreichste Zeit, die Goethe in seinem Leben zubringen muß, die »Kampagne in Frankreich«, wie sie heute nach seinem 1822 erschienenen, anschaulicheren Erinnerungsbuch heißt.

Anfang Juni bricht Carl August mit seinem Regiment auf.

Goethe folgt am 8. August. Noch einmal eine Woche Idylle in der alten Heimat: »Gegen mein mütterlich Hauß, Bette, Küche und Keller wird Zelt und Marquetenterey übel abstechen, besonders da mir weder am Todte der Aristocratischen noch Democratischen Sünder im mindesten etwas gelegen ist.« Zwei Tage in Mainz, wo er mit dem Königlich Preußischen Kammerherrn von Stein, einem sehr konservativen Herrn, zu Mittag speist und zwei Abende mit Bekannten, die der Revolution anhängen oder ihr doch viel Verständnis entgegenbringen: dem Naturforscher und Anatomen Sömmering und seiner Frau, dem Schriftsteller und kursächsischen Geschäftsträger von Mainz Ludwig Ferdinand Huber, dem Weltumsegler, Naturforscher und Schriftsteller Johann Georg Forster und Caroline Böhmer, die später den Dichter und Kritiker August Wilhelm Schlegel heiratet. »Von politischen Dingen war die Rede nicht, man fühlte, daß man sich wechselseitig zu schonen habe: denn wenn sie republikanische Gesinnungen nicht ganz verleugneten, so eilte ich offenbar, mit einer Armee zu ziehen, die eben diesen Gesinnungen und ihrer Wirkung ein entschiedenes Ende machen sollte.«

Die Französische Revolution belastet und zerbricht viele Freundschaften, weil sich an ihr die Geister scheiden und entscheiden müssen. Klopstock, Schiller, Herder gehören zu jenen, die ihr anfangs begeistert zugeneigt sind, Forster bleibt ihr bis zu seinem Ende treu; Wieland betrachtet sie aufmerksam und verfolgt sie publizistisch differenziert; der Komponist und Publizist Johann Friedrich Reichardt gewinnt zunächst Goethes Freundschaft durch seine Kompositionen und verscherzt sie sich dann wieder jahrelang durch seine positive Haltung zu den französischen Vorfällen. Was Goethe freilich in jenen Mainzer Tagen erlebt, spiegelt noch einmal wider, daß die Freundschaft freier, wenn auch unterschiedlicher Geister auch bei weltanschaulich extrem unterschiedlicher Gesinnung erhalten bleiben konnte.

Ein großmäuliges Manifest des Herzogs von Braunschweig – er ist Oberbefehlshaber der Verbündeten – droht im Juli mit Strafmaßnahmen gegen die Revolutionäre, was statt der angestrebten Wirkung innere Einigung hervorruft, Debatten über die Absetzung des Königs und bereits einen Monat später die tatsächliche Aussetzung des Königtums. Aber die Revolution macht auch vor ihren eigenen Kindern nicht halt. Der agitatorische Journalist Marat fordert Blut, und der Volkstribun Danton veranlaßt, daß es fließt: Es kommt zu Massenverhaftungen und den sogenannten Septembermorden, bei denen 1600 Menschen getötet werden. (Goethe am 10. September an seinen Consiliumskollegen Schnauß: »Die unsinnigen Auftritte vom 3. Sept. in Paris werden Sie nun auch schon wissen, es wird immer toller und toller, daß zuletzt beyde Partheyen die Mächte segnen werden die ihnen Ruh, es sey um welchen Preis, verschaffen werden.«)

Den Vormarsch der Verbündeten scheint zunächst nichts aufzuhalten. Die Festung Longwy ist schon gefallen, als Goethe dort eintrifft. Beschießung und Fall der Festung Verdun am 2. September erlebt er aus nächster Nähe mit. Er haust nun wie die Offiziere: bei eingeschränkter Küche, wechselnd zwischen Langeweile und Angst, bald schon von Wanzen geplagt. Seinen 43. Geburtstag begeht er im Lager von Praucourt. Es regnet und regnet. Durch einen gebrochenen Damm wird der ganze Lagerunrat unter die Zelte gespült. Bald sehnt er sich nur noch nach Christiane zurück.

»Behalte mich ja lieb!« schreibt er seinem »Hausschatz« am 10. September, »denn ich bin manchmal in Gedancken eifersüchtig und stelle mir vor: daß dir ein andrer besser gefallen könnte, weil ich viele Männer hübscher und angenehmer finde als mich selbst. Das mußt du aber nicht sehen, sondern du mußt mich für den besten halten weil ich dich ganz entsetzlich lieb habe und mir ausser dir nichts gefällt. Ich träume oft von dir, allerley konfuses Zeug, doch immer daß wir uns lieb haben. Und dabey mag es bleiben.«

Am 20. September 1792 kommt die Wende. War man bislang trotz schlechter Wege, schlechten Wetters und immer schlechterer Verpflegung noch leidlich guten Mutes gewesen, findet man sich auf einmal, in der Nähe des Dörfchens Valmy, von der klug geführten Hauptmacht der Franzosen unter Kellermann und Dumouriez regelrecht eingekesselt. Eine Woche vorher hatte Goethe seine Chaise treuen Händen übergeben und sich zu Pferde den Offizieren Carl Augusts angeschlossen. Nun erlebt er das Grauen des Krieges an vorderster Front.

Auch als die Kanonade beginnt, bleibt Goethe der Forscher, der er immer war. »Ich hatte so viel vom Kanonenfieber gehört und wünschte zu wissen, wie es eigentlich damit beschaffen sei. [...] Ganz allein, mir selbst gelassen, ritt ich links auf den Höhen weg und konnte deutlich die glückliche Stellung der Franzosen überschauen [...]« Er hört den Kanonendonner, vernimmt »das Heulen, Pfeifen, Schmettern der Kugeln durch die Luft«, registriert genauestens seine Empfindungen und bleibt wie durch ein Wunder unverletzt.

Dann ist die Kanonade vorbei. Während man noch am Morgen nichts anderes gedacht hatte, »als die sämtlichen Franzosen anzuspießen und aufzuspeisen«, sind sie es, die sich am Abend die besseren Stellungen erobert haben. Erschöpft und schweigend, ohne Feuer zu machen, sitzt man in der Runde. Der Feldzug war durch die schlechte Armeeführung der eigenen Seite und den starken Patriotismus der anderen gescheitert. »Endlich rief man mich auf, was ich dazu denke, denn ich hatte die Schar gewöhnlich mit kurzen Sprüchen erheitert und erquickt; diesmal sagte ich: ›Von hier und heute geht eine neue Epoche der Weltgeschichte aus, und ihr könnt sagen, ihr seid dabeigewesen.‹«

Es wird zum geflügelten Wort, zumal auch die Französische Republik den nächsten Tag als den ersten des Jahres 1 ihrer neuen Zeitrechnung zählt. Aber hat Goethe es damals wirklich gesagt? Die »Kampagne in Frankreich«, in der es sich findet, entstand erst eine Generation nach den Vorfällen. Sein Kriegs- und Reisetagebuch hat er aus mancherlei Bedenklichkeit noch auf der Heimreise verbrannt. Die Erinnerungen gründen sich auf seine alte Landkarte mit Tages- und Ortsnotizen auf der Rückseite, auf das Tagebuch von Carl Augusts Kammerdiener, verschiedene historische Werke – und sein gutes Gedächtnis. Aber natürlich ist immer Goethes stilisierender Wille zu berücksichtigen. Da findet auch schon mal ein bedeutsames Wort Aufnahme, das ihm erst später eingefallen sein mag. Dieses jedenfalls taucht nur in den Erinnerungen selbst auf, und sie müssen nach all den Jahren notwendigerweise ein Zeugnis der Distanz sein. Zwar ist die »Kampagne« in vielem bis heute frisch und anschaulich geblieben, aber wie so häufig sprechen Goethes Briefe die deutlichere Sprache.

»In diesen vier Wochen habe ich manches erfahren und dieses Musterstück von Feldzug giebt mir auf viele Zeit zu dencken. Es ist mir sehr lieb daß ich das alles mit Augen gesehen habe und daß ich, wenn von dieser wichtigen Epoche die Rede ist sagen kann: et quorum pars minima fui [woran ich selbst den geringsten Anteil hatte].« (An Freund Knebel, 27. September) Dem scharfen Beobachter macht die verwirrungstiftende Vorgehensweise zu schaffen, der viele Soldaten zum Opfer fallen: Da gibt es eine militärisch straff durchorganisierte Befehlshierarchie, die ihrer Kriegsführung taktische Überlegungen zugrunde legt; aber dann können die zahlreichen Herzöge und Prinzen der Alliierten, kann der König von Preußen ohne weiteres andere Weisungen erlassen, weil die Herrschaften ja von Adel sind.

»Von den Hindernissen die durch Wittrung und Wege entstanden sind hat niemand einen Begriff als wer mit gelitten hat. Wir haben in diesen sechs Wochen mehr Mühseligkeit, Noth, Sorge, Elend, Gefahr ausgestanden und gesehen als in unserm ganzen Leben.« (An Voigt, 10. Oktober) – »Ich eile nach meinen mütterlichen Fleischtöpfen, um dort wie von einem bösen Traum zu erwachen, der mich zwischen Koth und Noth, Mangel und Sorge, Gefahr und Qual, zwischen Trümmern, Leichen, Äsern und Scheishaufen gefangen hielt.« (An die Herders, 16. Oktober 1792)

Mit einem Besuch bei der Mutter wird es zwar nichts, weil das französische Heer über den Rhein vordringt, Speyer, Worms, Mainz und Frankfurt besetzt. Aber nach abenteuerlicher Fahrt erreicht er am 6. November die Jacobis in Pempelfort, wo er sich erholen und ihre Freundschaft genießen kann. Erst am 4. Dezember bricht er wieder auf. In Duisburg trifft er Victor Leberecht Plessing wieder, jenen tief unzufriedenen jungen Mann, den er bei seiner ersten Harzreise besucht hat und der es mittlerweile zum Professor der Philosophie gebracht hat. Weiter geht es nach Münster, wo ihn die geistreiche und tolerante katholische Fürstin Amalia von Gallitzin tief beeindruckt. Am 16. Dezember empfängt ihn eine überglückliche Christiane wieder daheim. Heinrich Meyer hat den Umbau des großen Gebäudes am Frauenplan nach des Hausherrn Angaben vorangetrieben. Ab jetzt wird Goethe mit seiner Familie dort wohnen bleiben.

Den Winter über werden die Arbeiten am neuen Haus abgeschlossen. Alle repräsentativen Räume liegen an der Marktseite, der Wohn- und Arbeitsbereich ist in den zwar engen, aber gemütlichen Zimmern des Hinterhauses untergebracht, deren Fenster zum Garten hinausgehen. Das Haus am Frauenplan strahlt Wohlhabenheit aus, aber keinen funktionslosen Luxus. Arbeits- und Schlafzimmer sind von geradezu karger Einrichtung, denn »alle Arten von Bequemlichkeit sind eigentlich ganz gegen meine Natur«, sagt er zu Eckermann. »Sie sehen in meinem Zimmer kein Sofa, ich sitze immer in meinem alten hölzernen Stuhl [...] Eine Umgebung von bequemen geschmackvollen Möbeln hebt mein Denken auf und versetzt mich in einen behaglichen passiven Zustand.« Die Gebrauchsmöbel sind einfach, zum Teil – wie sein Bett – aus rohem Kiefernholz gefertigt. Die mit einem sinnreich-simplen Verschluß versehenen Schränke für seine Sammlungen hat er selbst entworfen.

Lange wird sich Goethe auch diesmal der Häuslichkeit nicht erfreuen können. Und als ob er es spüre, treibt er sein Werk in den ersten Monaten des Jahres 1793 mit großer Konzentration voran. Zu Weihnachten hat er das Angebot seiner Vaterstadt abgelehnt, eine Ratsherrnstelle zu übernehmen; er macht kein Hehl mehr daraus, daß er sich mittlerweile dem Herzog und seinem Ländchen mehr verbunden fühlt. Die zweite, diesmal auf sieben Bände angelegte Werkausgabe beginnt bei Unger in Berlin zu erscheinen (1792–1800). Er liest Platon und Gottscheds Prosaübertragung des niederdeutschen Poems »Reinke de vos« – ein Stoff, der ihm schon als Junge Spaß gemacht hat. Von Ende Januar bis Mitte April entstehen die 4500 Hexameterverse seiner Bearbeitung des »Reineke Fuchs«, anschließend innerhalb von drei Tagen das Lustspiel »Der Bürgergeneral«, das schon am 2. Mai in Weimar uraufgeführt wird.

Die Werke Goethes, die unter dem Einfluß der Französischen Revolution oder als direkte Antwort auf sie entstanden, sind von sehr unterschiedlicher Qualität. Mit raschem publizistischem Reagieren gewinnt man zwar Nähe, riskiert aber auch den Irrtum parteilicher Blindheit. Goethe nimmt das, wie viele der schreibenden Zunft, in Kauf. Er begreift sich als Vermittler zwischen den Extremen: Da sind die reaktionären Kräfte auf der einen, die Schwärmer und Wirrköpfe auf der anderen Seite. Er sieht das Abgelebte hüben, erkennt aber drüben noch keine bessere Zukunft. Er ist im besten Sinne ein Konservativer, denn er will nicht wie der Reaktionär zurück in eine vorgeblich bessere Vergangenheit, sondern das Gute erhalten und damit vorwärts in eine – wenn möglich – bessere Zukunft. Dazu werden freilich Leute gebraucht, die vom Besseren nicht nur reden, sondern es vormachen. Nein, Goethes Anschauungen zur Revolution sind gewiß nicht die dümmsten. Nur will ihm kein einziges Drama gelingen, in dem er sie überzeugend zum Ausdruck bringt.

»Der Groß-Cophta« von 1791 bleibt ein seltsam unentschiedenes Bühnenstück. Es versucht Komödie und Abrechnung mit dem Adel gleichzeitig zu sein. Aber der heiter vermittelnde Tonfall wird dem Sittenbild einer verkommenen Gesellschaft nicht gerecht.

Noch mehr mißlingt ihm »Der Bürgergeneral« (1793). Das Stück geht auf einen französischen Schwank zurück und hätte Goethe die Möglichkeit geboten, großes Weltgeschehen im dörflichen Rahmen und durch die Interessen kleiner Gauner zur Kenntlichkeit verzerrt widerzuspiegeln. Aber es ist ihm kein tragfähiger, die Handlung vorantreibender dramatischer Konflikt eingefallen; und am Ende werden einem Edelmann derart papierene Friede-Freude-Eierkuchen-Weisheiten in den Mund gelegt, daß man nur den Kopf schütteln kann über so viel dramatische Unbeholfenheit und gedankliche Unzulänglichkeit.

1795/96 versucht Goethe mit den Stücken »Die Aufgeregten« und »Das Mädchen von Oberkirch« erneut, die dramatischen Vorfälle der Zeitgeschichte in Bühnenwerke umzusetzen. Beide Stücke bleiben Fragment. »Die Aufgeregten« wohl deshalb, weil sie nur ein Repertoirefüller fürs Weimarer Theater werden sollten und überdies dem vorigen Stück sehr geähnelt hätten: sanfte Kritik am Adel und herbe an den Revoluzzern. Das zweite wurde zugunsten eines thematisch verwandten Stoffes verdrängt, der Goethe die gesellschaftliche und private Tragödie besser zu verflechten schien.

Zwischen 1799 und 1803 entsteht »Die natürliche Tochter«, das letzte Theaterstück, das sich mit der Revolution auseinandersetzt. Der Stoff geht auf die »Historischen Denkwürdigkeiten der Prinzessin Stephanie-Louise von Bourbon Conti« zurück, die 1798 in Paris erschienen. Unglaubliche Vorgänge werden da geschildert: Die Verfasserin habe sich kurz vor der Revolution vom König ihre königliche Herkunft legitimieren lassen wollen. In Wahrheit sei sie die natürliche (d. h. außereheliche) Tochter des Prinzen Conti Bourbon und einer Herzogin von Mazarin. Als man von ihrem Vorhaben erfährt, wird sie geraubt, verschleppt, für tot erklärt und an einem geheimen Ort in bewußtlosem Zustand mit einem gekauften bürgerlichen Anwalt verheiratet. Schließlich kann sie unter abenteuerlichen Umständen fliehen. Ihre Erinnerungen sind der Versuch, sich ihre Rechte zu erkämpfen, aber nun gibt es keinen König mehr.

Zeitgenössische Erfolgsdramatiker wie Kotzebue oder Iffland hätten aus diesem Stoff innerhalb weniger Wochen ein reißerisches Stück gemacht und glänzende Erfolge gefeiert.* Goethe aber befrachtet ihn mit all seinen Erkenntnissen über Ordnung, Unrecht und Revolution. Er abstrahiert die Personen zu Trägern allgemeiner Vorgänge. Sie heißen darum nur »König«, »Herzog«, »Hofmeister«, »Mönch« usw. Die Dialoge werden in gehobener Blankverssprache gebracht. Das Ganze weitet sich ihm unterderhand zu einer Trilogie aus, von der er – nach vier Jahren! – lediglich den ersten Teil bewältigt hat. Nun liegt ein Stück vor, das noch in vorrevolutionärer Zeit spielt und zum vollen Verständnis die Fortsetzung braucht.

Die Uraufführung ist am 2. April 1803. Wie vorauszusehen, wird es vom Weimarer Publikum nicht sehr interessiert aufgenommen, und Goethe hat nun überhaupt keine Lust mehr, sich an die Fortsetzung zu machen. Bewunderer gibt es zwar auch, Schiller, Wilhelm von Humboldt und der Philosoph Fichte gehören dazu – aber ein Theater läßt sich mit ihnen nicht füllen.

Als Goethe das Stück im geselligen Kreise Jenaer Professoren vorliest, kommt von Herder, der auch anwesend ist, der

---

* Wie es überhaupt oft eher dem begabten, aber ungenialen Unterhaltungsschriftsteller gelingt, Zeitgeschehnisse in durchaus gültiger Darstellung wiederzugeben. Der erfolgreichste deutsche Schriftsteller jener Jahre ist August Heinrich Lafontaine (1758–1831). Auch er war bei der Kanonade von Valmy dabei, und sein aus diesen Eindrücken entstandenes Buch »Clara du Plessis und Clairant – Eine Familiengeschichte französischer Emigrierten« (1795) wird auf Jahrzehnte hinaus der populärste Roman, der die Französische Revolution widerspiegelt.

gallige Kommentar: »Am Ende ist mir aber doch dein natürlicher Sohn lieber als deine ›Natürliche Tochter‹.« Damit setzt es nicht nur einen Seitenhieb gegen die langwierige Arbeit, sondern gleich auch noch gegen des Autors »unheilige Familie«. August von Goethe ist erst als 10-Jähriger, im März 1800, vom Herzog legitimiert worden. Bis dahin hieß er Vulpius. Und Christiane muß auf ihre Hochzeit noch bis zum 19. Oktober 1806 warten. Goethe ist von Herders »höchst widerwärtigem Trumpf« so verletzt, daß er ihn nur stumm und erschrocken ansieht. »So schieden wir, und ich habe ihn nicht wiedergesehen.«

Es existieren noch verschiedene Schemata, die zeigen, wie das Stück hätte weitergehen sollen, auch Sätze und Stichworte, die einmal mehr Goethes Angst vor gewaltsamem Umsturz belegen. (»Nach seinem Sinne leben ist gemein, / Der Edle strebt nach Ordnung und Gesetz.«) Außer der Unlust gibt es aber noch einen anderen Grund, warum er das Stück nicht zu Ende bringen kann. Es ist etwas, was zu ihm gehört und sich je länger, je mehr in seinen Werken widerspiegelt.

Jahre später von seinem Altersfreund Zelter befragt, warum er die Trilogie nicht fertiggeschrieben habe, bekennt er: »Ich bin nicht zum tragischen Dichter geboren, da meine Natur konziliant ist; daher kann der rein tragische Fall mich nicht interessieren, welcher eigentlich von Haus aus unversöhnlich sein muß, und in dieser übrigens so äußerst platten Welt kommt mir das Unversöhnliche ganz absurd vor.«

Von den Arbeiten, deren Entstehung durch die Revolution beeinflußt wird, sind es schließlich nicht die Dramen geworden, die Bestand haben, sondern die epischen Werke: 1794 erscheint als zweiter Band der neuen Werkausgabe »Reineke Fuchs«; eine Novellensammlung »Unterhaltungen deutscher Ausgewanderten« wird ab 1795 in Schillers Monatsschrift »Die Horen« abgedruckt; ein weiteres Epos, »Hermann und Dorothea«, erscheint 1798 und das Erinnerungsbuch »Kampagne in Frankreich. Belagerung von Mainz« 1822. Die literarische Auseinandersetzung mit den französischen Vorfällen zieht sich also bis in Goethes 73. Lebensjahr hin, und die gedankliche Beschäftigung wird ihn bis an sein Ende nicht mehr loslassen.

Zurück in die Gegenwart des Frühjahrs und Sommers 1793. Mittlerweile ist Mainz von den französischen Truppen besetzt und soll befreit werden. »Den 26. [Juli] gelang es uns schon, mit einigen Freunden zu Pferd in die Stadt einzudringen«, schreibt Goethe, »dort fanden wir den bejammernswertesten Zustand. In Schutt und Trümmer war zusammengestürzt, was Jahrhunderten aufzubauen gelang, wo, in der schönsten Lage der Welt, Reichtümer von Provinzen zusammenflossen und Religion das, was ihre Diener besaßen, zu befestigen und zu vermehren trachtete. Die Verwirrung, die den Geist ergriff, war höchst schmerzlich, viel trauriger, als wäre man in eine durch Zufall eingeäscherte Stadt geraten [...]«

Damit ihn die »unvermeidliche Wirklichkeit« nicht zur Verzweiflung bringe, hat er das Manuskript des »Reineke Fuchs« mit auf die neue Kampagne genommen, feilt an den Hexametern und läßt sich dabei brieflich von Herder beraten. Auch die »Farbenlehre« gedeiht weiter.

In unfroher Zeit entstanden, wird »Reineke Fuchs« dennoch eines von Goethes bestgelaunten Büchern. Daß die Arbeit daran wiederum ein »Balken im Schiffbruch« war, ist ihm nicht anzumerken. Als das Buch zur Jubilate-Messe im Mai 1794 erscheint, schickt er ein Exemplar an Charlotte von Kalb, eine literaturbegeisterte Weimarerin: »Hier, liebe Freundin, kommt Reinecke Fuchs der Schelm und verspricht sich eine gute Aufnahme. Da dieses Geschlecht auch zu unsern Zeiten bei Höfen, besonders aber in Republiken sehr angesehn und unentbehrlich ist; so möchte nichts billiger sein, als seine Ahnherrn recht kennen zu lernen.«

Goethe nennt seine Fabel eine »unheilige Bibel«, der begeisterte Herder spricht von einem »Spiegel der Welt«. Reineke erscheint als trickreich-wendiger Lump, dem man letztlich eine gewisse Sympathie nicht versagen kann, vielleicht weil er sich seine Freiräume des Wohllebens nicht allein gegenüber den Schwächeren, sondern auch gegen ungleich reißendere Tiere erkämpft, als er selbst eins ist. Diesmal gelingt auch die Doppelkritik an schlechten Fürsten und fahrlässigen Revolutionären spielerisch und treffend. Immer wieder schimmert zeitgeschichtliche Betrachtung durch die zeitlose Fabel, so in dem Fazit:

Doch das Schlimmste find ich den Dünkel des irrigen Wahnes,
Der die Menschen ergreift: es könne jeder im Taumel
Seines heftigen Wollens die Welt beherrschen und richten.

Die Rückeroberung von Mainz im Frühsommer 1793 stellt für die Seite der Alliierten eine besondere Herausforderung dar, hat sich die Stadt doch nach französischem Vorbild eine Verfassung gegeben und ist damit, mehr oder weniger freiwillig, zur ersten deutschen Republik geworden.

Georg Forster, der nach einigem Zögern der »Gesellschaft der Freunde der Freiheit und Gleichheit« beigetreten war, ist als Deputierter nach Paris gegangen und hat im Konvent die Vereinigung von Mainz mit der französischen Republik beantragt. Bald aber muß er erkennen, daß seine Ideale längst von Fanatikern pervertiert sind. 1794 stirbt der von Lessing und Lichtenberg, Goethe, Herder, den Brüdern Humboldt geschätzte Schriftsteller einsam und verzweifelt in Paris. Ein Zurück war ihm nicht mehr möglich gewesen; wer »schon halb durch den Fluß ist, der schwimme vollends hinüber«.

Die Mainzer Republik existiert nur knapp zwei Wochen. Diesmal ist den Alliierten mehr Glück beschieden als vor Valmy. Beim Auszug der Belagerten am 25. Juli sieht Goethe grausame Szenen. Besonders übel wird den »Klubbisten« mitgespielt, wie man die Angehörigen des revolutionären Mainzer Jakobinerklubs nennt. Unweit von Carl Augusts Lager entdeckt das Volk unter den Fliehenden den Mann, der die Domdechanei geplündert und angezündet hat. Selbstjustiz liegt in der Luft, doch bevor es noch dazu kommt, schreitet Goethe mit respektgebietendem »Halt!« ein. Stille ringsum. Es gelingt ihm, klarzumachen, daß der König jedermann freien Abzug zugesichert habe, und wahrhaftig geht der Auszug der Franzosen und ihrer Freunde nun gelassen weiter.

Irgendwo unter den vielen preußischen Soldaten um Mainz, dort, wo das dritte Bataillon des Potsdamer Garderegiments liegt, muß übrigens ein 15-jähriger Gefreiter-Korporal aus Frankfurt sein, der den Beruf des Soldaten weniger aus persönlicher Neigung ergriffen hatte denn aus familiärer Tradition. Es ist kaum anzunehmen, daß er Goethe damals begegnet ist, aber Jahre später wird er beruflich mit ihm zu tun haben. Sein Name: Heinrich von Kleist.

Diesmal kann Goethe auf der Heimreise seine Mutter besuchen. Mittlerweile haben die Franzosen auch Frankfurt wieder räumen müssen, aber Frau Aja hat sich von den Schrecknissen ohnehin nie unterkriegen lassen. Sie weiß: »Furcht steckt an wie der Schnupfen [...] den es ist ein Gemeinplatz wo /: wie bey Feuer Unglück : / jede Ganß und jeder Strohkopf sein Scherflein wischi waschi anbringen kan.«

Als die Franzosen später in Süddeutschland eindringen, gehen auch in Frankfurt wieder die abenteuerlichsten Gerüchte um. Sei doch neulich, schreibt sie dem Sohn am 13. Januar 1794, die Nachbarin Elise Bethmann abends zu ihr gerannt gekommen: »Räthin! liebe Räthin! Ich muß dich doch von der großen Gefahr benachrichtigen die Feinde bompardiren Mannheim mit glühenden Kuglen – der Commandant hat gesagt, länger als 3 Tage könte er sich nicht halten.« Frau Goethe ist indessen sofort klar: Wenn die Kugeln über den Rhein geschossen werden müssen, können sie drüben nur kalt ankommen, und der Kommandant wird auch schwerlich austrommeln lassen, wie's um die Stadt steht. »So ein Gerüchte verbreitet sich nun, und da die Bethmanns als gewaltige Leute bekandt sind, so glaubt alles sie habens aus der ersten Quelle – da dancke ich nun Gott, daß ich so viel Verstand habe das trierum trarum nicht zu glauben – und das lustigste ist, das sie alle guten Nachrichten nicht glauben.« Ein hübscher Nachsatz noch, um den Sohn vollends zu beruhigen: »glaube nicht alles was von hir geschnackt wird – es sind viel feurige kuglen von der Bethmann drunter«.

Allmählich wird der tapferen und fröhlichen Frau das Haus im Hirschgraben zu groß. 1794 versteigert sie den Hausrat und die Sammlungen ihres 12 Jahre zuvor gestorbenen Mannes. Im Mai 1795 wird das Gebäude für 22000 Gulden verkauft, und sie zieht in eine gemütliche Wohnung am Roßmarkt, wo sie bis zu ihrem Tode im September 1808 wohnt. Ihr Sohn hat sie dort freilich nicht mehr besucht. Frankfurt ist ihm innerlich längst fern gerückt. 1817 läßt er sich ausbürgern.

Aber Mutter Aja bleibt der kontaktfrohe Mensch, der sie zeitlebens war, empfängt Besuche und unterhält regen brieflichen Verkehr mit der Weimarer Familie. Im Herbst expediert sie regelmäßig die von Goethe so geschätzten »Schwarten-Magen« und Kronberger Edelkastanien, und nie vergißt sie die

Weihnachtsgeschenke für die »Liebe Tochter« und den »lieben August«. Nur einmal verweigert sie sich einem Wunsch ihres Sohnes für den Enkel vehement. Eine Spielzeug-Guillotine wird nicht gekauft: »Mord und Blutvergießen als einen Zeitvertreib in die Hände geben – nein da wird nichts draus.«

Den Rest des Jahres 1793 verbringt Goethe zu Hause. Er korrigiert am »Reineke Fuchs«, entwirft ein Schema für den Roman »Wilhelm Meisters Lehrjahre« und beginnt erneut, sich mit Homers Epen »Ilias« und »Odyssee« zu beschäftigen, aus denen er immer wieder einmal Teile übersetzt. Johann Heinrich Voß hatte diese Gesänge damals in deutsche Hexameter gebracht, spröde oft, aber doch maßstabbildend, wie sich bald herausstellt. Goethe mag den Unbequemen und hat ihn 1805 vergeblich an die Universität Jena zu binden versucht. »Es war an ihm alles gesund und derbe«, erinnert er sich gegenüber Eckermann, »weshalb er auch zu den Griechen kein künstliches, sondern ein rein natürliches Verhältnis hatte, woraus denn für uns Anderen die herrlichsten Früchte erwachsen sind.«

Das Jahr geht traurig zu Ende: Christiane wird am 21. November von einem Mädchen entbunden, das am 3. Dezember stirbt. Auch die Ereignisse der großen Welt bedrücken den mittlerweile 45-jährigen Goethe immer mehr. Nach der Hinrichtung Ludwigs XVI. am 21. Januar 1793 treibt die revolutionäre Schreckensherrschaft von einem grausigen Höhepunkt zum nächsten. Terrorgesetze ermöglichen es dem sogenannten »Wohlfahrtsausschuß«, sich nahezu willkürlich aller Gegner – oder vermeintlichen Gegner – zu entledigen. Es kommt zu Massenhinrichtungen, die nur noch geschätzt werden können und im Sommer 1794 bei 14000 bis 15000 Opfern liegen.

Schiller ist vom Verlauf der Revolution entsetzt. »Ich kann seit 14 Tagen keine franz. Zeitung mehr lesen, so ekeln diese elenden Schindersknechte mich an.« (An Freund Körner, 8. Februar 1793) Noch immer hält er politische und bürgerliche Freiheit für die heiligsten Güter, erkennt aber, daß man zu ihrer Erringung mit der Erziehung des Menschen anfangen muß.

Auch dem mittlerweile 36-jährigen Carl August ist die große Politik leid geworden. Er quittiert seinen Dienst in der preußischen Armee und zieht sich nach Weimar zurück. Goethe hat auf seinen Wunsch hin ein kleines, an römische Vorbilder erinnerndes Haus bauen lassen. »[...] tue, als wenn Du für Dich bautest«, schreibt ihm Carl August vertrauensvoll, »unsere Bedürfnisse waren einander immer ähnlich.« Der Wunsch nach Behaglichkeit also auch bei ihm. 1796 schließt er sich der Neutralitätspolitik Preußens an und gewinnt damit Jahre des Friedens für sein kleines Land.

Das Jahrzehnt des Klassischen Weimar beginnt.

Tagestouren auf Goethes Spuren
Thüringen

Verlassen wir Weimar über die Bundesstraße 7 in Richtung Osten, dann ist die Universitätsstadt Jena in 20-minütiger Autofahrt erreicht.

Noch immer ist dort ein Zentrum wissenschaftlicher Forschung und Lehre. Und wenn die Alma Mater heute auch nach Friedrich Schiller benannt ist, der dort Professor war: daß sie seit dem 18. Jahrhundert eine Spitzenstellung unter den deutschen Hochschulen eingenommen hat, verdankt sie nicht zuletzt Goethe. Viele bedeutende Professoren hat er hierher verpflichtet, die Gründung des botanischen Gartens unterstützt und sich auch in fortgeschrittenen Jahren nicht gescheut, selbst noch Vorlesungen zu besuchen.

»Hier in Jena bin ich fleißiger und gesammelter als in Weimar«, merkte er schon bald und zog sich deshalb zum Arbeiten gern in die »Stapelstadt des Wissens« zurück. Nach einer Beobachtung von Schillers Frau wurde er dann immer ein ganz anderer Mensch. Das Repräsentative fiel von ihm ab, die liebenswerten Seiten traten wieder stärker hervor. In der heutigen Goethe-Allee 26 am Botanischen Garten befand sich seine »Klausur«, die anfangs kaum mehr als eine »morsche Schindelhütte« war, »wo aller Komfort nur aus der Seele des Bewohners kommen kann«, später aber zur »oberaufsichtlichen Wohnung« ausgebaut wurde. Vor dem Haus steht der berühmte Gingko-Baum, der ihn zu seinem Liebesgedicht »Gingo biloba« inspirierte.

Trotz großer Innenstadtzerstörungen im letzten Kriegsjahr besitzt Jena noch andere Goethe-Gedenkstätten, von denen das Haus der Buchhändlerfamilie Frommann (Goethe-Allee 18) eine der wichtigsten ist. Hier trafen sich Gelehrte und Dichter, auch Goethe verbrachte dort angeregte Abende. Als sich der 58-Jährige freilich in Minchen Herzlieb, die 18-jährige Pflegetochter der Frommanns, verliebte, zog er es vor, doch für ein Weilchen fernzubleiben und seine Gefühle lieber einem Sonett-Zyklus anzuvertrauen (»Liebe will ich liebend loben«).

Ein Spaziergang zur Schillerstraße, Ecke Ernst-Thälmann-Ring führt zu einem ausgebombten, heute grün überwucherten Torso, dem ehemaligen Anatomieturm. Hier entdeckte Goethe 1784 den Zwischenkieferknochen des Menschen.

Ein kleiner Abstecher in das nahe gelegene winzige Drackendorf macht uns mit einem idyllischen Park bekannt, dessen dazugehöriges Herrenhaus freilich nicht mehr existiert. Hier wohnte der von Goethe geschätzte und häufig besuchte gothaische Kanzler Freiherr von Ziegesar mit seiner Familie. Fiel dem Dichter an dessen jüngster Tochter zu ihrer Konfirmation 1798 nur auf, daß sie sich die Bücher der Propheten nicht recht merken konnte, so erlag er ihrem Charme während der Karlsbader Kur von 1808 vollständig: »Jeden Tag, den ich in Ihrer Nähe zubringe, will ich für dreie feiern.« Als sie ihm 1814 ihre Verlobung anzeigt, schickt er ihr die bislang erschienenen Bände von »Dichtung und Wahrheit« mit denkbar knappem Begleitbrief: »In die Hausbibliotheck der lieben Freundinn und Braut empfohlen.« Punktum. Von weiterer Post ist nichts mehr bekannt.

Ein anderer Abstecher von Jena aus führt uns entlang der Saale wenige Kilometer nordwärts, wo oberhalb Dornburgs auf einer steilen Muschelkalkschroffe drei Schlösser liegen. Im damals verfallenden Rokokoschlößchen haben die jungen Kraftgenies von 1777 auf Stroh genächtigt und am anderen Morgen die große Lärmkanone abgeschossen, was natürlich im Städtchen unten großen Schrecken auslöste. Immer wieder zog es Goethe an »den schönsten Platz« zurück, zuletzt im Sommer 1828, als der 79-Jährige so sehr um den verstorbenen Freund Carl August trauerte, daß man um seine Gesundheit bangte. Die Stille und Anmut der Landschaft, der weite Blick vom Renaissanceschloß aus, wo er nunmehr wohnte, bewirkten, daß er sich im Herbst wieder einigermaßen hergestellt fühlte.

Von Jena führt uns die Bundesstraße 88 dann ins 40 Kilometer entfernte Rudolstadt, wo sich Goethe und Schiller zum ersten Mal begegnet sind – im Lengefeldschen Haus, heute Schillerstraße 25 – und wohin das Weimarer Theater gern und häufig eingeladen wurde.

Als »Goethestadt« ist das 34 km entfernte Ilmenau freilich ungleich wichtiger. Aber das sollte uns nicht verleiten, die idyllische Strecke so schnell wie möglich zu bewältigen; zumindest müßte – bei Rottenbach rechts ab! – ein Stündchen für die Klosterruine Paulinzella übrig sein. »Einsam stehn des öden Tempels Säulen. / Efeu rankt am unverschloß'nen Tor«, schrieb Schiller 1788 ins Fremdenbuch des Ortes. Bei Goethe mußte erst das Interesse fürs Mittelalterliche wieder geweckt werden, bevor er sich für diesen Ort interessierte. Das besorgte Sulpiz Boisserée, ein liebenswert hartnäckiger Kölner Kunstsammler der jungen Generation, von dem wir noch hören werden. 1817 lernte dann auch Goethe die Klosterruine kennen, als er dort bei einem Frühstück im Freien seinen Geburtstag feierte.

In Ilmenau parken wir das Auto am besten einen ganzen Tag. Zunächst einmal ist das Städtchen wirklich ein Hauptort auf der Goethe-Landkarte, unter dessen Gedenkstätten das kleine Museum im Amtshaus herausragt. Immer wieder war der Dichter in Ilmenau oder seiner Umgebung, das erste Mal Anfang Mai 1776 wegen eines Brandunglücks, zuletzt mit seinen Enkeln Walther und Wolfgang an seinem Geburtstag 1831. So manche Episode in »Wilhelm Meisters Lehrjahren« ist von Ilmenau inspiriert, wenn es nicht sogar den überprüfbar genauen Hintergrund für den Roman geboten hat. Im Erdgeschoß des Amtshauses wird das gefangene Liebespaar vernommen. Die Seiltänzertruppe tritt auf dem Marktplatz davor auf. Und Wilhelm und Philine haben sich aus den Fenstern der Wirtshäuser »Adler« und »Sonne« zugelächelt.

Aber noch aus einem anderen Grunde lohnt sich der längere Aufenthalt: Am Marktplatz beginnt der 18,5 km lange Wanderpfad »Auf Goethes Spuren«, der schon allein landschaftlich eine Attraktion ist. Man kann ihn nirgendwo verfehlen, denn er ist überall mit einem ⚹ markiert, dem von Goethe oft gebrauchten Kürzel seines Namens.

Zu den aufschlußreichsten Stationen gehören die alten Bergbaugräben (»wo mir die Wasser, die das Werk treiben sollen, entgegenkamen«), der Schwalbenstein (19. März 1779: »Allein auf dem Schwalbenstein. Den 4. Akt der Iphigenie geschrieben«) und natürlich der Kickelhahn, wo Goethe an die Tür der Schutzhütte des Revieraufsehers das Gedicht »Über allen Gipfeln ist Ruh« geschrieben hat. Der Blick von dort aus in die Ferne ist schön wie vor 200 Jahren. Nur um den Kickelhahn selbst haben Windbruch und saurer Regen für ein verheerendes Waldsterben gesorgt, dem mittlerweile mit nachdrücklicher Wiederaufforstung begegnet wird. Im Jagdhaus Gabelbach (»Der Herzog geht auf Hirsche, ich auf Landschaften aus«) gibt es ein kleines Museum zu Goethes naturwissenschaftlichen Studien in der Gegend. Und am Finsteren Loch, einer engen Schlucht, stehen wir vor dem geografischen Hintergrund des Gedichtes »Ilmenau«.

> Melodisch rauscht die hohe Tanne wieder,
> Melodisch eilt der Wasserfall hernieder;
> Die Wolke sinkt, der Nebel drückt ins Tal,
> Und es ist Nacht und Dämmrung auf einmal.

In Stützerbach angelangt, sind vor allem die Häuser des Glashüttenbesitzers Gundelach und des Kaufmanns Glaser von Bedeutung. Bei Gundelach hat Goethe wiederholt gewohnt. Heute ist dort ein Museum untergebracht, das über Goethe Aufschluß gibt, aber auch über die Bedeutung des Ortes für die Glasindustrie: Immerhin wurden hier zum ersten Mal in Deutschland Thermometer, Vakuumgerät und Glühlampe geblasen, hat Conrad Röntgen mit der Herstellung der nach ihm benannten Röhre experimentiert. Das andere, an einem steilen Hang gelegene Wohnhaus erinnert an den von Carl August und seinen Gefährten so »sündlich geschundenen« Kaufmann Glaser. Wem die volle Strecke zu anstrengend ist, kommt jetzt leicht und schnell mit der Bahn über Manebach – wo Goethe wiederholt im Haus Nr. 11, dem ehemaligen Schulhaus, zu Gast war – nach Ilmenau zurück.

40 km weiter nördlich sind wir in Gotha. Bei seinen Aufenthalten hat der Dichter hier entweder im Hotel »Zum Mohren« oder im hochgelegenen Schloß Friedenstein gewohnt, wo man das im Westturm untergebrachte Ekhoff-Theater, eine Barockbühne mit historischer Technik, besichtigen kann. Herzog Ernst II. von Gotha war nicht nur mit Carl August befreundet, sondern pflegte auch vertrauten Umgang mit Goethe, der dessen physikalisches Kabinett gern benutzte, ja sich auch immer wieder Apparaturen für seine Versuche auslieh. Einmal vergaß er völlig, daß des Herzogs Bruder auf ihn wartete, nur weil er damit beschäftigt war, mit der Spritze einen

Regenbogen zu erzeugen, um die Spektralfarben zu beobachten.

Vor dem Ende unsrer Rundtour soll das auf halber Strecke zwischen Gotha und Weimar gelegene Erfurt besucht werden. »Die Turmreiche« auf eine Goethestadt zu reduzieren würde ihrer geschichtlichen Bedeutung sicher nicht gerecht, obwohl der Dichter wiederholt und zu bedeutenden Anlässen hier war. Als Beamter hatte er häufig in der Statthalterei zu tun – Erfurt unterstand dem kurfürstlichen Erzbischof von Mainz –, um sich als Wegebaudirektor mit dem Obergeleitsamt abzustimmen oder als Theaterleiter Gastspiele zu organisieren.

Goethe schätzte den Statthalter, Freiherr Karl Theodor von Dalberg (1744–1817), eine imponierende geistige Persönlichkeit, sehr. Wenn er in dem prächtig-barocken Amtsgebäude (heute Regierungsstraße 73) zu tun hatte, wohnte er meist im benachbarten Geleithaus, einem Renaissancegebäude, das unschwer an seinen doppelstöckigen Dachfenstern zu erkennen ist. Auch Schiller, Herder, Wieland und Wilhelm von Humboldt waren während Dalbergs Statthalterschaft häufig Gäste dieses Mannes.

Im nahe gelegenen Haus am Anger 37/38 verkehrte Goethe bei Karl Friedrich von Dacheröden (1731–1809), einem im Ruhestand lebenden preußischen Kammerpräsidenten, dessen kluge und attraktive Tochter Caroline 1791 die Frau Wilhelm von Humboldts wurde, jenes wahrhaft universalen Geistes, der für den Dichter nach dem »Schillerschen Jahrzehnt« als ein geistiger Partner immer wichtiger wurde.

Dennoch war es kein Wissenschaftler oder Künstler, der ihm in Erfurt den größten Eindruck gemacht hat, sondern ein Politiker und Feldherr: Napoleon. Während des Erfurter Fürstentages bittet ihn der Eroberer am 2. Oktober 1808 zu einer Audienz um 11 Uhr vormittags in den Festsaal der Statthalterei, wo die beiden direkt hinter dem Fenster des kantigen Erkers im ersten Stock standen, den man von der Straße gut erkennen kann.

Als Goethe im Sommer 1814 – Napoleon war längst gestürzt – in die Rhein- und Maingegend fuhr, schrieb er in glücklicher Erinnerung an seine vergangenen Besuche:

Sollt einmal durch Erfurt fahren,
Das ich sonst so oft durchschritten,
Und ich schien, nach vielen Jahren,
Wohlempfangen, wohlgelitten.

Wenn mich Alten alte Frauen
Aus der Bude froh gegrüßet,
Glaubt ich Jugendzeit zu schauen,
Die einander wir versüßet.

Das war eine Bäckerstochter,
Eine Schusterin daneben;
Eule keinesweges jene,
Diese wußte wohl zu leben.

Und so wollen wir beständig,
Wettzueifern mit Hafisen,
Uns der Gegenwart erfreuen,
Das Vergangne mitgenießen.

Neue Begegnungen und Freundschaften
1794 – 1805

> »Sie haben mir eine zweyte Jugend verschafft
> und mich wieder zum Dichter gemacht, wel-
> ches zu seyn ich so gut als aufgehört hatte.«
> *An Friedrich Schiller, 6. Januar 1798*

Die Bekanntschaft zwischen Goethe und Schiller in Rudolstadt war seinerzeit nicht über ein flüchtiges Kennenlernen hinausgelangt: »ich vermied Schillern, der, sich in Weimar aufhaltend, in meiner Nachbarschaft wohnte [...] und so lebten wir eine Zeitlang nebeneinander fort«. Am 13. Juni 1794 aber packt der 34-jährige Schiller den Stier bei den Hörnern. Er will eine Zeitschrift mit dem Titel »Die Horen« gründen und bittet den zehn Jahre älteren Goethe in formvollendet gedrechselten Sätzen um Mitarbeit. Zum Herausgeberkollektiv gehören bislang Wilhelm von Humboldt, der Philosoph Johann Gottlieb Fichte und der Historiker Carl Ludwig von Woltmann. Aber natürlich: »Je größer und näher der Anteil ist, dessen Sie unsre Unternehmung würdigen, desto mehr wird der Wert derselben bei demjenigen Publikum steigen, dessen Beifall uns der wichtigste ist.« Und Goethe bedenkt sich nicht lange. Hier ist die Gelegenheit, wieder ins aktuelle literarische Leben zurückkehren zu können. Auch hofft er, daß »eine nähere Verbindung mit so wackern Männern, als die Unternehmer sind, manches, das bei mir ins Stocken geraten ist, wieder in einen lebhaften Gang« bringt (24. Juni 1794).

Am Abend des 21. Juli 1794 hat die Jenaer Naturforschende Gesellschaft eine Sitzung, bei der sowohl der 44-jährige Goethe als auch der 34-jährige Schiller anwesend sind. Beim Hinausgehen treffen sie nach Goethes Erinnerung mehr oder weniger zufällig aufeinander, »ein Gespräch knüpfte sich an, er schien an dem Vorgetragenen teil zu nehmen, bemerkte aber sehr verständig und einsichtig und mir sehr willkommen, wie eine so zerstückelte Art die Natur zu behandeln, den Laien, der sich gern darauf einließe, keineswegs anmuten könne«. Das ist die rechte Weise, Goethes Aufmerksamkeit zu erregen, zielt doch sein eigenes Forschen darauf ab, »die Natur nicht gesondert und vereinzelt vorzunehmen, sondern sie wirkend und lebendig, aus dem Ganzen in die Teile strebend, darzustellen«. So kommen sie endlich vor Schillers Haus, »das Gespräch lockte mich hinein; da trug ich die Metamorphose der Pflanzen lebhaft vor«. Mit dem unerwarteten Ergebnis, daß Schiller schließlich den Kopf schüttelt und sagt:»Das ist keine Erfahrung, das ist eine Idee.« Schon will sich der alte Groll wieder in Goethe regen, aber er reißt sich zusammen und versetzt: »Das kann mir sehr lieb sein, daß ich Ideen habe ohne es zu wissen, und sie sogar mit Augen sehe.« Schiller dürfte sich bei diesem Gespräch einige Zurückhaltung auferlegt haben, um den künftigen Mitherausgeber seiner Zeitschrift nicht von vornherein zu vergraulen. Am Ende verläuft der Abend für beide zufriedenstellend; »keiner von beiden konnte sich für den Sieger halten, beide hielten sich für unüberwindlich«, erinnert sich Goethe später nicht ohne Ironie.

Bald darauf kommt es zu einem Gespräch über Kunst und Kunsttheorie, das noch erfreulicher verläuft. Sie tauschen ihre Hauptansichten über diese Themen aus. Es findet sich trotz Verschiedenartigkeit der Gesichtspunkte unerwartete Übereinstimmung. »Ein jeder konnte dem andern etwas geben, was ihm fehlte, und etwas dafür empfangen. Seit dieser Zeit haben diese ausgestreuten Ideen bei Goethe Wurzel gefaßt, und er fühlt jetzt ein Bedürfniß, sich an mich anzuschließen, und den Weg, den er bisher allein und ohne Aufmunterung betrat, in Gemeinschaft mit mir fortzusetzen. Ich freue mich sehr auf einen für mich so fruchtbaren Ideenwechsel [...]« (Schiller an Körner, 1. September 1794)

Es gibt Jahre, da scheint die historische Entwicklung an einem Kreuzweg angelangt zu sein. 1793/94 war ganz sicher ein solcher Kreuzweg. Während Herder mit seinen »Briefen zu Beförderung der Humanität« beginnt und Hölderlin Hymnen auf die Ideale der Menschheit dichtet, mündet der gleichzeitige Versuch, diese Bestrebungen politisch zu verwirklichen, in schrecklichen Terror. Danton wird im »Wohlfahrtsausschuß« von Robespierre verdrängt, der nun zwölf Monate lang eine erbarmungslose Diktatur ausübt, bis er selbst – und kurz darauf fast die gesamte Kommune – unter der Guillotine endet. Zur selben Zeit wird ein kleinwüchsiger korsischer Offizier namens

Napoleon Bonaparte wegen herausragender militärischer Leistungen zum Brigadegeneral befördert. Schiller führt in seinen Briefen »Über die ästhetische Erziehung des Menschen« aus, daß Freiheit den Menschen immer in Verwilderung stürze, wenn er nicht gelernt habe, seinen natürlichen Charakter sittlich zu verwandeln. Goethe, der diese Verwilderung bei der Kampagne in Frankreich buchstäblich an vorderster Front miterlebt hatte, zieht sich zurück, um »das heilige Feuer der Wissenschaft und Kunst, und wäre es auch nur als Funken unter der Asche, sorgfältig zu bewahren, damit nach vorübergegangener Kriegsnacht bei einbrechenden Friedenstagen es an dem unentbehrlichen Prometheischen Feuer nicht fehle«.

Die deutsche Klassik kehrt der europäischen Politik den Rücken und findet ihre Ideale in einem zeitlosen Humanismus und einer am Griechentum geschulten Ästhetik. Merkwürdig genug, daß ins Jahr 1793 aber auch schon die Wurzeln der deutschen Romantik reichen: Ludwig Tieck und Wilhelm Heinrich Wackenroder unternehmen von ihrem Studienort Erlangen aus Wanderungen nach Bamberg und Nürnberg, entdecken die Kunst der Dürerzeit und verarbeiten ihr Erlebnis des deutschen Mittelalters in den »Herzensergießungen eines kunstliebenden Klosterbruders« (1797) und in »Franz Sternbalds Wanderungen« (1798), nach dessen Vorbild dann wiederum Novalis seinen »Heinrich von Ofterdingen« schreibt (1799). Die deutsche Frühromantik ist gleichfalls unpolitisch und bezieht ihre Wertvorstellungen aus einem ideal verstandenen christlichen Mittelalter. Goethe wird dieses ganze »klosterbrudrisierende, sternbaldisierende Unwesen« freilich bald zu neukatholisch sentimental.

In Goethes Nachlaß fanden sich zwei Blättchen, auf denen er Bemerkungen notiert hat, die offenbar für eine größere autobiografische Schrift gedacht waren und von Eckermanns Hand die Überschrift »Ferneres in bezug auf mein Verhältnis zu Schiller« tragen. Dort steht der Satz: »Selten ist es aber, daß Personen gleichsam die Hälften von einander ausmachen, sich nicht abstoßen, sondern sich anschließen und einander ergänzen.«

Datiert sind die Zettel vom 22. August 1825. Der selbstbewußte Mann spricht also noch eine halbe Generation nach dem Tod des Freundes von sich als einer *Hälfte*! Schon das ist ungewöhnlich. Ein paar Zeilen weiter gibt er zu bedenken, daß die Freundschaft zwar tief, aber nicht unkompliziert gewesen sei, weil »ich so wenig als Schiller einer vollendeten Reife genoß, wie sie der Mann wohl wünschen sollte; deshalb denn zu der Differenz unserer Individualitäten die Gärung sich gesellte, die ein jeder mit sich selbst zu verarbeiten hatte, weswegen große Liebe und Zutrauen, Bedürfnis und Treue im hohen Grad gefordert wurden, um ein freundschaftliches Verhältnis ohne Störung immerfort zusammen wirken zu lassen«.

Allzu sehr hat sich uns heute eine Denkmalsvorstellung ihrer Freundschaft eingeprägt. »Arm in Arm mit dir / So fordr' ich mein Jahrhundert in die Schranken«, wie es in Schillers »Don Carlos« heißt. Doch als sich die beiden zusammentaten, standen sie nicht sonderlich stolz da. Schiller verfügt über kein festes Einkommen. Seine dichterische Produktion ist seit dem »Don Carlos« ins Stocken geraten. Und Goethe befindet sich ja schon seit geraumer Zeit in einer Phase des Mißerfolgs, was seine Werke, der Mißachtung, was seine Ideen betrifft.

Der Beginn des gemeinsamen Weges führt also zwei unterschiedlich Bedürftige zusammen. Dennoch gehen sie zunächst nur vorsichtig aufeinander zu. Warum aus der anfänglichen Interessengemeinschaft späterhin Freundschaft wird, ist schwer zu ergründen. »Gegen große Vorzüge eines andern gibt es kein Rettungsmittel als die Liebe«, heißt es in Goethes Roman »Die Wahlverwandtschaften«. Ein Satz, der vielleicht auch seine Freundschaft zu Schiller erklärt. Es ist, als ob sich die Kräfte der intellektuellen Geliebten Charlotte von Stein jetzt trennen und verstärkt wiederkehren in der wärmeren Christiane und dem genialeren Schiller. Von beiden empfängt Goethe belebende und fördernde Impulse und betritt eine neue Entwicklungsstufe, gelangt vom Denken (Aufklärung) über das Fühlen (Empfindsamkeit), Wollen (Sturm und Drang) zu einem Ausgleich der Kräfte (Klassik). Und doch bleibt es gegenüber Schiller zeitlebens beim förmlichen Sie. Selbst in den Tagebüchern nennt er ihn den »Hofrat Schiller«.

Vor Beginn des freundschaftlichen Verhältnisses nimmt Schiller – zumindest in den Briefen an Freund Körner – kein Blatt vor den Mund, wenn er auf Goethe zu sprechen kommt. In einer Mischung aus Abscheu und Verehrung – »ich könnte seinen Geist umbringen und ihn wieder von Herzen lieben« –

giert er geradezu nach Goethes Urteil über sich. »Ich will ihn auch mit Lauschern umgeben, denn ich selbst werde ihn nie über mich befragen.« (2. Februar 1789) Aber dann gesteht er ihm wieder: »Dieser Mensch, dieser Goethe, ist mir einmal im Wege, und er erinnert mich so oft, daß das Schicksal mich hart behandelt hat.« (9. März 1789)

Fünf Jahre später kommt es dann zu jenem grandiosen Brief, der Goethe kurz vor seinem 46. Geburtstag erreicht und von ihm wie ein Geschenk empfunden wird. Er enthält eine so liebevolle und genaue Beschreibung von Goethes Wesen, wie sie in dieser Ausgewogenheit bis heute unerreicht geblieben ist. Schiller imponiert die universelle Entwicklung von Goethes anschauendem Geist. »Sie können niemals gehofft haben, daß Ihr Leben zu einem solchen Ziele zureichen werde, aber einen solchen Weg auch nur einzuschlagen, ist mehr werth, als jeden andern zu endigen [...]« (23. August 1794) Ihm imponiert, daß Goethes »philosophischer Instinkt« zu den gleichen Ergebnissen kommt wie »spekulierende Vernunft«. Ein mißwollender Adressat könnte sich hinter jedem Lob auch einen Tadel heraushorchen, denn Schiller ist kein Schönfärber, sondern versucht das spezifisch Goethesche so exakt wie möglich zu erfassen. Gerade das aber bewegt Goethe tief. »Alles was an und in mir ist werde ich mit Freuden mittheilen«, heißt es in der Antwort. »Denn da ich sehr lebhaft fühle daß mein Unternehmen das Maas der menschlichen Kräfte und ihrer irdischen Dauer weit übersteigt, so möchte ich manches bei Ihnen deponiren und dadurch nicht allein erhalten, sondern auch beleben.« (27. August 1794)

Als Goethe 1829 den Briefwechsel mit seinem Freund herausgibt, erhält die deutsche Literatur einen einzigartigen Bericht aus der Werkstatt zweier Dichter. Sicher gibt es Goethe-Briefwechsel, die angenehmer zu lesen sind, denn hier geht es kaum um Klatsch und Kleinigkeiten. Hier vergewissern sich zwei angestrengt arbeitende Autoren über das, womit sie gerade befaßt sind. Wenn sie sich dabei auch auf ungewöhnlich tiefe Weise verstehen, sind sie aber deshalb noch lange nicht mit allem einverstanden, was der andere macht. Sie lassen sich auf jede künstlerische Diskussion ein, in einem Maße offen für Kritik, wie es wohl nur Autoren können, denen das endlich Geleistete über das Gewollte geht.

Das ist für beide nicht einfach. Schiller steht einer berühmten und hochrangigen Persönlichkeit gegenüber, Goethe – der mit Widerspruch ohnehin schwerer fertig wird – einem erfolgreichen, vom Zeitgeist begünstigten Dramatiker, der das große Publikum und vor allem die Jugend hinter sich weiß. Erschwerend kommt hinzu, daß sie beide ständig miteinander verglichen werden, was zu einem echten Prüfstein dieser Beziehung wird, ihr aber letztlich nichts anhaben kann.

Im Jahre 1800 schreibt die dänische Gräfin Charlotte von Schimmelmann an die Frau des von ihr verehrten Schiller: »Wie benimmt sich Goethe bei der Vergötterung, die er mit Shakespeare, Dante teilen muß? Wann werden wir ihn wieder in Lebensgröße auftreten sehen?« Zwei Monate später bekommt sie von Schiller selbst zur Antwort, daß er seine Bekanntschaft mit Goethe auch nach all diesen Jahren »für das wohltätigste Ereignis meines ganzen Lebens halte«. Er schließt eine lange Aufzählung von Goethes Vorzügen an, die in dem Bekenntnis gipfelt: »Ich darf wohl sagen, daß ich in den sechs Jahren, die ich mit ihm zusammen lebte, auch nicht einen Augenblick an seinem Charakter irre geworden bin. Er hat eine hohe Wahrheit und Biederkeit in seiner Natur und den höchsten Ernst für das Rechte und Gute; darum haben sich Schwätzer und Heuchler und Sophisten in seiner Nähe immer übel befunden.«

Ein schöner und ehrlicher Brief, der freilich einen zeittypischen häßlichen Fleck hat, denn »leider« sei Goethe »durch einige falsche Begriffe über das häusliche Glück und durch eine unglückliche Ehescheu in ein Verhältnis geraten, welches ihn in seinem eigenen häuslichen Kreise drückt und unglücklich macht und welches abzuschütteln er leider zu schwach und zu weichherzig ist«.

In diesem Briefwechsel formulieren beide Autoren, je länger, je mehr, ihre Anschauungen von Kunst und Kunsttheorie. Da ist die Luft manchmal ganz schön dünn. Harmonie und Hingabe werden angestrebt, Weiterentwicklung und Selbstvollendung, das »Wahre, Schöne, Gute« eben. Dem Bedürfnis nach Harmonie entspricht die hochtönende Sprache, die genau kalkulierte Form. Man atmet richtig auf, wenn sie dann allmählich ihrem Hang zur Satire nachgeben, die bald auf alle Rücksichten – selbst künstlerische – verzichtet. Sieht man von Goethes frühen Rüpelspielen und -versen ab, so hat er sich nie wieder so unbekümmert ans Verspotten ihm mißliebiger Erscheinungen gemacht; es sind außer einigen beleidigten Blindgängern auch wahre Funkelblitze sarkastischer Laune darunter. Und zu Sarkasmus hatten Goethe und Schiller genügend Anlaß, denn ihre 1795 so hochgemut gestartete literarische Zeitschrift fand zu keinem Zeitpunkt genügend Resonanz, weshalb man sie 1797 »selig entschlafen« ließ.

Schillers Ankündigung vom 10. Dezember 1794 war zu entnehmen gewesen, daß sich »Die Horen« nicht mit Politik – dem »Lieblingsthema des Tages« – befassen würden, sondern nur mit dem, »was rein menschlich und über allen Einfluß der Zeiten erhaben ist«. Im Interesse »veredelter Menschheit« sollte alles aus ihr verbannt sein, »was mit einem unreinen Parteigeist gestempelt ist«. Aber gerade aus dem Weimar-Jenaer Autorenkreis hatte man sich Antworten auf die Fragen der Zeit erhofft.

Schon nach einem Dreivierteljahr schreibt Wilhelm von Humboldt an Goethe: »Den Horen ist man nicht sonderlich hold. Vorzüglich kann man es ihnen nicht verzeihen, daß sie sich, laut der Ankündigung, vorgenommen haben, besser als die übrigen Journale zu sein« (22. August 1795). Auch wurde bemängelt, daß die abgedruckten Aufsätze verstiegen und abstrakt seien und die Autoren gar nicht so unpolitisch, wie sie es doch vorgaben. Vor allem über die Revolution ergehe ja wohl »ein bestimmtes verdammendes Urteil« (Johann Friedrich Reichardt).

Das Publikum war an den allgemeinen Ablehnungen und utopischen Gegenentwürfen, wie sie die Herausgeber der »Horen« zu bringen bereit waren, herzlich wenig interessiert. Es wollte Stellungnahmen zu den Vorfällen des Tages, denn diese waren aufregend und wirr.

Am 13. Juli 1794 siegen die Franzosen in der Pfalz über die Preußen, am 26. Juli in Holland über die Österreicher. Am 27. Juli wird Robespierre gestürzt und einen Tag später hingerichtet. Ein Direktorium von fünf Konventsmitgliedern übernimmt die Regierungsgeschäfte und sorgt für innenpolitische Beruhigung. Am 5. April 1795 trennt sich Preußen von seinem Koalitionspartner Österreich und schließt in Basel einen Sonderfrieden mit Frankreich. Carl August ist sicherheitshalber nach Eisenach gezogen, der westlichsten Stadt seines Landes, und versucht von dort aus durch diplomatische Verhandlungen den Frieden auch für sein Gebiet zu erreichen.

Geheimrat Voigt hält Goethe auf dem laufenden und der wiederum Schiller. »Die Franzosen haben die Österreicher bey Gemünden repoussirt [zurückgeschlagen] und waren also nur noch 5 Meilen von Würzburg«, schreibt Goethe am 23. Juli 1796. »Wahrscheinlich sind sie dort schon angelangt und finden erstaunliche Magazine und gerettete Schätze. [...] Würtenberg macht Friede und hat schon Waffenstillstand. Manheim soll so gut wie verloren seyn. [...] Frankfurt hat 174 Häuser verloren, zahlt acht Millionen Livres Geld, 1½ Millionen Tuch und Zeug und eine Menge Vivres [...] Von meiner Mutter habe ich noch keine Nachricht, sie wohnt auf dem großen Platz wo die Hauptwache steht und sieht gerade die Zeil hinauf, sie hat also den ganzen Halbkreis der Stadt die bombardirt wurde vor ihren Augen gehabt.«

Über Sachsen-Weimar-Eisenach weiß er: »Das Schicksal unsrer Gegenden beruht bloß darauf: ob es möglich seyn wird Zeit zu gewinnen?« Endlich, am 29. Dezember 1795, kann Kursachsen dem Friedensvertrag der Preußen mit den Franzosen beitreten, wodurch nun auch Weimar gesichert ist. Ein zehnjähriger Friede beginnt, der erst im Oktober 1806 mit dem Sieg Napoleons über die Preußen vor Jena zu Ende geht.

In den »Tag- und Jahresheften« Goethes wird es später vom letzten Revolutionsjahr heißen, daß »die Natur ihrer Gewohnheit gemäß nicht die geringste Kenntnis« davon nahm. »Alle Feldfrüchte gediehen herrlich, alles reifte einen Monat früher, alles Obst gelangte zur Vollkommenheit, Aprikosen und Pfirschen, Melonen und auch Kastanien, boten sich dem Liebhaber reif und schmackhaft dar, und selbst in der Reihe vortrefflicher Weinjahre finden wir 1794 mit aufgezählt.« Dann aber führt er aus, warum es auch ein treffliches Kulturjahr war: »Dem besten Teil der Nation war ein Licht aufgegangen, das sie aus der öden, gehaltlosen, abhängigen Pedanterie als einem kümmerlichen Streben herauszuleiten versprach. Sehr viele waren zugleich von demselben Geist ergriffen, sie erkannten die gegenseitigen Verdienste, sie achteten einander, fühlten das Bedürfnis, sich zu verbinden, sie suchten, sie liebten sich, und dennoch konnte keine wahrhafte Einigung entstehen.«

Was für ein Jahrzehnt!

	Goethe	Schiller	Andere deutsche Autoren
1794	Reineke Fuchs		**Voß:** Mythologische Briefe, **Klopstock:** Grammatische Gespräche, **Herder:** Christliche Schriften
1795	Wilhelm Meisters Lehrjahre, Römische Elegien, Unterhaltungen deutscher Ausgewanderten	Die Horen (Hrsg., 3 Jahrgänge), Über die ästhetische Erziehung des Menschen	**Voß:** Luise, **Tieck:** William Lovell, **Jean Paul:** Hesperus
1796	Venetianische Epigramme	Musen-Almanach (Hrsg., 5 Jahrgänge)	**Jean Paul:** Siebenkäs, Quintus Fixlein
1797	Hermann und Dorothea		**Tieck:** Der gestiefelte Kater, **Schelling:** Ideen zu einer Philosophie der Natur, **Wackenroder:** Herzensergießung eines kunstliebenden Klosterbruders (mit Tieck), **A. W. Schlegel:** Übers. der Shakespeare-Dramen (bis 1810 in 9 Bänden), **Hölderlin:** Hyperion (bis 1799)
1798			**Jean Paul:** Hesperus, **Tieck:** Franz Sternbalds Wanderungen (mit Wackenroder), **F. v. Schlegel:** Athenaeum (Hrsg., 3 Jahrgänge), **Schelling:** Von der Weltseele, **Herder:** Vom Geist des Christentums
1799			**Tieck:** Don Quixotte von la Mancha (Übersetzung), Prinz Zerbino, **Herder:** Verstand und Erfahrung, Vernunft und Sprache, **Wieland:** Agathodämon, **F. v. Schlegel:** Lucinde
1800	Neueste Gedichte	Der Geisterseher, Gedichte, Wallenstein	**Jean Paul:** Titan, **Wieland:** Aristipp

	Goethe	Schiller	Andere deutsche Autoren
1801		Maria Stuart	**A. W. und F. Schlegel:** Charakteristiken und Kritiken, **Voß:** Idyllen
1802		Die Jungfrau von Orleans	**Novalis:** Heinrich von Ofterdingen, Schriften, **F. v. Schlegel:** Geschichte der Jungfrau von Orleans (Hrsg.)
1803	Benvenuto Cellini	Die Braut von Messina	**Hebel:** Alemannische Gedichte
1804	Die natürliche Tochter	Wilhelm Tell	**Jean Paul:** Flegeljahre, Vorschule der Ästhetik, **F. v. Schlegel:** Sammlung romantischer Dichtungen des Mittelalters (Hrsg.), **Hölderlin:** Sophokles, Die Trauerspiele (Übersetzung)
1805	Rameau's Neffe, Winkelmann und sein Jahrhundert	Phädra (Übersetzung)	**Herder:** Der Cid

Wie sollte das auch möglich sein bei Einzelgängern wie Klopstock, Wieland, Herder. Schillers Aufstellung der »Horen«-Mitarbeiter liest sich wie die Beschreibung der interessantesten geistigen Tafelrunde seiner Zeit. Aber hätten diese ausgeprägten Persönlichkeiten wirklich einmal beisammengesessen, sie wären wohl schnell in Streit geraten. Gleim beispielsweise war mittlerweile 75 Jahre, August Wilhelm Schlegel erst 27; Fritz Jacobi tief religiös und zudem royalistisch gesinnt, Johann Gottlieb Fichte ein intellektueller Jakobiner, der 1799 als Professor entlassen wird, weil er atheistische Anschauungen vertreten haben soll.

Der erste, sozusagen programmatische Jahrgang der »Horen« ist sehr philosophielastig. Belehrung und Wissenschaft sind das Ideal. Politik kommt, wie gesagt, durch die Hintertür herein, bei Schiller etwa mit den ersten neun Briefen seiner »Ästhetischen Erziehung des Menschen«, bei Goethe mit dem Novellenzyklus »Unterhaltungen deutscher Ausgewanderten«. Während Schiller den Menschen durch die Kunst zum freien Bürger erziehen will, wendet sich Goethe an dessen gesellige und harmoniebedürftige Seite.

Mit den »Unterhaltungen« probiert er etwas aus, was es so bislang in der deutschen Literatur nicht gegeben hat: Eine Folge von Geschichten, die sich jeweils auf eine »unerhörte Begebenheit« konzentrieren (Goethes spätere Definition der Novelle), wird durch eine Rahmenhandlung miteinander verbunden. In diesem Fall steht eine kleine Gruppe französischer Adliger im Mittelpunkt, die sich während der Koalitionskriege auf die rechte Rheinseite gerettet hat. Sie ist von Temperament und politischer Ansicht der Dinge sehr unterschiedlich, was jeder Erzählung durch den besonderen Blickwinkel des Vortragenden eine zusätzliche Bedeutung gibt, auch wenn es scheinbar nur um eine Liebes- oder Gespenstergeschichte geht. Drei sehr gegensätzliche Personen ragen unter ihnen hervor: der alte, rechtlich denkende Geheimrat von S. (»er hatte die Willkür der Nation, die nur vom Gesetz sprach, kennengelernt und den Unterdrückungsgeist derer, die das Wort Freiheit immer im Munde führten«); der junge Feuerkopf Karl, der sich von jener »blendenden Schönheit verführen« läßt, die gerade als Freiheit kostümiert so schauerliche Erfolge feiert; ausgleichend zwischen den Positionen steht die Baronesse von C., »entschlossen und tätig« selbst noch in den bedrängten Umständen der Flucht.

Die weitgehend in Dialogform gehaltene Rahmenhandlung entspricht nicht immer dem Standard dessen, was wir heute von einem Autor an einleuchtenden Begründungen und Übergängen erwarten. Während zum Beispiel nachts das Schloß der Tante brennt, wird behaglich weitererzählt; und Karl, der durch seine borniertem Parolen den Geheimrat, immerhin ein alter Freund des Hauses, so verletzt hat, daß dieser abreist, darf schon Stunden später wieder das große Wort führen.

Aber die Qualität der Geschichten selber steigert sich von der »leichten Nachkost« über die moralische Erzählung bis hin zu einem rätselhaft vieldeutigen Märchen, mit dem das Ganze nach des Dichters eigener Vorstellung »gleichsam ins Unendliche« auslaufen soll. Auf zwei Spukgeschichten, die Goethe nach Lektüre und mündlicher Erzählung wiedergibt, folgen zwei Liebesgeschichten, die im Grunde nur Übertragungen aus einer französischen Biografie sind, aber durch ihre anekdotenhafte Verknappung weit besser als das Original. »Der Prokurator«, einem Novellenbuch der französischen

Renaissance entnommen, markiert dann endgültig die Wende zum klassischen Kunstwerk. Aus der schwankhaften Geschichte eines verhinderten Ehebruchs wird bei Goethe eine Begebenheit von anrührender Humanität, die »mit dem guten und mächtigen Ich bekannt macht, das so still und ruhig in uns wohnt«. Eine weitere Steigerung stellt »Die Verwirrung des jungen Ferdinand« dar. Die psychologisch konsequent motivierte Art, wie hier von Schuld und Sühne gehandelt wird, mutet in vielem moderner an als die übrigen Novellen samt ihrem Rahmen.

Der Zyklus hört dann – formal scheinbar unpassend, aber geschickt im Sinne dessen, was Goethe sagen will – mit einem Märchen auf. Er empfindet es als so typisch für das Genre, daß er ihm nur den Titel »Das Märchen« gibt. In Anspruch und Gehalt übertrifft es alle übrigen »Unterhaltungen« bei weitem. Es gehört zu den geheimnisvollsten und vieldeutigsten Dichtungen deutscher Sprache und findet sogleich die unterschiedlichsten Erklärungsversuche. Goethe denkt aber nicht daran, den Rätselcharakter seiner Dichtung durch Auslegung zu zerstören, jedenfalls nicht eher, »als biß ich 99 Vorgänger vor mir sehen werde« (an Prinz August von Gotha, 21. Dezember 1795). Eine Zahl, die heute um ein mehrfaches überschritten worden sein dürfte. Sicher ist es neben dem zweiten Teil des »Faust« Goethes symbol- und anspielungsreichstes Werk, dabei erstaunlich gut lesbar, weil auch die bunte Oberfläche schon zu faszinieren vermag. Hierin gleicht es einem echten Volksmärchen.

Trotz seiner Rätselhaftigkeit gibt es Hinweise, die begreiflich machen, warum Goethe seine gesellschaftskritischen »Unterhaltungen« derart symbolisch überhöht auslaufen läßt. Schiller gegenüber hat er einmal angedeutet, die Idee des Ganzen sei »das gegenseitige Hülfeleisten der Kräfte und das Zurückweisen auf einander«. Ein »Einzelner hilft nicht«, heißt es im Märchen selber, »sondern wer sich mit vielen zur rechten Stunde vereinigt«. Ein paar Absätze weiter klingt es wie das Bekenntnis zu einer Welt, die Revolutionen überflüssig macht: »Wir sind zur glücklichen Stunde beisammen; jeder verrichte sein Amt, jeder tue seine Pflicht, und ein allgemeines Glück wird die einzelnen Schmerzen in sich auflösen, wie ein allgemeines Unglück einzelne Freuden verzehrt.«

Als Minister findet sich Goethe mittlerweile wieder stark in Anspruch genommen. Im Februar 1794 übernimmt er zusammen mit dem zuverlässigen Christian Gottlob von Voigt die Verwaltung der neuen Botanischen Anstalt in Jena. Als Leiter setzt er August Johann Batsch ein, der von ihm als Professor der Botanik berufen worden ist. Überhaupt verdankt jetzt so mancher Professor der Universität Jena seine Stellung Goethe; außer Batsch und Schiller zum Beispiel auch der Chemiker Johann Friedrich August Göttling und die Philosophen Schelling und Fichte.

Um Fichte entzündet sich im Herbst 1798 der sogenannte »Atheismus-Streit«, der die Universitätskuratoren Goethe und Voigt in der Folgezeit immer wieder beansprucht. Obwohl Fichte die »Zurückforderung der Denkfreiheit von den Fürsten Europas« verfaßt hat, schätzt Goethe ihn als faszinierenden Dozenten, dessen Studenten sich unter seiner Leitung auch konsequenter Denkschulung williger unterwerfen. Aber als er dann im Jenaer »Philosophischen Journal« seinen Beitrag »Über den Grund unseres Glaubens an eine göttliche Weltregierung« veröffentlicht, kommt alsbald die Behauptung auf, dieser Professor sei ja wohl gegen die Religion.

Das stimmt zwar so nicht, bietet aber einen willkommenen Anlaß, den unbequemen Denker an die Kandare zu nehmen. Obwohl Carl August sich diesmal ausgesprochen ungnädig zeigt, versuchen Voigt und Goethe zu retten, was zu retten ist – bis der verärgerte Fichte ihre Bemühungen durch undiplomatische Äußerungen selbst zunichte macht und kurzerhand vom Herzog entlassen wird. Das stellt zwar einen klaren Eingriff in die garantierte Lehrfreiheit dar, aber Carl August reagiert mittlerweile auf alles gereizt, wohinter er Sympathie mit der Revolution wittert. Im Grunde trägt der Streit eher politische als religiöse Züge, und Goethe wird es nicht leichtgefallen sein, seine Stimme für den Philosophen zu erheben, steht er doch im grundsätzlichen mehr auf seiten des Herzogs. In einem seiner amtlichen Schreiben aus jener Zeit heißt es: »Alles lauft mit blasebälgen herum es wäre mehr, dünkt mich, in der Zeit nach Wassereimern zu greifen« (24. Juli 1794).

Wieder einmal verändern sich in diesen Jahren Goethes persönliche Kontakte. Charakteristisch dafür ist der allmähliche

Verfall der Freundschaft mit Herder. Beide Männer drohen in ihren Weimarer Jahren immer wieder unter der allzu großen Arbeitslast zusammenzubrechen. Doch während dem wohlhabenden, auch durch ein glücklicheres Naturell ausgestatteten Goethe zeit seines Lebens Selbstrettungen gelingen, schuftet sich Herder krank und mürbe. Der ewig Ungeduldige wird grämlich und ausfallend, so daß sich auch gute Freunde von ihm fernzuhalten beginnen, »um ihn nicht totzuschlagen«, wie Goethe später einmal gesteht.

Im Herbst 1795 spitzt sich die Lage zu. Caroline klagt Summen ein, die ihr Carl August zur Erziehung ihrer Söhne versprochen habe. Sie schreibt Briefe an die Herzogin Louise und an Goethe, in denen ein bißchen viel von des Herzogs Ehre die Rede ist. Goethe ärgert sich dermaßen darüber, daß er seine Wut in einen 13-Punkte-Brief faßt, der an Deutlichkeit nichts zu wünschen übrigläßt. »Das soll gewiß gut Blut machen«, wirft er den Herders vor, wenn ihr Sohn August überall herumerzähle, er studiere lieber Bergbau als – wie vom Herzog gewünscht – Verwaltung: »weil man nicht wisse, wie lange die gegenwärtige Verfassung bestehe«. Und nun drohe auch noch Caroline! »Ich erlaube Ihnen mich, wie einen andern Theaterbösewicht zu hassen, nur bitte ich mich klar zu deuten und nicht zu glauben, daß ich mich im fünften Ackte bekehren werde.« Am Ende bekehrt sich zwar nicht Goethe, aber die herzogliche Kasse, was freilich die Verbitterung im Hause Herder nicht mehr dämpft. »Ich weiß wohl daß man dem das mögliche nicht danckt von dem man das unmögliche gefordert hat«, beendet Goethe die Angelegenheit.

Schon 1800 zieht sich Goethe von Herder zurück. »Man kam nicht zu ihm, ohne sich seiner Milde zu erfreuen; man ging nicht von ihm, ohne verletzt zu sein.« Und der von zahlreichen Krankheiten geplagte Herder weiß es ja selber: »Ich werde alt und unschmackhaft mir selbst und andern.« Am 18. Dezember 1803 stirbt er entkräftet und verbittert.

Aber es tauchen jetzt auch wieder einige Namen auf, die schon Vergangenheit schienen. Wiederholt besucht ihn seit April 1796 Franz Christian Lerse, der treue und redliche Freund aus Straßburger Tagen, der ebensogut zu fechten verstand, wie er bei Streitereien vermitteln konnte. 1797 reist Goethe mit Carl August nach Leipzig, wo er außer Lerse den mittlerweile

78-jährigen Adam Oeser wiedertrifft, dann nach Dessau, wo ihm ein Wiedersehen mit Behrisch beschert wird, dem besten Freund aus Leipziger Tagen.

1797 gibt Goethe auf Schillers Bitten ein Manuskript zum Abdruck in den »Horen« frei, das ihm einst von Lenz geschenkt worden war und ihn damals sehr verletzt haben dürfte, wenn es nicht sogar beim Bruch der Freunde eine Rolle gespielt hat. Das Romanfragment »Der Waldbruder, ein Pendant zu Werthers Leiden« wirkt in vielem sehr autobiografisch. Deshalb werden die Hauptpersonen gern mit Lenz und Goethe gleichgesetzt. Auch Charlotte von Stein und Louise von Göchhausen glauben manche darin wiederzuerkennen. Erträglich wird Goethe die Sache wohl nur, weil mittlerweile schon viel Wasser die Ilm hinuntergeflossen ist.

Es kommt zu neuen Bekanntschaften. Im November 1794 lernt er in Jena bei Schiller einen jungen Dichter kennen, der ihn im Dezember in Weimar besucht und »etwas gedrückt und kränklich« auf ihn wirkt: Friedrich Hölderlin. Der 27-Jährige ist mit Hegel und Schelling befreundet, Schiller ist von seinen Arbeiten angetan, und Charlotte von Kalb, die leicht entflammbare Literatur- und Literaten-Liebhaberin, engagiert ihn als Hauslehrer ihres Sohnes. Hölderlin liegt sehr am Kontakt mit Goethe. »Es ist der schönste Genuß unsers Lebens«, schreibt er am 26. Januar 1795 an Hegel, »so viel Menschlichkeit zu finden bei so viel Größe. Er unterhielt mich so sanft und freundlich, daß mir recht eigentlich das Herz lachte, und noch lacht, wenn ich daran denke.« Schiller bittet ihn um Beiträge für die »Horen« und den »Musenalmanach«. Goethe erkennt in dem jungen Mann durchaus »gute Ingredienzien zu einem Dichter«, rät ihm aber, »kleine Gedichte« zu machen und von der großen Ideendichtung zu lassen. Er hört darin nicht den eigentümlichen Tonfall, sondern hat wahrscheinlich nur eine Nachahmung Schillers zu erkennen vermocht. Hölderlin aber bleibt dem Gesetz treu, nach dem er angetreten ist. Und das bestimmt ihn nun einmal zum Schöpfer großer, weithin schwingender Oden, Hymnen und Elegien.

Am 17. Juni 1796 ist Jean Paul, dessen Stern als ganz und gar origineller Erzähler gerade im Aufgehen begriffen ist, bei Goethe zum Mittagessen eingeladen. »Er ist ein Vulkan«, schreibt der Gast später an Charlotte von Kalb. Und gegenüber einem

Freund mokiert er sich darüber, wieviel der Dichter bei Tisch »frisset«. Goethe ist von dem 33-Jährigen zunächst auf etwas verunsicherte Weise angetan. Man schätze ihn »bald zu hoch, bald zu tief, und niemand weiß das wunderliche Wesen recht anzufassen«. Wochen später verärgert ihn eine Bemerkung Jean Pauls über die Properz-Übersetzungen seines Freundes Knebel so sehr, daß er zu dem satirischen Gedicht »Der Chinese in Rom« gereizt wird.

Hier taucht erstmals ein ungutes Begriffspaar auf, das bei einer ästhetischen Debatte eigentlich nichts verloren hat und später ausgiebig mißbraucht worden ist: Goethe meint in Jean Paul einen jener Schwärmer ausgemacht zu haben, der »den echten reinen Gesunden / Krank nennt, daß ja nur Er heiße, der Kranke, gesund«. Noch im Alter beharrt er in einem Gespräch mit Eckermann auf dem allzu schlüssig wirkenden Kurzschluß: »Das Klassische nenne ich das Gesunde und das Romantische das Kranke.«

Nein, die Bekanntschaft mit den Romantikern bleibt zwiespältig. Folgenlosigkeit, Verkennung, wo nicht gar Abneigung prägen die Kontakte. Dabei hat die Wertschätzung, die Goethes Roman »Wilhelm Meisters Lehrjahre« (1795/96) widerfährt, Vertreter sowohl der Klassik als auch der Romantik zu verbinden vermocht. Hier konnten sich Leute wie Schiller, Wilhelm von Humboldt und Herder mit Tieck, Novalis und den Brüdern Schlegel treffen. Für den 25-jährigen Novalis, der Goethe 1798 zusammen mit August Wilhelm Schlegel aufgesucht hat, ist er damit »der wahre Statthalter des poetischen Geistes auf Erden« geworden. Und Friedrich Schlegel schreibt eine seiner längsten Besprechungen über »Wilhelm Meisters Lehrjahre«, dieses »Gastmahl des feinsten und ausgesuchtesten Witzes«.

Im Mai 1796 hatte Goethe August Wilhelm Schlegel in Jena kennengelernt, einen ungemein sprachenkundigen Mann, der nahezu jede europäische Sprache perfekt gekonnt haben soll. Er ist vor allem durch seine Übersetzung der Shakespeare-Dramen in die deutsche Literatur eingegangen, war Mitarbeiter der »Horen« und hat Goethe durch seine Übertragungen der Werke Calderóns für diesen spanischen Dramatiker begeistert. Friedrich Schlegel, den jüngeren Bruder, lernt Goethe im Frühjahr 1797 kennen, zu einem Zeitpunkt, als er sich wieder einmal intensiv mit den Autoren der Antike auseinandersetzt. Die Bekanntschaft mit dem genialisch intellektuellen Kopf kommt ihm gerade recht. Gern liest er dessen soeben erschienene Aufsatzsammlung »Die Griechen und die Römer«.

Die Brüder Schlegel waren bedeutende Propagandisten der Literatur, große Dichter waren sie nicht. Daß Goethe 1802 von jedem ein Drama aufführen ließ – August Wilhelms »Ion« und Friedrichs »Alarcon« –, ist wohl nur mit seiner Freude an »rhythmischer Deklamation« zu erklären, die er seinen Schauspielern einzuüben trachtete. Beide Stücke wurden Reinfälle. Beim »Alarcon« tobte das Parterre vor Gelächter, und es war damals, daß Goethe in seiner Loge aufsprang und mit donnernder Stimme nach Ruhe gerufen haben soll.

Goethe besitzt zwar seit seinem Besuch Berlins im Jahre 1778 eine Abneigung gegen die »klare prosaische Stadt«, für deren »verwegenen Menschenschlag« man Haare auf den Zähnen haben müsse. Aber wie es der Zufall so will, entwickeln sich drei der besten, bis zu seinem Tode dauernden Freundschaften zu Berlinern. Da sind zunächst die Brüder Wilhelm und Alexander von Humboldt. »Mit Schillern und den Humboldts steh ich recht gut«, erfährt Fritz Jacobi Ende 1794, »unser Weg geht für dießmal zusammen und es scheint als ob wir eine ganze Zeit mit einander wandlen würden.«

Goethe hat den 27-jährigen Wilhelm von Humboldt als Mitherausgeber der »Horen« kennengelernt und durch ihn bald darauf den zwei Jahre jüngeren Alexander. Die neue Freundschaft findet ihren Ausdruck in zahlreichen diskussionsfreudigen Besuchen der Brüder und einem umfänglichen Briefwechsel Goethes mit ihnen. Der Kontakt bleibt selbst dann bestehen, wenn Wilhelm durch halb Europa reist und der Naturforscher und Geograph Alexander gar durch Mittel- und Südamerika. Wilhelm macht Goethe übrigens schon bald mit einem seiner Professoren bekannt, dem Altertumswissenschaftler Friedrich August Wolf aus Halle, dessen Homer-Kenntnisse und »belehrenden Widerspruchsgeist« Goethe schätzenlernt.

In einem Altersbrief an Alexander von Humboldt gesteht Goethe, »daß unter den angenehmsten Erinnerungen früherer Zeit mir das Zusammenleben mit Ihnen und Ihrem Herrn

Bruder immer ein lichtester Punct bleibt: denn wie viele hoffnungs- und thatenreiche Anfänge habe ich denn in meinem Leben so folgereich fortsetzen und glanzreich wachsen sehen?« (16. Mai 1821) In der Tat ist aus Alexander ein Forscher geworden, der vom Humanitätsideal der Weimarer Klassik geprägt ist, und der von Goethes morphologischer Naturbetrachtung gesagt hat, sie habe ihn »gleichsam mit neuen Organen ausgestattet«. Er gehört zu den ersten, die ökologische Landschaftsforschung betreiben, und veröffentlicht zwischen 1805 und 1834 das größte Reisewerk, das jemals von einem einzelnen Autor verfaßt worden ist. Es umfaßt nicht weniger als 36 Bände! Seine Geographie der Pflanzen ist im Grunde den gleichen Prinzipien verpflichtet, wie sie in der »Metamorphose der Pflanzen« dargestellt sind.

Goethe nennt diesen Mann einen »Brunnen mit vielen Röhren, wo man überall nur Gefäße unterzuhalten braucht und wo es uns immer erquicklich und unerschöpflich entgegenströmt«. 1831 besucht ihn der Weitgereiste das letzte Mal in Weimar, und »obgleich seine Ansicht der geologischen Gegenstände aufzunehmen und darnach zu operiren meinem Cerebralsystem ganz unmöglich wird«, bewundert er die ausgebreiteten Kenntnisse des Mannes. Seinem Denken widerstrebt nur, daß auch Alexander in der Frage, was den Aufbau der Erdrinde vor allem beeinflußt habe, auf seiten der »Vulkanisten« steht und kein »Neptunist« wie Goethe ist. Der zieht die Vorstellung von einer allmählichen Formung durch Wassereinflüsse vor und kann »bey'm Bilden der Erdoberfläche dem Feuer nicht soviel Einfluß zugestehn [...], als gegenwärtig von der ganzen naturforschenden Welt geschieht«.

Wollte man die deutsche Klassik als Kommanditgesellschaft Goethe, Schiller & Co. beschreiben, so käme Wilhelm von Humboldt wohl die Rolle des Juniorpartners zu, der zwar den Betrieb nicht gegründet, aber erfolgreich weitergeführt hat. Abwechselnd Sprachwissenschaftler, Privatmann, Diplomat und Kulturpolitiker, konzipiert er innerhalb eines Jahres die Berliner Universität und entwickelt mit dem humanistischen Gymnasium eine Schulform, die an viele Generationen deutscher Jugendlicher weitergibt, was Schiller und Goethe gefordert haben: das Ideal eines freien und allseitig gebildeten, seiner selbst bewußten Menschen.

*15 Schiller, Wilhelm und Alexander von Humboldt sowie Goethe in Jena.
Xylographie nach A. Müller von Aarland*

Wilhelm von Humboldts Bildungsbegriff orientiert sich an der Welt der Griechen, der verwandelnden Kraft der Kunst und – als Ziel von allem – der Schulung des Mitmenschlichen. Deshalb müsse man auch »den ächten Dichter, der uns einen tiefen Blick in uns selbst und die Welt eröfnet, von dem bloss angenehmen oder beredten« unterscheiden. Hierin trifft er sich immer wieder mit Goethe, der noch in seinem letzten Brief vom 17. März 1832 – er ist übrigens an Wilhelm von Humboldt gerichtet – geschrieben hat: »Je früher der Mensch gewahr wird daß es ein Handwerk, daß es eine Kunst gibt, die ihm zur geregelten Steigerung seiner natürlichen Anlagen verhelfen, desto glücklicher ist er; was er auch von außen empfange, schadet seiner eingebornen Individualität nichts.«

Der dritte Berliner Freund wird so recht erst nach Schillers

Tod für Goethe von Bedeutung werden. Es ist der Komponist und Musikprofessor Carl Friedrich Zelter. Ihm konnte er rückhaltlos alle Tagessorgen, Pläne, Überlegungen mitteilen; und daß er im Alter nur ihm allein noch das Du angeboten hat, zeigt, wie verbunden er sich ihm fühlte.

Der um neun Jahre Jüngere schreibt Goethe erstmals am 11. August 1799 und beginnt damit einen Briefwechsel, der wie ein großes Freundschaftsgespräch bis zum Tode des Dichters dauert und gedruckt den umfangreichsten seiner Briefwechsel darstellt. Zelter hat für den Schillerschen »Musenalmanach« gerade Melodien zu einigen Gedichten Goethes geschrieben und bittet, weitere vertonen zu dürfen. Goethe kommt das durchaus gelegen, haben ihm doch Reichardts Bemühungen schon gezeigt, daß seinem lyrischen Werk auf diese Weise neue Volkstümlichkeit zuwächst.

Als Zelter im Februar 1802 seine erste Aufwartung in Weimar macht, hat er eine bemerkenswerte Karriere hinter sich: vom Maurermeister, der auch noch Jahre nach dem Tode seines Vaters dessen Ziegelei weiterbetrieben hat, zum Schüler von Fasch, dem Cembalisten Friedrichs II., dessen Singakademie er 1800 übernimmt und ihr weit über Berlin hinaus Ansehen verschafft. 1809 gründet er die Berliner »Liedertafel«, 1822 das Königliche Institut für Kirchenmusik. Er komponierte über 200 Lieder, Chöre, Opernszenen, Kantaten, dazu Orchester- und Klaviermusik. »Wenn die Tüchtigkeit sich aus der Welt verlöre, so könnte man sie durch ihn wieder herstellen«, hat Goethe von ihm gesagt. Aber weil Zelter von den genialen Neutönern seiner Zeit nicht viel verstanden hat, auch in der eigenen Musik eher ein solider Handwerker war, hat eine verständnisarme Nachwelt nicht selten kräftig gehöhnt: Wieder mal einer dieser zweitrangigen Geister, mit denen sich Goethe so gern umgab! Aber das ist so eine Ungerechtigkeit nachgeborener Biografen, die lebendige Freundschaft nicht treffen kann. Tatsache ist, daß hier zwei ältere Herren das schöne Gefühl haben konnten, einer verstehe den anderen, jeder kenne die Welt und wisse um ihre Mechanismen.

Nächst dem »Faust« hat der »Wilhelm Meister« die längste Werkgeschichte. 1776 als »Wilhelm Meisters theatralische Sendung« begonnen, ist er mit großen Unterbrechungen fortgeführt und 1786 schließlich abgebrochen worden. Goethe hatte sich währenddessen gewaltig verändert und die Zeit, in der er lebte, sogar gewaltsam. Als er mit dem Buch noch einmal von vorn beginnt, legt er ihm ein völlig neues Konzept zugrunde. Der ursprüngliche Theaterroman wird jetzt zu einem umfassenden Bildungsroman entwickelt. 1794 macht sich Goethe an die Arbeiten zum ersten Buch. Im Mai schließt er mit dem Berliner Verleger Friedrich Gottlieb Unger einen Vertrag über das Werk und bringt sich damit selbst in einen durchaus vorteilhaften Zugzwang. Schon im Juli bestätigt Unger den Eingang des ersten von später acht Büchern. 1795 erscheinen die ersten beiden Bände. Am 26 Juni 1796 kann Goethe endlich in sein Tagebuch notieren: »Roman fertig.«

»Wilhelm Meisters theatralische Sendung« war noch ein richtiger Sturm-und-Drang-Roman, geschrieben in subjektiver Sicht, mitunter drastisch im Inhalt, umgangssprachlich in den Dialogen. »Wilhelm Meisters Lehrjahre« hingegen sind objektiv in der Erzählhaltung und klar in der Sprache, durchaus also von klassischem Geist getragen. Das eigentlich Grandiose daran ist, daß die Form des Romans nicht mehr als Stopfwurst mißbraucht wird, in die fast nach Belieben ein Vorfall nach dem anderen hineinkommt, sondern ein kalkuliertes Kunstwerk ist, in dem jede Anordnung seinen Sinn hat. Jede Person, der Wilhelm Meister begegnet, steht für eine bestimmte Lebenshaltung, welche er sich aneignen kann oder von der er sich absetzen muß. Damit führt Goethe den deutschen Roman endgültig aus seinem trivialen Ansehen heraus zu einer anerkannten Kunstgattung.

Wir lernen Bürger und Adlige, Schauspieler und fahrende Musikanten kennen. Goethe schildert dabei keinen Stand als allein vorbildlich, sondern alle zusammen bilden für Wilhelm eine Schule des Lebens. »Daß ich Dir's mit *einem* Wort sage«, bekennt Wilhelm gegenüber seinem Freund Werner, »mich selbst, ganz wie ich da bin, auszubilden, das war dunkel von Jugend auf mein Wunsch und meine Absicht.«

Der Kaufmannssohn liebt das Theater, aber es wird nur eine Durchgangsstation für ihn. Er liest einer Sterbenden das Manuskript »Bekenntnisse einer schönen Seele« vor und kommt zu einer »Gesellschaft vom Turm«, die seine Entwicklung beobachtet, heimlich lenkt und Wilhelm endlich mit einem

Lehrbrief losspricht. Doch ist das nur der erste Schritt. In der späteren Fortsetzung »Wilhelm Meisters Wanderjahre« muß er sich im Dienst am Mitmenschen bewähren. Von der Turmgesellschaft zu ruhelosem Wandern verpflichtet, darf er nie länger als drei Tage unter einem Dach wohnen und muß dann mindestens eine Meile weiterziehen. Aus Kunst, Religion und Sittlichkeit erwachsen Wilhelm die prägenden Erlebnisse. Für die »Bekenntnisse der schönen Seele« benutzte Goethe übrigens den Nachlaß seiner mütterlichen Freundin Susanna Katharina von Klettenberg und – mit großem Respekt – auch Motive aus ihrem konsequent pietistischen Leben.

Bei aller Geplantheit bleibt der Roman eine »inkalkulable Produktion«. Oft setzt sich der Geist der Erzählung ganz unerwartet durch. Schönstes Beispiel ist die wundervolle Erfindung der 12-jährigen Mignon. Wilhelm kauft das geheimnisvolle Mädchen Gauklern ab, die es schlecht behandeln. Nun kommt es in Begleitung eines alten Harfners zu seiner Schauspieltruppe. Mignon wird als Symbol lebendiger Poesie erkannt und zu einer Lieblingsgestalt des Buches. Die Lieder, die Goethe ihr und dem Harfner in den Mund legt, verbreiten sich rasch und sind bis heute bekannt geblieben: »Kennst du das Land, wo die Zitronen blühn«, »Wer nie sein Brot mit Tränen aß«.

Schiller verfolgt den Roman vom ersten Druckbogen an mit wachsender Ergriffenheit und den Ratschlägen des selber Schöpferischen, gibt gern auch die Eindrücke anderer wieder, wenn er Goethe damit in seiner Arbeit bestärken kann. »Herr [Wilhelm] von Humboldt hat sich auch recht daran gelabt und findet, wie ich, Ihren Geist in seiner ganzen männlichen Jugend, stillen Kraft und schöpferischen Fülle.« (9. Dezember 1794) Und Freund Körner finde »in ›Wilhelm Meister‹ alle Kraft aus ›Werthers Leiden‹, nur gebändigt durch einen männlichen Geist und zu der ruhigen Anmut eines vollendeten Kunstwerks geläutert« (19. Februar 1795).

So wie Goethe durch Schiller eine zweite Jugend empfängt, geht auch mit dem Jüngeren eine Wandlung vor sich; »ich empfinde es ganz erstaunlich, was Ihr näheres Einwirken auf mich in mir verändert hat, und obgleich an der *Art* und an dem *Vermögen* [seiner neuen Gedichte] selbst nichts anders gemacht werden kann, so ist doch eine große Läuterung mit mir vorgegangen«, bekennt er am 12. August 1796.

Schiller leidet mitunter an dem, was ihn von Goethe unterscheidet; »ohnehin wäre mir's unmöglich, nach einem solchen Kunstgenuß etwas eigenes zu stümpern« (an Christian Gottfried Körner, 3. Juli 1796). Aber er vermag auch diesen Unterschied auf eine Weise zu benennen, wie es dem analytisch weniger begabten Goethe nicht möglich wäre. »Es ist hohe Zeit, daß ich für eine Weile die philosophische Bude schließe. Das Herz schmachtet nach einem betastlichen Objekt«, gesteht er eines Tages, nachdem ihm früher mißfallen hatte, daß Goethes Vorstellungsart sinnlich sei und zu viel betaste. Er beneidet ihn auch um den Reichtum seiner Einfälle. »Sie bestreben sich, Ihre große Ideenwelt zu simplifizieren, ich suche Varietät für meine kleinen Besitzungen. Sie haben ein Königreich zu regieren, ich nur eine etwas zahlreiche Familie von Begriffen, die ich herzlich gern zu einer kleinen Welt erweitern möchte.« (31. August 1794)

Auch Schiller hat – wie Goethe – seine Lieblingsbegriffe. In diesem klassischen Jahrzehnt sind es vor allem »Simplizität«, »Klassizität«, »Idealisierung«, »Veredlung«. Aus dieser »Familie von Begriffen« beginnt er nach Schließung der philosophischen Bude tatsächlich eine Welt zu entwickeln: »Wallenstein« (1800), »Maria Stuart« (1801), »Die Jungfrau von Orleans« (1802), »Die Braut von Messina« (1803) und »Wilhelm Tell« (1804). Diese Dramen der Weltliteratur geschaffen zu haben bedeutet nicht nur eine herausragende intellektuelle, sondern auch eine unglaubliche physische Leistung für den immer wieder kränkelnden Schiller.

Obwohl er den »Wilhelm Meister« sofort als ganz besonderes Werk begreift, meldet Schiller auch Kritik an, kleine und größere Bedenken. Und Goethe, der sich bei der Vervollkommnung seiner Werke – etwa durch Herder, Moritz, August Wilhelm Schlegel, Wilhelm von Humboldt – durchaus raten läßt, geht darauf ein. Manchmal muß er freilich die Distanz betonen. »Fast möchte ich das Werk zum Drucke schikken, ohne es Ihnen weiter zu zeigen. Es liegt in der Verschiedenheit unserer Naturn, daß es Ihre Forderungen niemals ganz befriedigen kann, und selbst das gibt, wenn Sie dereinst sich über das Ganze erklären, gewiß wieder zu mancher schönen Bemerkung Anlaß.« (10. August 1796) 33 Jahre später erzählt er Eckermann von seiner Arbeitsbeziehung zu Schiller:

»Er war so, wie alle Menschen, die zu sehr von der Idee ausgehen [...] Ich hatte nur immer zu tun, daß ich feststand [...]«

Nachdem nun die »Horen« eingegangen sind und der »Wilhelm Meister« vorliegt, erproben sich die beiden Werk-Gefährten an neuen lyrischen Formen. Die Literaturwissenschaft nennt 1796 das »Xenien-Jahr« und 1797 das »Balladen-Jahr«. Der römische Dichter Martial hatte mit seinem Buch »Xenien« (griechisch: Gastgeschenke) die Form des geschliffenen Epigramms als Beigabe zu Geschenken berühmt gemacht. Goethe möchte sie jetzt für gepfefferte Anmerkungen zu sämtlichen deutschen Literaturzeitschriften nutzen.

Schiller gefällt der Gedanke ausnehmend gut. »Ich denke aber, wenn wir das Hundert voll machen wollen, werden wir auch über einzelne Werke herfallen müssen«, meint er, nennt auch gleich Namen, und los geht's! Kein Tag verstreicht, ohne daß einer oder mehrere dieser Zweizeiler entstehen, deren erster sechshebig (Hexameter), deren zweiter fünfhebig ist (Pentameter). Auf diese Weise entstehen insgesamt 926 Xenien; schnelle Werkstattarbeit, bei der vielfach nicht mehr auszumachen ist, von wem das eine oder andere stammt. »Wir haben viele Distichen gemeinschaftlich gemacht«, erfährt Eckermann Jahre später, »oft hatte ich den Gedanken, und Schiller machte die Verse, oft war das Umgekehrte der Fall, und oft machte Schiller den einen Vers und ich den andern.«

Die »Xenien« enthalten herrliche Frechheiten, von denen uns viele aber wegen ihrer Zeitgebundenheit nicht mehr ohne weiteres verständlich sind. Schiller gliedert sie für den »Musenalmanach« in 414 grobe »Xenien« und 103 sanftere »Tabulae votivae« (ursprünglich Texttafeln, auf denen die Römer ihren Göttern dankten).

Eine große Epoche hat das Jahrhundert geboren,
  Aber der große Moment findet ein kleines Geschlecht

spottet Goethe zum Beispiel, und einige Vertreter dieses Geschlechts werden gleich mit mehreren Distichen bedacht, so Reichardt, der anfangs heftig mit der Revolution sympathisiert, oder der Breslauer Gymnasialdirektor J. K. F. Manso, der die »Horen« attackiert hatte:

In langweiligen Versen und abgeschmackten Gedanken
Lehrt ein Präzeptor uns hier, wie man gefällt und verführt.

Manso, nicht faul, gehört mit seinen »Gegengeschenken an die Sudelköche in Jena und Weimar« alsbald zu jenen, die sich mit Anti-Xenien zur Wehr setzen. Goethe ist es bewußt, daß sie sich da auf ein »tolles Wagstück« eingelassen haben mit ihrer literarischen Fehde, die allmählich zur Generalabrechnung mit den Schwächen der zeitgenössischen Literatur gerät. Aber er weiß auch den trefflichsten Mitstreiter an seiner Seite, und der literarische Aufruhr gibt ihnen recht. Darüber hinaus verkauft sich der »Musenalmanach auf das Jahr 1797« vorzüglich und erlebt in kurzer Zeit drei Auflagen.

Böttiger trifft Anlaß und Wirkung der »Xenien« recht genau, wenn er bald nach ihrem Erscheinen schreibt: »Alle, die ihre Knie nicht vor den göttlichen ›Horen‹ gebeugt haben, werden darinnen guillotiniert [...] Alles ist in Aufruhr über diese Unverschämtheit. Man begreift nicht, wie der furchtsame Goethe so heraustreten konnte.« (30. Oktober 1796) Im Alter rühmt Goethe vor allem die Schillerschen Xenien, »die er scharf und schlagend nannte, dagegen seine eigenen unschuldig und geringe«. Daß nicht wenigen davon die Eile des Tages anhaftet und sie deshalb auf hinkendem Versfuß vorüberhasten, hat kein Distichon schöner aufs Korn genommen als F. C. Fuldas Stolper-Parodie:

In Weimar und in Jena macht man Hexameter wie der;
Aber die Pentameter sind doch noch exzellenter.

Die Ergebnisse des Balladen-Jahres werden erstmals im »Musenalmanach für das Jahr 1798« vorgestellt: von Goethe »Der Schatzgräber«, »Der Zauberlehrling«, »Die Braut von Korinth«, »Der Gott und die Bajadere« und die »Legende«; von Schiller »Der Ring des Polykrates«, »Die Kraniche des Ibykus«, »Der Taucher«, »Der Handschuh« – allesamt zwischen Ende Mai und Anfang Juli 1797 entstanden und Resultat gemeinsamer Überlegungen, die Goethe »unser Balladenstudium« nennt. Er hat jeder seiner Balladen eine eigene strophische und metrische Form gegeben, die ganz auf Stimmung und Gehalt der jeweiligen lyrisch-dramatischen Geschichte bezogen ist. Was später ein oft widerwillig auswendig gelernter Schulstoff wird, bedeutet Goethe und Schiller zum Zeitpunkt des Entstehens ein einzigartiges Literatur-Labor. Hier wird in immer neuen Versuchsreihen erprobt, was zuvor in Gesprächen über die Abhängigkeit von Form und Inhalt erörtert worden ist.

Auch die neben den »Xenien« einzige gemeinsame Arbeit, die Skizze »Über epische und dramatische Dichtung«, ist ein solcher Versuch: 1797 arbeitet Goethe an »Hermann und Dorothea«, Schiller am »Wallenstein«. Ihre Gespräche über Probleme der Produktion führen zu allgemeinen Erkenntnissen über die Gattungsgesetze. Goethe faßt sie in einem Aufsatz zusammen, Schiller ergänzt am 26. Dezember mit einem poetologisch grundlegenden Brief, dessen Gedanken Goethe in die endgültige Fassung des Textes aufnimmt. 1827 veröffentlicht er ihn mit je zwei thematisch dazugehörenden Briefen von sich und Schiller. Auch so kann Zusammenarbeit aussehen.

In diesen Jahren entstehen auch einige Erzählgedichte, die eher den »Römischen Elegien« nahestehen, weil sie den antiken Langvers benutzen. Obwohl sie zu Goethes kunstvollsten lyrischen Arbeiten gehören, werden sie längst nicht so populär wie die Lieder und Balladen. »Alexis und Dora« (1796) gehört in diesen Zusammenhang, »Der neue Pausias und sein Blumenmädchen« (1796), »Amynthas« (1797) und – entstanden in Erinnerung an die jung gestorbene Schauspielerin Christiane Becker – »Euphrosyne« (1797/98).

Goethe ist jetzt ein Mann von fast fünfzig Jahren. Häufig verläßt er Weimar für viele Wochen, trägt sich sogar wieder mit Plänen für eine erneute Reise nach Italien. Woher diese Unruhe? Manchmal könnte er »einmal über den andern Tag rasend« werden. Woher diese Wut? »In der Lage in der ich mich befinde, habe ich mir zugeschworen an nichts mehr Theil zu nehmen als an dem was ich so in meiner Gewalt habe wie ein Gedicht, wo man weiß daß man zuletzt nur sich zu tadeln oder zu loben hat, an einem Werke an dem man, wenn der Plan einmal gut ist, nicht das Schicksal des Penelopäischen Schleyers erlebt; denn leider in allen übrigen irdischen Dingen lösen einem die Menschen gewöhnlich wieder auf was man mit großer Sorgfalt geworben hat, und das Leben gleicht jener beschwerlichen Art zu wallfahrten, wo man drey Schritte vor und zwey zurück thun muß.« (An Johann Heinrich Meyer, 28. April 1797)

Woher diese Frustration? Warum veranstaltet er am 9. Juli 1797 »das große Autodafé« und verbrennt alle bis 1792 erhaltenen Briefe, darunter auch die von Lilli Schönemann und Charlotte von Stein? Blickt dabei gelassen ins Feuer und konstatiert: »Schöne grüne Farbe der Flamme, wenn das Papier nahe am Drahtgitter brennt.« Warum will er von allem »so los und ledig als ich jemals war« sein?

Fragen über Fragen. Die Antwort ist vergleichsweise banal und kann einen Mann dennoch an die Grenze seiner Kraft bringen: Goethe überschreitet die mittlere Schwelle. Etwas hört auf. Neues ist noch nicht klar in Sicht. Ein kritischer Moment. Er durchlebt das schmerzhaft bewußt und unter starker Beteiligung aller Gefühle – Zärtlichkeit, Eifersucht, Zorn, Enttäuschung. Gerade jetzt verschanzt er sich häufig hinter ministerialer Förmlichkeit. Hebt bis zum Überdruß die Klarheit der antiken Klassik hervor. Nie sollte vergessen werden, daß sich hinter der Förmlichkeit oft nur Angst versteckt, hinter dem Bedürfnis nach Etikette der Wunsch: Gewährt mir Distanz. Und das ganze Schulgerede von Sinn und Form und Maß und Ziel der Klassik betrachten wir wohl besser unter dem Blickwinkel, daß sich hier jemand Form erarbeitet, weil er das Formlose in sich fürchtet. Der Maßlose braucht die Begrenzung. Der faustisch gespaltene Mensch ein klares Ziel. Die große Abneigung Goethes vor den Romantikern kommt nicht zuletzt daher, daß ihnen Zwielicht und Dunkel so lieb sind. Er aber sehnt sich nach Licht. Dunkles trägt er genug in sich. Klassik? »Das Alte [ist] nicht klassisch, weil es alt, sondern weil es stark, frisch, froh und gesund ist«, wird er zu Eckermann sagen; und man spürt: so klassisch möchte auch er sein.

Im Juni 1797 nimmt er auf Schillers wiederholtes Drängen endlich die Arbeit am »Faust« wieder auf. Er bittet ihn, das Projekt einmal »in schlafloser Nacht« zu durchdenken und ihm beizustehen, berät ihn seinerseits beim »Wallenstein«. Die Arbeit am »Faust« zieht sich ab jetzt wie ein roter Faden durch die Jahre mit Schiller.

Ein zweiter Faden sind die Forschungen zur Farbenlehre, aber davon läßt er vorderhand nur wenige Beiträge erscheinen. Erst 1810 gibt er das Werk in zwei voluminösen Bänden heraus. Es ist mit 1487 Seiten sein mit Abstand dickstes Werk nicht nur auf naturwissenschaftlichem Gebiet.

Als Dichter ist Goethe beim großen Publikum nur noch ein ehrfurchtgebietender Name, gelesen aber wird er kaum. Längst steht er im Schatten Schillers, Jean Pauls, selbst zahlreicher Autoren von minderem Wert. Dann aber kommt der Herbst 1797. Sein episches Gedicht »Hermann und Dorothea« erscheint und bringt ihm zunächst ein für damalige Zeiten horrendes Ersthonorar. Die Verhandlungsbasis war, gelinde gesagt, etwas ausgefallen. Er bietet dem Berliner Verleger Vieweg die noch nicht einmal beendete Dichtung unter folgender Bedingung an: Bei Oberkonsistorialrat Böttiger liege ein verschlossener Brief mit seiner Honorarforderung. Sei Viewegs Angebot niedriger, »nehme ich meinen versiegelten Zettel uneröffnet zurück [...] ist es höher, so verlange ich nicht mehr als in dem, alsdann von Herrn Oberconsistorialrath zu eröffnenden Zettel verzeichnet ist«. Vieweg bietet 1000 Taler, das entspricht nach heutigen Verhältnissen einer Summe von etwa 35000 DM. Und auf Goethes Zettel steht: »Eintausend Thaler in Golde«. Nicht ausgeschlossen, daß Böttiger dem Verleger einen Wink gegeben hat, um beide Parteien vor einer Blamage zu bewahren.

Vieweg erhält also das Manuskript und kauft damit entgegen jedermanns Erwartung einen Bestseller ein. Noch zu Goethes Lebzeiten erfährt »Hermann und Dorothea« in 30 Einzelausgaben zahllose Auflagen und wird ins Französische, Englische, Italienische, Dänische, ja sogar ins Griechische und Lateinische übersetzt. Das deutsche Bürgertum macht es zu seinem Hausbuch, weil es eine wunderbare Familienidylle vor dem Hintergrund der Französischen Revolution zu sein scheint.

Nun wirkt der Tonfall des Hexameters in der Tat behaglich. Aber was erzählt wird, ist doch voller Spitzen gegen eine geistige Enge und Behäbigkeit, die aus materiellem Wohlstand folgt und sich nicht mehr viel um Verantwortung und Engagement schert. Dennoch sieht auch Goethe: »In Hermann und Dorothea habe ich, was das Material betrifft, den Deutschen einmal ihren Willen gethan und nun sind sie äußerst zufrieden.« (An Schiller, 3. Januar 1798)

Er hatte den Stoff zu seiner Geschichte in einem Bericht über die Vertreibung Salzburger Protestanten im Jahre 1731 gefunden und in die Gegenwart verlegt; nun sind es Flüchtlingsströme aus französisch besetzten Gebieten, die durchs Land ziehen. Dorothea gehört zu ihnen, und als Hermann sie kennenlernt, will er nur noch sie zur Frau, obwohl es seinem Vater lieber gewesen wäre, wenn er eine wohlhabende Ortsansässige geheiratet hätte.

In keiner seiner Revolutionsdichtungen ist es Goethe besser gelungen, die neue Zeit im Kampf mit der alten zu schildern und, damit verbunden, seine Furcht vor dem Chaos. Natürlich tauchen auch zeitbedingte Ansichten auf; der Satz »Dienen lerne beizeiten das Weib« wird gern und höhnisch als Beleg dafür zitiert. Aber dem steht eine Vielzahl immer noch aktueller Sätze entgegen wie des Vaters Befürchtung, die Jugend könne egoistisch und konsumvertrottelt das Interesse an der Allgemeinheit verlieren. »Denn die einen, sie denken auf Lust und vergänglichen Putz nur; / Andere hocken zu Haus und brüten hinter dem Ofen.«

Mutter Aja schreibt ihrem Sohn: »Was Herrman und Dorothea hir vor große Wirckung verursacht hat – davon habe schon etwas an meine Liebe Tochter geschrieben – Hufnagel ist so gantz davon belebt daß Er bey Copulationen [Heiraten] und wo es nur möglich ist gebrauch davon macht [...] Er behauptet so hättest du noch gar nichts geschrieben [...] Hufnagel hält alle die es nicht haben oder es nicht als ein Handbuch im Sack beysich tragen – vor Hottentoten – die Elisa Bethmann mußte in seiner Gegenwart sogleich eins von den theuresten Exemplaren kaufen« (4. Dezember 1797). Als sie von ihrem Sohn wieder einmal eine besonders schöne Ausgabe zugeschickt bekommt, trägt sie's »herum wie die Katze ihre Jungen« und findet: »das Werck verdint solche Verschönerungen – denn es ist ein Meisterstück ohne gleichen!«

Hier ist Volkes Stimme, während Johann Heinrich Voß eher Konkurrenz für seine gleichfalls hexametrisch geschriebene Idylle »Luise« (1795) wittert und Klopstock sich an metrischen Schwächen reibt. Wieland dagegen weint, als Goethe ihm das Gedicht vorliest, und auch der Autor selbst kann es »niemals ohne große Rührung vorlesen«.

Wie sehr doch Zeitgenossenschaft die Form bestimmt! 1797 wurde aus der Geschichte ein Epos, weil man für Homer schwärmt und die von ihm überlieferte Form des Heldengedichts nun auch auf bürgerliche Stoffe anwendet. 50 bis 60 Jahre später wäre daraus sicherlich eine Novelle geworden, aber schon 70 bis 80 Jahre später hätte der Inhalt, vielfach ausgelaugt und zur bloßen Liebesgeschichte verkommen, nur noch für einen Fortsetzungsroman in der »Gartenlaube« getaugt.

Heute könnte die Story am ehesten als Film wieder interessant werden, mit einem deutschen Hermann und einer bosnischen Dorothea beispielsweise. Die Geschichte würde dadurch nicht anders aktualisiert, als es auch Goethe getan hat.

»Eine unwiderstehliche Lust nach dem Land- und Gartenleben hatte damals die Menschen ergriffen«, erinnert sich Goethe in den »Tag- und Jahresheften« für das Jahr 1797. »Schiller kaufte einen Garten bei Jena und zog hinaus; Wieland hatte sich in Oßmannstedt angesiedelt. Eine Stunde davon, am rechten Ufer der Ilm, ward in Oberroßla ein kleines Gut verkäuflich, ich hatte Absichten darauf.« Schon drei Jahre zuvor ist er drauf und dran gewesen, sich ein solches Gut zu kaufen, was seine Mutter über die Maßen aufregte. »Das Gut scheint mir zu groß für dich – du bist kein Landmann – hast andre Lieblings Beschäftigungen – wirst leicht zu bevortheilen seyn u. s. w. [...] thue was du wilst – nur ängstige mich nach geschenen Sachen nicht.«

Am 22. Juni 1798 erwirbt er ein einfaches Haus mit Scheune und Stall, weithin über die Flur verteilten Acker- und Wiesenstückchen und bestellt einen Pächter. Der Herzog bewilligt ihm auch den Antrag, aus diesem Besitz ein freies Erblehen zu machen. Goethe wird nämlich nicht nur von dem Wunsch nach einfachem Leben geleitet, sondern auch davon, Christiane »eine unabhängige Existenz« zu verschaffen. Nachdem die erste Freude nachgelassen hat, scheint alles so zu kommen, wie's Mutter Aja prophezeit hatte. Der Pächter ist unzuverlässig und muß entlassen werden. Die Erträge sind gering, die laufenden Zinsen hoch, und so verkauft Goethe das Gütchen schon 1803 wieder. Freilich – und hier zeigt sich einmal mehr seine geschäftstüchtige Seite – mit Gewinn.

Während Schiller jetzt Jahr für Jahr ein umfangreiches Drama schreibt, ist Goethe fleißig, »ohne viel aufweisen zu können«. Im Dezember 1797 übernimmt er zusammen mit Geheimrat Voigt die Leitung der herzoglichen Bibliotheken in Weimar und Jena, Anfang des folgenden Jahres die Neuordnung des Weimarer Bibliothekswesens, im Frühjahr die der Naturaliensammlung im Schloß. Zur »Oberaufsicht über die unmittelbaren Anstalten für Wissenschaft und Kunst in Weimar und Jena« kommt 1812 die Inspektion der Jenaer Sternwarte und der neuen Tierarzneischule, in die er sich wiederum mit Voigt teilt. 1815 werden die einzelnen kulturellen Einrichtungen neu geordnet, wird das ganze Ressort im Grunde auf Goethe zugeschnitten.

Christian Gottlob Voigt ist in den zehn Friedensjahren des klassischen Weimar ohne Frage der wichtigste Minister des Herzogtums und für Goethe ein Mann, dem er rückhaltlos vertraut und dessen Weltanschauung sich mit der seinen trifft. Beiden ist klar, was sie aneinander haben – aber auch, was vom andren nicht zu erwarten ist. Voigt zum Beispiel weiß genau: »Göthe schwingt sich über das Terrestrische und braucht seinen perpetuirlichen Urlaub zu Arbeiten und Unterhaltung seines eignen Geistes.« Er verehrt ihn auf zurückhaltende Weise. Bis zum Schluß nennt man sich »Euer Exzellenz«, wie die offizielle Anrede für beide ab 1804 lautet, als sie zu Wirklichen Geheimen Räten ernannt werden.

Auch der Umbau des Theaters und der Neubau des Schlosses nehmen Goethe stark in Anspruch. Das Theater wird am 12. Oktober 1798 mit »Wallensteins Lager« von Schiller wiedereröffnet. Nun beginnt die eigentlich klassische Entwicklungsphase der Weimarer Bühnenkunst. Schiller und Goethe bauen ein klassisches Repertoire auf. Dazu richten sie auch eine Reihe von Stücken anderer Autoren ein. Goethe übersetzt Voltaires »Mahomet« und »Tancred« (1802). Schiller bearbeitet Shakespeares »Macbeth« (1801), Gozzis »Turandot« (1802) und Picards »Parasit« (1806), übersetzt Racines »Phädra« (1805) und Picards »Der Neffe als Onkel« (1807). Goethe als Theaterdirektor und Schauspiellehrer, Schiller als Dramaturg und Regisseur: was für ein Team!

Eine neue Schauspielerschulung wird angestrebt, denn die klassischen Stücke erfordern eine andere Art des Sprechens und Spielens. Akteure, die gerade gelernt haben, im neuen Stil naturalistisch zu spielen, müssen nun auch wieder in der Lage sein, Verse zu sprechen und ihre Gesten darauf abzustimmen. Nach und nach ergibt sich eine Reihe »Regeln für Schauspieler«. Junge Darsteller zeichnen sie nach Goethes Anweisung auf, und Eckermann wird sie herausgeben.

Nach dem Leipziger Blutsturz erkrankt Goethe – rechnet man seine schwere Geburt mit – zum dritten Mal lebensgefährlich. Eine blasenbildende Gesichtsrose breitet sich über die ganze linke Gesichtshälfte aus und ergreift Rachen und Kehlkopf. Eine Woche lang verliert Goethe immer wieder das Bewußtsein, hat große Schmerzen und phantasiert. Da er seit 1780 immer wieder unter Zahnbeschwerden gelitten hat, vermutet man heute, daß vielleicht eine Entzündung der Schädelknochen mitgewirkt habe, die von Zahnabszessen ihren Ausgang nahm. Goethe wird mit Packungen, Fußbädern und Aderlässen behandelt und erholt sich nur langsam.

Im Sommer fährt er zur Kur nach Pyrmont. Auf dieser Fahrt kommt er wieder einmal durch Göttingen, wo er mit zahlreichen Professoren verkehrt und von den Studenten unter Leitung eines Berliner Adligen namens Achim von Arnim begrüßt wird. Zusammen mit Clemens Brentano, der sich schon als Dichter ausgewiesen hat, wird der junge Mann fünf Jahre später die – Goethe gewidmete – Volksliedersammlung »Des Knaben Wunderhorn« herausgeben und 1811 Brentanos Schwester Bettina heiraten. Clemens und Bettina aber sind Kinder Maximiliane von La Roches – der einst von Goethe geliebten »Maxe«!

Goethe gehört nun längst zur Vätergeneration. Oft wirkt er steif und feierlich. Im Zusammensein mit Freunden immer noch herzgewinnend spontan, wird er in Gesellschaft sofort gravitätisch. Mit seinem Humor war es noch nie weit her. Natürlich amüsiert er sich gern, hat auch Sinn für Witz und Satire. Das zeigten zuletzt die Xenien oder auch die Satire »Musen und Grazien in der Mark« (1796), ein Gedicht, das den Natürlichkeitsquark in der Dichtung verspottet und das man noch heute manchem zweitklassigen Ökopoeten ins Stammbuch schreiben möchte.

O wie freut es mich, mein Liebchen
Daß du so natürlich bist;
Unsre Mädchen, unsre Bübchen
Spielen künftig auf dem Mist!

Aber Austeilen ist nicht Einstecken, und Humor hat schließlich auch damit zu tun, daß man die Dinge relativieren und dadurch ertragen kann. Goethe kann nichts relativieren. Er nimmt ernst.

Ein typisches Beispiel seiner diesbezüglich unglücklichen Veranlagung ist der krampfhafte Versuch, »zur Erheiterung des nah bevorstehenden traurigen Winters« 1801/02 ein Mittwochskränzchen zu gründen, bei dem er zunächst einmal jedem Mitglied ziemlich selbstherrlich einen Partner respektive eine Partnerin zuordnet. Er selbst nimmt sich die attraktive Gräfin Egloffstein, die das Ganze aber zunehmend öde findet: »Ohne seine Erlaubnis durften wir weder essen oder trinken, noch aufstehen oder uns niedersetzen, geschweige denn Konversation führen, die ihm nicht behagte.« Das Ergebnis: die Absagebriefchen häufen sich, und schon bald finden sich die meisten bei dem Lustspielautor August von Kotzebue wieder. Den erfüllt das natürlich mit einiger Schadenfreude, hat er sich doch anfangs vergeblich darum bemüht, in dieses Mittwochskränzchen aufgenommen zu werden.

Die Jahre ab 1797 wären trotz der belebenden Kräfte, die von Schillers Freundschaft ausgehen, und trotz des neuen Erfolgs als Dichter nur unzureichend charakterisiert, würde nicht auch das Abgebrochene, Erfolglose, Mißlungene erwähnt. Abgebrochen: eine Reise. Erfolglos: eine Zeitschrift. Mißlungen: Goethes Bemühungen, zeitgenössische Kunst durch Preisausschreiben zu fördern.

Seit längerem wächst in Goethe der Wunsch, noch einmal nach Italien zu reisen. Als Frucht des Aufenthaltes soll ein gewaltiges Werk über Land und Leute, Geschichte und Gegenwart entstehen. Mittlerweile füllen die zusammengetragenen Materialien schon Hunderte von Seiten. Dabei ist es ungewiß, ob die politische Lage eine Reise überhaupt erlaubt, denn Napoleon Bonaparte steht in Oberitalien, hat von dort einen Vorstoß nach Österreich unternommen, »und selbst nach einem Frieden wie unsicher und zerrüttet muß es eine lang Zeit in einem Lande bleiben wo keine Policey ist noch seyn wird. Einige Personen, die jetzt über Mailand heraus sind, können nicht genug erzählen: wie gequält und gehindert man überall wegen der Pässe ist, wie man aufgehalten und herumgeschleppt wird und was sie sonst von der Noth des Fortkommens und übrigen Lebens erzählen.« (An Johann Heinrich Meyer, 28. April 1797)

Im April 1797 kommt ein Teilfriede zustande, und Goethe reist Ende Juli zunächst nach Frankfurt, wohin ihn Christiane und der mittlerweile siebenjährige August begleiten. Dort verläßt ihn allerdings die rechte Lust schon wieder; »ich mag die Raupen und Chrysaliden [Puppen] der Freyheit nicht beobachten«, schreibt er am 10. August an Knebel, »weit lieber möchte ich die ausgekrochnen französischen Schmetterlinge sehen«. Noch immer hat er Angst vor den Raupen der Revolution, weil von den Schmetterlingen Freiheit, Gleichheit und Brüderlichkeit nichts zu sehen ist. Es sind Metaphern eines Autors, der sich den Winter über mit der Metamorphose der Insekten befaßt hat.

Seine »kleinen Hausgeister« sind tags zuvor wieder nach Hause gefahren. Goethe selber verläßt am 25. August Frankfurt, doch aus der Reise nach Italien wird nichts mehr. Sie beschränkt sich auf die Schweiz, wo »Kunschtmeyer« schon auf ihn wartet. Auch die ursprüngliche wissenschaftliche Absicht wird nun auf das neue Reiseziel beschränkt. Aber was will das schon heißen! Der mitreisende Kammerdiener und Schreiber Ludwig Geist, der mittlerweile Götze und Sutor abgelöst hat, muß von der Zeitung bis zum Preisvergleich alle Unterlagen sammeln, deren er habhaft wird. Goethe will vom subjektiven Charakter früherer Tagebücher abrücken. Die Notizen beschränken sich nun zunehmend auf objektive Eindrücke und Feststellungen. (Abgesehen davon ist er einfach schwerfälliger geworden, wie allein schon das nahezu hundert Einzelposten umfassende Verzeichnis der Utensilien zeigt, die von Frankfurt aus mitzunehmen sind. Da wird von der Puderschürze über die »warmen Pantoffeln« und »1 wollenes Nachtwestchen« bis zur »Chokolad.Kanne« nichts vergessen!)

Ganz allmählich bahnt sich wieder eine neue »Epoche« an. Am ehesten läßt sie sich durch zwei dicht aufeinanderfolgende Briefe an den idealisch gestimmten Schiller charakterisieren.

»Für einen Reisenden geziemt sich ein skeptischer Realism«, heißt es am 12. August 1797. Fünf Tage später wird der Entschluß, den »ruhigen und kalten Weg das Beobachtens« zu gehen, um die Erkenntnis ergänzt, daß manches gleichwohl eine starke Empfindung in ihm errege. »Ich habe daher die Gegenstände, die einen solchen Effect hervorbringen, genau betrachtet und zu meiner Verwunderung bemerkt, daß sie eigentlich symbolisch sind, das heißt [...] als Repräsentanten von vielen andern dastehen, eine gewisse Totalität in sich schließen.«

In Italien hat Goethe einen realistischen, vom Eindruck der Sinne ausgehenden Blick für die Dinge gelernt. Der 52-Jährige sieht sie jetzt nicht nur, wie sie sind, sondern er sichtet sie »skeptisch«. Fast gleichzeitig aber nimmt er einen alten Lieblingsgedanken wieder auf, der ihm stets geholfen hat, die verwirrende Vielfalt dessen, was er sieht und erlebt, einem Allgemeinen unterzuordnen, das nicht zu sehen ist und dennoch existiert. »Sie wissen wie simbolisch mein Daseyn ist«, schrieb schon der 28-Jährige an Charlotte von Stein (10. Dezember 1777). Diese Idee wird ihn bis an sein Lebensende begleiten und in den letzten Zeilen des »Faust« gipfeln:

> Alles Vergängliche
> Ist nur ein Gleichnis;
> Das Unzulängliche,
> Hier wird's Ereignis [...]

In Tübingen lernt Goethe den Verleger Johann Friedrich Cotta kennen, zu dem Schiller die erste Verbindung geknüpft hat. Ab 1802 wird Cotta alle neuen Arbeiten Goethes herausbringen und die gesammelten Werke bis hin zur »Vollständigen Ausgabe letzter Hand« in 61 Bänden (1827–1842) betreuen. Keine leichte Aufgabe, denn Autor wie Verleger sind sehr selbstbewußte und geschäftstüchtige Persönlichkeiten, die mitunter einen klugen und ausgleichenden Vermittler brauchen: Schiller.

In Zürich trifft Goethe wieder mit Meyer zusammen. Er besucht Barbara Schultheß, was wegen der starken Gefühle, die sie offenbar für ihn hegt, nicht ohne Spannungen abgeht. Als er auf der Straße Lavater sieht – sein kranichhafter Gang ist schon von weitem unverwechselbar –, geht er dem einstigen

Freund lieber aus dem Weg. Mit Meyer fährt er an den Züricher See. Eine Wanderung auf den Sankt Gotthard schließt sich an. Aber ach! »Ich war ein anderer Mensch geworden und also mußten mir die Gegenstände auch anders erscheinen.« (14. Oktober 1797) Von den »unfruchtbaren Gipfeln des Gotthardts« weiß er Schiller am Ende weniger zu erzählen als von einem neuen poetischen Stoff, der seiner Meinung nach am besten episch zu behandeln sei und für den er auch schon recherchiere. Er wird ihn Schiller überlassen. Es ist die Geschichte von Wilhelm Tell.

Im November ist er wieder daheim, beladen mit Papieren und Ideen, aus denen aber kein fertiges Buch wird. Am Ende macht sich Eckermann an die undankbare, weil von vornherein kritikträchtige Arbeit, die ungleichartigen Materialien durch Bearbeitung miteinander zu verbinden. »Reise in die Schweiz 1797« erscheint erst aus dem Nachlaß. Die gemeinsam mit Meyer entwickelten kunsttheoretischen Betrachtungen aber finden ihren Platz in einer neu geschaffenen Kunstzeitschrift: Die »Propyläen« erscheinen ab 1798, gedeihen aber nicht über das sechste Heft hinaus und werden 1800 schon wieder eingestellt. Für den Verleger Cotta waren sie ein solches Zuschußgeschäft, daß Goethe ihm seine nächsten und hoffentlich lukrativeren Werke vorab anzubieten verspricht.

Die Aufsätze in den »Propyläen« kreisen vor allem um die Frage, was die darstellende Kunst und den Künstler ausmache und wie sich der Kunstkenner zu verhalten habe. Im Grunde war diese Veröffentlichung nur etwas für den Künstler selbst, weshalb die verkauften Exemplare auch nie über eine Stückzahl von 450 hinauskamen. Der ursprünglich wohl für die Zeitschrift geschriebene, dort aber nicht erschienene Aufsatz »Über strenge Urteile« (ca. 1798/99 entstanden), stützt diese Annahme und verrät außerdem einiges über Goethes damalige Kunstvorstellungen: »Möchten daher unsere Leser niemals vergessen, daß wir mit Künstlern sprechen; dem Freund, dem Liebhaber der Künste, besonders dem, der sammelt und bezahlt, wird es immer unvorschreiblich frei bleiben, zu loben, zu schätzen, sich zuzueignen, was ihm persönlich am meisten behagt; nur verlange er nicht, daß wir einstimmen sollen, ja er zürne nicht, wenn wir ihm den Künstler manchmal zu rauben und auf andere Wege zu lenken vorhaben sollten [...]«

Das Rauben und Lenken ist nicht eben von Erfolg gekrönt, wie die Idee eines jährlichen Preisausschreibens für bildende Künstler zeigt. Vorgegeben wird jeweils ein mythologisches Thema, doch schon beim ersten Mal – 1799 – treffen nur neun Einsendungen ein. Meyer rezensiert sie brav und umständlich, aber von den Preisträgern ist heute keiner mehr bekannt. Nein, das stimmt nicht ganz: Einer reicht 1805 beim letzten Wettbewerb zwei Zeichnungen außer Konkurrenz ein und erhält sogar einen halben (!) Preis. Der 31-jährige romantische Maler aus Dresden heißt Caspar David Friedrich. Über die akademischen Kunstvorstellungen der Juroren ist die Zeit hinweggegangen. Die Zukunft gehört Männern wie diesem Friedrich oder Philipp Otto Runge, den Goethe als 26-Jährigen kennen- und auch schätzenlernt, obwohl er Befangenheit und Widerstand des Malers ihm gegenüber spüren muß.

Runge ärgern die »Propyläen«. Goethe bringe ihn mit »all dem verfl. Zeuge nah an den Abgrund [...] Ich habe eine ordentliche Bosheit auf ihn«, schreibt er 1802 seinem Bruder und dem Vater: »Die Kunstausstellung in Weimar und das ganze Verfahren dort nimmt nachgerade einen ganz falschen Weg, auf welchem es unmöglich ist, irgend etwas Gutes zu bewirken [...] Wir sind keine Griechen mehr, können das Ganze schon nicht mehr so fühlen [...]« Als er im selben Jahr Goethe kennenlernt, ist er von der Kraft, die dieser Mann ausstrahlt, aber doch fasziniert. Und 1805 revidiert er sogar sein Urteil über die Wettbewerbe etwas, zwängen sie »am Ende die Künstler und Kenner, ihnen doch einen höheren Standpunkt entgegenzustellen«.

Goethe arbeitet und arbeitet. Von Schiller erhält er das Manuskript eines noch ungedruckten Dialogs des französischen Dichters Diderot, das auf abenteuerlichen Wegen nach Weimar gekommen ist. Er ist begeistert und macht sich auf Bitten des Freundes an die Arbeit, »Rameaus Neffe« zu übersetzen. Er liest französische Memoiren und stattet das Buch mit biografischen und geistesgeschichtlichen Anhängen aus, die sehr arbeitsintensiv sind. Ähnlich war er schon 1803 bei seiner Übersetzung der abenteuerlichen Memoiren des Renaissance-Goldschmiedes Benvenuto Cellini vorgegangen. Auch hier hatte er einen umfänglichen Anhang zur Sitten-, Kunst- und Technikgeschichte verfaßt. Nebenher rezensiert er auch wieder Bücher, und zwar für die »Jenaische Allgemeine Literaturzeitschrift«, ein 1803 von ihm gegründetes Blatt, das diesmal auch beim Publikum ankommt.

1802 hat Schiller ein Haus in Weimar bezogen. Anfang 1803 heiratet Meyer und verläßt Goethes Mansardenwohnung. Ende des Jahres wird der 29-jährige Altphilologe Friedrich Wilhelm Riemer, ein Schüler Friedrich August Wolfs, der Lehrer August von Goethes und zieht ins Haus am Frauenplan ein. Durch Fleiß und Umsicht erweitert er mit der Zeit seine Stelle zu der eines festen Mitarbeiters. Er schreibt Manuskripte ab, sammelt, macht Verbesserungsvorschläge und wirkt später neben Eckermann an den redaktionellen Arbeiten der großen Werkausgaben mit. Riemer teilt das gesellige Leben im Hause Goethes, reist mit dem Dichter in die böhmischen Bäder und begleitet Christiane zu ihren Tanzvergnügungen. Im persönlichen Umgang kann er Launen zeigen, bedient sich zum Amüsement Dritter oft des »Wir«, wenn er von seinem Arbeitgeber spricht, bleibt aber Goethe bis über dessen Tod hinaus loyal verbunden.

Der Dichter liest und rezensiert Johann Peter Hebels »Alemannische Gedichte« und Johann Konrad Grübels »Gedichte in Nürnberger Mundart«. Formbewußte Volkskunst – das gefällt ihm! Übrigens haben die Schriftsteller jener Zeit viel mehr in ihrer Mundart gelebt als heute, das galt für den Schwaben Schiller nicht weniger als für den Hessen Goethe. »Es brummt der Bär nach seiner Höhle«, meinte er einmal und reimte unbekümmert »Ach neige« auf »Du Schmerzensreiche« oder »uns versuchend« auf »gerettet ist die Tugend«.

1805 wird Goethe von Nierensteinkoliken und Gelenkrheumatismus gequält. Strenge Diät ist angesagt, die er nur einhält, wenn es ihm wirklich schlechtgeht. Beim ersten Anzeichen von Besserung speist er wieder üppig und leert auch schon einmal zum Frühstück eine Flasche Wein.

Solche Widerstandskraft hat Schiller nicht mehr. Immer häufiger wird er krank. Wiederholt eilen Nachrichten durchs Land, der geliebte Dichter sei bereits gestorben. Der 45-Jährige schreibt am 25. April 1805, er sei schon froh, »wenn mir nur Leben und leidliche Gesundheit bis zum 50. Jahr aushält«. Am 1. Mai will er ins Theater gehen. Auch der halbwegs genesene Goethe wagt sich erstmals wieder hinaus. Er trifft den Aufbrechenden, aber ein »Mißbehagen hinderte mich, ihn zu begleiten, und so schieden wir vor seiner Haustüre, um uns niemals wiederzusehen«.

Schiller bekommt im Theater einen Schüttelfrostanfall und muß nach Hause gebracht werden. Am 9. Mai liegt er besinnungslos und phantasiert. Kurz vor sechs Uhr abends zuckt sein magerer Körper unter zwei heftigen Nervenschlägen zusammen. Er ist tot. Keiner wagt es, dem immer noch angegriffenen Goethe die Nachricht zu überbringen. »Nicht wahr«, fragt er anderntags Christiane, weil er die Unruhe seiner Umgebung sehr wohl registriert hat, »Schiller war gestern *sehr* krank?« Statt Antwort zu geben, bricht sie in Tränen aus. »Er ist tot?« fragt er. »Sie haben es selbst ausgesprochen«, antwortet sie. Da dreht er sich beiseite und beginnt wortlos zu weinen.

In der Nacht vom 11. zum 12. Mai wird Schiller im Kassengewölbe neben der Jakobskirche beigesetzt. Das ist eine Gruft für Personen von Stand, die über kein eigenes Erbbegräbnis verfügen. Der todesscheue Freund ist nicht dabei. Er braucht jetzt alle Kräfte und findet sich nach dem Tod des Freundes »von allen meinen Übeln doppelt und dreifach angefallen«. Seine Tagebücher melden nichts von jener Zeit, »die weißen Blätter deuten auf den hohlen Zustand, und was sonst noch an Nachrichten sich findet, zeugt nur, daß ich den laufenden Geschäften ohne weitern Anteil zur Seite ging und mich von ihnen leiten ließ, anstatt sie zu leiten« (»Tag- und Jahreshefte«, 1805).

Um dem Freund auf seine Weise etwas Gutes zu tun, versucht er, dessen »Demetrius«-Drama zu vollenden. Das Vorhaben scheitert. Dann macht er sich an eine chorische Dichtung, zu der Zelter die Musik schreiben und mit der die Spielzeit des Weimarer Theaters würdig abgeschlossen werden könnte. Auch daraus wird nichts. Am 10. August 1805 findet wenigstens im Lauchstädter Theater ein Gedenkabend statt, bei dem unter anderem »Das Lied von der Glocke« in einer szenischen Fassung dargeboten wird, ergänzt um einen »Epilog zu Schillers Glocke«, in dem Goethe einige in der Folge vielzitierte Stellen gelungen sind. Er rekapituliert Werk und Wesen des Freundes.

> Indessen schritt sein Geist gewaltig fort
> Ins Ewige des Wahren, Guten, Schönen,
> Und hinter ihm, in wesenlosem Scheine,
> Lag, was uns alle bändigt, das Gemeine.

Erst 1826 vermag er den Tod des Freundes mit einer bedeutenden Dichtung zu würdigen. Anlaß ist die Notwendigkeit, das Kassengewölbe wieder einmal von den alten Särgen leer zu räumen. Schillers Schädel soll aufbewahrt werden, aber Goethe möchte, daß alle sterblichen Überreste des Freundes gerettet werden. Eine Zeitlang liegt der Schädel bei Goethe zu Hause. Die Betrachtung inspiriert ihn zu dem Gedicht »Im ernsten Beinhaus war's«. In der Knochenform erkennt er die »gottgedachte Spur« und damit einmal mehr im Sichtbaren das Unsichtbare, im Stofflichen das Symbolische.

Am 16. Dezember 1827 werden Schillers Gebeine in der Fürstengruft beigesetzt.

Weimarer Spaziergänge II
Hausbesuche

»Warum stehen sie davor?« ... Aber es sind ja fast zu viele, die auch heute wieder ins Haus am Frauenplan hineinmöchten! Längst ist das Ganze ein gutorganisierter Betrieb mit einer Menge sichtbarer und unsichtbarer Angestellter. Die Ware Publikum rollt, und der Pfad durchs Haus ist unumkehrbar festgelegt. Aber morgens, gleich nach 9 Uhr, wenn aufgemacht wird, ist das Gedränge noch nicht so groß, und man kann sich ein bißchen Zeit lassen.

Immer wieder zieht mich der Garten hinterm Haus an, seine Ruhe inmitten des touristischen Sturms. Weinlaub und Geißblatt ranken sich an der Wand des Wohn- und des Mineralienhauses empor. Buchsbaumrabatten säumen kleine Rasenflecken. Vor allem hat es mir das Gewürzeckchen mit den historischen Küchenkräutern angetan, hier wachsen Kerbel, Apothekerrosen und Majoran, Katzenminze, Rosmarin und Perlzwiebelchen. Früher einmal gab es in diesem Garten auch kleine Felder, auf denen die Pflanzen nach Familien angebaut waren: des Botanikers Goethe liebstes Anschauungsobjekt, denn lieber als das gleichwohl geschätzte Handbuch des Schweden Linné, das zum ersten Mal eine Ordnung der gesamten Pflanzenwelt versuchte, vollzog er die Ordnung der Natur am lebendigen Wachstum nach.

Auch ins Gartenhaus an der Ilm sollte man morgens kommen. An einem kühlen Tag kann man sich immer noch gut vorstellen, daß Goethe dann kaum die Nähe des Herdfeuers in der Küche verlassen mochte: »Ich kalfatre iezt Fenster und Thüren, und will sehn, wie lang ich mich gegen die Unbilden der Wittrung halte, und ob sie mich überwältigen«, schrieb er am 19. November 1776 an Charlotte von Stein. Seiner Mutter waren solche Härtetests gar nicht lieb. Im November 1781 bat sie Anna Amalia: »Haben doch Ihro Durchlaucht die gnade und helfen mitdazu daß mein Sohn den Winter in der Stadt eine Wohnung bekomt – So oft wir hir schlimme Witterung haben |: so fält mirs schwer aufs Hertz, daß der Dokter Wolf in seinen Garten gehn muß, daß allerley übels draus entstehen kan u.s.w.« Und die Herzoginmutter hilft. Ein halbes Jahr später kann sich Goethe am Frauenplan einmieten. Das Gartenhaus behält er dennoch. Er fühlt sich wohl dort draußen, und längst verbinden sich ihm mit dieser »Wohnung des Friedens« die schönsten Erinnerungen.

Es gibt dort einige Einrichtungsgegenstände, die stets vor anderen meine Phantasie beschäftigt haben: das Stehpult und der Sitzbock im Arbeitszimmer oder das zusammenklappbare Reisebettgestell im Schlafzimmer. Die Bleistiftzeichnung der schlafenden Christiane darüber erinnert ans Gartenhäuschen als Schauplatz gemeinsamer Liebesfreuden und an jenes rührende Gedicht, das beschreibt, wie Goethe vergeblich nach der Geliebten forscht. »Endlich, da ich leis die Kammer öffne, / Find ich sie, gar zierlich eingeschlafen, / Angekleidet auf dem Sofa liegen«.

Es waren eigentlich immer die Betten, die mich bei meinen Besuchen am meisten bewegten. Wie schlicht, ja ärmlich sie oft noch im wohlhabendsten Haushalt waren: Das von Schiller – während der letzten Wochen seines qualvollen Sterbens wurde es ins Arbeitszimmer gestellt – ein schmales, schmuckloses Bettchen, in dem man sich den langen Menschen gar nicht vorstellen kann. Das noch kleinere der Anna Amalia – mit einem Strohsack drin und einem selbstbestickten Bettüberwurf darüber. Und das berühmteste – Goethes schlichtes Kiefernholzbett mit der einfachen Steppdecke; in seinen letzten Stunden hat er sich, von Unrast gepeinigt, immer wieder heraushelfen lassen und starb dann im daneben stehenden Lehnstuhl.

Die klassischen Bürgerhäuser Weimars haben alle ihren Reiz, nur muß man sich natürlich das Museale herausdenken. Dem originalen Wohncharakter am nächsten kommen immer noch Goethes Gartenhaus und das Wohnhaus Schillers an der Esplanade (Schillerstraße 12), das er 1802 bezog und bis zu seinem Tod noch drei Jahre bewohnte. Unvergeßlich, wie im Dachgeschoß des Schillerhauses die Dielen noch geradeso knarren wie wohl damals schon.

Der nicht nur geistig umtriebige Christoph Martin Wieland freilich macht es einem schwer, ihn zu besuchen. Er ist in seiner Weimarer Zeit häufig umgezogen, so daß man sich eine regelrechte Wieland-Haustour zusammenstellen, ihn aber leider auf keiner Station so recht besuchen kann. Immerhin aber gibt es ein liebevoll eingerichtetes Wieland-Museum im Ostflügel des Wittumspalais.

1772 von Anna Amalia als Prinzenerzieher nach Weimar geholt, wohnte der Unrastige zunächst von 1773 bis 1777 in der heutigen Luthergasse 1 (»Söllnersches Freihaus«), wo er die »Geschichte der Abderiten«, seinen berühmten satirischen Roman, schrieb. »Es war [...] ein schöner Herbstabend [...] ich befand mich allein in dem obern Stockwerk meiner Wohnung und sah – denn ich schäme mich nicht zu bekennen, wenn mir etwas Menschliches begegnet – vor langer Weile zum Fenster hinaus; denn schon seit vielen Wochen hatte mich mein Genius gänzlich verlassen« – da endlich küßte ihn die Muse wieder, genauer gesagt, sie sprach zu ihm: »setze dich und schreibe die Geschichte der Abderiten! Und plötzlich ward es Licht in meinem Kopfe.«

Von 1777 bis 1792 wohnte Wieland in der Marienstraße 1, im Juli 1792 zog er in das mittlere der drei Häuser, vor denen heute sein Denkmal steht, im Dezember noch einmal in die vorige Wohnung zurück und unmittelbar darauf (bis 1797) in einen hinteren Gebäudeteil des Hauses, das heute als Hotel »Zum Elephanten« Berühmtheit genießt (Markt 19). Ein sechsjähriges Intermezzo auf dem nahe Weimar gelegenen Gut Oßmannstedt schließt sich an (»in seiner noch rohen Gestalt nicht ohne Reiz«), dann ging es von 1803 bis 1805 in die Rittergasse 9, bis er schließlich von 1806 bis zu seinem Tode am 20. Januar 1813 in der – natürlich erst später so genannten – Wielandstraße 1 wohnt, einem Haus, das mehr Raum bot und einen schönen Garten dazu. »Ich bin von der Herzogin Amalie kaum dritthalbhundert Schritte und vom Komödienhause nur fünfzig bis sechzig entfernt«, schrieb der endlich seßhaft gewordene Greis. Für längere Zeit verließ er sein Heim jetzt nur noch im Sommer, wenn er sich auf Einladung des Herzogs in Schloß und Park Belvedere aufhalten durfte. Er liebte »wie alle meines Gelichters, die *halbwilde* Natur« und übersetzte dort draußen in seliger Zurückgezogenheit die sämtlichen Briefe seines geliebten Cicero.

Fortschreitendes Leben
1805 – 1814

> »Man halte sich ans fortschreitende Leben und prüfe sich bei Gelegenheiten; denn da beweist sich's im Augenblick, ob wir lebendig sind, und bei späterer Betrachtung, ob wir lebendig waren.«
>
> *»Noch ein Wort für junge Dichter«*

Ein Tagebuchvermerk vom 5. Oktober 1803 gibt den ersten Hinweis auf die vielleicht seltsamste Novelle, die Goethe je geschrieben hat: »Früh ›Mann von funfzig Jahren‹ durchgedacht.« 1807 wird sie während des Karlsbader Sommeraufenthaltes niedergeschrieben, 1821 in »Wilhelm Meisters Wanderjahre« eingefügt. Zum Inhalt: Ein 50-jähriger Major verliebt sich in seine Nichte. Vom Alter her könnte sie die Frau seines Sohnes sein – und wird es später auch. Der Major fühlt sich verjüngt, als sei er in eine zweite Pubertät geraten, und möchte äußerlich so aussehen, wie er sich innerlich fühlt. Einem Altersgenossen, Schauspieler von Beruf, ist das gelungen. Er wirkt durch kunstvolles Schminken, verbunden mit einem ausgefeilten Diät- und Körperertüchtigungsprogramm, wesentlich jünger, als er tatsächlich ist. Der Major übernimmt diese Prozeduren eine Weile, bis ihn bessere Einsicht und schmerzhaftes Reifen in sein wirkliches Alter finden lassen. Unweigerlich fällt einem dabei der ebenfalls 50-jährige Faust und seine Verjüngungsprozedur in der Hexenküche ein.

Faust, der Major, Goethe ... es scheint an dieser Stelle doch einmal angebracht, etwas über des Dichters Aussehen und körperliches Befinden zu sagen, um nicht am Ende das Bild eines Menschen gezeichnet zu haben, der nur Geist und Wille war, nicht aber von Fleisch und Blut.

Der junge Goethe wird uns als hinreißend schöner Mann geschildert, der alte als beeindruckender, gut aussehender Greis. Über den Mann »von funfzig Jahren« gibt es dagegen zahlreiche spöttische Bemerkungen. Charlotte von Stein findet ihn »entsetzlich dick, mit kurzen Armen, die er ganz gestreckt in beide Hosentaschen hielt. [...] Er ist recht zur Erde worden, von der wir genommen sind.« (25. Februar 1796) Ihr Sohn Karl meint sogar, die Zeit habe diesen Körper unkenntlich gemacht: »Sein Gang ist überaus langsam, sein Bauch nach unten zu hervorstehend wie der einer hochschwangeren Frau, sein Kinn ganz an den Hals herangezogen [...] seine Backen dick, sein Mund in halber Mondsform; seine Augen allein noch gen Himmel gerichtet; sein Hut aber noch mehr und sein ganzer Ausdruck eine Art von selbstzufriedener Gleichgiltigkeit, ohne eigentlich froh auszusehen. Er dauert mich, der schöne Mann, der so edel in dem Ausdruck seines Körpers war.« (11. Juni 1799) Wenn so ein Mensch Nöte mit dem Älterwerden hat und sie – zumindest im fiktiven Bereich – durchspielt und dergestalt überwindet, ist das eigentlich sehr verständlich.

Bei Goethes Verhältnis zum Alter fällt einerseits auf, daß er sich schon in den Dreißigern alt vorkam und in den Vierzigern oft auch so wirkte. Schiller scheint er 1788 »viel älter auszusehen, als er es sein kann«. Andererseits können ihn Reisen, Bekanntschaften, Liebschaften immer aufs neue verjüngen – ein Phänomen übrigens, das er Eckermann gegenüber als charakteristisch für geniale Naturen beschreibt: Bei diesen könne man auch im Alter »immer noch frische Epochen besonderer Produktivität wahrnehmen; es scheint bei ihnen immer einmal wieder eine temporäre Verjüngung einzutreten, und das ist es, was ich eine wiederholte Pubertät nennen möchte«.

Was er da nicht frei von Eitelkeit beschreibt, hat natürlich auch seine Kehrseite, denn die Vitalisierung der Kräfte führt ihn mitunter zu Handlungen, die seinem Alter nicht immer entsprechen und wovon die kindliche Freude des etwa 60-Jährigen, eine Schneeballschlacht gewonnen zu haben, gewiß noch die harmloseste Äußerung ist. Liebesqualen nehmen ihn da ungleich mehr mit.

Die vielen Abbildungen von Goethe verwirren den Betrachter oft mehr, als daß sie ihm sein wahres Bild enthüllen. Da ein Bildhauer die Körpermaße des 75-Jährigen genau abgenommen hat, wissen wir, daß er damals 1,72 m groß war. Und wenn man zugrunde legt, daß ein alter Mensch im Durchschnitt um 1,8 Prozent kleiner ist als ein junger, dürfen wir beim Sturm-und-Drang-Goethe eine Körpergröße von 1,75 m annehmen, womit er »von weit mehr als gewöhnlicher Größe« war, wie sich Dorothea von Schlegel erinnert. Immer wieder wird er als schöner, physisch vollkommener Mann geschildert. Nur in den Jahren um die Jahrhundertwende wird er – je nach Laune des Betrachters – »Erdenkloß« (Charlotte von Stein) oder »angenehm dick« (Johann Friedrich Abegg) genannt. Sein Blick beeindruckt allgemein. Kein Maler und Bildhauer unterließ den Versuch, dieser Eigenschaft gerecht zu werden. Die scharfen Augen einiger Zeitgenossen haben aber auch Pockennarben in Goethes Gesicht wahrgenommen. Sie sahen, daß sein linkes Auge größer war als das rechte und die Nase leicht zur Seite gedrückt. Er hatte gelbe, etwas schief stehende Zähne, und als ihm dann später einige fehlten, wirkte der eingefallene Mund beim Reden unschön.

Dennoch verliert Goethe auch im Alter nichts von dem Zauber, den er im Umgang mit Menschen ausstrahlen konnte. Ja, er gewinnt ihn so recht erst wieder jenseits der Sechzig. Der Bauch ist weg, das Haar auf aparte Weise grau geworden, und von seinen Runzeln hört er gerne sagen: »Das ist auch Einer, der sich's hat sauer werden lassen!«

Einer neueren Theorie zufolge steigert es die Beweglichkeit des Gehirns, wenn man ständig in körperlicher Bewegung bleibt; und nach allem, was überliefert ist, scheint Goethe einer dieser unruhigen Menschen gewesen zu sein, die ihre Hände nie stillhalten können. Immer zieht er sich ein Taschentuch durch die Finger, knüpft an Bindfäden herum oder kritzelt, wenn vorgelesen wird, kleine Blättchen voll. »Er bleibt stets in Bewegung«, erinnert sich der Sekretär Kräuter 1821 an Goethes Art zu diktieren, »kennt weder Sofa noch Armsessel, und außer dem Mittagsmahle sitzt er des Tags keine Viertelstunde.«

Als Jugendlicher fiel Goethe noch nicht durch sonderliche Sportlichkeit auf, aber später entwickelt er sich zum geübten Wanderer und Eisläufer und während der Straßburger Zeit auch zu einem guten Reiter. Das studentische Turnen, wie es nach den Freiheitskriegen aufkommt, gefällt ihm darum eigentlich gut. Nur stört ihn der politische Beigeschmack.

Mit Sicherheit ist dieser Mann unter den Intellektuellen seiner Zeit derjenige, der über den Bedürfnissen des Geistes diejenigen des Körpers am wenigsten vergißt und sie am höchsten einschätzt. »Übrigens geht es mir gut, solang ich täglich reite«, schreibt der 55-Jährige an Schiller. »Bey einer Pause aber meldet sich manche Unbequemlichkeit.« Daß sein Freund oft so kränklich aussah und gegen seine Krankheit nicht das Rechte unternahm, tut ihm in der Seele weh. Schon als Student soll er zu einem Gleichaltrigen gesagt haben: »Ich bitte Sie: sorgen Sie doch für diesen Leib mit anhaltender Treue! Die Seele muß nun einmal durch diese Augen sehen, und wenn sie trüb sind, so ist's in der Ganzen Welt Regenwetter.«

Weil Goethe von klein auf körperlich empfindlich und geistig reizbar ist, hat er stets mit Krankheiten zu kämpfen. Seine Ansprechbarkeit über die Sinne ist sicher ein Grund für den besonderen Charakter seiner Dichtungen, aber er hat auch tüchtig darunter zu leiden. »Eine Luft, die Schillern wohltätig war, wirkte auf mich wie Gift.« Und so auch Tee, Kaffee, viele Weinsorten und Knoblauch. Auf Medizin reagiert Goethes Körper so empfänglich, daß er in der Regel mit erheblich kleineren Dosierungen auskommt als andere Patienten.

Er besitzt auch eine ausgeprägte Wetterfühligkeit. Bei hohem Luftdruck ist ihm wohl, bei niedrigem wird er unleidlich und untätig. Er braucht Licht und Wärme, was stabilere Naturen oder jüngere Menschen nicht immer begreifen können. Voß jr. nennt den Dezember und Januar »Goethes Faulenzermonate«, und selbst Schiller beharrt in sanfter Respektlosigkeit auf der Ansicht: »Goethe hat einmal den Glauben, daß er winters nichts Poetisches arbeiten könne, und weil er es glaubt, so ist es bis jetzt auch wirklich der Fall gewesen.«

Für den herzoglichen Leibarzt Christoph Wilhelm Hufeland – bis 1782 auch der Arzt Goethes – stellt sein berühmter Patient den »vollkommensten Menschen« dar. Hufeland bewundert nicht allein die Kraft, »die bei ihm in so außerordentlichem Grade Leib und Seele erfüllte, sondern mehr noch das herrliche Gleichgewicht, was sich sowohl über die physischen als geistigen Funktionen ausbreitete, und die schöne Eintracht, in welcher beides vereinigt war, so daß keines, wie so oft geschieht, auf Kosten des andern lebte, oder es störete«.

Am 1. Juni 1805 schreibt Goethe einen Brief an Zelter, in dem heißt es: »Seit der Zeit, daß ich Ihnen nicht geschrieben habe [seit dem 2. April], sind mir wenig gute Tage geworden. Ich dachte mich selbst zu verlieren, und verliere nun einen Freund und in demselben die Hälfte meines Daseyns. Eigentlich sollte ich eine neue Lebensweise anfangen; aber dazu ist in meinen Jahren auch kein Weg mehr. Ich sehe also jetzt nur jeden Tag unmittelbar vor mich hin, und thue das Nächste, ohne an eine weitere Folge zu denken.«

Lebenskraft und Schaffensfreude des mittlerweile fast 57-Jährigen bleiben nach Schillers Tod geraume Zeit deutlich gemindert. Goethe wechselt jetzt vom achten ins neunte Jahrsiebt. Der Siebener-Rhythmus als Entwicklungsgesetz ist schon von dem antiken Arzt Hippokrates beobachtet und beschrieben worden. Die jeweiligen Übergänge gehen nicht ohne Turbulenzen vonstatten; wir erinnern uns, wie labil er bei seinem letzten »Übergang«, im Jahr der Schweizer Reise, war! Auch diesmal wird der neue Lebensabschnitt durch eine »wiederholte Pubertät« noch verstärkt.

Sind die ersten Jahre des neuen Jahrhunderts zunächst von einer Krise seiner Kreativität geprägt, die mit Schillers Tod ihren Höhepunkt erreicht, wird Goethe bald ganz neue Wege beschreiten und von Ideen geradezu verfolgt werden. Zunächst aber ist Aufräumen und Beenden an der Reihe. Mit »Benvenuto Cellini« (1803), »Rameaus Neffe« (1804) und »Winckelmann und sein Jahrhundert« (1805) bringt er drei anstrengende Übersetzer- und Herausgabetätigkeiten hinter sich. 1804 erscheint endlich »Die natürliche Tochter«, 1806 ist »Faust. Der Tragödie erster Teil« druckfertig. Die erfolglosen »Propyläen« sind schon seit 1800 wieder eingestellt, aber die »Jenaische Allgemeine Literatur-Zeitung« entwickelt sich zu einem Geschäft und kann 1804 der Redaktion des Altphilologen Eichstädt überlassen werden, der sich als genau der richtige Mann für diese Arbeit erweist.

Goethe fehlt zwar die engagierte Herausforderung Schillers, dafür kann er aber vieles auch wieder unbefangener, spielerischer, sozusagen »unklassischer« sehen. Er denkt sich gewagte Romaninhalte aus und versucht neue lyrische Formen. »Er fängt in seinen alten Tagen an, auf eine neue Art interessant zu werden«, befindet eine Zeitgenossin am 22. April 1808. »Er wird ordentlich von neuem liebenswürdig!« meint fast gleichzeitig Charlotte von Stein.

Zwischen ihr und Goethe ist eine Entspannung eingetreten. Seit Goethe sich Schiller annäherte – so jedenfalls Charlottes Empfinden –, »scheint er mich wieder ein klein wenig in der Welt zu bemerken. Es kommt mir vor, er sei einige Jahre auf eine Südseeinsel verschlagen gewesen und fange nun an, auf den Weg wieder nach Hause zu denken.« (An Charlotte Schiller, 25. August 1794) Wie sehr ihr Herz noch immer an dem einst Geliebten hängt, zeigen zwei absonderliche Träume. Einmal sieht sie den Kanarienvogel, den er ihr geschenkt hat, von einer Ratte gefressen. Es wird wohl – »Bei mir vernarben keine Wunden« – die Ratte ihrer nagenden Enttäuschung sein. Ein andermal fragt er sie im Traum: »Ist die Harmonie wieder hergestellt?« Als sie das Wort Harmonie nicht und nicht versteht, geht er zu Christiane und streichelt ihr die Wangen. »Noch mehr närrisch Zeug habe ich von diesem ausgelöschten Stern geträumt.«

Aus der Xenien-Zeit gibt es ein Distichon Goethes »An ***«:

Ja, ich liebte dich einst, dich, wie ich keine noch liebte;
    Aber wir fanden uns nicht, finden uns ewig nicht mehr.

Wohl möglich, daß es im stillen Charlotte gewidmet ist; aber selbst wenn damit nur ein allgemeines Gefühl beschrieben worden wäre, dürfen wir es wohl gleichsetzen mit dem, was er mittlerweile gegenüber seiner einstigen Seelen-Gefährtin empfindet. »Ach, du warst in abgelebten Zeiten / Meine Schwester oder meine Frau« ... 20 Jahre ist das nun her, ist Vergangenheit geworden und »abgelebt«.

Fünf Jahre lang haben sie sich offenbar gar nicht mehr geschrieben. Aber der schmale Briefwechsel der Jahre nach 1794 läßt darauf schließen, daß eine Ebene des Umgangs miteinander gefunden ist, die alle Züge einer vorsichtigen, doch immer noch tragfähigen Freundschaft besitzt. (»Darf ich fragen ob Sie mir den trüben Morgen erheitern mögen durch Ihre Gegenwart?« – Goethe am 11. April 1804 an Charlotte.)

Seit 1795 war Goethe nicht mehr zur Kur gewesen. Sein vierter Karlsbader Aufenthalt im Sommer 1806 ist also redlich verdient. Der gesellschaftliche Verkehr führt ihn mit Vertretern des österreichischen, polnischen und russischen Adels zusammen. Aber genauso interessieren ihn die Ausflüge mit dem Steinschneider J. Müller und dem Mineralogen Werner. Riemer ist mitgekommen. Goethe braucht ihn auch jetzt, denn während der Kur gehen die schriftstellerischen Arbeiten weiter.

Mit Cotta ist gerade eine neue Werkausgabe vereinbart worden. Daran wird nun fortlaufend und so zügig gearbeitet, daß sie 1810 in 13 Bänden abgeschlossen vorliegt.

»Das Wasser hat eine recht gute Wirkung auf mich gemacht«, schreibt er Christiane über den hiesigen Alltag, »und ich denke, es soll so fortgehen. Seitdem ich den Sprudel trinke, habe ich keine Tropfen eingenommen und die Verdauung fängt schon an recht gut ihren Gang zu gehen. [...] Übrigens muthet man sich hier viel mehr zu, als zu Hause. Man steht um 5 Uhr auf, geht bey jedem Wetter an den Brunnen, spaziert, steigt Berge, zieht sich an, macht Aufwartung, geht zu Gaste und sonst in Gesellschaft. Man hütet sich weder vor Näße, noch Wind, noch Zug und befindet sich ganz wohl dabey.« (7. Juli 1806)

Gut erholt kehrt Goethe Anfang August wieder heim. Wie sehr er schon zwei Monate später von der gewonnenen Kraft zehren muß, wird er sich wohl kaum ausgemalt haben, obwohl doch die Luft in Karlsbad förmlich geschwirrt hat von all den weltpolitischen Gerüchten. Allgemeines Thema: selbstverständlich Napoleon.

1802 vom französischen Volk zum Konsul auf Lebenszeit gewählt, hatte er sich 1804 in Anwesenheit des Papstes selber zum Kaiser gekrönt. Frankreich wollte jetzt die deutschen Fürsten für ihre linksrheinischen Verluste entschädigen. Wohl setzte der Reichstag 1803 eine Konferenz der betroffenen Fürsten ein, die sogenannte Reichsfriedensdeputation, aber den Ausschlag gaben Frankreich und Rußland, die sich schon im Jahr zuvor über die Neugestaltung des Deutschen Reiches geeinigt hatten. Fast alle geistlichen Fürstentümer wurden aufgelöst und der Besitz in weltliche Hände überführt (Säkularisation), wobei zahlreiche Kunstschätze geraubt oder vernichtet wurden. Die meisten der freien Reichsstädte gingen in den sie umgebenden Ländern auf.

1805 beginnt ein neuer Koalitionskrieg gegen Frankreich. Napoleon besiegt die Österreicher und Russen in der sogenannten Dreikaiserschlacht von Austerlitz, einem Ort in Mähren. Preußen darf sich wegen des Basler Sonderfriedens von 1795 nicht einmischen. Auf eine Weise, die damals von vielen Patrioten als schmählich empfunden wird, hat es sich damit immerhin zehn Jahre Ruhe erkauft. Österreich als

Hauptträger des kontinentalen Kampfes ist der französischen Herausforderung nicht gewachsen und verliert nun seine italienischen Besitzungen und sogar Teile des Kernlandes.

Mit dem Rheinbund von 1806, bei dem 16 Staaten aus dem Deutschen Reich austreten, hält sich Napoleon strategisch geschickt den Rücken nach Süden und Westen frei. Bayern und Württemberg gesteht der »Königsbäcker« dafür zu, sich als Monarchie zu konstituieren. Baden wird Großherzogtum. Damit ist das Ende des Heiligen Römischen Reiches Deutscher Nation gekommen. Goethe erfährt noch auf der Heimreise von Karlsbad, daß Franz II. Titel und Krone abgelegt habe und sich nur noch Kaiser von Österreich nennt.

Das neutrale Preußen sieht den französischen Eroberungen Gewehr bei Fuß zu. Nach einem Winter voller Not und Teuerung schreibt Wieland am 17. März 1806 seufzend an seinen Schwiegersohn: »Zweiundzwanzigtausend Preußen besetzten nach mehrere Wochen lang gedauerten, fast täglichen Durchmärschen und Rasttagen einzelner Regimenter das weimarische und eisenachische Ländchen und lagen unter dem Vorwand, uns zu schützen, im Winterquartier.« – Auch Goethes Haushalt wird diese Einschränkungen zu spüren bekommen haben; sein Vorstand allerdings kann sich im Karlsbader Sommer vollauf entschädigen, denn hier hatten die hohen Kriegsschuldzahlungen Österreichs an Frankreich für eine Inflation gesorgt, die dem Ausländer das Leben billig machte.

Das Unglück kommt rascher als erwartet. Napoleon überschwemmt die mit ihm verbündeten Länder im Süden und Westen Deutschlands mit seinen Truppen. Im Vorjahr hat er Preußen gestattet, sich Hannover einzuverleiben. Als er es jetzt Großbritannien zurückgeben will, fühlt sich Friedrich Wilhelm III. hintergangen und läßt mobil machen. Nur von Kursachsen, Sachsen-Weimar und Braunschweig unterstützt, hat die einzig durch Drill und Gehorsam, nicht aber durch Begeisterung vorwärts getriebene Armee keine Chance gegen das französische Volksheer. Die Schlachten von Jena und Auerstedt nehmen ihren vernichtenden Lauf.

In Weimar wird man immer unruhiger. Am 14. Oktober vermerkt Goethes Tagebuch: »Früh Kanonade bei Jena, darauf Schlacht bei Kötschau. Deroute [Rückzug] der Preußen. Abends um 5 Uhr flogen die Kanonenkugeln durch die Dächer.

Um ½6 Einzug der Chasseurs [Jäger]. 7 Uhr Brand, Plünderung, schreckliche Nacht.«

Riemer hat uns detaillierte Aufzeichnung über diese Tage hinterlassen. Ihnen zufolge sitzt man eben bei Tisch, als erste Kanonenschüsse von fernher zu hören sind. Also wird das Essen wieder abgeräumt. Goethe und Riemer gehen in den Garten hinterm Haus. Bald darauf hasten die ersten preußischen Soldaten durch die Stadt. Die beiden Männer sehen ihre Bajonette und Läufe der Gewehre jenseits der Gartenmauer vorbeischwanken. Dann eine furchtbare Stille. Und dann die ersten Franzosen auf dem Frauenplan. Mißtrauisch reiten sie über den Platz. Riemer und August Goethe werden ihnen mit Wein und Bier entgegengeschickt.

Kurze Zeit später geht Goethe in Begleitung eines Husarenoffiziers ins Schloß, wo sich zur Zeit von der herzoglichen Familie nur die Landesmutter Louise aufhält. Der junge Mann heißt übrigens Wilhelm von Türckheim und ist ein Sohn von Goethes einstiger Verlobten Lili. Bald kann Goethe gute Nachricht zu den Seinen schicken, die gerade fieberhaft bemüht sind, alle Spuren der vorangegangenen Beherbergung preußischer Offiziere zu tilgen: Im Haus am Frauenplan wird nur einer der Marschälle und einige Kavalleristen einquartiert. Man brauche sonst niemanden hereinzulassen.

Anderen Weimarern ergeht es schlechter. Das Haus der Frau von Stein (wo man einen zu Tode verwundeten preußischen General verborgen hält) wird vollständig ausgeraubt. Auch das von Heinrich Meyer, dem Goethe in den darauffolgenden Tagen Kleidung und Nahrungsmittel anbietet. Ebenso das von Christian August Vulpius: »[...] abends 5 Uhr ging bei uns die Plünderung an, die 36 Stunden dauerte und mich von allem entblößt hat. Drei Tage waren wir nicht in unserem Hause. Mordgewehre auf uns gezückt, gemißhandelt, beraubt, unendlich unglücklich gemacht. Wir sprechen jetzt gute Seelen um Geld an, und wer hat welches? Denn nicht zehn Häuser, selbst das Schloß nicht, sind verschont geblieben. Die fürchterliche Nacht, Geheul, Gewinsel, Brand, – ach Gott! und meine Frau und das Kind, Stunden in kalter Nacht unter freiem Himmel im Park!«

Am schlimmsten aber ergeht es dem Leiter der Zeichenschule, Georg Melchior Kraus, nun schon ein alter Herr in den Siebzigern. Er wird beraubt, zusammengeschlagen und stirbt nach einem Nervenzusammenbruch im Hause seines Freundes Bertuch.

Den Bewohnern des Hauses am Frauenplan scheint zunächst keine Gefahr zu drohen, aber wie nach jeder Schlacht verselbständigen sich viele Dinge. Nachts dringen französische Soldaten ein, scheren sich nicht groß um Riemers Hinweise, daß hier bereits alles für einen Marschall und 16 Reiter vorbereitet sei. Sie wollen den Hausherrn sehen. Goethe kommt. Man trinkt ein Glas Wein miteinander. Der Dichter verzieht sich wieder auf sein Zimmer. Später folgen ihm die mittlerweile Betrunkenen und dringen mit Waffen auf ihn ein.

»Erhaltung unseres Hauses durch Standhaftigkeit und Glück«, heißt es über das, was sich nun anschließt, im Tagebuch. Goethes Glück, gewiß. Aber wessen Standhaftigkeit? Christiane ist es, die sich in diesem Augenblick schimpfend wie ein Rohrspatz und offenbar ohne Furcht für ihre Person dazwischenwirft. Und »ohnerachtet sie nicht Französisch sprach«, wie der bildungsbeflissene Riemer unfreiwillig komisch vermerkt. Sie ruft einen der einquartierten Kavalleristen zu Hilfe und kann sich, während die Soldateska in den noch nicht vom Gefolge des Marschalls belegten Betten ihren Rausch ausschläft, endlich mit Goethe in den inneren Räumen einschließen.

Am anderen Tag prügelt ein Adjutant Marschall Augereaus die dreisten Soldaten mit der flachen Klinge aus dem Haus, und mit dem endlichen Einzug des Marschalls sichert auch eine Wache das Haus am Frauenplan. Die Einquartierungen wechseln später. Zuweilen sind 28 Betten besetzt.

Daß immer nur Offiziere bei Goethe wohnen, bürgt freilich nicht für feines Benehmen. Christiane muß sich beim Bedienen mancher Frechheiten erwehren. Möglicherweise durchschaut auch mancher der Herren nicht gleich, daß er es hier nicht mit einer Haushälterin zu tun hat, sondern mit der Dame des Hauses. In Goethe aber kommt nun endlich ein – wie er sagt – »alter Vorsatz zur Reife«. Drei Tage nach dem Einzug der Franzosen schreibt er an Wilhelm Christian Günther, den nachbarlich verbundenen Hofprediger, er wolle seine »kleine Freundinn, die so viel an mir gethan und auch diese Stunden der Prüfung mit mir durchlebte völlig und bürgerlich anerkennen, als die Meine«.

18 Jahre hat er sich Zeit gelassen. Jetzt soll die Zeremonie »sobald möglich, Sonntag, oder vorher« stattfinden. »Geben Sie dem Boten, wenn er Sie trifft gleich Antwort«, schließt der Brief geradezu hastig. »Bitte!« Am Sonntag, dem 19. Oktober 1806 steht er mit Christiane in der Sakristei der St. Jakobskirche. Sein Sohn August und Riemer sind die Trauzeugen. Die Ringe sind bedeutungsvoll auf den 14. Oktober, den Tag, als Christiane über sich selbst hinauswuchs, datiert. Das erinnert an die alljährliche Verlobungsfeier der beiden, der beim erstenmal gewiß ein lustvolles, aber doch keinerlei offizielles Verlöbnis vorangegangen war: In solchen Fällen stilisiert Goethe sein Leben gern ein wenig.

Obwohl Not und Schrecken gerade alles um und um gekehrt haben: Die festgefügten Vorurteile der Weimarer Prüden werden davon nicht berührt. »Während der Plünderung« – so Charlotte von Stein – »hat er sich mit seiner Mätresse öffentlich in der Kirche trauen lassen.« In den Augen Charlotte von Schillers besitzt die Eheschließung »etwas Grausenhaftes«, weil in der Kirche tags vorher noch Tote und Verwundete gelegen hätten. Auch sei dieser Schritt »so ohne Nutzen und Zweck«. Sie wird sich noch Jahre später fragen: »Welcher Dämon hat ihm diese Hälfte angeschmiedet?« Selbst für den weltoffenen Kaufmann Bertuch ist Goethe gesellschaftlich »gleich Null«. Offener und unverkrampfter sieht hingegen eine Weimarer Neubürgerin die Verhältnisse. Es ist

16 Goethe und seine Familie. Porträtminiaturen von Karl Joseph Raabe, 1811

Johanna Schopenhauer, die Mutter des späteren Philosophen Arthur.

Erst wenige Wochen vor dem Kriegsdesaster nach Weimar gezogen, gewinnt sie schnell Umgang mit Goethe, Bertuch, der Göchhausen. Von den Überfällen der Soldaten bleibt sie halbwegs verschont und gibt jetzt großzügig, macht Besuche und tröstet, wo sie trösten kann. Ebenso unkonventionell verlaufen ihre Teeabende, die sich bald großer Beliebtheit erfreuen und eine echte gesellschaftliche Bereicherung sind. Wenn sie ihrem Sohn schreibt, Goethe habe sich »mit seiner alten geliebten Vulpius, der Mutter seines Sohnes, trauen lassen«, klingt das ungleich freundlicher als bei den anderen. Er habe zu ihr gesagt, »in Friedenszeiten könne man die Gesetze wohl vorbeigehen, in Zeiten wie die unsern müsse man sie ehren«.

Einen Tag nach der Trauung »ließ er sich bei mir melden und stellte mir seine Frau vor; ich empfing sie, als ob ich nicht wüßte, wer sie vorher gewesen wäre, ich denke, wenn Goethe ihr seinen Namen gibt, können wir ihr wohl eine Tasse Tee geben. Ich sah deutlich, wie sehr mein Benehmen ihn freute; es waren noch einige Damen bei mir, die erst formell und steif waren und hernach meinem Beispiel folgten. Goethe blieb fast zwei Stunden, und war so gesprächig und freundlich, wie man ihn seit Jahren nicht gesehen hat. Er hat sie noch zu niemand als zu mir in Person geführt. Als Fremden und Großstädterin traut er mir zu, daß ich die Frau so nehmen werde, als sie genommen werden muß; sie war in der Tat sehr verlegen, aber ich half ihr bald durch. In meiner Lage und bei dem Ansehen und der Liebe, die ich mir hier in kurzer Zeit erworben habe, kann ich ihr das gesellschaftliche Leben sehr erleichtern. Goethe wünscht es und hat Vertrauen zu mir, und ich werde es gewiß verdienen. Morgen will ich meine Gegenvisite machen.«

Johanna Schopenhauer bringt Intelligenz und eine erfrischende Offenheit mit nach Weimar. Ihre Briefe sind voller gut beobachteter Details und darum wertvoll. Einmal zerbricht August bei ihr »mit großem Geräusch ein Glas. Goethe erzählte eben etwas und erschrak über den Lärm so, daß er aufschrie, ärgerlich darüber sah er den August nur einmal an, aber so daß ich mich wunderte, daß er nicht untern Tisch fiel, ein ausdrucksvolleres, mobileres Gesicht habe ich nie gesehen«.

August wird mit diesem mobilen Gesicht zuweilen seine Schwierigkeiten gehabt haben, obwohl das Vater-Sohn-Verhältnis im allgemeinen als gut geschildert wird. Er ist ein passabler Schüler und in Kavalierssportarten wie Reiten und Fechten sogar ausgesprochen gut. Was er anpackt, macht er recht. Das wird ihn später zu einem tüchtigen Verwaltungsbeamten machen, der es mit Fleiß bis zum Kammerherrn bringt. Mit seinen geistigen Interessen ist es offenbar nicht so weit her. Die aber werden von jemandem, dessen Hauptberuf es vor der Öffentlichkeit ist, Goethes Sohn zu sein, unbarmherzig erwartet.

Ein Leben lang steht August immer daneben, dazwischen. Ist Sohn einer fröhlichen Mutter und eines sehr ernsthaften Vaters, heißt zuerst Vulpius, dann von Goethe, darf zwar ab und zu mit dem Erbprinzen spielen, findet aber kaum gleichgestellte Spielkameraden. Als er in Jena studiert, droht er in völlige Isolation zu geraten, weil sein Vater nicht will, daß er sich einer Verbindung anschließt und die Gesellschaft der Honoratioren keine Studenten in ihren Kreis aufnehmen. Da werden sich mit den Jahren viele Spannungen in August aufgebaut haben, die er schließlich nur noch mit kräftigem Alkoholkonsum ausgleichen kann.

Am 5. Juni 1816, einen Tag bevor seine Mutter stirbt, steht im Tagebuch seines Vaters: »Mein Sohn Helfer, Rathgeber, ja einziger haltbarer Punct in dieser Verwirrung.« Es hat den Anschein, als habe die Nachwelt in ihrem Urteil über August diesen Satz immer überlesen.

Vom 15. bis zum 17. Oktober 1806 hält sich Napoleon in Weimar auf. Der Conseil wird ins Schloß gebeten. »In dem schrecklichen Augenblicke ergreift mich mein altes Übel«, entschuldigt sich Goethe wegen seines Nichterscheinens bei Voigt. Er leidet schon geraume Zeit unter periodisch wiederkehrenden Nierenkoliken.

Herzogin Louise tritt, ohne den Rückhalt ihres Mannes oder ihrer Schwiegermutter zu haben, dem Eroberer entgegen, der voller Zorn auf ihren Mann ist. Sie verhält sich bewundernswert tapfer und diplomatisch, und Napoleon imponiert das. Dennoch bleibt der Verhandlungsspielraum klein: Der Herzog muß umgehend den preußischen Dienst quittieren;

eine Kriegssteuer von 220000 Franken ist beizubringen; das Herzogtum hat sich dem Rheinbund anzuschließen. Am 15. Dezember schließen Frankreich und die sächsischen Staaten in Posen den Frieden. Um die Jahreswende kann Carl August wieder heimkehren in sein Ländchen, das nach wie vor souverän geblieben ist.

Goethe hat den Herzog inzwischen brieflich auf dem laufenden gehalten. »Die Bibliotheck ist wundersam erhalten. Die Thüre konnten sie nicht einsprengen, sie sägten die Gitter entzwei, schlugen die Thüre der Communarchiv Expedition auf und fanden die ihnen verwünschten Papiere und Acten, das hat den untern Stock gerettet.« Erhaltenes und Zerstörtes wird beschrieben und mit welchem Aufwand es sich wieder instand setzen läßt. Alles geht unvermutet rasch voran. Das Theater beginnt noch vor Weihnachten wieder mit dem Spielbetrieb und bringt am 16. Februar 1807 die Uraufführung des bis dahin als unspielbar gegoltenen »Torquato Tasso« heraus. Allgemein ist man des Lobes voll. »Unendlich gut wurde er aufgeführt« (Charlotte von Stein), »und zwar mit Glück, woran die Bühnen stets gezweifelt haben« (Christian August Vulpius). »Ich hätte selbst nicht geglaubt, daß es bei der Aufführung diese Wirkung hervorbrächte« (Henriette von Knebel). Die Universität Jena nimmt noch im Winter den Betrieb wieder auf, desgleichen die Bibliotheken in Jena und Weimar.

»Meine größte Sorge in diesen schrecklichen Stunden war für meine Papiere«, schreibt Goethe an Cotta, »und sie war nicht ohne Grund; denn in andern Häusern haben die Plünderer besonders Papiere durcheinander geworfen, zerstreut und verderbt.« Ein Manuskriptpaket vom 19. August ist wie durch ein Wunder heil angekommen.

Zwei Jahre später, im Oktober 1808, kommt es doch noch zu einem Treffen Goethes mit Napoleon, und zwar während des Fürstentages zu Erfurt, der den Herrscher auf der Höhe seiner Macht zeigt. Zar Alexander I. ist aus Petersburg angereist, dazu die Rheinbundfürsten. Festliche Empfänge und Theateraufführungen wechseln einander ab. Die Schauspieler treten buchstäblich vor einem Parkett von Königen auf. Alles huldigt dem Kaiser von Frankreich, aber der läßt sich den Blick durchaus nicht verstellen. Er weiß, daß seine Armeen schon seit Mai vergeblich gegen die Spanier kämpfen. Was keiner für möglich gehalten hätte und kaum einer weiß: Es droht ihnen das Aufgeriebenwerden durch eine völlig unbekannte Form, Krieg zu führen: die Guerillataktik. Deshalb beschließt er, jetzt selbst in Spanien einzurücken.

Und was Erfurt angeht: »Sie sagen immer, daß ich die Menschheit verachte. Wie sollte ich das nicht tun? Hier sind die Vornehmsten von ganz Deutschland versammelt. Alle kommen zu meinem Morgenempfang. Wenn ich zu einem ein Wort mehr sage, werden die anderen eifersüchtig. Dann gehen sie alle zu einem meiner führenden Männer, um eine Stadt, ein Amt mehr zu erbitten, und am Abend kommen sie alle beim Herzog von Weimar zusammen, um mich schlecht zu machen.«

In Carl Augusts Gefolge ist Goethe. Am 2. Oktober wird er um 11 Uhr vormittags zum Frühstücksempfang des Kaisers, dem sogenannten Lever, ins Statthalterpalais bestellt. Zwei der bedeutendsten Persönlichkeiten ihrer Zeit, Aug in Auge einander gegenüber – darüber wollen dann viele mehr erfahren. Aber eigenartigerweise hat sich Goethe nur im engsten Kreise über dieses Zusammensein geäußert, hat sich erst spät zu einer Niederschrift ermuntern lassen und hält die Skizze – mehr ist es nicht – dann auch noch zurück, so daß sie erst nach seinem Tode erscheinen kann.

»Der Kaiser winkt mir, heranzukommen.

Ich bleibe in schicklicher Entfernung von ihm stehen.

Nachdem er mich aufmerksam angeblickt, sagte er: ›Vous êtes un homme.‹ [Sie sind ein Mensch.] Ich verbeuge mich.

Er fragt: ›Wie alt seid Ihr?‹

›Sechzig Jahr.‹

›Ihr habt Euch gut erhalten –

Ihr habt Trauerspiele geschrieben.‹

Ich antworte das Notwendigste.«

Bald legt sich die steife Befangenheit. Napoleon erweist sich als Kenner französischer Dramen, und was Goethes Arbeiten angeht, scheint er zumindest den »Werther« recht gründlich gelesen zu haben und verwickelt den Autor in ein Gespräch, das bald schon jenseits des Austauschs von Förmlichkeiten verläuft. Vier Tage später spielt das »Théâtre français« in Weimar Voltaires »Tod des Cäsar«. Bei dem sich anschließenden

Hofball kommt es zu einer zweiten Begegnung, bei der auch Wieland anwesend ist und zeitweise Außenminister Talleyrand, eine der schillerndsten und wendigsten Persönlichkeiten der französischen Geschichte und gewiß der größte politische Taktiker seiner Zeit. Am 14. Oktober erhalten Goethe und Wieland den Orden der Ehrenlegion. Er ist von Napoleon geschaffen worden, um dem alten Geburts- einen Verdienstadel gegenüberzustellen. In der Tat hätten sich für diese Auszeichnung kaum würdigere Träger finden lassen.

Den Zeitgenossen fällt schnell auf, wie sehr Goethe von Napoleon beeindruckt ist. »Was doch ein bißchen Weihrauch nicht tut!« spottet Karl von Stein, und ein Weimarer Professor zürnt, daß der Dichter, seitdem ihm Napoleon »das Schandkreuz der Ehrenlegion ins Knopfloch gehenkt hat«, sich entsprechend schandbar betrage. Goethe selbst hat Napoleon später gegenüber Eckermann »ein Kompendium des Menschentums« genannt, also eine gesteigerte Zusammenfassung dessen, wozu der Mensch im Guten wie im Bösen fähig ist. Daß Napoleon dem Revolutionschaos ein Ende bereitete, hat Goethe imponiert, aber die Herrschsucht und zerstörerische Allmacht des korsischen Eroberers hielten ihn von kritikloser Bewunderung fern, weshalb er wohl auch eine Einladung Napoleons nach Paris nicht angenommen hat.

Mit Goethe war halt *kein Staat zu machen*. Er läßt sich zeitlebens nicht benutzen, ist gegen die Revolution genauso wie gegen Herrscherwillkür, und als in den Freiheitskriegen aus Nationalstolz Haß auf eine andere Nation wird, ist er auch dagegen. Er bleibt mit bewunderungswürdiger Ausdauer er selbst, und wenn es nicht anders geht, schiebt er zwischen sich und jene, die etwas von ihm wollen, ein deutliches Trennwändchen aus Arroganz. Mögen sie sich daran die Nase stoßen!

Die neue Epoche bringt auch wieder eine Vielzahl neuer Bekanntschaften mit sich. Im April 1807 begegnet Goethe der 21-jährigen Bettina Brentano, Tochter Maximiliane Brentanos und Enkelin der einstigen Wieland-Verlobten Sophie von La Roche. Das kapriziöse und selbstbewußte Persönchen sitzt damals oft bei Mutter Aja und erfährt von ihr so manches Detail aus Goethes Kindheit, womit sie dem Dichter später bei seinen Erinnerungen helfen kann. Nach seinem Tode wird sie ihre Gedanken und Gefühle zu einem verschwärmten Buch ausbauen und unter dem Titel »Goethes Briefwechsel mit einem Kinde« 1835 erfolgreich veröffentlichen. Ihren Bruder Clemens Brentano lernt Goethe 1809 kennen. Der hat sich mit dem Roman »Godwi« (1801/02) und dem Lustspiel »Ponce de Leon« (1804) schon einen Namen gemacht, vor allem aber mit seiner großen, von Goethe gern und gründlich studierten Volksliedersammlung »Des Knaben Wunderhorn« (1806–1808), die er zusammen mit Achim von Arnim, dem späteren Mann Bettinas, herausgegeben hat.

Zu den Romantikern, die Goethe verehren, gehört auch Friedrich de la Motte Fouqué, der ihm seine zahlreichen Veröffentlichungen mit steter Regelmäßigkeit zuschickt. Sein Meisterwerk, die Erzählung »Undine« (1811), wird von diesem auch durchaus in ihrer Bedeutung erkannt und für »allerliebst« befunden. Dennoch hält er den Verehrungs-Lüsternen auf Distanz, was dann später in des Enttäuschten Schrift »Goethe und einer seiner Bewunderer« (1840) Niederschlag findet.

Im Dezember 1807 lernt Goethe den 39-jährigen Dramatiker Zacharias Werner kennen und für eine Weile auch durchaus schätzen. Aber dann geht er wegen dessen »schiefer Religiosität« auf Distanz, und als Werner – wie viele Intellektuelle in jenen Jahren – 1811 zur katholischen Kirche übertritt, ist die kurze Beziehung an ihr Ende gelangt. Der begabte, aber überspannte Autor ist mit seiner Schicksalstragödie »Der vierundzwanzigste Februar« (1815), einem dramaturgisch klar gegliederten Bühnenreißer, in die Literaturgeschichte eingegangen. Goethe hat an ihrer Entstehung fördernden Anteil genommen.

Während der Karlsbader Kur von 1807 kommt Goethe erstmals mit Karl Friedrich Graf Reinhard zusammen, einem Diplomaten in französischem Dienst, der zu den herausragenden Persönlichkeiten seiner Zeit gehört. Er hat es vom schwäbischen Pfarrvikar bis zum Außenminister von Frankreich gebracht. Gewandt und tüchtig, gebildet und integer, steht er ein halbes Jahrhundert lang für wechselnde Regierungen und in unterschiedlichen Funktionen auf der Bühne europäischer Politik. Der greise Talleyrand wird ihn nach seinem Tod »das Geschenk Tübingens an Frankreich« nennen. Reinhard interessiert sich aufrichtig für alle Arbeiten Goethes, er übersetzt Teile der »Farbenlehre« ins Französische und wird vom Autor über all seine Versuche, Entdeckungen und Schlußfolgerungen auf dem laufenden gehalten. Seinerseits vermittelt er Goethe Kontakte zu den Naturforschern Villers in Göttingen und Cuvier in Paris.

Literaturgeschichtlich bedeutsam wird in jenem Sommer noch ein anderer, indirekter Kontakt – der zu Heinrich von Kleist. Die Legende will, daß Goethe ihn und seine Komödie »Der zerbrochne Krug« völlig verkannt habe. Aber da wirkt ein psychologischer Mechanismus mit, der bewirkt, daß nach einem unglücklich verlaufenen Kontakt der tragischen Gestalt immer die größere Anteilnahme gilt. Und das war zweifellos der 1821 durch Selbstmord aus dem Leben geschiedene Kleist.

Während der böhmischen Kur erhält Goethe von Adam Müller, einem Diplomaten und Publizisten, Kleists »Amphitryon« und den »Zerbrochnen Krug« zugeschickt. Erhofft wird »die Billigung des einzigen Richters, den der abwesende Verfasser im Auge gehabt haben kann«. Sicher wird Goethe erst einmal die Erinnerung an jenen Winterabend des Jahres 1802 verscheuchen müssen, da ihn der junge Kleist auf dem Weg vom Theater nach Hause »förmlich heimsuchte«, allmählich seine Schüchternheit überwindet, »in einen mir längst fremden Enthusiasmus des Schwärmens über eigene dramatische Vorhaben« gerät, zu rezitieren beginnt und endlich auch noch fragt, »ob sich nicht im hiesigen Herzogtum eine passable Stelle für ihn ergeben möchte« (an Wieland, 11. November 1802). Ein Gespräch, das förmlich die Summe dessen enthält, was Goethe nicht leiden kann. Dennoch beginnt er sofort mit der Lektüre. Der »Amphitryon« verursacht ihm Unbehagen, obwohl er die Bedeutung des Stückes nicht verkennt. Den »Zerbrochnen Krug« aber nimmt er sich trotz eigener Arbeitsvorhaben und gesellschaftlicher Verpflichtungen bald darauf erneut vor, denn »die ganze Darstellung dringt sich mit gewaltsamer Gegenwart auf«. Er will einen Versuch in Weimar wagen, und für die Hauptrolle weiß er in seinem Ensemble auch schon den idealen Mann.

Noch vor der Uraufführung schickt ihm Kleist das erste Heft seiner Zeitschrift »Phöbus« mit einem Teilvorabdruck der

»Penthesilea«. Diese Tragödie vermag noch heute aufzuwühlen, Goethe erschreckt sie damals zutiefst. Taktvoll, aber deutlich schreibt er, Penthesilea sei »aus einem so wunderbaren Geschlecht und bewegt sich in einer so fremden Region daß ich mir Zeit nehmen muß mich in beyde zu finden. Auch erlauben Sie mir zu sagen (denn wenn man nicht aufrichtig seyn sollte, so wäre es besser, man schwiege gar), daß es mich immer betrübt und bekümmert, wenn ich junge Männer von Geist und Talent sehe, die auf ein Theater warten, welches da kommen soll. [...] Verzeihen Sie mir mein Geradezu: es zeugt von meinem aufrichtigen Wohlwollen. Dergleichen Dinge lassen sich freylich mit freundlichern Tournüren und gefälliger sagen. Ich bin jetzt schon zufrieden, wenn ich nur etwas vom Herzen habe. Nächstens mehr.« (1. Februar 1808)

Hinter dem aufrichtigen Wohlwollen klopft das beunruhigte Herz eines älteren Herrn, der seinen »Clavigo« und »Götz« nun freilich schon vor langer Zeit geschrieben hat. Kleist ist am Boden zerstört. Ein »Nächstens mehr« ist nicht mehr erfolgt, zumal die Uraufführung des Lustspiels zwei Monate nach dem zitierten Brief ein Reinfall erster Klasse wird. Und daran sind tatsächlich dramaturgische Fehlgriffe Goethes schuld: Er läßt das einaktige Stück in drei Teile gliedern, so daß der Spannungsbogen zweimal bricht. Starke Kürzungen am Anfang erschweren das Verständnis, mangelndes Einstreichen am Ende lassen das Publikum ungeduldig werden.

So etwas kann auch gewiegten Theaterpraktikern passieren und kommt immer wieder vor. Daraus kann also noch keine grundsätzliche Abneigung gegenüber Kleist konstruiert werden. Der Hauptdarsteller liebt das Stück des unbekannten Autors: »das wär unser Mann, von dem wir für das Lustspiel vihl erwarten können«. Und auch Goethe hat sein Interesse nach der mißglückten Premiere noch nicht verloren, sondern führt eine Woche später bei sich zu Hause eine »Maskerade aus dem zerbrochnen Krug« mit Riemer in der Hauptrolle auf. Für Kleist aber bleibt Goethe von Stund an nicht mehr das verehrte Vorbild, sondern ein weiterer Schmerz in seinem ohnehin wunden Leben. Und so schießt er dem farbgelehrten Idol von gestern noch ein wütendes Epigramm nach dem Vorbild der Xenien hinterher:

Siehe, das nenn ich doch würdig, fürwahr, sich im Alter
                    beschäftigen!
Er zerlegt jetzt den Strahl, den seine Jugend sonst warf.

Die meisten Anregungen erfährt Goethe während dieses neuen Lebensabschnittes aber wohl durch den jungen Kunstforscher und -sammler Sulpiz Boisserée. Ihr umfänglicher Briefwechsel besteht durch Lebendigkeit und Vielfalt der Themen durchaus neben dem mit Zelter; und weil sich Goethe hier nicht so profilieren muß wie in manch anderer Korrespondenz, ist viel Platz für augenblicksgebundene Erörterungen.

Sulpiz und sein Bruder Melchior gehören zu den ersten, die wieder den Wert altdeutscher und niederländischer Kunst entdecken. Sie sind gebürtige Rheinländer, und so ist es nur naheliegend, daß sie sich immer mehr für das größte Kunstwerk zu interessieren beginnen, das sie vor Augen haben: den Kölner Dom. Der ist freilich zu ihrer Zeit eine verfallende Bauruine mit nur einem, noch dazu halbvollendeten Frontturm.

Reinhard weist Goethe im April 1810 auf Sulpiz Boisserée hin, und Anfang Mai schickt ihm der 26-Jährige Grund- und perspektivische Aufrisse des Domes. Goethe empfindet das Begleitschreiben als »hübschen verständigen Brief«, bedankt sich mitten in den Vorbereitungen seiner Karlsbad-Reise und lädt für einen späteren Besuch ein. Bald nach seiner Ankunft schreibt er Reinhard Näheres über seine offenbar nachhaltigeren Eindrücke. Er erinnert sich, in seiner Jugend »eben so eine Art von Abgötterey mit dem Straßburger Münster getrieben« zu haben. Es stört ihn aber auch der »deutsche Patriotismus«, den er hinter alledem wittert. In einem späteren Brief bittet er Reinhard, »den jungen Freund in Heidelberg hinreichend aufzuklären, damit er deutlich erfahre, wie ich es meine«. Wieder so einer, befürchtet er nämlich, der sich für etwas engagiert und das nun als Größtes und Letztes betrachtet, nicht aber als Durchgangsstation geistiger Entwicklung.

Der vielfach Besuchergeschädigte hegt noch eine andere Befürchtung: »Ich habe schon oft genug in meinem Leben ähnliche Fälle mit jungen Leuten gehabt, so daß ich neulich [in letzter Zeit] mich ganz und gar auch von den bessern enthalte. Einfluß gestehen sie *uns*, Einsicht trauen sie *sich* zu, und die erste zu Gunsten der letzten zu nutzen, ist eigentlich ihre stille

Absicht.« (22. Juli 1810) Seine Befürchtung trifft wohl auch hier ins Schwarze, aber er hat nicht mit Charme und Takt Boisserées gerechnet, der hinreißende Begeisterungsfähigkeit mit gründlichen Kenntnissen verbindet.

Aus einem wohlhabenden Handelshaus stammend, konnten sich die Brüder Boisserée nach dem frühen Tod der Eltern ganz den schönen Künsten widmen. Im Musée Napoléon zu Paris lernten sie die zusammengeraubte Kunst halb Europas kennen. Vor allem aber beeindruckte sie die mittelalterliche Kunst des Niederrheins. Weil sie damals überhaupt nicht im Geschmack der Zeit liegt, ist sie für ein Nichts zu erwerben, besonders wenn sie vorher Bistümern und Abteien gehört hat, die ja durch die Säkularisierung enteignet worden sind.

Nach und nach kommt auf diese Weise ein geradezu unglaublicher Kunstschatz zusammen, der klug erschlossen, verwaltet und gern der Öffentlichkeit zugänglich gemacht wird. 1810 ziehen die Boisserées nach Heidelberg. Selbst die Wände ihres großen Hauses am Karlsplatz fassen die Bilder bald nicht mehr. Goethe besucht die Brüder dort im Herbst 1814 und ist nicht wenig beeindruckt. Sulpiz kann nun die Früchte seiner Überzeugungsarbeit ernten.

Der Brief, den er am 3. Mai 1811 – ein Jahr nach der ersten Kontaktaufnahme und gleich nach seinem ersten Besuch bei Goethe – an den Bruder schreibt, bleibt immer das liebenswerte Zeugnis eines Jüngeren, den die ansteckend unbeschwerte Leichtigkeit des Seins auch gegenüber einer vielfach gefürchteten Respektsperson nicht verläßt: »Der alte Herr ließ mich eine Weile warten, dann kam er mit gepudertem Kopf, seine Ordensbänder am Rock; die Anrede war so steif vornehm als möglich. Ich brachte ihm eine Menge Grüße: ›recht schön‹, sagte er. Wir kamen gleich auf die Zeichnungen, das Kupferstichwesen, die Schwierigkeiten, den Verlag mit Cotta und alle die äußern Dinge. Ja, ja, schön, hem, hem.« Sulpiz bleibt unbefangen und ohne Spezialistenfanatismus, läßt sich aber auch »gar nicht irremachen durch seine Stummheit oder sein »ja, ja, schön, merkwürdig«. Am Ende der Audienz gibt ihm Goethe »einen oder zwei Finger, recht weiß ich es nicht mehr, aber ich denke, wir werden es bald zur ganzen Hand bringen«. Und so kommt es dann auch. Tags darauf »hatte ich schon den ganzen Arm«.

Boisserée überkommt »das erhebende Gefühl des Siegs einer großen schönen Sache über die Vorurteile eines der geistreichsten Menschen, mit dem ich in diesen Tagen recht eigentlich einen Kampf hatte bestehen müssen«. Und Goethe ist dankbar, weil da einer »rein die Sache würken ließ«. Am Ende einer bei aller Förmlichkeit sehr emotional geführten Auseinandersetzung über Dürer »wurde der Alte ganz gerührt davon, drückte mir die Hand und fiel mir um den Hals. Das Wasser stand ihm in den Augen.«
In Heidelberg lernt Goethe auch den Darmstädter Hofbaumeister Georg Moller kennen und erzählt Christiane von diesem Mann, »der sehr geschickt ist und den Boisserées an ihrem Werke behülflich gewesen. Durch den sonderbarsten Zufall hat dieser den Original-Aufriß des Cölner Doms entdeckt, wodurch jene Arbeit sehr gefördert und genauer bestimmt wird.« In der Tat haben Glück und eine geradezu erstaunliche Kenntnis der Materie diesen Fund ermöglicht. Erst jetzt, da der Riß der linken Fronthälfte und ein Jahr später auch der rechten entdeckt ist, kann ernsthaft an die Vollendung des Domes gedacht werden. Und Goethe sieht befriedigt, daß sich um diese einst und nun wiederum von ihm geliebten Gegenstände neue Leidenschaft entzündet, sieht, wie es in »Dichtung und Wahrheit« heißt, »tüchtige junge Leute, von ihr ergriffen, Kräfte, Zeit, Sorgfalt, Vermögen diesen Denkmalen einer vergangenen Welt rücksichtslos widmen«. Und »so werde ich mit Vergnügen erinnert, daß das, was ich sonst wollte und wünschte, einen Wert hatte«.
Die Kette der wesentlichen Begegnungen – seien sie nun einfach nur interessant oder tatsächlich geistig folgenreich – wäre um zwei wesentliche Glieder ärmer, würden nicht auch jene beiden Musiker genannt, deren Bekanntschaft Goethe 1812 macht. Da ist zunächst ein vielbewunderter 25-jähriger Pianist, der auch schon drei – freilich nur mäßig erfolgreiche – Opern zur Uraufführung gebracht hat: Carl Maria von Weber. Das gegenseitige Vorstellen scheint unter keinem guten Stern gestanden zu haben. Pauline Gotter, die spätere Frau des Philosophen Schelling, kann als Weimarerin beurteilen, warum Goethe »den Herrn Kapellmeister etwas kalt empfangen hat«, kennt sie doch »seine entschiedene Antipathie gegen alle Musici«. Aber Weber hat an der Begegnung doch noch einige Zeit

zu beißen. »Man sollte diese Heroen nur immer aus der Ferne anstaunen.«

Im böhmischen Kurort Teplitz lernt Goethe dann den anderen »Musicus« kennen, Ludwig van Beethoven. Der 42-Jährige hat zu diesem Zeitpunkt schon sieben seiner neun Sinfonien geschaffen, Zwischenmusiken zu Goethes »Egmont« (komponiert »aus reiner Liebe zu seinen Dichtungen, die mich glücklich machen«), Klavierkonzerte und -sonaten.

Die Legende will, daß die Begegnung dieser beiden Künstler zum Zusammenstoß geriet, aber bei näherem Zusehen bleibt davon nicht allzuviel übrig. Beethoven ist in Goethes Augen »eine ganz ungebändigte Persönlichkeit, die zwar gar nicht Unrecht hat, wenn sie die Welt detestabel findet, aber sie freylich dadurch weder für sich noch für andere genußreicher macht. Sehr zu entschuldigen ist er hingegen und sehr zu bedauern, da ihn sein Gehör verläßt, das vielleicht dem musicalischen Theil seines Wesens weniger als dem geselligen schadet«. (An Zelter, 2. September 1812) Den künstlerischen Wert seiner Musik, auch wo sie ihm unheimlich ist, erkennt er durchaus, nennt sie »zum Rasendwerden, schön und toll zugleich [...] das will alles umfassen und verliert sich darüber immer ins Elementarische, doch noch mit unendlichen Schönheiten im Einzelnen«. Als man ihn freilich eines Tages dazu überredet, die »Schicksals-Sinfonie« anzuhören, kehrt er bleich nach Hause zurück und hat sich seitdem nie mehr etwas von Beethoven anhören mögen.

Goethe war eigentlich schon ein Mann von sechzig Jahren, als ihn – vor allem in den Jahren zwischen 1807 und 1810 – einige heftige, oft nur halb eingestandene Verliebtheiten streifen oder mitten ins Herz treffen; Leidenschaften, denen gemeinsam ist, daß sie allesamt sehr jungen Frauen gelten. Das könnte uns herzlich gleichgültig sein, wenn nicht gerade aus dieser Zeit und aus diesen Gefühlen heraus einige seiner ergreifendsten, den Unberechenbarkeiten der Liebe gewidmeten Dichtungen hervorgehen: die 17 Sonette des Winters 1807/08, der Roman »Die Wahlverwandtschaften« (1809), die Stanzen-Ballade »Das Tagebuch« (1810) und zwei Erzählungen, von denen die eine, »Die wunderlichen Nachbarskinder«, Eingang in den neuen Roman findet, die andere – eben »Der Mann von funfzig Jahren« – zwar derselben Zeit entstammt, aber erst 1821 in »Wilhelm Meisters Wanderjahren« veröffentlicht wird. Wer waren die jungen Damen, die des Dichters zärtliche Aufmerksamkeit auf sich zogen und sie – unterschiedlich intensiv, aber in keinem Fall ganz unbeeindruckt – erwiderten?

Im Hause des Jenaer Verlegers Frommann lernt Goethe dessen Pflegetochter Wilhelmine (»Minchen«) Herzlieb kennen. Erstmals seit Schillers Tod genießt er dort im Winter 1807/08 wieder gastliche Freuden. Aus dem Minchen, das er von klein auf kennt, ist mittlerweile eine entzückende 18-Jährige geworden, von der er Freund Zelter Jahre später gesteht, daß er sie damals »mehr wie billig« geliebt habe.

Da man sich in jenem Winter – außer dem Hausherrn sind auch Zacharias Werner und Urfreund Knebel dabei – mit Petrarcas und Ariosts Sonetten befaßt, liegt der Gedanke nahe, sich auch selbst an dieser strengsten aller Gedichtformen zu erproben. Goethe gelingt es, in dieser Lyrik seine Aufgewühltheit zu verbergen, zugleich hilft ihm diese Arbeit, sich vom größten Entsagens- und Verbergensschmerz zu distanzieren. Ein einziges Mal, im Zusammenhang der »Tag- und Jahreshefte« 1807, äußert er sich über die Entstehung der Sonette. Aber ob es nun das Empfinden ist, die näheren Umstände allzu deutlich geschildert zu haben, oder nur ein Versehen des Setzers: Die betreffende Passage erscheint nicht im Druck und wird erst Jahrzehnte nach seinem Tod veröffentlicht.

Während von dieser kleinen Affäre wohl kaum jemand etwas mitbekommen hat, ist das bei Goethes Beziehung zu Sylvie von Ziegesar nicht der Fall. Sie ist die Tochter des Freiherrn von Ziegesar, Geheimer Rat und Minister des Herzogs August zu Sachsen-Gotha, und auch sie hat er schon als Kind kennengelernt. Spannend wird die Sache aber erst im Karlsbader Juni 1808, als es zu gemeinsamen Besuchen und Spaziergängen kommt, zum Austausch von Briefchen, Gedichten und Geschenken. Und als Sylvie Geburtstag hat, widmet ihr Goethe ein länglich-herzliches Poem, nennt sie darin beziehungsvoll »Tochter, Freundin, Liebchen«.

Als die Ziegesars ihr Quartier nach Franzensbad verlegen, hält es ihn nicht am Ort. Er reist ihnen nach. Wieder zurück in Karlsbad, schreibt er einen Brief, der beginnt mit den Worten »Wie ich herüber gekommen weiß ich selbst nicht« und endet mit: »Liebe, liebe Silvie.« Auch bei der 23-Jährigen keine Spur von Distanz! Die junge Malerin Luise Seidler erzählt Pauline Gotter, wie es war, als sich die beiden einmal unvermutet in Weimar treffen. Da »flog sie in die Stube und an seinen Hals, daß ich glaubte, die beiden Arme könnten ihn erdrosseln. Ich konnte nicht hinsehen; alles war in peinlicher Verlegenheit.« Und Goethe muß, so schwer's ihm wohl diesmal fällt, einmal mehr den Herrn Geheimrat herauskehren. Die Beziehung kühlt sich allmählich zur Freundschaft ab, und 1813 heiratet Sylvie – das Schicksal reißt am Ende doch die dümmsten Witze – einen Theologen namens Koethe.

Als Goethe im Frühjahr 1810 wieder in Karlsbad ist, schreibt ihm eine ängstliche Christiane: »Ist denn die Bettine in Karlsbad angekommen und die Frau von Eybenberg? Und hier sagt man, die Silvie und Gottern gingen auch hin. Was willst Du denn mit allen Äuglichen anfangen? Das wird zu viel. Vergiß nur nicht ganz Dein ältstes, mich, ich bitte Dich, denke doch auch zuweilen an mich. Ich will indeß fest auf Dich vertrauen, man mag sagen, was man will. Denn Du bist es doch allein, der meiner gedenkt.«

Goethe und Bettina von Arnim: Auch von ihnen gibt es zwei Episoden zu erzählen, deren eine sich in aller Öffentlichkeit abgespielt hat und fleißig weitergetratscht worden ist, die andre hingegen lange in Bettinas privaten Papieren verborgen blieb. Für Bettina ist Goethe die große Liebe ihres Lebens. Auf verwirrende Weise verquirlt sich dabei körperliche Sehnsucht und eine verschwärmte Mythisierung. Karl August Varnhagen von Ense soll einmal über ihr Wesen Auskunft geben und muß eine ganze Weile überlegen. »Ich sagte endlich: Häufen Sie Widersprüche auf Widersprüche bergehoch, überschütten Sie alles mit Blumen, lassen Sie Funken und Blitze herausleuchten und nennen Sie's Bettina.« In »Goethes Briefwechsel mit einem Kinde«, ihrem literarischen Denkmal des Geliebten, wird sie sich später zum schoßsitzenden Mädchen umstilisieren.

1807 begegnet die 22-jährige Frankfurterin ihrem Idol zum ersten Mal und bestellt ihm Grüße von Mutter Aja, mit der sie sich oft über den »Hätschelhans« unterhält. Ein Jahr später stirbt die Mutter, und als sich Goethe 1810 daranmacht, seine Jugenderinnerungen niederzuschreiben, wird Bettina interessant für ihn.

Er hat eine Technik der Verpflichtung entwickelt, der man sich nur schwer entziehen kann, und nun wendet er sie auch bei ihr an: Er verbindet die Aussicht auf Erfüllung eines ideellen Herzenswunsches mit der Bitte, ihm ganz praktisch zur Hand zu gehen. »Setze Dich also nur gleich hin«, bekommt Bettina in einem Brief vom 25. Oktober 1810 zu lesen, »und schreibe nieder was sich auf mich und die Meinigen bezieht und Du wirst mich dadurch sehr erfreuen und verbinden.« Und als wirkungsvollen Schlußsatz: »Liebe mich bis zum Wiedersehn.« Bettina kann vor Glück weder schlafen noch denken, bricht umgehend in einen überlangen Antwortbrief aus und bietet Goethe sogar an, alte Briefe wiederzubesorgen, die er einst an Frankfurter Jugendfreunde schrieb. Dem ist, wenn wir Bettinas Worten trauen dürfen, fünf Wochen zuvor eine sehr merkwürdige Geschichte vorausgegangen, die sich in der Nacht vom 11. auf den 12. August in Karlsbad zugetragen haben soll.

Laut ihren Aufzeichnungen wünscht sich Goethe nach einem zärtlichen Tête-à-tête, daß sie ihn vor ihrer Abreise noch einmal besuche. Sie verschläft die Zeit, schiebt sich in der Morgendämmerung in seine Kammer und legt sich ans Fußende seines Bettes. Als das Posthorn ruft, schleicht sie sich hinaus und wird unter der Türe angerufen. »›Bettine‹, rief er, ich blieb draus stehen und sagte: ›Goethe, ich hab heute Nacht bei dir geschlafen.‹ ›Ich weiß es‹, sagt er, ›ich hab die ganze Zeit auf dich gesehen. Aber nun komm nicht wieder herein, sonst bist du und ich verloren.‹«

Ob diese Geschichte, von der in Bettinas Nachlaß nicht weniger als vier Fassungen existieren, ihrer Phantasie entsprungen ist, läßt sich schwer sagen, denn trotz der überhitzten Gefühligkeit enthält sie Details, die entweder wahr sind oder nur einer großen Erzählerin einfallen können. Das aber war Bettina, die sich eher auf das geschickte Arrangieren vorhandenen Materials verstand, nun gerade nicht.

Im März 1811 heiratet sie Achim von Arnim, aber deshalb ist die Zeit der glutvollen Briefe an Goethe für die junge Ehefrau nicht vorbei (»Nimm hin, nimm hin meinen Leib!«). Im September besucht das junge Paar Familie Goethe. Riemer amüsiert sich königlich, wenn Bettina ihrem Dichter bei abendlichen Spaziergängen »gern von ihrer Liebe oder sonst was vorgeschwatzt hätte«, er aber komme ihr »beständig dadurch in die Quere, daß er sie auf den Kometen, der damals wunderschön am Himmel stehend in seiner völligen Größe und Pracht zu sehen war, aufmerksam machte und dazu ein Fernrohr nach dem andern herbeiholte und sich des breitern über dieses Meteor erging – da war nicht anzukommen«.

Dann kommt es zum Skandal: Christiane besucht mit den Arnims eine Ausstellung, die der von ihr geschätzte Johann Heinrich Meyer ausgerichtet hat. Vielleicht äußert die flinkzüngige Bettina eine Abfälligkeit gegen das Kunstverständnis des langjährigen Hausfreundes, vielleicht auch gegen Christiane selber. Bums! fliegt ihr die Brille von der Nase und geht dabei zu Bruch. Christiane verbittet sich weitere Besuche Bettinas, und Goethe schließt sich, nachdem er von dem Vorfall erfahren hat, ihrem Wunsch an. Ihn muß besonders ergrimmt haben, daß gerade jetzt, da seine Frau in Weimar halbwegs für gesellschaftsfähig gilt, ein derart peinlicher Vorfall alles wieder erschüttert. Denn natürlich schlägt der Klatsch jetzt hohe Wellen, und Bettinas Bemerkung, es sei »eine Blutwurst toll geworden und hätte sie gebissen«, wird mit Wonne weitererzählt.

Bettina wird sich Goethe nie aus dem Herzen reißen können. Als sie 1826, zehn Jahre nach Christianes Tod, Gelegenheit hat, ihn zu besuchen, scheint das Wiedersehen ganz passabel zu verlaufen. »Du hast etwas gelernt, seit ich dich nicht gesehen«, soll er zu ihr gesagt haben, »du hast gelernt, Menschen zu schonen, denn vorher hast du das niemals gekonnt. Nun mach, daß, wenn ich dich nach einiger Zeit wiederum sehe, du abermals was gelernt hast, so kann am Ende noch was draus werden.«

Es wird nichts draus, denn einen Tag nach ihrer Abreise erfährt er von einer Koketterie, die sie sich dem Herzog gegenüber herausgenommen habe, und schreibt ihm: »Diese leidige Bremse ist mir als Erbstück von meiner guten Mutter schon viele Jahre sehr unbequem. Sie wiederholt dasselbe Spiel, das ihr in der Jugend allenfalls kleidete, wieder, spricht von Nachtigallen und zwitschert wie ein Zeisig. Befehlen Ew. H., so verbiet ich ihr in allem Ernst onkelhaft jede weitere Behelligung.« Von Stund an rührt er sich auf keinen ihrer Briefe mehr. Sie aber wird ihm noch kurz vor seinem Tod flehentlich schreiben: »Alle Menschen, die mich näher kennen, haben mich lieb; kennst du denn mich gar nicht mehr?«

Mit einem von Goethes »Äuglichen« – wenn man sie denn überhaupt als eine solche bezeichnen darf –, einer 23-jährigen Dame, die er im Karlsbader Sommer 1810 kennenlernt, hat es etwas ganz Besonderes auf sich. Ihr gesellschaftlicher Stand entrückt sie jedermann so weit, daß sich der starke Eindruck, den sie allgemein hinterläßt, hinter viel Konvention verbergen muß. Es ist Maria Ludovica, die dritte Frau des Kaisers von Österreich. Goethe widmet ihr vier Gedichte, die er sogar auf eigene Kosten drucken läßt. Man begegnet sich wiederholt in zwanglosem Kreise – das heißt: so zwanglos ein Kreis halt sein kann, in dessen Einzugsbereich offenbar immer jemand ist, der alles, was die hohe Frau tut, der Kaiserlich-Königlichen Polizei- und Zensur-Hofstelle in Wien meldet. (»Ihre Majestät geruheten auch den anwesenden Dichter Goethe Ihrer gnädigen Aufmerksamkeit zu würdigen und durch Ihre geistvolle Huld zur höchsten Bewunderung zu verleiten.«)

Es ist also nicht unbemerkt geblieben, daß Kaiserin und Dichter voneinander angetan sind. Von seiner erneuten Begegnung im Sommer 1812 schreibt Goethe am 13. August an Graf Reinhard: »Eine solche Erscheinung gegen das Ende seiner Tage zu erleben, giebt die angenehme Empfindung, als wenn man bey Sonnenaufgang stürbe und sich noch recht mit inneren und äußeren Sinnen überzeugte, daß die Natur ewig productiv, bis in's Innerste göttlich, lebendig, ihren Typen getreu und keinem Alter unterworfen ist.« 1816 stirbt Maria Ludovica, und Goethe vertraut den »Tag- und Jahresheften« tief erschüttert an: »Der Tod der Kaiserin versetzte mich in einen Zustand, dessen Nachgefühl mich niemals wieder verließ.«

Goethe muß also in diesen Jahren heftigen Gefühlen und Nachgefühlen des Herzens Herr werden. Einmal mehr schließt er auf seine Weise damit ab: Er hebt das Quälende in Kunstwerken auf. Da gibt es das balladeske »Tagebuch«, ein Gedicht, das wegen seines ungewöhnlichen erotischen Inhalts bis weit in unser Jahrhundert hinein aus allen Werkausgaben herausgehalten wurde. Dabei kann es noch heute als Musterbeispiel für die witzig-geschmackvolle Behandlung eines heiklen Themas herhalten: Verheirateter Mann auf Reisen könnte in der letzten Nacht mit Wirtstöchterlein schlafen; doch jener erregte Körperteil, »der so hitzig sonst den Meister spielet, / Weicht schülerhaft zurück und abgekühlet«. Die Geschichte nimmt nun einen unvermuteten Verlauf und schließt mit der anrührenden Nutzanwendung:

> Wir stolpern wohl auf unsrer Lebensreise,
> Und doch vermögen in der Welt, der tollen,
> Zwei Hebel viel aufs irdische Getriebe:
> Sehr viel die *Pflicht*, unendlich mehr die *Liebe*!

Von April 1808 bis Oktober 1809 erstreckt sich die erstaunlich kurze Entstehungszeit eines neuen Romans: »Die Wahlverwandtschaften«. Anders als im »Tagebuch« kollidieren hier Pflicht und Liebe, und die Handlung entwickelt sich mit geradezu naturwissenschaftlicher Gesetzmäßigkeit hin zur Tragödie.

Die Geschichte war zunächst als eine der Erzählungen geplant, die Goethe in die Fortsetzung des »Wilhelm Meister« einbauen will. Bald aber entwickelt sie sich zu einem eigenständigen, schließlich alle physischen und psychischen Kräfte des Autors aufs äußerste anspannenden Werk. Erinnerungen an früheste und jüngst erst abgeschlossene Erlebnisse werden wieder in ihm wach. Forschungen und Reflexionen, die ihm am Herzen liegen, fließen mit ein. In den letzten Tagen der Arbeit kommt er sich vor »wie jene Schwangere, die weiter nichts wünscht, als daß das Kind zur Welt komme, es sei übrigens und entstehe, was will«.

Am 3. Oktober 1809 ist Goethe endlich vom Werk befreit. Bernhard Rudolf Abeken, der Hauslehrer von Schillers Kindern, erlebt den 60-Jährigen damals in kleiner Gesellschaft ausgelassen lustig, »nie habe ich einen jungen Mann gesehen, der ein Gespräch, auch über unbedeutende Dinge, mit solcher Lebhaftigkeit und Gewandtheit geführt hätte [...] Die Griesbach wollte wissen, Goethe habe an dem Tage die letzte Hand an die Wahlverwandtschaften gelegt.«

Der Titel des Buches entstammt einem 1782 deutsch erschienenen Werk des schwedischen Chemikers Torbern Bergman, das sich mit der Wahlverwandtschaft von Stoffen befaßt, die schon mit anderen Stoffen verbunden sind. Goethe überträgt diesen Grundgedanken nun auf menschliche Verhältnisse. Er bringt vier Personen zusammen, von denen zwei – Eduard und Charlotte – schon ehelich miteinander verbunden sind. Gleich zu Anfang wird das Bild der chemischen Wahlverwandtschaften gesprächsweise am Beispiel von Gips erläutert: Kalkstein sei die Verbindung einer Säure mit Kalkerde. Bringe man die Kalkerde in verdünnte Schwefelsäure, verbinde sie sich mit ihr zu Gips, und die vorherige Säure entweiche. »Der Gips hat gut reden«, sagt Charlotte, »der ist nun fertig, ist ein Körper, ist versorgt, anstatt daß jenes ausgetriebene Wesen noch manche Not haben kann, bis es wieder unterkommt.«

Ausgerechnet sie selbst wird bald darauf das »ausgetriebene Wesen« sein, denn Eduard verliebt sich in ihre Nichte Ottilie. Doch kommt auch Charlotte »wieder unter«, da sich zwischen ihr und einem Freund Eduards ein Sympathieband knüpft. Als die Ehegatten miteinander schlafen, begehen beide in der Phantasie Ehebruch. Das aus dieser Vereinigung hervorgehende Kind weist von Anfang an eine erstaunliche Ähnlichkeit sowohl mit Ottilie wie mit besagtem Freunde auf. Der zweite Teil des Romans spitzt sich immer tragischer zu. Am Ende spricht und ißt Ottilie nicht mehr und stirbt. Eduard stirbt ihr nach, und beide werden, nun im Tode vereint, in derselben Kapelle bestattet.

»Ich habe viel hineingelegt, manches hinein versteckt«, schreibt Goethe am 1. Juni 1809 an Zelter und versichert Eckermann später: »Es ist in den ›Wahlverwandtschaften‹ überall keine Zeile, die ich nicht selber erlebt hätte, und es steckt darin mehr, als irgend jemand bei einmaligem Lesen aufzunehmen imstande wäre.«

Der Verkauf des befremdlichen Buches schleppt sich denn auch hin. Es stößt auf Unverständnis, bleibt am Ende wirklich nur so etwas wie »ein Zirkular an meine Freunde, damit sie meiner wieder einmal an manchen Orten und Enden gedächten« (an Graf Reinhard, 31. Dezember 1809).

Die Spurenelemente des Autobiografischen, das, was Goethe »selber erlebt« hat, liegen zum Teil weit zurück. Als Beispiel sei nur an jene Sesenheimer Episode erinnert, da jemand einem Grundriß, den er für Pfarrer Brion gezeichnet hat, »seine Verbesserungsvorschläge dergestalt derb über das zarte Papier« zieht, »daß an Wiederherstellung der alten Reinheit nicht zu denken war«; der gleiche Vorfall findet sich dann auch im Roman wieder. Und natürlich schimmern durch Ottiliens Bild Züge von Minchen und Sylvie, vielleicht auch von Bettina hindurch. »Niemand verkennt an diesem Roman eine tief leidenschaftliche Wunde, die im Heilen sich zu schließen scheut, ein Herz, das zu genesen fürchtet«, verrät Goethe in den »Tag- und Jahresheften«. Die eigene Zwiegespaltenheit hat er – wir kennen das bereits aus früheren Werken – wieder einmal auf zwei Gestalten verteilt, in diesem Fall auf den tätigen und beherrschten Hauptmann und den liebeswunden und sentimentalen Eduard.

Selbst der Ort der Handlung ist aus mehreren Wahrheitsebenen zusammengesetzt: einerseits so genau im Realen, daß man im Park den von Schloß Wilhelmstal bei Eisenach oder von Caserta bei Neapel erkennen wollte; andererseits so exakt im Erfundenen, daß sich Forscher wiederholt den Denkspaß gemacht haben, aus den zahlreichen Hinweisen im Buch das gesamte Gut mit Dorf und Berg und Weiher zeichnerisch zu rekonstruieren.

Die »Wahlverwandtschaften« sind ein irritierender Roman, bei dem jede Behauptung an anderer Stelle durch eine Gegenbehauptung wieder aufgehoben zu sein scheint. Der Leser muß gewichten, neu lesen, selber zu Schlüssen kommen, und er sollte beachten, daß die Vorgänge hier weniger psychologisch als symbolisch aufgebaut und miteinander verknüpft sind. Kein leichtes Buch also, aber offenbar ein sehr modernes; man sollte sich durch die Patina der Sprech- und Moralhaltungen nicht irreführen lassen.

Im »Morgenblatt für gebildete Stände« erscheint am 4. September 1809 eine anonyme, in Wirklichkeit von Goethe selbst aufgesetzte Anzeige, die das Publikum nicht nur auf den neuen Roman vorbereiten, sondern vor allem den seltsamen Titel erklären soll: »Es scheint, daß den Verfasser seine fortgesetzten physikalischen Arbeiten zu diesem seltsamen Titel veranlaßten. Er mochte bemerkt haben, daß man in der Naturlehre sich sehr oft ethischer Gleichnisse bedient, um etwas von dem Kreise menschlichen Wesens weit Entferntes näher heranzubringen; und so hat er auch wohl, in einem sittlichen Falle, eine chemische Gleichnisrede zu ihrem geistigen Ursprunge zurückführen mögen [...]«

Fortschreitendes Leben

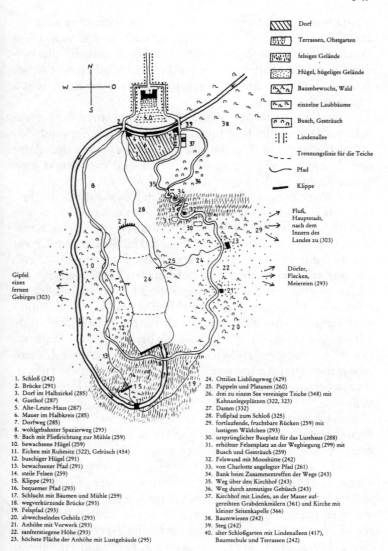

*17 Lageplan und Wegeskizze zu den »Wahlverwandtschaften«
von Stefanie Geißler-Latussek*

Allzuviel war von diesen physikalischen Arbeiten freilich noch nicht an die Öffentlichkeit gelangt. 1810 aber erscheint nun endlich Goethes größtes Werk zu den Naturwissenschaften, ja sein umfänglichstes überhaupt, ein wirkliches Schmerzenskind und in Zukunft oft genug der Gradmesser seiner Zuneigung zu den Mitmenschen. Schätzt jemand die beiden Bände »Zur Farbenlehre«, hat er meist schon gewonnenes Spiel. Ist es nicht der Fall, wendet sich Goethe nicht selten von ihm ab.

Einmal wagt sein Mitarbeiter Eckermann einen bescheidenen, auf längere Beobachtung sich gründenden Einwand. Sofort verfinstert sich Goethes Gesicht, und er weist den Ärmsten heftig in seine Schranken zurück. Ja, es braucht eine ganze Weile, um die wegen ihres Vergleichs doch sehr verräterische Witzelei hinterherzuschicken, daß es wohl mit der Farbenlehre wie mit der christlichen Religion gehe: »Man glaubt eine Weile, treue Schüler zu haben, und ehe man es sich versieht, weichen sie ab und bilden eine Sekte. Sie sind ein Ketzer wie die anderen auch, denn Sie sind der erste nicht, der von mir abgewichen ist. Mit den trefflichsten Menschen bin ich wegen bestrittener Punkte in der Farbenlehre auseinander gekommen.« Und dann setzt er noch eins drauf und behauptet allen Ernstes: »Auf alles, was ich als Poet geleistet habe, bilde ich mir gar nichts ein. [...] Daß ich aber in meinem Jahrhundert in der schwierigen Wissenschaft der Farbenlehre der einzige bin, der das Rechte weiß, darauf tue ich mir etwas zugute, und ich habe daher ein Bewußtsein der Superiorität über viele.«

Sein Überlegenheitsgefühl hilft ihm nicht viel. Nur ein paar Freunde und ganz wenige Fachkollegen folgen ihm noch auf dieses Gebiet, und die wenigsten empfinden – wie Urfreund Knebel – das Werk als »unendlich reich und vortrefflich«. Die wissenschaftliche Kritik der Zeit aber weiß sich mit Newton auf rechtem Wege und kann mit dem, was Goethe außerdem anbietet, nichts anfangen. Gegen Ende des Jahrhunderts wird die »Farbenlehre« nur noch die »todtgeborene Spielerei eines autodidaktischen Dilettanten« genannt. Erst dann erfolgt mit einem sich wandelnden Welt- und Menschenbild auch eine veränderte Einstellung zu Goethes Forschungen.

Die »Farbenlehre« ist in einen didaktischen, einen polemischen und einen historischen Teil gegliedert. Im ersten Teil geht er von den Bedingungen des subjektiven Farbsehens, der objektiven Farberscheinungen in der Natur und den »chemischen Farben« aus, solchen also, die den Stoffen anhaften. Höhepunkt sind die maßstabsetzenden Untersuchungen zur Farbpsychologie (»sinnlich-sittliche Wirkung der Farbe«). Im zweiten Teil polemisiert er vor allem gegen Newton, wobei er vergeblich hofft, ein gewandelter Menschenverstand werde diesen Teil »bald für überflüssig erklären«. Der dritte, historische Teil bietet schließlich in Auszügen und Stellungnahmen eine imponierende Materialsammlung dessen, was bis zu Goethes Zeit über das Phänomen der Farbe geschrieben worden ist.

Während sich Newton ausschließlich auf den physikalisch-mathematischen Aspekt konzentriert hat und seine Forschungsergebnisse es seither erlauben, Licht quantitativ zu bestimmen und damit zu arbeiten, zielt Goethe auf etwas anderes. Er möchte das Urphänomen Farbe ganzheitlich, im Zusammenhang von Mensch, Natur und Kultur betrachtet sehen.

> Freunde, flieht die dunkle Kammer,
> Wo man euch das Licht verzwickt
> Und mit kümmerlichstem Jammer
> Sich verschrobnen Bildern bückt.

Dunkelkammer-Experimente à la Newton sind seine Sache nicht. Für ihn sind Licht und Farbe Phänomene der lebendigen Natur. Doch hat Newton auf seine Weise erkannt, daß das ganze Farbenspektrum im weißen Licht enthalten ist und sich übers Prisma auch wieder zerlegen läßt. Goethe aber beharrt auf der Vorstellung, daß es nur Hell und Dunkel gebe und alle Farben durch Eintrübungen entstünden. Bei seiner Behauptung, Newton habe das Licht nicht zerlegt, sondern »gequält«, übersieht er geflissentlich, daß es seinem Vorgänger auch gelungen war, den Versuch umgekehrt ablaufen zu lassen.

Auch wenn er sich also in diesem Punkt geirrt hat – was er über die optische Sinnesphysiologie und die Psychologie der Farben schreibt, wird heute durchaus anerkannt. Selbst hinter der Ursache seines Irrtums erkennt man mittlerweile die tiefere Wahrheit: daß nämlich eine Wissenschaft der Natur erst dann wahrhaft exakt ist, wenn sie auf die »Sprache der Natur« hört und ihr nicht von vornherein die menschliche Betrachtensweise aufzwingt – ein Denkansatz, wie ihn erst die Naturwissenschaft unserer Tage wieder aufnimmt.

Um alles Wichtige aus diesem außerordentlich vielfältigen Lebensabschnitt zu erzählen, scheint es offenbar nötig zu sein, wiederholt ins Jahr 1810 zurückzukehren, ein Jahr, in dem vieles zu Ende gebracht wird oder seinen Anfang nimmt. Auch Goethe empfindet es als ein »bedeutendes Jahr, abwechselnd an Tätigkeit, Genuß und Gewinn, so daß ich mich bei einem überreichen Ganzen in Verlegenheit fühle, wie ich die Teile gehörig ordnungsgemäß darstellen soll« (»Tag- und Jahreshefte« für 1810).

Von Januar bis Mai hat er noch fast ununterbrochen an der »Farbenlehre« gearbeitet, dann sind auch die letzten Druckbogen aus dem Haus. »Die bisher getragene Last war so groß, daß ich den 16. Mai als glücklichen Befreiungstag ansah, an welchem ich mich in den Wagen setzte, um nach Böhmen zu fahren.« Die 13-bändige Werkausgabe bei Cotta ist gleichfalls vollendet, und auch sonst beansprucht sich der 60-Jährige in jeder Hinsicht. Bei den Ziegesars tanzt er zum Beispiel derart, daß ihm schwindlig wird und er hinfällt. Es »hat ihn aber nichts geschadet«, schreibt Charlotte von Stein. »Es ist schade, daß eine so ausgezeichnete Natur nicht immer jung bleiben kann.«

1810 ist das Jahr, in dem er Sulpiz Boisserée kennenlernt und sich durch ihn wieder für die altdeutsche Kunst zu interessieren beginnt. Die Arbeiten an »Wilhelm Meisters Wanderjahren« gehen weiter und – als ob das alles noch nicht genug wäre – auch die Studien und Vorarbeiten für ein ganz neues Werk, zu dem in Karlsbad ein Schema diktiert wird: seine Autobiografie.

Der junge Goethe hat vielerlei angefangen und es wieder liegenlassen, wenn ihn die Laune verließ. Der ältere aber macht sich Schemata. Hat er Einfälle, notiert er sie. Verdichten sie sich zu einem Plan, schreibt er ein erstes Schema und ordnet sie darin ein. Das wird verfeinert, ergänzt, und wenn die Arbeit beginnt, kann der Plan von Tag zu Tag abgearbeitet werden.

Aus Goethes Arbeitsplatz ist mittlerweile eine regelrechte Kanzlei geworden, zu der Sekretäre, Schreiber und andere Mitarbeiter gehören. Riemer, später auch Eckermann sichten Materialien und lesen Korrektur. Was Inspiration und Phantasie in Gang gesetzt haben, wird jetzt mit Fleiß und Disziplin weitergetrieben, und mit der Zeit kann ein umfassendes Werk nach dem anderen abgeschlossen werden.

Als die 13-bändige Gesamtausgabe vorliegt, empfinden Goethe und Riemer, daß dieses Lebenswerk mit einer Erklärung der Lebensumstände – sozusagen als Interpretation der geistigen Grundlagen – abgerundet werden könnte. Und Goethe verspricht Riemer am Vorabend seines 60. Geburtstages, daß er im neuen Lebensjahr damit beginnen werde.

Die Auseinandersetzung mit der eigenen Biografie hat eigentlich schon in der »Farbenlehre« begonnen, deren dritter Teil von einer »Konfession des Verfassers« abgeschlossen wird. Schon dort kündigt er an: »Wie es mir hierin im ganzen ergangen, würde nur durch eine umständliche Erzählung mitgeteilt werden können, und so mag das Gegenwärtige als ein einzelnes Kapitel jenes größern Bekenntnisses angesehen werden, welches abzulegen mir vielleicht noch Zeit und Muße übrigbleibt.«

Doch bevor Goethe seine eigenen Memoiren beginnt, stellt er die wirklich »umständliche Erzählung« eines anderen fertig. 1807 ist der Maler Philipp Hackert gestorben, ein Freund aus römischen Tagen und von Goethe wegen seiner Landschaftsmalerei geschätzt. Hackert hat verfügt, daß seine biografischen Aufzeichnungen dem Dichter ausgehändigt werden sollen, und der macht sich nun an die schwere Aufgabe, die Papiere des Freundes »in irgendein kongruentes Ganzes zusammenzufügen«.

Was sich zunächst wie die Wahrnehmung einer lästigen Freundespflicht ausnimmt, die Goethe doch nur von der eigenen Erinnerungsarbeit abhält, wirkt tatsächlich eher beschleunigend, denn »ich hatte Ursache, mich zu fragen, warum ich dasjenige, was ich für einen andern tue, nicht für mich selbst zu leisten unternehme«.

Während Napoleon als Sieger in Wien einzieht, Moskau als Geschlagener verläßt und sein Heer durch die Verbündeten Rußland, Preußen und Österreich schließlich in der Völkerschlacht bei Leipzig gänzlich geschlagen wird, zieht sich Goethe ganz in die Vergangenheit zurück. Hat er sich während der Revolutionszeit an seinen naturwissenschaftlichen Studien »wie an einem Balken im Schiffbruch« festgehalten, dient ihm jetzt die Arbeit an den Erinnerungen als Schutz vor den Bedrängnissen der Gegenwart. Niemand erkennt das besser als Knebel, der, mittlerweile in Jena wohnend, nach einem Besuch schreibt: »Ich freute mich, Dich in Deinen Zauberzirkeln zu finden, die Dich besser beschützen werden als alle neuerrichteten Kohorten.«

Goethe fühlt sich durch seine Tätigkeit nicht nur vor dem politischen Sturm bewahrt. Er ist auch überzeugt, dem Vaterland keinen größeren Dienst erweisen zu können, als mit seinen Erinnerungen »zu zeigen, wie immer eine Folgezeit die vorhergehende zu verdrängen und aufzuheben suchte, anstatt ihr für Anregung, Mittheilung und Überlieferung zu danken« (an Franz Bernhard von Bucholtz, 14. Februar 1814).

Goethe will also nicht einfach aus seinem Leben plaudern, er ist auf eine höhere Wahrheit aus. »Ein Factum unseres Lebens gilt nicht, insofern es wahr ist, sondern insofern es etwas zu bedeuten hatte«, wird er später zu Eckermann sagen. Hier spricht sich wieder einmal seine Grundüberzeugung aus, daß alles in seinem Leben mehr oder weniger symbolisch sei. Das strenge Aussieben der Erinnerungsbilder, von denen nicht immer die buntesten, stets aber die bedeutungsvollen Bestand haben, macht die Besonderheit von »Dichtung und Wahrheit« aus.

Freilich hätte man manches gern genauer gewußt, was vielleicht nur kurios, dafür aber interessant ist; anderes, vom Autor Höhergeschätztes wird dagegen in wunderlich breiter Schwerfälligkeit erzählt. Mitunter gewinnt man auch den Eindruck, daß der junge Goethe dem alten unheimlich war und er ihn deshalb etwas umgeformt hat. Derart revolutionär soll er einmal gewesen sein? Nie und nimmer! Brüche in der Entwicklung werden erklärt, eingeordnet und siehe – auf einmal sind es keine mehr!

Und dennoch: Die vierteilige, von der Geburt bis zur Abfahrt nach Weimar reichende Lebensbeschreibung bleibt eine der schönsten Erzählleistungen des Dichters. Sie findet ein stetig wachsendes Publikum – vielleicht auch, weil Goethe für diesmal bemüht war, in die Breite zu wirken, und sein Publikum sehr genau bedenkt. »Jeder Theil, ja ein jedes Buches dieses Werkleins muß einen andern Charakter haben und so diesen und jenen Leser verschieden ansprechen.« (An Reinhard, 25. Januar 1813) Mit den Autobiografien – es gehören ja auch noch die »Italienische Reise«, »Kampagne in Frankreich«, »Belagerung von Mainz« und die »Tag- und Jahreshefte« dazu – erweist sich der Autor tatsächlich als sein bester Propagandist und leitet damit schon zu Lebzeiten seinen Nachruhm ein.

Ohne zahlreiche Helfer und Zuarbeiter wäre ihm die große Erinnerung und ihre Niederschrift wohl nicht geglückt. Klinger, Jacobi und Knebel helfen mit Einzelheiten aus, Bettina mit Erinnerungen, die sie Mutter Aja über die Kindheit Goethes entlockt. Als Sekretär dient der ohnehin schon mit vielen Aufgaben betraute Riemer. Als er auszieht, tritt Christian John an diese Stelle und hält sich, weil auch er nun im Hause lebt, stets zum Diktat bereit. Und natürlich muß an dieser Stelle auch schon jenes selbstbewußt fröhlichen Allerweltskerls von Diener gedacht sein, dessen Name zwischen 1814 und 1824 so häufig von Goethe erwähnt wird und der ihm – auch wenn seine Schreibdienste »nur über Nothwendiges hinaushelfen« – auf vielfältige Weise zu helfen versteht: Carl Wilhelm Stadelmann.

Goethe ist Frühaufsteher. Um sechs Uhr ist er auf den Beinen, trinkt Kaffee, Schokolade oder Fleischbrühe und beginnt dann das am Vortag in Stichworten Notierte zu diktieren. So kann es stundenlang gehen, nur von einem kleinen Frühstück unterbrochen. »Ich muß von Morgens 4½ Uhr auf den Füßen seyn und komme des Nachts öfters vor 1 Uhr nicht zu Bette«, beklagt sich Stadelmann einmal.

Das Mittagessen, die gehaltvollste Mahlzeit des Tages, kommt erst spät auf den Tisch, etwa um zwei, drei Uhr. Dann sind auch Christiane und August dabei, dazu Christianes Gesellschafterin Caroline Ulrich (die als »lieber Secretarius« im Kriegswinter 1813/14 für die im Felde stehenden Männer einspringt und gute Arbeit leistet). Werden keine Gäste erwartet, so gibt es allenfalls noch ein Brötchen am Nachmittag, am Abend Tee oder Wein.

In den Pausen pflegt Goethe durch den Hausgarten zu promenieren, abends wohl auch noch einmal einen Spaziergang ins Ilmtal hinunter zu machen. Abgerundet wird der Tag mit Lesen. Allzu spät wird das Licht nicht gelöscht, denn der nächste Tag beginnt ja wieder früh.

Sein Tagebuch führt der alte Genauigkeitsfanatiker auf sehr eigentümliche Weise: Mittags diktiert er dem Sekretär in Stichworten das Wesentliche des Vormittags, abends oder am nächsten Morgen das, was sich seither begeben hat. Die späteren Tagebücher sind allesamt sorgfältige Reinschriften der Schreiber. Sie müssen das Diktierte auf einer Doppelseite rechts wiedergeben und links selbständig alle abgegangene Post vermerken. So ist denn alles in Goethes Haushalt bis ins kleinste geregelt. »Alle Gesetze sind von Alten und Männern gemacht. Junge und Weiber wollen die Ausnahme, Alte die Regel.«

Das ist wieder eines seiner zahlreichen Postulate, hinter denen sich im Grunde Angst vor Chaos und sittlicher Verwilderung verbirgt. In seinen Erinnerungen preist er das wohltuende Gesetz der regelmäßigen Wiederkehr äußerer Dinge. »Der Wechsel von Tag und Nacht, der Jahreszeiten, der Blüten und Früchte, und was uns sonst von Epoche zu Epoche entgegentritt, damit wir es genießen können und sollen, diese sind die eigentlichen Triebfedern des irdischen Lebens.«

Die *Manufaktur der Gesammelten Werke Goethes* geht mit den Jahren ins Große. Im Arbeitszimmer wird diktiert. Gleichzeitig besorgt im Schreibzimmer ein weiterer Angestellter die Reinschriften und Kopien. Nachmittags helfen Riemer oder Eckermann bei der Durchsicht und Korrektur neuer oder gesammelter Werke, wobei er sich von ihnen und anderen auch in kleinen Dingen gern helfen läßt. Die Interpunktion beispielsweise »ist eine Kunst die ich nie habe lernen können«. Außerdem gibt Goethe drei Zeitschriften heraus und unterhält einen Briefwechsel, der in der Gesamtausgabe seiner Werke nicht weniger als 53 Bände umfaßt!

Obwohl es Goethe gut versteht, sich Ruhe auch in unruhigen Zeiten zu verschaffen, weicht er immer häufiger nach Jena aus, wo ihm das Arbeiten offenbar leichter fällt als in seinem großen Haus in Weimar. Anfang 1818 kauft er sich eine ruhige kleine Zweitwohnung und schreibt Zelter aus dieser »nahezu absoluten« Einsamkeit: »Du kennst Jena zu wenig als daß es dir etwas heißen sollte wenn ich sage: daß ich auf dem rechten Saalufer, unmittelbar an der Camsdorfer Brücke, über dem durch die Bogen gewaltsam strömenden, eisbelasteten Wasser, eine *Zinne* (vulgo Erker) in Besitz genommen habe, die schon seit so vielen Jahren mich, meine Freunde und Nachkommenschaft gereizt hat daselbst zu wohnen, ohne daß nur Jemand sich die Mühe gegeben hätte die Treppe hinauf zu steigen. Hier verweile ich nun die schönsten Stunden des Tags, den Fluß, die Brücke, Kies, Anger und Gärten und sodann das liebe närrische Nest, dahinter Hügel und Berge und die famosesten Schluchten und Schlachthöhen vor mir. Sehe bey heiterm Himmel die Sonne täglich etwas später und weiter nordwärts untergehen, wornach meine Rückkehr zur Stadt regulirt wird.« (16. Februar 1818)

Stadelmann bedient ihn hier, Färber – längst Bibliothekar am Ort – wird weiterhin herangezogen, dazu noch John. Und um es rundherum angenehm zu haben, läßt sich Goethe auch noch Leckereien besorgen, seine geliebten »Pfeffermünzkügelchen« zum Beispiel, dazu Obst und Blumen. Es scheint ihm nichts auszumachen, auch qualifizierte Leute in ausladenden Briefen um solcher Dinge willen anzuschreiben. So gibt er Färber detaillierte Anweisungen, wie der eine Schachtel Obst für den Boten fertigzumachen habe (»die Birn in reines Löschpapier gewickelt, damit sie sich nicht drücken«).

Ende Januar 1813 unterbricht Goethe seine Erinnerungen zugunsten einer kleinen Arbeit, die ihn nun drei Wochen lang täglich beschäftigt. Er ist kein übermäßiger Redenschreiber. Jetzt aber sitzt er an seiner längsten, am sorgfältigsten ausgeführten. Der Anlaß ist traurig: »Unser guter Wieland hat uns in diesen Tagen verlassen, nachdem er nur kurze Zeit sich mehr matt und schwach als krank befunden. Am dritten September ward sein achtzigster Geburtstag noch feyerlich begangen. Geistesruhe und Thätigkeit hielten sich bey ihm so schön das Gleichgewicht, und so hat er, mit der größten Gelassenheit und ohne das mindeste leidenschaftliche Streben, unendlich viel auf geistige Bildung der Nation gewirkt.« (An Graf Reinhard, 25. Januar 1813)

Wieland wird an einer idyllischen, von der Ilm im Bogen umflossenen Stelle seines ehemaligen Landgutes Oßmannstedt beigesetzt. Dort liegen seit 1800 schon die jungverstorbene Sophie Brentano, eine Schwester Bettinas, und seit 1801 seine Frau. Goethe läßt sich von seinem Sohn vertreten und später alles erzählen. Beerdigungen sind seine Sache nicht. Am Abend des 18. Februar hält er vor den Mitbrüdern der Freimaurerloge »Anna Amalia zu den drei Rosen« (Wieland gehörte ihr seit 1809 an, Goethe schon seit 1780) seine große Rede. Danach zieht er sich zurück. Er will allein sein.

Er ist nun 63 Jahre alt und wird in diesen Tagen häufiger über die zurückgelegte Lebensstrecke nachgedacht haben.

Merck ist 1791 gestorben, Schlosser 1799, Herder 1803, Schiller 1805, Anna Amalia und Louise von Göchhausen 1807, Salzmann, der Freund aus Straßburger Tagen, 1812. Nun also Wieland. Und die Mitlebenden sind alt geworden. Fritz Jacobi ist 69 und Klinger 60. Carl August ist 56 und Knebel 69. Charlotte von Stein 70 und schon seit 20 Jahren Witwe. Auch Christiane ist nun schon 47, geschwächt von zahlreichen Schwangerschaften und häufigen Krankheiten; zwei Jahre später wird sie, nach einem leichten Schlaganfall, nur »zwei Querfinger vom Tode« entfernt sein. Zunehmend fällt es der ehedem Vitalen schwerer, ihren oft niedergedrückten Gemahl aufzumuntern.

Wilhelm von Humboldt konstatiert nach einem langen Spaziergang mit dem ausgreifenden »Wanderer« von ehedem: »er mußte sich alle paar tausend Schritt setzen und ausruhen«. Der 44-Jährige findet Goethes Art, »sich nach und nach einzuspinnen«, traurig. »Er will nicht nach Wien, nicht einmal nach Prag, von Italien hat er auf ewig Abschied genommen. Also Weimar und Jena und Karlsbad! Immer und alljährlich!«

Aber Goethe wird schon noch einige Reisen unternehmen, die ihn aus diesem Orte-Dreieck herausführen. Nur ist die Zeit im Augenblick zum Reisen nicht gerade ideal, und die Stetigkeit der Arbeit unterbrechen würde die ganze Arbeit zurückwerfen. Man merkt es dem behaglich erzählten dritten Teil seiner Erinnerungen (Buch 11–15) nicht an, in was für einer hektischen Zeit er entstanden ist. Während Goethe 1813 über dem 11. Buch sitzt, brennt Moskau. Das preußische Volk beginnt sich gegen die Fremdherrschaft zu erheben, doch Friedrich Wilhelm III. zögert noch, gibt der allgemeinen Bewegung erst im März nach und trifft Allianzabsprachen mit Zar Alexander I. Dennoch zwingt Napoleon die Alliierten mit einem neu formierten Heer tief nach Schlesien zurück.

Während der Dichter zur Kur ins böhmische Teplitz aufbricht, wo dann Buch 12 und 13 vollendet werden, schreibt Charlotte von Stein an ihren Sohn Karl Friedrich Wilhelm: »Wer weiß, ob uns doch nicht die Franzosen noch einmal plündern und brennen [...] Unsere patriotische Stimmung ist zu laut ausgesprochen, daß die Franzosen sich wohl, wenn sie können, rächen würden.«

Es kommt, wie sie befürchtet hat. Der Eroberer rückt abermals in Weimar ein, läßt Truppen ausheben für jene, die mittlerweile zu den Preußen übergelaufen sind, und so viele Lebensmittel eintreiben, daß das Land bittere Not zu leiden beginnt. Im August erklärt Österreich Frankreich den Krieg. Anfang Oktober tritt Bayern der Koalition bei und leitet damit die Auflösung des Rheinbundes ein. Goethe ist jetzt wieder zu Hause, aber als Napoleon seine Truppen vor Leipzig zusammenzieht, läßt er die Koffer abermals packen und hält sich zur Flucht bereit.

Am 16. Oktober bricht die Völkerschlacht bei Leipzig los: 205 000 alliierte Soldaten stehen 190 000 Mann aus Napoleons Armee gegenüber! Nach drei Tagen sind die Franzosen geschlagen, ihr Kaiser aber entkommt nach Frankreich. Am 21. November arbeitet Goethe schon wieder an »Dichtung und Wahrheit«. Im Frühjahr 1814 marschieren die Alliierten in Frankreich ein. Napoleon muß abdanken und wird nach Elba verbannt.

August von Goethe, mittlerweile 23 Jahre alt, ist seit Weihnachten 1811 Kammerassessor im Staatsdienst. Bei allem, was er tut, erweist er sich als tüchtig, gehorsam und gänzlich ungenial. Er ist eben eine andersgeartete Persönlichkeit als sein Vater. Daß er überhaupt so etwas wie Persönlichkeit besitzt, scheint Goethe erst zu bemerken, als sich auch August, der, wie die meisten seiner Generation, an der Befreiung des Vaterlandes teilnehmen will, als Freiwilliger eingeschrieben hat. Ohne den Vater zu fragen!

Nun ist aber Augusts Tätigkeit im öffentlichen Dienst untrennbar mit Arbeit für den Vater verbunden, und der mag ihn nicht entbehren. Egoismus und väterliche Sorge verquicken sich bei seinen Bestrebungen, den Sohn wieder freigestellt zu bekommen. Auch wenn der Herzog nachgibt, August zwar in den Listen weiterführt, aber in gänzlich ungefährlicher Mission nach Frankfurt am Main schickt: Den Brief seines Landesherrn vom 29. Dezember steckt sich Goethe gewiß nicht hinter den Spiegel. Daß sich nach diesem Einsatz zeigen solle, wohin August »sein eigner Wille führt«, ist ein Wink mit dem Zaunpfahl. Entsprechend schwer fällt ihm die Antwort, und die erste Fassung seines Dankbriefes schickt er dann lieber nicht ab. Gar zu offen kommt darin seine Hoffnung zum Ausdruck, in Frankfurt sei es August vielleicht möglich, sich »nach den Resten meines Vermögens umzusehen«.

Zwei Tage später teilt ihm Voigt mit, der Herzog habe August nun aber doch ganz »von dem aktuellen Militärwesen dispensiert«, damit er »in Abwesenheit dem Erbprinz als Quasi-Adjutanten bei der Landwehr – jedoch ohne alles Marschieren und im freundlichen Zuhausebleiben« dienen könne. Ein Druckposten, der August aufgezwungen wird und ihn zum Gespött der Gleichaltrigen macht. August sei »der einzige junge Mensch von Stand, der hier zu Haus geblieben«, vermerkt Charlotte von Stein kritisch und schiebt es auf des Vaters mangelnden Freiheits-Enthusiasmus.

Irgendwann in seinem Leben muß August die Bevormundung seines Vaters zur Qual geworden sein. Vielleicht hat dieser allmähliche Prozeß damals, nach dieser für ihn peinlichen Entscheidung über seinen Kopf hinweg, begonnen. Denn während er als Jugendlicher eigentlich durchaus günstig geschildert wird, hört man jetzt zunehmend Stimmen, die von einer gewissen Lebensuntüchtigkeit, von Apathie und schließlich von Trunksucht sprechen.

»Wie sich in der Gegenwart irgend ein ungeheures Bedrohliches hervortat, so warf ich mich eigensinnig auf das Entfernteste«, schreibt Goethe in den »Tag- und Jahresheften«, und für den damaligen Zeitraum meint das nicht nur die Zeitferne, in die er sich mit seinen Erinnerungen begeben hat, sondern auch räumlich Entlegenes. Angeregt durch eine Schrift Alexander von Humboldts, arbeitet er an einer Profilkarte »Höhen der alten und neuen Welt bildlich verglichen«; er widmet sich »mit ernstlichstem Studium dem chinesischen Reich«, und im Sommer 1814 liest er sich in die deutsche Übertragung des »Divan« ein, des lyrischen Werks des großen persischen Dichters Hafis.

Die Jahre der Freiheitskriege mit ihrem Elend, der Unruhe und Auflösung zuverlässiger Sitten sind von jener Art Bedrohlichkeit, vor der es Goethe immer graust. Gegenüber seinem Freund, dem Bergrat von Trebra, rettet er sich in Ironie: »Unsere jungen Herren finden nichts bequemer als hinaus zu marschiren, um anderen ehrlichen Leuten eben so beschwerlich zu seyn als man uns gewesen, und das ist ein sehr lockender Beruf, da man noch nebenher für einen ausgemachten Patrioten gilt. Uns Übersechzigern aber bleibt nichts übrig als den Frauen schön zu thun, damit sie nicht gar verzweifeln. Wie wollen wir das nun anfangen? mit den bejahrten spiele ich Karte, und die jüngeren lehre ich irgend etwas.« (7. Januar 1814) Nach Erscheinen des dritten Teils von »Dichtung und Wahrheit« im Mai 1814 wird die kontinuierliche Weiterarbeit zunächst doch abgebrochen. Im vierten Teil soll es eigentlich nur noch um das Jahr 1775 gehen, aber diesen Teil der Geschichte wird Goethe erst sieben Jahre später erzählen und wenige Monate vor seinem Tod beenden. Ein neues großes Werk hat sich völlig überraschend in ihm zu entfalten begonnen. Angeregt durch die Hafis-Lektüre beginnt er wieder Gedichte zu schreiben. Sie sind von gänzlich anderer Art als die bisherigen und gelingen ihm in so großer Anzahl, daß es wie ein poetischer Vulkanausbruch anmutet. Damit einher geht – fast möchte man sagen: natürlich! – eine auftriebgebende »wiederholte Pubertät«. Aber das ist schon wieder eine neue, die nächste Geschichte.

Der Fortsetzung von »Dichtung und Wahrheit« stellen sich auch biografische Bedenklichkeiten in den Weg. Sie sind weniger allgemeiner Natur, obwohl sich ein Fouqué nach Lektüre der ersten Bände durchaus hellsichtig notiert:

Wer Andern Liebe nicht, nicht Schonung giebt;
Wer Herzen, die nach ihm in Sehnsucht lodern,
Beschaut, wie Raritäten, die vermodern, –
Ja, Raritäten noch den Vorzug giebt! –
Wie will nur der noch, daß man selbst ihn liebt?

Aber Goethe hätte jetzt zum Beispiel von seiner Liebe zu Lili von Türckheim, der Ver- und Entlobung erzählen müssen, aber die Dame lebt schließlich noch. Bei Friederike Brion war das anders gewesen; als er das Elsaßkapitel unter der Feder hatte, war sie bereits gestorben. Und bei Charlotte Kestner, geborener Buff, hatte er – ihre Reaktion auf den »Werther« gewiß noch in Erinnerung – viel verschleierndes Taktgefühl walten lassen. Von Susanna Magdalena Münch (mit ihr hätte ihn die Mutter während der Frankfurter Zeit gern verheiratet gesehen) taucht nicht einmal der Name auf. Dabei waren die beiden durch ein leicht frivoles Gesellschaftsspiel der Frankfurter Clique, bei der wochenweise »wahrhafte Ehegatten« zusammengelost wurden, drei Wochen hintereinander ein Paar – und das auch gar nicht ungern. Doch obwohl »ebendasselbe Frauenzimmer« letztlich die Anregung gab, den »Clavigo« zu schreiben, bleibt sie vorsichtshalber ungenannt. Ein Fritz Jacobi hatte ja schon auf den bloßen Hinweis im 14. Teil säuerlich reagiert, »daß unser Streben eine entgegengesetzte Richtung nehmen würde, wie es sich im Laufe des Lebens nur allzu sehr offenbarte«.

Nein, die Darstellung des Krisenjahres 1775 versprach nicht einfach zu werden. Und die zehn Jahre danach entziehen sich Goethe dann aus geheimnisvollen Gründen ganz der Darstellung, obwohl er irgendwann einmal auch an ihre Beschreibung gedacht haben muß, denn ein Schema existiert auch für sie.

Literaturwissenschaftler, die darauf aus sind, Goethe Fehler nachzuweisen, finden in »Dichtung und Wahrheit« ein reiches Betätigungsfeld, denn nichts ist natürlicher, als daß sich ein alter Mensch, selbst wenn er so methodisch arbeitet wie Goethe, nicht mehr genau an jede Einzelheit seiner Jugend erinnern kann. Aber der Autor hat sich für dieses Werk auch ganz bewußt Freiheiten herausgenommen, hat verdichtet oder zugespitzt, zeitlich Getrenntes einander zugeordnet, wenn es ihm thematisch geboten schien, »so daß ich zugleich völlig wahrhaft und ein anmuthiges Mährchen schreiben kann«.

Am 6. Mai 1814 wendet sich der Dramatiker und Schauspieler August Wilhelm Iffland – mittlerweile Direktor des Nationaltheaters Berlin – an den Hofrat Kirms, ob Goethe nicht ein Festspiel schreiben könne. Der König von Preußen werde zurück nach Berlin kommen, und zwar in Begleitung Zar Alexanders, wahrscheinlich sogar schon in vier Wochen. »Vier Wochen sind ein gar zu kurzer Termin«, meint Goethe und will nicht. Aber dann beginnt es in ihm zu arbeiten, und wenige Tage später hat er den ersten Entwurf zu »Des Epimenides Erwachen« fertig. Als Handlungsgrundlage verwendet er die antike Sage vom Hirten, der viele Jahre verschläft und nach Krieg und Zusammenbruch der alten Ordnung in einer neuen Zeit wieder erwacht. Allegorische Figuren wie Glaube, Liebe, Hoffnung, der Dämon der Unterdrückung treten auf; am Ende verkündet Epimenides, mit der Gabe der Weissagung beschenkt, eine bessere Zukunft.

Obwohl das Stück – eine eigenartige Mischung aus Drama und Oratorium – rechtzeitig fertig wird, scheint über der Uraufführung ein Unstern zu stehen. Dem Komponisten, einem Berliner Kapellmeister, geht die Arbeit schwer von der Hand. Der König von Preußen kommt später als geplant, der Zar am Ende gar nicht. Am 22. September stirbt Iffland. Der neue Intendant findet erst im neuen Jahr Zeit, sich der Inszenierung anzunehmen. Mittlerweile wird schon von einer »elenden Kabale« geflüstert. Verständlich, daß Goethe immer unwilliger wird.

Am 30. März 1815 endlich, am Jahrestag des Einzugs der Alliierten in Paris, wird das Stück aufgeführt. Es bekommt auch großen Beifall, aber der liegt wohl eher am festlichen Anlaß als an der Bühnentauglichkeit des Dramas. Besondere Volkstümlichkeit hat Goethe mit seinem in der Antike spielenden Stück nun wirklich nicht angestrebt. Dafür wäre Theodor Körner der rechte Mann gewesen, der Sohn von Schillers Freund in Dresden. Während der Befreiungskriege war er mit seinen Dramen, vor allem aber den Liedern (»Lützows wilde Jagd«, »Frisch auf, mein Volk, die Flammenzeichen rauchen«) zum Lieblingssänger der Deutschen geworden. Aber Körner war 1813 mit 21 Jahren als Freiwilliger der Lützowschen Jäger gefallen.

Bühnenwerke, die aus offiziösen Anlässen erwachsen, welken auch mit ihnen dahin. Auch »Des Epimenides Erwachen« wird heute kaum noch gespielt. Sein Gehalt erschließt sich aber, wenn man es als großes dramatisches Gedicht liest. Und was an Gegenwartsbezug verlorenging, hat es seltsamerweise an Zeitlosigkeit gewonnen – wobei der Gewinn durchaus größer ist als der Verlust.

Man hat gerätselt, warum sich Goethe bereit fand, ein antinapoleonisches Stück zu schreiben. Aber er hat weniger den Menschen Napoleon verehrt, als daß er, wie manche Äußerung von ihm belegt, von dessen Dämon fasziniert war. Wobei man wissen muß, daß das Dämonische für ihn eine komplexe Kraft war, die Gutes und Böses bewirken und die übliche moralische Weltordnung irritierend souverän durchkreuzen kann und in seinem Grunde schwer zu erklären ist. Auch konnte Goethe in dessen Herrschaft über Europa keine neu ordnende Kraft mehr erkennen – und das war es wohl, was er sich erhofft hatte. Den Orden der Ehrenlegion verschenkt er irgendwann an August für dessen Sammlung napoleonischer Andenken. Nun will er seine alten Fäden wieder fortspinnen. Aber das Schicksal hält schon Neues für ihn bereit.

Tschechien – Böhmen und zurück

Jede wirklich gelungene Reise hat einen verzauberten Augenblick. Einen, der sie später als Ganzes überglänzt und der nie vergessen wird. Selten verbindet er sich mit etwas Sensationellem, Aufsehenerregendem. Als ich im heißen Sommer 1991 zum ersten Mal das böhmische Bäderdreieck Karlsbad, Marienbad, Franzensbad durchstreifte, erlebte ich diesen Zauber an einem Sonntag, frühmorgens, als mich die Bummelbahn von Karlsbad nach Elbogen brachte.

Die Wagen waren überfüllt mit Einheimischen, die in den Wäldern und Dörfern der Umgebung picknicken wollten. Hinter Krasny Jez ist der Schienenweg oft tief in den Felsen gesprengt. Und wo immer es gedeihen kann, wächst Sommergrün jeglicher Art und Schattierung. Dazwischen das Blau des wilden Rittersporns. Ab und zu kleine Bahnhöfe, in denen der Stationsvorsteher mit seiner Familie lebt, drumherum jeweils Schrebergärten, die wie herausgeschnitten wirken aus der Krautwildnis. Der Duft der Felder, die Hitze; ich fühlte mich in meine Kindheit zurückversetzt. Vom Bahnhof Elbogen ging es dann zu Fuß den weitgeschwungnen Weg hinauf in die Oberstadt, die zusammen mit der Burg auf einem steilen Felsen liegt und in weiter, ellbogenförmig geknickter Schleife von der Eger umflossen wird.

Das glaub' ich wohl, daß Goethe diesen Anblick »über alle Beschreibung schön« fand und gern in angenehmer Gesellschaft hierhergefahren ist, um Geburtstag zu feiern; 1808 war es der Silvie von Ziegesars, 1823 der eigene, den er in Begleitung Amalie von Levetzows und ihrer drei Töchter verbrachte. Beide Male geschah das im Gasthof »Zum weißen Roß«, der freilich 1825 – wie auch die halbe Stadt – einem Brand zum Opfer fiel. An seiner Stelle steht nun ein neues »Weißes Roß«, und ein Laienmaler hat die Geburtstagsfeier mit den Levetzows in biedermeierlichem Stil an die Saalwand gepinselt und sie anachronistischerweise auf die neue Terrasse hinausverlegt, auf der ich dann zu Mittag gegessen habe.

An einer Sache aber kann der Brand nichts verändert haben: Noch immer schweift hier der Blick weit über die tief unten liegende, mal rauschend stürzende, mal breit und träge dahinfließende Eger zu den bewaldeten Gegenhängen hinüber.

> Ihr glücklichen Augen,
> Was je ihr gesehn,
> Es sei wie es wolle,
> Es war doch so schön!

An seinem 74. Geburtstag ist Goethe noch beschwingt verliebt gewesen. Keine zwei Wochen später, nachdem sein Antrag, Ulrike heiraten zu dürfen, abgelehnt worden war, steckte er in einer langanhaltenden depressiven Krise. Er ist nie mehr hierhergekommen, weder nach Elbogen noch nach Böhmen überhaupt. Als ich auf einem steilen Abkürzungsweg wieder zurückkehrte zum Bahnhof, fand ich auf einer Gedenktafel unterm Burgberg den Besuch einer anderen literarischen Berühmtheit dokumentiert: »Zur Erinnerung an Theodor Körners Aufenthalt in Elbogen im Jahre 1812.« Ein wahres Memento mori, denn im Sommer darauf ist der junge Dichter schon in den Befreiungskriegen gefallen.

Siebzehnmal hat Goethe »die böhmischen Zauberkreise« betreten, hat sich hier erholt und verliebt, hat seine mineralogischen Studien und seine gesammelten Werke weitergetrieben. »Vom Granit, durch die ganze Schöpfung durch bis zu den Weibern, Alles hat beigetragen, mir den Aufenthalt angenehm und interessant zu machen«, schrieb der 36-Jährige gleich nach seinem ersten Karlsbader Besuch.

Wer heute auf Dichters Spuren hier entlangwandert, kann die Wonnen der Langsamkeit wiederentdecken. Nirgendwo ist mir Goethe im Ausland nähergekommen als im alten böhmischen Bäderdreieck, wo auch er selbst in den letzten Jahren seltsame Heimkehr hielt: Am Rand von Karlsbad gibt es zum Beispiel einen Waldpfad, der von Büsten und Gedenktafeln berühmter Badebesucher gesäumt wird. Bis in den letzten Krieg hinein hieß er Goethepfad, danach Puschkinweg. Im Sommer '91 war das neue Schild »Goethova Stežka« erst wenige Wochen alt. Überhaupt haben sich seit der »samtenen Revolution« unter Václav Havel – als Tschechien und die Slowakei noch für ein Weilchen zusammenblieben, aber schon das sozialistische S untern Tisch gefallen war und der Staat für eine Weile ČSFR hieß – viele Namen verändert. Die Gagarin-Bank vor dem großen Sprudel, aus dem Goethe so oft getrunken hat, stand noch, das Lenin-Denkmal schon nicht mehr. Andere Namen haben allen Zeitstürmen getrotzt. Hier ist Beethoven abgestiegen, dort Dvořak. Noch immer können die Pensionen von Goethe und Schiller gezeigt werden, erinnern Denkmäler und Tafeln an den polnischen Dichter Mickiewicz, die österreichische Kaiserin Maria Ludovica und Kemal Atatürk, den Gründer der modernen Türkei.

Bei so viel gesellschaftlichem Leben können Klatsch und Tratsch nicht ausgeblieben sein, und Goethe machte da keine Ausnahme, noch wurde sie mit ihm gemacht. »Da habe ich von fern einen Mann vorbeirutschen sehen«, regte er sich nach einem Spaziergang auf, »ich glaubte den leibhaftigen Böttiger erblickt zu haben.« Als ihm bestätigt wird, daß er tatsächlich den ihm verhaßten Weimarer Gymnasialdirektor gesehen habe, entfuhr ihm der Ausruf: »Gottlob, daß Gott nicht ein zweites solches Arschgesicht geschaffen hat!« Ungleich taktvoller, wenn auch nicht frei von Ironie verhielt er sich, als man in der Stadt auf ein Pärchen stieß, das je anderweitig gebunden war. »Haben Sie das gesehen!« fragt ihn sein Begleiter konsterniert. »Ich habe es gesehen«, antwortete der Schöpfer einer neuen Optik gelassen, »aber ich glaube es nicht!«

Karlsbad im Sommer ist noch immer ein touristisches Ereignis. Eine eigenartig südliche Atmosphäre liegt über der Stadt, ein bißchen Salzburg, ein bißchen Meran. Wer von den Einheimischen Deutsch spricht, tut's mit jenem entzückend böhmischen Zungenschlag, der dem Österreichischen schon nahekommt, aber doch etwas unverkennbar Eigenes hat und Dinge, die im Norddeutschen streng und eindeutig klingen, aufs angenehmste in der Schwebe hält.

Noch immer schießt die armdicke Fontäne des großen Sprudels ihr 73° heißes Wasser aus einer großen Düse knallend neun bis zehn Meter hoch. Noch immer trinken es die Kurgäste respektvoll angewidert aus seltsamen Krügerln und decken sich mit »Karlsbader Salz«, dem weltberühmten Abführmittel, ein.

Die verrotteten Holzkolonnaden unterm Schloßturm sind

komplett neu geschnitzt. Kunstfertig ist man dabei bis ins kleinste den alten Vorlagen gefolgt. Das Elend der Häuser in den Seitengassen ist noch groß, aber die zusammenhängenden Fassaden der Kurhotels funkeln schon längst wieder in alter Pracht.

Am häufigsten hat Goethe in Karlsbad bei der »guten Frau Heilinggötter« übernachtet, im Gästehaus »Zu den drei Mohren« in der Trziste 377 nahe dem Sprudel. In der Stará louka (Alten Wiese) stehen noch zwei weitere Goethe-Häuser: der »Weiße Hase«, den er bei seinem ersten Badeaufenthalt bezog, und die »Drei roten Rosen« (heute »Haus Mozart«), wo er im Jahr seiner Flucht nach Italien Quartier nahm. Goethe war dreizehnmal in dieser Stadt. »Ich wüßte mir keinen angenehmern und bequemern Aufenthalt als Carlsbad und werde wohl noch eine Zeitlang bleiben [...] Man kann hier in großer Gesellschaft und ganz allein seyn, wie man will, und alles, was mich interessirt und mir Freude macht, kann ich hier finden und treiben.«

Aber der alte Pfennigfuchser, der doch im Kursommer 1806 von Österreichs inflationärer Krise so profitiert hatte, konnte sich zu anderen Zeiten auch über die Beutelschneiderei am Ort aufregen. »Alles ist ohnehin viel theurer als sonst und von Tag zu Tage durch den Curs noch theurer«, beschwerte er sich 1818 bei seinem Sohn. »Die Billigkeit und Rechtlichkeit, die sonst in den Carlsbadern war ist gänzlich verschwunden, sie üben das Strandrecht gegen jeden aus, den die Krankheit an ihr Ufer verschlägt.«

Während die heißen Quellen von Karlsbad schon seit dem Mittelalter genutzt wurden, entwickelte sich Marienbad erst seit 1805 aus einem morastigen Sumpfgebiet zu einem Kurort, erwarb sich dann aber innerhalb weniger Jahre große Beliebtheit. Goethe machte 1820 einen ersten Abstecher dorthin und fühlte sich in eine »amerikanische Einsamkeit versetzt, wo man Wälder rodet, um in drei Jahren eine Stadt zu bauen«. Heute ist Marienbad noch immer eine kleine Stadt, an deren Rändern überall der Wald hereinschaut. Die Hotels sind im Zuckerbäckerstil gebaut, die Kolonnade am Kurpark sieht wie die Vorhalle eines Gründerzeitbahnhofs aus. Um den Park herum findet man, soweit es Goethe betrifft, fast alles Wichtige beisammen: das Museum in der Náměstí J. W. Goethe 11;

dicht dabei das Nobelhotel »Haus Weimar« mit dem Zimmer 215, das – weil der Dichter dort genächtigt habe – als »Goethe-Zimmer« vermietet wird. Nur mit den Denkmälern ist das so eine Sache.

1974 hatte die DDR dem Kurort eines geschenkt, das Goethe mit Ulrike von Levetzow darstellt. Weil das Mädchen, anders als ihr Vorbild, recht rundlich ausgefallen war, wurde es in »Goethe und die Muse« umbenannt. Weil es peinlicherweise zum 30. Jahrestag der Befreiung des Landes durch die Rote Armee gestiftet wurde (obwohl hier jeder weiß, daß Marienbad im Frühling 1945 von den Amerikanern befreit wurde), hat man es nahe einer Waldquelle versteckt, und mir wollte oder konnte lange keiner sagen, wo es zu finden sei.

Aber es gab noch ein früheres Goethe-Denkmal, von dem ich im Kurpark den Sockel fand. Über die Art seines Verschwindens gibt es zwei Versionen. Die eine besagt, daß die Marienbader Sudetendeutschen ihren Goethe samt zwei anderen denkmalswerten, aber nicht systemwürdigen Herrschaften für den Endsieg haben einschmelzen lassen. Diese Geschichte wird auch durch eine Sockelinschrift aus sozialistischer Zeit bestätigt, die auf tschechisch, lateinisch und französisch betont: »Dieses Denkmal wurde von der deutschen Besatzung entfernt.« Irgendwie klingt das aber im Falle des deutschen Vorzeigedichters Goethe nicht gerade glaubwürdig.

Die andere Version habe ich mir von einem einheimischen Fremdenführer fortgeschrittenen Alters erzählen lassen, einem echten Nachfahren Schwejks, dem unterderhand alles zur Anekdote gedieh. Ich wurde auf ihn aufmerksam, als er vier Goethe-Reliefs in den Kolonnaden historisch anfechtbar, aber plastisch erläuterte und die Szene mit Mutter und Tochter Levetzow mit den Worten beschrieb: »Da war der Geethe 74 und das Madel 19. Also hat die Mama gesagt: Wird nix. Er kennt ihr ja was tun. Wenn sie das mir gesagt hätt', daß ich dem Madel noch was hätt' tun können in dem Alter, ich hätt's für ein Kompliment genommen.« – Diesen Mann habe ich nach dem ursprünglichen Denkmal gefragt.

»Die im Wald können's vergessen«, war seine Antwort. »Des is eine bleede Inspiration, eine bleede. Das echte Denkmal war a Geethe, was sitzt. Und die Deitschen soll'n ihm weggemacht haben. Nur: die warn's nicht. Aber eines Nachts nach'm

Krieg war er dann weg. Das warn die amerikanischen Besatzer, so junge Lauser wahrscheinlich. Sagt man. Hob ich geheert.«

Mit dieser doppelten Relativierung in Schwejkscher Manier war viel gesagt und nichts behauptet. Oder umgekehrt. Wie auch immer: Seit 1993 gibt es am Goethe-Platz wieder einen »Geethe, was sitzt«, eine schöne Statue von entspannter Würde. Diesen Goethe kann man mögen. Und die Geschichte seiner Entstehung auch. Die Stadtväter von Marienbad haben ihn nämlich bei dem einheimischen Bildhauer Vítězslav Eibl in Auftrag gegeben, und die 1945 aus der Stadt vertriebenen Sudetendeutschen haben ihn bezahlt.

Alltag und Überraschungen des Alters
1814 – 1823

> Weite Welt und breites Leben,
> Langer Jahre redlich Streben,
> Stets geforscht und stets gegründet,
> Nie geschlossen, oft gerundet,
> Ältestes bewahrt mit Treue,
> Freundlich aufgefaßtes Neue,
> Heitern Sinn und reine Zwecke:
> Nun! man kommt wohl eine Strecke.
>
> »*Zur Naturwissenschaft überhaupt*«,
> *Heft 1, 1817*

Seit dem 30. März 1814 herrscht endlich wieder Frieden. Am 25. Juli sitzt Goethe wieder einmal in der Reisekutsche. Die Fahrt zur Kur nach Wiesbaden weitet sich zu einer Reise entlang den Ufern von Rhein, Main und Neckar. Er ist entspannt und aufnahmebereit wie lange nicht mehr. Gleich am ersten Reisetag gelingen mehrere Gedichte, werden ihm zum Gleichnis dafür, daß noch längst nicht alles vorbei ist.

> So sollst du, muntrer Greis,
> Dich nicht betrüben;
> Sind gleich die Haare weiß,
> Doch wirst du lieben.

Am 29. August kann er Riemer glücklich schreiben, die Anzahl der Gedichte für eine neue Sammlung sei bereits »auf 30 angewachsen«. Dieser schöpferische Ausbruch im Gedicht sucht in der Weltliteratur seinesgleichen. Gelangen Goethe nach der Jahrhundertwende selten mehr als zwanzig Gedichte im Jahr (eingerechnet alle Stammbuchverse und gereimten Allerweltsweisheiten), waren es 1807 und 1809 gar nur noch sieben, so erlebt er 1814 seine Wiedergeburt als Lyriker: 140 Gedichte! Im Jahr darauf sind es sogar 170.

Die Zeit großer politischer Erschütterungen ist vorbei und Goethe ein alter Mann geworden. Dennoch fühlt er sich, als hätte ihn Chiser, der große Hüter des Lebens in den östlichen

Dichtungen, wieder verjüngt. Und so beginnt das spätere Einleitungsgedicht zum »West-östlichen Divan« mit den Worten:

> Nord und West und Süd zersplittern,
> Throne bersten, Reiche zittern,
> Flüchte du, im reinen Osten
> Patriarchenluft zu kosten,
> Unter Lieben, Trinken, Singen
> Soll dich Chisers Quell verjüngen.

In der Tat sind Throne geborsten, Reiche erzittert. Von 1805, als Napoleon Österreich und Rußland bei Austerlitz geschlagen hatte, bis zur Verbannung des Eroberers nach Elba ist Europa in einen immer größeren Strudel von kriegerischer Gewalt und nachfolgendem Elend gerissen worden, in Hunger, Flucht und Sterben, Barbarei und Verelendung. Jetzt sollen die Länder neu geordnet und wieder aufgebaut werden. Und die Völker, die den Sieg über den Korsen ermöglicht haben, dürfen hoffen, nicht nur mit neuem Wohlstand, sondern auch mit Freiheit und Einheit belohnt zu werden. Das aber wissen die Fürsten Europas zu verhindern.

Im Herbst 1814 treffen sie sich in Wien, um die Neuordnung zu beraten. Die herausragende Persönlichkeit des »Wiener Kongresses« ist ohne Zweifel der Vertreter Österreichs, Klemens Wenzel Fürst Metternich. Realitätsbezogen und auf dem diplomatischen Parkett von geradezu genialer Geschicklichkeit, möchte er am liebsten wieder vorrevolutionäre Verhältnisse haben. Deshalb sorgt er dafür – und findet dabei in Talleyrand einen würdigen Meister der anderen Seite –, daß mit dem besiegten Frankreich schonend umgegangen wird und mit Ludwig XVIII. wieder ein Bourbonenkönig auf den Thron kommt.

Zunächst dümpeln die Verhandlungen so dahin. Die Fortschritte bleiben gering, dafür werden abends rauschende Bälle gefeiert. Bald geht das böse Wort um: »Le congrès danse, mais ne marche pas.« (Der Kongreß tanzt, aber er kommt nicht vorwärts.) Das ändert sich rasch, als die Nachricht von der Landung des geflohenen Napoleon in Südfrankreich eintrifft. Sofort wird das alliierte Bündnis erneuert, aber noch einmal zeigt der korsische Adler seine schrecklichen Krallen. Was in seiner Biographie nur eine 100-Tage-Episode bleibt, kostet 53 000 Soldaten das Leben.

Sind Frankreich zunächst noch die Grenzen von 1792 zugestanden worden, so wird der Rhein jetzt mit beiden Ufern preußisch. Und weil England Angst vor der »französischen Pistole« hat, wird zudem aus den ehemaligen Generalstaaten, aus österreichischem Besitz und Luxemburg ein erweitertes Königreich der Niederlande geschaffen und dem Haus Oranien unterstellt. Österreich und Preußen ordnen ihre Grenzen gegenüber Bayern neu. Übel dagegen ergeht es dem ohnmächtigen Polen, das seit 1795 unter Preußen, Österreich und Rußland aufgeteilt war. Es hatte auf Napoleon gesetzt und konnte nach der preußischen Niederlage von 1806 wenigstens als französisch dominierter Rumpfstaat wiedererstehen. Nun wird es zu einem nationalstaatlichen Flickenteppich, dessen einzelne Teile von den Siegermächten verwaltet oder ganz einverleibt werden. Das von Napoleons Gnaden gebildete Königreich Hannover bleibt mit Großbritannien verbunden. Die Schweiz wird um drei Kantone vermehrt, zugleich wird ihr immerwährende Neutralität garantiert.

An die Stelle des 1806 aufgelösten Heiligen Römischen Reiches Deutscher Nation tritt nun ein Gebilde von zweifelhaftem Wert: der Deutsche Bund. Er besteht aus 35 Einzelländern und vier Reichsstädten, hat zwar einen Bundestag in Frankfurt, aber weder Staatsoberhaupt noch Volksvertretung, kein Heer und keine wirtschaftliche Einheit. Alle nationalen Pläne stoßen auf den Widerstand der europäischen Großmächte, und auch die zahlreichen Mittel- und Kleinstaaten wollen nicht auf ihre Hoheitsrechte verzichten. Immerhin kann es dank der Bundesakte keine Kriege untereinander mehr geben. Außerdem heißt es darin: »In allen Bundesstaaten wird eine landständische Verfassung stattfinden.« Sachsen-Weimar-Eisenach, nach den Wiener Beschlüssen Großherzogtum geworden und auf 180 000 Einwohner angewachsen, ist am 5. Mai 1816 das zweite Land, das ernst damit macht.

Goethe gratuliert dem aus Krieg und anschließenden diplomatischen Händeln endlich heimgekehrten Freund zur neuen Würde; er möchte weiterhin »freudiger Zeuge« seines Wirkens sein und »in dem kleinen Bezirk, der meiner Thätigkeit angewiesen bleibt«, redlich mitwirken (22. April 1815). Mit der freudigen Zeugenschaft ist das freilich so eine Sache. Die modernisierte Staatsführung gefällt ihm durchaus. Jetzt ist er nicht mehr für alles und jedes zuständig, sondern steht als Staatsminister einer kleinen Behörde von elf wissenschaftlich-kulturellen Institutionen vor – eine Arbeit, die auf ihn wie zugeschnitten scheint. Aus dem Geheimen Consilium wird das Großherzogliche Staatsministerium, und dort ist Christian Gottlob von Voigt Präsident. Außerdem gehören ihm Carl Wilhelm Freiherr von Fritsch, Friedrich von Müller, Freiherr von Gersdorff und Graf Edling an. Lauter schätzenswerte Männer, bei denen in guten Händen liegt, was Goethe losgelassen hat.

Nun aber diese neumodische Verfassung! Sie ist zwar in Absprache mit dem Herzog erarbeitet worden und nimmt der Monarchie nicht sonderlich viel, immerhin sind jetzt erste demokratische Spielräume möglich. Ganz und gar mißfällt Goethe die neue Pressefreiheit, die er öfters »Preßfrechheit« nennt. Es ist das erste Mal, daß sie in einem deutschen Staat verfassungsmäßig verbürgt ist. Darum blicken die konservativen Kräfte besorgt, die liberal-progressiven aber begeistert auf diesen Kleinstaat im Herzen Europas. Nirgendwo kann doch die Freiheit der Presse in besseren Händen liegen als dort, wo Herder, Wieland und Schiller wirkten und Goethe nach wie vor publiziert. Doch bald schon gibt es die ersten Komplikationen.

Im Jenaer Universitätsbereich war man mit der ersten Verfassung längst noch nicht zufrieden. Professor Lorenz Okens naturwissenschaftliche Zeitschrift »Isis« vermißt die Verankerung individueller Menschenrechte. In der »Nemesis« des Historikers Heinrich Luden wird für ein geeintes Deutschland gestritten. Gegen die »Isis« kommt es dann sogar zu einem Prozeß, den – Sensation! – Oken gewinnt und dessen Urteil – noch größere Sensation! – ein verärgerter Carl August respektieren muß. Goethe äußert sich säuerlich über politisierende Professoren, obwohl er Luden und Oken als Wissenschaftler durchaus schätzt. Die Mehrzahl der Bevölkerung ist an diesen Auseinandersetzungen nicht interessiert und trachtet nach der entbehrungsreichen Kriegszeit nach Ruhe und Wohlstand. Gerade jetzt aber kommt es zur ersten deutschen Studentenrevolte.

Mit 39 schwerfällig verwalteten und reaktionär regierten Vaterländchen wollen sich die Studenten nicht mehr abfinden.

Vorher landsmannschaftlich organisiert, gründen sie nun eine »Burschenschaft«, die alle Studentenbünde zusammenschließt. Beseelt von den Idealen der Freiheitskriege, geben sie ihrer Fahne die Uniformfarben des beliebten Lützowschen Freikorps: schwarz-rot-gold. Für den 18. Oktober 1817 laden sie zu einem großen Fest auf die Wartburg ein. Da soll der 300. Jahrestag der Reformation und zugleich die vierte Wiederkehr der Schlacht bei Leipzig gefeiert werden. Carl August weist die Stadt Eisenach an, den jungen Leuten Quartier und Verpflegung zu besorgen und ein besonders gutes Bier zu brauen. Überhaupt scheint er in jenen Jahren um einiges progressiver zu sein als Goethe, dem die ganzen Vorgänge und ihr geistiger Hintergrund einigermaßen unheimlich sind.

Rund 800 junge Leute aus elf deutschen Universitäten, dazu einige Professoren kommen und halten begeisternde Reden für die deutsche Einheit und gegen Reaktion und Unterdrückung. »Vier Jahre lang sind seit jener Schlacht verflossen«, ruft der in den Befreiungskriegen ausgezeichnete Jenaer Student Heinrich Riemann in die enthusiasmierte Menge, »das deutsche Volk hatte schöne Hoffnungen gefaßt, sie sind alle vereitelt [...] Von allen Fürsten Deutschlands hat nur einer sein gegebenes Wort gelöst, der, in dessen freiem Lande wir das Fest begehen!«

So weit, so gut. Am Rande der Veranstaltung werden freilich ein paar Bücher verbrannt, die für besonders reaktionär gelten. Dazu ein hessischer Zopf*, ein österreichischer Korporalstab und ein preußischer Schnürleib – alles Attribute der Unterdrückung und Einengung.

Goethe hat, was alsbald folgt, »wo nicht voraus gesehn, doch voraus gefühlt« (an Zelter, 16. Dezember 1817), denn natürlich nutzt der ideologische Gegner den Teil, um ihn als repräsentativ fürs Ganze darzustellen. Viele Staaten, voran die Großmächte, reagieren heftig, und die weimarische Diplomatie hat geraume Zeit zu tun, um die Gemüter wieder zu besänf-

---

* Während für Goethe als weimarischer Kriegskommissarius die Rekrutenaushebung des Jahres 1779 eine Qual war, fanden viele Fürsten nichts dabei, junge Männer ihres Landes an ausländische Kriegsparteien zu verkaufen und für jeden Gefallenen auch noch einen Anteil an der Sterbeprämie zu kassieren. Besonders skrupellos tat sich dabei der Landgraf von Hessen-Kassel hervor.

tigen. Carl August entschließt sich, eine Ergänzung gegen Pressemißbrauch zu verordnen. Aber die Dinge entwickeln sich noch schlimmer.

Der 56-jährige Erfolgsdramatiker August Friedrich von Kotzebue polemisiert in seinem »Litterarischen Wochenblatt« gegen die politischen Ziele der Studenten- und Turnerbünde. Dann kommt auch noch durch eine Indiskretion heraus, daß er Informationsbriefe für den Zaren schreibt. »Nemesis«, »Isis« und Ludwig Wielands »Volksfreund« drucken Auszüge daraus ab. Man nennt ihn eine literarische Eiterbeule und behauptet, er sei es, der die Geheime Polizei auf Gelehrte und Studenten hetze. Am 23. März 1819 wird er in Karlsruhe von dem Jenaer Theologiestudenten Karl Ludwig Sand ermordet. »Wenn ich sinne«, hat der Verblendete kurz zuvor in sein Tagebuch geschrieben, »so denke ich oft, es sollte doch einer mutig über sich nehmen, dem Kotzebue oder sonst einem solchen Landesverräter das Schwert ins Gekröse zu stoßen.«

Die Nachricht verbreitet sich wie ein Lauffeuer und polarisiert die Ansichten. Goethe, der Kotzebue nie leiden konnte, hatte sich schon mit Genugtuung darüber geäußert, daß eine von dessen Schriften auf der Wartburg verbrannt worden war, und dazu ein ausgesprochen dummes Gedicht verfaßt:

> Du hast es lange genug getrieben,
> Niederträchtig vom Hohen geschrieben,
> [...]
> Die Jugend hat es dir vergolten:
> Aller End her kamen sie zusammen,
> Dich haufenweise zu verdammen;
> Sankt Peter freut sich dieser Flammen.

In Kotzebues Ermordung will er nun sogar die »notwendige Folge einer höheren Weltordnung« erkennen.

Realitätsnäher fällt das Urteil jener aus, die sofort erkennen, daß Sand in Wahrheit keinen Vertreter der Unfreiheit, sondern die Freiheit selbst ermordet hat. Denn Metternich nimmt den Vorfall zum Anlaß, auf Konferenzen, die im August in Karlsbad stattfinden, Beschlüsse zu entwickeln, welche später von der Bundesversammlung einstimmig verabschiedet werden: Verbot der im Jahr zuvor gegründeten »Allgemeinen

Deutschen Burschenschaft«, Einsetzung von Landesbevollmächtigten, die den Universitätsbetrieb streng überwachen, staatliche Vorzensur für alle Schriften »unter 20 Bogen im Druck«, Verfolgung aller »revolutionären Umtriebe und demagogischen Verbindungen«. Und Berufsverbote: Wer einmal irgendwo gegen eines der genannten Gesetze verstoßen hat und darum entlassen wurde, soll nirgendwo im Bereich des Deutschen Bundes mehr eine Anstellung finden.

Die preußische Regierung tut sich bei der Umsetzung der »Karlsbader Beschlüsse« besonders hervor. Bald sitzen so bedeutende Männer wie die Dichter Ernst Moritz Arndt und Fritz Reuter hinter Gittern, auch »Turnvater« Jahn und der Journalist Johann Joseph von Görres. Freiheitlich gesinnte Professoren wie die »Göttinger Sieben«, zu denen auch Jacob und Wilhelm Grimm gehören, werden aus dem öffentlichen Dienst entlassen. Langsam kehrt Ruhe ein. Friedhofsruhe. »Zipfelmützen« wird ein gängiges Schimpfwort der Studenten für Bürger, die von nichts etwas wissen und nur ihre Ruhe haben wollen. Das »Biedermeier« hat begonnen.

Goethe mag für manches sein, wofür auch die reaktionären Kräfte sind, eine Zipfelmütze ist er nicht. Aus den Tagebüchern und Briefen des Jahres 1814 tritt uns ein sehr lebendiger Mensch entgegen, weltoffen und kritisch, tätig bei alledem. Der 65-Jährige bereitet die ersten Bände seiner neuen, diesmal zwanzigbändigen Werkausgabe für Cotta vor. Er empfängt Gäste und ist seinerseits zu Gast. Die allsommerliche Kur verbringt er diesmal in der alten, seit 17 Jahren nicht mehr gesehenen Heimat.

Am 28. Juli 1814 erreicht er Frankfurt, genießt die herrliche Abendbeleuchtung der Dörfer und Villen des linken Mainufers und später am Abend eine Illumination, die zu Ehren des gleichzeitig ankommenden Königs von Preußen gegeben wird. Er übernachtet im Hause des 34-jährigen Johann Friedrich Heinrich Schlosser, eines Neffen zweiten Grades, den er seit dessen Jurastudium in Jena kennt und als »ruhige verständige Natur« schätzengelernt hat. Mit ihm und seinem Bruder Christian werden »Begebenheiten, Gesinnungen, Anregungen« durchgehechelt. Nachts geht er mit Stadelmann, dem unlängst eingestellten Diener, durch die altvertraute Stadt.

»Wo die Lampen nicht leuchteten«, schreibt er Christiane, »schien der Mond desto heller. Auf der Brücke verwunderte ich mich über die neuen Gebäude und konnte überall wohl bemerken was sich verschlimmert hatte, was bestand und was heraufgekommen war. Zuletzt ging ich an unserm alten Hause vorbei. Die Haus Uhr schlug drinne. Es war ein sehr bekannter Ton, denn der Nachfolger im Hausbesitz hatte sie in der Auction gekauft und sie am alten Platze stehen lassen.« (29. Juli 1814)

Anderntags fährt er weiter nach Wiesbaden, genießt die langsam vorüberziehende Natur, schreibt Gedichte, liest im Hafis. Dessen »Divan«, der das lyrische Gesamtwerk sammelt, ist 1812/13 in der Übersetzung Joseph von Hammer-Purgstalls bei Cotta erschienen und wird ihm jetzt für längere Zeit ein zentrales Lektüreerlebnis. In dem unbestritten größten Dichter Persiens (ca. 1325–1390) erkennt er sich selber wieder: seine Gebundenheit an Hof und Adel, seine Lust an der Natur, an Wein und Liebe, seine Angst vor politischen und religiösen Eiferern, die Art und Weise, im Gedicht das Symbolische mit dem Anschaulichen zu verbinden. Es gibt auch erstaunliche Parallelen in der Biografie. So findet etwa die Begegnung Goethes mit Napoleon ihre Entsprechung in dem denkwürdigen Treffen Hafis' mit dem tatarischen Eroberer Tamerlan.

Goethe liest sich, um in des Dichters Welt einzudringen, ordentlich in die Tiefe und Breite, lernt gar die persische Schrift und Sprache. Alles Orientalische fällt jetzt bei ihm auf fruchtbaren Boden. Er liest »Tausendundeine Nacht« und die Geschichte von Medschnun und Leila, berühmte Reisebeschreibungen von Marco Polo bis in seine Gegenwart, Schlegels Aufsatz »Über die Sprache und Weisheit der Indier« und vieles mehr. Anfang des Jahres 1814 erzählt er seinem Freund, dem Oberberghauptmann von Trebra, tief beeindruckt von einem »mahometanischen Gottesdienst«, der im protestantischen Gymnasium von Weimar gehalten worden ist. Es sei nämlich ein baschkirischer Prinz in der Residenz gewesen, von dem er Pfeil und Bogen geschenkt bekommen habe. Sie erhalten einen Ehrenplatz über dem Kamin.

Seine neuen Gedichte will Goethe unter dem Titel »Gedichte an Hafis« bzw. »Deutscher Divan« zusammenfassen. Die persische Dichtung rührt ihn mächtig auf, »ich mußte mich dagegen produktiv verhalten, weil ich sonst vor der mächtigen Erscheinung nicht hätte bestehen können«.

Die Wiesbadener Kur bingt Goethe mit alten und neuen Freunden zusammen. Zelter ist da. Riese, der alte Jugendfreund, kommt herüber und aus Heidelberg Sulpiz Boisserée. Auch der 54-jährige Geheimrat Johann Jakob von Willemer – man kennt sich schon seit längerem – reist für einen Augusttag mit seiner 29-jährigen Ziehtochter, der hübschen Marianne Jung, an. Wenn das Paar am 27. September heiratet, wird Goethe gerade bei Boisserée in Heidelberg sein, um dessen unglaubliche Kunstsammlung zu studieren.

Die Herzlichkeit der Freunde, der Sommer, die Kur – all das versetzt Goethe in eine lebensfreudige, weltzugewandte Hochstimmung, die er lange entbehrt hat. In Bingen wird die während der Franzosenkriege zerschossene, dann wieder aufgebaute Kapelle auf dem Rochusberg neu geweiht. Das Erlebnis des damit verbundenen Volksfestes schlägt sich in einem seiner schönsten biografisch-kunsthistorischen Texte nieder. Es wird ihm zum Symbol für abgetane Not und wiedergewonnene Behaglichkeit.

Die altdeutsch-niederländische Kunstsammlung der Boisserée-Brüder in deren Heidelberger Stadtpalais begeistert ihn. »Ach, Kinder, [...] was sind wir dumm, was sind wir dumm, wir bilden uns ein, unsere Großmutter sei nicht auch schön gewesen; das waren andere Kerle als wir; ja Schwerenot! die wollen wir gelten lassen, die wollen wir loben und abermals loben!« Aus den »Unterhaltungen« von Johann Baptist Bertram, Freund und Mitbesitzer der Gemäldesammlung (Goethe nannte die Boisserées und ihn gern den »Bund der Könige«), wissen wir, daß der Dichter die überraschend eintretende Caroline von Humboldt, die sich schon lange auf ein Wiedersehen mit ihm freut, geradezu unhöflich wieder hinauskomplimentiert, weil er sich den Kunstgenuß nicht stören lassen will.

Immer wieder werden ihm auch die Architekturzeichnungen des Kölner Doms gezeigt, die gerade durch den Darmstädter Hofbaumeister Georg Moller in Zusammenarbeit mit den Brüdern für eine Veröffentlichung vorbereitet werden. In Sulpiz Boisserée bricht zunächst Eifersucht auf und die Besorgnis, ob er den Fund für seine Publikation zur Verfügung gestellt bekomme. Aber Moller gibt ihn nicht nur her, sondern kommt ein Jahr später auch auf die Spur des letzten noch fehlenden Planteils. Die Zeichnungen werden in Paris gefunden, wohin sie als Kriegsbeute mitgenommen worden sind. Nun steht einer Vollendung der größten gotischen Kirche auf deutschem Boden nichts mehr im Wege.

Zwischen Goethe und dem kenntnisreichen Baumeister entspinnt sich ein kleiner Briefwechsel, der den Dom zum Thema hat. Der gebürtige Niedersachse aus der kleinen Provinzstadt Diepholz hat es durch eigene Kraft und Begabung zu seiner bedeutenden Stellung gebracht. Ohne Eitelkeit vermag er sich jetzt in den Dienst der großen Sache zu stellen. Goethe gefällt, daß dieser Mann nach eigenem Bekunden »von den jetzt herrschenden Germanomania« nichts wissen will, »da mein Wunsch allerdings ist, das Alte zu erhalten nur Materialien für den künftigen Geschichtsschreiber deutscher Kunst und Bildung zu sammeln, nicht aber der Mode zu dienen« (Moller an Goethe, 24. Oktober 1815).

Auch Boisserée und Moller finden sich trotz mancher Differenzen bis an ihr Lebensende im Bestreben vereint, kunsthistorisch bedeutsame Bauten vor dem Vergessen und Verfallen zu retten. Für Moller wird die Bekanntschaft zum Anstoß für seine »Denkmäler der deutschen Baukunst«, die ab 1815 zu erscheinen beginnen. Boisserée beflügelt sie zu seinen »Denkmalen der Baukunst am Niederrhein« (1831–1833). Aber auch Goethe wird, was die Errettung des Vorhandenen durch Beschreibung angeht, in die Pflicht genommen: Der Reichsfreiherr vom und zum Stein lädt ihn 1815 zu einer Inspektionsreise in die Rhein-Main-Gegend ein, natürlich in der Hoffnung, die berühmteste Feder Deutschlands für seine Sache gewinnen zu können.

Tatsächlich schreibt Goethe seine vielfältigen Eindrücke über private und öffentliche Sammlungen nieder und gründet als Publikationsforum für seine Arbeit und einige Texte ihm Nahestehender die Zeitschrift »Über Kunst und Altertum in den Rhein- und Maingegenden« (1816–1832). Er ist fasziniert davon, »was Privatpersonen im Stillen während diesen traurigen und drängenden Zeiten aufgehäuft und erhalten haben« (an Carl August, 3. September). Goethe lernt den Kaufmann Städel und den Universitätsdirektor Wallraf als Sammler kennen und schätzen. Heute berühmte Museen wie das Städelsche Kunstinstitut in Frankfurt und das Wallraf-Richartz-Museum in Köln gehen auf ihre Sammelarbeit zurück.

Er bindet das durch Augenschein und aufwendige Recherchen Erkundete, um es ansprechender zu machen und damit die propagandistische Wirkung zu steigern, in einen biografischen Erzählfluß ein. Das ist durchaus im Sinne des Freiherrn vom Stein, möchte er doch dem deutschen Volk bewußtmachen, daß die Rheinlande während der Besatzung zwar viel gelitten haben und besondere Hilfe brauchen, dafür aber auch besondere Schätze für die Nation bereithalten.

»Es ist zwar meine Art nicht auf den Tag zu wirken«, schreibt Goethe an Freund Zelter, »dießmal aber hat man mich so treulich und ernsthaft zu solcher Pflicht aufgefordert, daß ich mich nicht entziehen kann. [...] In diesen Fächern, wie in allen andern, ist soviel guter Wille als Verwirrung und Un- vertraun; jeder möchte etwas leisten und zwar das Rechte, und niemand begreift daß das nur geschehen kann, wenn man mit und in einem Ganzen wirkt.« (29. Oktober 1815) Die Beiträge der späteren Ausgaben seiner Zeitschrift greifen immer mehr ins Allgemeine, umfassen schließlich die unterschiedlichsten geographischen Regionen, Zeitstile, Wissenschaftsgebiete, weshalb sie ab 1818 nur noch »Über Kunst und Altertum« heißt.

Aber zurück in die Zeit der ersten Rhein-Main-Reise 1814. Von Heidelberg geht es noch einmal nach Frankfurt, wo Goethe nun häufig bei den Willemers ist. Was in diesen Tagen in ihm und Marianne vorgeht, läßt sich nur erahnen. Am 18. Oktober, dem Jahrestag der Schlacht von Leipzig, erlebt er von Willemers Weinberghäuschen auf dem Mühlberg die Freudenfeuer, die ringsumher die Nacht erleuchten; ein Erlebnis, das für das Sympathieband zwischen beiden von großer Bedeutung wird. An den Fensterpfosten des hochgebauten Ausguckhäuschens schreibt er:

> Ich besänft'ge mein Herz, mit süßer Hoffnung ihm
> schmeichelnd.
> Eng ist das Leben fürwahr, aber die Hoffnung ist weit.

Gute Verse. Sie sagen viel und verschweigen alles. Zwei Tage später verläßt Goethe die Stadt und ist am 27. Oktober wieder daheim.

Fort und fort arbeitet er am »Divan«, hat gegen Ende des

Jahres schon ein halbes Hundert Gedichte vorliegen. Er versenkt sich nun in ein Studium aller ihm erreichbaren Werke zur Orientalistik, bemüht sich um die persische Sprache und Schrift, erwirbt dazu auch Handschriften für die Herzogliche Bibliothek. Was er sich an Wissen erarbeitet, geht in den zweiten Teil des Gedichtbandes, die sogenannten »Noten und Abhandlungen zu besserem Verständnis«, ein. Am 16. Mai formuliert er in einem Briefentwurf an Cotta die Absicht, die er mit diesem Werk hegt, nämlich »auf heitere Weise den Westen und Osten, das Vergangene und Gegenwärtige, das Persische und Deutsche zu verknüpfen, und beyderseitige Sitten und Denkarten über einander greifen zu lassen«.

Acht Tage später, am 24. Mai 1815, ist Goethe abermals unterwegs. Früh um fünf Uhr geht es wiederum ins Hessische. Behaglich zurückgelehnt, fühlt er sich in seiner geliebten Reisekutsche wie immer wohl:

> Denn da gibt es Schalterlein,
> Federchen und Lädchen,
> Finde mich so wohl allein
> Als mit hübschen Mädchen.

Das klingt so possierlich altväterisch, als fühle er sich längst jenseits aller Leidenschaft. Und doch wird sie ihn nur wenige Tage später wieder einmal aufs schlimmste durchschütteln – und nicht nur ihn allein. Nach einem dreiwöchigen Wiesbadenurlaub und der schon erwähnten Reise mit vom Stein ist er vom 12. August bis zum 18. September wieder in Frankfurt. Und diesmal wohnt er bei den Willemers.

Aus der Zuneigung zwischen ihm und Marianne wird rasch auflodernde Liebe. Er schenkt ihr eine Ausgabe der »Divan«-Übersetzung Hammer-Purgstalls, und sie beginnt damit ein durchaus orientalisches Spiel: notiert aus dem Buch Band-, Seiten- und Verszahl für jeweils einen Satzteil und kombiniert sie auf diese Weise zu Liebesbriefen, die Goethe ebenso beantwortet. Da kann aus einem rätselhaften

404 19–20.
281 23–24

folgendes werden:

Lange hat mir der Freund schon keine Botschaft gesendet,
Lange hat er mir Brief, Worte und Gruß nicht gesandt.

> Beglückt der Kranke, welcher stets
> Von seinem Freunde Kunde hat.

Und ein weiteres Spiel beginnt, das nun freilich als einzigartiges Zeugnis in die Weltliteratur eingehen wird. Goethe erfindet sich für die von ihm auch sonst geliebte lyrische Wechselrede ein orientalisches Liebespaar: Hatem und Suleika. Wer mit Hatem gemeint ist, deutet er durch ein »falsches« Reimwort an:

> Du beschämst wie Morgenröte
> Jener Gipfel ernste Wand,
> Und noch einmal fühlet Hatem
> Frühlingshauch und Sommerbrand.

Goethe und Marianne haben es verstanden, ein lebenslanges Geheimnis aus ihrer Liebe zu machen, denn wenn sich ihr persönlicher Kontakt auch nur auf wenige Tage beschränkt, so halten sie den Briefwechsel doch bis an seinen Tod aufrecht. Am 18. September bricht Goethe um fünf Uhr früh nach Darmstadt auf. Aus heiterem Himmel? Sein Tagebuch verrät nur: »Allein spazieren. Entdeckung.« Welche? Wenige Worte später heißt es: »Scheinfahrt.« Fühlt er sich auf dem falschen Weg und allem nicht mehr gewachsen? Noch einmal geht es nach Heidelberg, wo er mit Willemer und Marianne zusammentrifft, die ihm nachgereist sind. Am 26. September sehen sich die Liebenden ein letztes Mal. Am 6. Oktober, seinem vorletzten Tag in Heidelberg, schreibt er an Rosine Städel, eine Tochter aus Willemers erster Ehe: »Verzeihen Sie das Federspritzen und die Kleckschen; das sieht meinem Zustand ganz ähnlich. Adieu den Beiden! Mögen sie vereint bleiben! Und Mir!«

Im gleichzeitig entstandenen Brief an Willemer verleugnet er seinen Zwiespalt nicht, »den ich auch nicht aufrege, sondern lieber verschließe«. Er bittet den Freund, als »Herzenskündiger« alles Schmerzhafte wohltätig zu vermitteln, und beneidet die glücklich Verbundenen.

Unter dem heftigen Druck ihrer Gefühle wird Marianne, die schon immer ein Talent für gefällige Lyrik hatte, zeitweise eine Dichterin, die sich Goethe mit einigen Arbeiten ebenbürtig an die Seite stellt. Was jahrzehntelang keiner weiß und sie selber erst 1856 Herman Grimm, dem Sohn Wilhelm Grimms, preisgibt: Goethe hat nicht weniger als vier (heute vermutet man sogar sechs) ihrer Gedichte in den »Divan« aufgenommen. Sie stehen im »Buch Suleika«, jenem Teil, in dem sie schon durch ihre bloße Existenz »manches angeregt, veranlaßt und erlebt« hat.

> Ach, um deine feuchten Schwingen,
> West, wie sehr ich dich beneide:
> Denn du kannst ihm Kunde bringen,
> Was ich in der Trennung leide!

Am 11. Oktober ist Goethe wieder in Weimar, wunderlich aufgeregt durch die immer aufs neue sich öffnenden und schließenden Lebensringe: Was vor 40 Jahren die Flucht vor Lili war, ist es nun die vor Marianne? Und ein Treffen mit Carl August in Mannheim erinnert ihn nachdrücklich an jene Nacht, als der Ruf des Freundes ihn aus Heidelberg holte.

Der »Divan« wird vervollständigt und in Bücher geordnet. Die Fülle des Entstandenen macht es nötig, die Liebesgedichte aufzuteilen in das »Buch Suleika« und das »Buch der Liebe«. Steht im einen ein näher charakterisiertes Paar im Mittelpunkt, so kreisen die Gedichte des anderen um viele Gestalten und alle Formen der Liebe von bloßer Tändelei bis hin zu unverhohlener Leidenschaft.

Immer wieder hat Goethe das geringgeschätzte Gelegenheitsgedicht verteidigt, ja sogar die Ansicht vertreten, wo eine gleichermaßen spontane wie ästhetisch verbindliche Lyrik gelingen solle, könne es nur Gelegenheits-Lyrik sein, »das heißt die Wirklichkeit muß die Veranlassung und den Stoff dazu hergeben«. Es ist darum verständlich, daß auch im »Buch der Liebe« nach Adressaten geforscht wurde, und mit der Zeit ist man sogar fündig geworden. So geistert Caroline Ulrichs freundliche Erscheinung durch »Versunken« und die immer noch »mehr als billige« Sehnsucht nach Minchen Herzlieb durch »Ja! die Augen warens«.

Der gemeinsame weibliche Nenner der drei aufeinanderfolgenden Gedichte »Unvermeidlich«, »Geheimes« und »Geheimstes« ist weitaus schwerer zu finden gewesen. Die betreffende Dame wünschte nämlich von vornherein Gewißheit zu haben, »in keinem Ihrer Wercke unter welchen Vorwand es immer sein möge, genannt oder errathen zu werden«. Aber wer »will mir wehren zu singen / Nach Lust zum Himmel hinan«, heißt es in »Unvermeidlich«. Immerhin muß es eine bedeutende Frau sein, denn sie blickt »mit ungeheuren Mächten« in die Runde (»Geheimes«), und Anekdotenjäger werden deshalb auch kaum glauben, daß der Dichter hier auf Wiederliebe stoßen kann (»Geheimstes«). Auf alle etwaigen dichterischen Pläne zu verzichten, bittet am 4. Januar 1813 Gräfin Josephine O'Donell, die Hofdame der Kaiserin Maria Ludovica. Und Goethe beruhigt sie, freilich mit der beunruhigenden Wendung, er verschließe etwaige Vorhaben »in einem stillen treuergebenen Herzen, wo sie auf jede Art zu wuchern nicht ermangeln werden«. Sie haben gewuchert. Aber es hat Jahrzehnte gedauert, bis heraus war, daß für diese Gelegenheitsgedichte keine Geringere die Veranlassung gab als die Kaiserin von Österreich.

Noch als der »Divan« im Februar 1818 zur Frommannschen Druckerei nach Jena geht, sendet Goethe laufend neue Gedichte nach. Da ist der Stoßseufzer eines Setzerlehrlings schon verständlich, der ihm eines Tages neue Korrekturbogen bringt und sehen muß, wie sie Goethe nicht nur auf Fehler hin prüft, sondern hier ein Wort, dort einen ganzen Absatz einfügt oder umstellt. »Machen Sie nur nicht so viele Korrekturen«, entfährt es ihm schließlich, »das gibt bei uns nur überflüssige Arbeit!«

1819 erscheint das Buch endlich, aber die Kritik nimmt es kaum zur Kenntnis und wenn, dann meist negativ. Das »Rätsel ohne Schlüssel«, wie es ein verständnisloser Rezensent nennt, paßt den Reaktionären wegen der »heidnischen« Lebenshaltung des Dichters nicht, und den Schriftstellern des Jungen Deutschland widerstrebt sein Mangel an progressiver Denkhaltung. Noch zu Anfang unseres Jahrhunderts gab es Restexemplare der ersten Auflage im Handel zu kaufen! Auch die zahlreichen Vertonungen, besonders der Suleika-Verse, vermochten daran nichts zu ändern. Dabei reicht die Kette der Komponisten von Zelter und Schubert über Meyerbeer, Mendelssohn Bartholdy, Schumann und Johannes Brahms bis Hugo Wolf.

Es gibt in diesen Jahren keine große Goethe-Gemeinde mehr, und genau wie die »Wahlverwandtschaften« wirkt auch der »West-östliche Divan« zunächst nur wie ein »Zirkular an meine Freunde, damit sie meiner wieder einmal an manchen Orten und Enden gedächten«. Dann aber beginnen sich einige Dichter an dem neuen Tonfall, der fremdartigen Phantasiewelt zu begeistern, und ihre eigenen, vom »Divan« inspirierten Werke haben seltsamerweise mehr Erfolg. Zu den begabtesten unter ihnen zählen August von Platen (»Ghaselen«, 1821; »Neue Ghaselen«, 1823) und Friedrich Rückert (»Östliche Rosen«, 1822; »Die Weisheit des Brahmanen«, 1836–1839). »Es läßt sich bemerken«, schreibt Goethe anläßlich einer Rückert-Rezension und gewiß nicht ohne Befriedigung, »daß von Zeit zu Zeit in der deutschen Nation sich gewisse dichterische Epochen hervortun, die, in sittlichem und ästhetischem Boden ruhend, durch irgend einen Anlaß hervorgerufen, eine Zeitlang dauern, denselben Stoff wiederholen und vervielfältigen.«

Am 11. Oktober 1815 ist Goethe von seiner zweiten Rhein- und Main-Reise wieder heimgekehrt. Außer mit dem »Divan« beschäftigt er sich jetzt mit der Wolkenlehre des Engländers Luke Howard, einer Typologie der Wolkenformen, die bis heute Anwendung findet. Eine im selben Jahr auf dem Ettersberg eingerichtete meteorologische Beobachtungsstation, der ab 1821 weitere über das ganze Herzogtum verteilte folgen, steigert Goethes Interesse für die Wetterkunde noch. »Die Natur spielt immerfort mit der Mannigfaltigkeit der einzelnen Erscheinungen, aber es kommt darauf an, die allgemeine stetige Regel zu abstrahieren, nach der sie handelt.«

»Ich denke mir die Erde mit ihrem Dunstkreise gleichnisweise als ein großes lebendiges Wesen, das im ewigen Ein- und Ausatmen begriffen ist«, vertraut er Eckermann anläßlich seiner Überlegungen zu den Luftdruckschwankungen einmal an. Ein- und Ausatmen, »Systole« und »Diastole« sind zwei seiner Lieblingskategorien, die er in vielen Lebensbereichen wiederfindet. Was den Luftdruck angeht, irrt er zwar, aber daß sich die Erdoberfläche tatsächlich fortwährend bewegt, weiß man

18 Goethe. Porträtmedaillon von Johann Gottfried Schadow, 1816

heute. Die Kräfte des Mondes heben sie zweimal täglich um etwa 26 Zentimeter an und lassen entsprechend seiner Umkreisung ebensooft nach. Man merkt es nur nicht, weil ja ganze Kontinente davon betroffen sind.

In der Farbenlehre beschäftigt sich Goethe jetzt mit den »entoptischen Farben«. Das sind doppelt gebrochene Erscheinungen, wie man sie an rasch gekühlten Gläsern oder Kristallplatten beobachten kann. Immer wieder erneuert sich seine Freude an diesem Zweig seiner Forschungen durch die schiere ästhetische Genugtuung, die er dabei empfindet. »Man muß das Phänomen mit Augen sehen«, heißt es in einem Brief an Knebel, »weil das Wunderbare und Anmuthige nicht zu beschreiben ist.« (8. Februar 1815) Bald schon nehmen seine naturwissenschaftlichen Arbeiten dergestalt zu, daß er für ihre Veröffentlichung zwei Publikationsreihen begründet: »Zur

Naturwissenschaft überhaupt, besonders zur Morphologie« (1817–1824) und »Zur Morphologie« (1817–1823). Manches hat er über die Jahre hin geschrieben, aber nur wenig davon veröffentlicht. Er weiß ja schon von der Beurteilung seiner Arbeit über den Zwischenkieferknochen und die Reaktion auf seine »Farbenlehre«, was die Fachwelt von seinen Arbeiten hält. Vieles und Vielgestaltiges hat sich angesammelt, Zeugnisse einer »stillen, beharrlichen, folgerechten Tätigkeit«, mit denen er nun die Hefte nach und nach füllt. Gemeinsamer Untertitel beider Serien: »Erfahrung, Betrachtung, Folgerung durch Lebensereignisse verbunden«. Hier soll also auch das biografische, das künstlerische Ich ergänzend zu Wort kommen. Wir finden in diesen Zeitschriften einen ungewohnt erweiterten Wissenschaftsbegriff, der sich auch in Aphorismen, witzigen Epigrammen und dem hier zuerst erscheinenden großen Altersgedicht »Urworte. Orphisch« ausdrückt.

»Wie haben sich die Deutschen nicht gebärdet«, wird Goethe später sagen, »um dasjenige abzuwehren, was ich allenfalls getan und geleistet habe, und tun sie's nicht noch? Hätten sie alles gelten lassen und wären weiter gegangen, hätten sie mit meinem Erwerb gewuchert, so wären sie weiter, wie sie sind.«

Von grundlegender Bedeutung sind sicher seine Arbeiten zur Morphologie – ein Ausdruck, den er in die Wissenschaft gebracht hat. Goethe versteht darunter eine Universalwissenschaft des Organischen, die auch Physiologie und Entwicklungslehre umfaßt, eine grundlegende und umfassende Wissenschaft vom Lebendigen. Erst nach und nach hat man sich seine anatomischen und botanischen Erkenntnisse zu eigen gemacht. Manches davon ist richtige Pionierarbeit, die Beobachtungen zu Keimvorgängen und zur Spiraltendenz der Pflanzen zum Beispiel, mitsamt den herrlichen, zu Goethes Lebzeiten noch nicht publizierten Bildtafeln nach seinen eigenen Vorlagen. »Ich beschränke mich eben auf alles«, soll er, auf seine ausgebreitete Sammelwut angesprochen, gesagt haben. Es könnte auch für seine wissenschaftlichen Studien gelten.

Während der erste Band der »Italienischen Reise« 1816/17 unter dem Titel »Aus meinem Leben. Zweyte Abteilung. Erster Theil« in Druck geht, arbeitet er schon am zweiten. Der langweilige Titel ist wohl mehr als provisorische Einordnungshilfe gedacht, denn noch immer trägt sich Goethe mit der Absicht, auch die fehlenden Teile seiner Lebensgeschichte niederzuschreiben, und die hat ja mit »Dichtung und Wahrheit« schon ihren eingeführten Obertitel. »Italienische Reise« wird das Werk erst heißen, als feststeht, daß es ein eigenständiges Werk bleibt, 1829 also, in der Ausgabe letzter Hand. Goethe benutzt vorhandenes Material – die Tagebücher und Briefe aus Italien –, das er ordnet und redigiert, weshalb sich hier vieles frischer und authentischer liest als in den vorangegangenen autobiografischen Büchern, die nun einmal Jugenderinnerungen eines alten Mannes sind. Er glaubt, dieses Verfahren schon deshalb wählen zu können, weil er, »glücklicher Weise, wenig Falsches zu bedauern, nur manches Einseitige zu belächeln« hat (an Boisserée, 19. November 1814).

Einige Briefe werden übrigens erst bei der Abfassung hinzuerfunden, anderes – zum Beispiel die Begegnung mit der päpstlichen Polizei – packend ausgesponnen. Bei all den hübschen Vorfällen und Beschreibungen aber sollte man nicht übersehen, daß die Reise jetzt zur Lebensreise stilisiert wird: Ein alter Mann, der weiß, wie alles ausgegangen ist, beschreibt die Geschichte des jungen Menschen, der er einmal war: desjenigen, der verunsichert nach Italien kommt und sich dort mit Willen, Plan und Glück endlich selber findet. Zunächst gibt er dem Buch noch einen sehnsüchtig rückwärtsgewandten Untertitel: »*Auch ich in Arkadien!*« 1829 wird er stillschweigend gestrichen. Längst weiß Goethe jetzt, daß es auf Erden nirgendwo und zu keiner Zeit eine Landschaft selig-antiker Entrücktheit gibt.

Der dritte Teil des Italien-Buches (»Zweiter römischer Aufenthalt«, 1829) ist in Stil und Aufbau deutlich anders. Was Goethe noch an Briefen vorliegt, scheint ihm zu viel über seine inneren Zustände und zu wenig über Italien auszusagen. Also entschließt er sich, eine Chronologie zusammenzustellen, in der sich Korrespondenz und Berichte abwechseln. Die solcherart provozierte Brüchigkeit des Ganzen wird noch dadurch verstärkt, daß Goethe einiges von dem, was er schon früher zum italienischen Themenkreis geschrieben hat, einfach hineinflickt, ebenso Texte anderer Autoren, hier einen Brief Tischbeins, dort Aufsätze von Moritz und Meyer. Man wird den Eindruck nicht los, er habe das Buch irgendwie auffüllen oder auf Gedeih und Verderb beenden wollen.

Obwohl es trotz seiner Mängel ein herrliches Lese-Buch ist, wird auch die »Italienische Reise« anfangs reserviert aufgenommen. Heinrich Heine immerhin ist in seiner »Geschichte der neueren schönen Litteratur in Deutschland« (1833) des Lobes voll, findet auch den Grund für die Zurückhaltung der Kritiker: »Die Orthodoxen waren ungehalten gegen den großen Heiden, wie man Goethe allgemein in Deutschland nennt; sie fürchteten seinen Einfluß auf das Volk, dem er durch lächelnde Dichtungen, ja durch die unscheinbarsten Liederchen seine Weltansicht einflößte; sie sahen in ihm den gefährlichsten Feind des Kreuzes [...]«

Ach ja, der große Heide! Lavater, Jung-Stilling, Fritz Jacobi - mit all den alten Freunden aus dem Lager derer, die da glauben, in Gottes Haus könne es nur eine einzige Wohnung geben, hat es sich Goethe durch seine freiere Auffassung von Religion verdorben. Dorothea von Schlegel, die doch gewiß eine geistvolle Person ist, schreibt ihren Söhnen empört: »Goethe hat einem Durchreisenden offenbart, er sei in der Naturkunde und Philosophie ein Atheist, in der Kunst ein Heide und dem Gefühl nach ein Christ!« Ihre Schlußfolgerung: »Jetzt wissen wir es also ganz naiv von ihm selber, wieso er es nirgend zur Wahrheit bringt.« (28. November 1817)

Auguste von Stolberg, die Brieffreundin früherer Tage, macht sich Sorgen um sein Seelenheil. Nach 40-jähriger Pause schreibt ihm die mittlerweile 69-jährige Dame einen herzensguten, an alte Zeiten anknüpfenden Brief, in dem sie ihn an Christus als den einzigen Weg zum Heil erinnert. Goethe antwortet ihr taktvoll ausweichend: »In unseres Vaters Reiche sind viele Provinzen, und da er uns hier zu Lande ein so fröhliches Ansiedeln bereitete, so wird drüben gewiß auch für beyde gesorgt seyn [...] Möge sich in den Armen des allieben den Vaters alles wieder zusammen finden.« (17. April 1823)

Ein Jahr vor seinem Tod gesteht Goethe in einem Brief an Boisserée, daß er nie ein Glaubensbekenntnis gefunden habe, zu dem er sich völlig hätte bekennen mögen. »Nun erfahr ich aber in meinen alten Tagen von einer Secte der *Hypsistarier*, welche, zwischen Heiden, Juden und Christen geklemmt, sich erklärten, das Beste, Vollkommenste, was zu ihrer Kenntniß käme, zu schätzen, zu bewundern, zu verehren und, insofern es also mit der Gottheit im nahen Verhältniß stehen müsse, anzubeten. Da ward mir auf einmal aus einem dunklen Zeitalter her ein frohes Licht, denn ich fühlte, daß ich Zeitlebens getrachtet hatte, mich zum Hypsistarier zu qualificieren; das ist aber keine kleine Bemühung: denn wie kommt man in der Beschränkung seiner Individualität wohl dahin, das Vortrefflichste gewahr zu werden?« (22. März 1831)

Auch wenn sich manches im Haus am Frauenplan verändert hat, kann sich Goethe doch immer auf einen Stab zuverlässiger Mitarbeiter und Hausangestellter verlassen. Riemer hat zwar schon 1812 sein Zimmer im Hause verlassen, bleibt ihm aber

19 Goethe diktiert in seinem Arbeitszimmer dem Schreiber John.
Ölgemälde von Johann Joseph Schmeller, 1829/31

als wertvoller Mitarbeiter erhalten. 1814 heiratet er Caroline Ulrich, Goethes »lieben Secretarius«, und so zieht sie gleichfalls aus. Friedrich Theodor Kräuter beginnt seinen Dienst in der Weimarer Bibliothek und wird mit seiner Begabung, Archivalien zu sichten, bald unentbehrlich für Goethe. Stadelmann tritt die Dienerstelle an und Johann John die des Sekretärs. Letzteren nennt Goethe bald schon seinen »Haus- und Canzleygenossen«. Durch Schmellers berühmtes Ölgemälde von 1831 widerfährt ihm, sozusagen hinterrücks, eine kleine Unsterblichkeit.

Da wird der gesichert erscheinende Friede des Hauses jäh zerstört. Schon 1815 erlitt Christiane einen ersten Schlaganfall und war »zwei Querfinger vom Tode«. Jetzt, im Mai 1816, trifft es sie zum zweiten Mal. Wiederum sieht es zunächst so aus, als werde ihre robuste Natur abermals siegen; »der Kopf ist mir sehr leicht, alle Sinne sind frei und heiter« (22. Mai). Aber am 29. erkrankt sie so schwer, daß Goethe aus Jena zurückkommt. Die Ärzte diagnostizieren Urämie (Harnvergiftung). Christianes Körper wird von qualvollen Krämpfen geschüttelt. Sie schreit und schreit, beißt sich die Zunge durch. Die Pflegerinnen verlassen erschöpft ihr Zimmer. Kaum vorstellbar, daß es Goethe, dem jede und jedermanns Krankheit tief zuwider ist, länger ausgehalten haben sollte. Der Tod kommt erst am 6. Juni. »Nahes Ende meiner Frau«, heißt es im Tagebuch. »Letzter fürchterlicher Kampf ihrer Natur. Sie verschied gegen Mittag. Leere und Totenstille in und außer mir.« – Vier Verse noch am selben Tag, sie stehen heute auf der Steinplatte, die ihr Grab deckt:

> Du versuchst, o Sonne vergebens,
> Durch die düstren Wolken zu scheinen!
> Der ganze Gewinn meines Lebens
> Ist, ihren Verlust zu beweinen.

Am 8. Juni wird sie um vier Uhr morgens auf dem Friedhof jener Kirche beerdigt, in der sie keine zehn Jahre zuvor geheiratet hatte. Goethe ist nicht dabei. Am 10. Juni ergeht an alle Bekannte ein von August unterschriebener Trauerbrief, dessen Stil vermuten läßt, daß Goethe zumindest mitgewirkt hat: »Wenn ich Ihnen, verehrte Freunde, das Absterben meiner lieben Mutter vermelde, so ist es schon hinreichend, Ihnen den

Zustand zu vergegenwärtigen, in welchem wir uns befinden. Mein Vater versucht durch fortgesetzte Tätigkeit sich aufrecht zu erhalten, und mich belebt der Gedanke, in häuslichen und geselligen Verhältnissen ihm nützlich und angenehm zu sein. Schenken Sie uns fortgesetzt Ihre Teilnahme, welche wohltätiger sein wird als je.«

Wer zu lesen versteht und nicht erwartet, daß sich jeder Schmerz sogleich in vielen Worten löse, wird Goethes erste Tagebucheintragungen und Briefe nach Christianes Tod recht lesen: kein Wort nämlich über sein Leid. Lakonisches Weiterschreiben. Einen Tag nach ihrem Tod lenkt er sich mit Farbversuchen ab. Am 10. Juni ein Brief an Zelter voller Beliebigkeitsgeröll. In einem Nachsatz endlich: »Wenn ich dir derber, geprüfter Erdensohn, vermelde daß meine liebe, kleine Frau uns in diesen Tagen verlassen; so weist du was es heissen will.«

Schneller als die Inschrift auf Christianes Grab kommt – und geht freilich auch – die üble Nachrede. Noch einmal das Stimmengemauschel über ihre Leibesfülle, ihre Unbildung, ihren womöglich leichtfertigen Lebenswandel. Aber es gibt auch Fürsprecherinnen, Johanna Schopenhauer zum Beispiel, die es geradezu verletzt, »daß niemand mit Mitleid ihres Todes gedenkt«, oder Elisa von der Recke (»Wodurch die Verstorbene sich mir empfohlen hat, ist, daß ich sie nie von anderen Böses sprechen hörte«). Auch Dorothea von Knebel, als häufige Besucherin im Haus am Frauenplan ohnehin eine gute Kennerin der privaten Lebensumstände, weiß es besser: »Die Frau ist sehr beneidet worden und deshalb viel angefeindet und verleumdet.« Goethe wäre mit keiner anderen Frau so glücklich geworden. Er »hat uns oft gesagt, daß, wenn er mit einer Sache in seinem Geiste beschäftigt wäre und die Ideen sich zu stark bei ihm drängten, er dann manchmal zu weit käme und sich selbst nicht mehr zurechtfinden könne, wie er dann zu ihr ginge, ihr einfach die Sache vorlege und oft erstaunen müßte, wie sie mit ihrem einfachen natürlichen Scharfblicke immer gleich das Richtige herauszufinden wisse, und er ihr in dieser Beziehung schon manches verdanke«.

Ein Jahr später, am 17. Juni 1817, heiratet der mittlerweile 27-jährige August von Goethe die 20-jährige Baroneß Ottilie von Pogwisch. Ottilie, deren Mutter eine Hofdame der Herzogin

Louise ist, wohnt seit 1809 mit ihrer Schwester in einem spartanischen Mansardenzimmer des Fürstenhauses. Sie ist ein sanft verwildertes Menschenkind, was der Charme ihrer Jugend zunächst verdecken kann, »originell, melancholisch und komisch zugleich, dabei voller Verstand und scharfer Ecken«, wie eine der ortsadligen Damen sie charakterisiert.

Das Paar zieht in die Mansardenwohnung am Frauenplan, und eigentlich hätte nun ein bescheidenes Glück für die beiden anbrechen können. August ist in guter Stellung, macht Karriere und verdient gut. Bald kommt auch Nachwuchs: 1818 Walther, 1820 Wolfgang und 1827 Alma. Aber August und Ottilie sind doch allzu verschieden. Er ist ein ganz und gar unpoetischer, dafür ausdauernder und praktischer Mensch, »nur klug fürs ökonomische Geschäft«, wie Riemer bedauert. Sie dagegen amüsant, aber krankhaft unruhig, reise- und flirtlustig, unbedacht im Geldausgeben und von schwach entwickelter Selbstdisziplin. Eine von ihr begründete und durchaus attraktiv gestaltete Zeitschrift heißt bezeichnenderweise »Chaos«.

Oft dringt Gezänk aus den Fenstern ihrer Wohnung, und die Weimarer wissen auch von skandalösen Beziehungen zu tuscheln, welche beide Ehepartner wiederholt eingehen, ohne sich doch voneinander lösen zu wollen. Mit Sicherheit ist die übernervöse, in Gefühlsdingen oft realitätsferne Ottilie dabei der leidendere Teil, weil sie in ihre flüchtigen Beziehungen weitaus mehr hineinlegt, als die jeweiligen Partner zulassen wollen, ja, als es ihnen oft überhaupt bewußt ist. Aber sie hat auch viele gute Seiten, und um deretwillen schätzt Goethe sie. Vor allem präsidiert sie, zumal in den ersten Jahren ihrer Ehe, mit Geist und Geschick der großen Gesellschaft im Hause und wehrt dem Ansturm der Besucher, indem sie sozusagen »vorsortiert«.

Dieses Übermaß – parallel dazu wächst die Anzahl postalischer Wünsche – raubt Goethe immer mehr Kraft. »Man muß den Leuten abgewöhnen, einen unangemeldet zu überfallen«, klagt er einmal gegenüber Kanzler von Müller, »man bekommt doch immer andere fremde Gedanken durch solche Besuche, muß sich in ihre Zustände hineindenken. Ich will keine fremden Gedanken, ich habe an meinen eigenen genug, kann mit diesen nicht fertig werden.« Der vielen Post versucht er mit einer kleinen Notiz in seiner Zeitschrift »Kunst und

Altertum« Herr zu werden: Einzelnes zu beantworten gehe mittlerweile über seine Kräfte, wo ihn Gedanken und Empfindungen anregten, werde er seine Reaktion in den Heften niederlegen, »und ersuche meine unbefriedigten werten Korrespondenten, sich darin umzusehen«. Er muß einfach Distanz zwischen sich und andere bringen. Am Ende wirkt sich das bis in seinen Stil aus. Wenn ihn etwas sehr beschäftigt, wird es sogleich ins Allgemeine fortgehoben. Da wurde »eine unruhige Nacht verbracht«, heißt es beispielsweise und nicht etwa: »Ich habe schlecht geschlafen.«

Am 20. Juli 1816 tritt Goethe eine dritte Reise in die Rhein-Main-Gegend an, diesmal zusammen mit Heinrich Meyer. Über Frankfurt soll es nach Baden-Baden gehen, wo das Ehepaar Willemer und die Brüder Boisserée warten. Aber schon »um 9 Uhr, kurz vor Münchenholzen, warf der ungeschickteste aller Fuhrknechte den Wagen um, die Achse brach«. Mittags ist man wieder in Weimar. Goethe nimmt die Sache als Vorzeichen, die Reise unterbleibt. Statt dessen fährt er kurzentschlossen ins nahe gelegene Bad Tennstedt. Dort beschäftigt er sich stillvergnügt mit der Ortsgeschichte, macht geologische Exkursionen ins Unstrut-Tal, liest wie immer sehr viel und beginnt mit der Ausarbeitung des »Sankt-Rochus-Fest«-Textes.

Im Jahr darauf gibt er die Leitung des Weimarer Theaters endgültig ab. Der vielzitierte Vorfall mit dem dressierten Pudel, der auf Anweisung Caroline von Heygendorfs auftreten sollte, ist vermutlich nur der willkommene Anlaß gewesen. Schon 1802 wollte Goethe zurücktreten, als er Wind von einem Verriß bekommen hatte, den Bertuch in seiner »Jenaischen Allgemeinen Literaturzeitung« erscheinen lassen wollte. (»Ich erbitte mir vor vier Uhr Ihre Erklärung darüber; mit dem Schlage geht meine Vorstellung an Durchl. den Herzog ab.«) 1808 war es wiederum soweit, als auf Veranlassung der Heygendorf ein Sänger ohne Einwilligung der Theaterdirektion entlassen wird.

Die Weimarer Bühne hatte unter Goethes Leitung gute und schlechte Tage gesehen, wichtige Inszenierungen auf den Weg gebracht und einen Stil entwickelt, der dem Dramentext mehr verpflichtet war als den Eitelkeiten der Schauspieler. Eine spätere Generation, die nicht mehr das Weiterführende daran erlebt, sondern nur noch altbacken Pathetisches, verspottet sie – wie der junge Schauspieler Ludwig Devrient – als »Hofdillektanten-Theater«. Goethe regt das nicht mehr auf. Er widmet sich Arbeiten, die ihm mittlerweile wichtiger sind.

Eine Herzenssache wird ihm jetzt die überfällige Neuordnung der Jenaer Bibliothek. Das bedeutet zunächst einmal ein Zusammenführen von vier ganz unterschiedlichen Großbeständen und ihre Erfassung in einem handhabbaren Gesamtkatalog. Dieser Bücher-, Münz- und Raritätenschatz soll doch wohl »aus dem Totenschlafe zu wecken« sein! Vom 6. November an wohnt Goethe mit kurzen Unterbrechungen bis zum nächsten Sommer in Jena. Er mietet sich in die Mansarde des Gasthofs zur Tanne ein, von wo der Blick weit über die Saale bis hinüber zur westlichen Wand des Jenaer Kessels schweifen kann. Das wird jetzt sein »Erker«, seine »Zinne«, sein »liebes, närrisches Nest«. Hier arbeitet er in den nächsten Monaten am vierten Teil von »Dichtung und Wahrheit«, am zweiten der »Italienischen Reise«, am zweiten und dritten Heft von »Kunst und Altertum«. Und am 16. Dezember finden wir im Tagebuch den bedeutsamen Vermerk: »Meine Biographie: Schema des 2. Theils von Faust.« Was bloße Nacherzählung eines wohl nicht mehr ausgeführten Werkes bleiben soll, entwickelt sich später zur Grundlage für die Fertigstellung des Dramas. Und neben all diesen Arbeiten nun – und mit Lust! – die Organisation der Bibliothek.

Wenn es um »seine« Bibliothek geht, entwickelt Goethe wahrhaft durchschlagende Energien. Nach dem Ankauf einer Sammlung von 13 000 Bänden ist das Gebäude wieder einmal zu eng geworden, und feucht war es ja immer schon. Nun hatten die Mediziner zwar direkt daneben einen selten benutzten Konferenzsaal, weigerten sich aber standhaft, ihn herzugeben. Also bestellt Goethe eines Tages den Handwerker und geht »eroberungsweise« vor: »›Diese Mauer, mein Freund‹, sagte ich, ›muß sehr dick sein, denn sie trennet zwei verschiedene Wohnungspartien. Versuchet doch einmal und prüfet, wie stark sie ist.‹« Kalk und Backsteine fallen, und schneller als gedacht, ist ein türgroßes Loch in der Wand, »worauf denn meine Bibliotheksleute in den Saal drangen, jeder mit einem Arm voll Bücher, die sie als Zeichen der Besitzergreifung auf den Boden warfen [...] Die Herren Mediziner, die bald darauf durch ihre gewohnte Tür in corpore in den Saal traten, waren ganz verblüfft, eine so große und unerwartete Verwandlung zu finden. Sie wußten nicht, was sie sagen sollten, und zogen sich stille wieder zurück; aber sie bewahrten mir alle einen heimlichen Groll. Doch wenn ich sie einzeln sehe und besonders wenn ich einen oder den andern von ihnen bei mir zu Tisch habe, so sind sie ganz scharmant und meine sehr lieben Freunde.« (15. März 1830)

Goethe weiß, was er an gut geführten Bibliotheken hat, und pflegt diese Institutionen in Weimar und Jena mit großem Engagement. Die Menge dessen, was er liest, die Vielfalt seiner Interessen ist enorm und nimmt im Alter eher zu als ab. Und so grundoriginell er alles in seinen Werken verwandelt, große Vorbilder als Inspirationsquelle hat er nie verschmäht: Properz und Ovid für die »Römischen Elegien«, Martial für die »Venezianischen Epigramme«, Hafis für den »Divan«, Hans Sachs für die frühen Hanswurstiaden und den »Faust«. Es konnten auch Autobiografien sein, die zu dramatisieren ihn verlockt (»Götz«, »Clavigo«), oder Übersetzungen (»Benvenuto Cellini«, »Rameaus Neffe«), die er mit reichem essayistischem Beiwerk ausstattet.

»Lassen Sie mich noch eine Bemerkung hinzufügen welche einem alten Autor wohl ziemen mag«, schreibt Goethe dem von ihm sehr geschätzten Musikpublizisten Friedrich Rochlitz. »Es giebt dreierley Arten Leser: Eine, die ohne Urtheil genießt, eine dritte, die ohne zu genießen urtheilt, die mittlere die genießend urtheilt und urtheilend genießt; diese reproducirt eigentlich ein Kunstwerk auf's neue.« (13. Juni 1819)

Fraglos ist Goethe ein herausragender Leser der mittleren Art. Neben seinen immensen wissenschaftlichen Forschungen liest er Schöngeistiges: Marlowe, Schopenhauer, Grillparzer, Plutarch, Lukrez, Homer, Euripides, Aristophanes, Calderón, Montaigne, Scott, Theodor Körner, Sophokles, Cicero, E. T. A. Hoffmann, Platen, Lord Byron. Die Reihe läßt sich beliebig fortsetzen.

Immer wieder faszinieren ihn auch die urwüchsigen »Naturprosaisten« und »Naturpoeten«, vor allem Mundartdichter. Der Dialekt, schreibt er in »Dichtung und Wahrheit«, ist »doch eigentlich das Element, in welchem die Seele ihren Atem schöpft«. 1815 lernt er in Karlsruhe Johann Peter Hebel kennen, dessen »Alemannische Gedichte« er 1805 rezensiert hat. Schon damals sah er den bescheidenen Mann »im Begriff, sich einen eignen Platz auf dem deutschen Parnaß zu erwerben«.

Ein anderer dieser »Naturprosaisten« ist der weimarische Bibliotheksdiener Johann Christoph Sachse. Goethe gibt die Lebenserinnerungen des »von Kindheit an hin und wider getriebenen Mannes« 1822 unter dem Titel »Der deutsche Gil Blas« heraus, weil er Sachses Leben ebenso abenteuerlich findet wie das der berühmten Romanfigur von Lesage. Goethe kennt die Leselust seiner Zeit, »die durch alle Stände geht und in den untersten nicht weniger lebhaft als in den obersten haust«, und argumentiert auch so gegenüber Cotta. Im Jahr darauf liegt das Werkchen schon im Buchhandel vor und wird bis heute immer wieder nachgedruckt, weil es nur wenige Bücher gibt, aus denen man authentisch und zugleich derart farbig etwas über das damalige Leben der Arbeiter erfährt. Als es erscheint, beendet Goethe gerade seine »Kampagne in Frankreich«; als Begleiter seines Fürsten schildert er hier das gleiche Stück Weltgeschichte, das Sachse als Bediener erlebt hat.

Im Januar 1819 beschäftigt er sich mit Arthur Schopenhauers Werk »Die Welt als Wille und Vorstellung«. Johanna Schopenhauers Sohn ist mittlerweile 31 Jahre alt, ein schwieriger Mensch von einzelgängerischer Intelligenz und großem Selbstbewußtsein. Als Wieland ihm 1811 ausreden will, die brotlose Kunst der Philosophie zu studieren, antwortete er dem alten Herrn: »Das Leben ist eine mißliche Sache: ich habe mir vorgesetzt, es damit hinzubringen, über dasselbe nachzudenken.«

Schon seine Doktorarbeit ist so ausgezeichnet, daß Goethe mitten durch die Gäste eines Teeabends bei Johanna Schopenhauer auf ihn zueilt und ihn über den grünen Klee lobt. Man werde abwarten müssen, schreibt er später an Knebel, »ob ihn die Herren vom Metier in ihrer Gilde passiren lassen; ich finde ihn geistreich und das Übrige lasse ich dahin gestellt« (24. November 1813).

Goethe und Schopenhauer unternehmen Experimente zu Problemen der Farbenlehre. 1815 hat der Philosoph eine Arbeit fertig, die von Goethes Farbenlehre ausgeht, in einigen Punkten aber von ihr abweicht: »Ueber das Sehen und die Farben«. Er bittet um ein Vorwort, erhält aber keines. Wie kaum anders zu erwarten, hochachten sich die beiden großen Geister allmählich auseinander. In den »Tag- und Jahresheften« nennt Goethe den Vorgang sanft eine Art Scheidung, »wie wenn zwei Freunde, die bisher miteinander gegangen, sich die Hand geben, der eine jedoch nach Norden, der andere nach Süden will, da sie denn sehr schnell einander aus dem Gesichte kommen«.

Unter seiner Lektüre taucht in jenen Jahren immer häufiger der Name Lord Byrons auf. Er liest alles, was er von dem großen Engländer bekommen kann, der schon 1824, mit 36 Jahren, in Griechenland stirbt. Das abenteuerliche Leben des Dichters fasziniert ihn zu einer Zeit, als er selbst sich längst aus immerwährender Gefährdung in die strengste Ordnung herausgezogen hat.

»Byron alleine lasse ich neben mir gelten!« hört Kanzler Müller ihn einmal sagen. Man schreibt einander. Byron widmet ihm einige seiner Werke, und Goethe ist entzückt. Dem Göttinger Professor Benecke, der den brieflichen Kontakt vermittelt hat, schreibt er: »Das Alter, das denn doch zuletzt an sich selbst zu zweifeln anfängt, bedarf solcher Zeugnisse, deren anregende Kraft der Jüngere vielleicht nicht ertragen hätte.« Seit seinem ersten Erscheinen habe er Byron aufmerksam verfolgt, »jenes charakter-gegründete, gränzenlos productive, kräftig unaufhaltsame, zart-liebliche Wesen [...] Ich suchte mich mit ihm durch Übersetzungen zu identificiren und an seine zartesten Gefühle, wie an dessen kühnsten Humor mich anzuschließen« (12. November 1822).

Er bewundert das Intuitive in Byrons Dichtung und empfindet einmal mehr, daß ein solcher Mensch offenbar von dämonischen Kräften geführt wird, »weshalb er auch die Attraktiva in großer Masse besessen, so daß ihm denn besonders die Frauen nicht haben widerstehen können«. Als Euphorion, Fausts Sohn mit Helena, geht Byron in Goethes großes Altersdrama ein: ein Kind der Liebe zwischen Weisheit und Schönheit, die Poesie der Zukunft schlechthin.

Auf Byron bezogen, faßt Goethe noch einmal seine Vorstellung von der Wiedergeburt zusammen, der er mit großem Nachdruck anhängt: »Jeder außerordentliche Mensch hat eine gewisse Sendung, die er zu vollführen berufen ist. Hat er sie vollbracht, so ist er auf Erden in dieser Gestalt nicht weiter vonnöten, und die Vorsehung verwendet ihn wieder zu etwas anderem. Da aber hienieden alles auf natürlichem Wege geschieht, so stellen ihm die Dämonen ein Bein nach dem andern, bis er zuletzt unterliegt. So ging es Napoleon und vielen andern: Mozart starb in seinem sechsunddreißigsten Jahre, Raffael in gleichem Alter, Byron nur um ein weniges älter. Alle aber hatten ihre Mission auf das Vollkommenste erfüllt, und es war wohl Zeit, daß sie gingen [...]«

Goethe teilt jetzt das Schicksal aller alten Menschen, immer häufiger von Weggefährten Abschied nehmen zu müssen. Nach Christianes Tod (1816) trifft ihn besonders der Henriette von Seebachs (1817), der Frau eines weimarischen Offiziers und Kammerherrn, und versetzt ihn in die gefürchtete »Novemberlaune«. Am 22. März 1819 verliert er mit Staatsminister Christian Gottlob von Voigt denjenigen seiner Generationsgefährten, mit dem er am vertrauensvollsten zusammengearbeitet hat. In den »Tag- und Jahresheften« notiert Goethe später, Voigt habe sich zuletzt »sehr angegriffen von den unaufhaltsam wirkenden revolutionären Potenzen« gefühlt, »ich pries ihn deshalb selig, daß er die Ermordung Kotzebues, die am 23. März vorfiel, nicht mehr erfuhr, noch durch die heftige Bewegung, welche Deutschland hierauf ergriff, ängstlich beunruhigt wurde«.

Auch Goethe fühlt sich von alldem bedrängt, aber ihm ist noch manches Jahr zu leben aufgegeben. Er kann die meisten politischen und viele kulturellen Entwicklungen in Europa nicht mehr billigen. Das verbittert ihn. Er kränkelt jetzt wieder häufig. Vor allem setzen ihm die nahezu monatlichen Nierenkoliken zu. In späteren Jahren wird dieses Leiden von Luftnot und Schwindelanfällen abgelöst. Mehrfache Erkältungen und Arthrosebeschwerden kommen hinzu. Die Badereisen aber tun ihm noch immer wohl, und kistenweise läßt er sich dann Mineralwasser nach Hause schicken. »Den letzten Winter befand ich mich besser als lange Zeit«, schreibt er dem Verleger Perthes am 12. Mai 1821, »aber ich hielt mich auch strenger als je und habe mancherley vor mich gebracht.«

Langsam beginnt er sich und den anderen eine historische Figur zu werden. Immer häufiger erzählt man Anekdoten von ihm. Verbürgt ist zum Beispiel die Geschichte, wie Goethe seinen Diener Carl Stadelmann eines Karlsbader Morgens mit dem Befehl zu sich beordert, er solle zwei Flaschen Rotwein und zwei Gläser heraufbringen und auf zwei einander gegenüberliegende Fensterbretter stellen. Darauf beginnt er einen Rundgang im Zimmer, wobei er ein Glas ums andere leert. Nach einer Weile tritt Hofrat Dr. Rehbein herein und wird mit den Worten empfangen: »Ihr seid mir ein schöner Freund! Was für einen Tag haben wir heute und welches Datum?«

Rehbein: »Den siebenundzwanzigsten August, Exzellenz.«

Goethe: »Nein, es ist der achtundzwanzigste und mein Geburtstag.«

Rehbein: »Ach was, den vergesse ich nie; wir haben den siebenundzwanzigsten.«

Goethe: »Es ist nicht wahr! Wir haben den achtundzwanzigsten.«

Rehbein (bestimmt): »Den siebenundzwanzigsten!«

Goethe (klingelt, Carl tritt ein): »Was für ein Datum haben wir heute?«

Carl: »Den siebenundzwanzigsten, Exzellenz.«

Goethe: »Daß Dich – Kalender her!« (Carl bringt den Kalender.)

Goethe (nach langer Pause): »Donnerwetter! Da habe ich mich ja umsonst besoffen.«

Sein 70. Geburtstag wirft dann freilich längere Schatten voraus als der im Jahr zuvor, weshalb er ihn aber auch mehr als andere Ehrentage fürchtet. »Durch eine wunderliche Grille eigensinniger Verlegenheit suchte ich der Feier meines Geburtstags jederzeit auszuweichen. Diesmal hatte ich ihn zwischen Hof und Karlsbad auf der Reise zugebracht.« Aber auch aus der Ferne überrascht ihn »gar mannigfaltiges Gute«. So ernennt ihn die Frankfurter »Gesellschaft für ältere deutsche Geschichtskunde« – im Januar erst durch den Freiherrn vom Stein gegründet – zum Ehrenmitglied. Goethe freut sich darüber und verspricht, »zu jenen herrlichen vaterländischen Zwecken einigermaßen mitzuwirken«.

Er ist jetzt das, was man einen rüstigen Greis nennt. »Wären wir zwanzig Jahre jünger«, sagt er einmal aus einer Tageslaune heraus zum Kanzler Müller, »so segelten wir noch nach Nordamerika.« Aber natürlich weiß er es besser, und für sein Teil möchte er nun »mit Willen und Bewußtsein das neue Rollenfach übernehmen«. Die zwei Seelen wohnen freilich noch immer in seiner Brust und zerren oft heftig in unterschiedliche Richtungen. Manchmal ist er der ausufernd geschwätzige Belehrer, dann hält er wieder mit einem »Nun nun, das ist ja schön« auf Distanz oder zieht sich mit einem »Ach ja!« ganz in sich selbst zurück, dorthin, wo eine Welt von Erinnerungen zu liegen scheint. »Man meint immer, man müsse alt werden, um gescheit zu sein; im Grund aber hat man bei zunehmenden Jahren zu tun, sich so klug zu verhalten als man gewesen ist.«

Die Haltung der nachgewachsenen Generation in Wissenschaft und Kunst behagt ihm überhaupt nicht. In den Naturwissenschaften fingen viele gut an, hielten sich aber nicht, »ihr vorwaltendes Subjektive führt sie in die Irre. Wiederum andere halten zu sehr auf Fakta und sammeln deren zu einer Unzahl, wodurch nichts bewiesen wird. Im ganzen fehlt der theoretische Geist, der fähig wäre, zu Urphänomenen durchzudringen und der einzelnen Erscheinungen Herr zu werden.« (Zu Eckermann, 16. Dezember 1828) Und in der Literatur, bekommt Wilhelm von Humboldt zu hören, sei es nicht viel anders: jeder »will für sich stehn, jeder drängt sich mit seinem Individuum hervor, keiner will sich an eine Form, eine Technik anschließen, alle verlieren sich im Vagen, und die das tun, sind wirklich große und entschiedene Talente, aus denen aber eben darum schlechterdings nichts werden kann« (19. November 1808). Und was seine vorgeblichen Bewunderer angeht, so macht er sich da erst recht nichts vor:

> Die holden jungen Geister
> Sind alle von einem Schlag,
> Sie nennen mich ihren Meister
> Und gehn der Nase nach.

Altersironie als Selbstschutz: an manchen Tagen ist sie heller, an manchen dunkler. Wenn sie freilich das Material für Disticheleien abgibt, besonders für die von der belehrenden Sorte, ist mancher Weisheitsspruch von pompöser Plattheit. Das macht die sogenannten »Zahmen Xenien« häufig zu braven Reimereien. Und auch in den »Maximen und Reflexionen« – der Titel hat sich heute für die Sammlung seiner Sprüche durchgesetzt, deren erste in den »Wahlverwandtschaften« erschien – muß man das Gold zwischen viel taubem Gestein suchen. Unübersehbar ist freilich in beiden Formen die Lust an der knappen Spruchform.

Ein Hauptgeschäft jener Jahre besteht in Goethes Auseinandersetzung mit seiner Vergangenheit. Die Chronologie der diesbezüglichen Arbeit zeigt, daß sie erst kurz vor seinem Tod beendet wird:

Werk	Entstehung	Handlungszeit
»Italienische Reise«, Teil 1	1813–1816	Sept. 1786–Febr. 1787
»Italienische Reise«, Teil 2	1815–1817	Febr.–Juni 1787
»Sankt-Rochus-Fest zu Bingen« / »Im Rheingau Herbsttage«	1816	Aug.–Sept. 1814
»Zweiter römischer Aufenthalt«	1819–1829	Juni 1787–April 1788
»Kampagne in Frankreich«	1820–1822	Aug. 1792–April 1793
»Belagerung von Mainz«	1822	Mai–Aug. 1793
»Tag- und Jahreshefte«	1817–1825	1749–1822
»Dichtung und Wahrheit«, Teil 4	1821–1831	1775

Je nach den Materialien, auf die Goethe bei Abfassung dieser Bücher zurückgreift, fällt auch die Erzählqualität sehr unterschiedlich aus. Es sind dabei wunderbare Alterswerke entstanden, aber auch trostlose Geröllhalden schwer lesbarer Erinnerungsprosa. Während sich weite Partien der »Italienischen Reise« heute so frisch und lebendig lesen wie zu ihrem Erscheinen, zeigen die »Tag- und Jahreshefte« nur selten die Magie des großen Erzählers.

Ursprünglich als »summarische Biographie« gedacht, um jenen Lesern weiterzuhelfen, die sich eigentlich eine Werkausgabe in chronologischer Reihenfolge gewünscht hätten, werden daraus mit der Zeit Jahresberichte von beträchtlicher Breite und Unanschaulichkeit. Und allzuoft erinnert der Stil fatal an jenen, den ältere Herren pflegen, wenn sie Jahr für Jahr ihre Rundbriefe mit behaupteten Wichtigkeiten füllen (»hier gab es viel zu lernen und zu denken«).

Andererseits sind es die Jahre des »Divans«, der sich als wunderbar freies Spiel mit Gedichten lesen läßt, gelingen ihm einige seiner größten Weisheitsgedichte: »Urworte. Orphisch« (Oktober 1817), »Im ernsten Beinhaus war's« (September 1826) und »Vermächtnis« (Februar 1829). Das erzählerische Hauptwerk jener Jahre aber ist der Roman »Wilhelm Meisters Wanderjahre oder Die Entsagenden« (1821).

War das Sturm-und-Drang-Fragment »Wilhelm Meisters theatralische Sendung« gleichsam Frühling und Aufbruch, die »Lehrjahre« Sommer und Reife, so könnte man die »Wanderjahre« als ein Winterbuch nüchterner Einsichten begreifen. Hier weht ein anderer Wind, auch wenn alles weitergeführt wird, was sich im ersten Roman angesponnen findet. Aber wie! Untrennbar verzwirnen sich Bewahrendes, Rück- und Fortschrittliches, köstlich doppelbödige Altersironie mit Langerweile auf hohem Niveau. Kaum aber gestattet man sich einen ungeduldigen Hüpfer über ein paar Seiten, ist schon wieder eine wichtige Stelle überlesen. Es gibt wohl nur noch wenige, die sich dieser Zumutung freiwillig aussetzen. Außerdem treibt Goethe hier seine Stopfwurst-Poetik bis zum Äußersten.

Schon im »Werther« hatte er es fertiggebracht, Lotte die Frage »Haben Sie nichts zu lesen?« in den Mund zu legen. Werther hat nichts, aber Lotte hat was in ihrer Schublade, weil was in Goethes Schublade ist: die neue Ossian-Übersetzung nämlich. In den »Wahlverwandtschaften« werden die Aphorismen »Aus Ottiliens Tagebuche«, weil angeblich typisch für die »Neigung und Anhänglichkeit« der jungen Dame, ins Buch gedrückt. Der neue »Wilhelm Meister« erhält am Ende des zweiten Buches und nach dem jähen Schluß der ganzen Geschichte jeweils noch Aphorismen und ein Gedicht angehängt.

Nur wenige alte Freunde mochten sich bei Erscheinen des Buches die unbestreitbar darin verborgenen Schönheiten herauslesen, ja vermochten es überhaupt noch als Fortsetzung des ersten Buches von 1795/96 zu begreifen. Heinrich Heine immerhin findet auch diese Prosa mitunter »so magisch, so ahnungsvoll wie der Himmel, wenn die Abenddämmerung heraufgezogen, und die großen goetheschen Gedanken treten dann hervor, rein und golden, wie die Sterne«.

Kurz bevor »Wilhelm Meisters Wanderjahre« zur Jubilatemesse 1821 erscheinen, wirft der damals berüchtigte Verleger Basse aus Quedlinburg ohne Angabe des Verfassernamens ein Buch desselben Titels auf den Markt, was für erhebliche Verwirrung sorgt. Es stammt von dem protestantischen Pfarrer Pustkuchen, der sich hinter diesem Titel versteckt, um eine Generalabrechnung mit der ihm unangenehmen geistigen Erscheinung Goethes vornehmen zu können. Der jungdeutsche Autor Karl Leberecht Immermann merkt sofort, woher der Wind weht: »Der literarische Unfug, welchen der namenlose Mensch getrieben, erscheint mir nämlich nicht als ein einzelnes, abgerißnes Unterfangen, sondern als Blüte und Krone einer Sinnesart, die leider im Vaterlande immer mehr um sich zu greifen beginnt.« Er schreibt »Ein ganz frisch schön Trauerspiel von Pater Brey«, in dem der Unbekannte ganz im Stil einer frühen Satire Goethes eins hinter die Ohren bekommt. August von Platen setzt, als der Name des Pamphletisten schon heraus ist, noch eins drauf:

> Wolltest gern im Dichten deine Lust suchen,
> kleiner Pustkuchen!
> Weil dir's nicht gelungen, mußt du Leid tragen,
> kleiner Neidkragen!

Und noch vier Jahre nach Goethes Tod wird ein 18-jähriger Student namens Karl Marx sein streitbares Mütchen an dem »pustenden Meister kühlen«.

Was Goethes Zeitgenossen am meisten verwirrt, ist die eigenartige Mischung von epischen, lyrischen und essayistischen Passagen, die Wechselwirkung zwischen Roman und eingebauten Novellen, die scheinbar dokumentarischen Einschübe. Vergleichbares wird man erst wieder in unserem Jahrhundert praktizieren. Das seltsame Werk trägt also Zukunft in sich, und für viele Autoren von Immermann über Adalbert Stifter, Gottfried Keller, Eduard Mörike und Hermann Hesse bis hin zu Peter Handke wird es eine Inspirationsquelle werden.

In den »Wanderjahren« fällt auf, daß Wilhelm Meister mehr an dem lernt, was andere tun, als daß er selber in die Handlung eingreift. In immer neuen Lebenskreisen – ist ihm doch aufgegeben, nirgendwo länger als drei Tage zu bleiben – erfährt er immer neue Lebenswirklichkeiten. Das kann so utopisch zugehen wie in der »Pädagogischen Provinz« oder ganz irdisch-handfest wie bei den Webern, Spinnern, Bergarbeitern und in der Herberge derer, die in die Neue Welt auswandern wollen. Aus dem Theaterbegeisterten von ehedem wird am Ende ein Wundarzt, ein Helfer der Menschen also.

Der Roman heißt im Untertitel »oder Die Entsagenden«. Das klingt traurig, ist aber eher praktisch gemeint: Wer begreift, was er für sein wahres Vorwärtskommen braucht, entsagt allen Irrtümern, die ihn auf diesem Weg behindern. Wie schon in den »Lehrjahren« sind aber Irrtümer nicht nur erlaubt, sondern geradezu eine Vorbedingung für aktives, selbständiges Lernen. Das illustrieren auch die eingebauten Novellen, von denen manche – so »Der Mann von funfzig Jahren«, »Das nußbraune Mädchen«, »Die gefährliche Wette« und »Nicht zu weit« – erst in der zweiten Fassung des Romans von 1829 auftauchen.

Obwohl es schon ein Vierteljahrhundert gedauert hat, bis auf die »Lehrjahre« die »Wanderjahre« gefolgt sind, überlegt sich Goethe noch 1821 allen Ernstes, die Sache mit »Meisterjahren« zur Trilogie abzurunden. Er möchte seinen Lesern Rätselhaftigkeiten lösen helfen. Andererseits weiß er: »Jede Lösung eines Problems ist ein neues Problem.« Und so unterbleibt es denn. Ohnehin weitet die zweite Fassung – im wesentlichen zwischen 1825 und 1829 entstanden – das Werk zum großen erzählerischen Alterswerk aus; und wenn man bedenkt, daß parallel dazu ja auch die Arbeit am »Faust« weitergeht und im Winter 1826/27 die dicht und anspielungsreich geschriebene »Novelle« entsteht (»ich wollte das Sujet schon vor dreißig Jahren ausführen«), bleibt das schiere Arbeitspensum Goethes bewundernswert.

Johann Christian Schuchardt, den Goethe während der Herausgabe seiner Werke letzter Hand häufig zu Schreibarbeiten heranzieht, erinnert sich voller Bewunderung, wie er ihm »Neues und Umgearbeitetes«, darunter auch die »Wanderjahre«, diktiert und er dabei Gelegenheit bekommt, »die Kraft, Sicherheit und Klarheit seines Geistes in hohen Jahren zu bewundern. Er tat dies so sicher, fließend, wie mancher nur aus einem gedruckten Buche zu tun imstande sein würde.« Das erinnert an jeneferngerückte Zeit, als der Stürmer und Dränger frech und fröhlich aus dem Stegreif dichtete, ganz so, als lese er die Gedichte aus einem Almanach ab.

Am 11. Februar 1823 wird Goethe krank. Es fängt mit Kopfschmerzen und Unwohlsein an. Hinzu treten Schüttelfrost und Atemnot. Er kann nur noch aufrecht im Bett sitzen, hat Beklemmungen in der Brust und Herzschmerzen. Es ist keine Herzbeutelentzündung, wie oft zu lesen steht, sondern aller Wahrscheinlichkeit nach sein erster Herzinfarkt. Dem aber haben selbst die besten Ärzte seiner Zeit nicht viel entgegenzusetzen. Sie versuchen es mit Aderlaß und Zugpflaster, Meerrettich-Kompressen und Blutegel. Die Krankheit nimmt jedoch von Tag zu Tag bedrohlichere Formen an, und wie einst bei Schiller melden voreilige Korrespondenten schon den Tod. »Es ist ein Hindernis in mir zu *leben*, wie zu *sterben*«, sagt Goethe, »mich soll nur wundern, wie es enden wird.« Die Krisis kommt am 23. Februar.

Es gibt viele abgeklärte Sprüche von ihm über die Krankheit als eine menschliche Bewährungsprobe. Aber wenn er selbst krank ist, zeigt er sich reizbar und ungeduldig wie jedermann. Besonders seine Ärzte haben darunter zu leiden. Der gute Rehbein gibt ihm eine genaue Zustandsbeschreibung seiner Physis und wird mit dem Fluch abgefertigt: »Freilich, ich fühle es am besten, ihr Hundsfötter!« Als sich seine Ärzte einmal vor der Tür besprechen, schimpft er: »Da gehen sie hin, die Jesuiten; beraten können sie sich wohl, aber nicht raten.«

Betty Wesselhöft, eine Jenaer Bekannte Zelters, meint zu Goethes Wüten: »Tut aber alles nichts! Ich beneide einen jeden, der zu seiner Genesung, seiner Pflege etwas beitragen kann, und sollte er es auch mit einigen wohlgemeinten Püffen erkaufen.« Kann sich aber doch nicht verkneifen hinzuzusetzen, es sei wohl ein gutes Zeichen, »wenn die Galle wieder so rege wird bei euch Männern!« (27./28. Februar 1823)

Mit dieser Diagnose liegt sie offenbar richtig. Goethe kann wieder schlafen. Sein Appetit meldet sich auch. Am 23. März schickt er an Zelter ein »Erstes Zeugniß erneuten Lebens und Liebens danckbar anhänglich«. Es ist der ganze Text, zu mehr hat er die Kraft noch nicht. Aber Ende des Monats macht er schon den ersten Spaziergang im Hausgarten. Es geht wieder aufwärts, dennoch begreift er die folgende Lebenszeit immer deutlicher als »geschenkte Jahre«.

Mit so kostbarer Zeit geht man sorgsamer um, als mit einer grenzenlosen Zukunft. Wehrt sich zum Beispiel gegen die wachsende Zahl seiner Besucher von nah und fern oft mit zurückweisender Höflichkeit. Riemer begreift das gut. »Weil man ihn auspumpen will, so gibt er eben nur das, was ihm beliebt und womit er zwischen den Parteien so eben durchkommt. Wo er keine Hinterlist ahndet, da gibt er sich auch frei.« (An Frommann, 4. Februar 1804)

Natürlich gibt es Verkennungen, die wir lieber als Sternstunden verbucht hätten. »Heine von Göttingen«, heißt es am 2. Oktober 1824 im Tagebuch. Abgetan und fertig. Im Jahr darauf schreibt der damals 26-jährige Dichter an seinen Freund Moses Moser: »Daß ich Dir von G. Nichts geschrieben, und wie ich ihn in Weimar gesprochen, und wie er mir recht viel Freundliches und Herablassendes gesprochen, daran hast du Nichts verloren. Er ist nur noch das Gebäude, worin einst Herrliches geblüht, und nur Das war's, was mich am meisten an ihm interessirte. Er hat ein wehmüthiges Gefühl in mir erregt, und er ist mir lieber geworden, seit ich ihn bemitleide.« (1. Juli 1825) Dennoch wird er in seiner »Romantischen Schule« (1836) mit Witz und Poesie von den Blüten erzählen und nicht vom alten Gemäuer.

Besser verläuft die Bekanntschaft mit Felix Mendelssohn Bartholdy, aber der ist auch Musiker, ein Schüler Zelters und ein 12-jähriges Kind, als Goethe ihn kennenlernt. Am 5. November 1821 stellt Zelter den Jungen, der schon seit zwei Jahren öffentlich auftritt, vor. Eine Woche später schreibt Felix seinen Eltern: »Alle Nachmittage macht Goethe das Streichersche Instrument auf mit den Worten auf: ›Ich habe dich heute noch gar nicht gehört, mache mir ein wenig Lärm vor!‹ Und dann pflegt er sich neben mich zu setzen, und wenn ich fertig bin – ich phantasiere gewöhnlich –, so bitte ich mir einen Kuß aus oder nehme mir einen. Von seiner Güte und Freundlichkeit macht ihr Euch gar keinen Begriff, ebenso von dem Reichtum, den der Polarstern der Poeten an Mineralien, Büsten, Kupferstichen, kleinen Statuen, großen Handzeichnungen hat. Daß seine Figur imposant ist, kann ich nicht finden; er ist eben nicht viel größer als der Vater. Doch seine Haltung, seine Sprache, sein Name, die sind imposant. Einen ungeheuren Klang der Stimme hat er, und schreien kann er wie 10000 Streiter.«

Goethe verfolgt die Laufbahn des jungen Komponisten und

findet nur gute Worte für den »trefflichen Felix«. Von einem seiner Besuche im Mai 1830 schreibt er Zelter: »Mir war seine Gegenwart besonders wohlthätig [...] Von der Bachischen Epoche heran, hat er mir wieder Haydn, Mozart und Gluck zum Leben gebracht; von den großen neuern Technikern hinreichende Begriffe gegeben, und endlich mich seine eigenen Productionen fühlen und über sie nachdenken machen; ist daher auch mit meinen besten Segnungen geschieden.« (3. Juni 1830)

Sogar Beethoven hat ihm Mendelssohn Bartholdy etwas näher bringen können, wenn Goethe dabei auch »brummte«. Von Schubert scheint nicht die Rede gewesen zu sein, obwohl ihn der aus der Ferne sehr verehrt. 1816 und 1825 hat er ihm sogar Kompositionen zu einigen seiner Gedichte zugeschickt, aber keine Antwort erhalten. 1830 trägt die Opernsängerin Wilhelmine Schröder-Devrient bei einem Goetheschen Hauskonzert den »Erlkönig« in ihrer hochdramatischen Weise vor. Jetzt zeigt sich der Dichter heftig berührt. »Ich habe diese Komposition früher einmal gehört, wo sie mir gar nicht zusagen wollte«, gesteht er, »aber so vorgetragen, gestaltet sich das Ganze zu einem sichtbaren Bild.« Dies also immerhin.

Im September/Oktober 1826 ist der österreichische Dramatiker Franz Grillparzer in Weimar und zu Gast bei Goethe. Damals selbst schon ein anerkannter Autor, rührt die überraschende Freundlichkeit des Hausherrn den 35-Jährigen zu Tränen. Weil dann aber der Abschied distanzierter ausfällt, kann sich der vergnatzte Grillparzer in seiner Selbstbiografie die Bemerkung nicht verkneifen, Goethe sei ihm »auch in der Folge nicht gerecht geworden, insofern ich mich nämlich denn doch, trotz allem Anstande, für den Besten halte, der nach ihm und Schiller gekommen ist«. Immerhin läßt Goethe Grillparzer zeichnen. »Er hatte nämlich die Gewohnheit, alle jene von seinen Besuchern, die ihn interessierten, von einem eigens dazu bestellten Zeichner in schwarze Kreide porträtieren zu lassen. Diese Bildnisse wurden in einen Rahmen, der zu diesem Zwecke im Besuchszimmer hing, eingefügt und allwöchentlich der Reihe nach gewechselt. Mir wurde auch diese Ehre zuteil.«

Einer der weniger selbstbewußten Gäste im Haus des Dichters erinnert sich, wie Goethe aus ihm überhaupt erst einen

»sprechfähigen Menschen« habe machen müssen, so aufgeregt sei er gewesen. Er war sicher nicht der einzige, dem es so ergangen ist; ein Grund mehr, daß sich auch bei Goethe Befangenheit einstellt, der er ehestens mit repräsentativer Steifheit begegnet, die wiederum als Kühle mißverstanden wird. »Es war immer«, erinnert sich Antonia Brentano an jene Tage, die Goethe in ihrem Haus zu Winkel am Rhein verbracht hat, »als sei es ihm unangenehm zu denken, man wolle all seine Worte gleich auffassen, um sie drucken zu lassen.« Aber so ist es ja auch! Wie soll sich jemand spontan verhalten, wenn er immer damit rechnen muß, daß alles weitererzählt und niedergeschrieben wird?

Zur Stabilisierung der Lebenskräfte geht es am 26. Juni 1823 erneut zur Kur nach Böhmen. Wieder einmal ist Marienbad das Ziel. Nach der schweren Krankheit braucht Goethe jetzt die Heilquellen und, fast mehr noch, heilende Gesellschaft. Er bezieht Zimmer in der »Goldenen Traube«. Lieber würde er gegenüber im Hause des Grafen von Klebelsberg-Thumburg wohnen, wie schon die beiden Jahre zuvor. Diesmal jedoch ist ihm Carl August zuvorgekommen. Aber es sind ja nur wenige Schritte hinüber in das neue aprikosengelbe Palais, wo auch die 36-jährige Witwe Amalie von Levetzow – der Graf wird ihr dritter Mann werden – mit ihren Eltern und den Kindern wohnt; Ulrike ist 19, Amalia 17 und Bertha 15 Jahre alt.

Goethe hat Amalies Eltern wahrscheinlich schon als junger Student in Leipzig kennengelernt, sie selbst dann 1806 in Karlsbad, da war sie im gleichen Alter wie ihre Tochter Ulrike jetzt. Von Jahr zu Jahr hat er sich in dieser Familie wohler gefühlt. Der Sommer nach der schweren Krankheit schließt ihn vollends auf: Das Steife und Förmliche weicht seiner wahren Natur: Empfänglichkeit für Poesie, Musik und Mädchen. Er tanzt, wobei ihm »beim Damenwechsel die meisten hübschen Kinder in die Hand kamen«, wie er stolz vermerkt.

1822 hat er zu Kanzler von Müller noch gesagt: »Es geht mir schlecht; denn ich bin weder verliebt, noch ist jemand in mich verliebt.« Nun tauchen die Äugelchen wieder auf, wirkliche und eingebildete. Er selbst hat ein Auge auf die 19-jährige Ulrike geworfen, ein adliges Landpomeranzchen im Grunde, mit schmalem Gesicht, kindlichem Blick, blauen Augen und blondem Haar, das sie in dicken Flechten um den Kopf trägt. 1821 hat er ihr »Wilhelm Meisters Wanderjahre« geschenkt und, als sie entdeckt, daß es da noch einen ersten Teil geben müsse, mit Hingabe das Vorangegangene erzählt.

Oberflächlich besehen hat sich 1823 nichts verändert: Da weilt ein zwar bedeutender, aber sehr umgänglicher älterer Herr am Ort, der ebensogern in kleiner oder großer Gesellschaft ist, wie er sich zu geologischen Beobachtungen in die Berge zurückzieht, Notizen über Wolken und Wetter macht, an seinen Werken schreibt, seine Lektüre fortsetzt. Im stillen aber kreisen seine Gedanken jetzt mehr und mehr um Ulrike. Noch einmal glaubt er dank »temporärer Verjüngung« das Zeitrad anhalten, ja zurückdrehen zu können.

Er soll dann schriftlich um ihre Hand angehalten haben. Ein solches Papier von Goethes Hand wurde aber bis heute nicht gefunden. Carl August, so viel ist sicher, wirft sich in große Montur mit Stern und Orden und bittet mündlich für den Freund. Die Antwort von Mutter Levetzow scheint hinhaltend und nichtssagend zu sein. Jeder kann sehen, daß eine 19-Jährige und ein 74-Jähriger nicht zusammenpassen. Andererseits handelt es sich um Goethe, einen Minister und berühmten Dichter. – Wie hat Ulrike empfunden? »Keine Liebschaft war es nicht«, wird sie als hochbetagte Dame ihren Erinnerungen anvertrauen, längst des hartnäckigen Gerüchtes überdrüssig, sie solle eine von Goethes Liebschaften gewesen sein.

Frau von Levetzow wechselt mit den Kindern das Bad, fährt am 17. August nach Karlsbad hinüber. Am 25. ist auch Goethe dort. Am 28. will er etwaigen Geburtstagsfeierlichkeiten entgehen und fährt mit den vier Damen frühmorgens in das idyllisch gelegene Städtchen Elbogen, wo man im »Weißen Roß« einkehrt. Stadelmann und John haben dort am Vortag alles für einen angenehmen Aufenthalt vorbereitet. Frau von Levetzow überreicht Rheinwein und Kuchen, die Töchter ein böhmisches Trinkglas, in das ihre Namen eingraviert sind. Keiner spricht vom Geburtstag, obwohl Goethe es ihnen ein paarmal in den Mund legen möchte. Als man wieder in Karlsbad ist, verziehen sich die Levetzows, als sie Menschen und Musik vor Goethes Quartier sehen. »Nicht wahr, Sie wußten, daß gestern mein Geburtstag?« fragt er anderntags Frau von Levetzow. »Wie sollte ich nicht?« antwortet sie. »Da hätten Sie es nicht drucken lassen müssen!« Lachend schlägt er sich vor den Kopf. »So wollen wir es den Tag des öffentlichen Geheimnisses nennen.« Es bleibt ein Lieblingswort in den späteren Briefen.

Wer mehr über jene Tage wissen, vollends Gewißheit haben möchte, findet sich immer nur auf Spekulationen zurückgeworfen. Oder auf Gedichte wie jenes, das Goethe Ulrike am 10. September aus Eger nachschickt:

> Am heißen Quell verbringst du deine Tage,
> Das regt mich auf zu innerm Zwist;
> Denn wie ich dich so ganz im Herzen trage,
> Begreif ich nicht, wie du woanders bist.

»Früh alles gepackt«, hat es am 5. September im Tagebuch geheißen, »allgemeiner, etwas tumultuarischer Abschied [...] Abschrift eines Gedichtes.« Dieses namenlose Gedicht findet bis zum 19. September Erwähnung. Dann ist seine Abschrift vollendet. Kein Schreiber wird diesmal damit beschäftigt. Niemand soll das Werk vorerst zu Gesicht bekommen. Goethe schreibt es mit lateinischen Lettern auf besonders gutes Papier, befestigt es mit einer seidenen Schnur in einer Decke aus rotem Maroquin und zeigt schon damit an, wie besonders wert ihm diese Arbeit ist. »Elegie. Marienbad 1823« steht auf dem Einband.

Diesmal spricht sich schnell herum, was mit ihm los ist. August und Ottilie sind beunruhigt. Erwächst ihnen mit der jungen Levetzow vielleicht die neue Hausherrin, eine Bedroherin des Erbes? Als sich Vater und Sohn am 13. September in Jena begegnen, heißt es nachher im Tagebuch: »Mit meinem Sohn vorläufig das Nöthige besprochen.« Nicht zum Nötigen gehört offenbar ein Gespräch über Ulrike. »Der bewußte *Name*, das Wort *Familie* ist noch nicht genannt worden«, schreibt August am darauffolgenden Tag an seine Frau, »und ich fange an zu hoffen, daß alles gut gehen und sich die ganze Geschichte wie ein Traumbild auflösen werde.«

Goethe fühlt sich umsorgt, aber auch beobachtet und eingeengt. Er stürzt sich in Arbeit und hält seine Umgebung nicht minder auf Trab. Dabei wahrt er nur mühsam sein Gesicht. Der Schmerz ist bitter und sitzt tief. Wie seltsam, daß in einem Mann, der das alles so genau kennt, zwei einander widersprechende Wahrnehmungsweisen zu wirken scheinen. Da ist dieses eigenartige, im Zusammenhang mit Ulrike kaum beachtete Gespräch mit Kanzler Müller über Dr. Rehbein vom 14. September.

Rehbein hat sich in Böhmen (!) verlobt und ist nun nach Eger gefahren, um die Dame seines Herzens als Braut heimzuholen. Goethe nennt die rasche Verlobung einen »dummen Streich«, alles Extemporieren und »vollends eine Verlobung oder Heirat aus dem Stegreife« sei ihm ein Greuel. »Eine Liebe wohl kann im Nu entstehen, und jede echte Neigung muß irgendeinmal gleich dem Blitze plötzlich aufgeflammt sein; aber wer wird sich denn gleich heiraten, wenn man liebt? Liebe ist etwas Ideelles, Heiraten etwas Reelles. Solch ein wichtiger Lebensschritt will allseitig überlegt sein und längere Zeit hindurch, ob auch alle individuellen Beziehungen, wenigstens die meisten, zusammen passen?«

Kanzler Müller hütet sich, Goethe zu widersprechen, »ob ich gleich innerlich wütend war«. Die zunehmende Verdüsterung in Goethes Gemüt ist unübersehbar. »Drei Monate lang habe ich mich glücklich gefühlt«, gesteht er ihm endlich am 23. September, »fast wie ein Ball hin und her geschaukelt, aber nun – ruht der Ball wieder in der Ecke, und ich muß mich den Winter durch in meine Dachshöhle vergraben und zusehn, wie ich mich durchflicke!« Am 2. Oktober bekommt Müller aus Goethes Mund erstmals den Namen »Levetzow« zu hören. Dabei gelingt dem Alten sogar ein bißchen traurige Selbstironie: »Iffland könnte ein charmantes Stück daraus fertigen, ein alter Onkel, der seine junge Nichte allzu heftig liebt.«

Vom 24. Oktober bis zum 5. November ist Maria Szymanowska zu Besuch, die von Goethe seit Marienbader Tagen hochverehrte Pianistin, eine 28-jährige Polin, die überall durch ihre Kunst und Schönheit berühmt ist. Jeden Tag speist sie in seinem Haus und spielt ihm vor. Was schön war an den böhmischen Tagen, wird wieder lebendig in ihm. »Das Auge netzt sich, fühlt im höhern Sehnen / Den Götterwert der Töne wie der Tränen.« Die alten Griechen hätten das, was sich da in seinem Inneren abspielt, als Katharsis bezeichnet, eine heilsame Erschütterung. Der moderne Psychologe würde es wohl Bewußtseinsarbeit durch Erinnern und Abreagieren eines traumatischen Erlebnisses nennen. Goethe findet Zelter gegenüber andere Worte. Im August schon hat er ihm geschrieben, daß ihn ihre und andere Musik auseinanderfalte, »wie man eine geballte Faust freundlich flach läßt«. Die zitierten Verse aber entstammen einem Gedicht, das er ursprünglich der Szymanowska ins Poesiealbum geschrieben hat und das später den Titel »Aussöhnung« bekommt.

Als die Pianistin am 5. November weiterreist, trifft der Abschied den ohnehin Bedrückten derart, daß er in Tränen ausbricht und ihr lange stumm und fassungslos nachblickt. »Dieser holden Frau habe ich viel zu danken«, gesteht er später Kanzler Müller, der dabei war, »ihre Bekanntschaft und ihr wundervolles Talent haben mich zuerst mir selbst wiedergegeben.« Wenige Tage später liegt er erneut lebensgefährlich erkrankt danieder. Die Dachshöhle droht zum Totenbett zu werden.

Aber was die Ärzte mit Zugpflaster und Schröpfkopf nicht schaffen, gelingt Freund Zelter, der am 24. zur Stelle ist. Er diagnostiziert die Krankheit (»Lieb im Leib«) und bekommt vom Patienten selber die, im nachhinein besehen, einzig rechte Therapie genannt: Immer und immer wieder muß er ihm die »Marienbader Elegie« vorlesen. Als Zelter Mitte Dezember wieder heimfährt, ist Goethe auf dem Wege der Besserung.

In den heutigen Werkausgaben findet sich das Gedicht mit dem bewegenden biografischen Hintergrund unter dem Titel »Trilogie der Leidenschaft«. Vorangestellt ist ihm ein Widmungsgedicht »An Werther«, mit dem Goethe 1824 den Neudruck des Romans aus Anlaß der Erstausgabe vor 50 Jahren einleitet. Die Schlußverse variieren noch einmal, was ihm selber in äußerster Not immer wieder zuteil wurde: »Verstrickt in solche Qualen, halbverschuldet, / Geb' ihm ein Gott zu sagen, was er duldet.« Den Abschluß bildet »Aussöhnung«, jene Erlösungsverse, die den in Liebe Verstrickten durch Musik befreit zeigen.

Die Zeit der Reisen ist vorbei. Kleinere Ausflüge beschränken sich aufs Herzogtum. Zu einer Zeichnung seines Hausgartens schreibt er 1821:

> Und wie wir auch durch fremde Lande ziehn,
> Da kommt es her, da kehrt es wieder hin;
> Wir wenden uns, wie auch die Welt entzücke,
> Der Enge zu, die uns allein beglücke.

»In dem Gartenhaus die Mineralien in Ordnung zu bringen angefangen«, heißt es am 10. Mai 1824 im Tagebuch. Und als er sich im Oktober 1827 in Begleitung Eckermanns das letzte Mal in Jena aufhält, arrangiert er ein Frühstück für sie beide. »Sie wissen wohl kaum‹, sagte er, ›an welcher merkwürdigen Stelle wir uns eigentlich befinden. Hier hat Schiller gewohnt. In dieser Laube, auf diesen jetzt fast zusammengebrochenen Bänken haben wir oft an diesem alten Steintisch gesessen und manches gute und große Wort miteinander gewechselt. Er war damals noch in den Dreißigen, ich selber noch in den Vierzigen, beide noch im vollsten Aufstreben, und es war etwas. Das geht alles hin und vorüber; ich bin auch nicht mehr, der ich gewesen, aber die alte Erde hält Stich, und Luft und Wasser und Boden sind noch immer dieselbigen.‹«

1822/23 sind drei Persönlichkeiten in Goethes Leben getreten, ohne die sein Spätwerk nicht so weit gediehen und die Nachrichten über sein Leben spärlicher geblieben wären. Im Mai 1822 beginnt der Bibliothekar Friedrich Theodor Kräuter – seit vier Jahren Goethes Privatsekretär – »alle Acten und Documente auf mich und meinen Wirkungskreis bezüglich aufzustellen und in Ordnung zu bringen«, im September dann Goethes gedruckte und ungedruckte Werke, die sämtlichen Handschriften, Tagebücher und Briefe zu sammeln, zu ordnen und zu katalogisieren. Dem Dichter war das alles längst über den Kopf gewachsen. Kräuter, der »junge, frische, in Bibliotheks- und Archivgeschäften wohlbewanderte Mann«, sichtet und ordnet mit kundiger Hand. Wenn es am 2. September in Goethes Tagebuch heißt: »Die Papiere zum biographischen Abriß meines ganzen Lebens hatten sich wiedergefunden«, so ist das Kräuters Verdienst. Damit kann auch die kontinuierliche Arbeit an den »Tag- und Jahresheften« wieder aufgenommen werden.

Im Herbst 1822 kommt der 27-jährige Friedrich Jacob Soret aus Genf nach Weimar und gehört bald zu Goethes ständigem Besucherkreis. Er ist von der Erbgroßherzogin Maria Pawlowna als Erzieher des Prinzen Carl Alexander berufen worden und bleibt bis zur Volljährigkeit des Prinzen 1836 in Weimar. Der gewandte und geistreiche Mann, ebenso gesellschaftsbegabt wie innerlich unabhängig, übersetzt Goethes »Metamorphose der Pflanzen« 1828–1831 ins Französische und hilft beim Ordnen der mineralogischen Sammlungen. Für Goethe ist der naturwissenschaftlich ausgebildete Mann ein anregender Konversationspartner, und es wird so ziemlich über alles gesprochen, nur die »Farbenlehre« spart Soret vorsichtig aus. Seine »Conversations avec Goethe« sind respektvoll, aber nüchtern und detailgenau und deshalb aufschlußreich.

Am 27. Oktober 1823 kommt zur Zeit des Lichtanzündens ein 31-jähriger Mann ins Haus, der sich schon seit Anfang Juni in Weimar aufhält. Ihm wird eine besondere Ehre zuteil. Stadelmann muß zwei Leuchter hereinbringen, dann legt Goethe die rote Mappe mit der Elegie vor ihn hin. Er soll der erste sein, der sie liest. Der Besucher hat natürlich auch schon von den Vorgängen in Marienbad tratschen hören. Jetzt findet er »in jeder Zeile die Bestätigung der allgemeinen Sage«. Er ist froh, daß Goethe seine Meinung nicht gleich auf der Stelle erfragt. Das Erlebnis will verarbeitet sein, und schon gar nicht möchte er das Vertrauen des Dichters zu ihm durch ein falsches Wort zerstören. Goethe hält immerhin eine ganze Menge von seiner literarischen Bildung. Bald nach seiner Ankunft hat er ihm ältere Papiere zum Sichten und Redigieren anvertraut und findet: »Eine freye Übersicht und ein glücklicher Takt qualifizieren ihn zu dem Geschäft, das ihm zugleich Freude macht.«

Es ist Johann Peter Eckermann aus Winsen an der Luhe. Sein Vater war Hausierer, die Mutter hat mit Spinnen und Mützennähen dazuverdient. Eckermann ist intelligent und überaus fleißig, liest Klopstock, Schiller, Goethe. Er schreibt Gedichte, zumeist im Stil seiner Vorbilder, und bringt sie mangels Verleger 1819 selbst heraus – immerhin mit einem Reingewinn von 150 Talern! Dichter also will er werden, und sein Leitstern wird Goethe. Nach einem vergeblichen ersten Besuch im September 1821 – Goethe ist gerade in Eger – bricht er sein spätes Jurastudium ab, zieht sich in ein Dorf bei Hannover zurück und arbeitet im Winter 1822/23 an einem Buch »Beyträge zur Poesie, mit besonderer Hinweisung auf Goethe«. Das Manuskript erweist sich als ideale Eintrittskarte, denn »so etwas liest man gern«. Goethe schickt das werbewirksame Werk an Cotta, der es noch im selben Jahr herausbringt.

Dem Manuskript hat auch ein Lebenslauf beigelegen, aus

dem Goethe wohl vor allem herausliest, daß dieser Eckermann etwas von Kanzlei- und Archivarbeit versteht. Und das Buch hat ihm sofort gezeigt, daß er der Prototyp eines Literatur-Dieners ist: kenntnisreich, idealistisch, dienstbeflissen. Gerade jetzt, da er sich »mit einigen Freunden vereinigt, eine vollständige correcte Ausgabe meiner Werke, Schriften und sonstigen literarischen Nachlasses vorzubereiten« (8. Juni 1822), ist ihm ein solcher Mensch hoch willkommen.

Eckermann ist und bleibt vom ersten Augenblick an Diener, ob er es wahrhaben will oder nicht. Goethe wird ihm später einen Doktortitel vermitteln, aber der macht nicht satt. Eckermann ist zwar oft der erste, der ein Manuskript zu lesen erhält, aber der letzte, der angemessen honoriert wird. Goethe spart ihm gegenüber selten mit Lob, aber seine Versprechungen macht er selten wahr. Ihr Verhältnis wird von doppelter Verkennung bestimmt: Der Dichter erwartet aufopferungsvollen Dienst an der Werkausgabe letzter Hand, der Dienende auch Freundschaft. Eckermann hat sich immer als Goethes Vertrauter empfunden und die Bezeichnung »Sekretär« für sich abgelehnt. Er fühlt sich durch die Nähe seines Idols reich beschenkt, aber er wird erbarmungslos ausgebeutet. Als er seine Verlobte Johanne Bertram nach 12-jähriger (!) Verlobungszeit endlich nach Weimar holt, nimmt Goethe von Einzug und Hochzeit keine Notiz.

Schon früh beginnt der allzeit Fleißige, seine Unterhaltungen mit Goethe aufzuzeichnen. Sie sollen das literarische Hauptwerk des verhinderten Dichters werden. Auch Goethe liegt durchaus daran, mit einem Band günstig formulierter Gesprächserinnerungen seine autobiografischen Werke abzuschließen. Aber Eckermann kommt unter der Last laufender Arbeiten, später zunehmend auch wegen seiner persönlichen Misere immer langsamer voran. Erst 1836 erscheinen Band 1 und 2. Für den dritten gestattet ihm Soret, »das Beste und Interessanteste« aus den »Conversations« in das dünn gewordene eigene Material »chronologisch zu verweben«. Als das Buch im unruhigen Revolutionsjahr 1848 herauskommt, sind der literarischen Welt inzwischen andere Themen wichtiger.

Zu Eckermanns Lebzeiten ein Mißerfolg, entwickeln sich seine »Gespräche mit Goethe in den letzten Jahren seines Lebens« postum zu einem der meistgelesenen und -gepriesenen

Bücher über den Dichter. Es ist zwar nicht zu übersehen, daß er einen idealisierten Goethe erinnert; auch schafft er sich – je weiter von der Gesprächszeit entfernt, um so mehr – aus wenigem eine Art faktenorientierten Roman mit zwei Hauptpersonen, dem weisen Lehrer und dem lernbegierigen Partner; dennoch bietet sein Werk eine reiche Fülle von Ansichten, Bemerkungen, Vorfällen, die wir nur hier finden.

Das Verhältnis von Goethe und Eckermann wirft auf den einen ein schlechtes Licht, dem anderen wird es zur Tragödie. Wann immer Eckermann eine Chance geboten wird, sich auswärts zu verbessern, rät ihm Goethe ab. Er verschmäht dabei weder Zuckerbrot noch Peitsche, nicht die partnerschaftliche Geste noch den feinen Terror, der sich zwischen den Zeilen eines Briefes verbirgt. Dabei ist schon allein sein hochraffinierter Umgang mit den Worten »Wir«, »Sie« und »ich« bemerkenswert. Ein »Wir« kostet nichts und macht stolz (»wir wollen es die Novelle nennen«). Eine Forderung wird, bei genauer Wahrung der Zuständigkeitsbereiche, mit einem Ausblick auf partnerschaftliche Großtaten verbunden: »Wenn *Sie* nun den achtunddreißigsten und neununddreißigsten Band zusammenstellten, so daß *wir* Ostern die letzte Lieferung absenden könnten, so wäre es hübsch, und *wir* hätten den Sommer zu etwas Großem frei. *Ich* würde im Faust bleiben und den vierten Akt zu überwinden suchen.« (Hervorhebungen K. S.)

Im Herbst 1830 begleitet Eckermann August von Goethe nach Italien. In Genua trennt man sich. Auf der Rückreise schreibt Eckermann nach Weimar im Gefühl, an einem Scheideweg angelangt zu sein. Er möchte »einige Monate in stiller Zurückgezogenheit, bei Verwandten in der Nähe von Göttingen« sein langgeplantes Gesprächsbuch vollenden, »damit ich, von einer alten Bürde mich befreiend, zu künftigen neuen mich wieder geneigt und bereit machte. Mein Leben ist seit einigen Jahren in Stocken geraten, und ich möchte gern, daß es noch wieder in einigen frischen Kurs käme.« Doch Goethe, der Eckermanns ganze Kraft und Kreativität für sich nutzen will, bindet den Entgleitenden mit einem Brief an sich, der ein Meisterstück an Perfidie darstellt, weil jeder Satz noch etwas ganz anderes bedeutet.

»Zum allerschönsten begrüße ich Sie, mein Theuerster, in meiner Vaterstadt [...] Wenn Sie nach Nordheim abzugehen und daselbst einige Zeit zuverweilen wünschen, so wüßt ich nichts entgegen zu setzen. Wollen Sie sich in stiller Zeit mit dem Manuscripte beschäftigen, das in Sorets Händen ist, so soll es mir um desto angenehmer seyn, weil ich zwar keine baldige Publication desselben wünsche, es aber gern mit Ihnen durchgehen und rectificiren möchte. Es wird seinen Werth erhöhen, wenn ich bezeugen kann, daß es ganz in meinem Sinne aufgefaßt sey.« (12. Oktober 1830)

Mit anderen Worten: Wenn ich sage, daß es nicht in meinem Sinn verfaßt ist, wird's Ihnen kein Verleger abnehmen! Es ist dann auch nicht mehr die Rede von Fernbleiben, und kaum zurückgekehrt, wird Eckermann bis zur Besinnungslosigkeit mit Arbeit überhäuft. »An eine Redaktion meiner Gespräche mit ihm war nicht mehr zu denken.« Nun ist uns zwar der vierte Akt des »Faust«, das vierte Buch von »Dichtung und Wahrheit«, woran die literaturdienende Arbeit Eckermanns schließlich auch ihren Teil hat, wertvoller als die »Gespräche«, aber es steckt doch immerhin ein gebrochenes Herz, ein ungelebtes Leben hinter alledem.

Am 6. Januar 1831 gibt's dann ein rares, aber nur scheinbar wertvolles Neujahrsgeschenk: Goethe setzt Eckermann und Riemer als Herausgeber seines Nachlasses ein. Eckermann soll 5 % von den künftigen Einnahmen erhalten. Aber man kann das genausogut als Dienstverpflichtung über den Tod des Erblassers hinaus auffassen. Letztlich hat Eckermann weder damit noch mit sonst etwas in Weimar genügend Geld verdient, um ein auch nur annähernd sorgloses Leben führen zu können. Selbst die spätere Pension des Großherzogs von 300 Talern im Jahr galt nur, wenn er seinen Wohnsitz in Weimar behielt. Man brauchte ihn als Relikt aus klassischer Zeit. Zum Vorzeigen, wenn Staatsgäste kamen. Am 3. Dezember 1854 stirbt Eckermann, von wenigen betrauert, völlig verarmt und ausgepowert, im Alter von 62 Jahren.

»Faust«. Eine Lebensreise
1765 – 1832

> »Es ist keine Kleinigkeit, das, was man im zwanzigsten Jahre concipirt hat, im 82. außer sich darzustellen und ein solches inneres lebendiges Knochengeripp mit Sehnen, Fleisch und Oberhaut zu bekleiden, auch wohl dem fertig Hingestellten noch einige Mantelfalten umzuschlagen, damit alles zusammen ein offenbares Räthsel bleibe, die Menschen fort und fort ergetze und ihnen zu schaffen mache.«
> *An Zelter, 1. Juni 1831*

Viele seiner Werke haben Goethe über Jahre und Jahrzehnte hinweg begleitet. Die ersten Teile des »Egmont« entstanden im Herbst 1775, weitere Passagen 1778/79. Beenden konnte er das Drama erst im Herbst 1787 in Rom – nach 12 Jahren also. »Wilhelm Meisters Wanderjahre« gliedern sich in vier Entstehungsperioden und brauchten bis zur Vollendung der letzten Fassung sogar 22 Jahre. Übertroffen aber wird das alles vom »Faust«. Er hat Goethe nicht weniger als 60 Jahre seines Lebens begleitet.

Die alte Puppenspielfabel geisterte schon von Kindheit an in seinem Kopf herum. Wahrscheinlich hat er auch das Volksbuch vom Doktor Faust als eines jener billigen Jahrmarktsheftchen kennengelernt, die bei den Goethe-Kindern so beliebt waren. Größere Partien seines Dramas aber wird Goethe wohl erst um 1772/1774 niedergeschrieben haben, denn gegenüber Eckermann erinnert er sich: »Der ›Faust‹ entstand mit meinem ›Werther‹; ich brachte ihn im Jahre 1775 mit nach Weimar. Ich hatte ihn auf Postpapier geschrieben und nichts daran gestrichen; denn ich hütete mich, eine Zeile niederzuschreiben, die nicht gut war und die nicht bestehen konnte.«

Zu jenen, die schon früh Teile daraus vorgelesen bekamen, gehörten Heinrich Christian Boie, Knebel und Friedrich Leopold zu Stolberg. »Sein Dr. Faust ist fast fertig, und scheint mir das Größte und Eigentümlichste von allem«, notiert Boie bereits am 15./17. Oktober 1774 in sein Reisetagebuch. In einem

Brief Knebels an Bertuch über den Besuch beim 25-jährigen Goethe heißt es am 23. Dezember 1774: »Ich habe einen Haufen Fragmente von ihm, unter andern zu einem Doktor Faust, wo ganz ausnehmend herrliche Szenen sind. Er zieht die Manuskripte aus allen Winkeln seines Zimmers hervor.« Stolberg ist bei der vermutlich ersten Weimarer Vorlesung im Dezember 1775 dabei und erzählt gleichfalls von einem »halbfertigen Faust«.

Wie kommt es, daß das Stück schon so weit fortgediehen scheint, obwohl doch erst ein kleiner Teil des Dramas fertiggewesen sein kann? Vergegenwärtigen wir uns noch einmal jenen tolldreist die Gesellschaft narrenden Goethe, der vorgeblich Gedichte aus einem Almanach rezitiert, die er in Wirklichkeit aus dem Augenblick heraus erfindet: Ein solcher Mensch wird wohl auch die Improvisationsgabe besitzen, bei einer Vorlesung im kleinen Kreis das schon Vorhandene mit dem bloß Vorgestellten zu einem spannenden Ganzen zu verbinden.

In der ersten Weimarer Zeit geht es zunächst noch auf dem Papier voran, so daß Merck am 19. Januar 1776 an Nicolai schreiben kann: »Ich erstaune so oft ich Ein Neu Stück zu Fausten zu sehen bekomme, wie der Kerl zusehends wächst, und Dinge macht, die ohne den großen Glauben an sich selbst, und dem damit verbundenen Mutwillen ohnmögl. wären.« Dann aber beginnen die jahrelangen Stockungen und das oft gänzliche Wegpacken der Manuskripte.

Goethe hat sein Hauptwerk dem lesenden Publikum in fünf großen Teilen übereignet. Jedesmal stand der Vorsatz dahinter, einer Ausgabe Gesammelter Werke etwas besonders Attraktives beizugeben. So war es 1790, als das Fragment des ersten Teils in der Göschen-Ausgabe erschien, so 1808 mit dem ersten Teil des »Faust« in der Cotta-Ausgabe. 1827 wird das »spezifische Gewicht« der »Vollständigen Ausgabe letzter Hand« durch den Helena-Akt des zweiten Teils vermehrt, im Jahr darauf folgen die ersten 6000 Verse des zweiten Teils. Der vollständige Text erscheint erst 1833, ein Jahr nach Goethes Tod, im ersten Band der nachgelassenen Werke. Dem zeitgenössischen Leser ist diese Häppchen-Edition ärgerlich gewesen. Uns aber verrät sie, wie hart und immer wieder aufs neue Goethe über Jahrzehnte hinweg mit Form und Gehalt seines Welttheaterspiels gerungen hat.

Als Lebensarbeit eines Baumeisters betrachtet, mutet »Faust« wie ein komplexer Schloßbau an, der sich über Generationen hinzieht und auf wunderliche Weise älteste Teile mit neueren verbindet. Das Ganze wird gleichsam durch drei Tore betreten, von denen die »Zueignung« 1797 entstanden ist, das »Vorspiel auf dem Theater« zwischen 1795 und 1798 und der »Prolog im Himmel« um das Jahr 1800.

Was Goethe in den Frankfurter Jahren begonnen hat und was wir aus der Manuskriptabschrift des Fräuleins von Göchhausen kennen – es ist gleichsam der Altbau –, wird ab 1797 Stück für Stück vollendet. Der Neubau (»Faust. Der Tragödie zweiter Teil«) integriert mit dem »Helena«-Akt eine früher eigenständige Idee. Sie »ist eine meiner ältesten Konzeptionen, gleichzeitig mit dem ›Faust‹, immer nach *einem* Sinne, aber immer um- und umgebildet«. In den folgenden Jahren (1827–1830) wird mit den zwei ersten Akten des zweiten Teils die fehlende Verbindung geschaffen, im Sommer 1831 endlich der Schlußstein gesetzt.

Aber noch möchte Goethe sein Hauptwerk nicht der Kritik aussetzen und nimmt für dieses Mal in Anspruch, was er dem armen Kleist einst vorgeworfen hat, nämlich »auf ein Theater [zu] warten, welches da kommen soll«. Den Alten schreckt das Absurde und Konfuse dessen, was Tag für Tag auf ihn eindringt; »meine redlichen, lange verfolgten Bemühungen um dieses seltsame Gebräu würden schlecht belohnt und an den Strand getrieben, wie ein Wrack in Trümmern liegen und von dem Dünenschutt der Stunden zunächst überschüttet werden« (an Wilhelm von Humboldt, 17. März 1832).

In den ersten Weimarer Jahren sieht es nicht gut aus mit der Fortführung des »Faust«. Zuerst begeistert Goethe alle, denen er daraus vorliest. Aber schon 1781 nennt Carl August in der dritten Ausgabe des »Tiefurter Journals« den »Faust« resignierend-witzig ein »Stück [...] von einem Stücke, welches das Publikum immer nur als Stück zu behalten leider befürchtet«.

Wie eine Antwort mit sechsjähriger Verspätung mutet uns ein Brief Goethes an den Herzog aus Rom an: »Daß ich meine älteren Sachen fertig arbeite, [...] ist eine Rekapitulation meines Lebens und meiner Kunst, und indem ich gezwungen bin, mich und meine jetzige Denckart, meine neuere Manier, nach meiner ersten zurückzubilden, das was ich nur entworfen hatte nun auszuführen; so lern' ich mich selbst und meine Engen und Weiten recht kennen. Hätte ich die alten Sachen stehen und liegen laßen, ich würde niemals soweit gekommen seyn, als ich jetzt zu reichen hoffe.« (11. August 1787) Seltsamerweise entsteht im sonndurchglühten Garten der Villa Borghese ausgerechnet die Szene, in der Faust von Mephisto in die Nebeldämpfe der Hexenküche im Harz geführt wird.

Die Geschichte vom gelehrten mittelalterlichen Doktor, der seine Seele dem Teufel verschreibt, ist im Kern ein Lektüreerlebnis aus dem Volksbuch. Dennoch lassen sich im ersten Teil des Dramas zahlreiche biografische Verknüpfungen entdekken. Fausts Versuche zum Beispiel, durch ausgebreitete Studien, die selbst Alchemie mit einbeziehen, sein Wissen zu erweitern – »Daß ich erkenne, was die Welt / im Innersten zusammenhält« –, finden ihre Entsprechung in Goethes eignem Tun. Und die Osterglocken, die Faust vor dem Selbstmord bewahren, kennt Goethe von der seinem Elternhaus benachbarten Katharinenkirche. Alt-Frankfurter haben vom Osterspaziergang eine recht genaue Vorstellung, berührt er doch das Oberforsthaus (»Wir geh'n hinaus aufs Jägerhaus«), die Gerbermühle (»Wir aber wollen nach der Mühle wandern«), den Strahlenberger Hof (»Ich rat' Euch, nach dem Wasserhof zu geh'n«), Oberrad (»Nach Burgdorf kommt herauf!«) und den Main (»Man steht am Fenster, trinkt sein Gläschen aus und sieht den Fluß hinab die bunten Schiffe gleiten«). Ähnliches wiederholt sich, wenn Mephisto und Faust später in Auerbachs Keller einkehren: »Mein Leipzig lob ich mir!« sagt einer der Studenten. »Es ist ein klein Paris, und bildet seine Leute.« Dann fragt er die beiden Fremden: »Ihr seid wohl spät von Rippach aufgebrochen?«, und meint damit einen Ort zwischen Leipzig und Naumburg, wo studentische Blödelei die Figur des Hans Arsch von Rippach angesiedelt hat. Die Walpurgisnacht im Harz nennt Schierke, Elend, Blocksberg, Rabenstein und Ilsenstein.

In den Gretchen-Szenen fühlt man sich ganz in jenes Goethe-Frankfurt versetzt, das noch spätmittelalterliche Züge trägt. Wenn Faust die »Gretchenfrage« gestellt wird – »Nun sag, wie hast du's mit der Religion?« –, schimmert in Frage und Antwort etwas von den freundschaftlich gebremsten

Streitgesprächen zwischen Goethe und Fritz Jacobi durch. Und Gretchens rührenden Bericht vom toten Schwesterchen konnte nur einer dichten, der selber wußte, was man beim liebevollen Umgang mit kleinen Geschwistern und bei ihrem Tod empfindet. Überm Dreikönigsportal der Frankfurter Liebfrauenkirche ist eine steinerne Pieta angebracht, die früher an der alten Stadtmauer gestanden hat. Dieses Andachtsbild mit Maria und dem toten Jesus soll Goethe vor Augen gehabt haben, als er das schwangere Gretchen verzweifelt beten läßt: »Ach neige, / Du Schmerzensreiche, / Dein Antlitz gnädig meiner Not!«

Das Gretchen-Drama, das also, womit Goethe über alle früheren Gestaltungen des »Faust«-Stoffes hinausgeht, enthält bis in Einzelheiten hinein Parallelen zur Hinrichtung der Kindsmörderin Susanna Margaretha Brandt. Der Prozeß läuft bald nach Goethes Rückkehr aus Straßburg, und der 22-jährige Dichter verfolgt ihn mit großer Anteilnahme. Das wirkliche Gretchen gibt in den Prozeßakten mehrfach zu Protokoll, der Satan müsse sie wohl bei ihrem Handeln verblendet haben.

Vielleicht ist dieses bildliche Denken eines einfachen religiösen Gemüts für Goethe zum auslösenden Moment geworden, ihre Geschichte mit seinem eignen Satansdrama zu verbinden. Aber auch als Student hatte er ja schon mit dem Thema zu tun, wie die Thesen 53 (»Todesstrafen sind nicht abzuschaffen«) und 55 seiner »Positiones Juris« zeigen (»Ob eine Frau, die ein soeben geborenes Kind umbringt, mit dem Tode zu bestrafen sei, ist eine Streitfrage unter den Doktoren«). 1783 muß er als Minister in einem konkreten Fall dazu Stellung beziehen und entschließt sich, in Übereinstimmung mit den Voten von Fritsch und Schnauß, »daß auch nach meiner Meinung räthlicher seyn mögte die Todtesstrafe beyzubehalten«.

Im Revolutionsjahr 1789 wird die Arbeit am »Faust« erneut eingestellt und das Manuskript beiseite gepackt. Erst die anteilnehmende Freundschaft Schillers bewirkt wieder eine allmähliche Hinwendung zum alten Projekt. Als Goethe ihm neue Druckbogen seines demnächst erscheinenden »Wilhelm Meister« ankündigt, antwortet ihm Schiller: »Aber mit nicht weniger Verlangen würde ich die Bruchstücke von Ihrem Faust, die noch nicht gedruckt sind, lesen, denn ich gestehe Ihnen, daß mir das, was ich von diesem Stücke gelesen, der Torso des Herkules ist. Es herrscht in diesen Scenen eine Kraft und eine Fülle des Genies, die den besten Meister unverkennbar zeigt, und ich möchte diese große und kühne Natur, die darinn athmet, so weit als möglich verfolgen.« (29. November 1794)

Noch aber wagt Goethe das Paket nicht aufzuschnüren. »Ich könnte nicht abschreiben ohne auszuarbeiten und dazu fühle ich mir keinen Muth. Kann mich künftig etwas dazu vermögen; so ist es gewiß Ihre Theilnahme.« (2. Dezember 1794) Und das Wunder geschieht. »Unser Balladenstudium hat mich wieder auf diesen Dunst- und Nebelweg gebracht«, schreibt Goethe endlich am 22. Juni 1797, »und die Umstände rathen mir, in mehr als in Einem Sinne, eine Zeit lang darauf herum zu irren.«

Es sind die Tage unmittelbar vor jener Reise, die eigentlich noch einmal nach Italien führen soll und aus der dann nur eine Schweizer Reise wird. Goethe ist unruhig. Im Grunde ist es sein Wunsch, »an nichts mehr Theil zu nehmen als an dem was ich so in meiner Gewalt habe wie ein Gedicht« (an J. H. Meyer, 28. April 1797).

Am 9. Juli verbrennt er alle bis 1792 erhaltenen Briefe. Aber während er sich voller Unruhe von einem Lebensabschnitt in den anderen hinüberbewegt, arbeitet es in ihm wie lange nicht mehr. Fast versiegte Quellen brechen wieder auf. Jetzt erst entwickelt sich der Held seiner Tragödie zum Menschheitshelden und sein Lebenslauf zum Gleichnis. Damit nähert sich Goethe der Schillerschen Auffassung, daß »die Fabel ins Grelle und Formlose« entgleite, wenn sie nicht philosophisch behandelt werde.

Goethe möchte mit seiner Tragödie die »Duplizität der menschlichen Natur« zeigen, »das verunglückte Bestreben, das Göttliche und das Physische im Menschen zu vereinigen«. Beim Osterspaziergang sagt Faust:

> Zwei Seelen wohnen, ach! in meiner Brust,
> Die eine will sich von der andern trennen;
> Die eine hält, in derber Liebeslust,
> Sich an die Welt, mit klammernden Organen;
> Die andre hebt gewaltsam sich vom Dust
> Zu den Gefilden hoher Ahnen.

Es ist die berühmteste von vielen Stellen im Werk Goethes, die zeigen, wie hin und her gerissen sich dieser Dichter zeitlebens gefühlt hat. Immer wieder hat er die miteinander in Streit liegenden Charakterzüge, die er an sich bemerkte, auf gegensätzliche Personenpaare verteilt:
- den ehrlichen Götz / den unbeständigen Weislingen (»Götz von Berlichingen«)
- den schwermütigen Orest / den lebensfrohen Pylades (»Iphigenie auf Tauris«)
- den schwärmerischen Tasso / den kühl-vernünftigen Antonio (»Torquato Tasso«)
- den sorglosen Egmont / den besonnenen Oranien (»Egmont«)
- den ungestümen Crugantino / den gesitteten Pedro (»Claudine von Villa Bella«)
- den träumerischen Epimetheus / den tatkräftigen Prometheus (»Pandora«)
- den feurigen, später verzweifelten Eduard / den lebensklugen Hauptmann (»Die Wahlverwandtschaften«).

Am 23. Juni 1797 vermerkt der nahezu 48-Jährige im Tagebuch: »Ausführliches Schema zum Faust.« Am 24. schreibt er die »Zueignung« (»Ihr naht euch wieder, schwankende Gestalten! / Die früh sich einst dem trüben Blick gezeigt«). Am gleichen Tag heißt es in einem Brief an Schiller, Meyer sei in Florenz erkrankt. Das mache die Erwartung wahrscheinlich, abermals einen »nordischen Winter zuzubringen, so mag ich, durch Unmuth über fehlgeschlagene Hoffnung, weder mir noch meinen Freunden lästig seyn und bereite mir einen Rückzug in diese Symbol-, Ideen- und Nebelwelt mit Lust und Liebe vor«.

Eine Woche später glaubt Goethe: »Es käme jetzt nur auf einen ruhigen Monat an, so sollte das Werk zu männiglicher Verwunderung und Entsetzen, wie eine große Schwammfamilie, aus der Erde wachsen.« Aber schon am 5. Juli gesteht er Schiller: »Faust ist die Zeit zurückgelegt worden, die nordischen Phantome sind durch die südlichen Reminiscenzen zurückgedrängt worden«, womit die Beschäftigung mit portugiesischer, italienischer und dalmatischer Architektur gemeint ist.

So geht es mit Unterbrechen und Wiederaufnehmen quälend langsam weiter. Am 5. Mai 1798 erfährt Schiller immerhin, der »Faust« sei »um ein gutes weiter gebracht. Das alte noch vorräthige höchst confuse Manuscript ist abgeschrieben und die Theile sind in abgesonderten Lagen, nach den Nummern eines ausführlichen Schemas hinter einander gelegt. Nun kann ich jeden Augenblick der Stimmung nutzen, um einzelne Theile weiter auszuführen und das ganze früher oder später zusammen zu stellen.«

»Göthe hat an seinem Faust noch viel Arbeit eh er fertig wird«, sieht Schiller ein. »Ich bin oft hinter ihm her, ihn zu beendigen und seine Absicht ist wenigstens, daß dieses nächsten Sommer geschehen soll. Es wird freilich eine kostbare Unternehmung seyn. Das Werk ist weitläuftig 20–30 Bogen gewiß, es sollen Kupfer dazu kommen, und er rechnet auf ein derbes Honorar. Es ist aber auch ein ungeheurer Absatz zu erwarten.« (An Cotta, 16. Dezember 1798)

Cotta hat die Worte vom »derben Honorar« nicht überlesen. Er bietet seinem berühmtesten Autor am 4. April 1800 als Honorargarantie 4000 Gulden. Dieses Geld ist ihm also auch bei schlechtem Absatz sicher. Goethes Bezüge als Weimarer Minister liegen damals bei 3150 Gulden jährlich. (Zum Vergleich: Ein Diener erhält 400 Gulden.) »Brief von Cotta«, notiert Goethe am 11. April lapidar ins Tagebuch. »Faust angesehen.« Nun ja. Sachen, die 4000 Gulden wert sind, schaut man sich natürlich gern mal wieder an.

Dennoch setzen im April 1801 die sporadischen Tagebuch- und Briefbemerkungen über das Stück nahezu aus, und Goethe hüllt sich in Schweigen. »Er ist zu wenig Herr über seine Stimmung«, schreibt Schiller am 10. Dezember an Cotta, »seine Schwerfälligkeit macht ihn unschlüssig und über den vielen Liebhaber Beschäftigungen, die er sich mit Wissenschaftlichen Dingen macht, zerstreut er sich zu sehr. Beinahe verzweifle ich daran, daß er seinen Faust noch vollenden wird.«

Und doch scheint er im stillen weiter gediehen zu sein, als selbst Schiller es gewußt hat. Als die neue Ausgabe von Goethes Werken nun endlich auch den »Faust« bringen soll, vermelden die Tagebuchnotizen vom Frühjahr 1806 eigentlich nur noch Tätigkeiten der Ordnung, Durchsicht und Schlußredaktion. Daß sich die Veröffentlichung noch bis 1808 hinzieht, ist Schuld der politischen Ereignisse. Aber dann liegt der berühmte achte Band der 13-bändigen Werkausgabe pünktlich zur Ostermesse vor. Und der Widerhall ist beträchtlich. Erst jetzt beginnt sich bei Lesern und Nichtlesern allmählich die Vorstellung durchzusetzen: Der den »Faust« schrieb, ist unser Größter. Jetzt beginnen die zahlreichen Besuche im Hause des Dichters, die schließlich beinahe wallfahrtsartigen Charakter annehmen, kann er kaum noch irgendwo Gast unter Gästen sein. Eines der kuriosesten Beispiele dafür hat uns Wilhelm von Kügelgen in seinen »Jugenderinnerungen eines alten Mannes« überliefert. Am 24. April 1813 befindet sich Goethe in der Wohnung des Malers Gerhard von Kügelgen in Dresden, um von dort oben den Einzug der Monarchen – des russischen Zaren und des Königs von Preußen – beobachten zu können. »Indem ward heftig an der Klingel gerissen. Ich sprang fort, um die Tür zu öffnen, und herein drang eine unbekannte Dame, groß und stattlich wie ein Kachelofen und nicht weniger erhitzt. Mit Hast rief sie mich an: ›Ist Goethe hier?‹ [–] Mit offenen Armen auf ihren Götzen zuschreitend, rief sie: ›Goethe! ach Goethe, wie habe ich Sie gesucht!‹« Einem taktvollen Hinweis des Dichters, da gebe es auch die Dame des Hauses noch zu begrüßen, wird obenhin entsprochen, gleich wandte sie ihm »ihre Breitseiten wieder zu und gab ihm eine volle Ladung nach der andern von Freudenbezeugungen, daß sie ihn glücklich geentert, beteuernd, sie werde sich diesen Morgen nicht wieder von ihm lösen.«

Nachdem das Stück in Buchform vorliegt, soll es auch auf die Bühne, obwohl selbst Goethe glaubt, es stehe »gar zu weit von theatralischer Vorstellung ab« (an den Berliner Intendanten Graf Brühl, 1. Mai 1815). 1819 werden in einer Privataufführung im Berliner Schloß Monbijou zwei Szenen gezeigt und im Jahr darauf die Eingangsszenen im Breslauer Theater. 1828 gibt es in Paris eine französische Bearbeitung zu sehen. Im Grunde ist sie die Uraufführung, denn erst am 19. Januar 1829 kommt die erste deutsche Aufführung zustande. August Klingemann, ein gewiefter Theatermann und eigenwilliger Autor (»Nachtwachen von Bonaventura«, 1804), besorgt sie am Hoftheater zu Braunschweig.

Weil seine Bühneneinrichtung ein Erfolg wird, übernehmen

nun auch andere deutsche Theater den »Faust«, und in der Zeit um Goethes 80. Geburtstag häufen sich die Aufführungen. Die von Weimar kommt einen Tag nach den Feierlichkeiten heraus. Goethe nimmt bei der Vorbereitung regen Anteil, ist aber bei der Premiere nicht dabei. Der Grund wird wohl eher in seiner Erschöpfung zu suchen sein, als daß er sich vielleicht über textliche Eingriffe geärgert hätte, hat er sie doch selber ausdrücklich gebilligt. Er weiß genau, was im Druck gerade noch hingeht, auf der zeitgenössischen Bühne aber schon allzu starker Tobak ist. Da macht es ja schon einen Unterschied, ob dem Gretchen der Schauer »über'n ganzen Leib« oder nur »über'n Leib« läuft. Da wird »Strumpfband« in »Armband« verwandelt und »Brust an Brust« in »Blick in Blick«.

Die Walpurgisnachtszenen im Harz aber werden ganz gestrichen. Heute weiß man, daß selbst das, was Goethe im Druck zugelassen hat, schon mit erheblichen Textverlusten verbunden war. Was er darüber hinaus geschrieben hat – es ist zum Teil erhalten und wurde in unseren Tagen zu einer geschlossenen Szene zusammengestellt* –, ist so voller brandheißer Schweinigeleien, daß sich der Autor kein Publikum dafür vorstellen konnte.

Nach der Veröffentlichung des ersten Teils der Tragödie soll es an den zweiten gehen, aber dann schieben sich andere Werke in den Vordergrund: die »Wahlverwandtschaften« (1809), die mächtige »Farbenlehre« (1810), ab 1811 die Bücher der Autobiografie. 1816 glaubt nicht einmal der mittlerweile 67-Jährige mehr an eine Fertigstellung und diktiert für das 18. Buch von »Dichtung und Wahrheit« die Handlung der ersten vier Akte, wie sie ihm um 1775 im Kopf herumgespukt habe und also in die Biografie gehöre: das mächtige Drama vom Menschen in der Welt – geschrumpft zur bloßen Nacherzählung! Aber die Passage wird dann doch nicht ins Buch aufgenommen, und

---

* Der Herausgeber Albrecht Schöne veröffentlichte sie in seiner maßstabsetzenden Ausgabe des »Faust« (Deutscher Klassiker Verlag, 1994). Zuvor schon hatte er der ARD vorgeschlagen, auf der Grundlage dieses Textes im Harz einen Walpurgisnacht-Film zu drehen, damit »die Deutschen vor ihren Fernsehapparaten am Abend des 150. Goetheschen Todestages noch einmal der Prankenschlag ihres größten Dichters träfe«. Unser Fernsehen fühlte sich aber, laut Antwortbrief, dem »bestechenden Vorschlag nicht gewachsen«.

Eckermann benutzt sie später, um Goethe anzuregen, das Geplante nach und nach auszuarbeiten.

In den Jahren zwischen 1824 und 1827 möchte Goethe einige Bruchstücke abrunden und veröffentlichen. Dabei gerät er erneut tief in den »Zauberkreis« des Dramas und tritt nun langsam dem Gedanken nahe, aus den Bruchstücken doch noch etwas Ganzes zu machen.

»An Faust einiges gedacht und geschrieben.« Solche Tagebucheintragungen finden sich 1825 wieder häufiger. Goethes Gedanken kreisen jetzt zunehmend um den seltsamen dritten Akt, der in einer Zusammenführung von Faust und Helena die Verbindung von Mittelalter und Antike schaffen soll. Eros führt Faust zur schönsten der Frauen; aus ihrer Liebe geht Euphorion hervor, ein Sinnbild zukünftiger Poesie, als deren hinreißendsten Vertreter Goethe den englischen Dichter Lord Byron empfindet. Als er von dessen Fiebertod in Griechenland erfährt, weiß er mit einem Schlag, wie die Euphorion-Episode enden soll: Von den Eltern eben noch zur kräftigen Berührung mit der Erde ermahnt, hebt sich Euphorion in die Luft, erstrahlt und stürzt wie Ikarus tot zu Boden. Aus der Unterwelt ruft er die Mutter zu sich. Faust ist wieder allein mit Mephisto.

Am 3. Juni 1826 erzählt Goethe seinem Freund Zelter von den Vorarbeiten dieses »bedeutenden Werks, nicht in der Ausdehnung, sondern in der Eindichtung«, das seit Schillers Tod nicht mehr angesehen worden, aber jetzt von der Art sei, »daß es in die neueste Literatur eingreift, daß aber auch niemand, wer es auch sey, eine Ahnung davon haben durfte. Ich hoffe, da es zu Schlichtung eines Streites gedacht ist, große Verwirrung dadurch hervorgebracht zu sehen.« Geschlichtet werden soll der Streit zwischen Klassik und Romantik.

Zur Ostermesse 1827 erscheint das Werk als 4. Band der Vollständigen Ausgabe letzter Hand. Es trägt den Titel »Helena. Klassisch-romantische Phantasmagorie. Zwischenspiel zu Faust« und sorgt in der Tat für einiges Aufmerken in der Lesewelt. Freilich erheben sich gelegentlich der Werkausgabe auch erste Stimmen, die sich über »diese sorgfältige Sammlung eines jeden Läppchens« amüsieren (Wilhelm Grimm an Achim von Arnim, 20. September 1827). Und an der »Helena« entdeckt er trotz des schönen Plans »zu viel Stukkatur und Gipsmarmor der Ausführung«.

Ist Goethe nun endlich der edle, zunehmend sich vergeistigende Greis, unnahbar und durch Gefühl und Instinkt nicht länger zu verwirren? Ach nein! Im selben Band wie die »Helena« ist als Zeugnis einer letzten, qualvollen Liebe auch die »Trilogie der Leidenschaft« erschienen. Und was sein Alltagsgelüst an Essen und Trinken angeht, so konstatiert Wilhelm von Humboldt fassungslos: »Im Lauf des Vormittags trinkt er ein großes Wasserglas Wein und ißt Brot dazu, und am Weihnachtsfeiertag sah ich ihn des Morgens eine solche Portion Napfkuchen zu dem Wein verzehren, daß es mich wirklich wunderte.« Gleichzeitig aber habe er schon zwei-, dreimal die Kur unterlassen, »ist kräftig, heiter und sehr produktiv« (an seine Frau Caroline, 29. Dezember). Karl Friedrich Peucer, ein Weimarer Regierungsbeamter und Literat, schreibt entzückt an Reinhard: »Goethe ist wie ein Jüngling.« (21. Juni 1827)

In einem grundvergnügten Brief an Zelter schreibt der 77-Jährige am 24. Mai 1827: »Kund und zu wissen sey hiermit dem theuersten Freunde, daß ich Sonnabend den 12. May ganz unschuldigerweise in meinen untern Garten fuhr, ohne auch nur irgend einen Gedanken als daselbst eine freundliche Stunde zu verweilen. Nun gefiel es mir aber daselbst so wohl, die Frühlingsumgebung war so unvergleichlich, daß ich blieb ohne bleiben zu wollen und heute am Himmelfahrtsfeste mich noch hier befinde, diese Tage her immer thätig und ich hoffe andern wie mir erfreulich. [...] Nun aber soll das Bekenntniß im Stillen zu dir gelangen, daß ich, durch guter Geister fördernde Theilnahme, mich wieder an Faust begeben habe, und zwar gerade dahin, wo er, aus der antiken Wolke sich niederlassend, wieder seinem bösen Genius begegnet. Sage das niemanden; dieß aber vertrau ich dir, daß ich von diesem Punct an weiter fortzuschreiten und die Lücke auszufüllen gedenke zwischen dem völligen Schluß, der schon längst fertig ist.«

Von nun an läuft das »Hauptgeschäft« bis zum Ende des Jahres fort. Biografische Anklänge sind selten geworden. Die Kolonisierungsszenen immerhin – Faust hat vom Kaiser Strandland bekommen und möchte dort Lebensraum für Millionen Menschen schaffen – sind ein Reflex auf die Springflut im Februar 1825. Damals stand das Wasser sieben Meter über dem Normalen. Von Belgien bis nach Jütland hinauf griff das Meer tief ins Land hinein. Innerhalb weniger Stunden ertranken 800 Menschen. Später besucht Eckermann die Gegend von Stade und Cuxhaven und erzählt Goethe von den dortigen Deichbauunternehmen. Zufall oder nicht: Im 17. Jahrhundert soll es in der linkselbischen Marschenlandschaft ein paar gewalttätige Brüder gegeben haben, die vom Kaiser als »Faust von und zu Neufeld« geadelt wurden, weil sie durch diese Deichbauten dem Meer Land abgetrotzt hatten.

Der Schluß des Dramas – das also, was auf Fausts Tod folgt – steht bereits auf dem Papier, da erweist es sich buchstäblich, daß der Teufel in der Lücke davor steckt: Kann denn Faust aus eigener Kraft dem Pakt mit ihm überhaupt noch entkommen? Der ewig Unzufriedene, immer Forschende hat sich zwar vom Genuß des Augenblicks (»Verweile doch! du bist so schön!«) nicht einfangen lassen, wie Mephisto hoffte, aber so viel Schuld auf sich geladen, daß er eigentlich eine leichte Beute des Bösen sein sollte.

Als Goethe die neugeschaffenen Szenen, die ja nun direkt an die »Greul beim Schluß des zweiten Akts« anschließen, seinem Mitarbeiter Eckermann zu lesen gibt, versichert er ihm, es gehe nun »ganz in meiner bisherigen milden Art« weiter. »Ich mußte hiebei eine Zuflucht zu wohltätigen mächtigen Geistern nehmen, wie sie uns in der Gestalt und im Wesen von Elfen überliefert sind.« Und ferner: »Es ist alles Mitleid und das tiefste Erbarmen. Da wird kein Gericht gehalten, und da ist keine Frage, ob er es verdient oder nicht verdient habe, wie es etwa von Menschenrichtern geschehen könnte.« Engel entführen, was an Faust unsterblich ist. Am Ende hat der ganze Aufwand dem »ausgepichten Teufel« nichts genützt.

Und weiter geht das Hauptgeschäft, aber »die Lücke auszufüllen« ist natürlich ein ungleich härteres Geschäft, als der Muse zu folgen, wohin sie tanzt. Goethe hat nie kontinuierlicher an einem großen Werk gearbeitet als jetzt, und dennoch klagt der 78-Jährige gegenüber Eckermann: »Jetzt, am zweiten Teil meines Faust, kann ich nur in den frühen Stunden des Tages arbeiten, wo ich mich vom Schlaf erquickt und gestärkt fühle und die Fratzen des täglichen Lebens mich noch nicht verwirrt haben. Und doch, was ist es, das ich ausführe! Im allerglücklichsten Fall eine geschriebene Seite; in der Regel aber nur so viel, als man auf den Raum einer Handbreit schreiben könnte, und oft, bei unproduktiver Stimmung, noch weniger.« (11. März 1818) Zur Ostermesse 1828 erscheint im 12. Band der Ausgabe letzter Hand neben dem ersten Teil der Tragödie auch der Anfang des zweiten.

Vers um Vers werden die Dialoge vorangetrieben, »und wenn man mich von Seiten höchster Gewalten auffangen und auf ein Vierteljahr einer hohen Festung anvertrauen wollte, so sollte nicht viel übrig sein. Ich habe alles so deutlich in Herz und Sinn daß es mir oft unbequem fällt.« (An Zelter, 19. Juli 1829)

»Sie können es sich zurechnen, wenn ich den zweiten Teil des *Faust* zu Stande bringe«, sagt Goethe zu Eckermann, der's dann später stolz der Nachwelt überliefert.

Aber es gibt jetzt noch einen großen Antreiber, und der heißt Tod. Vom 25. auf den 26. November 1830 hat Goethe einen Blutsturz, der weniger kräftige Naturen dahingerafft hätte: Laut Eckermann verliert er dabei »sechs Pfund Blut«, was mehr als zwei Liter bedeuten würde!

Der Autor kennt seine scheue Muse nur zu gut und weiß, wie man am besten mit ihr umgeht. Ein fester Lebensrhythmus trägt dazu ebenso bei wie das Glas Portwein am Morgen. Oder auch ein Kniff wie dieser: »Ich habe nun auch das ganze Manuskript des zweiten Teils heute heften lassen, damit es mir als eine sinnliche Masse vor Augen sei. Die Stelle des fehlenden vierten Aktes habe ich mit weißem Papier ausgefüllt, und es ist keine Frage, daß das Fertige anlocket und reizet, um das zu vollenden was noch zu tun ist. Es liegt in solchen sinnlichen Dingen mehr als man denkt, und man muß dem Geistigen mit allerlei Künsten zu Hülfe kommen.« (Zu Eckermann, 17. Februar 1831)

Ein anderer Trick: Er nimmt sich vor, daß die Arbeit noch vor seinem 83. Geburtstag beendet sein muß. Und diesmal kann er das Ziel einhalten. Am 20. Juli 1831 schreibt er Freund Meyer, er habe den »nunmehr seit vollen vier Jahren, wieder ernstlich aufgenommenen zweyten Theil des Faust in sich selbst arrangirt, bedeutende Zwischenlücken ausgefüllt und vom Ende herein, vom Anfang zum Ende das Vorhandene zusammengeschlossen. Dabey hoffe ich, es soll mir geglückt [seyn], alle den Unterschied des Früheren und Späteren ausgelöscht zu haben. Und so ist nun ein schwerer Stein über den Bergesgipfel auf die andere Seite hinabgewälzt. Gleich liegen aber wieder andere hinter mir, die auch wieder gefördert seyn wollen; damit erfüllt werde, was geschrieben steht: ›Solche Mühe hat Gott den Menschen gegeben.‹«

> Am Ende bin ich nun des Trauerspieles,
> Das ich zuletzt mit Bangigkeit vollführt,
> Nicht mehr vom Drange menschlichen Gewühles,
> Nicht von der Macht der Dunkelheit gerührt.
> Wer schildert gern den Wirrwarr des Gefühles,
> Wenn ihn der Weg zur Klarheit aufgeführt?
> Und so geschlossen sei der Barbareien
> Beschränkter Kreis mit seinen Zaubereien.

Das große Manuskript kommt in einen Karton und soll dem Willen des Autors entsprechend erst nach seinem Tode veröffentlicht werden. Nur Zelter, Eckermann und Goethes Schwiegertochter Ottilie kennen Teile davon. Damit er »nicht ferner geplagt werde«, gibt Goethe gegenüber jedermann sonst vor, das Manuskript »mit sieben Siegeln belegt und fest verschlossen« zu haben. Sein Tagebuch bezeugt aber, daß er die Reinschrift im Januar 1832 noch einmal hervorgeholt hat, um sie Ottilie vorzulesen. »Einiges umgeschrieben«, heißt es daraufhin am 18. und eine Woche später: »Neue Aufregung zu Faust in Rücksicht größerer Ausführung der Hauptmotive, die ich, um fertig zu werden, allzu lakonisch behandelt hatte.« Am Abend des 29. ist die Lesung beendet. Weitere Veränderungen werden wohl nicht mehr vorgenommen worden sein.

Am 17. März schreibt Goethe an Wilhelm von Humboldt: »Es sind über sechzig Jahre, daß die Conception des Faust bey mir jugendlich von vorne herein klar, die ganze Reihenfolge hin weniger ausführlich vorlag. Nun hab ich die Absicht immer sachte neben mir hergehen lassen, und nur die mir gerade interessantesten Stellen einzeln durchgearbeitet, so daß im zweyten Theil Lücken blieben, durch ein gleichmäßiges Interesse mit dem Übrigen zu verbinden. Hier trat nun freylich die große Schwierigkeit ein, dasjenige durch Vorsatz und Charakter zu erreichen, was eigentlich der freywillig thätigen Natur allein zukommen sollte. Es wäre aber nicht gut, wenn es nicht

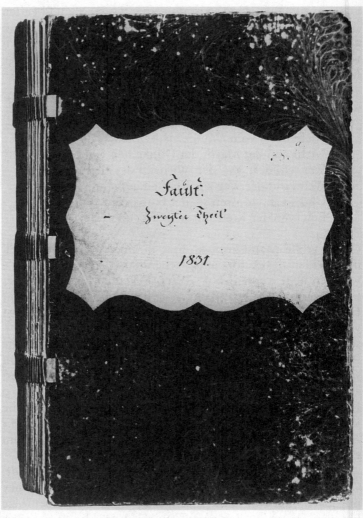

20 *Faust. Zweyter Theil. 1831*

auch nach einem so langen, thätig nachdenkenden Leben möglich geworden wäre, und ich lasse mich keine Furcht angehen, man werde das Ältere vom Neueren, das Spätere vom Früheren unterscheiden können, welches wir denn den künftigen Lesern zur geneigten Einsicht übergeben wollen.«

Es ist sein letzter Brief. Im nachhinein mutet es bedeutungsvoll an, daß gerade dem »Faust« darin eine so hervorgehobene Rolle zukommt, ja, daß Goethe überhaupt dergestalt auf sein Verborgenstes zu sprechen kommt. »Ohngeachtet meiner Abgeschlossenheit findet sich selten eine Stunde, wo man sich diese Geheimnisse des Lebens vergegenwärtigen mag.« Am 22. März 1832 stirbt Goethe. Zur Ostermesse des darauffolgenden Jahres liegt »Der Tragödie zweyter Theil in fünf Acten« als 1. Band der nachgelassenen Werke vor. 43 Jahre ist es nun her, daß dem Lesepublikum im ersten »Faust«-Fragment ein »armer Tor« vorgestellt wurde, verzweifelt an totem Wissen, in immer neuen Ansätzen suchend, sich bemühend. Jetzt ist nachzulesen, wie es mit diesem Mann zu Ende gegangen ist:

> Gerettet ist das edle Glied
> Der Geisterwelt vom Bösen,
> *Wer immer strebend sich bemüht,*
> *Den können wir erlösen.*
> Und hat an ihm die Liebe gar
> Von oben Teil genommen,
> Begegnet ihm die selige Schar
> Mit herzlichem Willkommen.

Die letzten Jahre
1824–1832

> Kanzler von Müller berichtete Goethe im März 1830, daß sich ein auswärtiger Freund nach seinem Befinden erkundigt habe. »Nun«, antwortete ihm der Dichter aufgeräumt, »antworten Sie nur, mein Bündel sei geschnürt und ich warte auf Ordre zum Abmarsch.«
>
> »Mein ferneres Leben«, sagte er, »kann ich nunmehr als ein reines Geschenk ansehen, und es ist jetzt im Grunde ganz einerlei, ob und was ich noch etwa tue!«
>
> *Gespräch mit Eckermann, 6. Juni 1831*

Längst ist aus Goethe der große alte Mann der deutschen Literatur geworden, ein bißchen fremd, ein bißchen veraltet, und je weiter er entrückt, desto fester werden die Vorstellungen, die man sich von ihm macht. Den Moralischen gilt er als unmoralisch, den Politischen als unpolitisch, den systematischen Philosophen belächelnswert prinzipienlos, den Republikanern natürlich ein Fürstenknecht und den Christen ausgesprochen unchristlich. Ihn scheint es nicht anzufechten. Er sei sich treu geblieben, erzählt er Kanzler von Müller. »Und so war ich stets und werde es bleiben, solange ich lebe, und darüber hinaus hoffe ich auch noch auf die Sterne; ich habe mir so einige ausersehen, auf denen ich meine Späße fortzutreiben gedenke.« (8. Juni 1821)

Angesichts des 1823 erscheinenden Buches »Goethe in den Zeugnissen der Mitlebenden«, das positive Stimmen über ihn sammelt, wünscht er sich ein Gegenstück: »Goethe in den mißwollenden Zeugnissen der Mitlebenden«. Da könne der spätere Geschichtsfreund doch auf bequeme Weise erfahren, »wie es in unsern Tagen ausgesehen und welche Geister darinnen gewaltet«. Darstellungen seiner Person sind ihm durchaus genehm, und er ergänzt sie noch durch eigne Informationen von unterschiedlichstem Gehalt. Die Leser von »Kunst und Altertum« meint er sogar darüber informieren zu müssen, daß jetzt, im Sommer 1823, »eine große Masse sowohl von abgesendeten als eingegangenen Briefen durchgesehen und, wie sie den Jahren nach schon verwahrt sind, geheftet, insofern dies noch nicht geschehen ist«.

Irgendwann in diesen Jahren der Selbsterforschung und des Nachdenkens über seine Rolle in dieser Zeit muß auch die nachstehende, selten veröffentlichte Tabelle zu Epochen der deutschen Literatur im 18. und 19. Jahrhundert entstanden sein. Amüsiert nimmt man zur Kenntnis, daß die großen Epochen deutscher Literatur zu Goethes Zeit offenbar mit seiner großen Zeit als erfolgreicher Dichter zusammengefallen sind.

Deutsche Literatur

Von 1750–70	Von 1770–90	Von 1790–1810	Von 1810–1820
ruhig	unruhig	beschwingt	malkontent
emsig geist- und herzreich	frech	zart	determiniert
würdig			tüchtig
beschränkt	ausgebreitet	sich beschränkend	herrschsüchtig
fixiert	leichtfertig	ernst religios	zuschreitend
pedantisch	redlich	patriotisch tätig	
respektvoll	Achtung verschmähend und versagend	intrigant	respektlos
antik-gallische Kultur	engl[ische] Kultur	spanische Kultur	Altdeutsch
formsuchend	Form willkürl[ich] zerstörend und besonnen herstellend	von Form sich entfernend	ins Formlose strebend

Dennoch: der scheinbar so selbstbewußte Mann leidet durchaus an der Kritik. »Sie mögen mich nicht!« sagt er zu Johann Daniel Falk und meint die Deutschen. »Ich mag sie auch nicht!« Und zu Eckermann: »Sie hassen mich alle, wie sie sind [...] und ich bin ihnen allen im Wege, aber ich will ihnen zum Trotz noch eine Weile fortleben und fortdichten.« Das hält der 75-Jährige in der Tat auch durch. Am 25. Februar 1825 nimmt er den zweiten Teil des »Faust« wieder auf. Am 26. Juni beginnt er erneut an »Wilhelm Meisters Wanderjahren« zu arbeiten.

Im Frühjahr dieses Jahres, in der Nacht vom 21. zum 22. März, brennt das Hoftheater ab. »Das ist das Grab meiner Erinnerungen!« ruft Goethe erschüttert aus und bittet die nächsten Weimarer Bekannten brieflich um Verständnis, »wenn ich mich noch einige Tage ganz in der Stille halte; denn nur die absolute Einsamkeit macht mir möglich, die physischen und moralischen Folgen jenes schrecklich-traurigen Ereignisses zu übertragen« (an Friedrich von Müller, 25. März 1825; ähnlich auch an F. W. Riemer und J. H. Meyer).

Da er sich schon lange mit dem herzoglichen Oberbaurat Clemens Wenzeslaus Coudray Gedanken über eine Renovierung gemacht hat, kann er mit dessen Plan alsbald etwas vorlegen, was Hand und Fuß hat. Er ist schon vom Herzog genehmigt, als sich Caroline Jagemann für den Entwurf eines anderen einsetzt, der längst nicht die gleichen Qualitäten besitzt. Obwohl Goethe sieht, wie verletzt Coudray ist, wehrt er sich nicht mehr. Er ist der Streitereien ums Theater einfach müde und meint resigniert: »Ein neues Theater ist am Ende doch immer nur ein neuer Scheiterhaufen, den irgendein Ungefähr über kurz oder lang wieder in Brand steckt.«

Etwa zur selben Zeit gelingt Goethe sein größter verlegerischer Coup und erfüllt ihn mit großer Befriedigung. Der Deutsche Bund hat ihm, wie Eckermann seiner Braut Johanne Bertram beeindruckt schreibt, »für die intendierte neue Ausgabe seiner Werke ein Privilegium der Art erteilt, daß kein Buchhändler in Deutschland wagen darf, sie je nachzudrucken. Der Verleger also, dem er sie gibt, wird ihm eine sehr große Summe geben können, weil er für alle Jahre hinaus gesichert ist und er nie einen Nachdruck zu befürchten hat. Dies regt ihn nun [an], die Redaktion der neuen Ausgabe rasch zu betreiben und mich wieder um meine tätige Hülfe zu ersuchen.« (27. März 1825)

Ein solches Privileg stellt etwas ganz Neues dar und bedeutet einen ungeheuren Fortschritt in der deutschen Verlagsgeschichte. Goethe gelingt es damit als erstem Autor, sich mit Erfolg gegen Raubdruck zur Wehr zu setzen. Während er sich als junger Mann noch darüber beklagte, daß ihm seine »Autorschafft die Suppen noch nicht fett gemacht habe«, betreibt er in späteren Jahren das Geldverdienen so geschickt, daß ihn Herder am liebsten »ebenso und noch mehr als Geschäftsmann denn als Dichter bewundert wissen« will. Aber Erfahrungen hätten schließlich auch ihren Preis, meint Goethe zu Eckermann. »Jedes Bonmot das ich sage, kostet mir eine Börse voll Gold; eine halbe Million meines Privatvermögens ist durch meine Hände gegangen, um das zu lernen was ich jetzt weiß, nicht allein das ganze Vermögen meines Vaters, sondern auch mein Gehalt und mein bedeutendes literarisches Einkommen seit mehr als funfzig Jahren.«*

Anfang Januar 1825 hatte sich Goethe an die Deutsche Bundesversammlung sowie an die Regierungen von Österreich, der Schweiz, Holland und Dänemark gewandt, um jenen Schutz zu erwirken. Er nennt sein Werk einen »anerkannten geistigen Besitz«. Diese Formulierung, so selbstverständlich sie heute auf uns wirkt, ist neu, und dementsprechend weiß man auch in der Bundesversammlung anfangs nicht so recht, wie gegenüber der seltsamen Bitte zu verfahren sei, verschanzt sich zunächst hinter Zuständigkeitsbedenken, kommt aber schließlich doch zu einem Kompromißvorschlag: Die Gesandten der Bundesversammlung sollen bei ihren Regierungen befürwortend vorstellig werden. Nach und nach erhält Goethe daraufhin von den einzelnen Staaten begrenzte Zusicherungen, die später bis 1867 verlängert werden.

---

* Diese selbstbewußte Sicht der Dinge, so plausibel sie klingt, wäre noch zwei Generationen vorher undenkbar gewesen. Da wurden die Verleger der Fabeln Gellerts noch fabelhaft reich, ohne daß ihr Autor angemessen beteiligt worden wäre. Ja, er genierte sich sogar, in wirtschaftlich bedrängter Situation für seine »Geistlichen Oden und Lieder« – weil es doch eigentlich Kirchenlieder seien – ein Honorar verlangen zu müssen (das dann sogar 25 Taler höher ausfiel, als er sich's zu bitten getraut hatte!). Wenige Jahre später war der Bedarf an Büchern so gestiegen, daß gute Autoren gesucht waren und Ansprüche stellen konnten. Die Verleger eines Klopstock, Lessing oder Lavater merkten sehr bald, daß die neue Dichtergeneration nicht mehr für einen Ehrensold arbeitete, sondern im Schreiben ärgerlicherweise eine reelle Einkommensquelle sah.

Jetzt gilt die im Entstehen begriffene Ausgabe natürlich bei vielen Verlegern als ausgesprochen gewinnträchtig. Bald versuchen nicht weniger als 36 Verlage mit Geboten zwischen 30000 und 200000 Talern Honorar Cotta auszustechen. Er selber garantiert ein Mindesthonorar von 60000 Talern und erhält nach längerem Nervenkrieg, der beide Vertragsparteien nicht immer im besten Licht erscheinen läßt, den Zuschlag. Als Vermittler hat sich immer wieder der uneigennützige Boisserée erwiesen. Er ist mit beiden Parteien befreundet und hat sich der heiklen Aufgabe »so klug als tüchtig, so edel als grandios« entledigt, wie ihm ein dankbarer Goethe bestätigt (3. Februar 1826). Von 1827 bis 1831 erscheinen nun in zügiger Folge 40 Bände, von 1832 bis 1842 noch einmal 20 Bände aus dem Nachlaß.

Am 3. September 1825 wird Carl Augusts 68. Geburtstag und zugleich seine 50-jährige Regentschaft gefeiert. Um gleich als erster gratulieren zu können, geht Goethe mit Kanzler von Müller früh um 7 Uhr hinüber ins Römische Haus, wo Carl August die Nacht zugebracht hat. »Das Zusammentreffen des Großherzogs an seinem Jubiläumstage mit Goethe war der Moment, der den Gefeierten sichtbar am meisten erschütterte«, erinnert sich der Kanzler später. »Mit beiden Händen hatte der Großherzog Goethes Hände ergriffen, der vor Rührung nicht zu Worte kommen konnte und endlich nur sagte: Bis zum letzten Hauch beisammen! Der Großherzog zeigte bald wieder Fassung, und ich hörte: O, achtzehn Jahr und Ilmenau!«

Wie immer man die Beziehung der beiden zueinander beurteilen möchte – ob als Freundschaft, Lehrer-Schüler-Bindung oder Herrscher-Untertan-Verhältnis –, daß sie über so viele Jahre hinweg Bestand hatte, ist viel gutem Willen und beiderseitiger Toleranz zu verdanken. Und es gab genügend Anlässe, sie immer wieder zu belasten. Der schlimmste war wohl der Atheismus-Streit um den Philosophen Fichte. Damals schrieb Carl August an Voigt: »Über Goethen habe ich mich wohl zehnmal halb zuschanden geärgert, der ordentlich kindisch über das alberne kritische Wesen ist und einen solchen Geschmack daran findet, daß er den seinigen sehr darüber verdorben hat« (26. Dezember 1798). Doch obwohl er im Zusammenhang mit diesem Vorfall sogar für eine Weile den Kontakt zu Goethe abbrach – auch diesmal fand man wieder zusammen.

Mittlerweile ist Goethe schon so lange in Weimar, daß keiner mehr genau weiß, wann sein Ankunftstag war – bis Kanzler von Müller das Datum aus einem alten Brief Wielands an Fritz Jacobi nachweisen kann. Auch dieser Anlaß wird festlich begangen. Carl August macht als besonderen Dankbarkeitsbeweis eine Doppelfeier daraus, indem er verfügt, Goethe habe »nicht erst mit Abschwörung eines körperlichen Eides, sondern schon mit dem ersten Momente seines Aufenthalts hier für Weimars Wohl und Wehe zu wirken und zu schaffen begonnen«. Das goldene Dienstjubiläum errechnet sich nun also gleich von jenem denkwürdigen 7. November 1775 her, als Goethe morgens in Weimar ankam.

Der Jubilar wird mit Choralgesang geweckt, und dann löst den ganzen Tag eine Ehrung die andere ab. Das herzogliche Paar hat sich etwas Besonderes ausgedacht. Staatsminister von Fritsch überreicht zusammen mit einem Handschreiben eine Medaille, auf deren einer Seite die fürstlichen Ehegatten abgebildet sind, auf der anderen steht: »Karl August und Luise Goethen«. Im Brief nennt der Großherzog ihn seinen Ersten Staatsdiener und Jugendfreund dazu, »der mit unveränderter Treue, Neigung und Beständigkeit Mich bisher in allen Wechselfällen des Lebens begleitet hat«.

Die Medizinische Fakultät der Universität Jena ernennt ihn zum Doktor, die Theologische kann sich nur zu einem Patent ehrenhalber durchringen. Mittags um 2 Uhr gibt es im Stadthaus ein Essen für 200 geladene Gäste. Abends findet im wenige Tage zuvor wiedereröffneten Hoftheater eine Festaufführung der »Iphigenie« statt. Goethe bleibt bis zum 3. Akt und verzieht sich dann nach Hause, wo ihn aber noch eine Abendmusik erwartet. Insgesamt ein anstrengender Tag für den alten Herrn, dem der Großherzog erst drei Tage zuvor erzählt hat, daß ein Jubiläum anstehe und etwas von den geheimgehaltenen Vorbereitungen hatte durchblicken lassen.

»So ist noch kein Dichter, kein Weiser, kein Staatsdiener seit Adam und Eva geehrt worden«, schreibt von Müller voller Genugtuung an Reinhard (18. November 1825). Selbst der oft kritische Böttiger meint: »Die Leute ärgern sich an Goethes des Lebenden Apotheose. Mich freut sie. Sollt sich nicht jeder in diesem Sieg der Intelligenz über die Hofjunkerschaft und den Kastendünkel mit begriffen fühlen?«

Goethe wird in jenen Jahren häufig porträtiert. Dem angesehenen Tiroler Modelleur Leonhard Posch verschafft Carl August selbst den Zutritt zu Goethe: »Halte ihm Dein halbes Haupt willig dar und siehe freudebringend dazu aus.« Goethe blickt lieber repräsentativ, das muß freudebringend genug sein. Und in der Tat sind Nachbildungen seiner Arbeit, die

21 *Goethe-Porträtrelief von Leonhard Posch, 1827*

keine Falte beschönigt, bald sehr beliebt. Freund Zelter gegenüber amüsiert sich der Porträtierte über das häufige Modellsitzen jener Jahre.

> Sibillinisch mit meinem Gesicht
> Soll ich im Alter prahlen!
> Jemehr es ihm an Fülle gebricht
> Desto öfter wollen sie's mahlen!

Am 6. Januar 1827 stirbt Charlotte von Stein im Alter von 84 Jahren. Weil sie weiß, wie sehr ihrem alten Freund der Tod zuwider ist, hat sie angeordnet, daß ihr Leichenzug nicht an seinem Haus vorbeiführt. Aber die städtischen Leichenordner scheren sich nicht um diesen letzten Willen, und so poltert der Wagen mit ihrem Sarg drei Tage später am Nachmittag über den Frauenplan. Die herbe Frau hinterläßt eine Lücke im Leben aller, die sie lange kannten. »Es ist doch niederträchtig von mir altem achtzigjährigem Kerl«, ruft Knebel heftig aus, »daß ich heulen muß wie ein altes Weib!« Goethe ist bemüht, seinen Schmerz zu verschließen, aber das täuscht keinen ihm Nahestehenden über seine wahren Gefühle. Er vermag ihren Namen nicht mehr über die Lippen zu bringen, nennt sie allenfalls noch »meine selige Freundin« oder »die edle Freundin«.

Den Vertrauten kommt immer größere Bedeutung zu. Nach wie vor gehört der bieder-herzliche »Kunscht-Meyer« dazu. Zwar zog der Haus- und Tischgenosse 1802 aus, um im Jahr darauf zu heiraten und einen eigenen Hausstand zu gründen, aber »die Notwendigkeit, sich ununterbrochen mitzuteilen, überwand bald die geringe Entfernung, ein wechselseitiges Einwirken blieb lebendig, so daß weder Hindernis noch Pause jemals empfunden ward« (»Tag- und Jahreshefte«). Auch gegenüber dem Kanzler von Müller nimmt Goethe selten ein Blatt vor den Mund, und im Gegensatz zu Eckermann besitzt dieser in seinen »Unterhaltungen mit Goethe« (1870) die Souveränität, was einmal spontan war, später nicht ins Bedeutsame umzustilisieren.

Riemer und Eckermann sind allzeit geschätzte Besucher, seit 1816 auch der neue Oberbaudirektor Clemens Wenzeslaus Coudray, der dem Großherzogtum mit geringen Aufwendungen einen stattlichen Zugewinn an klassizistischer Schönheit verschafft. Daß er selbst Nebensächlichem den Stempel des

Persönlichen aufzudrücken vermag, zeigt sein Entwurf der Gartentür vor Goethes Parkgrundstück.

Von Zelter aus Berlin und Knebel aus Jena wird Goethe noch immer besucht, und natürlich unterhält man einen regen Briefwechsel. Dennoch: »Viele Leidende sind vor mir hingegangen, mir aber war die Pflicht auferlegt, auszudauern und eine Folge von Freude und Schmerz zu ertragen, wovon das Einzelne wohl schon hätte tödtlich seyn können.« (An Rauch, 21. Oktober 1827)

Obwohl er sich den Brieffreunden gegenüber gern als »Eremiten« darstellt, reißt die Kette derer, die ihn besuchen, nicht ab. Besonders genießt er jetzt die Anwesenheit von Musikern: die von Freund Zelter (1823, 1827, 1831) und Mendelssohn Bartholdy (1825) ohnehin, aber auch Carl Maria von Weber taucht auf (1825), der Violinvirtuose und Komponist Paganini (1829) und nicht zuletzt Spontini (1830), ein beachteter Opernkomponist und neben Weber die herausragende Dirigentenpersönlichkeit der neuen Generation. Wenige Monate vor Goethes Tod spielt ein 12-jähriges Mädchen im Haus am Frauenplan: Clara Wieck, in wenigen Jahren die berühmteste Konzertpianistin Europas und maßgeblich daran beteiligt, das Werk ihres Mannes Robert Schumann verbreiten zu helfen.

Seine Depressionen bekämpft Goethe mit Tätigsein. »Tag und Nacht ist keine Phrase, denn gar manche nächtliche Stunden, die dem Schicksale meines Alters gemäß ich schlaflos zubringe, widme ich nicht vagen und allgemeinen Gedanken, sondern ich betrachte genau, was den nächsten Tag zu thun? das ich denn auch redlich am Morgen beginne und so weit es möglich durchführe. Und so thu ich vielleicht mehr und vollende sinnig in zugemessenen Tagen, was man zu einer Zeit versäumt, wo man das Recht hat, zu glauben oder zu wähnen, es gebe noch Wiedermorgen und Immermorgen.« (An Sulpiz Boisserée, 22. Oktober 1826)

Noch immer ist er produktiv, wenn auch im Alter anders als in der Jugend. »Ich hatte in meinem Leben eine Zeit«, erzählt er Eckermann, »wo ich täglich einen gedruckten Bogen von mir fordern konnte, und es gelang mir mit Leichtigkeit. Meine ›Geschwister‹ habe ich in drei Tagen geschrieben, meinen ›Clavigo‹, wie Sie wissen, in acht. – Jetzt soll ich dergleichen wohl bleiben lassen; und doch kann ich über Mangel an Produktivität selbst in meinem hohen Alter mich keineswegs beklagen. Was mir aber in meinen jungen Jahren täglich und unter allen Umständen gelang, gelingt mir jetzt nur periodenweise und unter gewissen günstigen Bedingungen. – Als mich vor zehn, zwölf Jahren, in der glücklichen Zeit nach dem Befreiungskriege, die Gedichte des ›Divan‹ in ihrer Gewalt hatten, war ich produktiv genug, um oft in einem Tage zwei bis drei zu machen; und auf freiem Felde, im Wagen oder im Gasthof, es war mir alles gleich.«

Trotzdem vollendet er jetzt die großen Werke des Alters und schreibt gleichzeitig wie nebenher eine Fülle kleiner Artikel. Ordnet mit Hingabe seine Sammlungen, und wenn man dann noch all die Briefe berücksichtigt, die großen, gedankenschweren und die unendlich vielen belanglosen mit ihren Anweisungen an Boten, Bäcker und Bibliothekare, dazu die Tagebucheintragungen, kann man sich mitunter des Eindrucks nicht erwehren, Goethe habe Furcht davor, sich einfach mal hinzusetzen und gar nichts zu tun. Auszuruhen. Sich gehabter Schmerzen, gehabten Glücks zu erinnern. Ihm sind gedankenfesselnde Liebhabereien – die ja bei ihm ohnehin nicht leicht von Arbeit zu unterscheiden sind – wie »dem armen, schwereren, leichtersauflichen Menschen [...] willkommene Schwimmwämser« (an Boisserée, 24. Juni 1816).

Noch offener hat er gegenüber Eckermann von seinem Zwang zur Arbeit und der sich daraus ergebenden Qual gesprochen. »Man hat mich immer als einen vom Glück besonders Begünstigten gepriesen; auch will ich mich nicht beklagen und den Gang meines Lebens nicht schelten. Allein im Grunde ist es nichts als Mühe und Arbeit gewesen, und ich kann wohl sagen, daß ich in meinen fünfundsiebzig Jahren keine vier Wochen eigentliches Behagen gehabt. Es war das ewige Wälzen eines Steines, der immer von neuem gehoben sein wollte. [...] Der Ansprüche an meine Tätigkeit, sowohl von außen als innen, waren zu viele.« (27. Januar 1824) Im Nachlaß wird man einen Zettel mit dem traurigen Resümee finden: »ewige Mar[ter] ohne eigentlichen Genuß«.

Mit zunehmendem Alter beschäftigt sich Goethe, wie seine Rezensionen und Gespräche zeigen, seltener mit der deutschen Literatur, immer häufiger dagegen mit der Weltliteratur.

Ein Grund dafür mag sein, daß sich viele zeitgenössische Autoren an ihn wenden und um Beurteilung ihrer unveröffentlichten Werke bitten. (Was Goethe ihnen grundsätzlich zu sagen hatte, zeigen zwei kleine Aufsätze aus dem Nachlaß: »Für junge Dichter« und »Noch ein Wort für junge Dichter«.) Der Hauptgrund aber dürfte sein, daß die deutsche Literatur in jenen Jahren nicht viel hervorbringt, was zur Weltliteratur gerechnet werden könnte. Der zweite Teil des »Faust« wird 1832 den machtvollen Schlußpunkt hinter eine Epoche setzen.

»Nationalliteratur will jetzt nicht viel sagen«, bekommt Eckermann am 31. Januar 1827 zu hören, »die Epoche der Weltliteratur ist an der Zeit, und jeder muß jetzt dazu wirken, diese Epoche zu beschleunigen.« Noch deutlicher wird Goethe im aphoristischen Anhang zu »Wilhelm Meisters Wanderjahren« (1821): »Jetzt, da sich eine Weltliteratur einleitet, hat, genau besehen, der Deutsche am meisten zu verlieren; er wird wohl tun, dieser Warnung nachzudenken.« Die Deutschtümler seiner Generation tun's aber nicht, und Goethe bleibt ein Rufer in der Wüste. Die bayerische Regierung wünscht sich zum Beispiel, er möge doch ein »Nationalbuch als Grundlage der allgemeinen Bildung der Nation« herausgeben. Goethe findet, daß keine Nation der Gegenwart »Anspruch an absolute Originalität machen« könne und fortwährend Fremdes in Eignes verwandelt werde. Weil das aber so sei, müsse in einem Lesebuch auch Angeeignetes Platz finden, »ja man müßte ausdrücklich auf Verdienste fremder Nationen hinüberweisen, weil man das Buch ja auch für Kinder bestimmt, die man besonders jetzt früh genug auf die Verdienste fremder Nationen aufmerksam zu machen hat«. Am Ende wird aus einem so weitgedachten Projekt dann aber doch nichts.

Noch im hohen Alter informiert sich Goethe aus der internationalen Presse, dem italienischen »L'Eco«, den französischen Blättern »La Revue Française«, »Le Globe« und »Le Temps«. Er liest und propagiert die Engländer Scott und Byron, den Italiener Alessandro Manzoni, aus Frankreich Balzac, Hugo und Merimée, Diderot und Voltaire, serbische, neugriechische, litauische und altböhmische Lyrik, persische, indische, chinesische Dichtung. Was er kennt und wofür er sich zu begeistern vermag, will schier kein Ende nehmen! Und wie er selber liebt und vermittelt, so widerfährt es ihm im Ausland. Besonders in Frankreich und England ist das Interesse groß.

Der wichtigste Kontakt Goethes zu Großbritannien läuft über den originellen und gebildeten Essayisten Thomas Carlyle. Der gebürtige Schotte beginnt 1824 einen Briefwechsel mit ihm, der sich später intensiviert, grundlegende Gedanken über Weltliteratur, Kritiker- und Übersetzerleistungen enthält und erst mit Goethes Tod endet. Der junge Carlyle war in den »Byronismus« geraten wie einst viele junge Menschen in den »Wertherismus«. Goethes Lebensweg von der Verzweiflung zu den lebensfreundlicheren Erkenntnissen eines Wilhelm Meister half ihm, die eigene Krise zu überwinden – mit dem Ergebnis freilich, daß er fortan in ihm den großen Klassiker sieht, der auf jedes Lebensrätsel eine Antwort parat hat.

Am 24. Mai 1827 sitzt der 76-jährige Goethe am kleinen Schreibtisch im Gartenhäuschen, fröhlich und guter Dinge wie lange nicht mehr. Der zweite Teil der »Wanderjahre« ist so gut wie abgeschlossen, nun ist wieder »Faust« an der Reihe. Noch vor kurzem hat er die Wiederbegegnung mit dem geliebten Garten gescheut und von Müller anvertraut: »Die alten, selbstgepflanzten Bäume, die alten Erinnerungen machen mir aber ganze unheimliche Eindrücke oft.« Jetzt endlich kann er den wohltätigen Geist des Ortes wieder genießen, und er bleibt bis Anfang Juni.

Ein Zyklus von lyrischen Kurzgedichten entsteht – »Chinesisch-deutsche Jahres- und Tageszeiten« –, deren Form und Inhalt ebenso ungewöhnlich für Goethe wie für die Dichtung seiner Zeit überhaupt sind. Manches wirkt wie zierliche Rokoko-Dichtung, vieles knapp und doppelsinnig, alles ist poetisch und leicht zu lesen. Hat er sich im Gartenhaus noch einmal der fernen Tage erinnert, als die junge Christiane dort lebte?

> War schöner als der schönste Tag,
> Drum muß man mir verzeihen,
> Daß ich sie nicht vergessen mag,
> Am wenigsten im Freien.
> Im Garten war's, sie kam heran.
> Mir ihre Gunst zu zeigen;
> Das fühl' ich noch und denke dran
> Und bleib' ihr ganz zu eigen.

In dem überaus fruchtbaren Zeitabschnitt zwischen Herbst 1826 und Anfang 1828 schreibt er in wenigen konzentrierten Arbeitsgängen ein Werk nieder, das schon in den Gesprächen der 90er Jahre als »Jagdnovelle« auftaucht. Es waren die Jahre der intensiven Formdiskussionen mit Schiller und Wilhelm von Humboldt, die ihm allerdings von einer Behandlung des Stoffes in Prosa abrieten. Jetzt ist seine Entscheidung gefallen, und zwar so grundsätzlich, daß er die gewählte Form mit dem endgültigen Titel noch einmal nachdrücklich unterstreicht: »Die Novelle«.

In diesem Werk ist alles lange überlegt und kalkuliert. Jedem Satz kommt Bedeutung zu. Eckermann erkennt sofort, wie sehr hier nach einem genauen Plan gearbeitet wurde. Der Leser sei nämlich genötigt, »sich das Dargestellte gerade so zu denken, wie der Dichter es gewollt hatte. Zugleich war alles mit einer solchen Sicherheit, Besonnenheit und Herrschaft geschrieben, daß man vom Künftigen nichts vorausahnen und keine Zeile weiter blicken konnte als man las.«

Wer freilich eine leicht konsumierbare Geschichte erwartet, dem sei jede andere aus Goethes Feder eher empfohlen als gerade diese! Wer sich in die Erzählprosa des alten Goethe noch nicht eingelesen hat, dem wird schon allein der Stil befremdlich erscheinen, und die Handlung mutet wunderlich weltfremd und phantastisch an. Da zieht ein Fürst mit seinen Freunden zur Jagd aus, während seine Frau mit ihrem Onkel und einem sie heimlich liebenden Ritter das verfallene Stammschloß der Familie in den Bergen aufsuchen will. Bei einer Tierschau entspringen zwei Raubtiere. Der Tiger wird vom Ritter erschossen. Später stellt sich heraus, daß er zahm war. Der Löwe dagegen wird von einem Knaben mit Flötenspiel und Gesang ruhiggehalten. Dahinter steckt eine alte Utopie Goethes: »Zu zeigen, wie das Unbändige, Unüberwindliche oft besser durch Liebe und Frömmigkeit als durch Gewalt bezwungen werde.«

Der Geburtstag im Jahr 1827 bringt eine besondere Überraschung. Goethe erhält aus der Hand König Ludwigs I. von Bayern das Großkreuz des Verdienstordens der bayerischen Krone. Der Großherzog erscheint gegen 11 Uhr zusammen mit seinem goethebegeisterten Gast zum Gratulieren. Das Geburtstagskind ist tief bewegt, aber der Untertan in ihm bricht dennoch durch. »Ich darf wohl hoffen«, wendet er sich an Carl August, »daß Eure Königliche Hoheit mir Höchstihre landesherrliche Erlaubnis zur Annahme und Anlegung dieses unschätzbaren Beweises der Huld Seiner Majestät in Gnaden erteilen werden.« Ihre Königliche Hoheit sind da aus anderem Holz geschnitzt: »Alter Kerl«, brummt er, »schwatz doch nicht so dummes Zeug!«

Ludwig I. und Goethe bleiben brieflich in Kontakt, und im Mai 1828 schickt der König seinen Hofmaler Joseph Carl Stieler nach Weimar, um den verehrten Dichter zu porträtieren. Zur selben Zeit bricht der 70-jährige Carl August zu einer Kur nach Teplitz auf. In Schloß Graditz bei Torgau trifft ihn am 14. Juni der Schlag. Einen Tag später ist die Nachricht in Weimar. Goethe beteiligt sich noch an den Vorbereitungen zur Beisetzung, aber Kanzler Müllers Bitte um einen Nachruf weist er bereits kategorisch zurück; »mein ohnehin sehr leidender Gemüthszustand würde, bey specieller Vergegenwärtigung der Verdienste unseres hohen Abgeschiedenen, bis zur Verzweiflung gesteigert werden«.

Am 7. Juli, dem Beisetzungstag, verläßt er frühmorgens die Stadt und zieht sich nach Dornburg zurück, wo er im südlichsten der drei kleinen Schlösser Quartier nimmt. An diesem einsamen Ort, der ihn und den herzoglichen Freund schon vor einem halben Jahrhundert erfreut hat, sucht er Beruhigung. Und wie immer findet er sie in Arbeit und Natur. »Also sitz ich hier auf dieser Felsenburg«, schreibt er an Freund Knebel, »von der aufgehenden Sonne geweckt, mit der scheidenden gleichfalls Ruhe suchend, den Tag über in gränzenloser, fast lächerlicher Thätigkeit. Es sähe prahlerisch aus herzurechnen, wieviel Alphabete ich gelesen und wieviel Buch Papier ich verdictirt habe.« (18. August 1828)

In den zehn Wochen seines Aufenthalts kommen rund 140 Besucher zu ihm hinauf, und werden dem Schreiber John fast 100 Briefe diktiert. Überdies ist Goethe viel an der frischen Luft, führt ein Wolkentagebuch und schreibt einige zauberhafte kleine Gedichte (»Dem aufgehenden Vollmonde«, »Der Bräutigam«, »Früh, wenn Tal, Gebirg und Garten«). Erst im September kehrt er nach Weimar zurück, laut Eckermann »rüstig und ganz braun von der Sonne«. Er hat weder das Sterben seiner Frau noch die Beerdigung Carl Augusts ausgehalten, aber er hat alles überlebt. Manches scheint verurteilenswert, von anderem ließe sich lernen: aus der Erschütterung in die Tat, aus der Distanzierung in eine neue Nähe – das ist nicht die schlechteste Lebensschule!

> So hinan denn! hell und heller,
> Reiner Bahn, in voller Pracht!
> Schlägt mein Herz auch schmerzlich schneller,
> Überselig ist die Nacht.

Eckermann tut es leid, daß er von Carl August nicht viel mehr gekannt hat als sein Äußeres. Doch »das hat sich mir tief eingeprägt. Ich sehe ihn noch immer auf seiner alten Droschke, im abgetragenen alten Mantel und Militärmütze und eine Zigarre rauchend, wie er auf die Jagd fuhr, seine Lieblingshunde nebenher«. Und Goethe antwortet, große Ausfahrten seien bei Fürsten ohnehin aus der Mode gekommen: »Es kommt jetzt darauf an, was einer auf der Waage der Menschheit wiegt; alles übrige ist eitel. Ein Rock mit dem Stern und ein Wagen mit sechs Pferden imponiert nur noch allenfalls der rohesten Masse, und kaum dieser. Übrigens hing die alte Droschke des Großherzogs kaum in Federn. Wer mit ihm fuhr, hatte verzweifelte Stöße auszuhalten. Aber das war ihm eben recht. Er liebte das Derbe und Unbequeme und war ein Feind aller Verweichlichung.«

Carl Friedrich und Maria Pawlowna sind nun das neue Großfürstenpaar. Sie ist eine Schwester des Zaren, reich, klug und faszinierend, er dagegen »der geistreichen Marie platter Mann«, wie ihn ein Cousin charakterisiert. In der Tat ist die Großherzogin der eigentliche Motor der zukünftigen Landespolitik, und sie ist ausgesprochen sozial, wenn auch auf eine Weise, die von der Herzoginmutter Louise als »Wohlthun mit Pauken und Trompeten« empfunden wird. Das nicht mehr ganz junge Paar – er ist bei Regierungsantritt 45, sie 42 Jahre alt – steht mit seinen Würden und Verpflichtungen in unruhiger Zeit und hält wohl deshalb um so mehr am Althergebrachten fest, was Goethe ausgesprochen gefällt. Er selber, der nur noch selten zu Hofe geht, wird einmal in der Woche zu festgelegter Stunde von Maria Pawlowna, mitunter auch vom Großherzog besucht, was er immer als hohe Gnade empfindet.

So lebt und schreibt er weiter. In Dornburg arbeitet er an dem autobiografischen Aufsatz »Der Verfasser teilt die Geschichte seiner botanischen Studien mit«, und als in der Pariser Akademie der Wissenschaften ein Streit über die Entstehung der Arten ausbricht, nimmt er engagiert Partei – entsprechend seiner grundsätzlichen Lebensmaxime für eine Synthese der aufgebrochenen Gegensätze: »Möge doch jeder von uns bei dieser Gelegenheit sagen, daß *Sondern* und *Verknüpfen* zwei unzertrennliche Lebensakte sind.«
Der Akademiestreit findet bald darauf eine Antwort von weit in die Zukunft reichender Bedeutung: Der 22-jährige englische Biologe Charles Darwin nimmt 1831 an einer Weltreise teil, die ihn zur Einsicht bringt, daß der große Bauplan der Natur die Evolution der Organismen durch Auswahl (Selektion) sei. In seinem Hauptwerk »Die Entstehung der Arten« (1859) wird er Goethe zu seinen Vorgängern zählen und sich auf den von ihm geprägten Begriff des »Naturhaushalts« berufen; er besagt, daß sich die Natur eine Art Haushaltsplan mache, in dessen einzelnen Untergruppen sie zwar Willkür herrschen lasse, »in der Hauptgruppe jedoch sich völlig treu bleibt«.
Unter den Briefen jener Tage, durch die Goethe Kontakt hält zu Welt und Umwelt, sind viele, die sich heute mehr zu lesen lohnen als so mancher seiner Aufsätze. Oft sind sie ganz einfach ein Lesegenuß. Natürlich ist die Art, wie er sich äußert, mit den Jahren eine andere geworden, aber noch immer blitzt stilistisch graziöse Offenheit, auch witziger Sarkasmus zwischen der üblichen Distanziertheit hervor. Am freiesten gibt er sich gegenüber Knebel und Zelter, Wilhelm von Humboldt und Boisserée. Immer häufiger tauchen jetzt freilich auch jene anrührenden Briefschlußwendungen auf, die so wirken, als bereite er – langsam und ungern – mit kleinen Adieus den großen Abschied vor; »treulichst« heißt es, »fort und fort«, »und so fürder«. Carl Wilhelm von Fritsch läßt er Anfang 1826 wissen: »Verehrend, vertrauend angehörig« – und in der Nachschrift: »Verzeihung der fremden Hand! Die meine fördert nicht mehr.«
Bereits 1797 und dann wieder 1800 hatte Goethe darüber verfügt, was mit seinem Nachlaß zu geschehen habe, und als studierter Jurist nichts unberücksichtigt gelassen. Nicht minder

klar fällt sein lyrisches Vermächtnis aus. Im September 1828 findet in Berlin eine Versammlung Deutscher Naturforscher und Ärzte statt, die unter dem Motto steht: »Denn alles muß in nichts zerfallen / Wenn es im Sein beharren will« – zwei aus dem Zusammenhang gerissene Zeilen aus Goethes Gedicht »Eins und alles«, die den Sinn des Ganzen nur mangelhaft wiedergeben. Also nimmt ihr Autor besagte Kernstelle im Februar 1829 noch einmal auf und beginnt mit ihr sein »Vermächtnis«: »Kein Wesen kann zu Nichts zerfallen! / Das Ew'ge regt sich fort in allen, / Am Sein erhalte dich beglückt!« Weil die Gedichtbände der Ausgabe letzter Hand schon abgeschlossen sind, schiebt er das Gedicht in der ihm eignen Unbekümmertheit in »Wilhelm Meisters Wanderjahre« ein – warum auch nicht, soll doch auch dieses Werk eine Art Vermächtnis seines Denkens und Wollens sein.

1830 wird ein böses Jahr für ihn. Zwei Todesfälle und eine Revolution erschüttern den Greis bis in die Grundfesten seiner Existenz. Am 14. Februar stirbt mit 73 Jahren die stets verehrte und geliebte Großherzogin-Mutter Louise. Soret erlebt wenige Tage nach ihrem Tod einen tief verstörten Goethe, der immer wieder »Oh, das Alter! das Alter!« ausruft.

Es graut ihm vor der Last der eigenen Jahre nicht minder als vor dem Zeitgeist, dem er sich – trotz seines Interesses für Technik und Naturwissenschaften – längst nicht mehr verbunden weiß. »Junge Leute werden viel zu früh aufgeregt und dann im Zeitstrudel fortgerissen«, hat er Freund Zelter schon im Sommer 1825 geklagt. »Reichthum und Schnelligkeit ist was die Welt bewundert und wornach jeder strebt; Eisenbahnen, Schnellposten, Dampfschiffe und alle möglichen Facilitäten der Communication sind es worauf die gebildete Welt ausgeht, sich zu überbieten, zu überbilden und dadurch in der Mittelmäßigkeit zu verharren.« Im selben Brief begreift er sich und seinesgleichen als die letzten »einer Epoche die sobald nicht wiederkehrt«. Wie es scheint, soll dieser Epoche in den letzten Julitagen des Jahres 1830 mit einer erneuten Revolution vollends der Garaus gemacht werden.

Mit Carl X. war nach Napoleons Sturz erneut ein Bourbone eingesetzt worden. Unter ihm wollte der Adel alles wieder zurückerringen, was ihm an Vorrechten und Besitz genommen worden war. In den Straßen von Paris kommt es zu dreitägigen blutigen Kämpfen. Der Herrscher wird zur Flucht aus Frankreich gezwungen, mit seinem Vetter Louis-Philippe von Orléans der sogenannte »Bürgerkönig« eingesetzt. Erst später stellt sich heraus, daß nun keineswegs die Stunde derer angebrochen ist, die bis zur Selbstaufgabe für ihre Rechte gekämpft haben, sondern die des wohlhabenden Mittelstandes, der »Bourgeoisie«.

Zunächst aber wird das revolutionäre Frankreich erneut zum politischen Leitbild. Aufstände in Brüssel lassen das eben erst geschaffene Königreich der Niederlande wieder zerbrechen. Ein unabhängiges Belgien entsteht. In Polen kommt es zu einer Volkserhebung gegen die Russen, die unter preußischem Beistand niedergeworfen wird. Jetzt verliert das Land den letzten Anschein von Selbständigkeit und wird zu einer zaristischen Provinz.

Selbst in Jena und Apolda kommt es zu Unruhen. »Der Eindruck, den diese blitzschnelle Revolution auch hier gemacht, ist unbeschreiblich«, heißt es in einem Brief von Müllers. »Goethe spricht, er könne sich nur dadurch darüber beruhigen, daß er sie für die größte Denkübung ansehe, die ihm am Schlusse seines Lebens habe werden können.«

Es wird ihm nicht viel Zeit und Kraft dafür geschenkt, denn am 10. November muß ihm der Kanzler die Nachricht vom Tode Augusts überbringen, der in Rom gestorben ist. »Sie können leicht ermessen«, schreibt von Müller an Johann Friedrich Rochlitz, »welche bittere Aufgabe es für mich war, solche Schreckenskunde dem ehrwürdigen Vater beizubringen! Doch er empfing sie mit großer Fassung und Ergebung. ›Non ignoravi me mortalem genuisse!‹ [Ich wußte immer, daß ich einen Sterblichen gezeugt] rief er aus, als seine Augen sich mit Tränen füllten. Dem Himmel sei Dank, daß bis jetzt seine Gesundheit durch diesen harten Schlag nicht gelitten hat. Er vermeidet, darüber zu sprechen, arbeitet rüstig und sucht sich durch lebhaftere Teilnahme an wissenschaftlichen und politischen Gegenständen zu kräftigen.«

Doch dann passiert es. Während Goethe die Arbeit am vierten Band von »Dichtung und Wahrheit« geradezu gewaltsam vorantreibt, zerplatzt ihm in der Nacht vom 25. auf den 26. November eine Ader der Speiseröhre. Trotz Dr. Vogels schnellem

Eingreifen wiederholt sich der Blutsturz am folgenden Tag noch einmal. Der unterdrückte Schmerz und die übergroße Willensanstrengung müssen – so empfindet er selber es später – geradezu eine »Explosion« verursacht haben. Indessen erholt sich der staunenswert Rüstige schon nach wenigen Tagen wieder. »Der Schlaf ist gut, der Appetit nicht unbedeutend, die Verdauung regelmäßig. Die Kräfte sind bei weitem nicht so geringe, als man bei solchen Vorgängen befürchten mußte.«

Während der Vater noch immer über viel Lebenskraft verfügt, hatte sie den Sohn mit seinen gerade 40 Jahren ganz und gar verlassen. Als er die Reise nach Italien antrat, war er längst ein physisch und psychisch angeschlagener Mann, für den die italienische Flucht zu spät kam. Denn Flucht war es auch bei ihm:

> Ich will nicht mehr am Gängelbande
> Wie sonst geleitet seyn
> Und lieber an des Abgrunds Rande
> Von jeder Fessel mich befrein.

Bis zuletzt war er seinen vielfältigen Arbeiten getreulich nachgekommen, aber die Exaltationen seiner Frau und eine Umwelt, die ihn noch immer als »Sohn der Vulpiussen« abstempelte, trieben ihn tiefer und tiefer in Depressionen. »Ich habe Vater, ja, ich habe Frau, ich habe Kinder auch, doch keinen Freund.« Er begann bereits in jungen Jahren stark zu trinken. Vermutlich litt er schon des längeren an Leberzirrhose. Der Sektionsbefund ergab eine verhärtete und um das Dreifache vergrößerte Leber. In Rom kam eine akute Gehirnhautentzündung hinzu und ließ sein Immunsystem vollends zusammenbrechen. August wird auf dem protestantischen Friedhof beerdigt, der bei der Cestius-Pyramide liegt.

Ironien des Schicksals: Als sein Vater fast ebenso alt war und eines römischen Tages trübseligen Gedanken nachhing, da »zeichnete ich mein Grab bei der Pyramide des Cestius« (16. Februar 1788), aber nun ist es August, der dort seine letzte Ruhe findet. Auf seinem Grabstein steht in lateinischer Sprache: »Goethes Sohn, der dem Vater voranging«. Selbst nach seinem Tode ist es ihm also noch immer nicht gestattet, er selber zu sein. Seine letzten schönen Tage hat er übrigens mit einem Legationssekretär aus Hannover verbracht, einem freundlichen

53-jährigen Herrn, der in Briefkontakt mit dem Vater steht und nach Augusts Tod alle Formalitäten übernimmt. Sein Name: August Kestner, Sohn von Charlotte Kestner geb. Buff.

Goethe widmet sich den Erfordernissen des Tages. Zunächst wird mit Kanzler von Müllers Hilfe das Testament auf den neuesten Stand gebracht. Gleich nach Augusts Tod hat er ihm von der Sorge um seinen komplizierten Nachlaß berichtet, der so viele Manuskripte und Briefe – rund 100000 Seiten beschriebenen Papiers – und Sammlungen aller Art umfaßt. »Es wäre schade, wenn dies alles auseinandergestreut würde. Ich habe nicht nach Laune oder Willkür, sondern jedesmal mit Plan und Absicht zu meiner eignen folgerechten Bildung gesammelt und an jedem Stück meines Besitzes etwas gelernt. In diesem Sinne möchte ich diese meine Sammlungen konserviert sehen.«

Was das betrifft, so ist sein Haus mittlerweile zu einer wahren Universität geworden, die, zum Beispiel, nicht weniger als 26500 Kunstgegenstände und über 18000 Mineralien umfaßt. Goethe ist in den letzten Jahren Weimars Bürger mit dem höchsten Einkommen, und zeitweise gibt er bis zu einem Drittel davon für seine Sammlungen aus. Zum Vergleich: Ein einziger seiner Majolikateller war damals soviel wert wie heutzutage ein VW-Golf.

Im März 1831 liegt die 40-bändige Ausgabe letzter Hand vor, aber noch immer ist nicht alles untergebracht. Eckermann erhält im Mai testamentarisch den Auftrag, das restliche Material herauszugeben, das im »Kästchen No. 1« ruht. Im Juni wird ihm der Schlüssel dazu übergeben.

Einem Brief Caroline von Wolzogens an Schillers Sohn Ernst entnehmen wir, daß sich Goethes Vorsorge nicht nur auf den Nachlaß beschränkt. Er habe »an einem schönen Tage den Haushalt umgestürzt und dem Schuldenmachen der Schwiegertochter gesteuert. Ich mußte lachen über die Pedanterie, womit er jetzt die Wirtschaft treibt. Aber nötig mag es sein. Er hat den Schlüssel des Holzstalles unter seinem Kopfkissen und läßt das Brot abwiegen. Als Gesellschafterin behandelt er Ottilie sehr artig; aber im Hause muß sie sich fügen.«

Ottilie ist sicher alles andere als ein einfacher Mensch und vermag die Nerven ihrer Umwelt erheblich zu strapazieren. Aber auch mit Goethe ist es nicht einfach, wenn er unmißverständlich zu erkennen gibt, daß er es nicht leidet, wenn sich die 34-Jährige noch einmal liiert (§ 11 seines Testamentes: »Würde meine Schwiegertochter sich wieder vermählen, wie ich jedoch nicht hoffe [...]«). »Eine Wiederverheiratung würde das Fallgitter sein, das zwischen meiner Liebe und ihr niederfiele«, sagt er zu Kanzler von Müller.

Am 22. Juli wird das »Faust«-Manuskript beendet und eingesiegelt. Im Oktober ist dann auch der vierte Band von »Dichtung und Wahrheit« abgeschlossen. Seinen 82. Geburtstag verbringt Goethe diesmal nicht zu Hause. »Sechs Tage, und zwar die heitersten des ganzen Sommers, war ich von Weimar abwesend«, schreibt er Zelter, »und hatte meinen Weg nach Ilmenau genommen, wo ich in frühern Jahren viel gewirkt und eine lange Pause des Wiedersehens gemacht hatte. [...] Nach so vielen Jahren war denn zu übersehen: das Dauernde, das Verschwundene. Das Gelungene trat hervor und erheiterte, das Mißlungene war vergessen und verschmerzt. Die Menschen lebten alle vor wie nach ihrer Art gemäß, vom Köhler bis zum Porcellanfabrikanten.«

Seine Enkel Walther und Wolfgang sind auch dabei und unternehmen mit Kammerdiener Krause eigene Wanderungen. Goethe fährt in Begleitung des Berginspektors zum Kickelhahn hinauf. »Das kleine Waldhaus muß hier in der Nähe sein? Ich kann zu Fuß dahin gehen, und die Chaise soll hier so lange warten, bis wir zurückkommen.«

Sein Begleiter bewundert die Rüstigkeit des Greises, der ohne Hilfe die steile Treppe ins Obergeschoß bewältigt. »Ich habe in früherer Zeit in dieser Stube mit meinem Bedienten im Sommer acht Tage gewohnt und damals einen kleinen Vers hier an die Wand geschrieben. Wohl möchte ich diesen Vers nochmals sehen, und wenn der Tag darunter bemerkt ist, an welchem es geschehen, so haben Sie die Güte, mir solchen aufzuzeichnen.« Mahr führt ihn ans südliche Fenster der Stube, an dem links mit Bleistift geschrieben steht:

> Über allen Gipfeln
> Ist Ruh,
> In allen Wipfeln
> Spürest du
> Kaum einen Hauch;

Die Vögelein schweigen im Walde.
Warte nur, balde
Ruhest du auch.
D. 7. September 1783. Goethe.

Der 82-Jährige überliest die wenigen Verse. Tränen fließen ihm über die Wangen. »Ja, warte nur«, wiederholt er, »balde ruhest du auch.« Sieht noch einmal durchs Fenster in den düsteren Fichtenwald und wendet sich dann um. »Nun wollen wir wieder gehen.«

Der Brief an Zelter enthält auch die langerwartete Nachricht, daß die Arbeit am »Faust« so gut wie zu Ende gebracht sei. Freilich fühlt sich Goethe auch schon wieder von neuen Plänen bedrängt, darunter dem, endlich »Die natürliche Tochter« zur Trilogie zu runden. »Was gefordert wird weiß ich wohl, was gethan werden kann, muß die Folge zeigen. Ich habe gar zu vielerlei Bauwerk angelegt, welches zu vollführen doch am Ende Vermögen und Kraft ermangeln.«

Als Goethe wieder einmal seine »gränzenlosen Papiere« sichtet, findet er Marianne von Willemers Briefe, »die auf die schönsten Tage meines Lebens hindeuten; dergleichen sind manche von jeher abgesondert, nunmehr aber eingepackt und versiegelt«. Um allen Zufälligkeiten vorzubeugen, schickt er ihr das Päckchen mit der Bitte zurück, »daß Sie es uneröffnet bey sich, bis zu unbestimmter Stunde, liegen lassen. Dergleichen Blätter geben uns das frohe Gefühl daß wir gelebt haben; dieß sind die schönsten Documente auf denen man ruhen darf.« (10. Februar 1832) Tief bewegt ruft er daraufhin Ottilie zu sich, hält ihre Hand und gedenkt des Endes.

Zu Frédéric Soret sagt er am 17. Februar: »Ich sammelte und benutzte alles was mir vor Augen, vor Ohren, vor die Sinne kam. Zu meinen Werken haben Tausende von Einzelwesen das ihrige beigetragen, Toren und Weise, geistreiche Leute und Dummköpfe, Kinder, Männer und Greise, sie alle kamen und brachten mir ihre Gedanken, ihr Können, ihre Erfahrungen, ihr Leben und ihr Sein; so erntete ich oft, was andere gesäet; mein Lebenswerk ist das eines Kollektivwesens, und dies Werk trägt den Namen Goethe.«

Im letzten Brief an Sulpiz Boisserée heißt es: »Ich habe immer gesucht, das möglichst Erkennbare, Wißbare, Anwendbare zu ergreifen, und habe es zu eigener Zufriedenheit, ja auch zu Billigung anderer darin weit gebracht. Hiedurch bin ich für mich an die Gränze gelangt, dergestalt daß ich da anfange zu glauben wo andere verzweifeln, und zwar diejenigen, die vom Erkennen zuviel verlangen und, wenn sie nur ein gewisses, dem Menschen Beschiedenes erreichen können, die größten Schätze der Menschheit für nichts achten.« (25. Februar 1832)

Der allerletzte Brief geht an Wilhelm von Humboldt. Und auch hier noch einmal die Zusammenfassung einer ganzen Existenz: »Je früher der Mensch gewahr wird daß es ein Handwerk, daß es eine Kunst gibt, die ihm zur geregelten Steigerung seiner natürlichen Anlagen verhelfen, desto glücklicher ist er; was er auch von außen empfange, schadet seiner eingebornen Individualität nichts. Das beste Genie ist das, welches alles in sich aufnimmt, sich alles zuzueignen weiß, ohne daß es der eigentlichen Grundbestimmung, demjenigen was man Charakter nennt, im mindesten Eintrag thue, vielmehr solches noch erst recht erhebe und durchaus nach Möglichkeit befähige.«

»Verzeihung diesem verspäteten Blatte!« lauten die letzten Zeilen des bedeutsamen Schreibens. »Ohngeachtet meiner Abgeschlossenheit findet sich selten eine Stunde, wo man sich diese Geheimnisse des Lebens vergegenwärtigen mag.« Dann noch ein allerletztes: »Treu angehörig«.

Von Ottilie hat sich der 82-Jährige in den letzten Wochen aus Biografien von Plutarch und französischen Memoiren vorlesen lassen, Nachrichten aus der Welt von gestern. Aber auch das interessiert ihn: »Die Eisenbahn von Liverpool nach Manchester, ein interessantes Heft.« Da informiert sich einer, der viel geritten und mit der Kutsche gereist ist, noch in den letzten Tagen seines Lebens über ein Verkehrsmittel der Zukunft. Am 14. März, einem windig-kalten Tag, heißt es dann im Tagebuch zum letzten Mal: »Einiges Oberaufsichtliche.« Und später: »Spazieren gefahren.« Auf dieser Fahrt muß er sich einen grippalen Infekt geholt haben, denn zwei Tage später heißt die letzte Eintragung: »Den ganzen Tag wegen Unwohlseyns im Bette zugebracht.«

Die Nacht vom 19. zum 20. März verbringt er unruhig und mit Schmerzen. Dennoch wird der Hausarzt Dr. Vogel erst am anderen Morgen wieder herbeigerufen, und der ist erschrokken über die verzerrten Gesichtszüge, das aschgraue Gesicht, die tief in ihre Höhlen eingesunkenen Augen, den durchgeschwitzten, eiskalten Körper. Immerhin vermag er ihm die Lage über den Tag hin noch einmal zu erleichtern, so daß Goethe mit zitternder Hand eine amtliche Auszahlung zur Unterstützung der von ihm geschätzten Weimarer Künstlerin Angelica Facius unterzeichnen kann. Es ist seine letzte Unterschrift.

Die Aufzeichnungen Dr. Vogels aus der Nacht vom 21. auf den 22. März sprechen von »jagender Hast, die den Greis bald ins Bett und bald auf den neben dem Bett stehenden Lehnstuhl trieben«. Die Schmerzen kommen und gehen in Wellen. Immer wieder stöhnt Goethe und schreit auf. Gegen Morgen wird er ruhiger. Den Diener John fragt er nach dem Tag, erhält zur Antwort, es sei der zweiundzwanzigste, und erwidert: »Also hat der Frühling begonnen, und wir können uns um so eher erholen.«

Bei ihm oder ganz in seiner Nähe sind außer dem Arzt Ottilie, die Enkel Wolf und Walther, auch Kanzler von Müller, Coudray, Eckermann und Soret. Der Tod ist damals noch kein

22 Goethes Sterbezimmer. Aquarell von F. L. A. von Germar, 1832

derart vom Leben abgesonderter Teil wie heute. Man stirbt zu Hause, im Kreise seiner Nächsten, und zu diesen gehören Freunde ebenso wie Familienmitglieder. Fast wäre auch Carl Friedrich noch am Lager Goethes gewesen, aber als er sich unter der Haustür nach dessen Befinden erkundigt, wird ihm bedeutet, es sei bereits zu spät.

Man vermutet heute, daß aus der anfänglichen Grippe eine Lungenentzündung geworden ist; zunehmende Kreislaufstörungen und endlich der zweite Herzinfarkt werden das Ende herbeigeführt haben.

Aus dem Brief einer Bekannten von Ottilie wissen wir, daß er in den Armen der Schwiegertochter gestorben ist, »und zwar hat der Atem so ruhig und sanft aufgehört, daß sie den Moment des Todes nicht genau weiß und noch in dem Glauben gewesen ist, daß er ruhe, als er schon gestorben war. Er mag sehr heiter noch gewesen sein, so hat er vor seiner letzten Stunde zu ihr gesagt: Nun Frauenzimmerchen, gib mir mal dein gutes Pfötchen! Und hat sie auch immer festgehalten, bis sie endlich die Leiche hat loslassen müssen.«

Bald aber macht ein bedeutenderes Wort als dieses die Runde. »Mehr Licht!« habe Goethe gesagt. Das hat Symbolkraft und läßt sich leicht merken, weshalb es sich schnell und unausrottbar verbreitet. Nur stimmt es nicht. Mehr Wahrscheinlichkeit besitzt die Überlieferung, Goethe habe den Diener Friedrich Krause angewiesen, die Fensterladen im Nebenzimmer aufzumachen, damit mehr Licht hereinkomme! Krause selber schreibt: »Es ist wahr daß er meinen Namen zuletzt gesagt hat aber nicht um die Fensterladen auf zu machen, sondern er verlangte zuletzt den Leibspenzer [kurze Jacke] und den nahm er noch selbst und hielt denselben so fest an sich bis er verschied.«

Dr. Vogel: »Als später die Zunge den Gedanken ihren Dienst versagte, malte er, wie auch wohl früher, wenn irgend ein Gegenstand seinen Geist lebhaft beschäftigte, mit dem Zeigefinger der rechten Hand öfters Zeichen in die Luft, erst höher, mit den abnehmenden Kräften immer tiefer, endlich auf die über seinen Schooß gebreitete Decke. Mit Bestimmtheit unterschied ich einigemal den Buchstaben W. und Interpunctionszeichen. [–] Um halb zwölf Uhr Mittags drückte sich der Sterbende bequem in die linke Ecke des Lehnstuhls, und es währte lange, ehe den Umstehenden einleuchten wollte, daß *Goethe* ihnen entrissen sey.« Ein Donnerstag – der Tag Jupiters – war sein Geburtstag, an einem Donnerstag ist er nun auch gestorben.

Am 26. März wird der Tote in seinem Stadthaus aufgebahrt. Von acht Uhr früh bis mittags 13 Uhr ist die Tür für jedermann geöffnet. Der Sarg steht auf einem alten roten, mit goldenen Sternen durchwirkten Teppich, auf dem Goethes Eltern getraut worden sind, er selbst getauft und getraut, August und die Enkelsöhne getauft. Von allen Seiten drängt das Volk herzu, klettert sogar über die Gartenmauer. Studenten aus Jena und viele andere Delegationen treffen in Weimar ein.

Um vier Uhr läutet von der Stadtkirche die große Glocke, um halb fünf beide, um fünf läuten alle Glocken der Stadt. Der Trauerzug zieht in langer, streng geordneter Gliederung vom Wohnhaus durch die frisch gepflanzte Lindenallee des neuen Friedhofes zur Fürstengruft hinauf, wo seit 1827 auch schon die Gebeine Schillers liegen. Scheu folgt dem Sarg als erstes Familienmitglied der 13-jährige Walther.

Superintendent Röhr, ein Geistlicher, den Goethe durchaus mochte, hält die Totenrede. Natürlich wird auf jeden Unterton gehört, und dementsprechend kritisch fällt das Urteil der Zuhörer aus. Besonders gegen Ende tritt so manchem das Skeptische zu sehr hervor. Dabei leitet Röhr recht geschickt von einem Goethe- zu einem Christuswort über: »Tadeln darf man keinen Abgeschiedenen«, heißt es bei Goethe. »Nicht, was sie gefehlt und gelitten, sondern was sie geleistet und getan, beschäftige die Hinterbliebenen.« Und weiter mit Lukas 12, Vers 48: »Wem viel gegeben ist, von dem wird man viel fordern.«

Einem Freund gegenüber wird Röhr deutlicher: »Ich selbst bin über seinen sittlichen Wert mit möglichstem Glimpf hinweggegangen und habe mich damit begnügt, ihn mit seinem eigenen Fett zu beträufeln. Wer die nicht gesprochenen Worte aus den gesprochenen herauszulesen versteht, wird nicht im Zweifel sein, was ich meinte.«

»Mir ist nichts widerwärtiger und zugleich lächerlicher«, schreibt der wohlgesinnte Jenaer Jurist Johann Diederich Gries, »als die Zudringlichkeit, mit welcher man jetzt dem toten Goethe noch auf den Leib rückt und von ihm verlangt, er hätte ein ganz anderer sein sollen, als er war, das heißt: nicht Goethe. Die eine Partei verlangt, er hätte Kirchenlieder und Erbauungsbücher, die andere, er hätte Turngesänge und Hambacher Reden schreiben sollen. Die einen wollen ihn nicht für einen Christen, die andern nicht für einen Deutschen gelten lassen; und während ganz Europa uns um sein Leben beneidet, um seinen Tod beklagt, hätten diese Unsinnigen nicht übel Lust, seine heilige Asche aus der Fürstengruft zu Weimar herauszureißen und in alle Winde zu streuen.«

»Vor dem entsetzlichen Menschenlärm hörte man kein Glockengeläute«, klagt am Abend nach der Beerdigung eine empfindsame Teilnehmerin ihrem Tagebuch, »alle Gesichter kalt und teilnahmslos, genug, nirgends eine Spur von Rührung. – So ward Deutschlands größter Dichter beerdigt! ... Gegen ½7 Uhr gingen wir zu Haus. Es war schneidend kalt und ein rauher Wind.«

Weimarer Spaziergänge III
Grabbesuche

Das Spiel ist aus, der Vorhang gefallen. Die Nachwelt flicht nun Kränze denen, die auf dem kleinen Weimarer Welttheater ihre Rollen gespielt haben. Auf dem Jakobsfriedhof im Norden der Altstadt und dem Historischen Friedhof hinterm Poseckschen Garten begegnen uns noch einmal die meisten der bekannten Namen.

Der erstgenannte Friedhof ist, obwohl von Alltag und Gegenwart dicht umfaßt, eine kleine Insel des Friedens. Harter Boden, welkes Gras, in größeren Abständen der ein und andere Gedenkstein. Wer hierherkommt, tut es meistens wegen Christiane. Ihre ernüchternd einfache Grabstelle in der Nähe des Friedhofs: eine Steinplatte, darum herum ein halber Efeukranz. »Mit Deiner Arbeit ist es sehr schön«, hatte sie ihrem Mann einst niedergedrückt geschrieben, »was Du einmal gemacht hast, bleibt ewig; aber mit uns armen Schindludern ist es ganz anders.« Nun liegen aber doch immer ein paar Blumen auf ihrem Grab. Das reicht nicht an die schweren Kränze und kostbaren Gebinde heran, mit denen alle Jubeljahre der Sarkophag ihres Mannes umstellt wird, aber vergessen ist sie nicht.

Übrigens auch andre »arme Schindluder« nicht. Dem Zimmermannsgesellen Johann Franz August Zimmermann, der beim Schloßbrand von 1774 tödlich verunglückt ist, wurde eine Säule gesetzt, was den sonst eher streitbaren schwäbischen Dichter Schubart zu der befriedigten Äußerung veranlaßte: »Verdienst bleibt Verdienst, im Zwilchkittel wie im Purpur.« Auch der Tischler Johann Martin Mieding bleibt unvergessen; jener Mann, der fürs Weimarer Liebhabertheater manch einfallsreiche und billige Kulisse schreinerte, ein rechter »Direktor der Natur«, wie ihn Goethe in seiner Ode »Auf Miedings Tod« genannt hat.

Der bedeutendste Name, der sich auf den Grabsteinen finden läßt, ist ohne Zweifel der von Lucas Cranach dem Älteren. Von den bekannteren der Goethezeit finden sich hier freilich nur die des humorvollen Märchennovellisten Carl August

Musäus und des Bildhauers Martin Gottlob Klauer. An der Mauer hinter der Kirche liegt Christian Gottlob Voigt, der noch vom Totenbett aus einen letzten Brief an Goethe schrieb und bewegte Antwort erhielt.

An der südlichen Kirchenmauer stehen Grabsteine, die unter anderen an Georg Melchior Kraus erinnern, den Zeichenschuldirektor, der an den Mißhandlungen napoleonischer Soldaten starb; an Ferdinand Jagemann, den begabten Porträtisten der klassischen Generation und Bruder der schönen Schauspielerin Caroline Jagemann; an Johann Joachim Bode schließlich, den geistreichen Gesellschafter, Schriftsteller, Übersetzer, der als Teilnehmer der Tafelrunde Anna Amalias ebensogern gesehen war wie als Mitglied des Liebhabertheaters.

Auf dem Weg in die südöstliche Ecke des Friedhofes, wo ein eigentümlich würfelförmiges Gebäude steht, kommt man an einem steinernen Sarkophag vorbei, der das Grab der achtzehnjährig gestorbenen Schauspielerin Christiane Becker bezeichnet. »Sie war mir in mehr als Einem Sinne lieb«, schrieb Goethe am 25. Oktober 1797, nachdem er in der Schweiz von ihrem Tod erfahren hatte. »Wenn sich manchmal in mir die abgestorbne Lust für's Theater zu arbeiten wieder regte, so hatte ich sie gewiß vor Augen [...]«

Das würfelförmige Gebäude aber ist das sogenannte »Landschaftskassengewölbe«, ein Mausoleum des Herzogtums für Persönlichkeiten von Rang, die kein eigenes Erbbegräbnis besaßen. In diese Gemeinschaftsgruft wurde am 12. Mai 1805 um ein Uhr nachts (die damals übliche Beerdigungsstunde) der Leichnam Schillers beigesetzt. 1826 war sie wieder einmal voll und mußte geräumt werden. Daß seine sterblichen Überreste dann in die neuerbaute fürstliche Familiengruft überführt wurden, kam einem außerordentlichen Akt der Wertschätzung gleich.

Der Historische Friedhof liegt am anderen Ende der Stadt. Hier herrscht gemäßigter Wildwuchs, und ungekrönter König ist der Efeu, dem offenbar keine gärtnerische Revolution etwas anhaben kann. Unter hohen Bäumen liegen vermooste Grasparzellen. Unweit des nördlichen Eingangs entdeckt der Besucher ein schlichtes Eisenkreuz: Hier ruht Christian August Vulpius, Christianes Bruder und Autor des »Rinaldo Rinaldini«. Weitere bekannte Namen findet er vor allem an den

Außenmauern links und rechts. An der Ostseite zum Beispiel August von Kotzebue, daneben den tüchtigen Friedrich Wilhelm Riemer und seine Frau Caroline. An der Westwand liegt der satirische Dichter Johann Daniel Falk, der nach den napoleonischen Kriegen unter großen persönlichen Opfern eine Erziehungsanstalt für verwahrloste Kinder einrichtete. Bekannt geblieben ist er mit dem Weihnachtslied »O du fröhliche« und seinem Buch »Goethe, aus näherem persönlichem Umgang dargestellt«.

Auf derselben Seite liegt auch das Grab des Weimarer Baumeisters Clemens Wenzeslaus Coudray, eine Stelle weiter das des geschäftlich und organisatorisch gewandten Franz Kirms, der Goethe in allen Theaterangelegenheiten so klug vertreten hat. Überraschenderweise findet sich gleich daneben das Grab Charlotte von Steins, das man doch eher auf Kochberg erwartet hätte. Aber sie hatte sich eine Stelle auf dem neuen, erst 1818 eingeweihten Friedhof gekauft, wo sie neben ihrem Bruder Karl von Schardt und dessen Frau sowie ihrer Schwester ruhen wollte.

Wenige Schritte weiter den Weg hinauf steht man vor der Ruhestätte der Familie Goethe, wo freilich weder Christiane noch August, noch der Dichter selbst begraben liegen, wohl aber Ottilie von Goethe und ihre drei Kinder. Anrührenderweise wurde hier auch Wilhelmine Bachstein beigesetzt. Als 14-jährige Magd zu Ottilies Großmutter gekommen, hatte sie später ihrer Mutter gedient und noch als alte Frau Ottilies eigene Kinder gehütet. 1884 ist Wilhelmine im gesegneten Alter von 89 Jahren gestorben; ein Jahr vor Walther, ein Jahr nach Wolfgang und vierzig Jahre nach Alma, deren Marmorbildnis als schlafende Mädchengestalt dem Familiengrab das unverwechselbare Aussehen gibt.

Wolfgang und Walther hatten schwer am Namen Goethe zu tragen, schwerer noch als ihr Vater. In Wolfgangs Nachlaß fanden sich die Verszeilen: »Ich stehe stets daneben, / Ich trete niemals ein. / Ich möchte *einmal* leben, / Ich möchte *einmal* sein!«

Und doch verdanken wir den unglücklichen Brüdern ein wahrhaft nobles Testament. So konsequent sie das Goethesche Besitztum zu ihren Lebzeiten vor jedermann verschlossen hielten – nach Walthers Tod im Jahre 1885 zeigte es sich, daß sie alles Besitztum der Familie dem Staat und das literarische Erbe der Großherzogin Sophie von Sachsen vermacht hatten. Nun konnte es gesichert und der interessierten Öffentlichkeit zugänglich gemacht werden.

Das erhabene Zentrum des Friedhofs ist die Fürstengruft mit den Gräbern Goethes und Schillers. Dafür, daß es ein Familienmausoleum des deutschen Hochadels ist, in dem nicht weniger als 44 Särge – aus der Mitte des 17. Jahrhunderts bis 1905 – liegen, waltet hier auffallende Kargheit. Aber nach dem Willen Carl Augusts sollte sie »etwas sehr einfaches, bloß ein dem Bedürfnis adäquates Totenmagazin sein. Das Geziere sollte man für die Wohnung der Lebenden sparen.«

Im Dezember 1944 lagerte man die Dichtersärge sicherheitshalber nach Jena aus, konnte sie aber schon im Mai 1945 wieder nach Weimar überführen. Zu DDR-Zeiten wurde in der Fürstengruft zunächst einmal alles fortgeräumt, was an christlichen Ritus erinnerte. Später schob man die Särge derer von Sachsen-Weimar-Eisenach buchstäblich an den Rand, holte die beiden Dichtersärge von ihrer ursprünglichen Stelle unter der Treppe hervor und bahrte sie an zentraler Stelle auf. Im Zuge von Renovierungsarbeiten ist mittlerweile der ursprüngliche Zustand wiederhergestellt worden.

Dicht unterhalb dieses klassizistischen Bauwerks steht eine bescheidene, vom allgegenwärtigen Efeu fast zugewucherte Stele mit der Inschrift: »Hier ruht Eckermann, Göthes Freund«. Aber obwohl das Freundschaftliche ihrer Verbindung doch eigens betont wird, unterstreichen Verhältnis und Zuordnung von Gruft und Stein die Dominanz des Dichters und die Dienerrolle seines »Freundes« noch über den Tod hinaus. »Goethe schwieg«, endet das Buch, das seinen Namen sprichwörtlich hat werden lassen. »Ich aber bewahrte seine großen und guten Worte in meinem Herzen.«

Anhang

Literaturverzeichnis

Von der unüberschaubaren Vielzahl dessen, was es über Goethe zu lesen gibt, habe ich naturgemäß bis heute nur den geringsten Teil bewältigen können und reduziere an dieser Stelle weiter auf das, was konstituierend für diese Buch war, darüber hinaus auf meine persönlichen Lieblingswerke. Und wenn von einem Titel mehrere Ausgaben existieren, habe ich entweder die billigste oder die am leichtesten greifbare nachgewiesen.

I. Werkausgaben

Hamburger Ausgabe: Werke. Band 1–14. Hrsg. von Erich Trunz. München: Deutscher Taschenbuch Verlag 1982.

Berliner Ausgabe: Poetische Werke. Band 1–16. Kunsttheoretische Schriften und Übersetzungen. Band 17–22. Hrsg. von einem Bearbeiterkollektiv. Berlin und Weimar: Aufbau-Verlag (seit 1960 in aktualisierten Auflagen).

Münchner Ausgabe: Sämtliche Werke nach Epochen seines Schaffens. Hrsg. von Karl Richter u. a. Band 1–28. München: Hanser 1985 ff. (im Entstehen begriffen).

Weimarer Ausgabe (Sophienausgabe): Werke. Hrsg. im Auftrage der Großherzogin Sophie von Sachsen. Band 1–143. München: Deutscher Taschenbuchverlag 1987 (= Reprint der zwischen 1887 und 1919 erschienenen Originalausgabe, 1990 ergänzt durch drei von Paul Raabe herausgegebene Nachtrags-Briefbände).

Die Schriften zur Naturwissenschaft. Hrsg. von Dorothea Kuhn und Wolf von Engelhardt. Band 1–22. Weimar: Böhlau Verlag 1947 ff.

Goethes Amtliche Schriften. Veröffentlichungen des Staatsarchivs Weimar. Band 1–4. Weimar: Böhlau Verlag 1950–1987.

Corpus der Goethe-Zeichnungen. Bearbeitet von G. Femmel ... Band 1–10. München: Beck 1972–1979.

II. Teilausgaben

Faust. Texte und Kommentare. Band 1–2. Hrsg. von Albrecht Schöne, Frankfurt a. M.: Deutscher Klassiker Verlag 1994 (= Sämtliche Werke. 1. Abteilung, Band 7).

Gedichte. Ausw. u. Einleitung von Stefan Zweig. Stuttgart: Reclam 1967.

Goethes Liebesgedichte. Ausgewählt und hrsg. von Hans Gerhard Gräf. Frankfurt/Main: Insel Verlag 1977 (Insel-Taschenbuch Nr. 275).

III. Briefe und Briefwechsel

Goethes Briefe (Hamburger Ausgabe). Band 1–4. Hrsg. von Karl Robert Mandelkow. München: Deutscher Taschenbuch Verlag 1988.
Briefe an Goethe (Hamburger Ausgabe). Band 1–2. Hrsg. von Karl Robert Mandelkow. München: Deutscher Taschenbuch Verlag 1988.
Goethes Briefe an Charlotte von Stein. Umgearbeitete Neuausgabe. Hrsg. von Jonas Fränkel. Band 1–2. Berlin: Akademie-Verlag 1960.
Goethes Briefwechsel mit seiner Frau. Band 1–2. Hrsg. von Hans Gerhard Gräf. Frankfurt/Main: Insel Verlag 1989.
Briefwechsel mit Marianne und Johann Jakob Willemer. Hrsg. von Hans-J. Weitz. Frankfurt/Main: Insel Verlag 1986.
Johann Wolfgang von Goethe/Friedrich von Schiller: Briefwechsel. Band 1–2. Hrsg. von Emil Staiger. Frankfurt/Main: Insel Verlag 1995 (Insel-Taschenbuch Nr. 250).
Briefwechsel zwischen Goethe und Zelter. 1799–1832. Hrsg. von Max Hekker. Band 1–3. Frankfurt/Main: Insel Verlag 1987.

IV. Sonstige Lebenszeugnisse

Goethe. Sein Leben in Bildern und Texten. Vorwort von Adolf Muschg. Hrsg. von Christoph Michel. Frankfurt/Main: Insel Verlag 1987 (Insel Taschenbuch Nr. 1000).
Catharina Elisabeth Goethe: Die Briefe von Goethes Mutter. Frankfurt/Main: Insel Verlag 1996 (Insel Taschenbuch Nr. 1550).
Goethe in vertraulichen Briefen seiner Zeitgenossen. Zusammengestellt von Wilhelm Bode. Berlin und Weimar: Aufbau-Verlag 1979.
Treffliche Wirkungen. Anekdoten von und über Goethe. Band 1–2. Hrsg. von Anita und Walter Dietze. Berlin und Weimar: Aufbau-Verlag 1987.
Goethe aus der Nähe. Berichte von Zeitgenossen. Ausgewählt und kommentiert von Eckart Kleßmann. Zürich: Artemis & Winkler 1994.
Johann Peter Eckermann: Gespräche mit Goethe in den letzten Jahren seines Lebens. Berlin und Weimar: Aufbau-Verlag 1982.
Frédéric Soret: Zehn Jahre bei Goethe (1822–1832). Hildesheim: Olms 1991.

V. Biografien

Nicholas Boyle: Goethe. Der Dichter und seine Zeit. Band 1–2. München: Beck 1995/99.
Karl Otto Conrady: Goethe. Leben und Werk. Band 1–2. Frankfurt/Main: Fischer Taschenbuch Verlag 1988 (Fischer Taschenbuch Nr. 5670, 5671).
K. R. Eissler: Goethe. Eine psychoanalytische Studie. 1775–1786. München: Deutscher Taschenbuch Verlag 1987 (dtv Nr. 4457).
Richard Friedenthal: Goethe. Sein Leben und seine Zeit. München: Piper 1993 (Serie Piper Nr. 248).

Herman Grimm: Goethe. 25 Vorlesungen, gehalten an der Königlichen Universität Berlin im Wintersemester 1874/75. Band 1-2. Winterbach: Werner Kornbach 1989.
Dorothea Hölscher-Lohmeyer: Johann Wolfgang Goethe. München: Beck 1991 (Beck'sche Reihe Nr. 623).
Curt Hohoff: Johann Wolfgang von Goethe. Dichtung und Leben. München: Langen Müller 1989.
Hans Mayer: Goethe. Ein Versuch über den Erfolg. Frankfurt/Main: Insel Verlag 1992 (Insel-Taschenbuch Nr. 1391).
Heinrich Meyer: Goethe. Das Leben im Werk. Nachwort von Jörg Drews. Zürich: Haffmans 1994.

VI. Zeitgenossen

Irmela Brender: Christoph Martin Wieland. Mit Selbstzeugnissen und Bilddokumenten. Reinbek: Rowohlt Taschenbuch Verlag 1990 (rm Nr. 475).
Sigrid Damm: Cornelia Goethe. Frankfurt/Main: Insel Verlag 1992 (Insel Taschenbuch Nr. 1452).
Sigrid Damm: Vögel, die verkünden Land. Das Leben des Jakob Michael Reinhold Lenz. Frankfurt/Main: Insel Verlag 1992 (Insel Taschenbuch Nr. 1399).
Johann Peter Eckermann. Leben im Spannungsfeld Goethes. Hrsg. im Auftrage der Stiftung Weimarer Klassik vom Goethe-Nationalmuseum. Weimar: Hermann Böhlaus Nachfolger 1992.
Jutta Hecker: Corona. Das Leben der Schauspielerin Corona Schröter. Stuttgart: Urachhaus 1981.
Eckart Kleßmann: Christiane. Goethes Geliebte und Gefährtin. München: Artemis & Winkler 1992.
Norgard Kohlhagen / Siegfried Sunnus: Eine Liebe in Weimar. Caroline Flachsland und Johann Gottfried Herder. Stuttgart: Quell Verlag 1993.
Peter Lahnstein: Schillers Leben. Biographie. Neuausgabe. München: List 1990.
Ruth Rahmeyer: Ottilie von Goethe. Das Leben einer ungewöhnlichen Frau. München: Heyne 1993 (Heyne Biographien Nr. 228).
Werner Völker: Der Sohn. August von Goethe. Frankfurt/Main: Insel Verlag 1992.
Ingelore M. Winter: Goethes Charlotte von Stein. Die Geschichte einer Liebe, erzählt nach seinen Briefen und Tagebüchern. Düsseldorf: Droste 1992.

VII. Regionalia

Auf den Spuren Goethes per Velo und zu Fuss. Zürich: Schweizerische Verkehrszentrale 1989.

Effi Biedrzynski: Goethes Weimar. Das Lexikon der Personen und Schauplätze. München: Artemis & Winkler 1992.

Wilhelm Bode: Damals in Weimar. Reprint. Weimar: Kiepenheuer 1991.

Goethe in Thüringen. Stätten seines Lebens und Wirkens. Hrsg. von Wolfgang Vulpius. Rudolfstadt: Greifenverlag 1992.

Goethe in Weimar. Eine virtuelle Reise in die Welt des großen Dichters. München: Navigo Multimedia 1995. 1 CD-ROM.

Dietmar Grieser: Goethe in Hessen. Frankfurt/Main: Insel Verlag 1982.

Uwe Grüning: Goethes Gartenhaus am Stern. Mit 40 Photographien von Jürgen Pietsch. Berlin: Buchverlag Der Morgen 1989.

Herbert Heckmann/Walter Michel: Frankfurt mit den Augen Goethes. Frankfurt: Umschau Verlag 1982.

Karl Isper: Mit Goethe im Elsaß. Berg: Türmer Verlag 1988.

Karl Isper: Mit Goethe in Italien. Berg: Türmer Verlag 1986.

Jochen Klauß: Alltag im ›klassischen‹ Weimar 1750–1850. Weimar: Stiftung Weimarer Klassik 1990.

Jochen Klauß: »Der du reisest, sei auf deiner Hut«. Vom Fortkommen zu »klassischer« Zeit. Rudolstadt: Hain Verlag 1996.

Jochen Klauß: Goethe unterwegs. Eine kulturgeschichtliche Betrachtung. Weimar. Nationale Forschungs- und Gedenkstätten der klassischen deutschen Literatur 1989.

Jochen Klauß: Goethes Wohnhaus in Weimar. Ein Rundgang in Geschichten. Fotos von Jürgen Pietsch. Weimar: Stiftung Weimarer Klassik 1991.

Lottehaus und Jerusalemhaus. Wetzlars Goethe-Stätten. Wetzlar: Magistrat der Stadt Wetzlar 1987.

Christine und Markus Meissner: »In der Freiheit der Berge«. Auf Goethes Spuren im Harz. Weimar: Klassikerstätten zu Weimar 1989.

Georg Meyer: In der Freiheit der Berge. Goethes Reisen auf den Harz. Goslar: August Thuhoff Verlag 1987.

Wilhelm E. Oeftering/Georg Richter: Mit Goethe am Oberrhein. Baden, Kurpfalz, Schweiz, Elsaß. Karlsruhe: G. Braun 1981.

Heinz Piontek: Goethe unterwegs in Schlesien. Fast ein Roman. Würzburg: Bergstadtverlag W. G. Korn 1993.

Paul Raabe: Spaziergänge durch Goethes Weimar. Zürich: Arche Verlag 1990.

Georg Schwedt: Goethe. Museen, Orte, Reiserouten. München: Callwey 1996.

Johannes Urzidil: Goethe in Böhmen. Zürich/München: Artemis 1981.

Weimar. Lexikon zur Stadtgeschichte. Hrsg. von Gitta Günther ... Weimar: Hermann Böhlaus Nachfolger 1993.

VIII. Aufsatzsammlungen

Jutta Hecker: Wunder des Worts. Leben im Banne Goethes. Weimar: Verlag Weimardruck 1994.
Johann Wolfgang Goethe: Alle Freuden, die unendlichen. Liebesgedichte und Interpretationen. Hrsg. von Marcel Reich-Ranicki. Frankfurt a. M.: Insel Verlag 1987.
Erich Trunz: Ein Tag aus Goethes Leben. Acht Studien zu Leben und Werk. München: C. H. Beck'sche Verlagsbuchhandlung 1990.
Walter Weisbecker: Goethe zwischen Frankfurt und Weimar. Frankfurt/Main: Societäts-Verlag 1991.
Walter Weisbecker: Goethe zwischen Geist und Sinnenfreuden. Frankfurt/Main: Societäts-Verlag 1994.
Unser Goethe. Ein Lesebuch. Hrsg. von Eckhard Henscheid und F. W. Bernstein. Zürich: Diogenes Verlag 1982.

IX. Periodika

Goethe-Jahrbuch. Im Auftrag des Vorstands der Goethe-Gesellschaft hrsg. von Werner Keller. Weimar: Hermann Böhlaus Nachfolger.
Mit Goethe durch das Jahr. Hrsg. von Effi Biedrzynski. München: Artemis & Winkler.

Weitere Literatur verzeichnet die 1991 von Helmut G. Hermann zusammengestellte »Goethe-Bibliographie« (Reclams Universal-Bibliothek Nr. 8692).

Bildnachweis

Freies Deutsches Hochstift / Goethe-Museum Frankfurt a. M.: (Foto: Ursula Edelmann): Nr. 13
Goethe-Museum Düsseldorf (Foto: Walter Klein): Nr. 3, 16, 18, 21
Historisches Museum Frankfurt a. M. (Foto: Ursula Seitz-Gray): Nr. 2
Österreichische Nationalbibliothek Wien (Bildarchiv): Nr. 1
Stiftung Weimarer Klassik / Museen (Foto: Sigrid Geske): Nr. 4, 6, 7, 8, 9, 12, 14, 15, 19, 22 (Sammlung Kippenberg)
Stiftung Weimarer Klassik / Goethe- und Schiller-Archiv (Foto: Sigrid Geske): Nr. 20
Wetzlaer Geschichtsverein / Historisches Archiv der Stadt Wetzlar: Nr. 5
Goethe-Jahrbuch 109 (1992), Verlag Hermann Böhlaus Nachfolger Weimar: Nr. 17
Wolfgang Vulpius / Wolfgang Huschke, Park um Weimar. Verlag Hermann Böhlaus Nachfolger Weimar 1962: Nr. 11
Archiv Klaus Seehafer: Nr. 10

Abschließende Notwendigkeiten

Goethes Werke habe ich vor allem nach der Berliner Ausgabe (Aufbau-Verlag 1960–1978) zitiert. Ergänzend hinzugezogen wurden die Hamburger Ausgabe (dtv 1982) und »Die Schriften zur Naturwissenschaft« (Böhlau 1947 ff.) Bei den Tagebüchern und Briefen habe ich mich für die Weimarer Ausgabe (Abteilungen III und IV) entschieden, weil diese 1887 begonnene Edition die Patina der originalen Schreibweise so prachtvoll aufbewahrt. (Daß Goethes Briefpartner manchmal die »bessere« Rechtschreibung zu besitzen scheinen, hat lediglich damit zu tun, daß mir ihre Texte nur in moderner Redaktion zugänglich waren.)

Der zeitgenössische Klatsch stammt vor allem aus Wilhelm Bodes herrlicher Zusammenstellung »Goethe in vertraulichen Briefen seiner Zeitgenossen« (Aufbau-Verlag 1979). Flodoard Freiherr von Biedermanns umfassende Dokumentation von Goethes Gesprächen konnte ich, immerhin, in den Auswahlbänden von 1957 (Insel Verlag) und 1994 (Artemis & Winkler) benutzen. Auf die beste aller Anekdoten-Sammlungen stieß ich – nach viel witzloser Lektüre – leider erst gegen Ende meiner Arbeit: »Treffliche Wirkungen« heißt die von Anita und Walter Dietze herausgegebene zweibändige Zusammenstellung (Aufbau-Verlag 1987).

Ein derart aufs Allgemeine, Umfassende ausgerichtetes Unternehmen wie eine Goethe-Biografie ist natürlich einem gewaltigen Schatz vorausgegangener Forschungsarbeit verpflichtet. Vieles – längst nicht alles! – habe ich dankbar in meinem Literaturverzeichnis erwähnen können. Wer die Materie kennt, weiß, welchen Autoren ich besonders verpflichtet bin, wird aber ebenso merken, wo ich eigene Wege gegangen bin.

Doch nicht nur den Büchern verdanke ich schließlich etwas, sondern vielen Menschen ebensosehr; zweien aber besonders: Meine Frau hat jedes Kapitel als erste gegengelesen und am Ende auch noch die Hauptarbeit mit dem Register gehabt; ich verspreche, daß ich in nächster Zeit zu Hause ein bißchen verhaltener umgehen werde mit dem Namen des Herrn von G. Magdalena Frank, meine Lektorin, übernahm nicht nur das Manuskript in einem krisenhaften Moment, sondern erwies sich darüber hinaus als geradezu idealtypische Vertreterin ihres Berufes: beharrlich im einzelnen, freilassend in Dingen, woran mein Herz hing, von hilfreicher Genauigkeit und mit einem beruhigenden Glauben an das Buch auch in Augenblicken, als ich mich immer mehr wie ein Karpfen im Hechtteich zu fühlen begann.

Eduard Berger war es, der mir seinerzeit seine nahezu vollständige Goethe-Ausgabe schenkte, und Dr. Hans Reinicke hat mir alles vererbt, was er als langjähriges Mitglied der Goethe-Gesellschaft an Sekundärliteratur erworben hat. Horst Schöttler verzichtete fünf Jahre lang auf die Briefe und Tagebücher seiner Sophienausgabe, damit ich sie immer bei der Hand hatte.

Dem Auswärtigen Amt und dem Verband deutscher Schriftsteller in Niedersachsen und Bremen danke ich für ein Auslandsreisestipendium, das mir den Böhmen- und Elsaß-Aufenthalt erst möglich machte. Am Ende dieser Reise lernte ich die Familien Koßmann jr. und sr. in Weimar kennen, die mir Quartier und Freundschaft schenkten. Ihre Bekanntschaft gehört zum Besten, was ich Goethe verdanke. Gleiches läßt sich von Dr. Hermann Malz sagen, der mich Nichtautofahrer mittlerweile an so manchen Goethe-Ort zwischen Frankfurt am Main und Bad Lauchstädt gebracht hat. Manfred Redetzky hielt mich zwar für närrisch, weil ich auch dieses Manuskript noch mit der Schreibmaschine begonnen habe, nahm aber dennoch die Prozedur auf sich, Sicherheitskopien per PC zu erstellen.

Vergessen sollen aber auch all jene nicht werden, deren Namen ich längst vergessen oder nie gewußt habe: jene Autofahrer nämlich, die einen über 40-jährigen Tramper in die entlegensten Dörfer mitnahmen. Ob sie mir immer Glauben geschenkt haben, daß dort die Schwester einer Freundin von Goethe gelebt oder der Herr Minister ein kleines Gut bewirtschaftet habe, bleibe dahingestellt. Aber gefahren haben sie mich.

Personenregister

Abegg, Johann Friedrich (1765–1840), Theologe, Kirchenrat in Heidelberg 318

Abeken, Bernhard Rudolf (1780–1866), Erzieher von Schillers Kindern in Weimar; seit 1810 Gymnasiallehrer in Rudolstadt, später in Osnabrück 344

Aischylos (525–456 vor Chr.), griechischer Tragiker 130

Anakreon (ca. 580–495 vor Chr.), griechischer Lyriker 50

Anna Amalia, Herzogin von Sachsen-Weimar-Eisenach (1739–1807), Mutter von Carl August 115, 131f., 138, 140f., 143, 146, 149, 154, 158, 160, 163, 178, 232, 235, 243, 252, 313–315, 356, 462

Ariost, Ludovico (1474–1533), italienischer Schriftsteller 339

Aristophanes (ca. 445–385 vor Chr.), griechischer Komödiendichter 394

Aristoteles (384–322 vor Chr.), griechischer Philosoph 95, 100

Arndt, Ernst Moritz (1769–1860), Schriftsteller, Publizist 374

Arnim, Ludwig Achim von (1781–1831), Schriftsteller der Romantik, Ehemann Bettina Brentanos 304, 332, 341f., 427

Arnim, Bettina von, geb. Brentano (1785–1859), Schriftstellerin, Schwester von Clemens B., Ehefrau des Vorigen 113, 304, 331, 340–343, 346, 353

Arnold, Gottfried (1666–1714), Theologe 66

Augereau, Pierre-François-Charles (1757–1816), französischer Marschall 325

August, Prinz von Sachsen-Gotha und Altenburg (1747–1806), Bruder von Herzog Ernst II. 253, 284, 339

Azur, Felix Vicq d' (1748–1794), Leibarzt der Königin von Frankreich und Entdecker des menschlichen Zwischenkieferknochens noch vor Goethe 180

Bachstein, Wilhelmine (1795–1884), Magd und Kinderfrau in den Familien von Pogwisch und Goethe 463

Balsamo, Giuseppe, gen. Cagliostro (1743–1795), italienischer Abenteurer, Alchimist 83, 204, 251

Balzac, Honoré de (1799–1850), französischer Schriftsteller 444

Basedow, Johannes Bernhard (1724–1790), Pädagoge 125f.

Basse, Gottfried (1778[77?]–1825), Drucker und Verleger in Quedlinburg 401

Batsch, August Johann Georg Carl (1761–1802), Professor der Botanik in Jena 285

Baumgarten, Peter im (1765 od. 1766–ca.1798), seit 1777 Schützling Goethes, später Kupferstecher 183

Beaumarchais, Pierre-Augustin Caron de (1732–1799), französischer Schriftsteller 122f.

Becker, Christiane (1778–1797), geb. Neumann, Schauspielerin 238, 298, 462

Beethoven, Ludwig van (1770–1827), Komponist 224, 338, 364, 406

Behrisch, Ernst Wolfgang (1738–1809), Jugendfreund Goethes in Leipzig 49, 53–55, 60, 83, 87, 287

Bellomo, Guiseppe, Direktor einer Theatergruppe, 1784–1791 in Weimar 178
Benecke, Georg Friedrich (1762–1844), Bibliothekar und Professor in Göttingen 396
Bergman, Torbern (1735–1784), schwedischer Naturforscher 344
Bertram, Johann Baptist (1776–1841), Jurist, Kunstsammler 376
Bertram, Johanne Sophie Katherine Christine (1801–1834), langjährige Verlobte und später Ehefrau Johann Peter Eckermanns 414, 436
Bertuch, Friedrich Johann Justin (1747–1822), Kaufmann, Verleger und Schriftsteller in Weimar 158, 190, 252, 325–327, 392, 418
Bethmann-Metzler, Katharina Elisabeth (»Elise«) von (1753–1813), Jugendfreundin von Cornelia Goethe 264, 301
Blumenbach, Johann Friedrich (1752–1840), Naturforscher, Mediziner 186
Bode, Johann Joachim Christoph (1730–1793), Buchhändler, Schriftsteller 462
Bodmer, Johann Jacob (1698–1783), Schweizer Schriftsteller, Literaturkritiker 131
Böhme, Jakob (1575–1624), Schuhmacher, Philosoph in Görlitz 66
Böhme, Johann Gottlob (1717–1780), Historiker in Leipzig 42f.
Böhme, Maria Rosine, geb. Görtz (1725–1767), Frau des Vorigen 43
Böhmer, Caroline, s. *Schelling*, Caroline
Boie, Heinrich Christian (1744–1806), Schriftsteller, Mitbegründer des Hainbundes in Göttingen 128–130, 417

Boisserée, Melchior (1786–1851), Kunstsammler, Schriftsteller, Bruder des Folgenden 335–338, 376, 392
Boisserée, Sulpiz (1783–1854), Kunstsammler, Schriftsteller 269, 335 bis 338, 350, 376f., 386f., 392, 438, 442f., 449, 455
Böttiger, Carl August (1760–1835), klassischer Philologe und Archäologe; 1791–1804 Direktor des Gymnasiums in Weimar 244, 253, 297, 300, 364, 439
Bourbon-Conti, Prinz Louis-François de (1717–1776), Politiker und Feldherr am Hofe Ludwigs XV. 266
Bourbon-Conti, Stéphanie-Louise Prinzessin de (1762–1825), natürliche Tochter des Vorigen und der Herzogin von Mazarin 259f.
Brahms, Johannes (1833–1897), Komponist 383
Branconi, Maria Antonia von, geb. von Elsener (1746–1793), Geliebte des Herzogs Carl Wilhelm Ferdinand von Braunschweig 169, 186f.
Brandt, Susanna Margaretha (1748–1772), als Frankfurter Kindsmörderin hingerichtet 117, 421
Breitkopf, Bernhard Theodor (1745–1820), Musikverleger, Komponist 57
Breitkopf, Johann Gottlob Immanuel (1719–1794), Buchhändler und Drucker; seit 1762 Mitinhaber der Verlags- und Musikalienhandlung in Leipzig 57
Brentano, Antonia, geb. Edle von Birkenstock (1780–1869) 407
Brentano, Bettina, s. *Arnim*, Bettina von
Brentano, Clemens (1778–1842), Schriftsteller der Romantik 113, 304, 332

Brentano, Maximiliane Euphrosyne (1756–1793), Tochter Sophie von La Roches, Mutter von Clemens und Bettina Brentano 113f., 120, 304, 331

Brentano, Peter Anton (1735–1797), Kaufmann, Ehemann der Vorigen 113f.

Brentano, Sophie (1776–1800), Schwester von Clemens und Bettina Brentano 355

Brion, Friederike Elisabetha (1752–1813), Jugendfreundin Goethes 83–88, 91f., 101, 167, 187, 359

Brion, Jakobea Sophia (ca. 1756–1838), Schwester der Vorigen 88

Brion, Johann Jacob (1717–1787), Pfarrer in Sesenheim, Vater der Vorigen 83, 345

Brühl, Carl Friedrich Moritz Paul Graf von (1772–1837), Generalintendant der kgl. Schauspiele und Museen in Berlin 425

Bucholtz, Franz Bernhard von (1790–1838), öster. Staatsbeamter und Historiker; 1813–1818 Abgeordneter im Bundestag in Frankfurt a. M. 352

Buff, Charlotte, s. *Kestner*, Charlotte

Buff, Heinrich Adam (1710–1795), Amtmann in Wetzlar, Vater der Vorigen 106

Bürger, Gottfried August (1747–1794), Schriftsteller des Sturm und Drang; Amtmann in Altengleichen bei Göttingen 100

Bury, Friedrich (1763–1823), Porträt- und Historienmaler aus Hanau 203, 221, 232, 243

Byron, George Gordon Noel, Lord (1788–1824), englischer Schriftsteller 394, 396f., 427, 444f.

Cagliostro s. *Balsamo*, Giuseppe

Calderón de La Barca, Pedro (1600–1681), spanischer Dramatiker 288, 394

Calvin, Johann (1509–1564), Reformator 66

Carl Alexander, Erbgroßherzog von Sachsen-Weimar-Eisenach (1818 bis 1901), Enkel von Carl August 412

Carl August, Herzog, später Großherzog von Sachsen-Weimar-Eisenach (1757–1828) 130–132, 138, 140–150, 152f., 155–157, 159, 163, 170, 172, 174f., 178f., 182–184, 186f., 190–194, 198f., 202, 204f., 222–224, 232, 237, 241, 243, 245, 248f., 253, 261, 263, 265f., 268, 270, 279, 285f., 302, 315, 328–330, 342, 356–358, 370–373, 377, 381, 392, 407f., 416, 419, 438f., 440, 446–448, 464

Carl Friedrich, ab 1828 Großherzog von Sachsen-Weimar-Eisenach (1783–1853), Sohn von Carl August 448, 458

Carl X. (1757–1836), von 1824–1830 König von Frankreich; durch die Juli-Revolution zur Abdankung gezwungen 450f.

Carlyle, Thomas (1795–1881), schottischer Schriftsteller, Historiker 445

Carus, Carl Gustav (1789–1869), Arzt, Naturforscher und Maler; Professor der Medizin in Dresden 57

Cellini, Benvenuto (1500–1571), italienischer Goldschmied, Bildhauer 394

Cicero (Marcus Tullius Cicero), (106–43 vor Chr.), römischer Redner und Schriftsteller 394

Claudius, Matthias (1740–1815), Schriftsteller 100

Clavijo y Fajardo, José (ca. 1730 bis 1806), spanischer Schriftsteller 122

Clodius, Christian August (1737–1784), Philosoph, Schriftsteller in Leipzig 44, 52, 54

Constantin, Prinz von Sachsen-Weimar-Eisenach (1758–1793), jüngerer Bruder von Carl August 130, 144–146, 158
Cook, James (1728–1779), englischer Weltreisender, Forscher 151
Corneille, Pierre (1606–1684), französischer Dramatiker 100
Cotta, Johann Friedrich, Freiherr von Cottendorf (1764–1832), Verleger in Stuttgart 307f., 322, 329, 336, 350, 374f., 379, 395, 413, 424, 438
Coudray, Clemens Wenzeslaus (1775–1845), Oberbaudirektor in Weimar 436, 441, 457, 463
Cranach, Lucas d. Ä. (1472–1553), Maler, Zeichner, Holzschnittentwerfer und Kupferstecher 461
Cuvier, George Léopold Chrétien Frédéric Dagobert Baron de (1769–1832), französischer Naturforscher, Zoologe und Anatom 333

Dacheröden, Karl Friedrich von (1731–1809), Preußischer Kammerpräsident in Erfurt 271
Dalberg, Karl Theodor Freiherr von (1744–1817), kurmainzischer Statthalter in Erfurt, 1802 Kurfürst von Mainz, Großherzog von Frankfurt 271
Danton, Georges Jacques (1759–1794), französischer Revolutionär 255, 274
Darwin, Charles Robert (1809–1882), englischer Biologe, Begründer der Selektionstheorie 449
David d'Angers, Pierre-Jean (1788–1856), französischer Bildhauer, schuf eine Goethe-Büste 91
Delph, Helena Dorothea (ca. 1728–1808), mit den Familien Goethe und Schönemann befreundete Geschäftsfrau in Heidelberg 136f.
Devrient, Ludwig (1784–1832), Schauspieler 393

Diderot, Denis (1713–1784), französischer Schriftsteller, Philosoph 309, 444
Dumouriez, Charles-François (1739 bis 1823), französischer General 255

Eckermann, Johann Peter (1792–1854), seit 1823 Goethes Assistent 140, 143, 226, 246, 258, 265, 275, 288, 295f., 299, 304, 308, 310, 317, 331, 345, 348, 350, 352, 354, 383, 399, 412–417, 427, 429–431, 434, 436f., 441–444, 446–448, 453, 457, 464
Edling, Albert Cajetan Graf von (1772–1841), Oberhofmarschall und Staatsminister in Weimar 371
Egloffstein, Julie Gräfin von (1792–1869), Malerin, Hofdame in Weimar 305
Eichstädt, Heinrich Carl Abraham (1772–1848), Altphilologe, Bibliothekar in Jena 320
Einsiedel, Friedrich Hildebrand Freiherr von (1750–1828), Schriftsteller, 1802 Geheimer Rat in Weimar 158–160, 163
Ernst II., Herzog von Sachsen-Gotha und Altenburg (1745–1804) 153, 203, 270
Erwin von Steinbach (ca. 1244–1318), Straßburger Baumeister 82
Eschenburg, Johann Joachim (1743–1820), Übersetzer, Schriftsteller 120
Euripides (ca. 485–406 vor Chr.), griechischer Tragiker 115f., 394
Eybenberg, Marianne von (1770–1812), Frau des Fürsten Heinrich XIV. von Reuß in Wien; Korrespondenzpartnerin Goethes 340

Fabricius, Katharina, Freundin Cornelia Goethes in Worms 69, 85
Facius, Angelica Bellonata (1806–1887), Medailleurin und Bildhauerin in Weimar 457

Fahlmer, Johanna (1744–1821), Freundin der Geschwister Goethe in Frankfurt; zweite Ehefrau Johann Georg Schlossers 122, 126, 131, 141, 176

Falk, Johannes Daniel (1768–1826), Schriftsteller und Philanthrop; Legationsrat in Weimar 436, 463

Färber, Johann Michael (1778–1844), Bibliotheks- und Museumsschreiber 355

Fasch, Carl Friedrich (1736–1800), Komponist in Berlin, Vorgänger Zelters 292

Faust von und zu Neufeld, Brüder 429

Fichte, Johann Gottlieb (1762–1814), Philosoph; Professor in Jena 260, 273, 282, 285, 438

Fielding, Henry (1707–1754), englischer Schriftsteller 81

Flachsland, Caroline, s. *Herder*, Caroline

Fleischer, Johann Georg (1723–1796), Buchhändler in Frankfurt 39

Forster, Johann Georg (1754–1794), Forschungsreisender, Schriftsteller, Bibliothekar in Mainz 232, 254, 263

Fouqué, Friedrich Baron de La Motte (1777–1843), Schriftsteller 332, 359

Franz I. (1708–1765), römisch-deutscher Kaiser 13

Franz II. (1768–1835), verzichtete 1806 auf die römisch-deutsche Kaiserwürde und erklärte das Reich für erloschen; danach als Franz I. nur noch Kaiser von Österreich 323

Fresenius, Johann Philipp (1705–1761), Senior des ev.-luth. Predigerkollegiums in Frankfurt 11, 25, 65

Friedrich II., König von Preußen (1712–1786) 28, 30, 154, 184, 205, 292

Friedrich Wilhelm II., König von Preußen (1744–1797) 205, 248, 251, 257

Friedrich Wilhelm III., König von Preußen (1770–1840) 323, 356, 360f., 374

Friedrich, Caspar David (1774–1840), Maler, Grafiker 309

Fritsch, Carl Wilhelm Freiherr von (1769–1853), Staatsminister in Weimar, Sohn des Folgenden 371, 439, 449

Fritsch, Jakob Friedrich Freiherr von (1731–1814), Minister in Weimar 149, 252, 421

Frommann, Carl Friedrich Ernst (1756–1837), Buchdrucker, Buchhändler in Jena 267, 339, 382, 405

Fulda, Fürchtegott Christian (1768–1854), Autor der satirischen Schrift »Trogalien zur Verdauung der Xenien« (1797) 297

Gallitzin, Adelheid Amalia Fürstin, geb. Gräfin von Schmettau (1748–1806), Frau des russischen Gesandten Fürst Gallitzin, zum ›Kreis von Münster‹ gehörend, der einen toleranten katholischen Humanismus pflegte 232, 257

Geist, Johann Jacob Ludwig (1776–1854), 1795–1804 Goethes Diener, später weimarischer Rechnungsrevisor 306

Gellert, Christian Fürchtegott (1715–1769), Schriftsteller 44–46, 50, 52f., 62, 437

Gerstenberg, Heinrich Wilhelm von (1737–1823), Schriftsteller in Kopenhagen, dänischer Resident und Konsul in Lübeck, später in Altona 66, 96

Gersdorf, Ernst Christian August Freiherr von (1781–1852), seit 1815 Finanzminister in Sachsen-Weimar-Eisenach 371

Giannini, Wilhelmine Elisabeth Eleonore Gräfin von (1719?–1784),

Oberhofmeisterin in Weimar 145

Glaser, Johann Elias (gest. wahrscheinl. 1781), Kaufmann in Stützerbach 156, 270

Gleim, Johann Wilhelm Ludwig (1719–1803), Schriftsteller 144, 157, 161, 185, 282

Gluck, Christoph Willibald Ritter von (1714–1787), Komponist 179, 406

Göchhausen, Luise von (1752–1807), Hofdame in Weimar 145 f., 158, 161, 163, 165, 178, 287, 327, 356, 419

Goertz, Friederike Karoline Gräfin von, geb. von Üchtritz (1749–1809), Frau des Folgenden 145 f.

Goertz, Johann Eustachius Graf von Schlitz, gen. von Goertz (1737 bis 1821), Oberhofmeister, Erzieher Carl Augusts, später in preuß. Diensten 130

Goethe, Alma Sedina Henriette Cornelia von (1827–1844), Tochter des Folgenden 391, 452, 463

Goethe, August Walther von (1789–1830), Goethes Sohn 219, 234, 243, 246, 249, 261, 265, 306, 310, 324, 326–328, 353, 355, 357 f., 361, 365, 389–391, 409, 415, 451–453, 463

Goethe, Catharina Elisabeth, geb. Textor (1731–1808), Goethes Mutter 11 f., 17–19, 24–28, 31 f., 35–38, 64, 130, 135, 138, 151, 163, 199, 234 f., 264, 280, 301 f., 313, 331, 340, 353

Goethe, Christiane von, geb. Vulpius (1765–1816), Goethes Frau 163, 233–236, 241–245, 249, 255, 257, 261, 265, 276, 301 f., 306, 310 f., 314, 322, 325–328, 337, 340, 342, 353, 356, 375, 389 f., 397, 445, 447, 452, 461 f., 463

Goethe, Cornelia, s. Schlosser, Cornelia

Goethe, Hermann Jakob (1752–1759), Goethes Bruder 18

Goethe, Johann Caspar (1710–1782), Goethes Vater 11 f., 14–19, 21–25, 27–33, 35–37, 39, 41 f., 63, 67–69, 72, 89, 94, 103 f., 119, 133, 135 f., 179, 214, 218, 264, 437

Goethe, Ottilie von, geb. von Pogwisch (1796–1872), Ehefrau August von Goethes 390 f., 409, 431, 452–458, 463

Goethe, Walther Wolfgang von (1818–1885), Sohn August von Goethes 269, 391, 452, 454, 457, 459, 463 f.

Goethe, Wolfgang Maximilian von (1820–1883), Sohn August von Goethes 269, 391, 452, 454, 457, 463 f.

Goldsmith, Oliver (1728–1774), englischer Schriftsteller 81

Görres, Johann Joseph von (1776–1848), politischer Schriftsteller, Professor der Geschichte in München 374

Göschen, Georg Joachim (1752–1828), Verlagsbuchhändler in Leipzig 190, 418

Göthe, Kornelia, geb. Walther, verw. Schellhorn (1668–1754), Goethes Großmutter 11, 15 f., 23, 26

Göthé, Friedrich Georg (1657–1730), Goethes Großvater 12, 15

Göthe, Hans Christian (ca. 1633–1694), Urgroßvater Goethes 12

Göttling, Johann Friedrich August (1755–1809), Chemiker, Professor in Jena 285

Gotter, Pauline (1786–1854), Tochter des Schriftstellers Friedrich Wilhelm G., später Ehefrau F. W. J. Schellings 337, 340

Gottsched, Johann Christoph (1700–1766), Schriftsteller, Professor in Leipzig 45 f., 258

Götze, Paul (1761–1835), Goethes Diener 1777–1794, später Wegebauinspektor in Jena 172, 242 f., 306

Gozzi, Carlo Graf (1720–1806), italienischer Lustpieldichter aus Venedig 303

Gries, Johann Diederich (1775–1842), Schriftsteller und Übersetzer; studierte in Jena, wo er Goethe kennenlernte 459 f.

Griesbach, Johanna Dorothea, geb. Rambach (1726–1775), Freundin von Goethes Mutter 344

Grillparzer, Franz (1791–1872), Dramatiker 394, 406

Grimm, Herman (1828–1901), Professor für neuere Kunstgeschichte; Sohn von Wilhelm und Neffe von Jacob Grimm 381

Grimm, Jacob (1785–1863), Philologe, Begründer der germanischen Philologie, Staatsratsauditor und Bibliothekar in Kassel, Bruder des Folgenden 374

Grimm, Wilhelm (1786–1859), Philologe, enger Mitarbeiter seines Bruders Jacob, Mitherausgeber des Wörterbuches, Bibliothekar in Kassel, später Professor in Göttingen und Berlin 374, 381, 427

Grübel, Johann Konrad (1736–1809), Flaschnermeister, Dialektdichter in Nürnberg 310

Günther, Wilhelm Christoph (1755 bis 1826), Hofprediger in Weimar, Direktor des Waiseninstitutes 325

Gundelach, Johann Daniel, Glasermeister in Stützerbach 270

Hackert, Philipp (1737–1807), Maler, Kupferstecher 203, 208 f., 351

Hafis, Schamsoddin Mohammed (ca. 1325–ca. 1390), persischer Lyriker 358, 375, 394

Hamann, Johann Georg (1730–1788), Philosoph, Schriftsteller 80, 96, 100

Hammer-Purgstall, Joseph Freiherr von (1774–1856), österreichischer Diplomat, Übersetzer 375, 379

Haugwitz, Christian Graf von (1752–1831), Freund der Brüder Stolberg, später preußischer Staatsmann 130, 133

Hauptmann, Anton Georg, Hofjäger, Bauunternehmer in Weimar 178

Haydn, Joseph (1732–1809), Komponist 406

Hebel, Johann Peter (1760–1826), Schriftsteller und Geistlicher 310, 394 f.

Hegel, Georg Wilhelm Friedrich (1770–1831), Philosoph, Professor u. a. in Jena, Heidelberg, Berlin 287

Heine, Heinrich (1799–1856), Schriftsteller 217, 387, 401, 405

Heinse, Wilhelm (1746–1803), Schriftsteller 207, 232

Herder, Caroline, geb. Flachsland (1750–1809), Ehefrau des Folgenden 79, 97, 103, 107 f., 221, 233, 235, 239, 286

Herder, Johann Gottfried (1744–1803) 78–82, 93, 95 f., 99, 104, 108, 139, 141, 160–163, 165, 180, 181, 186, 189, 191, 193, 198, 211, 214, 222, 235, 240, 243 f., 248 f., 252, 254, 257, 260–263, 271, 274, 282, 286, 288, 295, 356, 371, 437

Hermann, Christian Gottfried (1744–1803), Schriftsteller und Theologe 43

Herzlieb, Wilhelmine (»Minchen«) (1789–1865) 267, 339, 346, 381

Hetzler, Johann Ludwig (1753–1800), Frankfurter Schüler, später Bürgermeister 82

Heygendorf, Caroline von, s. *Jagemann*, Henriette Caroline Friederike

Hiller, Johann Adam (1728–1804), Komponist und Chorleiter 45 f.

Hoffmann, Ernst Theodor Amadeus (1776–1822), Schriftsteller, Komponist, Jurist 394
Hölderlin, Friedrich (1770–1843), Dichter 274, 287
Hölty, Ludwig Christoph Heinrich (1748–1776), Schriftsteller 130
Homer (8. Jh vor Chr.), griechischer Epiker 80, 104, 111, 130, 210 f., 253, 265, 289, 302, 394
Horaz (Quintus Horatius Flaccus) (65–8 vor Chr.), röm. Schriftsteller 218, 244
Horn, Johann Adam (1749–1806), Jugendfreund Goethes, Jurist in Frankfurt 32 f., 40, 44, 48, 94
Howard, Luke (1772–1864), englischer Meteorologe, Chemiker 383
Hrczan-Harras, Franz Graf von, Kardinal 200
Huber, Ludwig Ferdinand (1764 bis 1804), kursächsischer Legationssekretär in Mainz, Schriftsteller 254
Hufeland, Christoph Wilhelm (1762–1836), Arzt in Weimar, ab 1793 Professor für Medizin in Jena, ab 1801 an der Berliner Charité, Leibarzt der königlichen Familie 164, 253, 319
Hufnagel, Wilhelm Friedrich (1754–1830), Theologe, Pädagoge, Professor in Erlangen 301
Hugo, Victor (1802–1885), französischer Schriftsteller 444
Humboldt, Alexander von (1769–1859), Naturforscher, Weltreisender 253, 263, 289 f., 358
Humboldt, Caroline von, geb. von Dacheröden (1766–1829), Ehefrau des Folgenden 271, 376, 428
Humboldt, Wilhelm von (1767–1835), preußischer Staatsmann 232, 244, 253, 260, 263, 271, 273, 279, 288–291, 294 f., 356, 399, 419, 428 431, 446, 449, 456

Iffland, August Wilhelm (1759–1814), Schauspieler, Dramatiker, Theaterleiter 238, 260, 360 f., 410
Immermann, Karl Leberecht (1796–1840), Schriftsteller 402

Jacobi, Friedrich Heinrich (»Fritz«) (1743–1819), Schriftsteller, Philosoph, Jurist 126 f., 144, 176, 185, 191, 201, 237, 257, 282, 289, 353, 356, 360, 387, 421, 439
Jacobi, Helene Elisabeth (»Betty«) (1743–1784), Ehefrau des Vorigen 126
Jacobi, Johann Georg (1740–1814), Schriftsteller, Bruder von Friedrich Heinrich Jacobi 126
Jagemann, Christian Joseph (1735–1804), Literat, Verwalter von Anna Amalias Handbibliothek, Vater von Caroline und Ferdinand 239
Jagemann, Ferdinand (1780–1820), Maler, Professor am Zeicheninstitut in Weimar, Bruder der Folgenden 239, 462
Jagemann, Henriette Caroline Friederike, nobilitierte Caroline von Heygendorf (1777–1848), Schauspielerin, Sängerin, Mätresse Carl Augusts 239, 392, 436, 462
Jahn, Friedrich Ludwig (1778–1852), Schöpfer der deutschen Turnbewegung (»Turnvater Jahn«) 374
Jean Paul, eigtl. Johann Paul Friedrich Richter (1763–1825), Schriftsteller 287 f., 300
Jerusalem, Carl Wilhelm (1747–1772), braunschweigischer Legationssekretär in Wetzlar 104, 107, 109–111
John, Ernst Carl Christian (1788–1856), Dr. jur., Studienfreund August von Goethes, 1812–1814 Sekretär Goethes 353

John, Johann August Friedrich (1794–1854), Sekretär Goethes 355, 388f., 408, 447, 457
Joseph II., römisch-deutscher Kaiser (1741–1790) 13, 30f., 154, 179, 184
Jung, Johann Heinrich (1740–1817), Schriftsteller und Augenarzt 65, 76f., 93, 126, 387
Jung, Maria Anna Katharina Theresia (Marianne), s. *Willemer*, Maria Anna Katharina Theresia (Marianne)
Jung-Stilling s. *Jung*, Johann Heinrich

Kalb auf Kalbsrieth, Carl Alexander von (1712–1792), bis 1776 Kammerpräsident in Weimar 139, 141, 193
Kalb auf Kalbsrieth, Johann August Alexander von (1747–1814), Kammerherr, 1776–1782 Kammerpräsident in Weimar, Sohn des Vorigen 135, 137–139, 152, 163
Kalb, Charlotte Sophie von, geb. Freiin Marschalk von Ostheim (1761–1843), Freundin Schillers, Hölderlins, Jean Pauls 262, 287
Kanne, Anna Katharina (»Käthchen«), geb. Schönkopf (1746–1810), Freundin Goethes 49f., 56, 58, 60–62, 64, 71, 167
Kanne, Christian Karl (1744–1806), Ehemann Käthchen Schönkopfs, Ratsherr, Bürgermeister in Leipzig 49, 62
Karl Eugen, Herzog von Württemberg (1728–1793) 123
Karl I., der Große (724–814), seit 768 König der Franken, ab 800 römischer Kaiser 38
Karl VI. (1685–1740), römisch-deutscher Kaiser 28
Karl VII. (1697–1745), 1742 von den Gegnern Habsburgs zum Kaiser gewählt, residierte in Frankfurt 12f.

Kauffmann, Angelica (1741–1807), Malerin in Rom 203, 217, 221
Kaunitz, Wenzel Anton Fürst von (1711–1794), österreichischer Staatskanzler 200
Kayser, Philipp Christoph (1775 bis 1823), Komponist 206f., 221
Kellermann, Franz Christoph (1735 bis 1820), französischer General 255
Kestner, August (1777–1853), Jurist, Sohn der Folgenden 453
Kestner, Charlotte, geb. Buff (1753–1828), Ehefrau des Folgenden 105–110, 112, 120, 167, 171, 359, 453
Kestner, Johann Christian (1741–1800), hannoverscher Legationssekretär in Wetzlar, später Hofrat in Hannover 104f., 107, 110, 114, 120, 150, 158
Kirms, Franz (1750–1826), Jurist, seit 1791 Mitglied der Weimarer Hoftheaterintendanz 238, 360, 463
Klauer, Martin Gottlob (1742–1801), Bildhauer 462
Klebelsberg-Thumburg, Franz Graf von (1774–1854), österreichischer Geheimrat, Hofkammerpräsident 407
Kleist, Heinrich von (1777–1811), Dichter 263, 333–335, 419
Klettenberg, Susanna Katharina von (1723–1774), pietistische Freundin der Familie Goethe in Frankfurt 64f., 74, 127f., 294
Klingemann, Ernst August Friedrich (1777–1831), Theaterdirektor in Braunschweig, Schriftsteller 425
Klinger, Friedrich Maximilian (1752–1831), Schriftsteller, Jugendfreund Goethes 128f., 162, 353, 356
Klopstock, Friedrich Gottlieb (1724–1803), Schriftsteller 68, 128f., 157, 161, 201, 254, 282, 301, 413, 437
Knebel, Carl Ludwig von (1744–1834), Goethes »Urfreund«, Jurist und Offizier, Prinzenerzieher in Wei-

mar 130f., 139, 144f., 155, 160, 167, 188f., 191, 222, 231, 252, 257, 288, 306, 339, 348, 351, 353, 356, 384, 395, 417f., 441f., 447, 449
Knebel, Henriette Magdalene von (1755–1813), Schwester des Vorigen, Hofdame in Weimar 329
Knebel, Luise Dorothea von, geb. Rudorf (1777–1852), Ehefrau von Carl Ludwig von Knebel, vorher Kammersängerin in Weimar 390
Kniep, Christoph Heinrich (1748–1825), Maler 203, 209, 212
Koethe, Friedrich August (1781–1850), Theologe in Jena 268, 340
Körner, Christian Gottfried (1756 bis 1831), Jurist, Freund Schillers 240, 265, 274, 276, 294f.
Körner, Karl Theodor (1791–1813), Sohn des Vorigen, Dichter von Kriegs- und Freiheitsliedern, als Mitglied des Lützowschen Freikorps gefallen 361, 363, 394
Kotzebue, August Friedrich von (1761–1819), Dramatiker, Schriftsteller, Theaterdirektor, Diplomat 59, 238, 260, 305, 373, 397, 463
Krafft, Johann Friedrich (gest. 1785), Schützling Goethes 183
Kraus, Georg Melchior (1733–1806), Zeichner, Maler, Kupferstecher, Direktor der Zeichenschule in Weimar 137, 160, 178, 186, 253, 324f., 462
Krause, Gottlieb Friedrich (1805–1860), 1824–1832 Goethes Diener 454, 458
Kräuter, Friedrich Theodor (1790–1856), seit 1814 Goethes Sekretär, später Bibliothekar 318, 389, 412
Kruse, Heinrich (1815–?), Journalist, besuchte als 20-jähriger Philologiestudent Sesenheim, um bei alten Leuten Erkundigungen über Goethe und Friederike einzuziehen 88

Kügelgen, Gerhard von (1772–1820), Maler 425
Kügelgen, Wilhelm von (1802–1867), Maler und Schriftsteller, Sohn des Vorigen 425

La Roche, Georg Michael Frank von (1720–1788), kurtrierischer Geheimrat, Ehemann der Sophie von La Roche 113
La Roche, Maximiliane von s. *Brentano*, Maximiliane
La Roche, Sophie von, geb. Gutermann (1731–1807), Schriftstellerin, Mutter der Vorigen 113f., 126, 331
Lafontaine, August Heinrich Julius (1758–1831), Romanschriftsteller, Prediger 260
Langer, Ernst Theodor (1743–1820), Jugendfreund Goethes, später Nachfolger Lessings in Wolfenbüttel 55, 63f., 71, 135f.
Laßberg, Christiane (»Christel«) Henriette von (gest. 1778), suchte aus enttäuschter Liebe zu einem Baron von Wrangel den Tod in der Ilm 175, 195
Lauth, Anne Marie und Suzanne Marguerite (Schwestern), Wirtinnen eines Mittagstisches in Straßburg 75f.
Lavater, Johann Caspar (1741–1801), Schweizer Theologe, Schriftsteller 123–126, 131, 138, 168, 187f., 192, 307, 387, 437
Leibnitz, Gottfried Wilhelm (1646–1716), Philosoph 33
Lengefeld, Friederike Sofie Caroline Auguste von, s. *Wolzogen*, Friederike Sofie Caroline Auguste von
Lengefeld, Charlotte von, s. *Schiller*, Charlotte von
Lenz, Jakob Michael Reinhold (1751–1792), Schriftsteller 75, 88, 95, 100, 116, 131, 148, 161–166, 287

Leonardo da Vinci (1452–1519), italienischer Maler, Bildhauer, Erfinder 215, 221, 251

Leopold II., Kaiser von Österreich (1747–1792) 251

Lerse, Franz Christian (1749–1800), Freund Goethes aus Straßburger Tagen, später Inspektor an der Militärschule in Colmar, Hofmeister des Grafen Moritz von Fries 75, 95, 286

Lesage, Alain-René (1668–1747), französischer Schriftsteller 395

Lessing, Gotthold Ephraim (1729–1781), Schriftsteller 40, 42, 46f., 59, 66, 72, 110, 120f., 179, 263, 437

Leuchsenring, Franz Michael (1746–1827), Hofrat in Darmstadt, Schriftsteller 103

Levetzow, Amalia von (1806–1832), Tochter der Folgenden 362, 407f.

Levetzow, Amalie von (1788–1868), Mutter der Ulrike von Levetzow 362, 407–409

Levetzow, Bertha von (1808–1884), Schwester der Folgenden 362, 407f.

Levetzow, Ulrike von (1804 bis 1899), Goethes jugendliche Freundin in Marienbad 362f., 366, 407–410

Lichtenberg, Georg Christoph (1742 bis 1799), Physiker, Schriftsteller, Professor in Göttingen 121, 161, 185, 201, 253, 263

Lindenau, Carl Heinrich August, Graf von (1755–1842), Sohn des kursächsischen Oberstallmeisters in Dresden, Student während Goethes Leipziger Zeit, später Begründer der preußischen Gestütsverwaltung 53

Lindheimer, Cornelius (1671–1722), Goethes Urgroßvater mütterlicherseits, Advokat und Prokurator am Reichskammergericht Wetzlar 103

Linné, Karl von (1707–1778), schwedischer Naturforscher 313

Lips, Johann Heinrich (1758–1817), Schweizer Maler, Kupferstecher 203

Liszt, Franz von (1811–1886), Komponist und Pianist 59

Lobstein, Johann Friedrich (1736–1784), Professor der Anatomie und Chirurgie in Straßburg 76, 78f.

Louise Auguste, Herzogin, später Großherzogin von Sachsen-Weimar-Eisenach, geb. Prinzessin von Hessen-Darmstadt (1757 bis 1830), Gemahlin Herzog Carl Augusts 131f., 143, 159, 175, 194, 245, 253, 286, 324, 328, 390f., 439, 448, 450

Louis-Philippe-Joseph, Herzog von Orléans (1747–1793), seit 1792 »Bürger Philippe Égalité« 451

Luden, Heinrich (1778–1874), Historiker 371

Ludwig XVI., König von Frankreich (1754–1793) 204, 251f., 254, 260, 265

Ludwig XVIII. (1755–1824), seit 1814 König von Frankreich 369

Ludwig I., König von Bayern (1786–1868) 446f.

Lukian (um 120–180), griechischer Satiriker 115

Lukrez (Titus Lucretius Carus) (ca. 99–55 vor Chr.), römischer Schriftsteller 394

Luther, Martin (1483–1546), Reformator 66, 95

Lüttwitz, Henriette Eleonore Auguste Freiin von, verh. von Schuckmann (1769–1790), schlesische Adlige, Freundin Goethes 249f.

Lützow, Adolph Freiherr von (1782 bis 1834), bildete 1813 das »Lützowsche

Freikorps«, das vor allem Intellektuelle anzog (Theodor Körner, Ludwig Jahn, Joseph von Eichendorff u. a.) 361

Macpherson, James (1736–1796), schottischer Schriftsteller 80
Manso, Johann Kaspar Friedrich (1760–1826), Philologe, Schriftsteller, Übersetzer 296f.
Manzoni, Alessandro (1785–1873), italienischer Schriftsteller 444
Marat, Jean-Paul (1743–1793), französischer Revolutionär 255
Maria Ludovica, Kaiserin von Österreich (1787–1816) 343, 364, 382
Maria Pawlowna, geb. Großfürstin von Rußland (1786–1859), später Großherzogin von Sachsen-Weimar-Eisenach, Ehefrau Carl Friedrichs 412, 448
Maria Theresia, röm.-dt. Kaiserin (1717–1780) 28, 30
Marie Antoinette, Königin von Frankreich (1755–1793) 205
Marlowe, Christopher (1546–1593), englischer Dramatiker 394
Martial (Marcus Valerius Martialis) (ca. 40–103), röm. Schriftsteller 296, 394
Marx, Karl (1818–1883), Philosoph und Nationalökonom 402
Maximilian III. Joseph, Kurfürst von Bayern (1727–1777) 154
Mazarin, Louise-Jeanne de Durfort-Duras Herzogin von 260
Mendelssohn Bartholdy, Felix (1809–1847), Komponist 383, 405f., 442
Merck, Johann Heinrich (1741–1791), Kriegsrat in Darmstadt, Schriftsteller 98f., 103, 107, 113, 115, 118, 123, 135, 141, 151, 162f. 171, 174f., 180, 188, 251, 356, 418
Mérimée, Prosper (1803–1870), französischer Schriftsteller 444

Metternich, Clemens Wenzel Fürst von (1773–1859), österreichischer Staatskanzler 369, 373
Meyer, Johann Heinrich (»Kunschtmeyer«) (1760–1832), Maler, Kunstschriftsteller 203, 217, 232, 242f., 253, 257, 299, 306–310, 324, 342, 387, 392, 422f., 430, 436, 441
Meyerbeer, Giacomo (1791–1864), Komponist 383
Michelangelo Buonarotti (1475–1564), italienischer Bildhauer, Maler, Architekt 215
Mieding, Johann Martin (1725–1782), Hoftischler, Theatermeister in Weimar 461
Molitor, Matthieu (1873–1929), Bildhauer, Maler und Grafiker; schuf die zwei Bronzegruppen zum »Faust«, die vor dem Eingang zu Auerbachs Keller stehen 60
Moller, Georg (1784–1852), Oberbaurat in Darmstadt 337, 376f.
Montaigne, Michel Eyquem de (1533–1592), französischer Schriftsteller und Philosoph 394
Moors, Wilhelm Karl Ludwig (1749–1806), Jugendfreund Goethes, später Stadt- und Gerichtsschreiber in Frankfurt am Main 32f., 40, 48, 95
Moritz, Karl Philipp (1756–1793), Schriftsteller, Ästhetiker, Sprachforscher 217, 221, 232, 242, 295, 386
Möser, Justus (1720–1794), Staatsmann, Historiker, Publizist 101, 131
Moser, Moses (1796–1838), Freund Heinrich Heines in Berlin, Mitbegründer des jüdischen »Kulturvereins« 405
Mozart, Wolfgang Amadeus (1756–1791), Komponist 9, 52, 179, 207, 397, 400

Müller, Friedrich Theodor Adam von (1779–1849), seit 1815 Kanzler in Weimar 8, 148, 153, 190, 202, 221, 371, 391, 396, 398, 407, 410f., 434, 436, 438f., 441, 445, 447, 451, 453f., 457
Müller, Adam Heinrich (1779–1829), Diplomat, Staatsrechtler, Publizist 333
Müller, Joseph (1727–1817), Steinschneider und Mineralienhändler in Karlsbad 321
Münch, Susanna Magdalena (1753–1806), Jugendfreundin Goethes und seiner Schwester 359
Musäus, Johann Carl August (1735–1787), Schriftsteller 144, 461f.

Napoléon I. Bonaparte (1769–1821), zwischen 1804 und 1814 Kaiser der Franzosen 271, 275, 280, 305, 322f., 328–331, 351, 356f., 361, 369f., 375, 397, 450
Neumann, Christiane, s. *Becker, Christiane*
Newton, Isaac (1643–1727), englischer Physiker und Mathematiker 251, 253, 348f.
Nicolai, Friedrich (1733–1811), Buchhändler, Schriftsteller, Kritiker in Berlin 120, 418
Novalis, eigtl. Georg Philipp Friedrich Leopold von Hardenberg (1772–1801), Dichter 275, 288

O'Donell, Josephine Gräfin von (1779–1833), Hofdame der Kaiserin Maria Ludovica von Österreich 382
Oeser, Adam Friedrich (1717–1799), Maler, Kupferstecher, Bildhauer, Vater der Folgenden 45, 47, 61, 67, 287
Oeser, Friederike Elisabeth (1748–1829), Freundin des jungen Goethe in Leipzig 56, 60, 63f., 66, 71

Oken, Lorenz, eigtl. Lorenz Ockenfuß (1779–1857), Naturforscher, Philosoph 371
Ovid (Publius Ovidius Naso) (43 vor Chr. – 18 nach Chr.), röm. Schriftsteller 80, 244, 394

Paganini, Niccolò (1782–1840), italienischer Violinvirtuose und Komponist, dem eine geradezu dämonische Spielfertigkeit nachgerühmt wurde 442
Palladio, Andrea (1508–1580), italienischer Baumeister, Kunsttheoretiker 207
Paracelsus, Philippus Aureolus Theophrastus, eigtl. Theophrastus Bombastus von Hohenheim (1493–1541), Arzt, Naturforscher, Philosoph 66
Pawlowna, Maria, s. *Maria Pawlowna*
Perthes, Friedrich Christoph (1772 bis 1843), Verleger und Buchhändler 397
Petrarca (1304–1374), italienischer Dichter, Humanist, Philologe 339
Peucer, Heinrich Karl Friedrich (1779–1849), Weimarer Regierungsbeamter, Schriftsteller, Übersetzer 428
Picard, Louis-Benoît (1769–1828), französischer Komödienautor 303
Pindar (ca. 522–446 vor Chr.), griechischer Lyriker 104
Platen, August Graf von (1796–1835), Schriftsteller 383, 394, 402
Platon (ca. 428–ca. 347 vor Chr.), griechischer Philosoph 130, 258
Plessing, Friedrich Victor Leberecht (1749–1806), seit 1788 Philosophieprofessor in Duisburg 182f., 257
Plutarch (Mestrius Plutarchus), (ca. 46–ca. 125), griechischer Schriftsteller 394, 456
Pogwisch, Henriette Ottilie Ulrike Freifrau von, geb. Gräfin Henckel

von Donnersmarck (1776–1851), Hofdame der Herzogin Louise von Weimar, Mutter der beiden Folgenden 390
Pogwisch, Ottilie Wilhelmine Ernestine Henriette, Freiin von, s. *Goethe*, Ottilie von
Pogwisch, Ulrike Henriette Adele Eleonore von (1804–1875), Schwester der Vorigen 391
Posch, Leonhard (1750–1831), Tiroler Modelleur 440
Properz (Sextus Propertius), (ca. 50 bis ca. 16 vor Chr.), römischer Schriftsteller 218, 244, 394
Pustkuchen, Johann Friedrich Wilhelm (1793–1834), protestantischer Pfarrer und Verfasser eines Pseudo- »Wilhelm Meister« von orthodoxem Standpunkt aus 402

Racine, Jean-Baptiste (1639–1699), französischer Schriftsteller 303
Raffael, eigtl. Raffaello Santi (1483–1520), italienischer Maler, Baumeister 215, 397
Rauch, Christian Daniel (1777–1857), Bildhauer in Berlin 442
Recke, Elisabeth Charlotte Constantia von der (1756–1833), Schriftstellerin 390
Rehbein, Wilhelm (1776–1825), Arzt und Hofmedikus; seit 1816 Goethes Hausarzt in Weimar, der ihn auch in die böhmischen Bäder begleitete 398, 404, 410
Reichardt, Johann Friedrich (1752 bis 1814), Komponist, Schriftsteller 232, 254, 279, 292, 296
Reichel, Georg Christian (1717–1771), Haus- und Tischgenosse Goethes in Leipzig, der ihn bei seinem Zusammenbruch im Sommer 1768 behandelte 57
Reinhard, Carl Friedrich Graf von (1761–1837), Diplomat in französischen Diensten 332f., 335, 343, 345, 352, 355, 428, 439
Reuter, Fritz (1810–1874), niederdeutscher Schriftsteller 374
Richardson, Samuel (1689–1761), englischer Schriftsteller 69
Riemann, Johann Heinrich Christian (1771–1851), Berg- und Regierungsrat in Coburg, später Kammerdirektor 372
Riemer, Caroline Wilhelmine Johanna, geb. Ulrich (1790–1855), Ehefrau des Folgenden, bis zu ihrer Heirat Gesellschafterin Christiane von Goethes 353, 381, 389
Riemer, Friedrich Wilhelm (1774 bis 1845), Philologe, Schriftsteller, Sekretär Goethes, seit 1814 Bibliothekar in Weimar 310, 321, 324–326, 334, 341, 350f., 353f., 368, 388, 391, 405, 416, 436, 441, 463
Riese, Johann Jacob (1746–1827), Jugendfreund Goethes aus Frankfurt, wurde später Verwalter der Armenkasse in Frankfurt 32, 41, 94, 376
Rietschel, Ernst (1804–1861), Bildhauer, Schöpfer des Goethe-Schiller-Denkmals in Weimar 193
Riggi, Maddalena (1765–1825), die »schöne Mailänderin« in Goethes »Italienischer Reise« 218
Ring, Friedrich Dominikus (1726–1809), Geheimer Hofrat in Karlsruhe 89
Robespierre, Maximilien de (1758–1794), französischer Revolutionär 274, 279
Rochlitz, Johann Friedrich (1769–1842), Schriftsteller, Musikkritiker in Leipzig 394, 451
Röhr, Johann Friedrich (1777–1848), Oberhofprediger, Kirchenrat, Oberkonsistorialrat und Generalsuperintendent in Weimar 459

Rousseau, Jean-Jacques (1712–1778), französisch-schweizerischer Schriftsteller, Philosoph, Pädagoge 93

Roussillon, Henriette Helene von (genannt »Urania«, gest. 1773), Hofdame der Herzogin von Pfalz-Zweibrücken in Darmstadt 103, 108

Rückert, Friedrich (1788–1866), Dichter 383

Runge, Philipp Otto (1777–1810), Maler, Schriftsteller 309

Sachs, Hans (1494–1576), Schuhmacher in Nürnberg, Autor von 85 Fastnachtsspielen und 4000 Meisterliedern 114, 394

Sachse, Johann Christoph (1761 bis 1822), Bibliotheksdiener in Weimar 395

Salzmann, Johann Daniel (1722–1812), Aktuar am Vogteigericht in Straßburg 74–76, 85f., 89, 95f., 131, 356

Sand, Karl Ludwig (1785–1820), Theologiestudent, Mörder Kotzebues 373

Schadow, Johann Gottfried (1764 bis 1850), Bildhauer und Grafiker 384

Schardt, Karl von (1744–1833), Bruder Charlotte von Steins 463

Schardt, Sophie Friederike Eleonore von, geb. von Bernstorff (1755–1819), Schwägerin Charlotte von Steins 239, 463

Schellhorn, Cornelia, s. *Göthe*, Cornelia

Schelling, Caroline von, geb. Michaelis, verw. Böhmer, gesch. A. W. Schlegel (1763–1809), Ehefrau des Folgenden 254

Schelling, Friedrich Wilhelm Joseph von (1775–1854), Philosoph 285, 287

Schelling, Pauline, s. *Gotter*, Pauline

Schiller, Charlotte von, geb. Lengefeld (1766–1826), Ehefrau Friedrich Schillers 239, 267, 278, 321, 326

Schiller, Ernst von (1796–1841), Sohn Schillers; sachsen-weimarischer Kammerassessor, seit 1819 Landgerichtsassessor, später Appellationsgerichtsrat in Köln 453

Schiller, Friedrich von (1759–1805), 1789 als Professor nach Jena berufen, 1798 Übersiedlung nach Weimar 83, 123, 125, 168, 188f., 213f., 221, 224, 232, 238–241, 244, 254, 260, 265, 267–269, 271, 273–282, 284f., 287–292, 294–300, 302f., 305–312, 314, 317–320, 339, 356, 364, 371, 404, 406, 412f., 421f., 423f., 427, 446, 459, 462, 464

Schimmelmann, Charlotte Gräfin von (1757–1816), Frau des dänischen Finanzministers Ernst Heinrich Graf von Schimmelmann; unterhielt einen Briefwechsel mit Friedrich Schiller 278

Schlegel, August Wilhelm von (1767–1845), Schriftsteller, Ästhetiker, Übersetzer 244, 254, 282, 288f., 295

Schlegel, Dorothea von (1763–1839), Übersetzerin, Schriftstellerin, Ehefrau des Folgenden 317, 387

Schlegel, Friedrich von (1772–1829), Schriftsteller, Ästhetiker, Kritiker 288f., 375

Schlegel, Johann Elias (1719–1749), Jurist, Schriftsteller 43

Schlosser, Christian Heinrich (1782–1829), Jurist, Bruder von Fritz Schlosser 374

Schlosser, Cornelia, geb. Goethe (1750–1777), Goethes Schwester 18, 21, 36, 39, 44f., 48, 51f., 66, 68–70, 80, 96, 107f., 120, 131, 165, 176, 188

Schlosser, Johann Friedrich (»Fritz«) Heinrich (1780–1851), Rat in Frankfurt, Neffe von Johann Georg Schlosser 374

Schlosser, Johann Georg (1739–1799), Jurist, Schriftsteller, seit 1773 Ehemann von Goethes Schwester Cornelia 46, 49, 70, 97, 108, 114, 120, 129, 131, 163, 176, 356

Schmeller, Johann Joseph (1794–1841), Hofmaler, seit 1824 Lehrer an der Zeichenschule Weimar 388f.

Schmidt, Johann Christoph (1727–1807), Geheimer Rat, Kammerpräsident in Weimar 214, 222

Schnauß, Christian Friedrich (1722–1797), Geheimer Rat in Weimar 149f., 255, 421

Schönemann, Anna Elisabeth (»Lili«), s. *Türckheim*, Lili von

Schönkopf, Anna Katharina (»Käthchen«), s. *Kanne*, Anna Katharina

Schopenhauer, Arthur (1788–1860), Philosoph 326, 394–396

Schopenhauer, Johanna (1766–1838), Schriftstellerin, Mutter des Vorigen 327, 390, 395

Schröder-Devrient, Wilhelmine (1804–1860), Sängerin, Schauspielerin in Berlin und Dessau 406

Schröter, Corona (1751–1802), Sängerin, Schauspielerin in Weimar 47, 51, 72, 159f., 238

Schubart, Christian Friedrich Daniel (1739–1791), Dichter und streitbarer Herausgeber der Zeitschrift »Deutsche Chronik« 461

Schubert, Franz (1797–1828), Komponist 383, 406

Schuchardt, Johann Christian (1799–1870), Jurist, 1825–1832 Goethes Sekretär 403

Schultheß, Barbara (1745–1818), Freundin Goethes und Lavaters in Zürich 178, 307

Schumann, Robert (1810–1856), Komponist 59, 442

Schütz, Christian Georg (1758–1823), Maler in Frankfurt 203

Scott, Sir Walter (1771–1832), englischer Schriftsteller 394, 444

Seckendorff, Karl Friedrich Siegmund Freiherr von (1744–1785), Offizier, 1775–1785 Kammerherr in Weimar, Schriftsteller, Komponist 155f., 158, 206

Seebach, Henriette Sophie Wilhelmine von, geb. von Stein (1773 bis 1817), Frau des weimarischen Oberstallmeisters und Generalmajors Friedrich Johann Christoph Heinrich von Seebach (1767–1847) 397

Seekatz, Johann Conrad (1719–1768), Hofmaler in Darmstadt 30

Seffner, Carl (1861–1932), Schöpfer des Leipziger Goethe-Denkmals 60

Seidel, Philipp (1755–1820), Goethes Diener 136, 138, 163, 172, 190, 192, 199, 207, 213, 236f., 242

Seidler, Karoline Luise (1786–1866), Malerin, seit 1824 Kustodin der Großherzoglichen Gemäldesammlungen in Weimar 340

Selim III. (1761–1808), türkischer Sultan 248

Shakespeare, William (1564–1616), englischer Dramatiker und Lyriker 66, 80, 95–97, 100, 179, 278, 288

Sieyès, Emmanuel-Joseph, Graf (1748–1836), französischer Revolutionär 245

Smith, Adam (1723–1790), schottischer Nationalökonom, Philosoph 151

Sömmering, Margareta Elisabeth, geb. Grunelius (1768–1802), Frau des Folgenden 254

Sömmering, Samuel Thomas von (1755–1830), Mediziner, Naturforscher 253f.

Sophie Wilhelmine Marie Louise, Großherzogin von Sachsen-Weimar-Eisenach (1824–1897) 464

Sophokles (ca. 496–ca. 406 vor Chr.), griechischer Tragiker 96, 130, 223, 394

Soret, Frédéric Jacques (1795–1865), Genfer Theologe und Naturforscher; seit 1822 Prinzenerzieher am Hof in Weimar 412–414, 416, 450, 455, 457

Spinoza, Baruch de (1632–1677), holländischer Philosoph 127

Spontini, Gasparo Luigi Pacifico (1774–1851), italienischer Komponist, Generalmusikdirektor in Berlin 442

Städel, Anna Rosine Magdalene, geb. von Willemer (1782–1845), Tochter Johann Jakob von Willemers 380

Städel, Johann Friedrich (1728–1816), Frankfurter Kaufmann, Begründer des nach ihm benannten Kunstinstituts 377

Stadelmann, Carl Wilhelm (1782–1840), Buchdrucker, 1814/15 und 1817–1824 in Goethes Diensten 353, 355, 374, 389, 397 f., 408, 413

Stein, Charlotte Albertine Ernestine von, geb. von Schardt (1742–1827), Goethes Freundin, Hofdame in Weimar 90, 141, 145–148, 154 f., 157, 162–175, 180, 182, 186, 188, 190–192, 194–196, 198, 200 f., 219, 221, 226, 232, 234–236, 239, 245, 276, 287, 299, 307, 313, 316–318, 320, 324, 326, 329, 350, 356, 358, 441, 463

Stein, Ernst Josias Friedrich von (1735–1793), Oberstallmeister in Weimar, Ehemann der Vorigen 146, 194

Stein, Gottlob Friedrich (»Fritz«) Konstantin Freiherr von (1772–1844), Sohn Charlotte von Steins 173, 185, 235, 239

Stein, Gottlob Karl Wilhelm Friedrich Freiherr von (1765–1837), Sohn Charlotte von Steins 317, 331, 356

Stein, Heinrich Friedrich Karl Reichsfreiherr vom und zum (1757–1831), preußischer Staatsmann 146, 377, 379, 398

Stein, Johann Friedrich Reichsfreiherr vom und zum (1749–1799), preußischer Gesandter beim Kurerzbischof von Mainz, Bruder des Vorigen 254

Steinbach s. *Erwin von Steinbach*

Sterne, Lawrence (1713–1768), englischer Schriftsteller 81

Stieler, Joseph Carl (1781–1858), Porträtmaler in München, porträtierte Goethe 447

Stock, Johann Michael (1739–1773), Kupferstecher in Leipzig 47, 57

Stolberg, Auguste Gräfin zu (1753–1835), Schwester der Folgenden 94, 129, 132, 147, 176, 387

Stolberg, Christian Graf zu (1748–1821), Jurist, Übersetzer, Schriftsteller 129–131, 133, 145 f.

Stolberg, Friedrich Leopold Graf zu (1750–1819), Jurist, Übersetzer, Schriftsteller 129–133, 145 f., 214, 417

Sutor, Christoph Erhard (1754–1838), Diener Goethes 172, 306

Swedenborg, Emanuel von (1688–1772), schwedischer Naturforscher und Theosoph 66

Szymanowska, Maria (1795–1831), polnische Klaviervirtuosin 410 f.

Talleyrand, Charles Maurice de, Fürst von Benevent (1745–1838), französischer Staatsmann 331 f., 369

Tasso, Torquato (1544–1595), italienischer Schriftsteller 225

Tauchnitz, Karl (1761–1836), Verleger 62

Tauler, Johannes (ca. 1300–1361), Mystiker, Schüler Meister Eckarts 66

Textor, Johann Wolfgang (1693–1771), Goethes Großvater, Wirklicher Kaiserlicher Rat, Reichs-, Stadt-

und Gerichtsschultheiß in Frankfurt am Main 11f., 14f., 28, 32, 103
Thoranc, François de Théas, Comte de (1719–1794), französischer Offizier 29f.
Thym, Johann Heinrich (1723–1789), Schreib- und Rechenlehrer Goethes in Frankfurt 21
Tibull (Albius Tibullus) (ca. 50–17 vor Chr.), römischer Schriftsteller 218
Tieck, Johann Ludwig (1773–1853), Schriftsteller 88, 194, 275, 288
Tischbein, Johann Heinrich Wilhelm (1751–1829), Maler 203, 207, 209, 216, 227f., 232, 386
Trebra, Friedrich Wilhelm Heinrich von (1740–1819), Bergbaufachmann 184, 358, 375
Türckheim, Anna Elisabeth (»Lili«) von, geb. Schönemann (1758–1817), Goethes Verlobte in Frankfurt 132–134, 136–138, 167, 188, 299, 324, 359, 381
Türckheim, Bernhard Friedrich von (1752–1831), Bankier, Ehemann der Vorigen 134, 188
Türckheim, Wilhelm von (1785–1831), Sohn des Vorigen, Offizier in französischen Diensten 188, 324

Ulrich, Caroline, s. *Riemer*, Caroline
Unger, Johann Friedrich Gottlieb (1753–1804), Holzschneider, Buchdrucker, Verleger in Berlin 258, 293

Varnhagen von Ense, Karl-August (1785–1758), Historiker, Journalist, Diplomat 340
Vieweg, Johann Friedrich (1761–1835), Buchhändler, Verleger in Berlin und Braunschweig 300
Villers, Charles-François-Dominique de (1765–1815), französischer Schriftsteller, emigrierte nach Deutschland 333

Virchow, Rudolf (1821–1902), Begründer der Zellularpathologie, Medizinhistoriker, Sozialpolitiker 180
Vogel, Carl (1798–1864), Arzt in Weimar; nach Rehbeins (s. dort) Tod Goethes letzter Hausarzt 451f., 456–459
Voigt, Christian Gottlob von (1744–1819), Geheimer Rat, Staatsminister in Weimar, Freund Goethes 152, 214, 222, 252, 257, 280, 285, 303, 328, 358, 371, 397, 438, 462
Voigt, Johann Carl Wilhelm (1752–1821), Mineraloge, Bruder des Vorigen 152
Volkmann, Johann Jacob (1732–1803), Schriftsteller 207
Voltaire, eigtl. François-Marie Arouet (1694–1778) 43, 89, 100, 303, 330, 444
Voß, Johann Heinrich (1751–1826), Übersetzer, Schriftsteller 120, 130, 157, 253, 265, 301
Voß, Johann Heinrich d. J. (1779 bis 1822), Sohn des Vorigen, Philologe, Schriftsteller, Übersetzer 319
Vulpius, Christian August (1762–1827), Schriftsteller, Bibliothekar, Bruder der Folgenden 233, 324, 329, 462
Vulpius, Christiane, s. *Goethe*, Christiane von
Vulpius, Sophie Ernestine Luise (1775–1806), Halbschwester der Vorigen 242

Wackenroder, Wilhelm Heinrich (1773–1798), Schriftsteller 275
Wagenknecht, Anne Dorothee (1736–1806), Köchin bei Goethe 172
Wagner, Heinrich Leopold (1747–1779), Schriftsteller, Jurist 76, 128
Wagner, Richard (1813–1883), Komponist 59

Waldeck, Christian August Prinz zu (1744–1798), österreichischer General, Reisebekanntschaft Goethes in Italien 215

Wallraf, Ferdinand Franz (1748–1824), Kunstsammler und Professor in Köln 377

Weber, Carl Maria von (1786–1826), Komponist 337, 442

Wedel, Otto Joachim Moritz von (1752–1784), Kammerherr, Oberforstmeister in Weimar 187, 194, 222

Weiße, Christian Felix (1726–1804), Schriftsteller, Kreissteuereinnehmer in Leipzig 43, 62

Werner, Abraham Gottlob (1749 bis 1817), Mineraloge, Geologe 321

Werner, Friedrich Ludwig Zacharias (1768–1823), Schriftsteller, wurde später Priester 332, 339

Werthern-Neunheiligen, Jeanette Louise Gräfin von, geb. Freiin vom und zum Stein (1752–1816) 145f.

Wery [evtl. Werdy], Frankfurter Schauspieler 27

Wesselhöft, Elisabeth (»Betty«), Übersetzerin, Schwägerin Frommanns 404

Weyland, Friedrich Leopold (1750–1785), Medizinstudent in Straßburg 83, 85

Wieck, Clara (1819–1896), Pianistin, spätere Ehefrau von Robert Schumann 59, 442

Wieland, Christoph Martin (1733–1813), Schriftsteller und Hofrat, Erzieher von Carl August 66, 96, 98, 100, 113, 115f., 130f., 138, 144–146, 157, 160f., 163, 171, 174, 241, 247, 252, 254, 271, 282, 301f., 314f., 323, 331, 333, 355f., 371, 395, 439

Willemer, Johann Jakob von (1760–1838), Bankier, Geheimer Rat in Frankfurt 376, 378–380, 392

Willemer, Maria Anna Katharina Theresia (Marianne) von, geb. Jung (1784–1860), Ehefrau des Vorigen 376, 378–381, 392, 455

Winckelmann, Johann Joachim (1717–1768), Archäologe, Kunstgelehrter 47, 66f., 207

Wolf, Friedrich August (1759–1824), klassischer Philologe, Altertumswissenschaftler 289, 310

Wolf, Hugo (1860–1903), Komponist 383

Woltmann, Carl Ludwig von (1770 bis 1817), Historiker und Schriftsteller 273

Wolzogen, Friederike Sofie Caroline Auguste von, geb. von Lengefeld, gesch. von Beulwitz (1763–1847), Schriftstellerin 239, 453

Zelter, Carl Friedrich (1758–1832), Komponist 68, 168, 261, 292, 311, 319, 335, 338f., 345, 354, 372, 375, 378, 383, 390, 404–406, 410f., 417, 427f., 430f., 441f., 449f., 454f.

Ziegesar, August Friedrich Carl Freiherr von (1746–1813), Geheimer Rat in Gotha-Altenburg, Generallandschaftsdirektor in Weimar 268, 339, 350

Ziegesar, Silvie Freiin von (1785–1855), Tochter des Vorigen 268, 339f., 346, 350, 362

Ziegler, Luise Henriette Friederike von (1750–1814), Hofdame der Landgräfin von Hessen 103, 108

Zimmermann, Johann Franz August (gest. 1774), Zimmermannsgeselle aus Ilmenau, bei Rettungsarbeiten während des Weimarer Schloßbrandes tödlich verunglückt 461

Zimmermann, Johann Georg von (1728–1795), zeitweilig Leibarzt Friedrichs II., Schriftsteller 168, 170, 186

Register der erwähnten Werke Goethes

Einige der heute gebräuchlichen Titel stammen nicht von Goethe, sondern von den Herausgebern seines Vertrauens.

Amtliche Schriften 150
Annalen s. Tag- und Jahreshefte als Ergänzung meiner sonstigen Bekenntnisse
Aus Makariens Archiv s. Wilhelm Meisters Wanderjahre
Aus meinem Leben. Zweyte Abteilung Erster Theil s. Italienische Reise
Aus Ottiliens Tagebuche s. Die Wahlverwandtschaften

Beiträge zur Optik 250f., 253
Belagerung von Mainz 261, 352
Benvenuto Cellini 282, 309, 320, 394
Brief des Pastors zu *** an den neuen Pastor zu *** 88f., 115
Briefe aus der Schweiz 188f.
Briefwechsel zwischen Schiller und Goethe [...] 277f.

Cäsar 116
Claudine von Villa Bella 116, 206, 423
Clavigo 87, 118, 122f., 139, 168, 334, 360, 442

Das Jahrmarktsfest zu Plundersweilern 27, 159
Das Mädchen von Oberkirch 259
Das Märchen s. Unterhaltungen deutscher Ausgewanderten
Das nußbraune Mädchen s. Wilhelm Meisters Wanderjahre
Dem Menschen wie den Tieren ist ein Zwischenkieferknochen [...] 180f., 268, 385

Der Bürgergeneral 258f.
Der deutsche Gil Blas 395
Der ewige Jude 116
Der Groß-Cophta 204, 206, 251, 259
Der Mann von funfzig Jahren s. Wilhelm Meisters Wanderjahre
Der Triumph der Empfindsamkeit 159
Der Verfasser teilt die Geschichte seiner botanischen Studien mit s. Zur Morphologie
Des Epimenides Erwachen 360f.
Dichtung und Wahrheit 26, 31, 67, 71, 101, 112f., 119, 126f., 135, 246, 268, 337, 350, 352, 356f., 359f., 393, 416, 426, 451, 454
Die Aufgeregten 259
Die Fischerin 159
Die Geschwister 165, 442
Die Laune des Verliebten 51, 72
Die Leiden des jungen Werthers 7, 34, 107, 113, 118–122. 129, 139, 168, 183, 185, 189, 226, 287, 294, 330, 359, 401, 417, 445
Die Metamorphose der Pflanzen 181, 211, 231, 412
Die Mitschuldigen 71f.
Die Mystifizierten 206
Die natürliche Tochter 259–261, 282, 320, 455
Die Wahlverwandtschaften 127, 276, 338, 344–346, 383, 399, 401, 423, 426
Die wunderlichen Nachbarskinder s. Die Wahlverwandtschaften

Egmont 116, 135, 173, 191, 205f., 222–224, 236, 240, 251, 338, 417, 423

Einfache Nachahmung der Natur, Manier, Stil 242
Erwin und Elmire 116, 158, 206

Faust. In ursprünglicher Gestalt (Urfaust) 95, 114, 117, 177 f., 394, 417
Faust. Der Tragödie erster Teil 60, 65, 76, 80 f., 88, 123, 128, 177, 185, 191, 205, 224, 229, 299, 316, 320, 394, 403, 415 f., 417–426
Faust. Der Tragödie zweiter Teil 117, 284, 307, 363, 393, 396, 417, 426–433, 436, 444 f., 454 f.
Ferneres in bezug auf mein Verhältnis zu Schiller 275
Für junge Dichter 444

Glückliches Ereignis 232
Götter, Helden und Wieland 115 f.
Götz von Berlichingen mit der eisernen Hand 75, 80 f., 87, 95 f., 99–104, 114–116, 123, 139, 168, 334, 423

Hanswursts Hochzeit 115, 133
Höhen der alten und neuen Welt bildlich verglichen 358
Hermann und Dorothea 261, 281, 298, 300–302

Iphigenie auf Tauris. Ein Schauspiel 206, 215, 222–224, 226, 229, 439
Iphigenie auf Tauris (Prosafassung) 154, 160, 173, 191, 205, 269, 423
Italienische Reise 198, 204, 207 f., 210 f., 217 f., 221, 229 f., 352, 385–387, 393, 400

Jahrmarktsfest zu Plundersweilern 159
Jery und Bätely 206

Kampagne in Frankreich 1792 183, 253, 256, 261, 352, 395

Kunst und Altertum s. Über Kunst und Altertum in den Rhein- und Maingegenden

Lila 159

Mahomet 303
Maximen und Reflexionen 399

Noch ein Wort für junge Dichter 316, 444
Novelle 403, 446

Pandora 423
Philipp Hackert. Biographische Skizze [...] 351
Principes de Philosophie Zoologique [...] par Mr. Geoffroy de Saint-Hilaire 449
Propyläen 308 f., 320

Rameaus Neffe 282, 309, 320, 394
Regeln für Schauspieler 304
Reineke Fuchs 258, 261–263, 265, 281
Reise in die Schweiz 1797 308
Rezensionen aus den Frankfurter Gelehrten Anzeigen. 1772 97 f., 126

Sammlung elsässischer Volkslieder 80
Sankt Rochus-Fest zu Bingen 376, 392
Scherz, List und Rache 206
Stella 133, 206

Tag- und Jahreshefte als Ergänzung meiner sonstigen Bekenntnisse 243, 246, 248, 253, 280, 311, 339, 343, 346, 350, 352, 358, 396 f., 400, 412, 441
Tancred 303
Torquato Tasso 146, 160, 174, 191, 205, 207, 222, 224–226, 229, 329, 423

Über den Granit 154
Über die bildende Nachahmung des Schönen, von Karl Philipp Moritz 241
Über epische und dramatische Dichtung 298
Über Kunst und Altertum in den Rhein- und Maingegenden 377f., 391f., 393, 434f.
Über strenge Urteile 308
Unterhaltungen deutscher Ausgewanderten 261, 281–284
Unterredung mit Napoleon 330
Urfaust s. Faust. Ein Fragment

Versuch die Metamorphose der Pflanzen zu erklären s. Die Metamorphose der Pflanzen
Von Deutscher Baukunst 82, 115, 201

Wilhelm Meisters Lehrjahre 65, 101f., 127, 217, 251, 265, 269, 281, 288, 293f., 295, 421, 445

Wilhelm Meisters theatralische Sendung 26, 173, 178, 206, 292f., 401
Wilhelm Meisters Wanderjahre oder Die Entsagenden 294, 316, 339, 344, 350, 356, 401–403, 408, 417, 436, 444f., 450
Winckelmann und sein Jahrhundert 282, 320
Works of Ossian 95, 115

Zu brüderlichem Andenken Wielands 355
Zur Farbenlehre 262, 299f., 333, 348–351, 385, 395, 413, 426
Zur Morphologie 385, 449
Zur Naturwissenschaft überhaupt, besonders zur Morphologie 368, 385
Zweiter römischer Aufenthalt s. Italienische Reise
Zwo wichtige bisher unerörterte Biblische Fragen [...] 115

Gedichte

(Nur Gedichte, die auch außerhalb von Briefen erschienen sind)

Abschied s. Faust. Der Tragödie zweiter Teil
Alexis und Dora 298
Am Ende bin ich nun des Trauerspiels s. Faust. Der Tragödie zweiter Teil
Am heißen Quell verbringst du deine Tage 409
Amynthas 298
An den Mond 170
An Mademoiselle Oeser zu Leipzig 63
An Schwager Kronos 104
An Werther s. Trilogie der Leidenschaft
Anekdote unsrer Tage 114
Annette. Leipzig 1767 (Sammlung) 53f.

Auf dem See 133
Auf dem Wege nach Krakau 250
Auf Miedings Tod 461
Aussöhnung s. Trilogie der Leidenschaft
Chinesisch-deutsche Jahres- und Tageszeiten 445
Das Göttliche 184
Das Tagebuch 338, 343f.
Dem aufgehenden Vollmonde 447f.
Den 6. Juni 1816 389
Der Besuch 314
Der Bräutigam 447
Der Chinese in Rom 288
Der Erlkönig 159
Der Gott und die Bajadere 297
Der neue Kopernikus 379

Der neue Pausias und sein Blumenmädchen 298
Der Schatzgräber 297
Der Zauberlehrling 297
Die Braut von Korinth 297
Die holden jungen Geister 399
Dornburg 447
Du hast es lange genug getrieben 373
Ein Gleiches (Über allen Gipfeln) 269, 454 f.
Eins und alles 450
Elegie s. Trilogie der Leidenschaft
Epilog zu Schillers Glocke 311 f.
Erhabner Großpapa! 22
Erotica Romana s. Römische Elegien
Erwählter Fels 196
Euphrosyne 238, 298
Felsweihegesang. An Psyche 103
Freunde, flieht die dunkle Kammer 349
Gingo Biloba 267
Goethes Wohnhaus in Weimar 194
Harzreise im Winter 183 f.
Hegire 369
Ilmenau 270
Im ernsten Beinhaus war's 312, 401
In das Stammbuch von Friedrich Maximilian Moors 33
Kenner und Künstler 114
Legende 297
Liebe will ich liebend loben 267
Lilis Park 132
Marienbader Elegie s. Trilogie der Leidenschaft
Musen und Grazien in der Mark 304

Neue Lieder (Sammlung) 57
Oden an meinen Freund 54 f.
Poetische Gedanken über die Höllenfahrt Jesu Christi 44
Prometheus 104, 114, 162, 184
Rastlose Liebe 170
Rezensent 114
Römische Elegien (Sammlung) 218 f., 234, 244, 281, 394
Sollt einmal durch Erfurt fahren 272
Sonette I–XVII (Sammlung) 338
Tabulae votivae s. Xenien
Trilogie der Leidenschaft 409–411, 413, 428
Übermütig sieht's nicht aus 172
Und wie wir auch durch fremde Lande ziehn 411
Urworte. Orphisch 385, 401
Venetianische Epigramme (Sammlung) 231, 244 f., 251, 281, 394
Vermächtnis 401, 450
Vom Berge 134
Vom Vater hab ich die Statur 11
Wandrers Nachtlied s. Ein Gleiches
Wandrers Sturmlied 102–104, 170
Weite Welt und breites Leben 368
West-östlicher Divan (Sammlung) 8, 359, 368 f., 375, 378–383, 394, 400, 443
Willkommen und Abschied 86 f.
Xenien (Sammlung) 296–298, 304, 321
Zahme Xenien (Sammlung) 11, 246, 399
Zueignung (Da sind sie nun!) 56
Zueignung (Der Morgen kam) 186